역사 기록 속의 牙山

역사 기록 속의 牙山

순천향대학교 아산학연구소 기획

전성운 편저

보고사
BOGOSA

서문

牙山을 삶의 토대로 삼고 살아온 지 벌써 20년 가까이 됐다. 학위를 마치고 짧은 강사 생활과 북경에서의 박사 후 과정을 제외하곤, 내내 아산에서 밥벌이를 했다. 사람살이의 가장 중요한 것이 밥벌이라 하겠으니, 아산이란 공간이 갖는 의미는 더할 수 없이 크다고 하겠다. 그래서 아산이란 공간에 대해 부단히 찾아보고 읽어보며 알아가려고 했다. 근무지 주변을 틈날 때마다 산책하고 차로 아산 곳곳을 찾아다녔으며, 위성지도로 아산의 구석구석을 들여다보고 역사 기록 속에서 아산 관련 자료들을 두루 찾아 읽었다. 그렇게 아산은 내 삶의 일부로 조금씩 젖어 들었다.

몇 해 전에 이원직 명예교수님, 김기승 교수님과 함께 아산문화콘텐츠와 관련된 연구 사업을 진행했다. 당시에 아산 관련 문헌 자료를 조사할 기회를 얻었다. 문헌 조사 과정에서 아산과 관련된 기록들이 사뭇 방대함을 알았다. 그러나 그 자료들은 체계적으로 정리되지 않은 채, 조각들처럼 흩어져 있었다. 흡사 신창 학성 터의 도처에 흩어져 있는 오래된 기와와 그릇 조각들 같았다. 당시, 아산과 관련된 기록들을 빗자루로 쓸어 담듯이 허겁지겁 끌어모았다. 관련 기록을 하나라도 빠뜨리지 않아야 할 것처럼 정신없이 긁어모으기만 했다. 그러면서 언젠가는 이 자료를 차근히 정리, 분류하고 그 자료들이 의미하는 바를 구명(究明)해야지 하는 은근한 욕심을 키웠다. 그러나 10년이 훌쩍 넘도록 아산의 역사 기록과 관련해서 무엇 하나 제대로 해내지 못했다. 아무도 읽지 않을 것 같은 아산의 지역성과 온천 관련된 논문만을 겨우 두 편 썼다. 아산 관련 자료의 정리와 연구는 묵은 숙제처럼 마음 한구석에 남겨 둔 채 말이다.

작년이 마침 연구년이었다. 밀린 숙제를 할 절호의 기회였다. 아산 관련 자료를 다시 뒤적거리고 하나하나 읽기 시작했다. 한숨이 절로 나왔다. 많은 자료를 어떻게 다 정리할까 싶었다. 아산과는 무관한 긴 기록 속에 한두 구절에 그치는 아산 관련 내용, 과연 이런 자료가 아산의 공간성 해명에 도움이 될까 싶은 생각이 드는 내용, 조금 다르지만 결국은 동일한 사건의 중복된 기록 등등. 관련 기록을 무차별적으로 끌어모아서는 안 된다는 생각이 들었지만, 그렇다고 무엇을 어떻게 해야 할지 엄두가 나지 않았다. 도무지 일머리가 잡히지 않았다.

그렇게 자료 더미 속에서 헤매면서 조금씩 길을 만들고 욕심을 접기 시작했다. 한꺼번에 완벽(完璧)하게 마무리 지으려고 하지 말자. 할 수 있는 만큼만 하자고 나 자신을 다독였다. 이번 기회에는 정사(正史)를 중심으로, 한 권의 책에 해당하는 분량으로, 그것도 전문 연구자가 아닌 일반인도 읽을 만한 방식으로 아산 관련 역사 기록을 정리하기로 마음을 정했다. 그렇게 마음을 결정하고 나니 일이 한결 수월해진 느낌이 들었다. 사실 아산 관련 역사 기록은 무엇 하나 완전한 상태가 아니다. 현재 아산이 한국의 대표적 공간이 아닌 것처럼, 아산 관련 기록 역시 역사의 부스러기가 되어 흩뿌려져 있었다. 그렇다고 언제까지나 내팽개쳐 둘 수는 없는 노릇이다. 조각난 파편에 불과한 것처럼 보이지만, 그것이 담고 있는 의미마저 부스러기일 수는 없기 때문이다. 우리가 어떤 눈으로 그것을 보는가에 따라, 편린(片鱗)은 충분히 새로운 의미를 생성(生成)한다. 쇳조각을 미늘이나 가죽으로 꿰서 찰갑(札甲)을 만드는 것처럼! 사실 본 자료집을 출간하려는 것은 아산 관련 역사 기록이 담고 있는 최소한의 의미를 찾기 위한 토대 마련의 시도이다. 걸음을 떼었으니 쉼 없이 앞으로 나갈 일만 남았다. 비록 그 일이 고단한 걸음이라 해도 아산을 사랑하는 누군가는 해야 할 일임이 분명하다.

본 자료집의 출판에 여러 분들이 음으로 양으로 도움을 주셨다. 아산학연구소 박동성 소장님과 오원근 팀장님, 그리고 아산과 관련된 일이라면 열 일을 마다하지 않고 깊은 애정과 지지를 보내주시는 아산학연구소 관계자 여러분, 기꺼이 출판을 맡아주신 보고사의 김흥국 사장님과 황효은 선생님! 모든 분들이 계셔서 보잘 것 없는 작업이나마 이렇게 마무리할 수 있었다. 이 자리를 빌려 깊이 감사드린다.

2020년 1월
편자 씀

목차

제1부

자료 수재(收載)의 체계 및 양상

1. 수재의 전제

　본 자료집은 아산의 공간적 역사성을 밝히려는 목적으로 조사, 정리한 것이다. 사실 특정한 공간의 역사성을 밝히려는 시도는 다양한 차원에서 진행될 수 있다. 해당 지역 문화의 현황 조사에서부터 그 지역의 역사와 문화, 지역민의 생활과 환경에 대한 입체적 조사 연구에 이르기까지 그 내용과 방법을 달리하여 진행할 수 있다. 그리고 이런 시도는 해당 지역의 특성화 사업을 홍보하거나 지역 경제의 활성화를 목적으로 하곤 했다.

　본 자료집 간행의 궁극적 목적 역시 이와 같다. 역사 기록 속에 나타나는 아산 관련 자료를 종합적으로 정리함으로써, 아산의 공간적 역사성을 드러내 보이려 했다. 특히 정사(正史) 속 아산 관련 기록 일체를 체계적으로 조사, 분류하고 기록의 특징을 약술함으로써 아산이란 공간의 역사적 특징을 이해하려 한 것이다. 이는 단순히 시간적 흐름에 따라 사건의 기록을 나열하려는 것이 아니다. 사건을 일정한 항목 체계로 분류함으로써 역사적 기록의 의미를 조감할 수 있도록 하려는 것이다. 요컨대 아산과 관련된 역사 기록 전체를 대상으로 항목화하여 분류·제시함으로써 지역성 구명(究明)의 토대를 구축하려 했다.

　이런 공간성 연구는 특정 지역의 역사성, 성장과 발전, 변화의 생명력을 포착하고 이후 진행될 공간성 연구에 활력을 불어넣을 수 있는 시도가 될 것이다. 요컨대 지역의 공간성이란 장소적 정체성과 다양성 발현의 장(場)에 대한 접근과 이해가 되는 것이다. 그러므로 이런 연구는 정치, 경제, 사회, 문화, 생태 등 삶의 제 영역에서 일어나는 복잡한 상호작용과 경험을 전제로 사유함으로써,[1] 구체적 공간성의 발현은 고정 불

---

1) 문재원, 「문학담론에서 로컬리티 구성과 전략」, 『한국민족문화』 32, 부산대 한국민족

변의 것이 아니라 변화, 발전 단계에 놓인 지역의 구성적 총체성에 대한 인식임을 전제로 진행되어야 함을 뜻한다. 이것은 아산(牙山)의 공간적 역사성 연구가 아산이 경험한 역사적 시간 내에서 벌어진 유의미한 경험과 체험, 지속적 운동과 변화의 특징적 모습을 밝히는 것임을 의미한다. 생명력을 가진 유의미한 공간적 특징을 밝히는 과정으로, 아산의 역사적 기원과 사회 변동의 과정을 고정 불변의 역사적 사실이 아니라 과거로부터 불러내려져 현재적 맥락에 적합하도록 재구성된 특성에[2] 대한 해명으로 이어져야 한다.

이런 과정이 아산의 공간적 정체성을 드러낼 생생적(生生的) 힘을 찾아내는 것일 수 있다. 실제로 아산은 각 역사적 단계마다 그 모습을 달리하고 있다. 그러므로 각 역사적 단계에서 포착한 아산 관련 기록을 총체적으로 검토하고 이를 통해 아산의 공간적 역사성을 구명하는 초석을 쌓을 필요가 있다. 이것이 본 자료집의 조사, 정리, 간행 목적이다.

2. 자료 수재의 방법

앞서 밝힌 것과 같은 목적을 달성하기 위해 자료집은 다음과 같은 방식으로 조사, 정리되었다. 다만 이런 조사, 정리는 편찬자의 주관 판단에 따른 것으로 어떤 절대적 분류 기준을 따른 것이 아님을 밝힌다.

첫째, 본 조사, 정리는 역사적 기록물 가운데 정사(正史)라 할 수 있는 『삼국사기(三國史記)』, 『고려사(高麗史)』, 『고려사절요(高麗史節要)』, 『조

문화연구소, 2008, 74쪽.

2) 홍석준, 「지역 또는 지방 담론 창출을 위한 지역 전통과 정체성에 관한 연구의 가치와 의미」, 『지방사와 지방문화』 8권 1호, 학연문화사, 2005, 380~384쪽.

선왕조실록(朝鮮王朝實錄)』,『신증동국여지승람(新增東國輿地勝覽)』을 대상으로 하였다. 이들 자료에서 아산(牙山), 아주(牙州), 아성(牙城), 온양(溫陽), 온주(溫州), 온주(溫州), 온수(溫水), 탕정(湯井), 신창(新昌) 등과 관련된 항목들을 추출하고 정리함으로써, 오늘날 아산의 공간적 역사성을 이해하기 위한 자료로 활용될 수 있도록 하였다. 다만『삼국사기』의 지명은 현재와 판이(判異)하여 연구자에 따라 아산의 공간성과 무관한 것임을 주장할 수도 있다. 그럼에도 불구하고, 조선 시대까지 온조의 사당이 아산과 인접한 직산에 있었다는 점, 아산이 백제 초도지(初都地)로 거론되기도 한다는 사실 등에 근거하여 조사, 정리하였다.

둘째, 역사적 기록 가운데『승정원일기(承政院日記)』,『일성록(日省錄)』혹은 정사(正史)를 보족(補足)할 수 있는 다양한 개인적 기록은 본 자료집에서 제외하였다.[3] 그것은 무엇보다 자료의 방대함 때문이다.『승정원

---

3) 본 자료집에서 대상으로 삼지 않았지만, 아산 관련 기록이 존재하는 여러 자료의 목록을 제시하면 다음과 같다.『승정원일기(承政院日記)』,『일성록(日省錄)』,『홍재전서(弘齋全書)』,『국조인물고(國朝人物考)』, 이색(李穡)의『목은집(牧隱集)』,『동문선(東文選)』, 이항복(李恒福)의『백사집(白沙集)』,『계갑일록(癸甲日錄)』, 최립(崔岦)의『간이집(簡易集)』, 정약용(丁若鏞)의『경세유표(經世遺表)』, 장유(張維)의『계곡집(谿谷集)』,『계미기사(癸未記事)』, 김육(金堉)의『기묘록(己卯錄)』, 안로(安璐)의『기묘록보유(己卯錄補遺)』,『기묘록속집(己卯錄續集)』, 박동량(朴東亮)의『기재잡기(寄齋雜記)』, 조경남(趙慶男)의『난중잡록(亂中雜錄)』과『속잡록(續雜錄)』,『동각잡기(東閣雜記)』, 서영보(徐榮輔) 등의『만기요람(萬機要覽)』, 최익현(崔益鉉)의『면암집(勉菴集)』, 허목(許穆)의『미수기언(眉叟記言)』, 윤휴(尹鑴)의『백호전서(白湖全集)』, 김장생(金長生)의『사계전서(沙溪全書)』, 신흠(申欽)의『상촌집(象村集)』, 박세당(朴世堂)의『서계집(西溪集)』, 이이(李珥)의『석담일기(石潭日記)』, 허균(許筠)의『성소부부고』, 이익(李瀷)의『성호사설(星湖僿說)』, 송시열(宋時烈)의『송자대전(宋子大全)』, 이남규(李南珪)의『수당집(修堂集)』, 안정복(安鼎福)의『순암집(順菴集)』, 남구만(南九萬)의『약천집(藥泉集)』, 이긍익(李肯翊)의『연려실기술(燃藜室記述)』, 차천로(車天輅)의『오산설림초고(五山說林草藁)』, 윤두수(尹斗壽)의『오음유고(梧陰遺稿)』, 이규경(李圭景)의『오주연문장전산고(五洲衍文長箋散稿)』, 이행(李荇)의『용재집(容齋集)』, 성혼(成渾)의『우계집(牛溪集)』,『응천일록(凝川日錄)』, 이유원(李裕元)의『임하필기(林下筆記)』, 김육(金堉)의『잠곡유고(潛谷遺稿)』, 윤기헌(尹耆獻)의『장빈거사호찬(長貧居士胡撰)』, 신경(申炅)의『재조

일기』와『일성록』을 포함할 경우, 본 자료집 한 권으로 다 담아내기 어렵다. 그리고 또 다른 이유는, 이들 기록이『조선왕조실록』의 기록과 상당 부분 중복되는 측면이 있기 때문이다.『승정원일기』나『일성록』의 중요 내용은『조선왕조실록』에 요약 혹은 정리되어 수재되었다. 그러므로 본 자료집에 수재하기 위해서는 개별 자료의 중복 여부를 따져가며 새롭게 분류, 정리해야 한다. 그러나 이 모든 일을 한 번에 다 하기란 적잖이 어렵다. 현재로써는 정사(正史)의 자료만을 대상으로 하여 출간하는 것이 필요하다. 이것만으로도 아산의 공간적 역사성을 해명하는 작업이 어느 정도는 가능할 것이다.

셋째, 역사 기록을 정리함에 있어 시대 순에 따라 혹은 조사 대상 문헌에 수록된 순서에 따라 자료를 추출하여 제시하지 않았다. 또한 자료 분류 체계를 먼저 세우고, 이에 의거하여 자료를 정리하는 연역적 분류 방식을 취하지도 않았다. 자료의 특성이나 성격을 고려하지 않고 시대 순으로 나열하는 것은 자료 성격을 이해하는데 어려움이 있으며, 연역적 분류 체계는 자료의 실상과는 무관한 이상적 틀에 불과하기 때문이다. 연역적 분류 체계를 세울 경우, 실재하는 자료의 양과 특성을 다 포섭하지 못한다는 한계를 지니기 마련이다.

이런 이유로 본 자료집에서는 "지리(地理)와 민풍(民風)", "행정과 조운", "온천과 온행", "전쟁과 사건"으로 대분류하고, 이를 각 항목당

번방지(再造藩邦志)』, 김종직(金宗直)의『점필재집(佔畢齋集)』, 이덕형(李德馨)의『죽창한화(竹窓閑話)』, 김상헌(金尚憲)의『청음집(淸陰集)』, 이덕무(李德懋)의『청장관전서(靑莊館全書)』, 이식(李植)의『택당집(澤堂集)』, 조익(趙翼)의『포저집(浦渚集)』, 김성일(金誠一)의『학봉전집(鶴峯全集)』, 권상하(權尚夏)의『한수재집(寒水齋集)』, 한치윤(韓致奫)의『해동역사(海東繹史)』, 권별(權鼈)의『해동잡록(海東雜錄)』, 경섬(慶暹)의『해사록(海槎錄)』, 홍가신(洪可臣)의『만전집(晩全集)』과『만전당만록(晩全堂漫錄)』, 이지함(李之菡)의『토정유고(土亭遺稿)』, 이순신(李舜臣)의『난중일기(亂中日記)』, 이간(李柬)의『외암집(巍巖集)』, 이민구(李敏求)의『동주집(東州集)』등.

2~3개로 중분류했으며, 이를 필요에 따라 2~4개의 소분류하는 방식을 취했다. 이런 분류를 통해 각 항목당 자료의 양이 어느 정도 균일할 수 있도록 했다. 이는 조사 대상 자료집에 실재하는 기록들을 지리 환경, 기상과 재해, 인물과 풍속, 행정, 조운, 온천, 온행 문화, 전쟁과 변란, 부정부패, 사건 등의 10개 항목으로 분류한 셈이다. 물론 이상 10개의 중분류는 필요에 따라 하위 범주를 설정하여 소분류 항목을 제시하기도 하였다. 요컨대 이런 분류 체계는 아산의 공간성을 드러낼 실제적 특징에 따른 것이다. 다만 이런 분류에 있어 『조선왕조실록』 DB에서 제시한 【분류】 기준을 일정 부분 참조하였다.

넷째, 아산과 관련한 동일한 자료가 다양한 내용을 동시에 지닐 경우, 가장 중심적인 내용에 따라 분류했다. 그리고 중요도에 대한 가치 판단이 어려울 경우 먼저 나타난 내용에 의거해서 분류, 정리했다. 예를 들면 다음과 같은 경우가 그렇다.

• 【실록】 현종 10권, 6년(1665) 5월 22일(정미) 2번째 기사. 대신들과 경기도의 부역 감면, 조경의 월봉 지급 등에 대해 의논하다

상이 대신과 비국의 신하들을 인견하였다. 영상 정태화가 아뢰기를, "환궁하신 이후로 옥체가 어떠하십니까?" 하니, 상이 이르기를, "별다른 걱정이 없다." 하니, 태화가 아뢰기를, "이제 조금 회복된 시기를 당하여 번거롭게 응대하신다면 반드시 악화되는 근심이 있을 것인데, 문서까지 친히 열람하실 필요가 있겠습니까. 내관이나 혹은 승지로 하여금 읽게 하고 처리하셔야 할 것입니다." 하자, 홍명하가 아뢰기를, "천지신명의 도움에 힘입어 목욕하신 효험을 쾌히 얻으셨으니 종사 신민의 경사가 어떠하겠습니까. 또 듣건대, 모든 일을 시행할 때마다 인심에 부합되기 때문에 원근의 백성들이 감동하지 않는 자가 없고 심지어 서울의 백성들까지 소문을 듣고 기뻐한다 하니, 이는 더욱 다행한 일입니다." 하였다. 상이

이르기를, "경유하였던 경기 고을의 역을 감해 주는 일은 어떻게 하면 되겠는가?" 하니, 태화가 이르기를, "각 고을 중에는 크고 작은 고을에 따라 역을 부과한 정도의 차이가 심하지만, 부역을 감해 주는 데에 있어서는 구별을 해서는 안 될 것입니다. 오직 상께서 참작하여 처리하시는 데 달려 있습니다." 하자, 상이 이르기를, "그렇다면 직산과 천안의 예에 의거하여 쌀과 콩 각 1두씩을 감하라." 하였다.

…(중략)…

이일상(李一相)이 아뢰기를, "온양의 문무과는 이미 적(籍)을 고열하였습니다. 이후로도 이에 의거하여 할 것입니까?" 하니, 상이 이르기를, "이후로는 장적(帳籍)을 고열하되, 만약 적에 들어있지 않으면 비록 합격을 하였더라도 탈락시키고 미처 적에 들지 못한 자는 과거를 시행하기 전에 추가로 기록하라. 그리고 비록 전에 과거에 응시한 자라고 하더라도 적에 들어 있지 않으면 과거에 응시하지 못하도록 하되, 엄히 밝혀 신칙해야 할 것이다." 하였다.

현종(顯宗)이 온양에서 환궁한 후의 기록이다. 환궁한 후 정태화, 홍명하 등은 현종과 옥체(玉體)가 회복되었는지 여부에 대한 대화를 하고 이어 국정 전반에 대한 논의를 한다. 사실 전체 자료에는 아산과 무관한 내용이 상당한 분량을 차지한다. 그러나 여기서는 아산과 무관한 부분은 생략했다. 위에서 제시한 자료에서 아산과 관련된 사항은 세 가지다. 첫째는 온천 후 옥체의 회복 여부, 둘째, 온행과 관련되어 지역민의 부역(賦役) 감면, 셋째, 온행 시 실시한 문무과 적(籍)의 고열(考閱) 등이다. 온행과 옥체의 회복은 온천의 효험과 관련되며, 부역 감면은 온행 상사(償賜), 문무과의 실시는 온천과 관련된 문화 활동으로 온행 행사라고 할 수 있다. 그런데 이 자료에서 세 가지 내용이 차지하는 비중도 비슷하다. 그래서 여기서는 자료의 가장 앞부분에 나오는 옥체의 회복 여부를 근거로 하여 온천 효험이란 항목으로 분류했다. 연구자에 따라 중요성을 달리하여 이해한다면 온행 상사(償賜)나 조세(租稅) 및 진휼로 분류할 수도 있으리라 본다.

다섯째, 역사 기록 가운데 현재의 아산과 유관한 기록인지 여부를 판단하여 수재를 최종 결정하였다. 예를 들어 온수(溫水), 온주(溫州), 온양(溫陽), 탕정(湯井) 등의 지명과 관련된 기록은 현재의 아산(牙山) 지역에만 나타나지는 않는다. 황해도(黃海道)에도 온주라는 지역이 있다. 심지어 온수나 탕정은 보통명사로도 쓰였기 때문에 이 단어의 존재만으로는 아산과의 연관성을 판단할 수 없다. 그러므로 기록에 나타난 내용이 실제 현재 아산과 관련되었을 경우에만 수재하였다. 또한 아산 지역과 관련된 기록이라고 하더라도 실제적으로 특별한 의미를 획득하지 못한 기록, 단순히 아산 지역이 언급되는 기록은 수재하지 않았다. 예를 들면 다음과 같은 기록이 그것이다.

(가) • **세종 105권, 26년(1444) 윤7월 12일(기축) 4번째 기사. 전 이조판서 박신의 졸기**

　　전 이조판서 박신(朴信)이 졸하였다. 신(信)의 자는 경부(敬夫)이니 전라도 운봉(雲峰) 사람이다. 을축년에 과거에 뽑혔고, 벼슬이 여러 번 옮겨서 사헌규정(司憲科正)에 이르렀을 때에 태조(太祖)가 제군부(諸君府)를 설치하니, 그는 중랑장(中郎將)으로 군부도사(軍府都事)를 겸임하였으며, 예조와 형조의 정랑(正郎)을 역임하였다. 태조가 즉위(卽位)하였을 때에는 그에게 원종공신(原從功臣)의 칭호를 주었으며, 다시 봉상소경(奉常少卿)이 되고, 여러 번 옮기어 감문위 대장군(監門衛大將軍) 겸 사헌중승(司憲中丞)이 되었으며, 좌산기상시(左散騎常侍), 성균대사성(成均大司成)에 전임되었고, 기묘년에는 형조전서(刑曹典書)에 승진하였다. 태종이 왕위를 계승한 뒤에는 발탁되어 승추부(承樞府) 좌부승지(左副承旨)

에 임명되고, 신사년에는 우대언(右代言)에 옮기었고, 이듬해에는 특히 사헌부 대사헌에 임명되었으며, 계미년에는 판광주목사(判廣州牧事)로 나갔다가, 갑신년에는 개성류후(開城留後)와 한성부윤(漢城府尹), 승녕부윤(承寧府尹)을 역임하였다. 을유년에는 참지의정부사(參知議政府事)가 되었다가 곧 다시 대사헌에 임명되었다. **간언(諫言) 관계로 아주현(牙州縣)의 수령으로 폄직(貶職)되었으며,** 병술년에는 동북면 도순문찰리사(東北面都巡問察理使)에 임명되고, 정해년 여름에는 참지의정부사로 되었다가 겨울에 공조판서로 승진하였다. 무자년에는 어머니의 상(喪)을 당하였으나 기복(起復)하여 서북면 도순문찰리사가 되고, 기축년에는 또 아버지의 상(喪)을 당하였으나 기복되어 지의정부사(知議政府事)에 임명되었으며, 갑오년에는 호조판서로 전임되고, 을미년에 병조판서로 옮겼다. 병신년 여름에 의정부찬성사(贊成事)로 승진하고 겨울에는 이조판서로 옮겼다가 얼마 안 되어 다시 찬성사로 되었다. 세종(世宗)이 왕위를 이은 뒤에 다시 이조판서에 임명되어 선공감제조(繕工監提調)로 되었더니, 선공감 관리의 불법(不法) 행위의 공사(供辭)에 관련되어 통진현(通津縣)에 귀양살이 한 것이 모두 13년이나 되었다. 임자년에 소환(召還)되었다가 이때에 이르러 졸(卒)하니 나이 83세이다. 부음(訃音)이 들리매, 철조(輟朝)하고서 치조(致弔)와 사부(賜賻)하였다. 시호(諡號)를 혜숙(惠肅)이라고 하였으니, 너그럽고 유후(裕厚)하며 자애롭고 어진 것을 혜(惠)라고 하며, 마음을 한결같이 굳게 가지고 결단성이 있는 것을 숙(肅)이라고 한다. 신(信)은 타고난 성품이 관후(寬厚)하고 풍채와 위의(威儀)가 대단히 뛰어났다. 통진현(通津縣)의 서쪽에 갑곶(甲串)이라는 나루가 있었는데, 오가는 사람들은 반드시 물속을 수십 보(數十步) 걸어가야 비로소 배에 오를 수 있고, 또 배에서 내려서도 물속을 수십 보 걸어가야 언덕에 오를 수 있었다. 그러므로 얼음이 얼고 눈이 내릴 때면 길 다니는 나그네들이 더욱 고통을 당하였는데, 신(信)이 재산을 의연(義捐)하고 고을 사람들을 이끌어 양쪽 언덕에 돌을 모아 길을 만들었더니, 길 다니는 사람들이 지금까지 그 공로를 힘입고 있다고 한다. 아들이 있으니, 이름을 종지(從

智), 종우(從愚)라고 한다. …(후략)…

(나) • 세종 38권, 9년(1427) 12월 25일(무인) 1번째 기사. 아산현감 권수종
이 사조하다
아산현감 권수종(權守悰)이 사조(辭朝)하니, 임금이 불러 보았다.

(가)는 전 이조판서 박신(朴信)의 졸기(卒記)이고, (나)는 임금이 아산
현감으로 임명된 권수종(權守悰)을 면담했다는 내용이다. (가)의 기록에
서 아산과 관련된 내용은, 박신이 "**간언(諫言) 관계로 아주현(牙州縣)의
수령으로 폄직(貶職)되었**"다는 것뿐이다. 전체 기록의 방대함에도 불구
하고 아산의 공간적 특성을 보여줄 수 있는 내용이라고 보기 어렵다.
(나)는 임금이 아산현감에 새로 임명된 권수종을 불러 본 것이다. 임금
이 지방관으로 임명된 관리를 불러 보고 당부의 말을 하며 관리로서의
소임을 묻는 것은 정사의 중요한 관례이다. 아산 지역의 특정한 사건이
나 일과 무관한 일상적 내용에 불과할 뿐만 아니라, 이 기록에는 아산의
공간성과 관련된 내용이 보이지 않는다. 물론 아산현감으로 재직했던
모든 인물을 정리해 제시하는 것은 의미가 있겠지만, (나)와 같은 단편
적인 기록만으로는 아산의 공간성 구명(究明)을 위한 특별한 의미를 찾
을 수는 없다. 이런 이유로 이상과 같은 특성을 보이는 역사 기록의 경우
는 수재하지 않았다. 그러나 아래와 같은 사조(辭朝)와 인견(引見)의 경
우에는 제시하였다.

(다) • 【실록】 문종 6권, 1년(1451) 4번째 기사. 온양군사 이관식이 사조하니
인견하다
온양군사(溫陽郡事) 이관식(李寬植)이 사조(辭朝)하니, 임금이 인견(引
見)하고 말하기를, "이제 각도에서 군기(軍器)를 만드니, 너는 부지런히

보살필 것이며, 또 의창(義倉)의 곡식을 거두어 주는 일은, 모름지기 때에 맞게 할 것이니, 너는 거기에 힘쓰라." 하였다.

　(다)의 기록은 이관식이 온양군사가 되어 사조를 할 때, 문종(文宗)은 군기(軍器) 및 의창(義倉)과 관련된 사항을 특별히 당부하였다. 문종은, 지방관 모두에게 적용되는 바가 아니라 아산이란 특정한 공간에 파견되는 관리가 중점적으로 해야 할 책무를 지적해서 말한 것이다. 그러므로 (다)는 아산이란 공간적 특징과 관련된다. 이런 점에서 자료집에 수재하였다.

　여섯째, 아산 관련 기록과 다른 기록이 혼재할 경우 아산 관련 기록만 발췌하였다. 대부분의 기록에서 아산 관련 기록만 존재하는 경우는 매우 드물다. 전후로 다양한 역사 기록이 함께 존재한다. 이 경우 아산의 공간성 해명과 관련된 사항만을 남기고 다른 기록은 삭제하였다. 전후 기록을 모두 포함한 원자료를 그대로 수재할 경우 자료집의 분량을 감당할 수 없기 때문이다. 다만 전후 문맥에 대한 이해를 위해 아산 이외의 기록까지도 함께 제시할 필요가 있다고 판단되는 경우, 전후 기록도 함께 제시하였다.

(라) • **【실록】 태조 8권, 4년(1395) 9월 16일(정미) 1번째 기사. 각도에서 보고한 효자, 절부 등을 정려하고 복호하게 하다.**

　임금이 좌, 우정승에게 분부하였다. "지금 각도에서 보고한 효자(孝子), 순손(順孫), 의부(義夫), 절부(節婦) 등은 모두 실적이 있으니 마땅히 포상을 더하고 문려(門閭)를 세워 정표하되, 구실[役]이 있는 자는 복호(復戶)하게 하고, 가난한 자에게는 구휼하여 주어 풍속을 가다듬게 하라." 급제 탁신(卓愼)은 전라도 광주(光州) 사람이다. 부친이 돌아가자 3년 동안 상복을 입고 상제(喪制)를 마쳤으며, 그의 모친을 봉양함에 정성과 공경을 다하니 한 고을에서 효성을 칭찬하였다. 전 서령(署令) 김사지(金四知)는 충청도 전의(全義) 사람이다. 노모(老母)를 봉양하기 위하여 아침저녁으로 반찬을 올리되 반드시 자기가 먼저 맛을 보며, 부모의 뜻을 순종하여 오래도록 게을리 하지 않았다. **아주(牙州)의 학생 공도지(孔都知)는 나이 27세에 부친을 여의었는데, 가난하고 직업도 잃어 스스로 살아갈 길이 막연하므로 그 아내가 다른 고을에 옮겨 살자고 권하니, 도지가 눈물을 흘리면서 하는 말이, "선영이 여기에 있는데 어찌 차마 떠날 수 있는가? 하고, 신을 삼아 팔면서 제향을 게을리 하지 않았다.** 임주(林州) 사람 임안 귀(林安貴)는 부모의 상고를 당하여 8년이나 분묘를 지켰고, 청주 호장(淸州戶長) 손희(孫禧)는 무오년에 왜구가 갑자기 고을에 침입하여 모친과 아내며 누이동생까지 다 왜구에게 붙들린 바 되자, 분통해서 살기를 돌아보지 않고 바로 적중(賊中)에 들어가서 모친을 업고 산에 올라가서 죽음을 면하게 하고, 끝내 효성으로 봉양하여 자식의 직분을 다하였다. 영주(寧州)의 관노(官奴) 물쇠[勿金]는 아비를 성심으로 섬기다가 아비가 돌아가자 참최(斬衰) 3년에 신주를 모셔 두고 아침저녁으로 상식했으며, 김화(金化)의 전 산원(散員) 이영기(李英奇)는 조부모와 부모가 늙고 또한 가난하였으므로 몸소 효성으로 봉양하여 끝끝내 게을리 하지 않았고, 교동(喬桐)의 백성 방군정(方君正)은 어미를 효성으로 봉양하므로 온 동리에서 칭찬하였다. 전 부정(副正) 양희현(梁希賢)은 중국 사람이다. 강음현(江陰縣)에서 살았는데 집안이 심히 가난했으나, 늙은 모친을 봉양하는데 비록 나물 반찬에 나물국이지만 반드시 그 고을의 좋은 것으로 대접해서 효성하는 마음이 극진하였고, 그의 아내도 잘 받들어서 부도(婦道)를 잃지 않았다. …(후략)…

(마) • 【실록】 태조 8권, 4년(1395) 9월 16일(정미) 1번째 기사. 각도에서 보고한 효자, 절부 등을 정려하고 복호하게 하다.

　　임금이 좌, 우정승에게 분부하였다. "지금 각도에서 보고한 효자(孝子), 순손(順孫), 의부(義夫), 절부(節婦) 등은 모두 실적이 있으니 마땅히 포상을 더하고 문려(門閭)를 세워 정표하되, 구실[役]이 있는 자는 복호(復戶) 하게 하고, 가난한 자에게는 구휼하여 주어 풍속을 가다듬게 하라." 급제 탁신(卓愼)은 전라도 광주(光州) 사람이다. 부친이 돌아가자 3년 동안 상 복을 입고 상제(喪制)를 마쳤으며, 그의 모친을 봉양함에 정성과 공경을 다하니 한 고을에서 효성을 칭찬하였다. 전 서령(署令) 김사지(金四知)는 충청도 전의(全義) 사람이다. 노모(老母)를 봉양하기 위하여 아침저녁으 로 반찬을 올리되 반드시 자기가 먼저 맛을 보며, 부모의 뜻을 순종하여 오래도록 게을리 하지 않았다. 아주(牙州)의 학생 공도지(孔都知)는 나이 27세에 부친을 여의었는데, 가난하고 직업도 잃어 스스로 살아갈 길이 막연하므로 그 아내가 다른 고을에 옮겨 살자고 권하니, 도지가 눈물을 흘리면서 하는 말이, "선영이 여기에 있는데 어찌 차마 떠날 수 있는가?" 하고, 신을 삼아 팔면서 제향을 게을리 하지 않았다.

(라)를 (마)처럼 정리해서 수재하였다. (라)의 기록은 효자, 절부 등에 정려한 『태조실록』의 내용이다. 효자, 절부를 정려했다는 기록 가운데 밑줄 친 것과 같은, 아주(牙州)의 학생(學生) 공도지(孔都知) 관련 내용이 포함되어 있다. 비록 짧은 내용이지만 아산의 인물에 해당되는 기사임 에 분명하다. 이런 기록은 분량과 무관하게 아산의 인물과 풍속에 대한 단서를 제공한다. 그렇지만 전후의 기록 내용은 아산의 인물에 대한 정 보 제공, 즉 아산의 공간성과는 무관하다. 그러므로 (라)를 (마)처럼 간 략하게 정리하였다. 즉 기사 제목과 기사의 전반부는 그대로 제시하고, 공도지 관련 기록 이하를 모두 삭제하였다. 다만 공도지와 관련된 내용 이 나오기 전 부분을 남겨둔 것은 자료 내용의 맥락을 이해할 수 있도록 하기 위함이었다. 앞부분을 남겨 둠으로써 효자 절부의 정려와 관련된 기록임을 알 수 있게 했다.

일곱째, 중복 기록의 경우 그 내용에 따라 다르게 판단하였다. 즉 중복된 기록의 내용이 크게 다를 바 없어, 아산의 공간성 이해에 무관하다면 두 기록 중 한 기록만 남겨두는 방식으로 정리했다.

(바) • 【실록】 현종 5권, 3년(1662) 6월 16일(정사) 3번째 기사. 충청감사 오정위가 온양군수 박유동이 전패를 잃어버렸다는 것으로 치계하다

충청감사 오정위(吳挺緯)가 치계(馳啟)하기를, "온양군수(溫陽郡守) 박유동(朴由東)의 첩보(牒報)에 의하건대 전패(殿牌)를 잃어버렸다 하니, 속히 처치해 주소서. 본도에서 2년 동안에 이런 변고가 네 차례나 일어났으니 놀라움과 함께 통분함을 금하지 못하겠습니다." 하였는데, 예조가 회계하기를, "예로부터 이런 변고가 일어나는 것은 모두 수령을 쫓아내려고 하는 자가 있기 때문입니다. 그래서 수령을 파직시키지 말도록 근래에 관례로 굳혔으니, 그저 전패를 다시 만들어 봉안(奉安)토록 하는 것이 마땅하겠습니다." 하니, 상이 윤허하였다.

(사) • 【현개】 7권, 3년(1662) 6월 16일(정사) 3번째 기사. 충청감사가 온양군에서 전패를 분실하였다고 치계하다

충청감사가 온양군(溫陽郡)에서 전패(殿牌)를 분실하였다고 치계(馳啟)하였다. 당시에 본도에서는 2년 동안에 네 차례 이러한 변고를 당하였다. 예조가 회계하기를, "전에 이러한 변고가 모두 수령을 쫓아내려는 음모에서 말미암았으며, 수령을 파직시키지 말도록 한 것이 이미 근래의 규례가 되었습니다. 다만 전패를 만들어 봉안하는 것이 마땅합니다." 하니, 상이 그 말에 따라 시행하라고 명하였다.

『현종실록』의 (바)와 『현종개수실록』의 (사)는 온양군 객사에서 전패(殿牌)를 분실한 사건에 대한 같은 기록이다. 전패는 조선 시대 각 고을의 객사(客舍)에 봉안한, '殿(전)' 자를 새긴 나무패로, 왕을 상징하는 일종의 위패(位牌)이다. 객사에 보관하는 전패가 왕을 상징하기 때문에 이

것을 분실한 것은 결코 작은 일이 아니다. 해당 고을의 수령을 체직(遞職)하고 경위를 따져 조처하는 것이 마땅하다. 그런데 예조(禮曹)는 전패 분실이 빈번하였고 전패를 훔쳐내는 것이 고을 수령을 체직시키기 위한 의도에서 발생한 것이니, 다시 만들어 봉안하기만을 청한다. 그러자 임금은 예조의 주청대로 시행할 것을 명한다.

이와 같은 내용에서 『현종실록』과 『현종개수실록』의 (바)와 (사)에서 드러나는 차이점은 충청감사 오정위와 온양군수 박유동의 이름뿐이다. 전패를 다시 만들어 봉안하기로 한 마당에 굳이 두 사람의 이름을 실록에 남겨두는 것이 정당치 않다고 판단한 때문으로 보인다. 물론 (사)가 당파적 차원에서 오정위와 박유동을 보호하기 위한 교정일 수도 있다. 그렇지만 동일 사건에 대한 이와 같은 기록의 차이는 아산의 공간성을 해명하는데, 별다른 영향을 끼치지 않는다. 그러므로 굳이 두 기록을 함께 제시할 필요가 없다고 판단하였다. 이에 근거하여 내용이 풍부한 『현종실록』의 (바)만을 수재하였다.

그러나 동일한 사건에 대한 기록이라 하더라도, 각각의 기록에서 다소간의 의미 있는 편차가 보이거나 아산의 공간성 이해와 유관하다고 판단한 경우는 수재하였다. 다음의 경우가 그렇다.

(아) ● 【실록】 현종 12권, 7년(1666) 4월 25일(을해) 2번째 기사. 영상 정태화 등을 인견하여 본도 역의 견감, 노인들의 가자 등을 논의하다
영상 정태화, 우상 허적, 호판 정치화, 충청감사 임의백(任義伯)을 인견하였다. 상이 이르기를, "본도의 역(役)을 견감하는 일을 어떻게 정해야 하겠는가?" 하니, 태화가 아뢰기를, "상께서 특명을 내려 견감하셔야 합니다." 하였다. 상이 이르기를, "작년에는 얼마나 견감하였는가?" 하니, 허적이 아뢰기를, "온양은 전세(田稅)를 모두 감하였고 먼 읍은 수미(收米) 2두(斗)를 견감하였습니다." 하였는데, 상이 이르기를, "지금은 역민(役

民)이 작년의 배나 되니 한결같이 작년의 예에 따라 견감하고, 경기도 그와 같이 견감하라." 하였다. 의백이 힘써 수군이 지탱하기 어려운 폐단을 진달하고 추후에 변통하는 방도를 계문하겠다고 하였다. 태화가 아뢰기를, "노인들의 가자(加資)는 한결같이 작년의 예에 따르셔야 합니다." 하니, 상이 이르기를, "감사로 하여금 계문하게 하라." 하였다. 태화가 아뢰기를, "신계영(辛啓榮)은 인조조(仁祖朝)에 삼사(三司)에 출입했던 신하인데, 지금 나이가 아흔입니다." 하니, 허적이 아뢰기를, "이 사람은 계문하기를 기다릴 것도 없습니다." 하자, 상이 이르기를, "종 1품에 초승(超陞)하라." 하였다. 관원을 보내어 연양부원군(延陽府院君) 이시백(李時白)과 판중추 김집(金集)에게 치제(致祭)하게 하였는데, 도승지 김수흥의 말을 따른 것이었다.

(자) ● 【현개】 현개 15권, 7년(1666) 4월 25일(을해) 4번째 기사. 온천의 효험 및 온양의 요역, 노인 우대 등에 대해 논의하다

상이 영상 정태화, 우상 허적, 호조판서 정치화, 충청감사 임의백을 인견하였다. **허적이 아뢰기를, "어가를 돌릴 날짜가 수일밖에 안 남았는데, 안질이 더욱 나아지는 효과가 있으십니까?" 하니, 상이 이르기를, "상당히 나았다마는 지난해처럼 통쾌하지는 않은 것 같다." 하였다. 허적이 아뢰기를, "자전께서는 목욕하시고 나서 뚜렷한 효험을 보셨습니까?" 하니, 상이 이르기를, "그전에 앓아오던 습열의 증세는 쾌히 근치가 되었는지는 모르겠으나 지금 보기에는 신기한 효험이 있는 것 같다."** 하고, 태화 등에게 묻기를, "본도의 요역을 견감해 주는 일에 대해서는 어떻게 의논해 정하였는가?" 하자, 태화가 아뢰기를, "상께서 특별히 견감해주라고 명하시어 은혜의 뜻을 보이셔야겠습니다." 하였다. 상이 이르기를, "지난 해에 견감해 준 것은 얼마나 되는가?" 하니, 허적이 아뢰기를, "온양은 전세를 완전히 감해 주었고 나머지는 두 말을 감해 주었습니다." 하자, 상이 이르기를, "지금 역시 일체 지난해처럼 견감해 주되 경기도 똑같이 감해 주라." 하였다. 태화가 아뢰기를, "충청감사가 입시하였으니, 말씀드릴 만한 백

성의 폐막이 없지 않을 것입니다." 하자, 임의백이, 수군의 신역이 너무나 무거워서 유지할 수 없는 폐단에 대해 말하고, 또 아뢰기를, "엊그제 재이 (災異)로 인하여 백성의 폐막에 대해 하문하시고 또 인재를 구하셨는데, 때마침 거둥하신 때를 당하여 미처 장계를 올리지 못하였습니다. 뒤에 조목조목 열거하여 아뢰겠습니다." 하였다. 허적이 아뢰기를, "지난해 본 도의 노인에게 가자할 때에 80세로 한정하였기 때문에 79세 된 자들이 그 가운데 들어가지 못하였는데, 올해에 이르러 기대하는 마음이 없지 않다고 합니다." 하니, 상이 이르기를, "본도로 하여금 조사해 뽑아 아뢰 게 하라." 하였다. 태화가 아뢰기를, "전 참판 신계영(辛啓榮)에게 가자를 하였으나, 올해에 90이 찼으니, 이 사람에게 별도로 은전을 베풀어 노인 을 우대하는 은전을 보여야 하겠습니다." 하자, 상이 이르기를, "지금 어 떤 관작인가?" 하니, 태화가 아뢰기를, "지중추입니다." 하자, 상이 이르 기를, "종1품으로 올려 주라." 하였다.

(아)와 (자)는 동일한 날짜의 기사이다. "현종 7년(1666) 4월 25일(을 해)"의 기사다. 그런데 (아)의 『현종실록』과 (자)의 『현종개수실록』에는 차이가 있다. 특히 (자)에는 (아)에 없는 내용이 첨가되어 있다. 현종과 자전(慈殿)이 온천한 후의 효험이 있는지에 대한 대신들과의 대화가 그 것이다. 자료 내용상의 이같은 차이를 고려하여 『현종실록』의 기사와 『현종개수실록』의 기사를 모두 수록했다. 다만 『현종개수실록』의 내용 은 온천의 효험을 기술한 것이 첨가되었다는 점에서 온천 효험으로 분 류하여 수재할 수도 있었지만, 『현종실록』과의 비교 이해도 필요할 것 같아 온행으로 분류하여 (아)와 (자)를 나란히 수재하였다.

여덟째, 『조선왕조실록』이나 기타 역사 기록의 경우 원전 자료도 함 께 제시해야 하는 것이 마땅하다. 하지만 자료집을 출판함에 있어서 현 대 독자의 가독성과 출판물의 분량을 고려하지 않을 수 없었다. 이런 까닭으로 번역된 형태의 자료가 있는 경우, 번역 자료만을 정리하여 제시하였다. 그리고 원문 자료는 별도로 제시하지 않고 출처만을 밝혔다. 해당 기록에 대한 추가적인 확인을 추구하는 일반 독자나 연구자의 경우 해당 자료의 원문을 별도로 찾아보길 권한다.

끝으로 대상 사료(史料)의 추출은 "고전번역원(http://db.itkc.or.kr)"의 DB를 활용하였으며, 자료 목록은 다음과 같은 순서로 제시하였다. "수록 문헌 → 문헌 수록 시기 → 문헌 수록 기사의 주제 혹은 핵심어 → 내용" 순이다. 이를 『조선왕조실록』의 아산 관련 기록을 예로 제시할 경우 다음과 같다.

> (차) • 【실록】 성종 9권, 2년(1471) 3월 10일(계미) 3번째 기사. 충청도관찰사가 동가락지와 동철을 바치니 동철은 바치지 말라고 전지하다
>
>   충청도관찰사(忠淸道觀察使) 선형(宣炯)이 온양군(溫陽郡)의 사람이 밭이랑 사이에서 주운 금가락지[金環] 1벌과 동철(銅鐵) 몇 덩이를 바치니 전지하기를, "금후로는 동철(銅鐵)은 바치지 말라." 하였다.

위 기사는 『조선왕조실록』 성종 때 아산의 밭에서 발견된 유물을 국왕에게 바친 것을 기록한 것이다. 아마 삼국시대 혹은 그 이전의 매장 유물이 발견된 것을 보여주는 바로, 아산의 지역성과 유관한 자료이다. 이 수재 자료의 "【실록】"은 『조선왕조실록』을 가리킨다. 그리고 "성종 9권"은 『성종실록』의 정식 명칭인 『성종강정대왕실록(成宗康靖大王實錄)』 9권을 약칭한 것이고, "2년(1471) 3월 10일(계미) 3번째 기사."는 『성종실록』에 해당 기사가 수록된 시기와 해당 날짜에 실린 기사의 순서를 뜻한다. 성종 2년(1471) 3월 10일의 기록으로 3번째 항목의 기사라는 의미다. 그리고 이하 "충청도관찰사~"는 해당 기사의 핵심적 내

용에 해당한다. 다만 핵심적 내용을 적시한 주제문은 기록된 내용 전체를 가리키는 경우가 많아 내용의 범위를 벗어난 경우도 있다. 이 경우 주제문을 기사 내용에 부합하도록 일부 수정하기도 하였다.

이상과 같은 아산(牙山) 관련 역사 기록 수재의 방식은 전적으로 편찬자의 판단에 따른 것이다. 예컨대 (차)의 경우 아산의 물질 문화를 가늠케 하는 자료이므로 민풍(民風)과 관련된 항목으로 소분류할 수도 있고, 기타 사건으로 소분류할 수도 있다. 이에 대한 자료적 판단은 연구자에 따라 달라질 수도 있으나, 여기서는 기타 사건으로 소분류했다. 이것은 정사(正史) 기록 가운데 아산 관련 자료의 종합성을 잃지 않으면서도 자료 제시의 난만(爛漫)함이나 독자의 가독성 저하를 방지하기 위한 방편적인 시도였다. 향후 아산학 연구 자료가 축적되고 자료의 분류 체계가 수립될 필요성이 제기된다면, 이에 따라 분류 체계를 새롭게 수립하는 작업도 필요할 것이다.

3. 자료의 분류 체계 및 특징

본 자료집에서 조사, 정리한 자료는 정사(正史) 속 아산 관련 기록들이다. 이들 자료의 분류 체계와 그 특징에 대해 간략하게 서술하면 다음과 같다.

먼저 분류 방식 및 체계이다. 자료의 분류는 지리(地理), 행정(行政), 온천, 사건사고(事件事故)를 대분류 설정의 척도로 삼았다. 이런 척도 설정은 아산 관련 자료의 존재 실상을 어느 정도 고려한 것이다. 지리는 자연지리와 인문지리로 대별되는 것을 고려하여, "지리와 민풍(民風)"이라고 대분류 명칭을 정했다. 이것은 민풍의 영역에 인물과 풍속, 신앙 관련된 인문지리적 자료가 포함되기 때문이다. 즉 "지리와 민풍"이란 항목은 자연지리라 할 수 있는 지리 환경, 기상, 재해의 항목과 인문지리라 할 수 있는 인물 및 풍속을 포함한 것이다. 그리고 이를 근거로 "지리 환경", "기상과 재해", "인물과 풍속"으로 중분류했다. 각 중분류 항목의 경우, 지리 환경은 소분류 하지 않고, 중분류 명을 그대로 적용했다. "기상과 재해"는 각각 "기상", "재해"라는 항목으로 소분류 했으며, "인물과 풍속" 역시 "인물", "풍속" 항목으로 소분류했다. 이는 지리적 특징을 고려한 환경에 대한 기록, 아산의 기후 및 재해에 대한 기록, 아산의 인물과 풍속 및 물정(物情), 신앙과 관련된 기록 등을 정리한 것이다.

행정은 국가 행정과 관련된 제반 사항을 포함한 명명(命名)이다. 다만 대분류의 구체적 명명을 "행정과 조운"으로 정한 것은 아산의 지역적 특성인 조운 관련 자료의 양이 방대하여 일반 행정과 다르게 별도의 항목으로 정리할 필요가 있었기 때문이다. 그리고 이런 대분류를 "행정(行政)", "조운(漕運)"으로 중분류했다. 중분류 항목의 "행정"은 "제도 정비", "조세 및 진휼", "인사 행정", "유배"로 구분하여 소분류하였고, "조운"은 소분류 항목을 별도로 설정하지 않고, 그대로 두었다. 조운 관련 기록을 더 작게 구분하는 것이 무의미할 뿐더러 자료의 양도 소분류를 필요로 하지 않을 정도였기 때문이다.

온천 관련 대분류 명명은 "온천과 온행"으로 했다. 이것은 온천과 온행 관련 자료의 양이 방대하여 별도의 항목으로 정리할 필요가 있다는 것과 아산의 지역성 특성을 함께 고려한 것이다. 그리고 중분류 "온천 효험"은 소분류하지 않고 "온천 효험"이란 중분류 항목을 그대로 적용했다. 온천 관련 일반 자료의 양이 많지 않았던 까닭이다. 중분류 "온행 문화"는 "온행(溫行)", "온행 행사", "온행 특사(特賜)"로 소분류했다. 여기서 "온행"은 임금의 온천행과 관련된 행정적 처분 및 온천 행렬 등에 대한 기록들을 중심으로 정리한 것이다. "온행 행사"는 임금의 온천행과 관련된 제반 문화 행사 특히 사냥, 강무(講武), 과거, 유락(遊樂) 등 온행할 때 진행됐던 제반 행사와 관련된 자료를 정리했고, "온행 특사(特賜)"는 온행 과정이나 온행이 끝난 후 이루어진 각종 상사(償賜)를 기록한 자료를 중점적으로 정리했다.

그리고 "전쟁과 사건"은 중분류의 "전쟁과 변란", "부정부패", "사건"으로 구분했다. 그리고 소분류에 있어서는 중분류 항목인 "전쟁과 변란"은 "전쟁과 피화", "역모와 변란"으로 "부정부패"는 탐학과 무능, 회뢰와 부정으로, "사건"은 살인, 군도, 기타 사건으로 구분하여 정리했다. 탐학과 무능은 관리의 잔혹함과 부패, 무능함에 초점을 맞췄다. 이에 반해 회뢰와 부정은 뇌물수수와 청탁 등의 부정행위를 주로 포함했다.

이상과 같은 방식의 분류 체계는 자료의 실제적 양상을 고려하였으며, 개별 자료의 특성에 대한 판단은 편찬자의 판단에 따랐다. 이를 정리하면 아래의 〈아산 관련 역사 기록 자료 분류 체계〉와 같다.

〈 아산 관련 역사 기록 자료 분류 체계 〉

번호	대분류	중분류	소분류	비고
1	지리와 민풍(民風)	지리 환경	지리 환경	
		기상과 재해	기상(氣象)	• 기상과 재해의 구분은 기상 현상과 민인(民人)에 대한 피해의 기록 여부에 따름.
			재해(災害)	
		인물과 풍속	인물(人物)	
			풍속(風俗)	• 풍속에는 인정 세태와 신앙을 포함. 다만 온천 문화와 유관한 것은 따로 정리함.
2	행정과 조운	행정	제도 정비	
			조세 및 진휼	• 진휼은 조세와 밀접한 관련이 있어 함께 정리함.
			인사 행정	
			유배(流配)	
		조운	조운(漕運)	
3	온천과 온행	온천 효험	온천 효험(效驗)	
		온행 문화	온행(溫行)	• 왕의 온천 행차 및 주필(駐蹕)과 관련된 자료를 포함함.
			온행 행사	
			온행 특사(特賜)	• 온행 행사에 공헌한 관리 및 민인(民人)에 대한 상사(償賜)를 포함함.
4	전쟁과 사건	전쟁과 변란	전쟁과 피화(避禍)	• 전쟁과 피화는 밀접한 관련 있어 함께 정리함.
			역모와 변란(變亂)	• 변란은 국가 간 전쟁이 아닌 경우로, 왜구의 침탈을 포함함.
		부정부패	탐학(貪虐)과 무능	• 탐학은 행정 관리의 잔혹함을 포함함.
			회뢰(賄賂)와 부정	• 회뢰는 뇌물로 부정과 밀접히 관련.
		사건	살인(殺人)	
			군도(群盜)	
			기타 사건	• 살인과 군도를 제외한 다단한 사건 일체를 포함함.

이상의 분류 체계 속에서 확인되는 아산 관련 자료 가운데 흥미로운 내용을 일별하면 다음과 같다. 첫째, 지리 환경과 관련된 자료를 통해서는 아산이 온천, 조운, 전략적 요충지의 특징을 지녔음을 알 수 있다. 『고려사』의 「온수군(溫水郡)」과 「신창현(新昌縣)」의 기록을 보자.

(가) 원래 백제의 탕정군(湯井郡)인데 신라 문무왕은 주(州)로 승격시키고 총관을 두었으며 후에 주를 폐지하고 군으로 만들었다. 고려 초에 지금 명칭으로 고쳤고 현종 9년에 본 천안부(天安府)에 소속시켰으며 명종 2년에 감무를 두었다. 온천이 있다.[4]

(나) 원래 백제의 굴직현(屈直縣)인데 신라 경덕왕은 기량(祈梁)으로 고치고 탕정군의 관할 하에 현으로 만들었다. 고려 초에 지금 명칭으로 고쳤으며 현종 9년에 본 부에 소속시켰다. 공양왕 3년에 이 현 서쪽에 있는 장포(獐浦)에 성을 쌓고 인근 주, 현의 세곡(租)을 이곳에 집합시켜 배에 싣고 서울까지 운반하게 됨에 따라 비로소 만호(萬戶)를 두어 감무를 겸임케 하였다. 도고산(道高山)이 있다.[5]

(가)「온수군」에는 "문무왕(文武王)은 주(州)로 승격시키고 총관을 두었으며 후에 주(州)를 폐지하고 군(郡)으로 만들었다."고 하면서 "온천이 있다."고 했다. 여기서 문무왕이 주(州)로 승격시켰던 것은 아산이 삼국 전쟁시 당(唐)과의 협력을 위한, 그리고 백제의 북상 차단을 위한 전략적 요충지였음을 의미한다. 반면 후에 주(州)를 다시 폐지하고 군으로 만든 것은 전쟁이 아닌 평시에 그 전략적 가치가 떨어졌기 때문이다.

(나)에서는 "장포(獐浦)에 성을 쌓고" 조운의 기지로 활용했음이 드러

---

4) 『고려사』「지(志)」「온수군(溫水郡)」.
5) 『고려사』「지(志)」「신창현(新昌縣)」.

난다. 아산은 해로의 이용이 편리한 거점 지역으로서 조운의 기지가 되었다. 해로, 조운, 내륙 교통의 교차 지점이 아산의 지리 환경적 특징임을 보여준다. 여기에 한 가지 더 중요한 사실은 상서(祥瑞)로운 조짐인 온천이 존재했다는 것이다. 온천은 사람들에게 치병(治病)과 휴식이라는 이로움을 제공하기에 상서로운 존재로 여겨졌다. 결국 아산의 지리 환경적 특징과 관련된 기록은 전략적 요충지, 조운, 온천으로 대표된다고 하겠다.

둘째, 기상(氣象)과 재해(災害)와 관련된 기록 내용을 통해서는 지진이나 해일(海溢)과 같은 자연현상이 상당한 곳임을 드러낸다. 황충과 관련된 기록이 더러 보이는 것도 주목된다. 하지만 그것은 전국적인 현상이기도 했다. 이에 반해 지진과 해일은 상당할 정도로 잦았다. 서해안 일대에서 일어나는 지진과 신창현과 아산현을 중심으로 한 해일은 아산이 해안 지대에 위치하기 때문에 일어난 현상일 수 있다.

이외에 아산만의 기상 이변으로 주목되는 것도 있다. 예컨대 평택 등과 함께 용오름을 관측할 수 있는 대표적인 지역이며,[6] 태양이 여러 개로 보이는 환일현상(幻日現像)이 관측되었을[7] 뿐만 아니라, 이상 기온이 현상으로 음력 1월에 꽃들이 피고,[8] 음력 8월에 얼음이 얼고 눈이 내렸다는 기록도 있다.[9] 이는 아산의 지역적 특징과 다소 무관한 기상 현상들이다. 그러나 다음과 같은 "온양(溫陽) 고을 안의 남산(南山) 아래 대천(大川)이 이날 밤에 흐름이 1백여 보 끊어졌다가 진시(辰時)에 다시 흘렀

---

6) 『세종실록』 56권, 14년(1432) 5월 20일(정축) 3번째 기사.
7) 『중종실록』 92권, 34년(1539) 12월 19일(임오) 2번째 기사. ; 『명종실록』 10권, 5년 (1550) 11월 28일(정사) 1번째 기사.
8) 『선조실록』 70권, 28년(1595) 12월 11일(기유) 1번째 기사.
9) 『인조실록』 41권, 18년(1640) 8월 18일(정묘) 2번째 기사.

다."는[10] 기록은 관심을 끌기에 충분하다. 지진이나 조수로 인한 현상으로 추측은 되지만 잘 이해할 수 없는 자연현상을 기록한 내용임은 분명하다.

셋째, 인물과 관련한 기록에는 맹사성, 이순신, 홍가신, 이지함 등과 관련된 것이 많다. 그러나 이들 외에도 적잖은 인물이 등장한다. 자신이 모시던 상관인 아산현감과 옷을 바꿔 입고 왜구에게 죽임을 당한 전철(全哲) 관련 기록,[11] 아산현을 폐하여 사익(私益)을 도모했던 황수신의 부정을 고발하다 고신(告身; 벼슬 임명을 위해 내린 사령서)을 뺏기고 죽은 진실하고 순후한 독서인 김구의 기록도[12] 있다. 이들은 충의와 순후함의 표상으로 언급된다. 반면 정희왕후(貞熹王后)의 형부로 "척리(戚里)로 인연하여 작위에 오름이 이에 이르렀다."는[13] 평가를 들었던 지중추부사 이염의(李念義)와 같은 인물도 있다. 그리고 앞서 언급한 정희왕후도 신창현 출생일뿐만 아니라 그녀의 이름과 출생에 대한 흥미로운 기록도 있다.

자순왕대비(慈順王大妃) 윤씨(尹氏)는 파주인(坡州人)이다. 아버지 윤호(尹壕)가 신창현감(新昌縣監)으로 있을 때인 임오년 6월 무자일에 그 고을 관아(官衙)에서 출생했기 때문에 창(昌)자를 가지고 창년(昌年)이라고 이름을 지었었다. 이에 앞서 어머니 전씨(田氏)가 꿈에 하늘 위의 채색 구름 속에서 천녀(天女)가 내려와 품 안으로 들어오는 것을 보고서 매우 기이하게 여겼는데, 그길로 임신하였으므로, 부모들이 마음에 매우 특이

---

10) 『숙종실록』 49권, 36년(1710) 12월 28일(무자) 2번째 기사.
11) 『세종실록』 63권, 16년(1434) 1월 28일(병오) 4번째 기사.
12) 『세조실록』 28권, 8년(1462) 4월 9일(갑술) 2번째 기사.
13) 『성종실록』 269권, 23년(1492) 9월 29일(정유) 8번째 기사.

하게 여겼었다.[14]

정희왕후는 신창 관아에서 출생했으며, 그래서 이름이 신창에서 따온 "창(昌)"을 쓴 "창년(昌年)"이라고 했다. 다만 창년의 "년(年)"은 해[年]가 아닌 현재의 "여자를 낮추거나 욕하는 말"의 음차였을 것이다. 물론 당시에는 "년"은 여성을 가리키는 보통명사였다. 즉 창년은 "(신)창에서 태어난 여자아이 혹은 계집애" 정도로 이해할 수 있다. 훗날 왕후, 대비에 이른 사대부가의 여성이라고 해도 어려서는 특별한 의미를 가진 이름을 지어주지 않았던 것이다. 여기서 "천녀(天女)가 품에 드는 태몽"은 훗날 다소 윤색되어 그녀의 뛰어난 자질을 강조하는 기능을 했을 것임이 분명하다.

이외에 정사(正史)에는 아니지만 맹희도의 효행이 『속삼강행실도(續三綱行實圖)』에 그림과 함께 보인다는 점도 주목할만하다. 맹희도라는 인물은 조선 시대 그 누구보다 보편적 인식의 대상이었다. 조선 시대『삼강행실도』는 약 3,000여 차례 국가에서 간행했던 책이기 때문이다.

넷째, 풍속(風俗)과 관련한 기록에서 주목되는 바는 아산의 경계성 혹은 이중성을 나타내는 것들이다. 다음의 두 기록을 보자.

> 지평 연구령(延九齡)이 아뢰기를, "대간이 벽제(辟除)를 하고 가도 통훈대부 이하의 관원들은 모두 지나갈 수가 없는데, 하물며 이숙춘(李叔春)은 내관(內官)으로 말을 타고 길을 범했으니 어찌 사체(事體)에 합당하겠습니까. 근일에 내관이 청가원(請暇願)을 제출한 자가 많아서 각 고을에 폐를 끼치게 됩니다. 온양(溫陽)의 한 고을만 보아도 내관 김은(金銀)이 혹시 내려오면 온 도(道)가 힘을 기울여 그를 뒷바라지하게 됩니다. **온양이 옛**

---

14) 『중종실록』 69권, 25년(1530) 8월 23일(경진) 2번째 기사.

날에는 조금 여유 있고 번영했었으나 지금은 피폐하여 쇠잔해졌습니다.
다만 이는 온정(溫井)이 있어서 그렇게 된 것은 아닙니다. 내관들이 지나
간 곳은 거의 모두 이와 같습니다." 하였다.[15]

이는 내관 이숙춘의 사체(事體)에 어긋난 행동을 규탄하는 내용이다.
온양은 행궁(行宮)이 있는, 종4품의 행정관이 다스리는 군(郡)으로 제법
번요한 지역일 것이라 생각하기 쉽다. 그러나 기록에는 "옛날에는 조금
여유 있고 번영했었으나 지금은 피폐하여 쇠잔해졌다."고 했다. 심지어
중종 때, 신영철(申永徹)이란 인물은 온양이 피폐한 곳이라 군수로 부임
하기 싫어 인사권을 담당하는 이조에 로비하여 단양군수로 직임이 바뀌
기도 하였다. 온양군의 번영과 쇠락을 짐작할만하다. 온양이 늘 번성했
을 것으로 지레 짐작하기 일쑤지만, 실제로는 그렇지도 않은 공간이었
던 것이다. 이것은 정반대처럼 보이는 아산현의 경우도 그러하다.

(헌부가 아뢰기를) **"아산현(牙山縣)은 바닷가에 위치하여 풍속이 거세
고 백성이 완악하므로** 다스리기 어려운 곳으로 일컬어지는데, 현감 강극
유(姜克裕)는 졸렬한 성품에 솜씨가 어설퍼 아전이 농간을 부리므로 백성
이 그 폐해를 받아 온 경내가 원망하고 괴로워하니, 파직하도록 명하소
서." 하였다.[16]

이는 "아산현은 바닷가에 위치하여 풍속이 거세고 백성이 완악하"다
는 내용을 담고 있다. 궁벽한 바닷가의 고을로 아전의 농간과 백성의
완악함으로 웬만한 관리가 감당할 수 없었다. 아산이 번성한 공간이 아

---

15) 『중종실록』 21권, 9년(1514) 12월 21일(기유) 1번째 기사.

16) 『선조실록』 181권, 37년(1604) 11월 13일(기축) 3번째 기사.

님을 과하다 싶을 정도로 직설적으로 지적하였다. 그러나 아산현은, 이민구(李敏求)를 "아산현(牙山縣)으로 양이(量移)하게 하였다."는 기록이 보일 정도로 외진 곳은 아니었다. 이민구는 애초 영변(寧邊)에 유배되었던 인물이다. 그런 그가 그곳에서 정명수(鄭命守)의 처제를 첩으로 삼았고, 이에 정명수(鄭命守)는 조선에 압력을 넣어 이민구를 아산으로 이배(移配)케 했다. 조선 시대에도 아산은 영변보다는 궁벽한 공간이 아니었던 셈이다. 이것은 아산이 근기(近畿)는 아니었지만 그렇다고 완벽한 벽지도 아니었음을 의미한다. 아산이 번성과 잔폐, 근기와 벽촌의 경계성과 이중성의 풍정(風情)을 지닌 지역이었음을 뜻한다.

이것은 아산이 내포의 끝지점에 위치함으로써 해안과 내륙의 경계 지역이었음에서도 드러난다. 이존창(李存昌)은 '내포의 사도'로 일컬어지는 초기 천주교(天主敎)의 대표적 인물이다. 현재 여사울성지로 잘 알려진 곳이 그의 생가지(生家址)다. 그런데, 실록에서는 이존창이 "신창(新昌) 사람"이라고[17] 적고 있다. 이는 단순히 실록의 착오라고 판단할 수만은 없다. 여사울성지는 도고 읍내와 4km남짓 되는 거리에 불과하다. 그의 실제 활동 영역이나 거점 지향으로 보면 예산 읍내보다는 도고를 중심으로 한 아산과 천안이 중심이었다. 실록에서 신창 사람이라고 한 까닭이다. 그리고 후에 그는 아산과 천안에서 활발히 활동하여, 현재도 천안이 그의 고향으로 알려져 있기도 하다. 아산은 내포의 예산에서 내륙의 천안으로 이어지는 경계성을 지닌 공간이었다.

다섯째, 제도 정비와 관련해서 주목되는 내용은 온수현의 온양군으로의 승격, 아산현의 폐지와 부활, 신창현의 승격 논란 등이다. 세종은 온천욕 후에 "병이 나았으므로 특별히 온수현(溫水縣)을 승격하여 온양

---

17) 『정조실록』 46권, 21년(1797) 2월 23일(갑오) 1번째 기사.

군(溫陽郡)으로 삼고 인하여 노비(奴婢)를 관호(官號)에 따라 채워 주도록 하였"다.[18]

또 충청도진휼사(忠淸道賑恤使)로 파견되었던 황수신(黃守身)은 충청 감사 황효원(黃孝源)을 극구 칭찬하며 충동하여 잔폐한 고을 아산현을 폐할 것을 계문(啓問)토록[19] 한다. 조선 청백리의 대표적 인물이자 명재 상 황희(黃喜)의 아들로 세조의 등극을 도와 좌익공신(佐翼功臣)에 책봉 되었던 황수신은 아산현의 땅과 관노를 차지하기 위해 현을 폐하도록 책략을 썼다. 아산의 노비와 땅을 차지하기 위해 그는 세조에게, "아산 에 아산(牙山) 공해(公廨)의 기지(基地) 북쪽에다 자기 처(妻)의 무덤을 이 장(移葬)하겠다."는[20] 청을 하여 허락받기도 하였다. 재물의 욕망에 눈이 멀어 현 하나를 통째로 없애버리려는 짓을 했던 것이다.

이에 반해 신창현의 승격 논의는 신창현이 정희왕후의 탄생지이므로 전례에 따라 군으로 승격해야 한다는 주장에서 시작되었다. 신창현 사 람 표간(表幹) 등이 상언(上言)하기를, "신창현이 비록 중궁(中宮)의 내외 향(內外鄕)은 아닙니다만, 그러나 (중궁이) 탄생한 곳입니다. 청컨대 군 (郡)으로 승격시켜 주소서."라고 했다. 그러나 신창현의 군(郡) 승격은 부역의 증대로 인한 신창현 백성의 부담을 증가시킨다는 논란으로 이어 져, 전례에 따라 승격은 하되 부역은 예전대로 하라는 지시가 내려지나 후에 유야무야 되고 다시금 현으로 남게 된다.

이상은 온천이라는 자연현상으로 인하여 군(郡)으로 승격되고 개인의 욕망에 의해 폐현과 복원의 홍역을 치르기도 하며, 왕비가 태어난 장소

---

18) 『세종실록』 92권, 23년(1441) 4월 17일(계미) 1번째 기사.

19) 『세조실록』 15권, 5년(1459) 1월 23일(병오) 3번째 기사.

20) 『세조실록』 33권, 10년(1464) 4월 22일(갑진) 1번째 기사 외 다수.

임을 명예롭게 여겨 군(郡)으로의 승격을 청원하는 것을 보여준다. 요컨대 자연의 혜택과 인간의 욕망, 명예가 지역에 대한 위상을 달라지게 하였다. 이외에도 온양과 신창의 통합과 분리, 아산의 소속 변경 등과 같은 제도 정비도 조선 시대 내내 여러 차례 있었다.

여섯째, 조세 및 진휼에서는 특별하게 주목되는 바가 없다. 조세와 군납, 부역의 수치에 대한 기록이 빈출할 따름이다. 다만 조세와 진휼 관련 기록에서 보면, 아산이 그리 풍족한 삶의 기반인 공간은 아니었음을 알 수 있다. 특히 조선 후기에 이르러서는 실농(失農)과 여역(癘疫)이 끊임없이 반복되어 진휼이 행해지는 공간이었다. 효종 때, 남용익은 봄철 기근에, "아산현에서 사망한 사람이 1백 40여 명"이라며 열무(閱武)를 중단할 것을 청한다.[21] 숙종 때는 진휼청당상(賑恤廳堂上)이 "신창현(新昌縣)의 배가 정박하는 곳에 나가 굶주린 백성 1천 5백여 명을 불러 모아 장약(壯弱)을 구별하여 마른 양식을 주고, 그 가운데 가장 심한 자에게는 죽을 만들어 먹이고, 타일러서 각각 본읍(本邑)으로 돌아가게 하고는 돌아와 그 정상(情狀)"을 아뢰기도[22] 한다. 그러니 신영철과 같은 책임감 없고 부패한 이가 온양군수로의 임명을 회피했던 것은 자연스러울 수 있다.

일곱째, 인사 행정 및 유배와 관련된 기록으로 흥미롭게 여길 내용은 그다지 많지 않다. 다만 유배와 관련되어서는 몇 가지 눈길을 끄는 기록이 있다. 그것은 사방지(舍方知)가 신창의 관노가 되었다는 것, 기준이 아산 유배지에서 도망하다 붙잡혀 죽임을 당했다는 것, 이민구가 동서의 압력 덕분으로 영변에서 아산으로 이배(移配)되었다는 것 등이다. 기

---

21) 『효종실록』 12권, 5년(1654) 2월 29일(경인) 1번째 기사.
22) 『숙종실록』 59권, 43년(1717) 3월 12일(정묘) 1번째 기사.

묘사화의 주역이었던 기준의 유배는 충분히 알려진 바이고, 『지봉유설(芝峯類說)』의 저자 이수광의 아들인 이민구가 아산에 이배되어 『아성록(牙城錄)』이란 아산 관련 한시(漢詩) 작품집을 저술했다는 것도 어느 정도 알려진 바다. 그러나 신창 관노가 된 사방지는 조선 전기 내내 일대의 가십거리였음은 잘 알려지지 않았다. 사실 조선 시대에는 조야(朝野)를 막론하고, 신창하면 사방지를 떠올리는 진풍경이 연출되기도 했다.

사방지(舍方知)의 일은 이러하다. 사방지란 자는 사천(私賤)이었다. 어릴 때부터 그 어미가 여자아이의 의복을 입히고 연지와 분을 발라주고, 바느질을 가르쳤다. 장성하여서는 벼슬한 선비의 집안에 꽤나 드나들며 많은 여시(女侍)와 통하였다. 선비 김구석(金九石)의 아내 이씨(李氏)는 판원사(判院事) 이순지(李純之)의 딸인데, 과부로 있으면서 사방지를 끌어다 수 놓는다고 핑계하고 밤낮으로 함께 있은 지가 거의 십년이 되었다. 천순(天順) 7년(1463) 봄에 사헌부에서 듣고 국문을 하였는데 그가 평소에 통하였던 여승[尼]에게 묻자, 여승이 말하기를 '양도(陽道)가 매우 장대하다.' 하므로 여자아이 반덕(班德)에게 만져보게 하였더니 정말이었다. 상이 승정원 및 영순군(永順君)의 스승 하성위(河城尉) 정현조(鄭顯祖) 등에게 여러 가지로 시험하여 보게 하였다. 하성위의 누이는 이씨의 며느리였다. 하성위 역시 혀를 내두르며 '어쩌면 그렇게 장대하냐.' 하였다. 상은 웃으시고 특별히 추국하지 말라고 하시며 이순지의 가문을 더럽힐까 염려된다.' 하시고 사방지를 이순지에게 주어 처리하게 하니 이순지는 다만 곤장 십여 대를 쳐서 기내(畿內)에 있는 노자(奴子)의 집으로 보내었다. 얼마 후 이씨는 몰래 사방지를 불러들였는데 이순지가 죽은 후에 더욱 방자하게 굴어 그침이 없었다. 그 뒤에 재추(宰樞)가 한가한 이야기 끝에 아뢰니, 상이 사방지를 곤장을 쳐 신창현(新昌縣)으로 유배하였다.[23]

23) 『명종실록』 8권, 3년(1548) 11월 18일(기축) 2번째 기사.

인용한 기록은 원래 사방지 관련 내용이 핵심 사항이 아니다. 해당 기록은 명종 때, 함경감사가 장계에서, "길주(吉州) 사람 임성구지(林性仇之)는 양의(兩儀)가 모두 갖추어져 지아비에게 시집도 가고 아내에게 장가도 들었으니 매우 해괴하다."고 계주한다. 이에 명종은 임성구지의 일을 대신에게 의논하되, "사방지(舍方知)를 어떻게 처리하였는지 아울러 문의하라."고 전교하는데, 위에 인용한 내용이 각주로 첨부되었다. 임성구지 일에 사방지를 거론한 것을 보면, 사방지의 일이 당시 사람들을 얼마나 충격에 빠트렸는지 알만하다. 심지어 사림의 조종(祖宗)으로 평가받는 김종직조차 신창을 지나면서 사방지와 관련된 일화를 떠올리며 2편의 시를 짓기도 했다.[24] 특정 지역이 유배자에 의해 사람들의 뇌리에 각인되기도 한다는 점에서 역사의 아이러니라 하겠다.

　여덟째, 조운(漕運)과 관련된 내용 역시 크게 흥미로운 내용은 거의 없다. 조운을 설치하고 조세로 거둔 것들을 운반하는 어려움과 그로 인해 운하를 파려는 시도, 조운 과정에서의 부정행위 등이 주를 이룬다. 운하를 파려는 시도는 고려 때부터 지속적으로 있었다. 그 가운데 태종 때의 논의를 보면 아래와 같다.

　　임금이 박자청(朴子靑)을 불러서 물었다. "온수(溫水)와 순성(蓴城)이 서로 거리가 몇 리이냐? 내가 장차 온수에 거둥하여, 마침내 순성까지 가서 친히 운하를 파는 것이 편리한지 그 여부를 보겠다." 박자청이 대답하였다. "양읍(兩邑) 사이에 큰 산이 있고 길이 또 험하므로 상체(上體)가

---

24) 비단옷 깊이깊이 몸을 감춰 오다가 / 치마 비녀 벗고 나니 진상이 드러났네. / 예부터 조물주가 변환술에 능하여 / 세상에는 음양을 구비한 사람도 있구려 / 남녀가 어찌 좌파에게 물을 것 있으랴. / 요망한 여우가 굴을 파서 남의 가문 망쳤구나. / 길거리선 하간전을 시끄러이 떠들어대고 / 규방에선 양백화를 슬피 노래하누나. (이규경, 『오주연문장전산고』, 「인사편 1」, 인사류 1, 성행(性行)).

피로하실까 두렵습니다." 임금이, "백성을 위하여 가는데, 내가 어찌 수고 스럽다고 생각하겠는가?" 하였다. 그때 하윤(河崙)이 힘써 순성의 제방을 개착(開鑿)하자는 의논을 주장하니, 아부하는 자가 많이 있었다. 임금이 대언사(代言司)에 명하였다. "순제(蓴堤)의 일은 경들이 그 가부를 정하여 계문(啓聞)한다면, 반드시 멀리 거가(車駕)를 움직일 것도 없다." 김여지(金汝知)가 대답하였다. "지난번에 너댓 신료를 보내어 형세를 가서 보았으나 오히려 그 가부를 결정하지 못하였는데, 하물며 신은 식량(識量)이 얕고 좁으며 오히려 또 그 형세를 보지 못하였습니다. 신이 들은 바로서는 진실로 어렵겠습니다. 그것은 전조(前朝)의 예왕(睿王), 숙왕(肅王) 말년(末年)에도 있었는데, 모두 백성들을 동원하여 운하를 파서 통하게 하였으나 그 효과를 보지 못하였습니다. 온수(溫水)와 순제(蓴堤)는 아주 가까우므로 거가(車駕)가 한 번 왕림하면 만세의 의논을 결단할 수 있을 것입니다." 유사눌(柳思訥)이, "만약 수만 명의 사람을 써서 여러 해를 걸린다고 하여 어찌 개착(開鑿)하지 않을 까닭이 있겠습니까?" 하니, 임금이 말하였다. "친히 그 형세를 보지 않고 그 가부를 정한다면 의정부의 의논과 무엇이 다르겠는가?"[25]

조선 초기 조운선의 무덤이라던 안행량(安行梁) 지역 조운선의 운항과 관련된 감사의 보고 이후에, 온수(溫水)에서 순성(蓴城; 현 서산시 팔봉면 진장리)까지 운하를 개착하는 것에 대한 논의를 진행한다. 내륙의 조세를 효과적으로 조운하기 위한 시도였다. 사실 조운과 육로 수송을 비교하면 그 효율성이나 비용의 측면에서 조운이 육로 수송의 1/30에 불과하다고 한다. 그런 점에서 태종 역시 직접 현장에 가서 온수에서 순성까지의 운하 개착을 살피려고 했던 것이다. 그러나 태종의 이런 시도는 실제 이루어지지 않았고, 이후에도 세조가 온양에 행행하여 개펄을 파

---

25) 『태종실록』 26권, 13년(1413) 8월 14일(경신) 2번째 기사.

게 하였으나 종국에는 실효를 거두지는 못했다.[26]

조운이 조세를 취급하는 까닭에 부정부패도 횡행하였다. 다음의 기록
도 이것을 나타낸다.

> 아산(牙山) 조운창(漕運倉)의 세곡(稅穀) 받는 법은 과조(科條)가 매우
> 엄격하게 되어 있는데도, 사격(沙格)은 뇌물(賂物)로 도득(圖得)하게 되고
> 감색(監色)은 오로지 주구(誅求)를 일삼고 있다. 경창(京倉)에 수납(輸納)
> 할 적에 당하여는 용비(冗費)를 핑계 대고서 곡축(斛縮)이 본창(本倉) 속
> 읍(屬邑) 이외의 연강(沿江), 연해(沿海)에서 임선(賃船)하여 재운(載運)
> 하는 것에서 많이 나오도록 하여, 가지가지로 농간을 부려 도둑질하느라
> 고의(故意)로 파선하는 일이 서로 잇달게 된다. 특별히 분부를 내려 준엄
> 하게 신칙하기를 전후에 거듭거듭 했는데도 태연히 징계하지도 두려워하
> 지도 아니하여 폐단이 모두 제거되지 못했으니 각별히 자세하게 검찰해야
> 한다.[27]

비변사에서 암행어사에게 주기 위한 『제도어사재거사목(諸道御史齎去
事目)』에 대한 평가와 관련된 정조의 언급이다. 특히 아산 조운창의 세
곡과 관련해서 암행어사가 어떤 태도로 무엇을 감찰해야 하는지 세세하
게 이르는 말에서 조운과 관련된 당시의 부정과 문제점이 무엇인지가
분명하게 드러나 있다. 세곡(稅穀) 받는 법이 조목별로 엄격하게 규정되
어 있는데도 사격(沙格; 사공과 격군, 잡척)은 뇌물(賂物)을 받고 감색(監色;
감독관(監督官)과 색리(色吏))은 주구(誅求)를 일삼는다는 지적, 또 수납(輸
納)할 적에는 용비(冗費)를 핑계 대고서 곡축(斛縮)을 늘이고 줄이는 방식
으로 도둑질하는 행태 등을 지적하고 있다. 조운하는 곳에 모인 재물과

---

26) 『중종실록』 75권, 28년(1533) 6월 12일(계미) 1번째 기사.
27) 『정조실록』 16권, 7년(1783) 10월 29일(정해) 3번째 기사.

연관된 부정부패의 만연을 짐작해 볼 수 있다.

아홉째, 온천 효험(效驗), 온행(溫行), 온행 행사 및 온행 특사(特賜)를 포괄하는 온천 문화와 관련된 내용에는 너무나 많은 기록들이 있다. 그러나 이런 기록들과 관련된 기존 연구나 책들이 많이 나와 있으므로 여기서는 온행이 일반 민인(民人)에게 주는 부담에 대한 것만을 들어보겠다. 물론 조선의 왕들은 온행의 어려움을 알고, 백성의 부담을 덜어주려고 했을 뿐만 아니라, 세종처럼 백성의 어려움을 항상 염두에 두고 적극적 복지 정책을 시행하는 경우도[28] 있었다. 그러나 그것은 언 발에 오줌 누는 격에 불과했음도 주지의 사실이다.

(가) 어영대장 유혁연은 보군 1천 3백 60명과 별마대 57명과 별초 무사 49명과 별파진 22명과 각 차비군 3백 31명을 거느리고, 훈련천총 구문치는 연(輦)을 호위하는 포수 1천 명을 거느리고, 금군별장 이동현은 금군 5백 50명을 거느리고 마대 별장 민승 등은 마병 5백 명을 거느리고 앞뒤로 호위하였다.[29]

(나) 호조에서 아뢰기를, "지금 온수에 가는 어가(御駕)를 수종하는 각 품관(品官) 및 군사들의 말 먹일 콩을, 만약 강무(講武)할 때 풍년의 예에 의한다면, 5천 3백 70여 석에 달하여 수송하는 데 폐가 있으니, 청컨대 흉년의 예에 좇아 한 달 마료(馬料) 4천 석을 천안 고을로 옮기게 하옵소서." 하니, 그대로 따랐다.[30]

---

28) 임금이 말하기를, "외방(外方)의 온정(溫井)이 있는 곳에 목욕하여 병을 치료하고자 하는 잔질(殘疾)이 있는 사람들이 많이 모이는데 양식이 떨어져 고생하고 있으니, 의창(義倉)의 진제(賑濟)하는 예(例)에 의거하여 병든 사람이 많이 모여드는 온정(溫井) 곁에 곡식 2, 3백 석(石)을 쌓아두고 진휼(賑恤)하는 것이 어떻겠는가. 예조에서 정부와 함께 의논하여 아뢰라." 하였다.(『세종실록』 37권, 9년(1427) 8월 29일(갑신) 4번째 기사.)

29) 『현종개수실록』 15권, 7년(1666) 3월 26일(병오) 1번째 기사.

(가)는 온행(溫行)에 동원되는 군사의 종류와 수를 적고 있다. 군사의 수만 총 3,869명임을 보여주는 기록이다. 그리고 (나)는 온행에 동원되는 말을 먹이기 위한 콩의 수효를 기록한 것이다. 콩만 5,000석에 이른다. 다만 백성을 동원한 수송의 폐가 심하니 줄여서 4,000석으로 하자는 호조의 건의이다. 요즘처럼 운송 수단이 발달하지 않은 시기에 수송해야 할 마료의 양이 실로 엄청나다. 거기에다 동원되는 군사들이 먹는 식량도 고려해야 한다. 개별 온행 때마다 동원되는 군사의 수는 대략 3~4,000명 사이이다. 이들 군사가 온양과 온양 주변에 가서 천막을 치고 한 달여를 머물며 생활하게 된다. 그런데 이들이 민가에 피해를 끼치지 않고 얌전히 주둔지에만 머물며 임무를 수행했을 것이란 추측은 순진한 생각이다. 실제로 군대를 포함한 왕의 수행원들은 온양에서 언제나 다양한 사건과 사고를 일으켰다. 그리고 그에 대한 기록도 상당하다. 다음의 기록은 이를 방증(傍證)한다.

> 임금이 약원(藥院)의 여러 신하를 소견하였다. 이때에 성궁(聖躬)의 가려움 증세가 가시지 아니하여 여러 신하들이 온천(溫泉)의 물을 길어다가 훈세(薰洗)할 것을 청하였다. 온양(溫陽)은 서울에서 거리가 3일의 노정(路程)이 되어 임금이 민폐(民弊)를 염려하여 어렵게 여겼는데, 강청(强請)한 연후에 단지 두 번만 길어 올 것을 허락하였다.[31]

영조의 피부병이 자못 심했던 모양이다. 이에 신하들이 온천물을 길어다 훈세(薰洗)할 것을 청한다. 그러나 영조는 3일 노정이 되어 민폐를 끼칠 것을 염려해서 받아들이기 어렵게 여긴다. 신하들이 억지로 청해

---

30) 『세종실록』 59권, 15년(1433) 2월 12일(병신) 5번째 기사.
31) 『영조실록』 70권, 25년(1749) 10월 29일(갑진) 2번째 기사.

서 겨우 두 번만 길어올 것을 허락한다. 그리고 한 달쯤 후에 제조(提調) "김상로가 다시 온천(溫泉) 물을 길어 오게 할 것을 청하니, 임금이 말하기를, '정지토록 하라. 내가 온양(溫陽)의 백성으로 하여금 편안히 세시(歲時)를 지내게 하련다.' 하였다."고 한다. 영조는 온천물 긷는 것조차 세시에 백성의 괴롭힘이 될 수 있음을 알았던 것이다. 하물며 동원되는 군사만 3~4천 명에 달하고, 수행하는 인원과 임금을 맞이하기 위한 지방관의 인력 동원까지 고려한다면 온행은 보통 민폐가 아니었다. 임금이 온행 후에 해당 지역민의 조세를 감면하고 해당 관리들에게 특사(特賜)를 베푼 것도 다 그럴만한 이유가 있었던 것이다. 그러나 온천 문화가 부정적인 면만 있었던 것은 아니다. 민폐와 뇌물, 각종 사고가 난무했던 것도 사실이지만 동시에 매사냥, 과거의 실시, 유락이 어우러지는 축제의 일환이기도 했다. 더구나 온천은 서상(瑞祥)이며, 온양은 하늘이 내린 길지라고 여기기도 했다. 이런 이유로 목천(木川) 사람인 전사례(全思禮)는 온양이나 천안에 궁궐을 세울 것을 상소하기도 했다.[32]

열째, 전쟁과 반란 관련 기록으로 흥미를 끄는 것은 무엇이 있는가. 고려 건축 초기 유검필(庾黔弼)과 관련된 다음의 기록은 아산의 공간성을 여실히 보여준다.

태조 11년에 왕의 명령으로 탕정군(湯井郡)에 성을 쌓았다. 당시 백제의 장군 김훤(金萱), 애식(哀式), 한장(漢丈) 등이 3천여 명의 군사를 거느리고 청주(靑州)를 침범하였다. 하루는 유검필이 탕정군 남산(南山)에 올라가 앉아서 졸고 있었는데 꿈에 어떤 큰 사람이 나타나서 말하기를, "내일 서원(西原)에 반드시 변고가 있을 터이니 빨리 가라"고 하였다. 유검필은

32) 『세조실록』 45권, 14년(1468) 2월 2일(계사) 8번째 기사.

놀라 깬 후 그 길로 청주로 가서 적군과 싸워 격파하고 독기진(禿岐鎭)까지 추격하였는데 살상 포로가 3백여 명이었다. 중원부(中原府)에 달려가서 태조를 보고 전투 정형을 자세히 보고하였더니 태조가 말하기를, "동수 싸움에서 신숭겸과 김락 두 명장이 전사하였으므로 국가를 위하여 깊이 근심하였더니 지금 그대의 말을 듣고 나의 마음이 저으기 안심되었다."라고 하였다.[33]

『고려사』「열전」의 〈유검필(庚黔弼)〉 조의 기록이다. 백제와 고려의 전쟁을 기록한 것으로 아산의 지리적 특징을 고스란히 보여준다. 아산이 삼국 전쟁 시 전략적으로 얼마나 중요한 위치에 있는지를 명백히 말해준다. 태조 왕건이 탕정에 성(城)을 쌓게 한 것은 아산이 전주, 부여, 공주로 이어져 북상할 수 있는 요로(要路)일 뿐만 아니라, 서해 뱃길이 천안-청주의 내륙으로 진출할 수 있는 해상 교통의 요로였기 때문이다. 그렇기에 탕정에 성을 쌓게 하고 바다와 서해안 길 모두를 지키게 했다. 다만 백제군은 유검필이 선점하고 있던 아산을 피해, 내륙로(內陸路)인 청주 방향으로 북상해서 신라와 연합하려 했던 고려군을 차단, 공격하려 했던 것이다. 실제로 현재 아산 지역에는 20여 개의 산성(山城)들이 존재한다. 이는 전쟁 관련 기록에서 확인할 수 있는 아산의 공간적 위상을 보여주는 단적인 예다.

이런 아산의 공간성은 임진왜란은 물론 근대전환기에 이르기까지도 크게 바뀌지 않는다. 임진왜란 당시의 『선조실록』에는 "아산(牙山) 고을은 호서(湖西)의 요충지(要衝地)에 있어 사변을 당한 오늘날 기무(機務)가 가장 긴요하므로 나이가 젊어 일에 경험이 부족한 신 현감(縣監) 조국필

---

33) 『고려사』 제92권 / 열전 제5 / 유검필(庚黔弼)

(趙國弼)이 감당하기 어려울 것이니 체차(遞差)를 명하시고 각별히 사람을 골라 제수하소서."[34]라는 기록이 있다. 임진왜란 당시에도 아산은 조운과 육해로의 교통 요충지였던 것이다. 이것은 근대전환기 우리나라에서 벌어진 외국군 간의 전투인 청일전쟁에서도 드러난다. 청군이 아산만에 상륙해서 일본군과 전쟁을 벌였고, 이로 인해서 "아산이 무너지나 평택이 깨지나"라는 속담까지도 생기게 되었다. 아산이 전쟁과 어떤 관련을 맺는지 잘 드러내주는 바라 하겠다.

이에 반해 아산에서 반란이 직접 발생한 경우는 없다. 『삼국사기』에 삼근왕 2년 봄에 "좌평(佐平) 해구(海仇)는 은솔(恩率) 연신(燕信)과 더불어 무리를 모아 대두성에 웅거하며 모반"했다는 기록이 있고, 『고려사』 태조 대에 "웅주(熊州), 운주(運州; 洪州) 등 10여 주현이 모반하여 백제로 가 붙었다."는 기록이 있으며, 『고려사절요』에 고종 4년에 진위현 사람 이장대, 이당필, 김례 등이 반란을 일으켜 아산의 하양창(河陽倉)의 곡식을 탈취했다는 기록 정도가 있을 따름이다. 그러나 대두산성의 실체가 불명확할 뿐만 아니라 태조 원년의 기록은 삼국 쟁투의 시기라 반란이라 할 것도 없고, 고종 대의 사건 역시 주발생지는 아니다. 이것은 조선 시대도 마찬가지다. 조선 시대에도 크고 작은 사건들은 있었지만 역모라 할 만한 사건은 없다. 송유진은 천안과 직산을 배경으로, 이몽학은 홍산 무량사에서 역모를 일으켰다. 이들의 역모가 아산과 일정 부분 연관이 되긴 하였지만, 그들이 아산을 기반으로 역모를 일으킨 것은 아니다.

열한째, 부정부패와 관련된 기록 가운데 흥미를 끄는 것은 적지 않다. 예나 지금이나 권력자의 부정부패는 실로 다양하다. 그 모든 경우를 매

---

34) 『선조실록』 40권, 26년(1593) 7월 21일(계유) 2번째 기사.

거(枚擧)할 수는 없는 노릇이니 국왕에서 호장(戶長)에 이르기까지 각각의 예를 하나씩만 살펴보도록 하겠다.

(가) 사헌부(司憲府)에서 아뢰기를, "해조(該曹)의 결정에 의하여 내수사(內需司)에 투속(投屬)된 노비(奴婢)들을 본주(本主) 방진해(方振海) 등에게 돌려줄 것을 청합니다." 하였다. 방진해는 온양(溫陽) 사람인데, 노비를 내사에 빼앗겼으므로 공홍도(公洪道)에 나아가 소송하자, 본도(本道)에서 판결해 줄 것을 계문(啓聞)하였다. 해조(該曹)에서 이를 복주(覆奏)하여 윤허를 받았는데 내사에서는 '추쇄(推刷)한 뒤에는 청리(聽理)를 허락하지 않는다.'는 수교(受敎)를 끌어다 방계(防啓)하여 윤허하지 말게 하였다. 임금이 내주지 말라고 명하니, 이에 방진해가 법부(法府)에 원통한 사정을 호소한 까닭으로 이렇게 아뢰었으나, 임금이 윤허하지 않았다.[35]

(나) 창원군(昌原君) 이성(李晟)에게 하서하기를, "들으니, 경(卿)은 온양(溫陽)에 가서 목욕은 하지 않고 여러 군(郡)을 돌아다니면서 즐겁게 놀고 있다 하니, 우리 백성들의 괴로움을 그대는 생각지 않는가? 속히 올라오라." 하였다.[36]

(다) 이 앞서 명하여 온양(溫陽) 근방 여러 고을의 사형수(死刑囚)를 모아 친히 재결하였는데, 이에 이르러 홍주(洪州)에서 강도(强盜)로 가둔 신철산(申哲山)이 이르렀으므로, 임금이 불러 보고 묻기를, "너의 나이는 몇 살이고 옥에 갇힌 지는 몇 해이며, 범한 것은 무슨 일이냐?" 하니, 신철산이 대답하기를, "나이는 15살이고, 갇힌 지는 3년이며, 수령(守令)이 억지로 강도(强盜)라 이름붙였는데, 범(犯)한 것은 본시 있지 않습니다." 하니, 임금이 좌찬성(左贊成) 김국광(金國光) 등에게 이르기를, "경(卿)

35) 『숙종실록』 16권, 11년(1685) 10월 21일(무신) 1번째 기사.
36) 『성종실록』 78권, 8년(1477) 3월 5일(임신) 5번째 기사.

등이 보기에는 강도(强盜)가 이와 같으냐?" 하니, 김국광 등이 대답하기를, "강도질을 하는 자는 반드시 나이가 장년이고 힘이 강하니, 어찌 이와 같이 잔약하고 용렬한 자가 할 수 있는 것이겠습니까?" 하므로, 임금이 말하기를, "경(卿)의 말은 실로 내 뜻과 같다." 하고, 즉시 신철산(申哲山)에게 유의(襦衣) 1령(領)을 내려 주어 놓아 보냈다. 명하여 면천군수(沔川郡守) 김자성(金自省), 홍주판관(洪州判官) 박원충(朴元忠), 해미현감(海美縣監) 이계희(李季禧)를 잡아 오게 하니, 곧 신철산의 일을 안문(按問)함이었다. 임금이 김자성 등을 친문(親問)하니, 김자성 등의 대답하는 바가 성지(聖旨)를 많이 거슬리므로, 즉시 교위(校尉)로 하여금 끌어내어 가두게 하고, 보령현감(保寧監縣) 최각(崔墧), 전 결성현감(結城縣監) 한옥산(韓玉山)도 또한 김자성 등과 더불어 신철산(申哲山)을 한 가지로 국문하였다 하여, 아울러 잡아 오게 하였다.[37]

(라) 형조에서 계하기를, "아산호장(牙山戶長) 전근(全謹)이 토지를 널리 점령하여 농장을 많이 두어, 그 영향이 양민(良民)에게 폐단을 끼쳤으며, 관비(官婢)로 첩을 삼았습니다. 서산호장(瑞山戶長) 유눌(柳訥)도 또한 첩 세 명을 두고 있으며, 토지와 민호(民戶)를 누락된 것이라 하여 많이 점유하고 있어 민간에게 폐단을 끼치고 있으니, 청하건대 『육전(六典)』에 의하여 법대로 형(刑)을 더하소서." 하니, 회시(回示)하여 명하기를, "각기 일등(一等)을 감하라." 하였다.[38]

인용한 (가), (나), (다), (라)는 권력을 가진 다양한 계층의 무능과 탐학, 부정을 보여주는 사례다. (가)는 국왕의 욕심과 일정부분 관련이 있다. 온양 사람 방진해는 내수사(內需司; 왕실의 재정을 관리하는 관서)에 노비를 빼앗기자 도(道)에 사건을 심리해달라고 한다. 그리고 이 심리 결과

---

37) 『세조실록』 45권, 14년(1468) 2월 20일(신해) 3번째 기사.
38) 『세종실록』 23권, 6년(1424) 3월 11일(정해) 6번째 기사.

를 근거로 해당 관청을 통해 허락을 받고, 내수사에 노비를 돌려받게 해달라고 한다. 그러자 내수사는 '추쇄(推刷)한 뒤에는 청리(廳理)를 허락하지 않는다.'는 수교(受敎)를 들어 해당 관청의 계문(啓聞)을 방해한다. 내수사는 노비를 빼앗은 것이 아니라 추쇄한 것이므로 재판을 허락하지 않는다는 억지 논리로 들었던 것이다. 이에 임금은 내수사의 편을 들어 돌려달라는 방진해의 청을 윤허하지 않는다. 내수사가 관리하는 재산은 임금의 재산이니, 비록 부정하게 획득한 재산이지만 임금 자신의 재산이 축나는 것을 허락했을 리 없었을 것이다.

(나)는 세조의 4남인 창원군 이성의 온천행과 관련된 기록이다. 이 기록은 당시 상층에서 온천욕을 빙자하여 민인(民人)에 대한 침탈을 얼마나 자행했는지 그대로 보여준다. 실제로 김종직은 〈수안보온천에서 목욕하다〉란[39] 시를 써서 지배층의 온천욕이 현지 민인을 얼마나 괴롭히는 일이었는지를 단적으로 말하고 있다. 창원군 이성 역시 온천욕을 핑계로 사람을 괴롭히며 자신의 즐거움을 찾는 방종된 행태를 보였다.

(다)는 관리들의 무능과 잔학을 보여주는 사례다. 이는 세조가 온행하여 온양 근처의 사형수를 친히 재결하는 과정에서 신철산의 무고를 밝히고 관리를 벌주었다는 일종의 미담이다. 그런데 미담의 이면에는 관리들의 잔혹함과 무능이 여실히 보여준다. 세조는 신철산을 보고 나이, 수감 기간, 범죄의 종류 등을 묻는다. 이에 신철산은 나이는 15살이고,

---

39) 수안보 온천에서 목욕하다. 병신년에 큰 비가 여러 달을 계속 내려 냇물이 범람하여 온천을 충격하니, 해사(廨舍)의 판추(板甃) 또한 무너져서 마침내 냇물과 서로 통하게 되었다. 그리하여 이후로는 물이 매우 차가워서 목욕을 할 수가 없었다. 예전에는 **온천 곁에 거주한 백성이 10여 가호가 있었는데, 지금은 한 사람도 없다.** 그래서 집수리하는 사람에게 물으니, **한 노인이 탄식하며 말하기를 "세속에서 온 재상 등의 침탈로 인하여 모두 다른 고을로 유랑하여 옮겨 갔다."** 하였다. (김종직, 〈욕안보온천(浴安保溫泉)〉, 『점필재집』 시집 제12권, 시(詩)).

갇힌 지는 3년이 되었으며 강도라는 말과 함께 자신은 죄를 범한 바 없다고 답한다. 이에 세조는 좌찬성 김국광에게 저런 자가 살인을 할 수 있겠냐고 묻고 김국광은 "잔약하고 용렬한 자"라 살인이 불가능할 것이라고 답한다. 그런데 세조가 김국광에게 이런 질문을 한 것도 당연할 것이다. 신철산은 나이가 15살이고, 갇힌 지는 3년이라고 답했다. 이 말은 12살에 강도죄로 잡혀온 셈이다. 신철산은 체포당시 12살이었으니 요즘으로 치면 초등학교 5학년의 미성년자다. 강도 살인이 가능했을 수도 있지만, 통념상 강도 살인의 죄명을 씌워 옥에 가둬두기에는 어처구니없는 일이 아니라 할 수 없다. 해당 사건을 심리한 관리들의 무능과 무관심한 잔혹을 여실히 보여주는 기록이다.

(라)는 아산 지역 토착 지배층의 횡포를 보여준다. 부정과 부패, 탐학은 늘 중앙 정부에서 파견된 관리에 의한 것이라고 착각하기 일쑤다. 해당 지역에서는 상하 사람 모두가 조화롭게 선한 관계를 맺으며 살아간다고 생각하기 쉽다. 그러나 실제로는 그렇지 않다. (라)에서처럼 아산호장(牙山戸長) 전근(全謹)은 토지를 널리 점령하여 농장을 많이 두었고, 그 폐해가 양민(良民)에게 이르렀으며, 국가에서 관리하는 관비(官婢)로 자신의 첩으로 빼돌리기까지 했다. 이것은 조선 초기 호족의 세력은 무시 못할 정도로 컸던 데서 기인한다. 중앙에서 파견되는 관리들은 하는 일없이 노닐다가 기간이 차면 복귀하기 다반사였다. 실제로 김륜은 아산 지역의 토호들을 가리켜 "아전들은 교활완악(狡猾頑惡)"한다고[40] 했고, 황효원은 "모두 속임수를 써서 수령(守令)을 모해(謀害)하기를 일삼"는다고[41] 했다. 이들의 주장을 액면 그대로 믿을 것은 아니지만 아산

---

40) 서거정, 〈신창현공북정기(新昌縣拱北亭記)〉, 『사가집』 2(민족문화추진회, 1994).
41) 『세조실록』, 권15, 세조 5년(1459) 정월 병오 기사.

의 토호 세력들이 일반 백성들과 화해로운 공존을 추구했던 것만은 아
님이 분명하다.

열둘째, 아산 지역 역시 살인과 군도 등이 존재했다. 살인과 군도 관
련 기록 가운데 한 가지씩만 살펴보자. 성종 19년에 위손이란 양민이
작두로 사촌 누이의 목을 베고 의복, 잡물 등을 빼앗은 사건은 그저 끔찍
하고 잔인한 강도 살인이다. 예나 지금이나 이런 종류의 살인은 늘 있는
것 같다. 그러나 아래의 동생이 형을 죽인 사건은 비극 그 자체다.

> 계복(啓覆)을 들었다. 아산(牙山)의 사형수인 유학(幼學) 차응참(車應
> 參)이 적통(嫡統)을 빼앗을 생각으로 은밀히 늙은 아비에게 청을 드려 아
> 비의 명을 빙자, 동기(同氣)인 형 차응벽(車應壁)을 고의로 타살한 사건에
> 대해 아뢰기를, "이는 능지처참(凌遲處斬)에 부대시(不待時)인데 삼복(三
> 覆)입니다." 하였다. 상이 이르기를, "이 일은 어떻게 했으면 좋겠는가?"
> 하매, 우의정 이행(李荇)이 아뢰기를, "아비의 명으로 타살한 것과 제 스스
> 로 타살한 것은 차이가 있습니다. 또 '검시(檢屍)하지 못했다.'고 했으니,
> 의심스런 점이 있는 것 같습니다. 이러한 뜻으로 형조에서 본부(本府)에
> 보고해 왔습니다만, 아비의 명이라 하더라도 몽둥이로 한 번 쳐서 죽였으
> 니, 반드시 고의적으로 죽이려는 마음이 있었던 것입니다. 또 그 시신(屍
> 身)을 물속에 빠뜨려 흔적을 없앴기 때문에 검시(檢屍)할 수 없어 몽둥이
> 로 한 차례 때렸는지의 진위(眞僞) 역시 정확하게 알 수 없지만, 상처가
> 이것만은 아닌 듯합니다. 율(律)에 따라 처리해야 합니다." 하고, 형조판
> 서 신상(申鏛)은 아뢰기를, "적통을 빼앗으려는 생각에서 고의로 살해한
> 형적(形迹)이 현저하지 않습니다. 그리고 아비의 명에 따라 타살했고, 검
> 시를 할 수 없었기 때문에 그 상처 또한 알 수가 없습니다. 급소는 한
> 차례만 때려도 죽는 수가 있습니다. 이 일은 상복(詳覆)할 수가 없습니다.
> 신의 생각으로 보통 사람이 동생으로서 형을 죽인 경우와는 차이가 있는
> 듯하니, 상께서 짐작하여 처리하소서." 하고, 병조판서 이항(李沆)은 아뢰

기를, "응벽은 한 가정에서 제 동생의 첩과 간통하는 금수 같은 행동을 하는 등 횡역(橫逆)이 이러했으니, 그 부모나 동생도 반드시 증오했을 것이므로, 평상시의 부자와 형제 사이가 아니었을 것입니다. 응참이 제 아비에게 참소하지 않았다고 하더라도 통렬히 증오하는 마음이 없을 수 있겠습니까? 이 사건에는 달리 사간(事干)이 없고 단지 여종의 남편인 최산(崔山)의 공초(供招)에 근거하여 형을 죽여 적통을 빼앗으려고 한 것으로 추문하고 있습니다만, 최산이 곤장을 견디면서 발명하려 하겠습니까? 사세가 사실이 아닌 것도 승복하게 되어 있습니다.

그 아비 차식(車軾)의 공초에는 '내가 직접 때렸다.'고 했고, 응참이 타살했다는 사실은 달리 나타나지 않고 있으니, 이 일은 형적이 불분명하고 또 아비의 명으로 때렸으니, 제 스스로 죽인 것과는 차이가 있습니다." 하였다. 상이 좌우를 돌아보면서 이르기를, "경들의 의견은 어떠한가?" 하매, 이조판서 홍언필(洪彦弼)이 아뢰기를, "동생으로서 형을 살해했으니 진실로 율(律)대로 처결해야 합니다. 하물며 시체를 물속에 던져 넣었으니 그 자취가 매우 간특하여 사형을 면할 수가 없습니다." 하고, 지경연사(知經筵事) 김극핍(金克愊)은 아뢰기를, "평소에 조금이라도 형을 사랑하는 마음이 있었다면 그 아비가 때리려 해도 반드시 스스로 가서 잡아오지 않았을 것입니다. 그런데 제가 직접 잡아오고 단번에 때려 죽였습니다. 이는 제멋대로 죽인 것과는 달라서 극형에는 해당되지 않지만, 사형을 감하는 것은 결코 안 될 일입니다." 하니, 상이 이르기를, "다시 조율(照律)하라." 하였다.[42]

근본적으로 강상률(綱常律)과 관련된 살인 사건이다. 동생 차응참(車應參)이 적통(嫡統)을 빼앗을 생각으로 은밀히 늙은 아비에게 청을 드려 아비의 명을 빙자, 동기(同氣)인 형 차응벽(車應壁)을 고의로 타살한 사건

42) 『중종실록』 66권, 24년(1529) 8월 17일(경진) 1번째 기사.

이다. 더욱이 동생은 형을 몽둥이로 때려 죽였을 뿐만 아니라 시체를 물에 유기하기까지 했다. 이것만으로 보면, 동생은 능지처참(凌遲處斬)에 부대시(不待時; 즉결처분)로 처결해야 함이 마땅하다. 그러나 조사의 내용을 자세히 들여다보면 표면적인 것이 전부는 아니다. 문제의 발단은 형의 난잡한 행동과 아버지의 명(命)이 있었기 때문이다. 동생의 첩과 간통했던 큰아들, 그리고 그런 아들을 직접 때렸다고까지 주장하는 아버지를 보면 일반적으로 알려진 바가 전부는 아닌 듯하다. 이에 중종도 사형을 감할 수 없다는 다수의 신하들의 의견을 물리치고 다시 조율(照律)하기를 명한다.

의금부(義禁府)에서 아뢰기를, "충청도(忠淸道)의 직산(稷山) 선군(船軍) 정춘(鄭春)이 아산(牙山) 부자 사람 정우(鄭宇)에게 쌀을 내라고 고하니, 정우가 듣지 않았습니다. 정춘이 함혐(含嫌)하여 고을 사람 이처(李處), 우맹손(禹孟孫) 등과 도모하여 정춘은 의금부백호(義禁府百戶)라 자칭하고 이처는 가천(加川) 역자(驛子)라 칭하여, 평택(平澤)으로 달려가서 읍수(邑守) 방강(方綱)에게 재촉하여 포도군(捕盜軍) 16인을 조발(調發)하고 화천(花川) 역마(驛馬)를 발하여 곧장 정우의 집에 가서, '왕지(王旨)가 있다.'고 칭하고, 정우와 그 아들 중[僧] 지인(智印)을 잡아 결박하고 위협하니, 정우가 정춘에게 면포(綿布)를, 데리고 간 역자(驛子)에게는 면포 및 백저포(白苧布)를 뇌물로 주었습니다. 드디어 함께 온양군(溫陽郡)에 이르러 길에서 정춘의 아우 정지(鄭知)를 만났습니다. 정춘이 거짓 정지를 정의(鄭儀)라 칭하고 정우에게 곡식을 주기를 청하니, 정우가 문권(文券)을 작성하여 그 아들 정춘생(鄭春生)에게 주어 집으로 보냈습니다. 정지가 정우의 집에 가서 곡식을 받으려 하니, 집 사람이 거짓인 것을 깨닫고 잡아서 관가로 보냈습니다. 정우가 목천(木川)에 이르러 노상에서 애걸하니, 정춘이 그 신[靴]을 벗기고 놓아 보냈습니다. 율(律)에 의하면 정춘의 죄는 응당 베어야 하고, 방강은 장(杖) 1백 대를 때려 변방 먼 곳에 보내어 충군(充軍)하고, 이처, 정지, 우맹손은 아울러 장(杖) 1백 대를 때리어 전 가족을 변방에 옮기고, 핍박하여 취한 장물(臟物)은 본주인에게 돌려 주는 것이 합당합니다." 하였다.[43]

군도(群盜)와 관련된 기록이다. 그런데 사건이 자못 흥미롭다. 선군(船 軍; 수군) 정춘이 아산의 부자인 정우(鄭宇)를 협박 납치하고 재물을 빼앗 는 사건이다. 그런데 납치하는 과정에서 정춘 일당은 실로 대담한 행동 을 한다. 정춘은 의금부백호(義禁府百戶)라고 자칭하고 평택현(平澤縣)에 가서 왕지(王旨)를 빙자하여 포도군(捕盜軍) 16인을 데리고 화천(花川) 역 마(驛馬)를 조발하여 곧장 정우의 집을 들이쳤다. 그리고 정우와 그 아들 지인(智印)을 잡아 결박하고 납치하여 목천 지방으로 가다가 온양에서 자신의 동생 정지를 만난다. 그리고 정지로 하여금 정우의 집에 가서 곡식을 받아오게 시킨다. 그러나 정우의 집에서는 곡식을 주지 않고 정 지를 붙잡아 관아에 넘긴다. 이후 목천 지방으로 정우를 끌고 가던 정춘 은, 정우가 애걸하자 신발을 벗기고 놓아준다.

이것을 보면 사건 자체는 그렇게 복잡하지 않다. 그러나 사건의 내면 을 들여다보면 심각하다. 무엇보다 이들은 떼강도다. 더구나 왕지(王旨) 를 빙자하고 평택현에서 관군을 동원했으며 화천에서 역마를 조발했다. 이것은 단순한 강도가 아니라 역모에 해당한다. 실제로 국가에서는 이 런 보고를 듣자마자 사태를 심각한 것으로 여겨 중앙 정부의 종사관을 급파, 범인을 체포한다. 다행히 정춘이 금방 체포됨으로써 사건은 쉽게 해결되었다.

그런데 정춘의 범죄 행위에는 당시 선군(船軍)의 고된 삶이 이면에 존

---

43) 『세조실록』 5권, 2년(1456) 8월 10일(정미) 2번째 기사.

재한다. 선군은 수군이지만 전투를 주로 했던 것이 아니라, 해상 방위와 조운에 동원되고 어물과 소금을 채취해 상납하며 둔전 경작에도 동원되는 등의 역(役)에 종사했다. 더구나 선군으로 근무해야 하는 중에 소요되는 식량과 군기(軍器)까지 스스로 준비했어야 했다. 그러다 보니 세습직인 그들의 역은 대대로 가벼울 수가 없었다. 이에 수군은 대립(代立)과 도망이 빈번했다. 애초 정춘이 정우에게 쌀을 내달라고 했던 것도 선군의 이런 형편과 무관치 않은 것으로 짐작된다. 역(役)의 고됨으로 인하여 왕명을 빙자하여 납치 강도의 범죄를 일으킨 것이다. 아산은 해안 지역이며, 더구나 조운의 거점 지역이었다. 정춘과 같은 고단한 인물이 없으란 법이 없었을 것이다.

끝으로, 아산 관련 다양한 사건들 가운데 관심을 끌만한 사건 기록 두 가지만 보도록 하겠다. 먼저 혹세무민(惑世誣民)의 글과 관련된 사건이다.

충청도관찰사(忠淸道觀察使) 김양경(金良璥)이 치계(馳啓)하기를, "도내(道內)의 부여현(扶餘縣) 사람 충찬위(忠贊衛) 박효의(朴孝義)가 와서 고하기를, '내가 일전에 청양현(靑陽縣) 사람 지종해(池宗海)의 집에 이르니, 본현(本縣)의 호장(戶長) 이춘양(李春陽)이 또한 이르렀는데, 이춘양이 반지(半紙) 글을 소매에서 꺼내어 지종해에게 보이면서 말하기를, 「이 글을 전사(傳寫)하여 창호(窓戶)에 붙이고 읽고 외우면 액(厄)을 면할 수 있다.」 하였습니다. 내가 글을 알지 못하므로 그 말을 듣기를 청하니 이춘양이 해석을 하였는데, 그 말이 자못 황당하므로 감히 고합니다.' 하였습니다. 그 글에 이르기를, '운남(雲南)의 광상사(廣上寺)에서 근자에 한 노인을 만났는데, 나이가 1백 49세였다. 정해년 6월 초10일에 죽었다가 3일 만에 살아났는데, 위로는 천계(天界)를 통하고 아래로는 지부(地府)를 통달하여 인간(人間)의 일을 알려주기를, 「경인년 3월을 위시하여 풍우(風

雨)가 갑자기 크게 일어나서 악한 사람이 모두 죽고 가뭄과 도병(刀兵)의 재앙이 있을 것이다. 경인년, 신묘년 두 해 사이에는 사람이 많이 8분(分)이나 죽어 집은 있어도 한 사람도 없고, 밭은 있어도 갈지 못하고, 아홉 여자가 한 남편을 함께 하고, 열 집이 소 한 마리를 함께 하고, 곡식의 저축이 없을 것이다. 만일 쾌히 믿는 자는 경인, 신묘 두 해간의 재앙을 면할 것이다. 한 벌[本]을 전하여 쓰는 자는 한 몸의 재앙을 면하고, 두 벌을 전하여 쓰는 자는 한 집의 재앙을 면하고, 세 벌을 전하여 쓰는 자는 태평을 얻을 것인데, 만일 믿지 않는 자는 핏빛의 재앙을 당할 것이다.」 하였다. 위는 요동(遼東)에서 온 신강화상(新降和尙)이 쓴 것이다.' 하였습니다. 신이 온양군수(溫陽郡守) 김인민(金仁民)으로 하여금 추국(推鞫)하게 하고, 등사(謄寫)하여 전하여 보인 자 김득의(金得義), 김중영(金仲迎), 중[僧] 인형(仁泂), 의조(義照), 각회(覺會)를 잡아서 가두었으나, 중 성호(性浩)는 도망 중에 있으므로 지금 바야흐로 수색하여 잡는 중입니다." 하였다. 전지하기를, "관찰사에게 유시하여 급히 성호를 잡아서 요망한 글이 나온 곳을 끝까지 캐어 물어 아뢰게 하라." 하였다.[44]

사건의 요지는 이렇다. 박효의라는 사람이 지종해(池宗海)라는 사람 집에 놀러가니 청양현 이춘양(李春陽)이 박효의에게 반지(半紙)에 적힌 글을 소매에서 내어 보인다. 그 내용은, "운남 광상사에서 죽은 지 3일 만에 되살아나 149세 되는 천지의 이치에 달통한 노인"의 말이다. 이에 의하면, "경인년, 신묘년 두 해 사이에 풍우, 가뭄, 도병(刀兵)의 큰 재앙이 일어나 8분(分)이 죽게 될 것"이라고 했다. 이런 유언비어의 유포는 혹세무민하는 짓이므로 관찰사가 온양군수를 시켜 등사(謄寫)하여 전하여 보인 자인 김득의(金得義), 김중영(金仲迎), 중[僧] 인형(仁泂), 의조(義

---

44) 『성종실록』 4권, 1년(1470) 3월 22일(신축) 6번째 기사.

60 제1부 자료 수재(收載)의 체계 및 양상

照), 각회(覺會) 등을 잡아서 가두고, 중 성호(性浩)를 추포토록 하라고 유시한다.

그런데 재미난 것은 반지에 적힌바 화를 피하기 위해서 해야 할 행동에 대한 것이다. 즉 경인, 신묘년의 재앙을 피하기 위해서는 해당 내용을 베껴서 전해야 하는데, 한 벌[本]을 전하여 쓰는 자는 한 몸의 재앙을 면하고, 두 벌을 전하여 쓰는 자는 한 집의 재앙을 면하고, 세 벌을 전하여 쓰는 자는 태평을 얻을 것이며 만일 믿지 않는 자는 핏빛의 재앙을 당할 것이라고 적었다. 재앙을 면하는 방법이 순진한 사람들을 유혹하여 유언비어를 확산하기에 안성맞춤이다. 흡사 한 때 유행했던, 편지를 읽고 7명 혹은 10명, 20명에게 같은 내용의 편지를 쓰지 않으면 불행이 찾아올 것이라는 '행운의 편지'나 '행운의 문자'와 같다. 이런 혹세무민의 방식이 조선 시대에도 존재했다니 새삼스럽다고 하겠다.

그런데 연산군 대에는 사대부층까지도 빠져든 유사한 혹세무민의 생불(生佛) 사건도 있었다.

충청도관찰사 이자건(李自健)이 아뢰기를, "요사스러운 중 허웅(虛雄)이 생불(生佛)이라 칭하면서, 사람들의 중병, 폐질(廢疾), 창(瘡), 종기 등 일체 잡병을 치료하지 않는 것이 없으며, 또 화복(禍福)의 말로써 어리석은 백성들을 속이고 유혹하며 여러 고을로 돌아다니므로, 가는 곳마다 어리석은 백성들이 늙은이를 부축하고 어린이를 데리고 천 명, 백 명씩 무리 지어 서로 다투어 모여들며, 유식한 자들 역시 모두 물밀듯하여 예절을 갖추어 뵈니, 풍속과 교화를 오염시킴이 이보다 더할 수 없습니다. 끝까지 조사하고 통절히 징계하여 요망한 버릇을 없애야 하겠기에 이미 잡아다가 캐어 물어보니, 과연 듣던 바와 같습니다.
신창현감(新昌縣監) 홍숙(洪淑), 훈도(訓導) 이예신(李禮臣), 임천군수(林川郡守) 김중눌(金仲訥), 홍산현감(鴻山縣監) 민정(閔精) 같은 자도 역시 맞이하여 병을 다스렸는데, 홍숙, 이예신은 뜨락에 내려가 예를 갖추어 뵈었습니다. 병든 여자가 뵙고 치료하게 되면 반드시 암실로 끌고 들어가 다른 사람은 들여다보지 못하게 하고 남편은 뜨락에서 절하는데, 추한 소문이 퍼지고 있으니, 극형으로 처벌하시기 바랍니다. 또 홍숙, 이예신은 먼저 자신이 미혹되어 믿고 맞이하다가 음식을 대접하고 아첨하여 섬기며 예를 갖추어 뵈이면서도 태연히 수치스러운 줄을 몰랐으니, 속히 파출(罷黜)하여 사류(士類)에 끼지 못하게 하소서." 하였다.

전교하기를, "수령(守令)들은 모두 잡아다가 죄를 주어 영구히 서용(敍用)하지 말도록 하고, 자손은 금고(禁錮)하고, 허웅(虛雄)은 형장을 때려 죽이지 말고 또 자진하지도 못하게 하여 의금부(義禁府)로 잡아다가 많은 사람이 널리 모인 곳에서 형벌하여 후일을 징계하게 하라." 하였다. 이어 정승들에게 물으니, 성준(成俊) 등이 아뢰기를, "허웅은 극형으로 처치하여야 하겠습니다. 수령들은 관련된 자가 많아서 다 잡아올 수 없으니, 강직하고 분명한 조관(朝官)을 보내어 끝까지 캐어 사실을 알게 하소서." 하니, 그대로 좇았다.[45]

요승(妖僧) 허웅에 대한 기록이다. 허웅은 치병과 화복(禍福)의 말로써 사람들을 유혹했다. 중병, 폐질(廢疾), 창(瘡), 종기 등 일체 잡병을 치료하는 것은 물론이고, 복을 받기 위한 행동과 화를 당하는 자를 사례로 사람들 사이에 파고들었던 듯하다. 이에 백성들은 늙은이를 부축하고 어린이를 데리고 천 명, 백 명씩 무리 지어 서로 다투어 모여들었으며, 사대부 계층도 이들처럼 허웅을 떠받들어 예절을 갖추어 뵈었다고 한다. 특히 신창현감 홍숙과 훈도 이예신은 허웅에 "미혹되어 믿고 맞이하다가 음식을 대접하고 아첨하여 섬기며 예를 갖추어 뵈면서도" 부

---

45) 『연산일기』 49권, 9년(1503) 4월 23일(기미) 3번째 기사.

끄러움을 몰랐다고 한다. 이제 조정에서는 홍숙 등은 파출하여 사류(士類)에 끼지 못하게 하고 허응은 극형에 처하도록 해달라고 청한다. 연산 군 대의 소란스러운 세상에 요승이 출현하여 상하의 사람들을 미혹했던 것이다.

이상으로 소분류 항목 혹은 중분류 항목을 중심으로 아산 관련 자료 가운데 편찬자의 관심을 끄는 몇 가지 사례를 중심으로 개괄하였다. 이 것이 여기서 언급한 사례가 흥미로운 기록의 모두라는 것은 아니다. 아 산 관련 기록은 누가 어떤 관점으로 읽는가에 따라 다양한 발견과 해석 이 가능하다. 자료는 새로운 이해와 콘텐츠를 낳기 위한 생생(生生)의 원천 자료일 따름이다.

제2부

역사 기록 속의 牙山

1. 지리와 민풍民風

1) 지리 환경

● 【고려사】 고려사 제56권 / 지(志) 제10 / 온수군(溫水郡)

　원래 백제의 탕정군(湯井郡)인데 신라 문무왕은 주(州)로 승격시키고 총관을 두었으며 후에 주를 폐지하고 군으로 만들었다. 고려 초에 지금 명칭으로 고쳤고 현종 9년에 본 천안부(天安府)에 소속시켰으며 명종 2년에 감무를 두었다. 온천이 있다.

● 【고려사】 고려사 제56권 / 지(志) 제10 / 신창현(新昌縣)

　원래 백제의 굴직현(屈直縣)인데 신라 경덕왕은 기량(祈梁)으로 고치고 탕정군의 관할 하에 현으로 만들었다. 고려 초에 지금 명칭으로 고쳤으며 현종 9년에 본 부에 소속시켰다. 공양왕 3년에 이 현 서쪽에 있는 장포(獐浦)에 성을 쌓고 인근 주, 현의 세곡[租]을 이곳에 집합시켜 배에 싣고 서울까지 운반하게 됨에 따라 비로소 만호(萬戶)를 두어 감무를 겸임케 하였다. 도고산(道高山)이 있다.

● 【고려사】 고려사 제56권 / 지(志) 제10 / 아주(牙州)

원래 백제의 아술현인데 신라 경덕왕은 음봉(陰峰)으로 고치고 탕정군의 관할 하에 현으로 만들었다. 고려 초에 인주(仁州)로 고쳤고 성종 14년에 자사(刺史)를 두었다가 목종 8년에 이를 폐지하였으며 현종 9년에 본 부에 소속시켰었다. 후에 지금 명칭으로 고치고 감무를 두었는바 영인(寧仁; 성종이 정한 명칭)이라고도 부른다.

● 【고려사】 고려사 제82권 / 지(志) 제36 / 병2-성보(城堡)

태조 8년에 성주(成州)에 성을 쌓으니 길이가 6백 91간, 문이 일곱, 하수구가 다섯, 성두가 일곱, 차성이 하나, 첩원(堞垣; 성위에 쌓은 담)이 87간이었다. 운주(運州) 옥산(玉山)에 성을 쌓았다. 유검필(庾黔弼)에게 명령하여 탕정군(湯井郡)에 성을 쌓게 하였는데 왕이 북계를 순시하다가 이것을 보고 진국성(鎭國城)에 옮겨 쌓게 하였다.

● 【실록】 태종 14권, 7년(1407) 12월 2일(신사) 2번째 기사. 여러 고을의 복을 빌던 절을 명찰을 대신 지정하다

의정부(議政府)에서 명찰(名刹)로써 여러 고을의 자복사(資福寺)에[1] 대신하기를 청하니, 그대로 따랐다. 계문(啓聞)은 이러하였다.

"지난해에 사사(寺社)를 혁파하여 없앨 때에 삼한(三韓) 이래의 대가람(大伽藍)이 도리어 태거(汰去)하는 예에 들고, 망하여 폐지된 사사(寺社)에 주지(住持)를 차하(差下)하는 일이 간혹 있었으니, 승도(僧徒)가 어찌 원망하는 마음이 없겠습니까? 만일 산수(山水) 좋은 곳의 대가람(大伽藍)

---

1) 조선 초기에 비보사찰(裨補寺刹)을 부르던 명칭. 고려 시대 지방 행정의 중심지인 읍치(邑治)에 위치했던 자복사는 비보사의 유산이자 상징이었다. 유교적 질서를 지역 사회에 정착시키기 위해서는 혁파해야 할 대상이 되었다.

을 택하여 망하여 폐지된 사원(寺院)에 대신한다면, 거의 승도들로 하여
금 거주할 곳을 얻게 할 것입니다."

(이리하여 여러 고을의 자복사를 모두 명찰(名刹)로 대신하였는데) 중
신종(中神宗)에 임실(任實)의 진구사(珍丘寺), 함흥(咸興)의 군니사(君尼
寺), 아주(牙州)의 동림사(桐林寺), 청주(淸州)의 보경사(菩慶寺), 봉화(奉
化)의 태자사(太子寺), 고성(固城)의 법천사(法泉寺), 배주(白州)의 견불사
(見佛寺), 익주(益州)의 미륵사(彌勒寺)이고, 총남종(摠南宗)에 강음(江陰)
의 천신사(天神寺), 임진(臨津)의 창화사(昌和寺), 삼척(三陟)의 삼화사(三
和寺), 화순(和順)의 만연사(萬淵寺), 나주(羅州)의 보광사(普光寺), 창평
(昌平)의 서봉사(瑞峰寺), 인제(麟蹄)의 현고사(玄高寺), 계림(鷄林)의 천왕
사(天王寺)이고, 시흥종(始興宗)에 연주(漣州)의 오봉사(五峰寺), 연풍(連
豐)의 하거사(霞居寺), 고흥(高興)의 적조사(寂照寺)이다.

● 【실록】 세종실록 지리지(地理志) / 충청도 / 청주목 / 온수현(溫水縣)[2]
본래 백제의 탕정군(湯井郡)인데, 당(唐)나라 함형(咸亨) 2년에 신라 문
무왕(文武王)이 주(州)로 승격하여 총관(摠管)을 두었고, 함형 12년에 주
(州)를 폐하여 군(郡)으로 삼았다. 고려 때에 온수군(溫水郡)으로 고쳤고,
현종(顯宗) 2년에 천안부(天安府) 임내에 붙였다가, 명종(明宗) 2년 임진
에 비로소 감무(監務)를 두었고, 본조 태종(太宗) 갑오에 신창(新昌)과 합
쳐 온창(溫昌)으로 고쳤으나, 병신에 다시 갈라서 현감(縣監)을 두었다.
사방 경계는 동쪽으로 천안에 이르기 17리, 서쪽으로 신창에 이르기

---

2) 지리 환경과 관련한 기록 가운데, 『신증동국여지승람(新增東國興地勝覽)』의 기록은 『세
   종장헌대왕실록(世宗莊憲大王實錄)』 권 148-155의 「지리지(地理志)」의 내용과 동일하
   여 수재하지 않았다. 온수현(溫水縣), 신창현(新昌縣), 아산현(牙山縣) 관련 기록이 모두
   동일하다.

10리, 남쪽으로 공주(公州)에 이르기 22리, 북쪽으로 아산(牙山)에 이르기 12리이다.

호수가 3백 43호요, 인구가 1천 5백 16명이다. 군정은 시위군이 21명, 선군(船軍)이 96명이다. 토성(土姓)이 4이니, 정(鄭), 이(李), 방(方), 강(康)이요, 촌성(村姓)이 1이니, 윤(尹)이다.

땅이 기름지고 메마른 것이 반반이며, 간전(墾田)이 3천 8백 53결이고 논이 9분의 3에 좀 넘는다. 토의(土宜)는 오곡과 배, 목면(木綿)이다. 토공(土貢)은 칠, 대추, 감, 모과, 족제비털, 잡깃, 여우가죽, 삵괭이가죽이요, 약재(藥材)는 북나무진[安息香], 속서근풀[黃芩], 인삼, 백출(白朮)이다. 자기소(磁器所)가 1이니, 현의 남쪽 윗골[上谷洞]에 있고, 중품이다. 도기소(陶器所)가 1이니, 현의 동쪽 금곡동(金谷洞)에 있으니 중품이다.

배방산석성(排方山石城)이 현의 동쪽 7리에 있다. 둘레가 7백 80보이며, (지세가) 험하다. 안에 우물 둘이 있는데, 하나는 가물면 마르지만 한 우물은 겨울이나 여름에도 마르지 아니한다. 또 군창(軍倉)이 있다. 온천(溫泉)현의 서쪽 7리 언한동(言閑洞)에 있는데, 집 25간이 있다. 역(驛)이 1이니, 시흥(時興)이요, 예전에는 이흥(理興)이라 했다. 큰 방죽[大堤]이 둘이니, 연방죽[蓮堤]은 현의 동쪽에 있는데 길이 1백 50척이며 전지 3백 50결에 물을 댄다. 종야못[宗也池]은 현의 북쪽에 있는데, 길이 1백 70척이며, 전지 2백 80결에 물을 댄다.

● 【실록】 세종실록 지리지(地理志) / 충청도 / 청주목 / 신창현

본래 백제의 굴직현(屈直縣)인데, 신라에서 기량현(祁梁縣)으로 고쳐 탕정군(湯井郡)의 영현(領縣)을 삼았고 고려에서 지금의 이름으로 고쳤다. 현종(顯宗) 9년에 천안(天安) 임내에 붙였고, 공양왕(恭讓王) 3년 신미에 조전성(漕轉城)을 현의 서쪽 장포(獐浦)에 쌓고 비로소 만호겸감무(萬

戶兼監務)를 두었다. 본조(本朝) 태종(太宗) 원년 임신에 만호를 폐하고 감무를 두었고, 태종 14년 갑오에 온수(溫水)에 합쳐서 온창현(溫昌縣)으로 고쳤다가, 병신에 다시 갈라서 신창현감을 두었다.

도고산(道高山)은 현의 남쪽 10리에 있다. 사방 경계는 동쪽으로 온수(溫水)까지 6리, 서쪽으로 천안(天安)에 이르기 13리, 남쪽으로 예산(禮山)에 이르기 14리, 북쪽으로 아산(牙山)에 이르기 7리이다.

호수가 3백 38호요, 인구가 1천 5백 55명이다. 군정(軍丁)은 시위군(侍衛軍)이 12명이요, 진군(鎭軍)이 28명, 선군(船軍)이 63명이다. 토성(土姓)이 4이니, 표(表), 맹(孟), 방(方), 조(趙)요, 촌성(村姓)이 1이니, 노(盧)요, 창덕역(昌德驛)의 속성(續姓)이 하나니 이(李)이다.

땅이 기름지고 메마른 것이 반반이며, 기후가 차다. 간전(墾田)이 3천 64결이고 논이 좀 적다. 토의(土宜)는 오곡과 조이다. 토공(土貢)은 잉어[鯉魚], 모과[木瓜], 족제비털, 잡깃이고 약재(藥材)는 속서근풀[黃芩], 백출(白朮)이다.

성황당산석성(城隍堂山石城)은 현의 서쪽 2리에 있다. 둘레가 2백 53보(步)이며, (지세가) 험조(險阻)하다. 안에 우물이나 샘이 없다. 역(驛)이 1이니, 창덕(昌德)이다.

• 【실록】세종실록 지리지(地理志) / 충청도 / 청주목 / 아산현(牙山縣)

본래 백제의 아술현(牙述縣)인데, 신라에서 음봉현(陰峯縣) 혹은 음잠(陰岑)이라고도 한다. 고쳐 탕정군(湯井郡)의 영현(領縣)으로 삼았고, 고려에서 인주(仁州)로 고치어 성종(成宗) 을미에 자사(刺史)를 두었다가, 목종(穆宗) 8년 을사에 자사를 폐하였다. 현종(顯宗) 9년에 천안부(天安府) 임내에 붙였다가, 뒤에 아주(牙州)로 고쳐 현감(縣監)을 두었는데, 본조(本朝) 태종(太宗) 13년 계사에 예(例)에 의하여 현감(縣監)으로 고쳤다.

별호(別號)는 영인(寧仁)이다. 순화(淳化) 때에 정한 것이다.

사방 경계는 동쪽으로 천안에 이르기 30리, 서쪽으로 면천(沔川)에 이르기 30리, 남쪽으로 신창(新昌)에 이르기 15리, 북쪽으로 평택에 이르기 25리이다.

호수는 4백 82호, 인구가 1천 8백 22명이다. 군정은 시위군이 17명, 진군(鎭軍)이 55명, 선군이 2백 50명이다. 토성(土姓)이 5이니, 이(李), 전(全), 유(兪), 현(玄), 신(申)이요, 망성(亡姓)이 둘이니, 강(康), 백(白)이요, 망래성(亡來姓)이 하나니, 임(林)으로 서울에서 왔다. 촌성(村姓)이 여섯이니, 장(蔣), 신(申), 이(李), 강(康), 현(玄), 유(兪)이다. 없어진 덕천향(德泉鄕)의 성(姓)이 넷이니, 유(兪), 이(李), 안(安), 강(康)이다.

땅이 기름지고 메마른 것이 반반이며, 기후가 차다. 간전(墾田)이 6천 5백 66결이고 논이 좀 많다. 토의(土宜)는 오곡과 조, 참깨, 율무[薏苡]이다. 토공(土貢)은 쌀, 새우[白蝦], 뱅어[白魚], 칠(漆), 대추, 족제비털, 잡깃[雜羽], 종이, 여우가죽, 삵괭이가죽이고, 약재(藥材)는 속서근풀[黃芩]이다. 어량(魚梁)이 3이니 주로 민어, 숭어, 참치, 망둥이, 황숭어, 세미어(細尾魚), 큰새우, 중새우가 난다.

신성산석성(薪城山石城)이 현의 남쪽 5리에 있다. 둘레가 3백 23보 2척이며 (지세가) 험조하다. 안에 우물 하나가 있는데, 겨울이나 여름에도 마르지 아니한다. 역(驛)이 하나니, 장시(長時)인데 예전에는 장세(長世)라 했다. 봉화가 1곳이니 입암산(笠巖山)으로 현의 서쪽에 있다. 서쪽으로, 면천(沔川) 명해(明海)에, 북쪽으로 양성(陽城) 괴태길(槐台吉)에 응한다. 창정못[倉正池]이 현의 북쪽에 있는데, 길이 6백 90척이며 전지 3백 결에 물을 댄다.

월경처(越境處)는 천안(天安) 임내의 모산 부곡(毛山部曲)이 현(縣)의 동쪽에 들어와 있고 돈의향(頓義鄕)이 현(縣)의 서쪽에 들어와 있다.

● 【실록】 문종 9권, 1년(1451) 9월 5일(경자) 6번째 기사. 정분이 경상도,
  충청도의 규식에 맞지 않는 성자를 마감하여 계문하다

  충청·전라·경상도도체찰사(忠淸全羅慶尙道都體察使) 정분(鄭苯)이 아
뢰기를, "경상도(慶尙道)와 충청도(忠淸道) 각 고을의 성자(城子)는 당초에
법식(法式)에 의하여 쌓지 않았기 때문에 모두가 규식(規式)에 맞지 않았
습니다. 그러나 그 가운데 그대로 둘 수 있는 각 고을과 시기에 미치도록
급히 개축(改築)해야 할 각 고을과 추후에 축조할 수 있는 각 고을, 그리
고 물려서 쌓을 각 고을들을 마감하여 삼가 갖추어 계문(啓聞)합니다.
                          … (중략) …

  추후하여 쌓을 수 있는 곳은 다음과 같습니다. 서산군산성(瑞山郡山
城)은 축성한 연대가 오래되어 모두 무너지고 또 성안이 험하고 좁을
뿐 아니라 수원(水源)도 부족하여 관부(官府)를 설치하기는 어려웠습니
다. 부여현산성(扶餘縣山城)은 연대가 오래됨에 따라 많이 무너지고 또
수원이 없기 때문에 산성 남쪽에 신기(新基)를 심정하여 놓고 후일 이를
측량(測量)해 개축하는 기본 자료로 하였습니다. 아산현(牙山縣) 산성(山
城)은 주위가 1천 5백 80척인데, 역시 축조한 연대가 오래되어 다 퇴락되
었고, 다만 1개의 우물이 있기는 하나 수원이 부족하기 때문에 그 성
남쪽에 물이 있는 곳이 있으므로, 또한 깊이 살피어 정해 넣도록 하겠습
니다." 하니, 임금이 그대로 따랐다.

● 【실록】 예종 4권, 1년(1469) 3월 24일(무신) 2번째 기사. 온양에 주필한
  신정비(神井碑)의 철거에 대한 것은 사신이 돌아간 뒤에 세우게 하다

  승정원에서 교지를 받들어 충청도관찰사에게 치서(馳書)하기를, "아
뢴 바 온양(溫陽)에 주필(駐驆) 한 신정비(神井碑)의 철거에 대한 것은 사
신이 돌아가기를 기다려서 세우라." 하였다.

- 【실록】 성종 9권, 2년(1471) 3월 10일(계미) 3번째 기사. 충청도관찰사가 금가락지와 동철(銅鐵)을 바치니 동철은 바치지 말라고 전지하다

충청도관찰사(忠淸道觀察使) 선형(宣炯)이 온양군(溫陽郡)의 사람이 밭이랑 사이에서 주운 금가락지[金環] 1벌과 동철(銅鐵) 몇 덩이를 바치니 전지하기를, "금후로는 동철(銅鐵)은 바치지 말라." 하였다.

- 【실록】 성종 255권, 22년(1491) 7월 4일(무인) 2번째 기사. 개성부유수 유순, 경기관찰사 김제신 등에게 하서하여 북정 일정을 통지하다

충청도(忠淸道)의 서천(舒川), 임천(林川), 한산(韓山), 홍산(鴻山), 은진(恩津), 이산(尼山), 연산(連山), 부여(扶餘), 석성(石城), 진잠(鎭岑), 정산(定山), 남포(藍浦), 태안(泰安), 서산(瑞山), 면천(沔川), 당진(唐津), 아산(牙山), 평택(平澤), 직산(稷山), 천안(天安), 신창(新昌), 전의(全義), 목천(木川), 보령(保寧), 결성(結成), 홍주(洪州), 대흥(大興), 덕산(德山), 예산(禮山), 해미(海美), 온양(溫陽) 등의 고을의 군사는 8월 23일에 길을 떠나서 9월 23일 길성(吉城)에 도착하도록 하라.

- 【실록】 선조 40권, 26년(1593) 7월 21일(계유) 2번째 기사. 헌부가 조극필의 체차(遞差)를 청하다

(사헌부가 아뢰기를) "아산(牙山) 고을은 호서(湖西)의 요충지(要衝地)에 있어 사변을 당한 오늘날 기무(機務)가 가장 긴요하므로 나이가 젊어 일에 경험이 부족한 신 현감(縣監) 조국필(趙國弼)이 감당하기 어려울 것이니 체차(遞差)를 명하시고 각별히 사람을 골라 제수하소서." 하니, 상이 따랐다.

● 【실록】 숙종 39권, 30년(1704) 5월 16일(갑인) 2번째 기사. 충청도 유생
  서후경이 아산에 충무공 이순신의 사당 건립을 청하다

  충청도(忠淸道) 유생(儒生) 서후경(徐後慶)이 소(疏)를 올려, 고(故) 충무
공(忠武公) 이순신(李舜臣)을 위하여 아산(牙山) 땅에 사당을 세우기를 청
했으니, 이는 이순신이 생장(生長)한 고향이고, 구묘(丘墓)가 있기 때문
이었다. 임금이 해조(該曹)로 하여금 품처(稟處)하게 하였다.

● 【실록】 정조 42권, 19년(1795) 4월 18일(무술) 1번째 기사. 경모궁을 참
  배하고 온양 행궁에 심은 회나무의 축대 공사와 관련하여 하교하다

  경모궁(景慕宮)을 참배하고 하교하였다.

  "옛날 경진년 7월에 온양(溫陽) 행궁에 행행(幸行)하셨을 때 서쪽 담장
안에서 표적을 정해 활쏘기를 한 뒤 품(品)자 형태로 세 그루의 회나무를
심어 뒷날 그늘을 드리우게 하라고 명하셨었는데, 지금 36년이 지나는
동안에 뿌리가 서리고 줄기가 뻗어 뜰에 온통 그늘이 지게 되었다. 이에
그 고을 수령이 도백(道伯)과 수신(帥臣)에게 말하여 그 나무 둘레에 축대
를 쌓아 보호하게 하였다 한다. 오늘이 무슨 날인가. 올해 영흥(永興)
본궁(本宮)의 경사스러운 의식을 위하여 비궁(閟宮)에 가서 재숙(齋宿)하
고 환궁한 날이다. 그런데 이날 이런 말을 들은 것 또한 뭔가 맞아 떨어
지는 것 같은 느낌이 들면서 처창(悽愴)하고 감동되는 마음을 어떻게 금
할 수가 없다. 이미 그런 말을 들었는데 어떻게 날을 넘길 수가 있겠는
가. 축대 공사가 이미 완공되었는데 사적(事蹟)도 본읍(本邑)에 기록되어
있지 않겠는가. 그 당시의 도신(道臣), 수령 및 분부를 받들고 나무를
심은 사람의 성명을 조목별로 장계를 올리도록 충청감사에게 하유하라.
또 삼가 그 사실을 기록한 비석을 축대 옆에 쌓아야 할 것이니, 이 뜻도
아울러 알려 주도록 하라."

- 【실록】 정조 43권, 19년(1795) 10월 28일(을사) 1번째 기사. 온양궁 행궁의 영괴대(靈槐臺)에 어제비를 세우다

  온양군(溫陽郡) 행궁(行宮)의 영괴대(靈槐臺)에 어제비(御製碑)를 세웠다.

- 【순종부록】 순부 5권, 7년(1914) 9월 15일(양력) 1번째 기사. 인원을 수원, 대전, 아산 등지에 파견하여 도자기 고요지를 조사하게 하다

  인원을 보내어 수원(水原), 대전(大田), 아산(牙山), 괴산(槐山), 영동(永同), 밀양(密陽), 김해(金海), 동래(東萊), 양산(梁山), 합천(陝川), 칠곡(漆谷), 달성(達城), 고령(高靈), 청도(淸道), 경주(慶州), 영일(迎日) 등지의 도자기(陶瓷器) 고요지(古窯址)를 조사하도록 명하였다.

- 【순종부록】 순부 5권, 7년(1914) 9월 16일(양력) 1번째 기사. 인원을 진위, 천안, 온양 등의 군에 보내어 목장 개발에 적합한 땅을 선정하도록 하다

  인원을 진위(振威), 천안(天安), 온양(溫陽) 등의 군(郡)에 보내어 목장 개발에 적합한 땅을 선정하라고 명하였다.

2) 기상과 재해

(1) 기상(氣象)

- 【실록】세종 56권, 14년(1432) 5월 20일(정축) 3번째 기사. 용의 출현지에 대해 묻다

임금이 대언들에게 이르기를, "용(龍)이 어느 곳에 보이는가. 태종 때에 용이 밭 가운데서 솟아나온 일이 있었다지만, 용도 금수(禽獸)의 일종이니 괴이(怪異)하다고 말할 수는 없다."고 하니, 대언들이 대답하기를, "신 등이 아는 것으로는 충청도의 평택(平澤), 아산(牙山), 전라도의 만경(萬頃), 임파(臨陂), 용담(龍潭) 등지에 간혹 보인다고 합니다. 만약 널리 물어보신다면 본 사람이 반드시 많을 것입니다." 하였다.

- 【실록】세종 93권, 23년(1441) 9월 12일(을사) 3번째 기사. 충청도의 각 지에 지진이 일다

충청도 공주(公州), 연기(燕岐), 정산(定山), 서천(舒川), 은진(恩津), 문의(文義), 회인(懷仁), 대흥(大興), 회덕(懷德), 신창(新昌), 아산(牙山), 온양(溫陽), 목천(木川), 홍산(鴻山), 진잠(鎭岑), 부여(扶餘), 이산(尼山), 여산(礪山), 임천(林川), 연산(連山) 등 고을에 지진(地震)이 일었다.

- 【실록】세종 94권, 23년(1441) 윤11월 10일(계유) 3번째 기사. 충청도 각 고을에 지진이 일어나다

충청도 임천(林川), 서천(舒川), 한산(韓山), 진잠(鎭岑), 석성(石城), 여산(礪山), 은진(恩津), 청주(淸州), 공주(公州), 이산(尼山), 연산(連山), 아산(牙山), 홍산(鴻山), 문의(文義), 신창(新昌), 회덕(懷德) 등지에서 지진

이 일었다.

• 【실록】문종 7권, 1년(1451) 4월 1일(기사) 8번째 기사. 공주, 온양, 천안군, 아산현에 지진이 일어나다

충청도 공주(公州), 온양(溫陽), 천안군(天安郡), 아산현(牙山縣)에 지진(地震)이 있었다.

• 【실록】성종 287권, 25년(1494) 2월 7일(병인) 4번째 기사. 충청도관찰사 조위가 충청 도내 여러 고을에 흙비가 내렸다고 보고하다

충청도관찰사(忠淸道觀察使) 조위(曺偉)가 치계(馳啓)하기를, "지난 정월 14일에 도내의 온양(溫陽), 평택(平澤), 천안(天安), 신창(新昌), 예산(禮山), 전의(全義), 목천(木川) 등 고을에 토우(土雨)가 내렸습니다." 하였다.

• 【실록】연산 37권, 6년(1500) 3월 17일(신미) 2번째 기사. 충청도 온양, 신창, 아산 등지에서 지진이 있다

충청도 온양(溫陽), 신창(新昌), 아산(牙山), 평택(平澤)에 지진이 있었다.

• 【실록】연산 50권, 9년(1503) 6월 12일(정미) 4번째 기사. 서울과 경기 및 충청도에 지진이 일다

서울과 경기의 강화(江華), 안성(安城), 안산(安山), 양천(陽川), 김포(金浦), 죽산(竹山)과 충청도의 홍주(洪州), 청주(淸州), 충주(忠州), 공주(公州), 면천(沔川), 천안(天安), 온양(溫陽), 태안(泰安), 문의(文義), 당진(唐津), 진천(鎭川), 목천(木川), 평택(平澤), 직산(稷山), 신창(新昌), 전의(全義), 연기(燕岐), 해미(海美), 회인(懷仁), 보은(報恩), 예산(禮山), 음성(陰城), 청안(淸安), 진잠(鎭岑), 회덕(懷德), 제천(堤川)에 지진이 있었다.

• 【실록】 연산 50권, 9년(1503) 8월 23일(정사) 1번째 기사. 서울과 충청도 및 경상도 고을에 지진이 일다

서울과 충청도 충주, 제천, 정산(定山), 진천(鎭川), 청안(淸安), 아산, 괴산(槐山), 결성(結城), 태안(泰安), 이산(尼山), 회인(懷仁), 면천(沔川), 임천(林川), 직산(稷山), 보령(保寧), 보은, 공주, 연산, 진잠(鎭岑), 회덕(懷德), 문의(文義), 천안, 홍주(洪州), 예산, 덕산(德山), 음성(陰城), 남포(藍浦), 신창(新昌), 청주, 연기(燕岐), 평택, 서산, 청풍(淸風), 당진, 옥천(沃川), 해미(海美), 전의, 목천(木川), 청산(靑山), 경상도 금산(金山), 개령, 인동(仁同), 용궁(龍宮), 예천(醴泉), 경기의 광주, 과천, 양근(楊根), 지평(砥平), 여주, 이천, 양지(陽智), 용인, 음죽(陰竹), 금천(衿川), 안산(安山), 남양(南陽), 수원, 진위(振威), 양성(陽城), 안성, 양천(陽川), 인천, 부평, 금포, 통진(通津), 강화, 파주, 양주, 포천, 영평(永平), 전라도 익산(益山), 용안(龍安), 함열(咸悅)에 지진이 있었다.

• 【실록】 중종 43권, 17년(1522) 1월 2일(경술) 4번째 기사. 온양에 번개가 치다

충청도 온양(溫陽)에 큰 뇌성이 일며 번개하였다.

• 【실록】 중종 44권, 17년(1522) 4월 7일(계미) 5번째 기사. 충청도, 전라도 등지에 우박이 내리다

충청도 임천(林川), 홍산(鴻山)에 우박이 내렸는데, 큰 것은 새 알, 작은 것은 개암만하여 땅에 두세 치씩이나 쌓였고, 정산(定山), 부여(扶餘), 석성(石城), 홍주(洪州), 공주(公州), 온양(溫陽), 직산(稷山), 천안(天安), 은진(恩津), 전의(全義), 목천(木川), 아산(牙山) 평택(平澤) 및 전라도 장수현(長水縣)에도 우박이 내렸다.

- 【실록】중종 51권, 19년(1524) 8월 29일(신유) 6번째 기사. 충청도 음성, 아산, 목천 등에 우박이 내리다

  충청도 음성(陰城), 아산(牙山), 목천(木川), 온양(溫陽) 등에 우박이 내렸다.

- 【실록】중종 52권, 19년(1524) 10월 1일(임진) 5번째 기사. 황해도 문화현과 충청도 아산, 평택에 천둥 번개가 치다

  황해도 문화현(文化縣)에 천둥 번개가 치고, 충청도 아산(牙山), 평택(平澤)에 천둥이 있었다.

- 【실록】중종 52권, 19년(1524) 11월 24일(갑신) 1번째 기사. 충청도 온양, 아산 등에서 천둥하다

  충청도 온양(溫陽), 아산(牙山) 등 고을에 천둥이 있었다.

- 【실록】중종 52권, 19년(1524) 12월 26일(병진) 4번째 기사. 충청도 아산, 평택, 신창 등에 천둥하다

  충청도 아산(牙山), 평택(平澤), 신창(新昌), 전의(全義) 등의 고을에 천둥이 있었다.

- 【실록】중종 55권, 20년(1525) 9월 21일(정축) 8번째 기사. 충청도 온양, 홍산에 뇌성이 진동하다

  충청도 온양(溫陽), 홍산(鴻山)에 뇌성이 진동했다.

● 【실록】 중종 58권, 21년(1526) 12월 5일(계축) 1번째 기사. 충청도 전의, 연기 등지에 우레치다

충청도 전의(全義), 연기(燕岐), 온양(溫陽), 문의(文義), 아산(牙山), 정산(定山), 직산(稷山), 진잠(鎭岑)에 우레가 쳤다.

● 【실록】 중종 60권, 23년(1528) 3월 15일(병술) 7번째 기사. 충청도 열다섯 고을과 경기 용인에 우박이 내리다

충청도 홍주(洪州), 보령(保寧), 신창(新昌), 덕산(德山), 대흥(大興), 예산(禮山), 남포(藍浦), 공주(公州), 온양(溫陽), 청양(靑陽), 홍산(鴻山), 결성(結城), 부여(扶餘), 아산(牙山), 직산(稷山), 그리고 경기 용인(龍仁)에 우박이 내렸다.

● 【실록】 중종 61권, 23년(1528) 4월 13일(갑인) 4번째 기사. 해주, 부평, 금천, 철원부 등에 우박이 내리고, 목천, 진천, 고창, 신창 등에 흙비가 내리다

황해도 해주(海州)와 경기 부평(富平), 양지(陽智), 금천(衿川) 고을 등에 우박이 내리고, 강원도 철원부(鐵原府)에 우박이 내렸으며, 충청도 비인(庇仁), 목천(木川), 신창(新昌), 진천(鎭川), 제천현(堤川縣) 등과 전라도 고창(高敞), 흥덕(興德), 정읍현(井邑縣) 등 및 장흥(長興), 금산군(錦山郡) 등에 흙비가 내렸다.

● 【실록】 중종 61권, 23년(1528) 5월 8일(무인) 2번째 기사. 충청도 덕산, 직산, 예산, 신창에 우박이 내리다

충청도 덕산(德山), 직산(稷山), 예산(禮山), 신창(新昌)에 우박이 내렸다.

- 【실록】 중종 66권, 24년(1529) 9월 20일(임자) 3번째 기사. 충청도 온양 등의 고을에 우레 소리가 진동하다

  충청도 온양(溫陽) 등 3개 고을에 우레 소리가 있었다.

- 【실록】 중종 66권, 24년(1529) 10월 5일(정묘) 5번째 기사. 충청도 이산 현에서 지진이 발생하고, 신창현에서 우레 소리가 진동하다

  충청도 이산현(尼山縣)에서는 지진이 발생했고, 신창현(新昌縣)에서는 우레가 울렸고, 온양군(溫陽郡)에서는 우레 같기도 하고 지진 같기도 한 소리가 나서 인마(人馬)가 놀랐다.

- 【실록】 중종 79권, 30년(1535) 5월 1일(신유) 2번째 기사. 온양군에 벼락 이 쳐 사람이 죽다

  직산의 산골짝에서는 갑자기 근거 없는 불이 나서 약 반나절 갈이의 땅에 있는 초목(草木)을 모두 태웠고, 온양군(溫陽郡)에서는 백성 세 사람 이 벼락맞아 죽었다.

- 【실록】 중종 79권, 30년(1535) 5월 8일(무진) 3번째 기사. 충청도, 전라 도 등지에 우박이 내리다

  충청도 아산(牙山), 석성(石城), 전라도 익산(益山), 고산(高山), 정읍(井 邑)에 우박이 내렸다.

- 【실록】 중종 92권, 34년(1539) 12월 19일(임오) 2번째 기사. 충청도 아산 에 햇무리가 괴이하게 지다

  충청도 아산에 햇무리가 졌는데 주위를 청, 홍, 백색이 둘러싸고 양이 (兩珥)가 있었고, 이(珥)의 바깥쪽에는 흰 운기가 있었고, 햇무리 밖에는

형체가 무지개 같은 것이 펼쳐져 있다가 한참 뒤에 저절로 없어졌다.

- 【실록】중종 99권, 37년(1542) 11월 23일(기사) 2번째 기사. 충청도에 지진과 벼락이 치다

  충청도의 면천(沔川), 태안(泰安), 서산(瑞山) 등 고을에 지진이, 홍주(洪州), 결성(結城), 덕산(德山), 신창(新昌), 해미(海美), 대흥(大興) 등 고을에 벼락이 쳤다.

- 【실록】중종 101권, 38년(1543) 11월 21일(신유) 2번째 기사. 충청도 면천, 서산, 덕산, 온양, 태안, 해미 등지에 천둥이 치다

  충청도 면천(沔川), 서산(瑞山), 덕산(德山), 온양(溫陽), 태안(泰安), 해미(海美), 예산(禮山), 홍주(洪州), 평택(平澤)에 천둥이 쳤다.

- 【실록】명종 4권, 1년(1546) 8월 27일(신해) 3번째 기사. 서울에 큰비가 쏟아지고, 충청도 아산 등에 천둥이 약하게 치다

  서울에 천둥과 번개가 치고 큰비가 쏟아졌고, 충청도 아산(牙山), 예산(禮山), 직산(稷山)에는 천둥이 약하게 쳤다.

- 【실록】명종 9권, 4년(1549) 3월 2일(임신) 2번째 기사. 충청도 신창에 우박이 내리다

  충청도 신창(新昌)에 우박이 내렸다.

- 【실록】명종 10권, 5년(1550) 11월 28일(정사) 1번째 기사. 청홍감사의 서장(書狀)에 따라 해의 재변을 상고하여 아뢰게 하다

  청홍감사(淸洪監司) 이몽필(李夢弼)의 일변(一變)에 관한 서장(書狀)에,

"아산현감(牙山縣監) 신수명(申秀溟)의 첩정(牒呈)에 '이번 11월 14일 진시(辰時)에 해가 장대 두어개 길이쯤 솟았을 때 태양의 남북으로 각각 베두 필 길이의 거리에 해와 같은 형상이 있었는데, 희미한 적색이었고꼬리 길이는 각각 1장(丈)쯤 되었다. 남쪽 가의 둥그런 빛이 먼저 사라지고 북쪽 가의 것은 한참 후에 소멸되었다.'고 했습니다."

(서장을) 정원에 내리면서 일렀다.

"해의 재변이 예사롭지 않아 매우 두렵다. 관상감으로 하여금 상고하여 아뢰게 하라."

● 【실록】 명종 20권, 11년(1556) 4월 8일(병신) 2번째 기사. 청홍도 신창에
  지진이 일어나다

  청홍도 신창(新昌)에 지진이 일어났다.

● 【실록】 명종 21권, 11년(1556) 9월 9일(갑자) 4번째 기사. 함경도 온성
  및 충청도 각 지역에 천둥 번개가 크게 치다

  함경도 온성(穩城)에 천둥 번개가 크게 치고 우박이 내려 사람이 벼락
  맞았다. 청홍도 괴산(槐山)에 천둥 번개가 치고, 제천(堤川), 직산(稷山),
  천안(天安), 아산(牙山), 해미(海美), 온양(溫陽), 공주(公州), 부여(扶餘),
  서산(瑞山), 결성(結城), 청산(靑山), 유신(惟新)에 천둥이 쳤다.

● 【실록】 명종 21권, 11년(1556) 9월 23일(무인) 3번째 기사. 청홍도 아산
  에 천둥이 치다

  청홍도 아산(牙山)에 천둥이 치고, 전라도 무장에 크게 천둥이 쳤다.

- **【실록】명종 21권, 11년(1556) 9월 29일(갑신) 4번째 기사. 서울에 지진이 일어나다**

청홍도 아산(牙山), 신창(新昌), 서산(瑞山), 천안(天安), 괴산(槐山), 유신(惟新) 등에 크게 천둥이 치고 비가 왔다.

- **【실록】명종 22권, 12년(1557) 3월 13일(병인) 2번째 기사. 청홍도 청주, 연기, 진천, 온양, 신창 등지에서 지진이 일어나다**

청홍도 청주(淸州), 연기(燕岐), 진천(鎭川), 천안(天安), 평택(平澤)에서 지진이 일어났는데 집이 흔들렸다. 전의(全義)에도 지진이 일어났고, 온양(溫陽), 신창(新昌)에서도 지진이 일어났는데 소리가 희미한 천둥소리 같았고 집이 흔들렸다. 경상도 고령(高靈), 개령(開寧), 초계(草溪)에는 눈이 내렸는데 하루가 지나도록 녹지 않았다.

- **【실록】명종 24권, 13년(1558) 9월 13일(병술) 3번째 기사. 청홍도 서산과 아산에 우박이 내리며 천둥 번개가 치다**

청홍도 서산(瑞山)과 아산(牙山)에 우박이 내리며 천둥 번개가 쳤다.

- **【실록】명종 24권, 13년(1558) 10월 3일(병오) 3번째 기사. 청홍도 아산에 비와 우박이 섞여 내리다**

청홍도(淸洪道) 아산(牙山)에 비와 우박이 섞여 내리고 천둥 번개가 쳤다.

- **【실록】명종 25권, 14년(1559) 10월 9일(병오) 3번째 기사. 경기 인천, 황해도 봉산, 청홍도 신창, 평안도 용강 등지에 천둥 번개가 치다**

밤에 천둥과 번개가 쳤다. 경기 인천(仁川)에 천둥과 번개가 쳤다. 황해도 봉산(鳳山)에 천둥이 쳤다. 청홍도 신창(新昌)에 천둥 번개가 치고 무지개가 섰으며 면천(沔川), 천안(天安), 진천(鎭川), 예산(禮山), 목천(木川), 서천(舒川), 청양(靑陽), 이산(尼山), 태안(泰安), 해미(海美)에 천둥이 쳤다. 평안도의 용강(龍崗), 강서(江西), 삼화(三和)에 천둥이 치고 우박이 내렸으며, 평양(平壤), 안주(安州), 순안(順安), 영유(永柔)에 천둥과 번개가 쳤다.

- 【실록】 명종 26권, 15년(1560) 4월 2일(정유) 3번째 기사. 개성부와 경기의 양주, 신창 등지에 우박이 오다

  개성부(開城府)와 경기(京畿)의 양주(楊州), 이천(利川), 부평(富平)에 우박이 왔는데 큰 것은 개암만했다. 안산(安山)에 천둥치며 우박이 왔는데 소나무가 벼락을 맞았다. 청홍도 유신(惟新), 해미(海美), 신창(新昌)에 우박이 왔는데 큰 것은 개암만했다. 경상도 금산(金山), 개령(開寧)에 비와 우박이 섞여 내렸다.

- 【실록】 명종 27권, 16년(1561) 9월 11일(무술) 4번째 기사. 천안, 직산, 신창 등에 천둥이 치다

  청홍도 천안(天安), 직산(稷山), 신창(新昌), 아산(牙山), 당진(唐津)에 천둥이 쳤다.

- 【실록】 명종 29권, 18년(1563) 10월 30일(을해) 3번째 기사. 청홍도 홍주, 아산 등지에 천둥이 치다

  청홍도 홍주(洪州), 직산(稷山), 태안(泰安), 남포(藍浦)에 천둥이 치며 우박이 내렸고, 면천(沔川), 아산(牙山), 덕산(德山), 평택(平澤), 서산(瑞山), 부여(扶餘)에 천둥이 쳤다.

● 【실록】 명종 30권, 19년(1564) 1월 1일(을해) 2번째 기사. 청홍도 아산, 천안에 천둥이 치다

청홍도(淸洪道) 아산(牙山), 천안(天安)에 천둥이 쳤다.

● 【실록】 명종 30권, 19년(1564) 8월 27일(병신) 2번째 기사. 청홍도의 아산에 천둥이 치다

청홍도(淸洪道)의 아산(牙山)에 천둥이 쳤다.

● 【실록】 명종 30권, 19년(1564) 9월 8일(정미) 1번째 기사. 청홍도 평택, 경상도 김해 등지에 우박이 내리고 천둥이 치다

청홍도(淸洪道)의 평택, 직산(稷山), 신창(新昌), 예산, 천안, 온양에 우박이 내리고 천둥과 번개가 쳤다. 경상도의 김해, 기장(機張)에 천둥이 쳤다.

● 【실록】 명종 33권, 21년(1566) 10월 17일(갑술) 2번째 기사. 청홍도 비인, 아산 등지와 전라도 여산에 천둥이 치다

청홍도 비인(庇仁), 남포(藍浦), 예산(禮山), 청안(淸安), 천안(天安), 청양(靑陽), 청주(淸州), 보령(保寧), 해미(海美), 전의(全義), 당진(唐津), 결성(結城), 태안(泰安), 목천(木川), 아산(牙山), 홍주(洪州), 이산(尼山), 부여(扶餘), 임천(林川), 서산(瑞山), 정산(定山)에 천둥이 쳤다. 전라도 여산(礪山)에서는 구름도 없이 천둥이 쳤다.

● 【실록】 선조 69권, 28년(1595) 11월 6일(갑술) 1번째 기사. 온양, 서산 등 충청도 지역에서 비바람과 천둥이 크게 일어나다

충청도관찰사 박홍로(朴弘老)가 장계를 올렸다.

"온양(溫陽), 서산(瑞山), 직산(稷山) 등의 고을에 10월 27일 비바람과 천둥, 번개가 크게 일어났습니다. 하늘이 소리를 거두어들이는 시기를 당하여 변이(變異)가 비상합니다."

- 【실록】 선조 70권, 28년(1595) 12월 11일(기유) 1번째 기사. 충청도 아산 현에 봄꽃이 피고 보은, 평택 등에 천둥 번개가 치다

  충청도 아산현(牙山縣)에 진달래꽃, 살구꽃이 곳곳에 피고, 보은(報 恩), 평택(平澤), 남포(藍浦)에 천둥 번개가 크게 쳐 여름철과 같다고 관찰 사 박홍로(朴弘老)가 계문하였다.

- 【실록】 인조 41권, 18년(1640) 8월 18일(정묘) 2번째 기사. 충청도에 눈 이 내리고 얼음이 얼다

  충청도 전의(全義), 정산(定山), 회덕(懷德), 은진(恩津), 온양(溫陽), 연 기(燕岐), 이산(尼山) 등 고을에 눈이 내렸고, 직산(稷山)의 냇물은 모두 얼었다. 8월에 얼음이 얼고 눈이 내린 것은 예전에 없었던 일이다.

- 【실록】 인조 41권, 18년(1640) 10월 24일(신미) 1번째 기사. 충청도에 우 박이 내리다

  충청도 청안(淸安), 정산(定山), 해미(海美), 태안(泰安), 서산(瑞山), 온 양(溫陽), 청양(靑陽), 결성(結城) 등 고을에 우박이 내렸다.

- 【실록】 현종 10권, 6년(1665) 7월 18일(임인) 5번째 기사. 충청도 아산, 신창 등지에 해일이 일어나다

  충청도 아산(牙山), 신창(新昌) 등지에 해일이 있었다.

● 【실록】 숙종 27권, 20년(1694) 10월 1일(을미) 1번째 기사. 충청도 아산
  에 지진하고 천둥하다
  충청도 아산(牙山)에 지진하고 천둥했다.

● 【실록】 숙종 30권, 22년(1696) 3월 25일(신사) 1번째 기사. 충청도 신창
  등 여덟 고을에서 지진이 나다
  충청도 신창(新昌) 등 여덟 고을에서 지진(地震)이 있었는데, 도신(道
  臣)이 계문(啓聞)하였다.

● 【실록】 숙종 35권, 27년(1701) 7월 22일(정미) 1번째 기사. 충청도 신창
  현에 해일이 일다
  충청도 신창현(新昌縣)에 해일(海溢)이 있었다.

● 【실록】 숙종 49권, 36년(1710) 12월 28일(무자) 2번째 기사. 온양 안의
  남산 아래 대천의 흐름이 끊어졌다가 다시 흐르다
  온양(溫陽) 고을 안의 남산(南山) 아래 대천(大川)이 이날 밤에 흐름이
  1백여 보 끊어졌다가 진시(辰時)에 다시 흘렀다.

● 【실록】 영조 38권, 10년(1734) 4월 19일(갑자) 2번째 기사. 충청도 온양
  군에 지진이 일어나 가옥이 흔들리고 소리가 천둥과 같았다
  충청도 온양군(溫陽郡)에 지진(地震)이 일어나 가옥(家屋)이 흔들리고
  소리가 천둥하는 것 같았으며, 잠시 후에야 그쳤다.

- 【실록】 영조 38권, 10년(1734) 6월 29일(계유) 3번째 기사. 충청도 아산 현에 해일이 있었다

  충청도 아산현(牙山縣)에 해일(海溢)이 있었다.

(2) 재해(災害)

- 【절요】 고려사절요 제13권 /명종 광효대왕 2(明宗光孝大王二) 무신 18 년(1188)

  8월에 등주(登州; 함남 안변), 문주(文州; 함남 문천), 의주(宜州; 함남 덕 원) 3주(州)와 진명(鎭溟; 함남 덕원 남쪽 25리), 용진(龍津; 함남 덕원 동쪽 30리), 영인(寧仁; 충남 아산) 등 여러 성(城)에 큰물이 져서, 벼를 손상 시키고 성곽과 민호(民戶)를 떠내려 보내었으며, 죽은 사람이 매우 많 았다.

- 【실록】 세종 6권, 1년(1419) 12월 16일(병술) 4번째 기사. 충청도 수군도 절제사가 도내 선군(船軍)들의 흉년 대책에 대해 아뢰다

  충청도 수군도절제사(水軍都節制使)가 계(啓)하기를, "도내의 천안(天 安), 면천(沔川), 덕산(德山), 신창(新昌), 아산(牙山) 등 각관의 선군들은 전년의 흉년으로 인하여 전혀 진제미(賑濟米)로 목숨을 보존하였는데, 지금 또 몹시 가물어서 벼는 전연 모종도 세우지 못하여 살 도리가 염려 되니, (그들이) 마음대로 돌아다니면서 양식을 빌고 밤[栗]을 주워서 흉 년살이를 미리 도모하게 하여 도망쳐 흩어지지 말게 하도록 하소서." 하니, 상왕이 그대로 따랐다.

● 【실록】 세종 74권, 18년(1436) 7월 10일(계묘) 1번째 기사. 신창 아산 등
  지에서 황충이 발생하다

신창(新昌), 아산(牙山) 등 고을에서 황충(蝗蟲)이 발생하였다.

● 【실록】 세종 76권, 19년(1437) 2월 9일(기사) 4번째 기사. 공주, 신창 등
  지의 황충와 진휼 상황

경기도의 안성과 충청도의 공주(公州), 신창(新昌), 아산(牙山), 회덕(懷
德), 직산(稷山), 전라도의 전주(全州), 함열(咸悅), 임피(臨陂) 등 고을은
모두 황충(蝗蟲)의 피해를 입었다.

… (중략) …

충청도 공주 등지(等地)에서는 쌀 두 말 값이 면포 한 필인데도, 다투
어 면포를 가지고 미곡을 구하는 자가 오히려 미처 사지 못할까 두려워
하였다. 지난해 여름과 가을부터 주린 백성들이 진대(賑貸)만 쳐다보고
있으므로, 각도의 창고가 바닥이 나서 국가에서 곡식을 옮겨다가 진휼
하고, 또 조관들을 각도에 나누어 보내어 진대경차관을 삼았는데, 특별
히 안순(安純)을 충청도에 보내어 진휼사로 삼아서 각 고을 수령의 기민
(飢民)을 진휼하는 일을 시찰하게 하여, 만일 굶어 죽은 사람이 많이 있
으면 죄를 수령에게 주어 곧 곤장을 때리도록 하고 길에 굶어 죽은 사람
이 있으면 그 근처의 주민들에게 죄를 주니, 이 때문에 사람들이 법령이
엄한 것을 두려워하여 서로서로 숨기어, 굶어 죽어도 나타나지 않는 자
가 열에 보통 여섯 일곱은 되었다.

● 【실록】 세종 105권, 26년(1444) 윤7월 18일(을미) 3번째 기사. 충청도
  해안 일대에 조수가 넘쳐 벼농사가 손상되다

충청도 아산(牙山), 태안(泰安), 서천(舒川)에 조수(潮水)가 넘치어 벼농

사를 손상하였다.

• 【실록】세종 109권, 27년(1445) 8월 7일(무신) 4번째 기사. 충청도 일대
  에서 황충이 일어나다

  충청도 은진(恩津), 회덕(懷德), 비인(庇仁), 문의(文義), 신창(新昌), 홍
  산(鴻山), 공주(公州), 정산(定山), 청주(淸州), 온양(溫陽), 예산(禮山), 한
  산(韓山), 서천(舒川), 청안(淸安)에 황충이 일었다.

• 【실록】단종 1권, 즉위년(1452) 6월 2일(계해) 1번째 기사. 충청도 온양,
  천안, 전의 등 읍에 물이 넘치어 벼가 상하다

  충청도 온양, 천안, 전의, 해미, 영동, 평택 등의 읍에 물이 넘치어
  벼가 상하였다.

• 【실록】중종 18권, 8년(1513) 7월 23일(기축) 1번째 기사. 아산현에 큰
  바람이 불다

  아산현(牙山縣)에 큰 바람이 불어 나무가 뽑히고 집이 쓰러졌다.

• 【실록】중종 18권, 8년(1513) 9월 2일(정묘) 2번째 기사. 충청도 천안,
  아산 등에 큰 우박이 내려 벼를 상하다

  충청도 천안(天安), 아산(牙山), 진천(鎭川), 온양(溫陽), 목천(木川), 직
  산(稷山) 등에 큰 우박이 내려서 벼를 상하였다.

• 【실록】중종 24권, 11년(1516) 4월 27일(무인) 3번째 기사. 충청도 아산,
  평택 등지에 달걀만한 우박이 내리고 폭풍이 불다

  충청도 아산(牙山), 평택(平澤), 문의(文義), 목천(木川) 등 고을에 폭풍

이 불고 우박이 내렸는데, 우박이 달걀만하여 벼를 해치고, 사람과 가축이 또한 상했으며, 큰 나무가 뽑히기도 하였다.

• 【실록】 중종 44권, 17년(1522) 5월 28일(계유) 9번째 기사. 충청도에 여러 고을에 황충이 일다

충청도 석성(石城), 은진(恩津), 덕산(德山), 아산(牙山), 예산(禮山), 이산(尼山), 회덕(懷德), 홍산(鴻山), 연기(燕岐), 부여(扶餘)에 황충(蝗蟲)이 있었다.

• 【실록】 중종 45권, 17년(1522) 6월 1일(병자) 5번째 기사. 충청도 석성, 아산 등지에 황충이 생겨 곡식을 해치다

충청도 석성(石城), 덕산(德山), 아산(牙山), 예산(禮山), 회덕(懷德), 홍산(鴻山), 신창(新昌), 부여(扶餘), 은진(恩津), 진천(鎭川), 연기(燕岐), 목천(木川), 이산(尼山) 등의 고을에 황충(蝗蟲)이 생겨서 곡식을 해쳤다.

• 【실록】 중종 50권, 19년(1524) 5월 17일(신사) 4번째 기사. 충청도 평택, 아산 등지에 곡식 해치는 벌레가 있다

충청도 평택(平澤), 아산(牙山) 등 고을에 들판 가득 차서 화곡을 손상하는 벌레가 있는데 그 바탕이 푸르기도 하고 검기도 하고 누르기도 하였다.

• 【실록】 중종 56권, 21년(1526) 2월 6일(기미) 1번째 기사. 조방언, 이유청 등이 민중 구호, 여역 구료, 수령의 차임에 대해 아뢰다

참찬관 윤인경(尹仁鏡)은 아뢰기를, "신이 충청도의 농사 형편을 보건대 홍주(洪州) 등 해변의 17고을은 재해가 더욱 심했고, 그 나머지 산

골의 각 고을은 전곡(田穀)은 비록 조금 풍년이 들었다고는 하지만, 민간들이 매우 빈궁하여 겨우 연명할 수 있었습니다. 또 온양군(溫陽郡) 온천(溫泉) 근처에 사는 사노(私奴) 배동(裵同)의 집에서는 죽은 사람이 5명이나 되었는데, 신은 그들이 죽은 것이 의심스러워 물어보니 먹을 것은 여유가 있었습니다. 이 병 때문에 전염된 집이 20여 가구나 되는데 한 집에서 죽은 사람이 혹은 셋 혹은 넷씩이나 되었으니, 여역이 분명합니다. 신이 올라올 때 온양에서 하루를 머무르며 물어보니, 병의 기세가 조금 뜸해졌다고 했습니다." 하니, 상이 이르기를, "온역(瘟疫)은 없는 때가 없다. 그러나 충청도의 여역은 진실로 평소의 것과 다르니 모름지기 치열해지기 전에 구료(救療)해야 한다." 하매, 장령 윤사익(尹思翼)이 아뢰기를, "구제하는 일이 비록 형식인 것 같기는 하지만 하지 않을 수 없습니다. 만일 도움됨이 없다고 폐지한다면, 성상께서 백성 돌보시려는 뜻을 민간에서 어찌 알게 되겠습니까? 대저 흉년에는 감사와 도사가 반드시 마음을 다해 구제해야 하는데, 또한 수령들이 어떻게 하느냐에 달렸습니다. 더러 굶주려 죽는 백성이 있어도 수령들이 숨기고 신고하지 않는데, 지난날에 이수영(李守英)이 북청판관(北靑判官) 때 이런 죄로 잡혀와 마침내 파출(罷黜)되었습니다. 만일 감사들이 마음을 다해 검찰(檢察) 한다면, 수령이 비록 성심이 없는 사람이라 하더라도 힘써 구제할 것입니다." 하고, 조방언은 아뢰기를, "기관을 설치하여 민중을 구제하는 일은 마땅히 미리 해야 하고, 만일 기관을 설치할 수 없다면 전적으로 유사(有司)들에게 부여하여 효과를 내도록 함이 가할 것입니다." 하고, 윤사익이 이어 감찰들의 일을 아뢰었으나 윤허하지 않았다.

• 【실록】 중종 56권, 21년(1526) 3월 8일(신묘) 2번째 기사. 충청도관찰사 이환이 도내에서 전염병으로 죽은 사람의 수를 치계하다

충청도관찰사 이환(李芄)이 치계(馳啓)하였다.

"도내에서 전염병으로 죽은 사람이 온양(溫陽) 7명, 아산(牙山) 3명, 예산(禮山) 6명, 서천(舒川) 10명, 이산(尼山) 10명, 결성(結城) 1명, 임천 (林川) 65명, 정산(定山) 4명, 한산(韓山) 19명으로 도합 1백 22명입니다."

• 【실록】 명종 26권, 15년(1560) 6월 12일(정미) 3번째 기사. 청홍도 아산 에 산이 무너지다

청홍도 서산(瑞山)에 폭우가 와서 산이 무너져 두 사람이 압사하였고 당진에서는 인가가 물에 잠겼으며 아산(牙山), 고공(高鞏)에는 산이 무너 졌다.

• 【실록】 명종 26권, 15년(1560) 7월 9일(계유) 1번째 기사. 충청도 아산에 서 남자 세 사람이 벼락 맞아 죽다

충청도 아산에서 남자 세 사람이 벼락 맞아 죽었다.

• 【실록】 명종 32권, 21년(1566) 4월 15일(병자) 1번째 기사. 청홍도 경차 관 손식이 전염병이 든 민가에 약물을 나누어 준 것 등을 아뢰다

청홍도 경차관 손식(孫軾)이[3] 복명하자, 전교하기를, "본 것을 서계(書

---

3) 【경솔하고 조급하며 천박하고 협소하여 일을 처리하는 것이 전도(顚倒)되었다. 등제(登第)한 처음에 남에게 붙좇으며 승진하기를 꾀하였다가 오랫동안 폐기당하였으며, 심통원에게 붙좇아 다시 서용되었었다. 그리고 심진(沈鎭)과는 아주 가까이 사귀었으며 경기의 고시관(考試官)이 되어서는 심진이 그의 사위를 모람되게 향빈(鄕賓)이라고 하며 손식에게 청탁하자 손식이 법을 굽혀서 심진의 청을 순종하여 잘 지은 것을 모두 물리치고 그를 따랐으니, 이 한 가지 일을 의거하더라도 그 간사함을 알 수 있다.】

啓)하라." 하였다. 손식이 아뢰기를, "신창(新昌) 한 지역은 수군(水軍)에 침해를 당하여 일족(一族)이 모두 텅 비었으며 홍주(洪州)의 민가(民家)에는 전염병이 바야흐로 성하기 때문에 가져갔던 약물을 나누어 주었습니다." 하였다.

● 【실록】 선조 25권, 24년(1591) 4월 4일(기해) 3번째 기사. 충청감사가 예산, 아산 등 고을에 우박이 내려 보리와 밀에 손상을 입혔다고 보고하다
　　충청감사의 서장에, "예산(禮山), 아산(牙山), 공주(公州), 제천(堤川), 이산(尼山) 등 고을에 지난 윤 3월 16일 비가 오고 천둥과 번개가 치면서 우박이 번갈아 내렸는데 큰 것은 밤알만 하고 작은 것은 도토리만하였으므로 보리와 밀에 손상을 입혔습니다." 하였는데, 예조에 계하(啓下)하였다.

● 【실록】 인조 16권, 5년(1627) 7월 19일(계미) 2번째 기사. 충청도에 큰비가 내려 곡식이 침몰되고 가옥이 표류하다
　　충청도의 청주(淸州), 옥천(沃川), 남포(藍浦), 부여(扶餘), 아산(牙山), 청안(淸安), 연기(燕岐), 석성(石城), 단양(丹陽) 등 고을에 큰비가 내려 평지가 내를 이루고 곡식이 모두 침몰되었으며 가옥이 표류하였다.

● 【실록】 인조 21권, 7년(1629) 7월 26일(기유) 3번째 기사. 공청도 천안, 신창 등지에 해일이 일어나고 큰 바람이 불어 벼가 모두 상하다
　　공청도(公淸道)의 천안(天安), 신창(新昌) 등 지역에 해일(海溢)이 일어나고 큰바람이 불어 벼가 모두 상했다. 청주(淸州) 지역에는 큰 바람이 불어 곡식이 손상되었다.

- 【실록】 인조 35권, 15년(1637) 6월 17일(갑인) 2번째 기사. 충청도 온양
  에 큰물이 지다

  충청도 온양(溫陽)에 큰물이 져서 산이 무너져 눌려 죽은 사람이 있
  었다.

- 【실록】 인조 48권, 25년(1647) 9월 11일(무신) 1번째 기사. 충청도 서천
  등 일부 지역에 큰물이 지고 해일이 일다

  충청도 서천(舒川), 평택(平澤), 아산(牙山), 신창(新昌), 직산(稷山) 등
  고을에 큰물이 지고 해일이 일었다.

- 【실록】 인조 48권, 25년(1647) 10월 1일(무진) 1번째 기사. 홍청도 일대
  에 우박이 크게 내리고 연풍에 지진이 있다

  홍청도 홍주(洪州), 목천(木川), 직산(稷山), 서산(瑞山), 한산(韓山), 아
  산(牙山), 비인(庇仁), 해미(海美), 당진(唐津), 진천(鎭川), 충원(忠原), 청
  풍(清風)에 우박이 크게 내리고 연풍(延豊)에 지진이 있었는데, 감사가
  아뢰었다.

- 【실록】 인조 49권, 26년(1648) 7월 7일(경오) 1번째 기사. 홍청도에 큰물
  이 져서 농사와 인명 피해가 심하니, 휼전을 거행하게 하다

  청홍도에 큰물이 졌다. 문의(文義), 공산(公山), 정산(定山), 청주(清州),
  은산(恩山), 온양(溫陽), 직산(稷山), 보은(報恩), 청풍(清風), 태안(泰安),
  대흥(大興), 보령(保寧), 진천(鎭川), 서천(舒川) 등 54고을에 6월 20일부
  터 22일까지 퍼붓듯이 폭우가 쏟아져 냇물이 넘쳤고 곡식이 모두 물에
  잠겨 썩었으며, 산기슭이 붕괴되어 압사한 사람이 4인이었다. 상(上)이
  본도로 하여금 휼전을 거행하도록 하였다.

• 【실록】 인조 49권, 26년(1648) 8월 4일(병신) 3번째 기사. 홍청도 일대에 태풍과 폭우로 피해가 심하게 나다

홍청도 아산(牙山), 신창(新昌), 덕산(德山), 천안(天安), 평택(平澤) 등의 고을에 해일(海溢)이 있어 바닷가의 제언이 무너져 모두 침몰되었다.

• 【실록】 현종 6권, 4년(1663) 6월 25일(신유) 2번째 기사. 충청도 아산, 신창에 해일이 일다

충청도 아산(牙山), 신창(新昌), 홍양(洪陽) 등 읍에 3일 간 해일(海溢)이 일어났다.

• 【현개】 현개 13권, 6년(1665) 7월 18일(임인) 5번째 기사. 충청도 아산, 신창 등지에 해일이 일다

충청도 아산(牙山), 신창(新昌) 등지에 해일이 있었다.

• 【현개】 현개 25권, 12년(1671) 11월 26일(계유) 3번째 기사. 충청도 아산현에 해일이 일어나다

충청도 아산현(牙山縣)에 해일이 일어 민가 1백여 채가 빠졌다.

• 【실록】 숙종 4권, 1년(1675) 6월 20일(정축) 3번째 기사. 충청도 평택, 직산, 아산에 가뭄이 들다

충청도(忠淸道)에서 보고하기를, "평택(平澤), 직산(稷山), 아산(牙山)에는 한 방울의 비도 오지를 아니하여, 논밭의 이랑이 거북이 등처럼 갈라졌습니다." 하였다.

● 【실록】 숙종 9권, 6년(1680) 2월 13일(계유) 2번째 기사. 우의정 오시수 가 재해를 입은 천안, 직산의 진휼을 건의하다

대신과 비변사(備邊使) 당상관을 인견(引見)하였다. 우의정(右議政) 오시수(吳始壽)가 아뢰기를, "신이 성묘(省墓)하기 위하여 왕래하는 길에 호서(湖西) 지방의 농사를 눈으로 직접 보았는데, 아산(牙山), 평택(平澤), 서산(瑞山), 태안(泰安)의 몇 고을이 재해를 입은 것이 심해서 전세(田稅) 대동미(大同米)를 본 고을에 거두어 두었습니다. 그런데 천안(天安)과 직산(稷山)의 흉년도 평택, 아산과 다름이 없는데도 유독 구휼을 받지 못하니, 공평하지 못한 듯합니다." 하니, 임금이 말하기를, "경(卿)이 이미 눈으로 직접 보고 말하는 것이니, 천안, 직산의 대동미 전세(田稅)도 아산, 평택의 예(例)에 따라 본 고을에 거두어 두었다가 구호에 충당하는 것이 좋겠다." 하였다.

● 【실록】 숙종 31권, 23년(1697) 8월 19일(병인) 4번째 기사. 아산, 당진에 해일이 일다

경기(京畿) 안의 여러 고을에 잇따라 해일(海溢)이 일어나 포구(浦口) 변두리의 각종 곡식이 많은 손상(損傷)을 입었으며, 아산(牙山), 당진(唐津) 등의 고을에서도 해일이 일어났다.

● 【실록】 경종 5권, 1년(1721) 12월 17일(계유) 4번째 기사. 충청도 신창에 불이 나서 타 죽은 백성에게 휼전을 거행하게 하다

강원도 삼척부(三陟府)에서 익사(溺死)한 백성이 많고, 강릉(江陵)과 충청도 신창현(新昌縣)에는 불이 나서 타 죽은 백성이 있었는데, 도신(道臣)이 계문(啓聞)하니 휼전(恤典)을 거행하라고 명하였다.

● 【실록】 영조 38권, 10년(1734) 7월 30일(계묘) 4번째 기사. 충청도 아산,
  전라도, 경기, 황해도, 경상도에 황재가 심하였다

  충청도 아산(牙山) 등 26고을에 황충(蝗蟲)이 극성을 부려 도신(道臣)
이 포제(酺祭)를 설행(設行)하기를 청하니, 이를 허락하였다. 전라도에도
황재(蝗災)가 매우 혹독하니, 또한 제사를 마련하여 재앙을 물리쳤다.
경기, 황해도, 경상도의 여러 도에 모두 황재가 있어서 도신(道臣)이 연
달아 장문(狀聞)하였다.

● 【실록】 정조 30권, 14년(1790) 7월 10일(무자) 6번째 기사. 충청도관찰
  사 정존중이 고을의 피해 상황과 구제한 내용을 보고하다

  충청도관찰사 정존중(鄭存中)이 장계하였다.
  "지난달 16, 7일에 바람이 불고 비가 오면서 바닷물이 넘쳐난 것이
평택(平澤), 직산(稷山), 서산(瑞山), 태안(泰安) 등 4개 고을은 비교적 많
았고, 천안(天安), 홍주(洪州), 해미(海美), 결성(結城), 신창(新昌), 면천(沔
川), 보령(保寧), 비인(庇仁), 당진(唐津), 남포(藍浦) 등 10개 고을은 비교
적 적었습니다. 신은 삼가 전교한 뜻을 공문으로 알린 후 피해가 극심한
민호에 대해서는 당년 신역과 환자곡을 감면해주고 균역청의 납세도 탕
감하였으며, 돌보아 구제하면서 안정시키는 데 관심을 두어 살피며 신
칙하고 있습니다."

● 【실록】 순조 27권, 25년(1825) 10월 9일(임술) 5번째 기사. 한산, 신창
  등 일곱 고을에 해조가 넘쳐 피해가 크다는 공청감사의 장계

  공청감사(公淸監司) 김학순(金學淳)의 장계에 이르기를, "한산(韓山),
비인(庇仁), 직산(稷山), 신창(新昌), 천안(天安), 평택(平澤), 서천(舒川) 등
일곱 고을에 지난달 초2일과 초3일에 해조(海潮)가 크게 넘쳐 포구 연안

의 평야가 대부분 침몰되어 베어서 두렁에 깔아 놓은 벼 곡식이 많이 떠내려갔고, 바닷물이 휩쓸어 패인 곳에 짠물이 오래 남아 있어 장차 황폐한 땅이 될 염려가 있으며, 직산의 언리(堰里) 한 면(面)은 해문(海門)과 가장 가까워서 피해가 더욱 혹심합니다." 하였다.

- 【실록】헌종 15권, 14년(1848) 11월 30일(경자) 2번째 기사. 아산 등 고을의 무너진 집에 휼전을 내리다

아산(牙山) 등 고을의 무너진 집에 휼전(恤典)을 내렸다.

- 【실록】철종 3권, 2년(1851) 윤8월 11일(갑오) 1번째 기사. 신창, 공주 등의 고을에 휼전을 내리다

신창(新昌) 등 고을의 떠내려가거나 무너진 집과 물에 빠져 죽은 사람에게 휼전을 내렸다. 또 공주(公州) 등 고을의 떠내려가거나 무너진 집과 물에 빠져 죽은 사람에게 휼전을 내렸다.

- 【실록】철종 13권, 12년(1861) 8월 5일(신유) 3번째 기사. 예산, 남포, 아산 등의 고을에 휼전을 내리다

예산(禮山), 남포(藍浦), 아산(牙山), 충주(忠州), 목천(木川), 서천(舒川) 등 고을의 표몰한 민호와 물에 빠져 죽은 사람에게 휼전(恤典)을 주었다.

- 【실록】고종 2권, 2년(1865) 8월 15일(정미) 6번째 기사. 아산, 평택 등 고을의 재난을 당한 사람들에게 휼전을 베풀다

아산(牙山), 평택(平澤), 신창(新昌), 천안(天安), 전의(全義), 괴산(槐山), 진천(鎭川), 전주(全州), 남원(南原), 운봉(雲峯), 곡성(谷城), 흥양(興陽), 동복(同福), 순천(順天) 등의 고을과 가리포 진영(加里浦鎭營)의 표호(漂戶)

와 퇴호(頹戶) 및 수재를 당해 죽은 사람들에게 휼전(恤典)을 베풀었다.

3) 인물과 풍속

(1) 인물(人物)

● 【실록】태조 8권, 4년(1395) 9월 16일(정미) 1번째 기사. 각도에서 보고한 효자, 절부 등을 정려하고 복호하게 하다

임금이 좌, 우정승에게 분부하였다.

"지금 각도에서 보고한 효자(孝子), 순손(順孫), 의부(義夫), 절부(節婦) 등은 모두 실적이 있으니 마땅히 포상을 더하고 문려(門閭)를 세워 정표하되, 구실[役]이 있는 자는 복호(復戶)하게 하고, 가난한 자에게는 구휼하여 주어 풍속을 가다듬게 하라."

… (중략) …

아주(牙州)의 학생 공도지(孔都知)는 나이 27세에 부친을 여의었는데, 가난하고 직업도 잃어 스스로 살아갈 길이 막연하므로 그 아내가 다른 고을에 옮겨 살자고 권하니, 도지가 눈물을 흘리면서 하는 말이,

"선영이 여기에 있는데 어찌 차마 떠날 수 있는가?" 하고, 신을 삼아 팔면서 제향을 게을리 하지 않았다.

● 【실록】태종 25권, 13년(1413) 2월 7일(병진) 1번째 기사. 충청도, 경상도도관찰사의 보고에 따라 효자, 절부 등 정표를 명하다

명하여 효자(孝子), 절부(節婦)의 문(門)을 정표(旌表)하라고 명하였다.

"온수(溫水) 사람 호조의랑(戶曹義郎) 이극수(李克壽)가 죽으니, 그 처 오씨(吳氏)는 빈소를 1년이나 모시고, 장사 뒤에는 분묘를 지키며 상제를 마쳤습니다. 그 시어미 신씨(辛氏)를 봉양하되 평일과 다름이 없었고, 시어미가 죽으매 상장(喪葬)의 예를 한결같이 친어버이처럼 하였습니다."

● 【실록】 태종 34권, 17년(1417) 12월 15일(병신) 2번째 기사. 충청도도관 찰사 맹사성이 배사하다

충청도도관찰사(忠淸道都觀察使) 맹사성(孟思誠)이 배사(拜辭)하니, 임금이 친히 보고, "들으니, 경에게 늙은 아비가 있다 하므로 이 직임을 준 것이다. 아비의 나이 얼마인가? 또 어느 고을에 있는가?" 하니, 맹사성이 대답하기를, "신의 아비의 나이 83세이고, 온수현(溫水縣)에 있습니다." 하였다. 임금이, "경은 가서 아비에게 효도를 다하고 나라 정사를 근심하고 염려하라." 하고, 인하여 여러 가지 약을 주었다.

● 【실록】 태종 36권, 18년(1418) 8월 4일(신사) 2번째 기사. 공조판서 맹사 성이 아비의 병으로 사직하다

공조판서 맹사성(孟思誠)이 아비의 병 때문에 사직하였다. 맹사성의 아비 맹희도(孟希道)는 온수현(溫水縣)에 살았는데, 내약(內藥)을 하사하고 또 역마를 주어서 보냈다.

● 【실록】 세종 11권, 3년(1421) 2월 5일(무술) 4번째 기사. 이조판서 맹사 성이 부친의 병환으로 사직을 청하였으나 허락하지 않다

이조판서 맹사성이 부친의 병으로 사직하려 하였으나, 허락하지 아니하고 약을 주게 하여 보냈으니, 이때 사성의 부친 맹희도(孟希道)는 충청도 온수현(溫水縣)에 살았다.

- **【실록】세종 42권, 10년(1428) 10월 28일(병오) 6번째 기사. 예조에서 경외의 효자, 순손, 절부를 찾아내어 아뢰다**

  온수(溫水) 사람 임산수(任山壽)는 부모가 죽으매, 날마다 흙을 메고서 분묘를 이루어 놓고는, 분묘를 지키면서 곡읍(哭泣)으로 6년을 마쳤으며, (그 뒤에도) 매양 삭망(朔望)을 당하면 반드시 제사했다 하옵니다.

- **【실록】세종 54권, 13년(1431) 10월 28일(기미) 5번째 기사. 유분 등의 효자와 감물이 등의 절부에 대한 포상을 주청하다**

  (예조에서 계하기를) 온수현(溫水縣)에 사는 강눌(姜訥)의 아내는 나이 25세에 남편이 죽으매, 어머니가 그를 개가(改嫁)시키고자 했으나 따르지 않고 지금까지 수절(守節)하고 있습니다.

- **【실록】세종 61권, 15년(1433) 7월 22일(계유) 8번째 기사. 예조에서 온수 사람 박승한의 효심이 순전하고 지극하니, 등용할 것을 아뢰다**

  예조에서 아뢰기를, "온수 사람 박승한(朴升漢)이 아비가 병으로 누운지 5년인데 간호하느라고 잠시도 곁을 떠나지 아니하였고, 또 큰 괴질이 유행하여 집안사람 여럿이 죽고 어미도 병으로 눕게 되자 집안 사람들이 모두 나가 피했는데, 승한이 마침 밖에 있다가 즉시 집으로 들어와 주야를 자지 않고 설사한 똥을 맛보면서까지 간호하는 등, 효심이 순전하고 지극하오니 등용하시기를 바라옵니다." 하니, 그대로 따랐다.

- **【실록】세종 62권, 15년(1433) 11월 23일(임인) 2번째 기사. 충청도 아산의 학생 이수인, 이수의 등에게 땅을 주고 조세를 감면해 줄 것을 명하다**

  호조에 전지하기를, "충청도 아산(牙山)에 사는 학생 이수인(李守仁), 이수의(李守義) 등은 태조, 태종의 유복지친(有服之親)인데, 시골에 침체

(沈滯)하여 곤궁하게 살아가고 있으니 진실로 불쌍히 여길 만하다. 놀고 있는 빈 땅 5, 6결(結)를 주고 조세를 감면(減免)하여 그들의 생계를 넉넉하게 하여 주라." 하였다.

- 【실록】 세종 63권, 16년(1434) 1월 28일(병오) 4번째 기사. 충절을 보인 전철의 후손과 의부 정월이에게 상전을 주어 미덕을 기리도록 하다

예조에서 충청도 감사의 관문에 의하여 아뢰기를, "아산현감(牙山縣監) 오효문(吳孝文)의 정문(呈文)에 이르기를, '착한 일을 표창하고 악한 일을 지탄하여 좋은 풍속과 좋은 성교(聲敎)를 세우는 것은 정치의 급무입니다. 지난 임인년에 본현현감(印原誓)가 조운선(漕運船)을 영솔하고 만평(蔓平)에 이르니, 왜적(倭賊)이 돌연 나타나서 서로 싸우던 중, 적도가 관인을 살해하고 잡아가려 하므로, 배종하던 아전 전철(全哲)이 그 위급함을 알고 현감과 옷을 바꾸어 입고 나가니, 적도가 배에 올라 전철의 의관을 바라보고 이를 관인으로 알고 즉시 찔러 죽여, 드디어 현감의 죽음을 면하게 하였던 것이니 진실로 세상에 드문 사절(死節)이 었습니다. 그 뒤에 감사 함부림(咸傅霖)이 그 목숨을 버려 대신 죽은 것을 가상히 여겨서 그 자손의 향역(鄕役)을 면제해 주었으니, 의당 착한 일을 하는 자의 권장이 될 것입니다. 그러나, 그의 손자 전유서(全由敍)는 아들이 없고, 오직 첩 관비가 낳은 독자 윤(倫)이란 사람이 꽤 재능과 기국이 있사온데, 절의에 죽은 포상할 만한 후예로서 천류(賤類)에 빠져 있어 후세에 그 풍절을 전해 듣지 못하게 한다면, 그 미덕을 자손 대에까지 추급해 포상하는 본의와 위배됨이 있을 것입니다. 또 인순부(仁順府)의 비(婢) 정월(正月)이는 경술년에 그 남편이 죽자, 장사하는 날에 널[柩] 앞에 서서 요동하지 않도록 서서히 옮겨 가게 하고, 묘혈(墓穴) 앞에까지 이르도록 친히 인도해 갔으며, 장사를 지내고 나서는 무덤 곁에 여막[廬]

을 짓고 항상 그 무덤 앞에 앉아서 바느질과 길쌈을 평일같이 하였고, 대소상(大小祥)과 담제(禫祭)까지도 모두 예제(禮制)에 의하여 하였으며, 3년을 마치고도 오히려 차마 떠나지 못하여, 서로 마주보이는 곳에 여막을 세우고, 또 수개월을 지난 뒤에야 비로소 집으로 돌아왔는데, 지금까지도 어육류를 먹지 않는다 하니, 참으로 세상에 드문 의부(義婦)입니다. 위의 비(婢)의 나이는 44세이며, 소생이 다섯에, 현재 입역(立役)하고 있는 자 2인도 공물(貢物)을 바치고는 분묘를 지킨다 합니다. 바라옵건대, 전윤(全倫)은 천인을 면제하여 양인으로 하며, 정월이는 공납을 면제하고 입역에서 해방시켜, 풍화를 돕게 하고 권계(勸戒)를 드리우게 하소서.' 하였습니다."

하매, 명하여 정월이와 그의 소생 두 아들의 공납을 면제하게 하고, 상정소(詳定所)로 하여금 전유서의 일을 다시 논의해 보고하게 하니, 함께 논의하여 아뢰기를, "전철의 아들 전예(全禮)와 손자 유서(由敍) 등은 이미 모두 향역(鄕役)을 면제 받아 상전(賞典)을 입었으니, 이제 그 증손인 관노 전윤(全倫)은 그 이상 더 논하지 않는 것이 옳습니다. 그러하오나, 선행이 있어 그 미덕을 길이 자손에게까지 추급시키는 뜻으로 본다면 마땅히 보충군(補充軍)에 붙여야 할 것입니다." 하니, 그대로 따랐다.

● 【실록】 세종 83권, 20년(1438) 10월 4일(을묘) 3번째 기사. 좌의정 맹사성 졸기

좌의정 그대로 치사(致仕)한 맹사성(孟思誠)이 죽었다. 사성의 자(字)는 자명(自明)이며 신창(新昌) 사람이었다. 병인년에 을과(乙科) 첫째로 발탁되어 춘추관검열(春秋館檢閱)에 보직되었고, 여러 번 승진하여 전의승(典儀丞), 기거사인(起居舍人), 우헌납(右獻納)이 되고, 나아가서는 수원판관(水原判官)이 되고 옮겨서는 면천군수(沔川郡守)가 되었다가 부름

을 받아 내사사인(內史舍人)이 되었고, 예조의랑(禮曹議郞), 사헌시사중승(司憲侍史中丞), 간의우산기상시(諫議右散騎常侍)가 되었다가, 나가서 공주목사(公州牧使)가 되고, 불려서 사간(司諫)을 제수하였다가 대언(代言)에 발탁되고, 여러 번 승진하여 이조참의(吏曹參議), 예문제학(藝文提學), 한성부윤(漢城府尹), 사헌부대사헌(司憲府大司憲), 인녕부윤(仁寧府尹), 예·호·공·이(禮戶工吏) 4조 판서, 의정부찬성사(議政府贊成事), 판우군도총제부사(判右軍都摠制府事)가 되었다가 정미년에 의정(議政)에 임명하였는데, 을묘년에 면직되기를 청하므로 이에 그대로 치사하게 하였다. 그러나 나라에 큰 정사가 있을 때에는 반드시 나아가서 문의(問議)하였다. 이에 죽으니 나이는 79세이었다. 부음(訃音)이 상문(上聞)되니 임금이 슬퍼하여 백관을 거느리고 거애(擧哀)하고, 조회를 정지시키고 관(官)에서 장사를 보아주게 하였다. 시호는 문정(文貞)이니, 충신(忠信)하고 예로써 (사람을) 대접(待接)하는 것을 문(文)이라 하고, 청백(淸白)하게 절조를 지킴을 정(貞)이라 한다. 사성의 사람됨이 종용하고 간편하며, 선비를 예절로 예우하는 것은 천성에서 우러나왔다. 벼슬하는 선비로서 비록 계제가 얕은 자라도 뵙고자 하면, 반드시 관대(冠帶)를 갖추고 대문 밖에 나와 맞아들여 상좌에 앉히고, 물러갈 때에도 역시 몸을 꾸부리고 손을 모으고서 가는 것을 보되, 손님이 말에 올라앉은 후에라야 돌아서 문으로 들어갔다. 창녕부원군(昌寧府院君) 성석린(成石璘)이 사성에게 선배가 되는데, 그 집이 사성의 집 아래에 있으므로 매양 가고 올 때마다 반드시 말에서 내려 지나가기를 석린(石璘)이 세상을 마칠 때까지 하였다. 또 음률(音律)에 능하여 혹은 손수 악기를 만들기도 하였다. 그러나 타고 난 성품이 어질고 부드러워 무릇 조정의 큰일이나 거관처사(居官處事)에 과감하게 결단하는 데 단점이 있었다. 외아들 귀미(歸美)는 먼저 죽고, 손자가 둘이 있으니 효증(孝曾)과 계증(季曾)이었다.

● 【실록】 세종 106권, 26년(1444) 9월 14일(기축) 1번째 기사. 충청도관찰
사에게 봉양할 사람이 없는 온양인 문을경에게 쌀 3섬을 줄 것을 유시하다

　충청도관찰사 김조(金銚)에게 유시(諭示)하기를, "온양(溫陽) 사람 전
중랑장(中郎將) 문을경(文乙景)은 나이 80이 넘었으나 봉양할 사람이 없
다 하니, 쌀 3섬을 주라." 하였다.

● 【실록】 세종 107권, 27년(1445) 3월 16일(기축) 1번째 기사. 안질약을 바
친 온양인 문을경에게 물품을 하사하다

　온양(溫陽) 백성 문을경(文乙景)이 안질약(眼疾藥)을 바치니, 옷과 신과
쌀 3석을 하사하였다. 을경의 나이는 90세이었다.

● 【실록】 세종 122권, 30년(1448) 11월 28일(경술) 2번째 기사. 백 세 이상
의 노인들의 혜양 여부를 보고토록 제도의 감사에게 유시하다

　여러 도의 감사에게 유시하기를, "선덕(宣德) 10년에 교지(敎旨)하기
를, '백 세 된 노인에게는 쌀 10석을 주고, 또 감사로 하여금 연달아 술과
고기를 주게 하라.' 하였는데, 이 법을 준행(遵行)하고 있는지의 여부를
갖추 상고하여 아뢰라. 남양(南陽)의 장인려(張仁呂)는 백 2세이고, 강화
(江華)의 이수(李守)의 아내 이씨(李氏), 용인(龍仁)의 정부개(鄭夫介), 온
양(溫陽)의 김길(金吉), 여산(礪山)의 양의금(良衣金), 나주(羅州)의 이원
(李原), 제주(濟州)의 석주(石柱)의 아내 소근차니(召斤次泥) 등은 모두 다
백 세이며 남포(藍浦)의 최택(崔澤)의 아내 김씨(金氏)는 백 8세, 합천(陜
川)의 박씨(朴氏)는 백 3세인데, 이들 늙은이는 상항(上項)의 입법(立法)
에 의하여 혜양(惠養)하고 있는지의 여부를 아울러 상고해 아뢰라. 이뿐
만 아니라, 기타의 나이가 백 세 된 사람에게도 이 법에 의하여 존휼(存
恤)하라." 하였다.

● 【실록】 세조 28권, 8년(1462) 3월 6일(신축) 1번째 기사. 사헌부의 건의
　 에 따라 조규, 김구의 고신(告身)을 거두다

　　사헌부(司憲府)에서 아뢰기를, "아산(牙山) 관노(官奴) 화만(禾萬)은 비
록 어리석어 미혹(迷惑)되고 무지(無知)하다고 하더라도 김구(金鉤)와 조
규(趙珪)의 사주(使嗾)를 받아 대신(大臣)을 고소(告訴)하였고, 평택현감
(平澤縣監) 김득경(金得敬), 온양군사(溫陽郡事) 조원지(趙元祉)는 대신(大
臣)에게 아부(阿附)하여 법을 굽혀서 청(請)에 따랐으며, 조규, 김구는 본
현(本縣)을 회복할 것을 도모하여 대신의 허물을 갖추 기록하였다가 비
밀히 부추겨서 화만(禾萬)에게 고소(告訴)하게 하였으니 모두 부당(不當)
한데, 사유(赦宥) 전이라 하여 전부 석방하는 것은 불가(不可)하니, 청컨
대 율(律)에 의하여 과죄(科罪)하소서." 하니, 명하여 조규, 김구의 고신
(告身)을 거두게 하고, 나머지는 모두 논하지 말게 하였다.

● 【실록】 세조 28권, 8년(1462) 4월 9일(갑술) 2번째 기사. 이조, 병조에
　 명하여 죽은 김구의 고신을 돌려주다. 김구의 졸기

　　성균생원(成均生員) 이극소(李克紹) 등이 상서(上書)하기를, "신 등은
엎드려 생각하건대, 전하(殿下)는 천지(天地)의 부모(父母)와 같으니 하고
자 하는 바의 말이 있으면 감히 진달(陳達)하지 못하는 것이 있겠습니
까? 신(臣) 김구(金鉤)는 자질(資質)이 순박(純朴)하고 학술(學術)이 정명
(精明)하여 누조(累朝)를 역사(歷事)하며 항상 대학(大學)에 임용되어서
자제(子弟)를 교회(敎誨)하는데 순순(諄諄)하고 게으르지 아니하였으니,
우리 조정의 문사(文士)가 모두 다 가르침을 받았습니다. 그 사문(斯文)
에 공(功)이 있음이 매우 큰 까닭으로 우리 전하께서 은례(恩禮)로 특별
히 우대하시어 숭품(崇品)에 발탁(拔擢)하였으나, 근래에 쇠모(衰耗)함으
로 연유하여 모람되게 나라의 법을 범하였는데도 특별히 너그러운 은전

(恩典)을 입어 단지 고신(告身)만을 거두었는데, 불행하게도 이달 초 1일에 병으로 죽었으니, 비록 신(臣) 김구의 마음에야 죽어도 한(恨)이 되는 것은 없겠으나, 그러나 집이 가난하고 아들이 없으며 유상(遺孀)만이 홀로 있으니 상(喪)을 치를 수가 없습니다. 신 등은 모두 일찍이 가르침을 받았으므로 김구의 죽음이 돌아갈 곳이 없음을 보고 스스로 슬퍼함이 깊습니다. 신 등은 생각하건대, 신 김구의 죄는 비록 마땅히 징계해야 하나, 누조(累朝)에 온 나라 사람의 스승이 되어 그 공이 작지 않으니, 공(功)으로써 허물을 가리어 줌은 제왕(帝王)의 대도(大度)입니다. 엎드려 바라건대, 전하께서는 공을 생각하시고 허물을 버리시어 특별히 큰 은혜를 내리시어 그 작질(爵秩)을 회복하시면 지극한 소원을 이기지 못하겠습니다." 하므로, 승정원에 전교하기를, "김구는 이미 죄(罪)를 지었으니 복직(復職)하는 것은 어렵다고 하더라도 치부(致賻)함이 어떻겠는가?" 하니, 승정원에서 아뢰기를, "성상의 전교가 마땅합니다." 하였다. 좌의정 신숙주(申叔舟)가 마침 예궐(詣闕)하니 전교하기를, "김구가 비록 죄는 있다고 하지만 국가(國家)에 관계된 것이 아니고 또 자기의 일로 들인 것이 아니었으므로 내가 고신(告身)을 돌려주려고 하였는데, 다만 당자가 죽은 뒤이니 비록 준다고 하더라도 무슨 이익됨이 되겠는가?" 하니, 신숙주가 대답하기를, "김구는 이미 죽었다고 하지만 생활의 계책이 영정(零丁)하니, 고신(告身)을 돌려주어 즉 예장(禮葬)과 치부(致賻)를 얻는다면 성상의 은혜를 어찌 헤아리겠습니까?" 하였다. 이극소 등에게 전교하기를, "김구의 죄는 중하나 오로지 어리석고 미혹(迷惑)함으로 말미암은 소치(所致)이므로, 내가 일찍이 고신을 돌려주려고 하였는데, 이제 마침 죽었으니 너희들의 말이 마땅하다." 하고, 드디어 명하여 이조(吏曹), 병조(兵曹)는 김구의 고신을 돌려주고, 예조(禮曹)는 치부(致賻)하고 관(官)에서 장사(葬事)를 갖추게 하였다. 김구는 성품이 진실 순후하

고 소시(少時)에는 배우는 데에 힘써서 오묘(奧妙)한 뜻을 힘써 궁구하여 항상 읽고 설명하며, 만일 입으로 낼 수 없는 것과 어려운 것을 묻는 것이 있으면 문장을 나누고 어구(語句)를 해석하는데 능하여 듣는 자가 미미(亹亹)하니, 당시에 문학(文學)으로서 진출한 자는 그의 문하(門下)에서 많이 나왔다. 어버이를 섬기는데 효(孝)로써 하였으니, 어렸을 때에는 집이 빈한하여 몸소 신수(薪水)를 하여 봉양하였고 만년(晚年)에는 항상 가묘(家廟)에 절하였다. 대대로 아산(牙山)에 살았는데 조정의 의논이 본현(本縣)을 혁파(革罷)하려고 하므로, 김구가 경영(經營)할 것을 힘써 다투다가 마침내 좌죄(坐罪)되어 체직(遞職)하였다가 이에 이르러서 고신을 돌려주고 시호(諡號)를 내려 문장(文長)이라 하였으니, 학문이 넓고 견문(見聞)이 많음을 문(文)이라 하고, 교회(教誨)하기를 게으르지 아니한 것을 장(長)이라 한다.

- **【실록】 세조 44권, 13년(1467) 11월 1일(계해) 3번째 기사. 아산현 사람 조효동 등이 변방에 옮기는 것을 면제해 줄 것을 청하다**

    충청도 아산현(牙山縣) 사람 조효동(趙孝同)이 상언(上言)하기를, "처음에 신(臣)과 신의 아비 조수산(趙守山)과, 형(兄) 조영미(趙永美)를 3정(三丁)에 준(准)하여, 장차 변방(邊方)에 옮기려고 하였으나, 지금 아비와 형이 모두 죽고, 다만 신의 몸만이 있으니, 빌건대 변방으로 옮기지 말게 하소서." 하였다.

- **【실록】 세조 45권, 14년(1468) 3월 29일(기축) 3번째 기사. 충청도관찰사의 계본**

    충청도관찰사(忠淸道觀察使)의 계본(啓本)에 의거하여 아뢰기를, "신창(新昌) 사람 표양성(表良性)은 진휼(賑恤)하는 관리가 되어, 그의 곡식

40여 석(石)을 내어서 가난한 백성을 구제하였으니, 그 공(功)을 가상히 여길 만합니다. 청컨대 금산(金山) 사람 김효신(金孝信)의 예(例)를 따라 벼슬을 더하여 장려(獎勵)하고 권려(勸勵)하게 하소서." 하니, 그대로 따랐다.

● 【실록】 성종 13권, 2년(1471) 12월 8일(을해) 4번째 기사. 퇴거해 있던 검참의 임수겸을 불러들이다

검참의(檢參議) 임수겸(林守謙)에게 유시하기를, "그대는 경학(經學)에 밝고 행실이 착하여 사표(師表)가 되기에 합당한데, 일찍이 퇴관(退官)한 것은 옳지 못하다. 이미 본도(本道)로 하여금 돈견(敦遣)하게 하였으니, 속히 역마(驛馬)로 달려서 오라." 하니, 당시에 임수겸은 신창(新昌)에 퇴거(退居)하였었다.

● 【실록】 성종 83권, 8년(1477) 8월 29일(계해) 6번째 기사. 고 아산현감에게 부의를 내리도록 호조에 전지하다

호조(戶曹)에 전지하여, 고(故) 아산현감(牙山縣監) 정문언(鄭文彦)에게 부의(賻儀)로 쌀, 콩 아울러 10석과 포(布) 50필을 하사하였다. 정문언은 임금이 잠저(潛邸)에 있을 때의 사부(師傅)였었다.

● 【실록】 성종 131권, 12년(1481) 7월 21일(갑오) 4번째 기사. 이조, 병조에 이지손을 영구히 서용하지 못하게 한 것을 해제하라고 전지하다

이조(吏曹), 병조(兵曹)에 전지하기를, "전 아산현감(牙山縣監) 이지손(李智孫)은 영구히 서용(敍用)하지 못하게 한 것을 해제하라." 하였다.

• **【실록】 성종 269권, 23년(1492) 9월 29일(정유) 8번째 기사. 지중추부사 이염의의 졸기**

　지중추부사(知中樞府事) 이염의(李念義)가 졸(卒)하였다. 철조(輟朝), 사부(賜賻), 조제(弔祭)를 전례와 같이 하였다. 이염의는 아산(牙山) 사람인데, 인녕부 윤(仁寧府尹) 이원항(李原恒)의 아들이다. 선덕(宣德) 임자년에 문음(門蔭)으로 부사직(副司直)에 보임(補任)되었다가 정통(正統) 병진년에 부여현감(扶餘縣監)에 제수되고, 기미년에 통진(通津)으로 옮겼다가 임술년에 남부 영(南部令)에 옮기었는데, 병인년에 재령 군사(載寧郡事)에 제수되어 장오(贓汚)에 연좌(連坐)되어 도망하였다가 사(赦)를 만나 면하였다. 천순(天順) 신사년에 호군(護軍)에 제배(除拜)되었다가 곧 절충장군(折衝將軍)에 오르고, 계미년에 통정대부(通政大夫)에 가(加)해져서 첨지중추부사(僉知中樞府事)에 제배되었다가 곧 순천도호부사(順天都護府使)가 되었다. 성화(成化) 정해년에 가선대부(嘉善大夫) 경주부윤(慶州府尹)에 오르고, 경인년 동지중추부사(同知中樞府事)에 제배되었다가 임진년에 동지돈녕부사(同知敦寧府事)로 옮겼다. 을미년에 해주목사(海州牧使)가 되고 홍치(弘治) 경술년에 가정대부(嘉靖大夫)에 가해지고, 또 나이가 많다 하여 특별히 자헌대부(資憲大夫)에 가해져서 지중추부사(知中樞府事)에 제배되었다가 이에 이르러 졸하니, 나이가 84세이다. 시호(諡號)는 호려(胡戾)인데, 오래 수(壽)하는 것이 호(胡)이고 전의 허물을 뉘우치지 아니하는 것이 여(戾)이다. 이염의의 아내는 바로 정희왕후(貞熹王后)의 언니이다. 척리(戚里)로 인연하여 작위에 오름이 이에 이르렀다.

• **【실록】 중종 8권, 4년(1509) 3월 8일(경자) 1번째 기사. 아산인 김효생, 당진인 김세룡, 청주인 서수의 처 김씨가 1백세라 쌀을 내리다**

　충청도 아산(牙山) 사람 김효생(金孝生), 당진(唐津) 사람 김세룡(金世

龍), 청주(淸州) 사람 서수(徐守)의 아내 김씨의 나이가 모두 1백 세였다. 명하여 모두 쌀을 내렸다.

• 【실록】 중종 20권, 9년(1514) 5월 5일(정묘) 2번째 기사. 충청도관찰사가 장계하여 이사검, 이난손의 효행을 아뢰다

충청도관찰사가 장계(狀啓)하였다.

"예산(禮山) 사는 진사 이사검(李思儉)은 효성이 천성(天性)에서 나왔고, 몸가짐 또한 삼가며 산업(産業)을 일삼지 않아서 한 고을이 착한 선비라고 일컬으며, 온양(溫陽) 사는 진사 이난손(李蘭孫)은 성품과 행실이 한결같고 가난을 편안히 여겨 스스로 만족하므로 고을 사람들이 추앙하고 심복합니다."

• 【실록】 중종 69권, 25년(1530) 8월 23일(경진) 2번째 기사. 산릉을 간심하는 것과 지문(誌文)에 대해 논의하고 비망기를 예조에 내리다

삼공 및 예조가 아뢰기를, "지문(誌文)은 이미 심사순(沈思順)으로 하여금 짓게 했습니다. 다만 행적을 보지 못했으므로 시호(諡號)를 의논할 때는 부득이 의범(懿範)과 선행(善行)을 안 다음에 해야 합니다." 하니, 알았다고 전교하였다. 조금 있다 비망기(備忘記)를 예조에 내리며 이르기를, "대행왕대비(大行王大妃)께서 생존하셨을 적에 언문(諺文)으로 써 놓은 것을, 내가 지금 황망하고 총총하여 대략만 쓴 것이다." 하였다. 그 글은 다음과 같다.

"자순왕대비(慈順王大妃) 윤씨(尹氏)는 파주인(坡州人)이다. 아버지 윤호(尹壕)가 신창현감(新昌縣監)으로 있을 때인 임오년 6월 무자일에 그 고을 관아(官衙)에서 출생했기 때문에 창(昌)자를 가지고 창년(昌年)이라고 이름을 지었었다. 이에 앞서 어머니 전씨(田氏)가 꿈에 하늘 위의 채

색 구름 속에서 천녀(天女)가 내려와 품 안으로 들어오는 것을 보고서 매우 기이하게 여겼는데, 그길로 임신하였으므로, 부모들이 마음에 매우 특이하게 여겼었다. 나이 12살이 되던 계사년 6월 계유일에 숙의(淑儀)로 뽑혀 들어왔는데, 정희(貞熹)와 소혜(昭惠) 두 왕후께서 특별하게 무육(撫育)하여 부도(婦道)로써 가르치니 받들어 순종하고 어기는 것이 없으므로, 정희 왕후께서 항시 칭찬하고 감탄하기를 '너를 두고 시험해 보니 사람은 반드시 나이가 어려서 뽑아들인 다음에야 가르치기가 쉽기도 하고 또한 익히기가 쉽기도 하겠다.' 하셨고, 정희 왕후께서 항시 성종께 분부하시기를 '윤숙의(尹淑儀)는 나이가 젊으면서도 순박하고 조심스러우며 말이 적어 다른 사람들과 다르다.'고 하시었다.

기해년에 옹주(翁主)를 낳으셨고 경자년 10월에 왕비(王妃)로 책봉(冊封)되셨는데, 성품이 인자하고 은혜로웠으며 총명하고 민첩하여 널리 배워 문견(聞見)이 많으셨다. 성종 섬기기를 소심(小心)하게 날마다 새롭게 하고 조금도 질투하는 일이 없었으며, 모든 비빈(妃嬪)들의 자녀를 어루만져 돌보기를 소생(所生)처럼 하여 시종(始終) 간격이 없게 하였으며, 위로는 자위(慈闈)들께 효도하고 아래로는 권속(眷屬)들을 무육하여, 비록 옛적의 왕후라 하더라도 더할 수 없이 하였다. 성종께서 매양 칭찬하기를 '예부터 부인들이 질투하지 않은 사람이 적은데, 나의 마음이 편안한 것은 진실로 중궁(中宮) 때문이니 현비(賢妃)라 할 만하다.' 하였고, 소혜왕후께서도 얼굴에 기쁨이 넘치며 항시 칭찬하기를 '중궁다운 사람이 들어왔으니 낮이나 밤이나 무슨 근심이 있겠는가?' 하시었다.

을사년 11월에 아홉 달 만에 공주(公主)가 출생하므로 궁중(宮中)이 깜짝 놀랐었고, 무신년 3월 기사에 대군(大君)이[4] 출생하였고 경술년 11월

---

4)〖곧 금상(今上)임.〗

에 공주가 출생하였으며, 정미년 2월과 계축년 5월에는 본가(本家)에 행행하여 헌수(獻壽)하셨는데, 세자(世子)가 세자빈(世子嬪)과 거가(車駕)를 호위하고 잔치에 가게 되므로, 사람들이 모두 경사롭게 여겼다. 임자년 5월에는 창덕궁(昌德宮) 금원(禁苑)에서 친잠(親蠶)하시었다.

연산군(燕山君)이 일찍 자모(慈母)를 잃게 되어서는 대비께는 어루만져 기르시되 소생에게보다도 배나 하시므로, 안팎이 모두 칭찬하고 감탄하여 마지 않았다. 불행히 갑인년 12일에 성종께서 승하하시자 대비께서 가슴을 치며 통곡하고 여러 날을 먹지 않으셨는데, 이로 인해 병이 나 거의 위독하게 되니 소혜왕후께서 갖가지로 돌보아 치료하셨다.

문소전(文昭殿)과 연은전(延恩殿)의 천신(薦新)도 번번이 올리고 게을리 하지 않았으니 정성과 효도는 천성(天性)으로 타고나시었고, 연산군이 어둡고 어지러움에 미쳐서는 근심되는 마음과 애타는 생각으로 침식(寢息)이 편치 못하시어 이로 인해 병이 나셨다가 간신히 나으시기도 하였었다.

갑자년 4월에는 소혜왕후께서 훙서(薨逝)하시므로 애통이 망극하셨는데, 연산군이 단상(短喪)하려고 했었다. 대비께서 옛 예법에 의거하여 분부하시기를 '삼년복은 천자(天子)로부터 서민에 이르기까지 똑같은 천하의 공통된 상사인데 어찌 단상을 할 수 있겠는가? 나는 감히 따르지 못하겠다.' 하시자, 연산군이 발끈 노하면서 '부인은 삼종(三從)의 의리가 있는 법인데, 시왕(時王)의 법을 어찌 따르지 않을 수 있는가?'고 했었다. 대비께서 마음에는 크게 한스러웠지만 억지로 따르기로 하여 앞당겨 상복을 벗었었고, 좌우 사람들에게 분부하시기를 '내가 소혜왕후께 죄를 지었다.' 하시면서 종신토록 유감스럽고 한탄스럽게 여기셨다.

정축년 5월에는 갑자기 큰 병이 나시어 제안대군(齊安大君)의 집에 이어(移御)하셨다가 6월에 차도가 있으므로 7월에 도로 창경궁(昌慶宮)으로 돌아오셨다. 임오년 12월에는 또 감기가 드시어 거의 위독하게 되었었는데, 내가 친히 내원(內苑)에서 분향(焚香)하고 하늘에 빌어선지 큰 병이 저절로 나으셨다.

경인년 6월에 조금 아프신 병이 점점 더치어 석 달이나 낫지 않으시므로 8월 초엿샛날 계성군(桂城君)의 집에 이어하셨는데 증세가 위중해지므로 8월 17일에 도로 경복궁 승정원으로 오셨으나 증세가 더욱 위급해져, 19일에 다시 경복궁의 동궁에 드시었다가 22일에 정침에서 훙서하셨다."

● 【실록】 중종 95권, 36년(1541) 6월 21일(병자) 5번째 기사. 왕희로 봉사하게 하다

예조가 왕씨(王氏)를 봉사(奉祀)하는 데 합당한 사람을 서계(書啓)한 단자(單子)를[5] 정원에 내리면서 이르기를, "처음 전교에는 다섯 사람 중에 자식이 있는 자를 가려서 봉사(奉祀)하게 하라고 하였는데 다시 생각해 보니 외방(外方)에 있는 사람은 시골에서 왕래하자면 전일하게 할 수 없을 듯하다. 그러니 서울에서 사는 사람이라야 마땅하겠다. 그러나 자식이 없으면 반드시 왕적(王績)이 절사(絶祀)하게 된 경우와 같이 될 것이다. 이 다섯 사람 중에서 서울에서 살고 또 자식이 있는 자를 다시 물어서 아뢰라." 하니, 정원이 예조 당상의 뜻으로 회계하기를, "다섯 사람 중에 왕인위(王仁偉)는 서울에서 살지만 아직 장가를 들지 않았을 뿐만 아니라 또 의원(醫員)의 자식입니다. 왕희(王希)는 사족(士族)으로서 이미 유향소(留鄕所)를 지낸 사람이며[6] 아들이 많습니다.

---

5) 【갑사(甲士) 왕순(王順), 정로위(定虜衛) 왕희(王希), 교생(校生) 왕징(王澄), 한량(閑良) 왕인위(王仁偉) 유학(幼學) 왕긍중(王兢中) 등 5명인데 왕희가 가당한 사람이라고 각별히 서계하였다.】

그래서 서계한 것입니다. 그리고 또 왕순손(王順孫)이란 자가 있는데 서울에서 살며 유사(儒士)이고 또 자식도 있습니다. 그 일가 중에는 직(職)이 있는 사람까지 있으니 이 사람이 가당한 사람이긴 합니다. 자칭 충렬왕(忠烈王)의 자손이라고 합니다만 대수(代數)를 모르기 때문에 처음에 감히 서계하지 못했습니다. 대체로 봉사하는 자는 마땅히 그 지방에 거주해야 하고 왕래해서는 안 됩니다." 하니, 왕희로 봉사하게 하라고 전교하였다.

● 【실록】 명종 15권, 8년(1553) 7월 28일(임신) 1번째 기사. 온양군수 이중경의 선정을 치하하여 향표리를 하사하다

정원에 전교하였다.

"온양군수(溫陽郡守) 이중경(李重慶)이 선정을 베푼 것은 참으로 가상한 일이니, 향표리(鄕表裏) 한 벌을 하사하라."

● 【실록】 명종 25권, 14년(1559) 4월 1일(임인) 3번째 기사. 예조가 정표하고 복호하는 일을 아뢰다

(예조가 아뢰기를) 아산(牙山)의 옥이(玉只)는[7] 복호(復戶)하였습니다." 하였는데, 모두 정부(政府)의 의계(議啓)에 따른 것이었다.

---

6) 【신창(新昌)에서 살았다.】
7) 【정병(正兵) 윤세문(尹世文)의 딸이다. 13살 때부터 아비의 뜻을 따라 역시 고기를 먹지 않았는데, 3년을 지난 뒤에, 그 아비가 가엾게 여기어 고기를 가지고 억지로 권하자, 먹지 않고 울면서 "당연히 아비와 동시에 면상(免喪)하겠다." 하였다. 이는 세문이 아비 상을 당하여 9년 동안이나 탈상(脫喪)하지 않았기 때문에 이와 같이 말한 것이다. 아침 저녁의 제사를 지금껏 폐하지 않고, 비록 나물죽일지라도 얻는 대로 반드시 제사하였으며, 그 아비가 일 때문에 밖에 나갔다가 오면 반드시 직접 전을 드려 제사하였다.】

- 【실록】 선조 11년 무인(1578) 5월 5일(을묘) 기사. 헌부가 천거된 이지함, 김천일을 외직에 제배한 이조의 처사를 따지다

사헌부가 아뢰기를, "임하(林下)의 어진 사람을 버려둔 지 이미 오래되었는데도 부직(付職)시킬 뜻이 없다가 공의(公議)가 시끄럽자 그제야 비로소 제배하였으니 이미 잘못되었습니다. 그리고 지난번 학행(學行)으로 부름을 받은 신하를 즉시 외관에 보직하였으므로 사림들이 실망하고 있으니 이조의 당상과 색낭청을 추고하소서. 아산현감 이지함(李之菡)과 임실현감 김천일을 체직하여 상당한 직에 제수하소서." 하니, 답하기를, "어진 사람을 등용하는 것은 백성을 다스리기 위해서인데 백성 다스리는 데 쓰지 않고 어디에 쓰겠는가? 그런 말은 할 필요가 없다. 윤허하지 않는다." 하였다.

- 【실록】 선조 11년 무인(1578) 5월 6일(병진) 기사. 아산현감 이지함이 시폐를 상소하다

아산현감 이지함이 시폐(時弊)를 진술한 상소를 입계하니, 그대의 뜻이 옳다고 답하였다.

- 【선수】 선수 12권, 11년(1578) 7월 1일(경술) 2번째 기사. 아산현감 이지함의 졸기

아산현감(牙山縣監) 이지함(李之菡)이 졸(卒)하였다. 지함의 자(字)는 형중(馨仲)인데 그는 기품이 신기하였고 성격이 탁월하여 어느 격식에도 얽매이지 않았다. 모산수(毛山守) 정랑(呈琅)의 딸에게 장가들었는데 초례를 지낸 다음 날 밖에 나갔다가 늦게야 들어왔다. 집 사람들이 그가 나갈 때 입었던 새 도포를 어디에 두었느냐고 물으니, 홍제교(弘濟橋)를 지나다가 얼어서 죽게 된 거지 아이들을 만나 도포를 세 폭으로 나누어

세 아이에게 입혀주었다고 하였다.

그는 어려서 글을 배우지 않았었는데 그의 형 이지번(李之蕃)의 권고를 받고 마침내 분발하여 학문에 주력하면서 밤을 새워 날이 밝도록 공부하곤 했다. 그리하여 경전(經傳)을 모두 통달하고 온갖 사서(史書)와 제자백가의 책까지도 섭렵하였다. 이윽고 붓을 들어 글을 쓰게 되면 평소에 익혀온 것처럼 하였다. 그래서 과거에 응시하려고까지 하였는데 마침 이웃에 신은(新恩)을 받고 연희(宴戱)를 베푼 자가 있었다. 그것을 본 그는 마음속으로 천하게 여기고 마침내 그만두었다. 하루는 그 부친에게 고하기를, "아내의 가문에 길할 기운이 없으니 떠나지 않으면 장차 화가 미칠 것입니다." 하고는, 마침내 가솔을 이끌고 떠났는데, 그 다음날 모산수 집에 화가 일어났다. 그는 사람들을 관찰할 때 그들의 현부와 길흉을 이따금 먼저 알아맞히곤 했는데 사람들은 그가 무슨 수로 그렇게 알아맞히는지 아무도 몰랐다.

그는 평소에 형제와 우애를 돈독히 하여 따로 거처한 적이 없고 상사(喪事)와 제례에 있어서 전부 고례(古禮)대로만 하지 않았다. 죽은 사람 섬기기를 살아 있는 이 섬기듯이 하였는데 형이 죽자 심상(心喪) 삼년의 복을 입으면서 '형님이 실상 나를 가르치셨으니 이것은 형님을 위한 복이 아니고 스승을 위해 입는 복(服)이다.' 하였다. 그리고 그는 처신하기를 확고히 하되 여색을 더욱 조심하였다. 젊은 시절에 주, 군(州郡)을 유람한 적이 있는데 수령과 군수가 이름난 기생을 시켜서 온갖 수단을 다하여 시험해 보았지만 그는 끝내 마음을 움직이지 않고 극기(克己)로 색욕을 끊었다.

그는 열흘을 굶고도 견딜 수 있었으며 무더운 여름철에도 물을 마시지 않았다. 초립(草笠)을 쓰고 나막신을 신은 채 구부정한 모습으로 성시(城市)에 다니면 사람들이 서로 손가락질하며 웃었으나 그는 아무렇지

않게 여겼다. 어떤 때는 천리 먼 길을 걸어서 가기도 하였으며 배를 타고
바다에 떠다니기를 좋아하여 자주 제주도에 들어가곤 하였는데 바람이
일어날 것을 미리 알고 조수의 시기를 알았기 때문에 한 번도 위험한
고비를 겪지 않았다.

또 선친의 산소를 위하여 바닷물을 막아 산을 만들려고 수천 석의 곡
식을 마련하여 모았지만 끝내 이루지 못하고 말았다. 교우 관계로는 이
이가 가장 친했는데 이이가 성리학을 공부하라고 권하자, 지함이 말하
기를, "나는 욕심이 많아서 할 수가 없다." 하니, 이이가 말하기를, "공
(公)은 무슨 욕심이 있는가?" 하자, 지함이 말하기를, "사람 마음의 향하
는 바가 천리(天理)가 아니면 모두 인욕인데, 나는 스스로 방심하기를
좋아하고 승묵(繩墨)으로 단속하지 못하니 어찌 욕심이 아니겠는가?" 하
였다. 그는 항상 말하기를, "내가 1백 리 되는 고을을 얻어서 정치를 하
면 가난한 백성을 부자로 만들고 야박한 풍속을 돈독하게 만들고 어지
러운 정치를 다스리게 하여 나라의 보장(保障)으로 만들 수 있을 것이
다." 하였는데, 말년에 아산군(牙山郡)에 부임하여 정치를 하게 되었다.
그의 정치는 백성 사랑하는 것으로 주장을 삼아서 해를 없애고 폐단을
제거하는 것으로써 한창 시설을 갖추어나갔는데 갑자기 병으로 졸하니,
고을 사람들은 친척이 죽은 것처럼 슬퍼하였다.

지함은 일찍이 용산(龍山)의 마포 항구(麻浦港口)에 흙을 쌓아 언덕을
만든 다음 그 아래에는 굴을 만들고 위에는 정사(亭舍)를 지어 자호를
토정(土亭)이라 하였다. 그 뒤에 비록 큰 물이 사납게 할퀴고 지나갔지만
흙언덕은 완연하게 그대로 남아 있었다.

● 【실록】선조 11년 무인(1578) 7월 24일(계유). 충청도사가 아산현감 이지함이 죽은 일로 장계하다

충청도사(忠淸道都事)가, 아산현감 이지함(李之菡)의 상소를 올려보내려 하였는데 미처 올려보내기도 전에 이지함이 죽은 일로 장계를 올렸다. 입계하고 정원이 아뢰기를, "이지함은 맑은 마음에 욕심이 적고 높은 재예에 뛰어난 식견을 가진 사람으로서 그 언론(言論)과 풍지(風旨)는 사람들의 이목(耳目)을 감동시켰습니다. 집에서는 효우(孝友)의 행실이 돈독하였고 백성을 다스림에 있어서는 어루만져 돌보는 정성을 다하였습니다. 그가 죽음에 임하여 올린 한 통의 상소를 보건대, 정성스럽고 정녕하여 시무(時務)를 아는 뛰어난 사람이라고 할 만합니다. 지난 선조(先朝) 때에도 현감(縣監) 김범(金範)이 죽었을 때에 특별히 은전을 내렸었으니 그 전례에 따라 포장(襃獎)하소서." 하니, 전교하기를, "증작(贈爵)까지는 할 수 없으나 특별한 치부(致賻)는 해야 하는데 그것도 경솔히 할 수는 없으니 대신에게 하문하라. 그 상소를 해사에 내려 대신과 의논하여 회계하게 하라." 하였다. 영의정 권철, 좌의정 홍섬, 영부사 박순(朴淳)이 의논드리기를, "비록 증작은 할 수 없더라도 치부하는 은전은 베푸소서." 하고, 우의정 노수신은 의논드리기를, "간략하게나마 상당한 관작을 추증하고 치부와 치제(致祭)를 내리소서." 하니, 전교하기를, "특별한 치부와 조제(弔祭)를 하되 김범의 예에 따라 하라." 하였다.

● 【선수】선수 20권, 19년(1586) 10월 1일(임술) 4번째 기사. 주학제독관으로 제수된 조헌이 붕당의 시비와 학정의 폐단을 논한 상소문

이지함의 사람됨은 타고난 자질이 기위(奇偉)하고 효성과 우애는 타인의 추종을 불허하였습니다. 형 지번(之蕃)이 서울에서 병이 들었다는 소식을 듣고 보령(保寧)에서 걸어 상경하면서 조금도 노고를 꺼리지 않았

고, 형에게 스승의 도리가 있다 하여 삼년상을 치렀습니다. 그리고 선과 의를 좋아하는 마음은 천성에서 우러나와 행실이 뛰어난 자가 있다는 소문을 들으면 천리를 멀다 않고 찾아가 보았고 안명세(安命世)의 죽음에 대하여 평생 동안 슬퍼하였습니다. 그리고 은둔 생활을 한 조식(曺植)과 더불어 정신적인 교제를 매우 돈독히 하였고, 성혼, 이이를 가장 공경하고 존중하였으며, 정철의 강직한 성품에 대하여 평소 칭찬을 아끼지 않았습니다. 더욱이 후생을 가르치기를 좋아하여 이산보(李山甫)의 효우충신(孝友忠信)과 박춘무(朴春茂)의 염정자수(恬靜自守)가 모두 그에게서 근원한 것입니다. 심지어 서기(徐起) 같은 이는 하천의 출신으로서 가난하여 학문에 전력하지 못하자 재물을 아끼지 않고 도와주어 성취시켰습니다.

만년에 부름에 응하여 두 고을에 수령으로 나가서는 박봉을 털어 아랫사람을 도와주고, 폐단을 제거하여 곤궁한 백성을 구제하는 데 있어 모두 원대한 계획을 수립하였습니다. 그리고 간인(姦人)과 이속(吏屬)을 단속하는 데 있어 사납게 하지 않아도 저절로 규율이 잡혔으므로 한 고을이 모두 그의 신명(神明)스러움을 칭송하였습니다. 항상 한 사람이라도 제 살곳을 잃게 될까 두려워하였으니 이윤(伊尹)이 뜻한 바를 지향한 것이고, 털끝만큼이라도 자신의 오욕을 허용하지 않았으니 참으로 동방의 백이(伯夷)라 할 수 있습니다. 또한 고을의 학교에서 문무의 재능을 겸비한 인재를 길러 국가의 쓰임에 대비하였으니, 그 계획과 재능은 은연중 공맹(孔孟)의 풍도(風度)가 드러났습니다. 그런데 불행히 아산(牙山)에서 병사하자, 아산의 백성들은 노소를 막론하고 마치 부모의 상을 당한 것처럼 슬퍼하여 거리를 가로막고 울부짖으며 다투어 고기와 술로 제사를 올렸습니다. 그가 거짓 미치광이로 행세하며 자신을 은폐한 것은 화를 피하기 위함이었고, 밝은 시대에는 벼슬길에 나가 쓰였으니,

오로지 세상을 숨어서 산 것은 아닙니다. 만약 조식, 박훈의 관례에 따라 관작을 추증하고 치제함으로써 각박해진 풍속을 두텁게 하고 나약한 사람이 본받아 뜻을 세울 수 있게 한다면, 사람들은 실행이 중요하다는 것을 알게 되고, 보고 감화하여 자신도 모르게 날로 진보되며, 어버이를 섬기고 형을 따르는 도리도 볼 만함이 있게 되어 그것을 미루어 임금을 섬길 수 있을 것입니다.

- 【선수】 선수 26권, 25년(1592) 11월 1일(정사) 7번째 기사. 전 의정 심수경이 아산에서 의병을 일으켜 건의대장이라 하다

  전 의정(議政) 심수경(沈守慶)이 아산(牙山)에 있으면서 의병을 일으켜 건의대장(建議大將)이라 하였다. 심수경은 나이가 많아 호종(扈從)하지 못하고 호서(湖西)의 내포(內浦)로 피난하였다. 고향 사람들이 군사를 모은 뒤 장수가 되어주기를 요청하니, 심수경은 자신이 대신의 신분으로서 장수가 되는 것은 어렵다고 사양하였다. 도체찰사 정철(鄭澈)이 '심수경이 나아가 많긴 하지만 평소 병략(兵略)을 아니 체찰사를 그에게 양보했으면 한다.'고 아뢰자, 심수경이 또 상소하여 사죄하며 진달하였다.

- 【실록】 선조 107권, 31년(1598) 12월 11일(임술) 7번째 기사. 예조가 이순신의 장례문제에 대해 아뢰다

  예조가 아뢰기를, "아무 일로 전교하셨습니다. 등총병(鄧摠兵)의 치제관(致祭官)은 이미 차출하였으니 곧 내려보낼 것입니다. 그러나 듣건대 이순신(李舜臣)의 상구(喪柩)가 이미 전사한 곳에서 출발하여 아산(牙山)의 장지(葬地)에 도착할 예정으로, 등총병의 상구와 한 곳에 있지 않다고 합니다. 치제하는 차례에 있어 서로 구애되지 않을 듯하므로 본조의 낭청을 먼저 보냈습니다. 이축(李軸)을 오늘 내일 사이에 재촉해 내려보내

는 것이 어떻겠습니까?" 하였다.

● 【실록】 선조 108권, 32년(1599) 1월 9일(경인) 5번째 기사. 마제독의 관소에 거둥하여 담소하다

저녁에 상이 또 마제독(麻提督)의 관소에 거둥하였다. 제독이 묻기를, "이순신은 어느 지방 사람입니까?" 하니, 상이 대답하기를, "충청도 아산(牙山)사람입니다." 하였다. 제독은 애석한 일이라고 하였다.

● 【실록】 선조 186권, 38년(1605) 4월 16일(경신) 9번째 기사. 성진선이 주군을 순찰하여 수령들의 현부 및 불법에 대한 일을 탐문한 결과를 보고하다

충청도 안문어사(忠淸道按問御史) 성진선(成晉善)이 서계(書啓)하였다. "아산현감(牙山縣監) 강극유(姜克裕)는 공손하고 조심스럽게 봉직하므로 백성들이 역시 편안히 여기고 있습니다.

… (중략) …

온양군수(溫陽郡守) 유덕신(柳德新)은 벼슬살이를 조심스럽게 못하여 비난이 매우 많고 백성들이 원망하고 있으며, 또 성혼한 딸을 함부로 거느리고 있다가 신이 경계에 도달하였다는 소식을 듣고서야 비로소 떠나보냈습니다."

● 【광해일기】 광해 23권, 1년(1609) 12월 27일(갑술) 1번째 기사. 퇴임한 영원군 홍가신의 녹봉 지급에 대해 충훈부에서 건의하다

충훈부가 아뢰기를, "영원군(寧原君) 홍가신(洪可臣)이 개성유수에서 체임되어 온 뒤로 충청도 아산(牙山) 지역에 내려가 살고 있는데, 오래도록 녹봉을 받지 못했다고 합니다. 신들이 인해서 본부의 등록(謄錄)을

상고하건대, 갑진년 겨울 본부 계사 내에 '예로부터 관직을 설치하여 녹봉을 제정해 주는 것은 반드시 그 일을 집행한 연후에 그 녹봉을 먹게 하였다.'고 하였기 때문에 헛되게 줄 수가 없습니다만, 오직 본부의 사체(事體)만은 이와 달라 일 때문에 녹봉을 준다고만 말할 것이 아니니, 그것은 대체로 공로를 보답하여 대접하는 유의(遺意)에서 나온 것입니다. 그래서 친공신(親功臣)이 죄가 있거나 연좌되어 파면된 자에게는 으레 적장자(嫡長子)를 높은 품계의 체아직(遞兒職)으로 삼아 녹봉을 주게 하여 녹봉을 잃지 않도록 하였으니, 그 유래가 이미 오래되었습니다." 하였다.

- **【광해일기】광해 2년 경술(1610) 3월 5일(신사) 기사. 영원군 홍가신이 치사(致仕)하다**

영원군(寧原君) 홍가신(洪可臣)이 치사(致仕)하였다. 가신은 『문음(門蔭)이다.』 당초 학행(學行)으로 선비들에게 칭송을 받았는데 후에 대관(臺官)이 되어서는 시론(時論)에 붙어 이이(李珥)와 성혼(成渾)을 공격함으로써 마침내 다른 당이 되었다. 책훈(策勳)으로 벼슬이 정경(正卿)에 이르렀는데 병이 들어 아산(牙山) 지방으로 내려가 있었다. 이때에 이르러 상소하여 치사하니, 전교하기를, "영원군 홍가신이 예를 근거하여 치사하기를 청하니 내가 매우 섭섭하지만 따르지 않을 수 없다. 연초에 주는 봉급은 국가의 재정이 비록 부족하다 하더라도 어찌 마련하지 못하겠는가. 사양하지 말게 하라." 하였다. 이에 예조가 회계하기를, "대부(大夫)가 70세에 치사하는 것은 바로 예법이니, 옛사람들도 나이 70이 되면 치사하였습니다. 중국에서는 문무관(文武官)으로서 70세 이상은 모두 치사를 허락하였고 봉급과 칙서를 주는 은전(恩典)이 있었으며, 또 역마를 주어 고향에 돌아가게 하고 매월 쌀을 주는 규정이 있었습니다.

우리나라의 옛 규정은 비록 상세히 알지 못하겠으나 법전(法典) 내에 '정 1품으로서 나이가 70이 지났더라도 국가의 경중(輕重)에 관계되어 치사하지 못하는 자는 안석과 지팡이[几杖]를 준다.' 하였고, 또 '당상관으로서 치사한 자는 매월 술과 고기를 준다.'고 하였으니, 치사에 관한 규정이 있는 것을 알 수 있으나 모품(某品)부터 모품까지 나이 몇에 치사한다는 말은 명백하게 나타난 곳이 없습니다. 지난해 고(故) 상신(相臣) 심수경(沈守慶)과 정탁(鄭琢)이 잇따라 차자를 올려 치사하기를 청하였는데, 그때 근거할 만한 규정을 찾지 못하여 마침내 본 직함 위에 치사란 두 글자를 더하였으니, 예(禮)에 적합한지는 모르겠습니다. 지금 홍가신은 훈신(勳臣)으로서 시골집에 물러가 상소하여 치사를 청했으니, 규례에 따라 소원을 들어주어서 노인을 우대하는 은전을 보여주는 것이 합당할 듯합니다." 하니, 따랐다.

- 【광해일기】 광해 7년 을묘(1615) 6월 21일(병신) 영원군 홍가신의 졸기

영원군(寧原君) 홍가신(洪可臣)이 졸하였다. 명유(名儒) 민순(閔純)의 문인(門人)이다. 문장에 재주가 있었고 일찌감치 과거를 위한 공부를 포기하였으며 천거에 의해 입사(入仕)하였다. 여러 차례 대간을 지내었으며, 홍주목사(洪州牧使)로 있으면서 이몽학(李夢鶴)의 난리를 평정해 원훈공신에 책봉되었다. 치사(致仕)한 다음 시골[아산]로 돌아가 있다가 졸하였는데, 사람됨이 단정하고 성실하였다.

- 【실록】 인조 10권, 3년(1625) 12월 3일(정축) 1번째 기사. 유학 조상우가 왕이 의리에 입각한 예를 따르기를 청하다

유학(幼學) 조상우(趙相禹)가 상소하였는데, 답하지 않았다. 그 상소에, "근본을 바르게 하고 근원을 맑게 하는 것이 『춘추(春秋)』의 의리입

니다. 근원과 근본이 바르지 않고 맑지 않으면 윤기(倫紀)가 크게 문란해져 군신과 부자의 도리를 밝힐 수가 없습니다. 신이 삼가 듣건대, 동지중추부사 김장생(金長生)과 전 군수 박지계(朴知誡)가 일찍이 전하께서 즉위한 초기에 대각(臺閣)에 같이 있으면서 전하께서 대원대군(大院大君)을 혹은 고(考) 혹은 숙(叔)이라고 일컬어야 한다고 하였으며, 혹은 능원군(綾原君)에게 그 제사를 주관하게 하고, 혹은 전하를 그 방제(旁題)로 써야 한다고 하였습니다. 그리고 전하께서 선묘(宣廟)에 대해 한 쪽에서는 효자(孝子)라 일컬어야 한다고 하고 한 쪽에서는 효손(孝孫)이라고 일컬어야 한다고 하여 양론이 대립하였습니다. 그리하여 국시(國是)가 정해지지 않아 군의(群議)가 따를 바를 알지 못함으로써 막중한 방제를 비워 두고 쓰지 않게 된지가 어언 3년에 이르게 하였으니, 이것은 성대(聖代)의 일대 결함으로서 식견 있는 자가 깊이 근심하는 바입니다.

아, 전하께서는 성명(聖明)하시어 그 의리를 충분히 통찰하셨을 텐데, 이 두 가지 의논 가운데 어느 것을 취하고 어느 것을 버리려 하시는지 모르겠습니다. 신의 소견으로는 김장생의 의논이 과연 박지계의 의논보다는 낫다고 하겠으나 다만 그 주장이 분명하지 못하니, 이른바 진미(盡美)하다고는 하겠으나 진선(盡善)하다고는 못하겠습니다. 지금 신은 장생과 지계 두 신하의 다른 주장은 우선 접어두고 시험 삼아 공성(孔聖)과 정(程) 주(朱) 두 현인의 뜻을 가지고 절충해 볼까 합니다.

『춘추』에 이르기를 '8월 정미(丁未)에 태묘(太廟)에 제사를 지냈는데, 희공(僖公)을 올렸다.' 하였는데, 희공은 형이고 민공(閔公)은 아우이니 문공(文公)의 입장에서 희공을 올린 것이 어찌 비난거리가 되겠습니까. 그러나 성인의 뜻은, 희공이 민공의 형이지만 민공이 희공보다 먼저 임금이 되었으니 희공은 마땅히 민공을 아버지로 간주해야 한다는 것이었습니다. 그러므로 좌씨(左氏)는 '역사(逆祀)이다.'라고 하였고, 공양(公羊)

은 '아비를 먼저하고 할아버지를 뒤로 했다.' 하였으며, 곡량(穀梁)은 '역사가 되면 소목(昭穆)이 없게 되고 소목이 없으면 조(祖)가 없게 된다.' 하였습니다. 그래서 공안국(孔安國)은 그 두 전(傳)을 취하여 이어 말하기를 '민공과 희공 두 사람 사이가 조부 관계가 아닌데도 조부 관계라고 한 것은 신하와 아들을 동일시하였기 때문이다.' 하였고, 또 말하기를 '아버지가 죽으면 아들이 계승하고 형이 죽으면 동생에게 미치니, 그 명호(名號)는 같지 않으나 대수(代數)로 치는 것은 마찬가지이다.' 하였습니다. 하씨(河氏)와 고씨(高氏)도 그 일에 대하여 논했는데, 하씨는 말하기를 '희공이 신하로서 민공을 계승한 것은 아들이 아버지를 이은 것과 같다. 그러므로 민공은 문공에게 할아버지 격이 된다.' 하였고, 고씨는 말하기를 '부자가 서로 잇는 것이 상례(常禮)이나 형제간에 잇는 것도 부득이한 일이다. 이미 나라를 전수받았다면 전해 받은 자가 비록 아들이 아니더라도 아들의 도리를 다해야 하고 전해 준 자가 비록 아버지가 아니더라도 아버지로 여기는 도리를 다해야 한다.' 하였습니다. 이것으로 미루어 본다면 전하께서 선묘에 대해 아들이 아니라 손자가 되지만 이미 그 백성과 땅을 받았으니 부자의 의리는 있을지언정 조손(祖孫)의 도리는 없어진 것입니다.

『강목(綱目)』에 이르기를 '여태자(戾太子)와 여부인(戾夫人)을 추시(追諡)하여 도고(悼考)와 도후(悼后)라 하였다.' 하였고, 또 이르기를 '도고를 추존(追尊)하여 황고(皇考)라 하였다.' 하였습니다. 그리고 침묘(寢廟)를 세울 적에 당시의 유사(有司)가 '예(禮)에 「남의 후사가 된 자는 그 사람의 아들이 되기 때문에 낳아준 부모를 낮추어야 하고 제사를 지낼 수 없으니, 이것은 조상을 높이는 의리이다.」라고 하였으니, 폐하께서 효소 황제(孝昭皇帝)의 뒤를 이어 낳아 준 어버이의 시호를 도(悼)라 하고 도원(悼園)이라 하였는데, 존호(尊號)는 마땅히 황고라고 해야 한다.' 하니, 선제(宣帝)가 그 말을 옳게 여기고 사당을 세웠습니다.

이에 대해 송(宋)나라 신하 범진(范鎭)은 의논하기를 '선제가 소제(昭帝)에게 손자가 되니 그 아비를 일컬어 황고라고 한 것은 옳다.'고 하였습니다. 그러나 의논하는 자들이 끝내 옳다고 여기지 않은 것은 소종(小宗)을 대종(大宗)의 계통에 합쳤기 때문이었습니다. 정이(程頤) 역시 말하기를 '남의 후사가 된 자는 낳아 준 어버이[所生]를 백숙부모(伯叔父母)라고 해야 하니, 이는 천지간의 대의요 인간의 대륜(大倫)으로서 바꿀수 없는 것이다. 그러나 소생의 의의는 지극히 높고 큰 것이니, 오로지 정통(正統)에 마음을 기울이는 것이 마땅할지라도 어찌 사은(私恩)을 완전히 끊을 수 있겠는가. 이 때문에 선왕(先王)이 예법을 제정하여 이미 대의를 밝히고 그 복제(服制)를 강등하여 계통을 바로잡았다. 그러나 정통의 친소(親疏)를 따지지 않고 모두 자최 부장기복(齊衰不杖期服)을 입도록 한 것은, 소생이 지극히 중하여 여러 백숙부(伯叔父)와는 같지 않음을 밝히려고 한 것이다. 따라서 선제가 그 소생을 황고라고 한 것은 너무도 윤리를 어지럽히고 예를 잃은 것이다. 그런데 후일 예법을 의논하는 자들도 소생의 지극한 은혜를 미루어 존숭하는 정례(正禮)를 제대로 밝히지는 못하고, 고관대국(高官大國)으로 받들어 다만 기친존속(期親尊屬)의 전례와 같이 하려 하였으니, 역시 지당한 의논이 아니라 하겠다. 요컨대 사체를 헤아려 별도로 각별한 호칭을 세워야 하니, 이를테면 황백숙부(皇伯叔父) 모국대왕(某國大王)이라 하고서 그 자손들로 하여금 작위(爵位)를 이어받고 제사를 받들게 하면, 대통(大統)에도 혐의되는 잘못이 없을 것이고 소생도 존숭하는 도리를 다하게 될 것이다.' 하였습니다.

이것으로 미루어 본다면 전하께서는 대원대군(大院大君)에게 비록 조카가 아니고 아들이지만 종묘의 대통을 이어받았으니, 숙질의 의리만 있고 부자의 도리는 끊어진 것입니다. 그러한즉 제왕의 계세(繼世)는 일반 백성들의 부자 관계와는 달라서 반드시 부자로써 세계(世系)를 삼지 않고 정통을 전수하는 것으로 세계를 삼는 것입니다. 그래서 형이 동생을 이은 자도 있고 손자가 할아버지를 이은 자도 있지만, 형이 동생을 동생으로 보지 못하고 한결같이 아버지로 간주해야 하는 까닭에 문공(文公)의 잘못을 『춘추』에 기록하였고, 손자가 할아버지를 할아버지로 보지 못하고 한결같이 아버지로 간주해야하기 때문에 선제의 잘못을 『강목』에 드러냈으니, 이는 천하 후세가 마땅히 본받아야 할 점입니다.

그런데 지금 예를 의논하는 자들은 성현의 본뜻을 궁구하지 않고, 곧 '오늘의 사태는 송(宋)나라 영종(英宗)과는 자못 다르다.'고 하고 있습니다. 그러나 영종이 복왕(濮王)의 아들로서 인종(仁宗)의 계통을 이었으니 부(父)라 하고 고(考)라 하고 친(親)이라 할 분은 바로 인묘(仁廟)로, 만약 다시 복왕을 친이라 일컫는다면 결과적으로 두 분의 친이 있게 된다는 것이 바로 정이의 의논이었습니다. 또한 의논하는 자들은 전하에 대하여 '전하께서 손자로 할아버지를 이었으니, 선묘(宣廟)에게 조(祖) 외에는 일컬을 것이 없고 대원(大院)에게 고(考) 외에 일컬을 것이 없다. 만약 전하께서 선묘를 조라 하지 않고 고라 하거나 대원을 고라 하지 않고 숙(叔)이라고 한다면, 이는 공자의 정명론(正名論)에 걸리는 것이다.'고 하였습니다. 이토록 성총(聖聰)을 미혹케 하고 있으니, 이것이야말로 신이 전하를 위하여 깊이 안타깝게 여기는 것입니다.

아, 손자로서 할아버지를 이은 것이 전하만이 아니니, 한(漢)나라의 선제도 오늘날의 전하와 같았습니다. 성주(聖主)께서 세계를 잇는 제도에 만약 그 할아버지를 반드시 조라 하고 손자를 반드시 손(孫)이라고 한다면, 선제가 아버지 없는 사람이 아닌데, 그 소생에게 추시하고 추존한 것이 무슨 잘못이 있기에 정이가 '윤리를 어지럽히고 예를 잃었다.'고

했겠으며, 주희(朱熹) 역시 한번 나무라는 데 그치지 않고 대서특필하였 겠습니까. 더구나 『춘추』를 본받고 여러 사서(史書)의 잘된 점을 겸하여 채록한 것을 강(綱)이라 하고 『좌씨전(左氏傳)』을 모방하고 제유(諸儒)의 순수함을 계합(稽合)시킨 것을 목(目)이라 하였으니, 곧 그 강과 목은 털 끝만큼도 미진한 것이 없다 할 것입니다. 그런데 그 목이 바로 정이가 논한 복왕전례소(濮王典禮疏)이고, 선제는 소제를 아버지로 간주해야지 소생의 어버이를 고(考)라고 일컬을 수 없다는 것이 곧 주희의 뜻입니다. 그렇다면 주희의 뜻이 곧 정이의 뜻이고, 정이의 뜻이 곧 공자의 뜻입니 다. 공자의 뜻이 형이 그 아우를 아버지로 보아야 된다는 것이라면 손자 가 그 할아버지를 아버지로 보는 것이 어찌 도리를 해치는 것이라 하겠 습니까.

　아, 우순(虞舜)이 천하를 차지했을 적에 전욱(顓頊)을 조(祖)로 하고 요 (堯)를 종(宗)으로 하였습니다. 그런데 순(舜)이 동성(同姓)이 아닌데도 주희는 우서(虞書) 순전(舜典)의 '귀격우예조용특(歸格于藝祖用特)'이라는 문구를 주해하면서 '이는 곧 효자(孝子)가 나갈 때는 행선지를 고하고, 돌아와서는 문안을 드린다[出必告反必面]는 뜻이다.' 하였습니다. 이것 은 옛날에는 대통의 전수를 중하게 여겼기 때문에 오로지 부자만으로 세계를 삼지 아니했음을 뜻하는 말입니다. 아, 순을 요의 사위라고 할 수는 있어도 요의 아들이라고는 할 수 없을텐데 주희의 말이 이미 이와 같았던 것입니다. 그러므로 공안국(孔安國)이 '노(魯)나라 양공(襄公) 4년 춘 왕정월 기유(己酉)에 진후(陳侯) 오(午)가 졸(卒)하다.'는 구절에 주해 하기를 '오는 양공의 이름이다. 『춘추』를 지은 것이 애공(哀公)의 세대였 으니, 양공은 애공의 황고(皇考)인데, 공자가 어찌하여 휘(諱)하지 아니 했겠는가. 이는 애공이 양공에게 3세 손이 되기 때문이다.' 하였습니다.

　제후의 제법(祭法)은 1세를 고묘(考廟)라 하고 2세를 왕고묘(王考廟)라

하고 3세를 황고묘(皇考廟)라 하고 4세를 현고묘(顯考廟)라 하고 5세를 조고묘(祖考廟)라 합니다. 그런데 양공을 황고묘라고 한 것을 보면, 반드시 부자로 세계를 삼지 않고 아우로서 형에 대해 고(考)라고 일컫기도 하고 조카로서 숙(叔)에 대해 조(祖)라고 일컫기도 했음이 분명하니, 무슨 이유이겠습니까. 애공의 아버지 정공(定公)은 곧 소공(昭公)의 아우인데, 정공이 형인 소공에게 나라를 받아 아들인 애공에게 전하였으니, 애공과 정공은 소공을 무어라고 일컬어야 하겠습니까. 정공이 소공을 일컬어 형이라고 한다면 이는 아버지가 없게 되고, 애공이 소공을 일컬어 숙이라고 한다면 애공은 할아버지가 없게되어 양공이 애공의 황고가 될 수 없습니다. 그런데도 안국이 오히려 다시 운운하였으니, 정공은 소공을 아버지로 삼고 애공도 소공을 할아버지로 삼은 것이 틀림없습니다. 그래서 신은 제왕들의 계세는 일반 백성들의 부자 관계와는 같지 않다고 말했던 것입니다.

옛날 한나라의 혜제(惠帝)와 문제(文帝)는 형제로서 서로 잇달아 왕위에 올랐으니, 문제는 혜제를 이어야 마땅한데 위로 고조(高祖)를 이었으므로 선유가 비난하였고, 광무(光武)는 평제(平帝)를 이어야 마땅한데 위로 원제(元帝)를 이었으므로 선유가 역시 비난했으니, 진실로 소목(昭穆)과 세차(世次)는 문란시킬 수 없기 때문입니다. 지금 우리 전하께서는 지손(支孫)으로서 종묘 사직의 중책을 맡으시고 억조 신민의 근본이 되셨습니다. 따라서 선묘와 전하는 본디 조손(祖孫)의 의리가 있었으나 도리어 부자의 도리가 더 중해졌고, 대원과 전하는 본디 부자의 은혜가 중했으나 도리어 기친(期親)의 친족이 되었습니다. 그러니 어찌 사은(私恩) 때문에 그 사이를 어지럽힐 수 있겠습니까.

가정황제(嘉靖皇帝)가 대통을 이어받은 초기에 양정화(楊廷和) 등이 의논하여 효종(孝宗)을 높여 황고로 삼음으로써 무종(武宗)이 대통을 전한

의의는 완전히 빠져버리게 되다시피 했습니다. 그런데 그 뒤에 다시 석서(席書)와 장총(張璁) 등이 다시 사설(邪說)을 주창하여 성청을 현혹시켜 효종을 황백고(皇伯考)로 삼고 본생부(本生父)인 흥헌(興獻)을 황고로 삼게 하였으니, 그 모든 소행이 조통(祖統)을 어기고 본의(本義)를 어지럽힌 것으로서 만세의 윤전(倫典)에 죄를 얻지 않은 것이 없습니다. 석서와 장총 등의 마음씀씀이가 한결같이 선유의 의논을 어겼으니, 그 사심(邪心) 악구(惡口)와 난도(亂道) 소담(小談)은 모두 오늘날 거론할 가치조차 없습니다. 애석하게도 가정은 대의를 없애고 사은을 높여 효종과 무종 그리고 흥헌의 부자와 군신 관계를 전도시키고 뒤바꿔 스스로 불효하고 불의한 지경에 떨어지고 말았으니, 이야말로 당시는 물론이고 후세에까지 비난을 받을 일입니다.

그런데 지금 우리 전하께서는 손자로서 할아버지를 이었다고 여기시어 옛날 제왕들이 대를 이었던 대의는 생각하지 않으시고 오직 부자 사이의 개인적 은혜만을 중하게 여기시니, 신은 의아하게 여깁니다. 군자(君子)는 친친(親親) 때문에 존존(尊尊)을 해쳐서는 안 됩니다. 지금 대원의 방제(旁題)를 오래도록 쓰지 않고 있는 것은, 필시 전하의 뜻이 개인적 은혜를 중히 여기시어 주저하며 아직 결정을 내리지 못하기 때문일 것입니다. 신은 진실로 전하의 성효(誠孝)가 보통 사람보다 만배나 뛰어나다는 것을 알고 있습니다. 그러나 예경(禮經)의 본뜻으로 단정하건대, 혹시라도 들여서는 안 되는데도 종묘에 들인다면 또한 옮겨선 안 되는데도 체천(遞遷)하는 경우가 있을 것이니, 전하께서는 이럴 경우 과연 어떻게 처리하시겠습니까. 이것이 신이 민망하고 의아하게 여기는 점입니다.

전하께서는 이제부터 존조경종(尊祖敬宗)하는 도리를 더욱 돈독히 하시고 군신과 부자의 자리를 정하소서. 그리하여 선묘의 위판(位版)에 황고라 쓰시고 고축(告祝)에도 효자(孝子)라 쓰시어 특별히 의리에 입각한 예(禮)를 밝히소서. 그리고 전하께서 대원에게는 왕백숙부정원대군(王伯叔父定遠大君)이라고 칭하시어 다시 선조(先朝) 때의 구호(舊號)를 두시고 대원이란 두 글자는 지우시어 정이가 논한 바의 본뜻을 따르소서. 그리고 방제는 능원군(綾原君)을 쓰고 주관하게 하심으로써 나라에 대통(大統)이 둘이 아니라는 대의를 보이소서. 그러면 군신과 부자의 자리가 이로 인하여 각기 그 올바름을 얻을 것이며 천리와 인심이 진실로 화합되어 의리로서 사은을 끊는 뜻이 옛날의 제왕들에게 부끄럽지 않을 것입니다. 『예기(禮記)』에서 '예문(禮文)에도 없는 예인데 행동이 절차에 맞는다.'고 한 것은 바로 이를 두고 말하는 것입니다." 하였다. 상우는 온양인(溫陽人)으로서 옛사람의 글을 많이 읽었고 자못 지조가 있어서 폐조(廢朝) 때에는 노모가 있었어도 과거에 나아가지 않았다. 그러나 위인이 편협하고 이치를 정밀하게 강구하지 못하여 사람들이 그 편벽됨을 비난하기도 하였다.

　사신은 논한다. 조상우의 논의는 대체로 잘못이 싹트기 전에 방지하려는 것이지만 선묘(宣廟)에게 고(考)라고 칭해야 한다는 설은 불경(不經)한 결과가 되는 것을 면치 못한다. 손자로서 할아버지를 이은 것이 본디 부자의 의리는 있지만 천륜으로 맺어진 친속에 대해서는 달리 변경하여 일컬을 수는 없다. 선조를 예묘(禰廟)라고 하는 것은 옳지만 고라고 하는 것은 옳지 않다. 제왕이 계통을 전하는 법은 그 제사를 주관하는 자가 마땅히 그 후사(後嗣)가 되는 것이다. 전하가 선묘의 손자로서 선묘의 왕위를 이었는데, 어찌 반드시 고라고 일컬은 뒤에야 비로소 그 계통을 이었다 하겠는가. 혹자는 또 말하기를 '선묘는 할아버지가 되고 대원은 고가 되는데, 전하께서 곧바로 선묘를 잇는다면 이는 고가 없는 결과가 된다. 어찌 할아버지는 있는데 아버지가 없을 수 있는가.'라고 하는데,

이는 추존(追尊)하려는 자의 설이다. 박지계는 임하(林下)의 독서인(讀書人)으로 이름난 사람인데 개기(改紀)하던 초기에 사헌부에 발탁되자 맨 먼저 그 의논을 꺼내어 상의 뜻에 영합하려 하였으니, 지계가 평소 무슨 책을 읽었는지 모를 일이다. 상우의 말이 사리에 맞지 않지만 지계의 무리와 비교한다면 그 대체가 바르다 하겠으니, 어찌 같은 차원에서 논할 수 있겠는가.

- **【실록】인조 46권, 23년(1645) 11월 27일(을해) 1번째 기사. 대사간 조경이 소를 올려 병을 이유로 사직하고 시사에 대하여 진술하다**

대사간 조경이 아산(牙山)에 있으면서 병을 이유로 올라오지 않고 소를 올려 사직하고 이어서 시사에 대하여 진술하였는데, 그 대략에, "신이 삼가 보건대, 전하께서 군자를 친하려 하지 않는 것은 아니나 친한 사람 중에는 토색질이나 하는 신하가 많으니, 전하의 생각이 아직도 잇속을 좋아하는 사심을 버리지 못한 것이며, 전하께서 충성스러운 말과 곧은 의논을 들으려 하지 않는 것은 아니나 용납되는 자는 우유부단한 무리에 불과하니, 전하의 생각이 아직도 나를 거역하여서는 안 된다는 사심을 버리지 못한 것이며, 전하께서 궁금(宮禁)을 맑게 하고 뇌물을 끊으려 하지 않는 것은 아니나 궁내의 말이 바깥에 많이 퍼지니, 전하의 생각이 아직도 근습(近習)들에 대한 사심을 버리지 못한 것입니다. 지난 날 궁궐 안에서 저주를 한 변고는 또한 어찌하여 그렇게 되었겠습니까. 항간에 떠도는 말들이 헤아릴 수 없이 파다합니다. 그리고 전하께서 내옥(內獄)에서 내인의 죄를 다스린 일이 있으니, 이것이 전혀 근거 없는 말은 아닌 듯합니다. 저주한 물건이 하늘에서 떨어진 것이 아닌 이상, 바깥에서 들어간 것이 분명합니다. 전하께서 만약 안팎을 엄히 다스려서 비록 천백 명의 내관일지라도 하나같이 법으로 엄단하여 사사로이 왕래하지 못하도록 한다면 저주의 일이 어떻게 저절로 생겨날 수 있겠습니까. 전하께서 죄를 지은 내인을 내옥에 가두고 내관을 시켜 죄를 다스리도록 하였으니 이 무슨 꼴입니까. 궁내에 감옥을 두는 제도가 한(漢)나라에서 시작되어 애제(哀帝), 성제(成帝) 연간에 가장 두드러졌으니, 이것이 쇠퇴한 시대의 좋지 못한 형정(刑政)임을 알 수 있습니다. 전하께서는 어찌하여 내옥을 혁파하여 형정이 한 곳에서 나오도록 하지 않습니까. 예전에 궁원(宮媛)이 아이를 낳으면 다 궁중에 있었지, 밖으로 나갔다는 말은 아직 듣지 못하였으니, 지난 역사를 상고하여 보아도 분명히 알 수 있습니다. 그런데 지난 신사년에는 궁원의 산실을 누추한 여염집으로 정하였습니다. 이른바 궁원도 족당(族黨)끼리 서로 연관이 없지 않으니, 안부를 묻는다는 핑계로 거침없이 오가다 드디어 연줄을 찾아 뇌물을 싸들고 청탁을 하려는 마음이 생기게 되는 것은 무지한 하천배들의 상정입니다. 신은 궁금과 내통하는 시초가 여기에서 발단되지나 않을까 두렵습니다." 하였다.

● 【실록】 인조 47권, 24년(1646) 2월 25일(임인) 1번째 기사. 대사헌 조경이 아산 지방에서 강씨를 사사하라고 명하였음 듣고 상소하다

대사헌 조경이 이때 공청도 아산 지방에 있었는데, 강씨를 사사(賜死)하라는 분부가 내렸다는 소식을 듣고 상소하였다. 그 대략에, "신하는 반란을 일으키려는 마음을 가져서는 안 되니, 반란을 일으키려는 마음을 가지면 반드시 처형하는 것은 『춘추(春秋)』의 의리입니다. 사사로이 적의(翟衣)를 만들고 외람되게 내전(內殿)이라고 불렀으니, 강씨의 반역 행동이 훤히 드러난 지 이미 오래이므로 반란의 마음을 품은 것만이 아닙니다. 전하께서 이때에 왕법(王法)을 바르게 쓰신다면 신하들 중에 누가 감히 이의를 제기할 자가 있겠습니까. 그런데 오늘날은 독이 수라에

서 발견되어 성상의 몸이 이로 인해 여러 날 동안 불편하기까지 하셨으니, 무릇 혈기(血氣)가 있는 자라면 누구인들 반드시 이 적을 잡아서 죽이려고 하지 않겠습니까. 다만 죽음을 감내하는 무리에 의해 옥사의 내사가 중단되어 일을 밝히기 어렵게 되었습니다.

그런데 강씨의 심술을 억측하여 성급하게 강씨의 죄목을 결정하였으니, 순임금께서 '의심쩍은 죄는 가볍게 처벌한다.'는 가르침이 어디에 있습니까. 진(晉)나라 이극(里克)이 두 임금을 시해하고 한 명의 대부를 살해하였으니 사람마다 죽여도 된다고 할 수 있는데, 『춘추』에 관직을 기록하고 살해하였다고만 한 것은 무슨 까닭입니까. 그 죄로써 죽이지 않았기 때문입니다. 강씨에게 사사하는 것 또한 그 죄로써 아니하는 것에 가깝지 않겠습니까.

아, 소현(昭顯)이 죽은 지 1년도 채 안 되었고, 어린 아이들이 강보 속에서 울고 있는데, 전하께서는 어찌 차마 그들의 어미가 죽도록 내버려둘 수 있습니까. 옛말에 '천지의 사이에 불효하는 자는 항상 많고 자애롭지 못한 자는 항상 적다.' 하였습니다. 강씨 같은 사람은 올빼미 종류입니다. 그러나 전하의 자애로운 천성에 어찌 강씨가 불효한다고 하여 소현이 살아 있을 때와 죽고 난 뒤가 이처럼 차이가 있을 수 있겠습니까.

옛날 성묘조(成廟朝) 때 윤씨(尹氏)에게 죄를 내릴 적에 손순효(孫舜孝)가 경상감사로 있었는데, 그 사실을 듣고 눈물을 비오듯이 흘렸고 소를 올려 그래서는 안 된다고 극력 진달하였습니다. 왕비와 며느리는 의리상으로는 비록 차이가 있으나 변을 처리하는 방도는 하나입니다. 손순효가 성묘에게 충성한 것에 대해서는 지금까지 사대부들이 칭송해 마지 않고 있는데, 그가 눈물을 비오듯이 흘렸던 것은 모두가 임금을 사랑하는 충심이 얼굴에 도달하여 반드시 우리 임금을 과오가 없는 곳으로 이

끌어 내고자 하였던 것이니, 임금과 신하의 사이에 흐르고 있는 천리(天理)는 이처럼 속일 수 없습니다.

전하께서 공공한 의논을 당(黨)을 위한 것인가 의심하시고 또 강씨가 재물로 사람을 꾀지 않았나 의심하시니, 전하께서 너무 박하게 신하들을 대하신 것이 아닙니까. 너무 박할 뿐만 아니라 이것은 모든 신하들을 이익이나 탐하고 염치가 없는 무리로 여기는 것입니다. 그리고 손순효가 윤씨를 구원한 것은, 그 마음은 충성을 다 하는 데 있었지만 그 자취는 연산(燕山)에게 의지했다 말하더라도 할 말이 없을 것입니다. 그러나 오늘날의 일은 이와는 다릅니다. 세자가 결정되었고 또 원손(元孫)이 있어서 신민의 마음이 거기에 속해 있는데, 강씨의 죄악은 스스로 하늘과 끊은 것입니다. 나라 안에 무슨 간사하고 배반하는 무리가 있어 죄를 진 강씨에게 붙어 전하를 저버린단 말입니까. 전하께서 만일 소홀한 데서 변이 생기는 것을 우려하신다면 섬 가운데다 두고 죽이지는 마소서. 그러면 은혜와 법이 둘 다 시행되었다고 할 수 있을 것이니, 변을 처리하는 도리에 있어서 어찌 잘 되었다고 하지 않을 수 있겠습니까." 하였다.

- **【실록】 인조 47권, 24년(1646) 5월 7일(임자) 2번째 기사. 이조참판 조경이 어미의 병을 핑계로 아산으로 돌아가다**

  이조참판 조경이 어미의 병이 위독하다는 핑계로 아산(牙山)으로 돌아갔다. 처음에 조경이 맨 먼저 독약을 넣었다는 말을 발설했다. 상은 그를 매우 가상하게 여겨 여러 차례 남다른 총애를 내렸었는데, 이때에 이르러 이응시(李應蓍)로부터 배척을 받자 조경이 부끄러워 마침내 벼슬을 버리고 돌아간 것이다.

● 【실록】 인조 48권, 25년(1647) 12월 21일(정해) 3번째 기사. 정조 5백
  석을 바쳐 진휼을 분담하고자 하는 신창 사람 심동웅의 상소

  신창(新昌) 사람 심동웅(沈東雄)이 소를 올려, 정조(正租) 5백 석을 바
쳐 진휼을 분담하게 하고자 한다 하니, 호조가 회계하기를, "해조로 하
여금 품지(稟旨)해서 상을 논하도록 하소서." 하니, 상이 따랐다.

● 【실록】 효종 10권, 4년(1653) 3월 10일(병자) 1번째 기사. 영중추부사 이
  경여가 올린 최의량, 안종제 등의 인재를 천거하는 상차

  아산(牙山)의 유학 신인립(愼仁立)은 계모(繼母)를 잘 섬겨 애경(愛敬)
을 극진히 하였고, 자기의 이모형(異母兄)이 큰 종기를 앓자 인립이 꿇어
앉아서 종일토록 입으로 빨아내었다고 합니다. 효제는 온갖 행실의 근
원이니 훌륭한 사람을 취하여 서용한다면 격려하고 권면시키는 도리에
유익함이 있을 것 같습니다.

● 【현개】 현개 6권, 2년(1661) 윤7월 1일(무인) 4번째 기사. 윤삼을 영릉참
  봉으로 삼다

  윤삼(尹蔘)을 영릉참봉(英陵參奉)으로 삼았다. 윤삼은 호서 아산(牙山)
사람으로, 병자년의 난리 때에 아들과 조카가 함께 포로로 잡혀갔다.
난리가 평정되자, 속환(贖還)할 비용을 마련하여 심양(瀋陽)에 노비를 들
여보내며 이르기를, "내 자식은 지금 비록 속환할 수 없더라도 내가 죽
지 않는다면 후에 마땅히 속환할 것이다. 그렇지만 조카의 경우는 이미
부모가 돌아가셨으니, 지금 속환하지 않으면 돌아올 기약이 없다. 그러
니 이번에 둘 다 속환할 수 있다면 다행이지만 속환할 값이 만약 부족할
경우에는 마땅히 조카를 먼저 속환하라." 하였는데, 노비가 그의 말대로
조카를 속환하여 데리고 왔다. 그런데 다음해 다시 가보니, 자기 자식은

이미 죽은 뒤였다. 윤삼은 끝내 아들이 없게 되자, 그 조카를 후사로 삼았다. 고을 사람들이 그를 등백도(鄧伯道)에 견주었다.

● 【실록】 현종 9권, 5년(1664) 7월 26일(을묘) 2번째 기사. 완원군 이만의 졸기

　완원군(完原君) 이만(李曼)이 죽었다. 이만은 참의 이휴(李烋)의 아들이다. 나이 24세에 별시 장원으로 급제하고 갑신년에 장령(掌令)으로 일을 말함으로써 인조가 승지로 발탁해 장려하였다. 공신의 장손으로서 회맹연(會盟宴)에 참여하고 품계가 올라 군(君)에 봉해졌다. 조경이 이조판서로 있을 때 그를 이끌어 대사헌에 제수하였고, 효묘(孝廟) 초년에 영남관찰사가 되었다. 이때 묘당이 군사를 훈련하는 데에 뜻을 두어 왜정(倭情)이 우려된다는 구실로 청나라에 고하고 성지(城池)를 수축할 것을 요청하면서 동래부사(東萊府使) 노협(盧協)과 이만의 장계를 인용해 말하였다. 청나라 사람이 의심하고 노하여 사신을 보내 힐책하니, 화가 닥쳐올 조짐을 예측할 수 없었다. 이때 노협은 겁에 질려 말하지 못하였으나, 이만은 상대하여 분명히 말해 실수하는 일이 없으므로 시배들이 처음에는 모두 칭찬하였다. 그런데 청나라가 수상(首相) 이경석에게 죄를 돌려 사형의 율에 처하였다가 뒤에 위리안치로 낮추었다. 이 때문에 시배들이 다시 이만이 책임을 스스로 감당하지 못하고 경석이 죄를 받게 했다고 하여 드디어 나라를 팔아 자신이 살기를 도모했다고 논박하여 하옥되었다가 귀양갔다. 그 뒤 오래지 않아 방면되었고 이내 서용되어 4도의 장관을 역임하고 이에 이르러 병으로 아산(牙山) 촌가에서 죽었다. 이만은 명민하여 판결을 잘 하고 재주와 명망이 남보다 뛰어나 당시 사람들이 가장 그를 꺼리었다. 항상 배격을 받아 그의 능력을 다하지 못하고 나이 60에 죽었는데, 사람들이 애석하게 여기었다.

• 【현개】 현개 13권, 6년(1665) 5월 5일(경인) 3번째 기사. 교생, 학전, 군
  액 감원, 충절자 포상 등 8조목을 아뢴 온양 생원 이문영 등의 상소

  온양 생원 이문영(李文榮) 등이 상소하여 여덟 조목을 아뢰었다. 첫째,
교생을 3년에 한 번 태거(汰去)하는 법을 정할 것, 둘째, 학전(學田)을
지급할 것, 셋째, 온천의 수군(守軍)을 증원하여 정할 것, 넷째, 본군의
군액을 감원할 것, 다섯째, 본군의 노비를 더 지급할 것, 여섯째, 본군의
재상(災傷)을 잘못 상정하여 유배 중인 자를 석방할 것, 일곱째, 본군의
고 학생 맹희(孟喜)의 처 조씨의 효행과, 고 참봉 조상우(趙相禹)의 충효
와, 고 처사 윤현(尹俔)의 학행과 충의, 이지헌(李之瓛)의 처 및 그의 동생
이황(李璜)의 처인 정씨(丁氏)의 절행을 예조로 하여금 품처하도록 할
것, 여덟째, 임유가 호적을 위조하여 시험에 응시한 죄를 말하였다. 상
이 비변사에 내렸는데, 충효와 절의가 있는 사람은 본도에서 보고한 뒤
에 품처하겠다고 회계하였고, 임유가 호적을 위조했는지 여부는 본도로
하여금 조사하여 아뢰게 하였으며, 그 나머지의 일은 시행하지 말게 하
였다.

• 【현개】 현개 15권, 7년(1666) 4월 16일(병인) 3번째 기사. 상이 거둥한
  지역의 행정에 대해 논의하다

  조복양이 또 아뢰기를, "신인립(愼仁立)이란 자는 아산 사람인데 지극
한 행실이 있습니다. 그의 동기가 독한 종기를 앓아 목숨을 구할 수 없게
되자, 그가 입으로 고름을 빨아내어 결국 살아났다고 하며, 기타의 행실
도 사람들이 따라갈 수 없다고 하였습니다. 조정에서 그 말을 듣고 벼슬
을 제수하였으나 끝내 사양하고 나오지 않았습니다. 윤삼(尹蔘)이란 자
도 아산 사람인데 정축의 난에 형의 아들과 자기 아들이 모두 포로로
잡혀 갔는데, 속전을 주고 데려 오려고 하였으나 돈이 부족하자 형의

아들을 먼저 데려온 다음에 자기의 아들을 데려 왔습니다." 하자, 상이 이르기를, "등백도(鄧伯道)와 같은 사람이구나." 하였다. 조복양이 아뢰기를, "일찍이 그에게 영릉참봉을 제수하였으나 부임하지 않았는데 이게 더욱 가상합니다. 그리고 천민 중에 역시 지극한 행실이 드러난 사람이 있습니다. 그는 아산의 관비인데 일찍이 지아비를 잃고 종신토록 수절하였으며, 아들도 어미를 지성으로 섬겼는데, 사람들이 '천민의 일가에서 열녀와 효자가 나왔다.'라고 말하고 있습니다. 신이 들은 바가 이와 같고 보면 이외에도 도내에 정문을 세워줄 만한 충효와 절의가 있는 사람이 어찌 없겠습니까." 하니, 상이 이르기를, "다른 도는 비록 일시에 거행하지 못하더라도 본도만은 전후로 보고한 가운데 충효와 절의가 있는 사람을 먼저 과거에 합격시켜야 할 것이다." 하였다.

- **【실록】 숙종 6권, 3년(1677) 8월 19일(계해) 5번째 기사. 둔전 혁파, 도적 방지 등에 관해 온양군수 박이문이 상소하다**

    온양군수(溫陽郡守) 박이문(朴以文)이 상소하여 아홉 가지 일을 조목조목 진달했다. 급조세(給租稅), 균전제(均田制), 견신역(蠲身役), 감양정(減良丁), 파둔전(罷屯田), 방도적(防盜賊), 이타속(移他粟), 분건량(分乾糧), 금이앙(禁移秧)이었는데, 임금이 아름답게 여겼다.

- **【실록】 숙종 36권, 28년(1702) 3월 17일(무술) 2번째 기사. 정사에 대해 상소한 아산의 유학 임창을 정배시키게 하다**

    승정원에서 아뢰기를, "지난 정월 그믐날 아산(牙山)의 유학(幼學) 임창(任敞)이 와서 한장의 소(疏)를 올렸는데, 다만 어의(語意)가 괴이하고 망령될 뿐만 아니라, 그때에 마침 국기(國忌)를 만나 재계(齋戒)하는 중이어서 물리치고 받아들이지 않았습니다. 수개월이 지난 뒤에 어제와 오늘 연달아 전일의 소를 가지고 와서 바치는데, 전날 이 소를 돌려준 후에 외간의 의혹(疑惑)이 너무 심하여 근거 없는 소문이 그지없으므로 부득이 받아들이지 않을 수가 없었습니다." 하니, 임금이 다시 내주라고 특명(特命)하였다.

- ●【실록】숙종 45권, 33년(1707) 2월 6일(기축) 5번째 기사. 이순신, 을지문덕 등의 사우에 호를 내리다

충청도 아산(牙山)의 충무공(忠武公) 이순신(李舜臣)의 사우(祠宇)에 '현충(顯忠)'이란 호(號)를 내리고, 평안도 안주(安州)에 고구려(高句麗) 대신(大臣) 을지문덕(乙支文德), 영중추부사(領中樞府事) 최윤덕(崔潤德), 영의정(領議政) 문충공(文忠公) 이원익(李元翼), 대사헌(大司憲) 김덕함(金德諴)을 아울러 사우(祠宇)에 향사(享祠)하게 하고 '청천(淸川)'이란 호를 내렸다.

- ●【숙보】숙보 53권, 39년(1713) 1월 26일(갑진) 1번째 기사. 전 판서 이돈의 졸기

전 판서(判書) 이돈(李墩)이 아산(牙山)의 적소(謫所)에서 졸(卒)하였다. 이돈은 명조(名祖)의 손자로서 가정에 있어서는 효우(孝友)가 돈독하였고 조정에 나가서는 염개(廉介)가 현저하였다. 더욱 문아(文雅)로써 세상에서 칭송을 받았는데, 사람된 품이 도량이 좁았고 지론(持論)이 매우 초준(峭峻)하였다. 소시(小時)에는 오도일(吳道一)과 서로 뜻이 맞아 절친하게 지내니, 당인(黨人)들이 몹시 미워하였다. 그때 당인들이 걸핏하면 명의(名義)로써 사람을 몰아붙이니, 이돈이 분노를 참지 못하여 일찍이 연석(筵席)에서 '명의(名義)로 함정(陷穽)을 삼는다.'는 말을 하여 무겁게 견책(譴責)을 받았고, 당인(黨人)들은 이로 인해 더욱 미워하였다. 임진년 과시(科試)가 있음에 미쳐서 일이 심각한 용법(用法)에 맞혀져서 마침

내 비죄(非罪)로써 배척되어 죽게 되니, 사람들이 모두 원통하게 여겼다. 그러나 기사년에 충신(忠臣) 박태보(朴泰輔)가 죽을 때 이돈이 실은 그와 일을 같이 하였고, 상소 내용 가운데 더욱 과격하고 저촉되는 것은 이돈의 말이었는데, 감히 동죄(同罪)로써 청하지 못하고 아무 말 없이 변읍(邊邑)으로 부임하였다가, 갑술년에 이르러서는 청화(淸華)한 벼슬을 두루 역임하며 한 번도 과오를 인책하지 않으니, 마침내 청의(淸議)에 비난받았다. 전선(銓選)을 관장할 적에 사람을 등용하고 버리는 것을 편벽되고 사사롭게 하였고, 사리에 어긋나고 과격한 이론을 극력 주장하였다. 임진년 과시에 당해서는 소패(召牌)를 받은 뒤에 집으로 돌아갔으니, 이는 진실로 노망(老妄)에서 나온 것인데 스스로 변명하는 즈음에 말이 착오가 많았고, 치대(置對)하는 말 또한 대체(大體)를 알지 못하니, 견식이 있는 이는 더욱 병통으로 여겼다.

● **【실록】숙종 56권, 41년(1715) 1월 28일(을축) 2번째 기사. 도목정사를 행하여 이택 등에게 관직을 제수하다**

도목정사를 하여 이택(李澤)을 겸보덕(兼輔德)으로, 이병상(李秉常)을 겸문학(兼文學)으로, 이선행(李善行)을 설서(說書)로, 신사철(申思喆)을 겸사서(兼司書)로, 이간(李柬)을 자의(諮議)로 삼았다. 이간은 권상하(權尙夏)의 문인(門人)으로 온양(溫陽)에 살았는데, 학문과 덕행이 가장 드러나 호서(湖西) 지방에 이름이 있었다.

● **【실록】영조 7권, 1년(1725) 9월 26일(경신) 5번째 기사. 충청도 신창의 유생 이유박 등이 군포와 절수의 폐단을 상소**

충청도(忠淸道) 신창(新昌)의 유생(儒生) 이유백(李有白) 등이 상소하여 군포(軍布), 절수(折受)의 폐단을 진달(陳達)하니, 묘당(廟堂)으로 하여금 품처(稟處)하게 하였다.

- 【실록】 영조 29권, 7년(1731) 2월 9일(임인) 3번째 기사. 아산 유학 변세구 등이 고 충신 이봉상을 이순신의 묘에 추배할 것을 상소하다

충청도 아산(牙山)의 유학(幼學) 변세구(卞世矩) 등이 상소하여 청하기를, "고(故) 충신(忠臣) 이봉상(李鳳祥)을 그의 할아비 충무공(忠武公) 이순신(李舜臣)의 묘(廟)에 추배(追配)하여 조정에서 표충(表忠)하는 뜻을 보여 주소서." 하니, 임금이 해조에 명하여 복계(覆啓)하게 하였다.

- 【실록】 영조 47권, 14년(1738) 7월 15일(을축) 2번째 기사. 사간 심성진이 용천부사 정세장, 통진부사 이진환 등의 개차를 청하다

우의정 송인명(宋寅明)이 아뢰기를, "정세장은 일찍이 아산(牙山)을 맡았을 적에 잘 다스려서 승자(陞資)되었고, 또한 십고십상(十考十上)에 들었습니다." 하고, 이조판서 조현명(趙顯命)이 아뢰기를, "일찍이 표리(表裏)를 하사받기도 했습니다." 하였다.

- 【실록】 영조 87권, 32년(1756) 3월 17일(을유) 3번째 기사. 대신들을 소견하고 남한산성의 이전곡 환납 등을 논의하다

조엄에게 서계(書啓)를 읽으라고 명하였는데, 읽기를 마치자 임금이 말하기를, "신창현감(新昌縣監) 김원태(金元泰)는 어떻게 9백 석을 마련하였는가?" 하니, 조엄이 말하기를, "이것은 요리(料理)한 것이 아닙니다. 도임(到任)하던 초기부터 모곡(耗穀)에 전혀 손을 대지 않고 능히 이 수에 이르렀으니, 이것은 부요(富饒)한 고을의 1만 석과 같은 것입니다. 그 사람됨이 글을 읽고 몸을 단속하며 집안이 가난함에도 능히 이와 같이 하였습니다." 하였다. 임금이 자신을 단속하여 백성을 다스린 것으로

써 포상하고 특별히 승서(陞敍)하라고 명하였다.

- **【실록】 정조 44권, 20년(1796) 3월 3일(기유) 4번째 기사. 호서에서 천거된 성시주, 김형, 이건주를 소견하다**

  호서에서 천거된 성시주(成時柱) 등 3인을 소견하였다. 충청도관찰사 이정운(李鼎運)이 분부에 응하여 세 사람을 천거해 올리면서 아뢰기를, "신창(新昌) 사람 성시주는 문간공(文簡公) 성혼(成渾)의 7대손이고, 제천(堤川) 사람 김형(金珩)은 고 승지 김해일(金海一)의 현손이고, 온양(溫陽) 사람 이건주(李建冑)는 고 자의(諮議) 이간(李柬)의 손자입니다." 하였다.

- **【실록】 정조 45권, 20년(1796) 9월 13일(을묘) 1번째 기사. 유학 이건주를 초사에 뽑아 쓰게 하다**

  호서(湖西)에서 특별히 추천한 온양(溫陽)의 유학 이건주(李建冑)를 불러 만나본 후에 해조로 하여금 초사(初仕)에 뽑아 쓰게 하였다. 건주는 고 유신(儒臣) 이간(李柬)의 손자이다.

- **【실록】 순조 10권, 7년(1807) 11월 11일(무신) 2번째 기사. 예조에서 효자와 열녀에게 증직과 정려를 청하다**

  예조에서 도(道)의 조사로 인해, 효자인 연산(連山)의 고(故) 사인(士人) 이양직(李養直)에게 증직(贈職)하고, 열녀인 해미(海美)의 고 사인 김승주(金昇柱)의 처 정씨(鄭氏), 임천(林川)의 고 사인 조창운(趙昌運)의 처 이씨(李氏)에게 정려(旌閭)하고, 효자인 신창(新昌)의 고 사인 이정로(李廷櫓), 문의(文義)의 고 사인 김성대(金聲大), 연기(燕岐)의 고 사인 김연(金𤫙)에게 급복(給復)할 것을 청하니, 그대로 따랐다.

● 【실록】 순조 17권, 14년(1814) 9월 5일(임진) 2번째 기사. 예조에서 경외에서 의정부에 장보한 충신, 효자, 열녀에 대해 분등하여 초계하다

충신증직질(忠臣贈職秩)【거창의 고 감무 이지활(李智活)로, 단종이 손위(遜位)하자 벼슬을 버리고 조용히 지낸 자. 온양의 고 사인 강대(姜玳)로, 무신년 역변 때 의병을 일으켜 적을 친 자.】

… (중략) …

효자증직질(孝子贈職秩)【서울에 사는 고 통덕랑 김의집(金義集)과 고 학생 윤항동(尹恒東), 이희귀(李義龜), 남숙(南鏽), 수원부의 고 사인 김성렬(金星烈), 개성부의 고 사인 한도혁(韓道奕), 우득룡(禹得龍), 부평(富平)의 고 위솔 남연(南淵), 홍양(興陽)의 고 진사 이표(李彪), 남포(藍浦)의 고 통덕랑 이기상(李基商), 보은의 고 첨지 황우하(黃遇河), 고 사인 송보상(宋保相), 옥천의 고 사인 정이제(鄭利濟), 진잠(鎭岑)의 고 사인 이승(李乘), 아산(牙山)의 고 사인 박이화(朴履和).】

● 【실록】 순조 25권, 22년(1822) 3월 11일(병진) 2번째 기사. 예조에서 각 식년에 서울과 지방에서 충, 효, 열을 정부에 보고한 것을 초계하다

예조에서 각 식년(式年)에 서울과 지방에서 충(忠), 효(孝), 열(烈)을 정부에 보고(報告)한 것을 분등(分等)하여 초계(抄啓)하였다.

… (중략) …

효부정려질(孝婦旌閭秩)【온양(溫陽) 고 사인 이배하(李培夏) 처 남씨(南氏), 강계(江界) 무역(無役) 송태문(宋泰文) 처 신성(申姓)이다.】

● 【실록】 순조 32권, 32년(1832) 4월 13일(기축) 2번째 기사. 예조에서 각 식년에 충, 효, 열에 대해 장계로 정부에 보고한 것을 분등하여 초계하다

열녀정려질(烈女旌閭秩)【아산(牙山)의 고 학생 김창한(金昌漢)의 처 강

씨(姜氏)】

- 【실록】 순조 34권, 34년(1834) 5월 11일(을해) 1번째 기사. 판중추부사
  정만석의 졸기

  판중추부사 정만석(鄭晩錫)이 졸(卒)하였다. 하교하기를, "이 대신은
나라를 향하여 충근(忠勤)했고 몸가짐이 청엄(淸嚴)했는데, 근고(近古)에
찾아볼 때 실로 많이 얻을 수 없다. 그리고 지금 국사(國事)에 어려움이
많아 바로 노성(老成)에게 힘입어 유지(維持)하였는데, 연일(連日) 우려
되는 즈음에 마침내 그가 영원히 떠났다는 단자(單子)를 보니, 허전하
고 슬퍼서 마음을 가눌 수 없다. 졸한 판부사 정만석 상사(喪事)의 성복
(成服)하는 날에 승지를 보내어 치제(致祭)하고 제반 의절을 해조(該曹)
로 하여금 예(例)에 의하여 거행하며, 녹봉(祿俸)은 3년간 실어보내도록
하고 사손(嗣孫)은 복을 벗기를 기다려 조용(調用)하라." 하였다. 그런데
곧바로 본가(本家)에서 유언이라고 하여 예장(禮葬)을 사양하자, 장례의
비용 5백 냥과 무영 및 마포(麻布) 각 5동(同)을 수송(輸送)할 것을 명하
였다. 정만석은 온양(溫陽) 사람인데, 지사(知事) 정기안(鄭基安)의 아들
이다. 한소(寒素)한 집안에서 발신(發身)하여 이사(吏事)로서 드러났는
데, 정근(精勤)하고 종밀(綜密)하며 모든 일에 힘써 게으르지 않았다. 또
봉공(奉公)에 성실하고 율신(律身)에 청렴하였으며, 암행어사와 도백을
거치면서 여러 번 훌륭한 치적이 드러났는데, 당시에 재력(材力)이 있
어 일을 맡길 만한 신하로 그보다 뛰어난 이가 드물었다. 그리고 호조
와 선혜청의 재부(財賦)의 직(職)을 맡음에 이르러서는 명성이 전보다
조금 떨어졌으며, 그가 정승에 제수되었을 때에는 모두 번세(煩細)하여
대체(大體)를 잃었다고 기롱하였다.

• 【실록】 고종 21권, 21년(1884) 6월 17일(기축) 6번째 기사. 의복제도에
  관하여 서상숙 등이 상소하다

　　방외 유생(儒生) 서상숙(徐相肅) 등이 상소하여 특별히 소매 넓은 옷
한 가지를 허락하시어 평상시에 유의(儒儀)를 표하게 해줄 것을 청하고,
온양 유생 김건홍(金健弘) 등이 상소하여 소매 좁은 주의(周衣)에 대해서
난삼(襴衫)이나 학창의(鶴氅衣) 두 가지 중에서 어느 한 가지대로 약간
변통하여 유생과 하례(下隸)의 구분을 나타내도록 해줄 것을 청하고, 경
상도 진사(進士) 송은성(宋殷成)이 상소하여 심의(深衣)는 간편하여 적합
하지 않은 곳이 없으니 의복 제도의 절목 가운데서 '착수(窄袖)' 두 자를
'심(深)' 한 자로 고칠 것을 청하니, 모두 윤허하지 않는다고 비답하였다.

• 【실록】 고종 46권, 42년(1905) 7월 24일(양력) 1번째 기사. 윤시영이 온
  양의 죽은 참봉 이명익에게 추증하는 은전을 베풀도록 청하다

　　전 의관(醫官) 윤시영(尹始永)이 올린 상소의 대략에, "온양(溫陽)의 고
(故) 참봉(參奉) 신(臣) 이명익(李明翊)은 식견이 넓고 경서에 밝았으며 참
으로 고결한 덕행을 다 발휘하였습니다. 40여 년간 사문(斯文)을 추켜세
워 후진의 학자들을 밀어주는 것을 자기의 직분으로 여기고 심(心), 성
(性), 리(理), 기(氣)의 풀이를 정자(程子)와 주자(朱子)의 학문의 심오한
뜻에서 깊이 터득하고 관혼상제(冠婚喪祭)의 예식을 전적으로 선유(先儒)
의 정론(正論)에 따랐습니다. 때문에 홀연히 당세 스승의 표준으로 되었
습니다. 그리하여 호남의 선비들이 책궤를 걸머지고 앞을 다투어 달려
와 가르침을 받고 훌륭하게 성취하였다는 소문들이 많습니다. 집이 비
록 몹시 가난하였지만 양친을 봉양하면서도 수고로운 일을 마다하지 않
고 직무를 잘 수행하였으며 애써 글을 읽는 여가에는 눈바람을 맞으며
제 손으로 땔나무를 해다가 불을 때었습니다. 앞서와 후에 있은 두 차례

의 상사(喪事)에서 거상 기간이 끝나도록 최질(衰絰)을 벗지 않았으며 제물을 올리는 일을 남에게 대신시키지 않았기 때문에 늘그막에 더욱 근면하다는 평가를 받았습니다. 심지어 나라를 운영하는 방법에 관한 심오한 논의, 도리와 국량의 분간, 의식과 예의의 변화에 대한 문제를 직접 뽑아서 편찬한 책이 십여 권에 달합니다. 깨끗하고 고결한 덕행과 간결하고 옛스러운 글은 아무리 찾아보아도 오늘날에는 다시 볼 수 없는 것이건만 살았을 때에는 그의 업적이 전해지지 않았고 죽어서도 그의 공로가 높이 평가되지 않았기 때문에 참으로 공론(公論)이 애석하게 여기는 바입니다. 바라건대, 빨리 유사(有司)에 명(命)하여 특별히 차례를 뛰어넘어 추증(追贈)하여 주는 은전을 시행하소서." 하니, 비답하기를, "상소문 내용을 예식원(禮式院)에서 품처(稟處)하도록 하겠다." 하였다.

(2) 풍속(風俗)

- 【실록】 세종 95권, 24년(1442) 3월 17일(무인) 4번째 기사. 내의 노중례가 온정신에 대한 제문을 올리니 이 제사를 소사로 정하다

  내의(內醫) 노중례(盧重禮)가 의방(醫方)을 상고하여 온정신(溫井神)에 대한 제문(祭文)을 올리니, 이 제사를 소사(小祀)로 하는 제도를 정하였다. 앞서 온양에서는 속례(俗禮)에 따라 제사하였던 까닭에 생축(牲祝)이 없었는데, 이때부터 생축을 쓰게 되었다.

- 【실록】 세종 95권, 24년(1442) 3월 21일(임오) 1번째 기사. 대호군 전인귀에게 명하여 온정신에게 제사하다

  대호군 전인귀(全仁貴)에게 명하여 온정신(溫井神)에게 제사하였다.

● 【실록】 세조 42권, 13년(1467) 5월 10일(갑술) 3번째 기사. 온양군수 김
  한생이 복명서를 바치므로 서거정에게 그 책에 대해 하문하다

  온양군수(溫陽郡守) 김한생(金漢生)이 복명서(卜命書)를 바치므로 임금
이 서거정(徐居正)에게 보이니, 서거정이 아뢰기를, "이것은 거울과 같이
명확한 수(數)입니다." 하였다. 임금이 말하기를, "어떻게 하여 아느냐?"
하니, 대답하기를, "신은 듣건대, 태조(太祖) 때에 어느 점장이[卜者]가
정도전(鄭道傳)의 명을 추산하여 말하기를, '무인년(戊寅年)에 송령(松嶺)
에서 피가 바람을 날리겠다.' 하였더니, 그 뒤에 과연 송현(松峴)에서 죽
었다 하는데, 그 문구가 이 책에 있는 까닭에 알았습니다." 하니, 임금이
말하기를, "옛적에 세종(世宗)께서 온양(溫陽)에 거둥하시고자 하여, 내
가 점장이 맹인[卜盲] 김학루(金鶴樓)를 불러 그 길흉(吉凶)을 점쳤더니,
김학루가 한참 만에 말하기를, '태양(太陽)이 처음 나오는 곳에 만물이
광휘함을 보시겠습니다.' 하였다. 이 글귀가 여기에 있으면, 김학루의
점도 또한 거울과 같이 명확한 수(數)이다." 하였다. 서거정이 그 책을
열람하였으나, 끝내 그 문구는 없었다.

● 【실록】 중종 21권, 9년(1514) 12월 21일(기유) 1번째 기사. 조강에서 지평
  연구령이 내관 이숙춘을 탄핵하다

  조강에 나아갔다. 지평 연구령(延九齡)이 아뢰기를, "대간이 벽제(辟除)
를 하고 가도 통훈대부 이하의 관원들은 모두 지나갈 수가 없는데, 하물
며 이숙춘(李叔春)은 내관(內官)으로 말을 타고 길을 범했으니 어찌 사체
(事體)에 합당하겠습니까. 근일에 내관이 청가원(請暇願)을 제출한 자가
많아서 각 고을에 폐를 끼치게 됩니다. 온양(溫陽)의 한 고을만 보아도
내관 김은(金銀)이 혹시 내려오면 온 도(道)가 힘을 기울여 그를 뒷바라지
하게 됩니다. 온양이 옛날에는 조금 여유 있고 번영했으나 지금은 피

폐하여 쇠잔해졌습니다. 다만 이는 온정(溫井)이 있어서 그렇게 된 것은 아닙니다. 내관들이 지나간 곳은 거의 모두 이와 같습니다." 하였다.

- 【실록】중종 34권, 13년(1518) 9월 5일(임인) 1번째 기사. 조강에 나아가 니, 향약의 시행 문제로 조광조와 정광필 등이 아뢰다

  조강에 나아갔다. 참찬관 조광조가 아뢰기를, "신이 듣건대, 온양군 (溫陽郡) 사람이 향약(鄕約)을 잘 행한다 합니다. 만약 향약을 잘 이행한 다면 진실로 아름다운 일입니다." 하고, 영사 정광필이 아뢰기를, "향약 이 좋기는 좋지만, 모인 무리가 착한 일을 하지 않으면 수령의 권세가 도리어 약해질 것이니 살펴서 경계해야 할 것입니다." 하니, 상이 이르기 를, "아무리 아름다운 일이라도 실행이 없으면 불가하다. 모든 일은 이름 에 따른 실지가 있어야 한다." 하매, 조광조가 아뢰기를, "향약을 행하는 고을에서는 양민(良民)을 강압하여 천인(賤人)으로 만들고 관채(官債)의 납부를 막는 이러한 일은 모두 보지 못하였습니다. 지난번에 김안국(金 安國)이 경상감사로 있을 적에 비로소 향약을 행하게 하였는데, 그때는 전처럼 싸우는 일이 있었으나 시초였기 때문입니다." 하였다.

- 【실록】선조 181권, 37년(1604) 11월 13일(기축) 3번째 기사. 헌부가 구 성의 석방 취소와 영의정 윤승훈의 파직을 청하다

  (헌부가 아뢰기를) "아산현(牙山縣)은 바닷가에 위치하여 풍속이 거세 고 백성이 완악하므로 다스리기 어려운 곳으로 일컬어지는데, 현감 강 극유(姜克裕)는 졸렬한 성품에 솜씨가 어설퍼 아전이 농간을 부리므로 백성이 그 폐해를 받아 온 경내가 원망하고 괴로워하니, 파직하도록 명 하소서." 하니, 답하기를, "따를 수 없는 일이니 번거롭게 하지 말라. 이순민, 강극유는 부임한 지 얼마 되지 않았으니 솜씨가 어설프다고 하

여 바로 파직할 수는 없다. 우선 추고(推考)하고 천천히 그가 하는 것을 살피라."하였다.

• 【실록】 현종 10권, 6년(1665) 4월 23일(기묘) 2번째 기사. 영상 등과 과거 대상자 선정과 부로에게 하사하는 일 등을 의논하다

태화가 아뢰기를, "삼가 듣건대, 대사간 이경억이 충신과 유현(儒賢)들의 묘소에 제사지낼 것을 청했다는데 이순신(李舜臣)만 빠졌습니다. 그의 사당이 아산(牙山)에 있으니 관리를 보내어 제사를 지내주소서." 하니, 상이 따랐다.

• 【실록】 숙종 59권, 43년(1717) 3월 9일(갑자) 1번째 기사. 헌부에서 온양군수 최상항의 파직을 아뢰다

헌부(憲府)에서 전에 아뢴 일을 거듭 아뢰고, 또 말하기를, "온천에 고제(告祭)할 때에 전사관(典祀官)이 먼저 본군(本郡)에 통지하여 향축(香祝)을 봉안할 곳을 미리 설치하게 하였으나, 본관(本官)이 전혀 거행하지 않았으며, 제물(祭物) 가운데 희생도 여윈 것으로 구차하게 채웠습니다. 이번에 제사하는 일은 정성을 다하고 예(禮)를 경건히 하는 까닭이 어떠한 것인데, 모든 일이 구차하고 간략한 것이 이보다 심할 수 없었으니, 온양군수(溫陽郡守) 최상항(崔尙恒)을 파직(罷職)하소서." 하니, 임금이 최상항의 일만 따랐다.

• 【실록】 정조 32권, 15년(1791) 2월 22일(정묘) 2번째 기사. 사학 유생 이명오 등이 온양의 정퇴서원의 위차 문제로 상소하다

사학(四學)의 유생 이명오(李明吾) 등이 상소하기를, "온양군(溫陽郡) 설화산(雪華山) 아래에 정퇴곡(靜退谷)이란 골짜기가 있는데, 숭정(崇禎)

갑술년에 이 고을 사람 조상우(趙相愚)가 그 지명이 문정공(文正公) 조광조(趙光祖)와 문순공(文純公) 이황(李滉)의 별호와 서로 부합된다 하여, 드디어 사우(士友)들과 서원을 건립하고는 문정공과 문순공의 사판(祠版)을 봉안하고 향현(鄕賢) 문장공(文莊公) 홍가신(洪可臣)을 배식하였는데, 서원의 이름은 문정공(文正公) 송준길(宋浚吉)이 '정퇴서원(靜退書院)'이란 네 글자를 직접 써서 달았습니다. 또 서원 옆에 충효당(忠孝堂)을 세워 증 영의정 충무공(忠武公) 이순신(李舜臣)과 증 참판 강봉수(姜鳳壽)를 배향했으니, 이는 역시 남강사(南康祠)에 별도로 한 사당을 세워 도정절(陶靖節)과 진요옹(陳了翁)을 제사한 전례를 모방한 것이었습니다. 그 뒤에도 향현(鄕賢)을 추가로 함께 제사지냈는데 한성윤(漢城尹) 맹희도(孟希道)도 역시 추가로 제사지내는 속에 들었습니다. 그 위차(位次)는 두 선생을 주벽(主壁)에 모셔 남쪽을 향하고 홍가신을 동쪽에 두어 서쪽을 향하고 맹희도를 서쪽에 두어 동쪽을 향하게 하였습니다.

그런데 작년 정월 충숙공(忠肅公) 유관(柳灌)을 추배하는 일로 몇 고을의 선비들이 본 서원에 모여 의논할 때, 맹흠요(孟欽堯)등 수십 여 명의 사람들이 갑자기 자기 조상인 희도의 위차를 올려 모셔야 한다는 의견을 내놓기를 '우리 조상은 4백 년전의 명현(名賢)이시니, 마땅히 연대를 중시해야 한다. 어찌 배위(配位)를 낮출 수 있단 말인가. 마땅히 첫자리로 올려야 한다.' 하였고, 신주를 내오는 고유문(告由文)을 지어 고했는데 그 내용에 '동포선생(東浦先生)의 자리를 아래로 내려놓았으니 조(趙), 이(李) 두 선생의 혼령이 편안히 흠향하지 못한 지가 오래되었다.' 하였습니다. 만약 평소에 두 선생을 업신여기는 마음이 없었다면 어찌 감히 신위를 멋대로 바꿀 수가 있겠습니까. 유생들이 감사에게 가서 글을 올렸더니, 감사가 판결하기를 '엄격히 금지시키고 그들에게 상소하여 임금의 처분을 기다리게 하라.' 하였습니다. 청컨대 위차를 멋대로 바꾸어

혼란시킨 흠요의 죄를 다스리고 희도의 위패는 충효당에 옮겨 제사지내
도록 하소서." 하니, 상이 사액도 받지 않은 서원의 위차 문제를 가지고
임금에게까지 번거롭게 하는 것은 외람된 일이라 하여 성균관으로 하여
금 소두(疏頭)에게 죄를 주게 하는 한편, 감사가 판결한 말이 일의 체모
에 잘못되었다 하여 전 감사도 죄를 주게 하였다. 또 전교하기를, "지방
의 유생들이 올리는 상소는 태학에서 검토한 다음에 바치게 하는 것은
선조(先朝) 때 하교받은 확고한 법이다. 상소 속의 어구가 잘못되었는데
도 태학에서는 한마디도 수정하자는 말이 없었으니, 역시 매우 놀라운
일이다. 태학의 재임(齋任)에게 벌을 주라." 하였다.

● 【실록】 정조 46권, 21년(1797) 2월 23일(갑오) 1번째 기사. 사학 죄인 이
   존창을 문초하고, 개과천선하면 방면하도록 명하다

　사학(邪學) 죄인 이존창(李存昌)을 다시 도신(道臣)을 시켜 문초했다.
존창은 신창(新昌) 사람이다. 사학의 교주로 자처하였는데, 병오년에 일
이 발각되자 도신에게 명하여 끌어다가 문초하였다. 존창이 마음을 고
치고 새로운 길로 나가겠다고 공초하니, 풀어주었다. 그런데 을묘년에
또 다시 염찰(廉察)에 걸려들어 감영의 옥에 가두었는데, 그의 공초가
전과 서로 달랐다. 대간의 상소가 일어나자 형조에 명하여 대신에게 의
논하게 하였다. 영의정 홍낙성 등이 모두 사형에 처하여야 한다고 하니,
상이 이르기를, "형륙(刑戮)은 백성을 교화하는 데 있어서 말단적인 방법
이다. 그래서 사람은 사람으로 대하고 그 책만 불사르면 묘족(苗族)처럼
완고한 자들도 감동하는데 미천한 일개 존창이 무슨 문제가 있겠는가.
도신으로 하여금 다시 조사하여 만에 하나라도 겉만 고친 척하고 마음
을 바꾸지 않을 경우 연전의 최필공(崔必恭)의 예에 따라 도신이 직접
가르치고 경계하여 개과천선한 효과가 있으면 방면하고 그렇지 않으면

법을 적용하는 한이 있더라도 기필코 고치게 하라." 하였다.

● 【실록】 정조 47권, 21년(1797) 11월 12일(정축) 2번째 기사. 강이천을 제주목에, 김이백을 흑산도에, 김려를 경원부에 유배하다

　　형조의 죄인 강이천을 제주목(濟州牧)에, 김이백을 흑산도(黑山島)에, 김려를 경원부(慶源府)에 유배(流配)하였다. 강이천을 문초(問招)하기를, "네가 중신에게 고발한 조목을 보면 요망하고 어지러운 말 아닌 것이 없다. 진실로 조금이라도 양심이 있었다면 일단 들은 뒤에 나아와 고하는 것을 어찌 일각이라도 지체할 수 있었겠는가. 그런데 10일 간이나 지체하기에 이른 것은 무슨 까닭인가. 시종 참여하여 한덩어리로 동화한 정상이 일마다 구절마다 탄로되자 감히 벗어나려는 마음을 내어 도리어 미루어 핑계하는 계책을 내었으니 지극히 교묘하고 지극히 사특하다. 전후의 정황을 일일이 바로 고하라." 하니, 강이천이 공초(供招)하기를, "처음에는 길거리에 퍼져 돌아다니는 말을 듣고서 망령되이 향리의 어리석고 미욱한 무리와 주고 받았습니다. 그런데 김이백이 허망한 것을 가지고 사실로 만든 뒤로 한 번 전해지고 두 번 전파되어서는 제가 장차 인륜을 멸시하고 세상을 미혹시키는 무리가 됨을 면하지 못할 것이므로 상변(上變)의 일이 있기에 이른 것입니다. 이것은 오로지 전의 죄를 벗어나려는 계책에서 나왔으나 실로 스스로 남을 망측한 데에 빠지게 한 죄과에 돌아가게 되었으니 죄가 만 번 죽어 마땅합니다. 고발을 지체한 것에 대해서는, 반드시 말의 출처를 상세히 탐문하려 하다가 지체함을 면하지 못하게 되었습니다. 상경한 뒤에 김려에게 찾아가서 만나보고 상의하였더니, 김려가 늦추어서는 안 된다고 하기에 과연 중신 이병정을 통해 상변(上變)하였던 것입니다." 하였다. 문초하기를, "너의 왕복한 서찰(書札) 가운데 은어(隱語)가 많이 있는데 '도(都)도 좋고 교(郊)

도 좋다.'고 한 말은 가리키는 뜻이 무엇이냐? 서해 섬 안의 사람을 누가 보고 누가 들었느냐? 남산(南山) 석상(石上)이란 말은 누가 말하고 누가 응답했느냐? 전후 숨긴 정황을 사실대로 바로 고하라." 하니, 강이천이 공초하기를, "금년 8월 과시(科試) 때에 김건순, 김예(金鑴)와 함께 김려의 집에 모였는데, 김려 형제와는 원래부터 서로 친하였고, 김건순은 그때 처음 보았습니다. 저의 집에서 두 번째 모여 삼교(三敎)를 품평(品評)하고 양학(洋學)에 대해 범연히 언급하였는데 그래도 남은 소회가 있기에 그 이튿날 또 김건순을 그의 우거(寓居)에 가서 만나 보았습니다. 만나 본 것은 전후 모두 세 번이었습니다. 천안(天安)에 내려간 뒤로 김건순에게 보내는 편지에 '도(都)에서 할 만하면 도에서 하고 교(郊)에서 할 만하면 교에서 하자.'고 하였는데, 도(都)는 저자를 가리키고 교(郊)는 시골을 가리키는 것으로서 서울과 시골을 막론하고 편의에 따라 회합하자는 뜻이었습니다. 시운(時運), 시사(時事), 신술(神術), 성정(星精) 등의 말은 모두가 길거리에 퍼져 돌아다니는 허황한 말들입니다. '남산 석상(石上)'이란 말은 당초에 김건순과 수작한 일이 없습니다. 전화(錢貨)를 꾸어주기를 청한 것은 과연 그런 일이 있었습니다. 대체로 제가 서울과 시골을 들락거리면서 부랑(浮浪)한 습관이 몸에 배어 부유한 사람과 교결(交結)한 뒤 혹 공갈로 동요시키기도 하고 혹 유인하기도 하여 화재(貨財)를 취하였으니, 참으로 이른바 '궁하면 넘친다.[窮斯濫]'고 한 격이라 하겠습니다. 처음에는 염치없이 한 짓이 마침내 자신을 죄에 빠뜨리는 징검다리가 되었으니 죽음이 있을 따름으로 아뢸 말씀이 없습니다." 하였다. 김이백에게 문초하기를, "네가 낮고 미천한 무리로 서울과 지방을 출몰하면서 행적(行迹)이 부랑(浮浪)하여 간사한 무리와 체결해서 허황한 말을 지어내었으니, 전후 정황을 일일이 바로 공초하라." 하였다. 한 차례 형신(刑訊)하니, 김이백이 공초하기를, "평소에 강이천에게 시부(詩

賦)를 배웠습니다. 금년 8월에 강이천과 김예의 집에 같이 갔더니 김건순이 먼저 자리에 와 있었습니다. 김건순의 사람됨이 허한(虛閑)하여 남의 한 가지 능함과 한 가지 재예(才藝)를 보면 마치 그것을 자기가 소유하고 있는 것처럼 여기면서 반드시 자기 몸을 낮추어 대우하였습니다. 그래서 강이천의 재능을 사랑하여 밤새도록 담론하였습니다. 제가 옆에 앉아 있다가 억지로 큰소리치기를 '좌상(坐上)의 사람됨이 모두 왕을 도와 보필할 재능의 소유자들인데, 어찌하여 말이 '편안하면 위태로움을 잊지 않는다.[安不忘危]'는 데에 이르지 않고 귀결처가 없는 말로 밤을 새우는가.' 하였더니, 강이천과 김예 두 사람은 무릎을 치며 칭찬해 마지않았으나 김건순만은 홀로 한 마디 말도 없다가 얼마 뒤에 '태서(太西)의 말은 가벼운 것이 곧 병통이다.' 하였습니다. 태서는 곧 저의 자(字)입니다. 저는 나이가 젊고 천성이 어리석어 혹 들뜨고 허황한 말을 들으면 가리지 않고 전하였습니다. 그래서 과연 길거리에서 들은 것 중에 서해(西海) 섬 안에 어떤 사람이 있다는 말을 강이천에게 말하였습니다. 이에 강이천이 말하기를 '이 말을 김정학(金正學)이 들었느냐.' 하기에, 답하기를 '듣지 못하였습니다.' 하였는데, 정학(正學)은 김건순의 자(字)입니다. 강이천은 매양 인재를 맞아들이는 데에 마음을 두었습니다. 괴산(槐山)의 김종억(金宗億)과 신창(新昌)의 이주황(李周璜)이 그 심복이 되었고, 전의(全義)의 김정신(金廷信)과 덕평(德坪)의 최우문(崔遇文)이 항상 강이천의 집에 머물렀습니다. 강이천은 또 남의 호를 잘 지었습니다. 저를 일컬어 중암(重菴)이라 하고, 김예를 일컬어 연소(衍繅)라 하고, 김건순을 일컬어 가귤(嘉橘)이라 하고, 김종억을 일컬어 동천주인(洞天主人)이라 하고, 김신국(金信國)을 일컬어 중인(中人)이라 하고, 서진일(徐鎭一)을 일컬어 수남장인(水南丈人)이라 하고, 해미(海美)의 이언길(李彦吉)을 해상인(海上人)이라 일컬었습니다." 하였다. 형조가 형벌을 엄히 하여 실정을 얻기를 청하니, 판결하기를, "강이천은 형신을 엄히 하여 섬에 유배(流配)해서 스스로 새로와지고 다시 살아나는 방도를 도모하게 하고, 김이백은 형신을 엄히 하고 사형을 감면하여 정배(定配)하고, 김려는 정배하고, 김예, 김신국 등은 방면하여 내보내라." 하였다.

● 【실록】 순조 3권, 1년(1801) 8월 9일(계축) 1번째 기사. 비국에서 호서, 영남에서 보내온 관문에 대해 아뢰다

비국(備局)에서 아뢰기를, "지난번 지평 심보영(沈普永)의 상소로 인하여 윤염(尹琰)을 서원(書院)에 멋대로 제향(祭享)한 일이 있는지 없는지를 호서(湖西), 영남(嶺南) 두 도(道)에 관문(關文)을 보내어 문의하였더니, 사보(査報)가 지금 비로소 일제히 도착하였습니다. 그런데 호서에는 전 도신(道臣) 이태영(李泰永)이 있을 때에 온양군(溫陽郡)의 금곡서원(金谷書院) 충효당(忠孝堂)에 멋대로 제향하였고 지금의 도신 윤광안(尹光顏) 때에 석성현(石城縣)의 봉호서원(蓬湖書院)에 멋대로 제향하였으며, 영남에는 지금의 도신 김이영(金履永) 때에 금산군(金山郡)의 경렴서원(景濂書院)에 멋대로 제향하였습니다. 대개 이 세 고을 유생(儒生)의 무리들이 권간(權奸)에게 아첨하여 빌붙어서 사사로이 제멋대로 제향하였는데도 처음부터 관유(關由)하지 않았고 영문(營門)에서 비록 알았다 하더라도 이상한 일이 있는 것을 금하지 않았습니다. 일이 이미 자기가 맡은 도내(道內)에 있었다면 살피지 못한 책임을 면하기 어려우니, 해당 양도(兩道)의 전후 도신을 아울러 종중 추고(從重推考)하고, 세 고을의 수창(首倡)한 유생 등은 청컨대 도신으로 하여금 사실을 조사하여 엄중하게 감죄(勘罪)하도록 하소서." 하니, 그대로 따랐다. 또 대언(臺言)으로 인하여 그때의 수령(守令)을 잡아다가 감죄하였다.

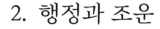

2. 행정과 조운

1) 행정

(1) 제도 정비

- **【삼국사기】 삼국사기 온조왕 13년(기원전 5년)**

  8월에 사신을 마한에 보내 천도를 고하고 마침내 강역을 정하였으니 북으로는 패하(浿河), 남으로는 웅천(熊津)에 한정하고, 서로는 큰 바다에 접하고, 동은 주양(走襄)에 이르렀다.

- **【삼국사기】 삼국사기 온조왕 27년(서기 9년)**

  여름 4월에 마한의 두 성, 원산성(圓山城)과 금현성(金峴城)이 항복하므로 그 백성을 한산(漢山) 북쪽으로 옮기니 마한(馬韓)이 드디어 멸하였다. 가을 7월에 대두산성(大豆山城)을 쌓았다.

- **【삼국사기】 삼국사기 온조왕 36년(서기 18년)**

  가을 7월에 탕정성(湯井城)을 쌓고 대두성(大豆城)의 민호를 나누어 이에 살게 하였다.

- 【삼국사기】삼국사기 온조왕 43년(서기 25년)
가을 8월에 아산(牙山)의 들에서 5일 동안 사냥하였다.

- 【삼국사기】삼국사기 문주왕 2년
문주왕은 서울을 떠나 웅진으로 천도하였다. 2년 2월 왕은 대두산성
(大豆山城)을 수리하고 한북의 민호를 옮겨 살게 하였다.

- 【고려사】고려사 第82권 / 지(志) 제36 / 병2-참역(站役)
충청주도(忠清州道) 34개소를 관할한다. 동화(同和), 장족(長足), 청호
(菁好) 수주(水州), 가천(嘉川) 양성(陽城), 율봉(栗峯), 쌍수(雙樹), 저산(猪
山), 장지(長池) 청주(清州), 장양(長楊), 퇴량(堆粮) 진주(鎭州), 연산역(燕山
驛), 금사(金沙) 연기(燕岐), 포곡(蒲谷) 전의(全義), 성환(成歡) 직산(稷山),
신은(新恩) 천안(天安), 금제(金蹄) 풍세(豊歲), 장세(長世) 아주(牙州), 창덕
(昌德) 신창(新昌), 이흥(理興) 온수(溫水), 일흥(日興) 예산(禮山), 광정(廣
庭), 일신(日新) 공주(公州), 탄평(坦平) 공주(公州), 은산(銀山) 부여(扶餘),
유구(維鳩) 신풍(新豊), 유양(楡楊) 정산(定山), 급천(汲泉) 이산(伊山), 홍주
역(洪州驛), 광세(光世) 대흥(大興), 금정(金井) 청양(青陽), 득웅(得熊) 여미
(余美), 몽웅(夢熊) 정해(貞海), 영유(靈楡) 가림(嘉林), 비웅(非熊) 홍산(鴻山)

- 【실록】태종 17권, 9년(1409) 1월 29일(임신) 1번째 기사. 경기 수군도절
  제사의 건의로 강화, 교동의 토지를 군자전에 이속시키다
경기 수군도절제사(水軍都節制使) 최용화(崔龍和)가 강화(江華), 교동
(喬桐)의 전지를 모구 군자전(軍資田)에 붙이도록 청하니, 그대로 따랐

다. 상언(上言)은 이러하였다.

"강화(江華), 교동(喬桐)은 나라의 문호(門戶)가 되므로, 해구(海寇)가 기전(畿甸)을 엿보면 반드시 이곳을 경유합니다. 그러므로 전함(戰艦)을 머물러 두어서 불의의 변을 방비하는 것은 진실로 적절한 계책입니다. 그러나 풍해도(豐海道), 충청도의 연해 지방에 왜적이 불의에 나와서 갑자기 입침(入侵)하면, 즉시 배가 나가서 뒤쫓아야 마땅합니다. 그러나 본래 군사의 양식이 없어서 반드시 군인들로 하여금 아주(牙州), 연안(延安), 수원(水原), 광주(廣州)에서 급료(給料)를 받게 합니다. 이리하여 비록 급한 일을 당할지라도 지연하여 기회를 잃는 것은 진실로 이러한 이유 때문입니다. 또 전조(前朝)에서는 불의의 사변을 만나면 온 나라가 강화(江華)에 입보(入保)하였었으니, 어찌 식량의 저축이 없이 그리하였겠습니까? 청컨대, 두 고을의 전지 가운데 문선왕(文宣王)의 위전(位田)과 아록전(衙祿田), 공수전(公須田)을 제외하고, 각 품의 과전(科田) 2천 3백 70결과 여러 창고(倉庫)의 속전(屬田) 7백 20결을 육지로 옮겨서 지급하고, 이들 전지를 모조리 군자전(軍資田)에 붙여서 해마다 그 세입을 거두어 산성(山城)에 저장하여 불의의 변에 대비하소서."

임금이 의정부에 내려 의논하니, 모두 옳다고 하였다.

● 【실록】 태종 28권, 14년(1414) 8월 21일(신유) 4번째 기사. 각 품에 따른 과전을 예전대로 지급하게 하고 경외의 용관을 도태시키다

연기(燕岐), 전의(全義)를 병합하여 전기(全岐)로 하고, 온수(溫水), 신창(新昌)을 병합하여 온창(溫昌)으로 하고, 이산(尼山), 석성(石城)을 병합하여 이성(尼城)으로 하고, 계림(雞林) 임내(任內)인 해안(解顏)을 대구(大丘)에 붙이고, 합천(陝川) 임내(任內)인 가수(加守)를 삼기(三岐)에 붙이소서.

- 【실록】 태종 32권, 16년(1416) 7월 30일(기미) 2번째 기사. 경기, 충청, 전라도의 일부 합병한 군현을 종전대로 분할하다

  합병한 군현(郡縣)을 다시 나누어 예전대로 하였다. 경기(京畿)의 금천 (衿川), 양천(陽川), 삭녕(朔寧), 안협(安峽), 마전(麻田), 연천(漣川), 김포 (金浦), 충청도(忠淸道)의 온수(溫水), 신창(新昌), 전의(全義), 연기(燕岐), 황간(黃澗), 청산(靑山), 전라도(全羅道)의 부령(扶寧), 보안(保安)을 모두 복구하였다.

- 【실록】 세종 84권, 21년(1439) 윤2월 11일(기축) 2번째 기사. 사헌부지평 정효강이 경기좌우도의 행대로 충주, 아산 등지를 겸임하게 하여 수세의 잘못을 살필 것을 아뢰다

  사헌부지평 정효강(鄭孝康)이 아뢰기를, "각도에 행대(行臺)를 분견(分 遣)하옵는 것은 이미 의논이 결정되었사오나, 이제 추쇄경차관(推刷敬差 官)이 가게 되면 각 고을에 소요되는 폐단이 없지 아니하오니, 먼 도의 행대는 우선 정지하게 하시고 경기좌우도(京畿左右道)의 봄, 가을 행대 는 이미 일찍이 입법하였으니, 좌우도의 행대로 하여금 충주(忠州) 금천 강(金遷江), 아산(牙山) 공세곶(貢稅串), 면천(沔川) 벌근내(伐斤乃), 평택 (平澤) 오미곶(吾未串), 여흥(驪興) 앙암(仰岩) 등 곳을 겸임하게 하시와, 수세(收稅)의 잘잘못을 살피게 하소서." 하니, 그대로 따랐다.

- 【실록】 세종 92권, 23년(1441) 4월 17일(계미) 1번째 기사. 온수현을 승 격하여 온양군으로 삼다

  임금이 병이 나았으므로 특별히 온수현(溫水縣)을 승격하여 온양군(溫 陽郡)으로 삼고, 인하여 노비(奴婢)를 관호(官號)에 따라 채워 주도록 하 였다. 또 관찰사 이맹상(李孟常), 도사 송취(宋翠)에게 각각 옷 한 벌씩을

내려 주었다.

- **【실록】** 세종 109권, 27년(1445) 7월 13일(을유) 1번째 기사. 의정부에서 전제를 고쳐 상정할 일과 개혁할 조건을 상신하다

공수위전(公須位田)은 지금 대, 중, 소로(小路)로 나누어 유수부(留守府), 대도호부(大都護府), 목관(牧官)의 대로(大路)는 30결, 중로(中路)는 25결, 도호부(都護府), 지관(知官)의 대로는 25결, 중로는 15결, 소로는 10결을 절급(折給)하고, 각 고을 안의 공수전(公須田)은 모두 다 혁파(革罷)하여 없앨 것. 함길도(咸吉道), 평안도(平安道)를 제외하고 6도(道)의 주(州), 부(府), 군(郡), 현(縣)을 대, 중, 소로 나누는데, 전주(全州), 청주(淸州), 충주(忠州), 공주(公州), 상주(尙州), 성주(星州), 황주(黃州), 수원(水原), 원평(原平), 회양(淮陽), 선산(善山), 양주(楊州), 천안(天安), 여산(礪山), 봉산(鳳山), 용인(龍仁), 죽산(竹山), 진위(振威), 금성(金城), 금화(金化), 함창(咸昌), 문경(聞慶), 개령(開寧), 포천(抱川)은 대로(大路)로 하고, 경주(慶州), 광주(廣州), 홍주(洪州), 나주(羅州), 해주(海州), 원주(原州), 강릉(江陵), 안동(安東), 진주(晉州), 남원(南原), 평산(平山), 서흥(瑞興), 춘천(春川), 창원(昌原), 김해(金海), 밀양(密陽), 담양(潭陽), 고부(古阜), 단양(丹陽), 온양(溫陽), 옥천(沃川), 순창(淳昌), 무진(茂珍), 재령(載寧), 합천(陜川), 청도(淸道), 영천(永川), 영천(榮川), 울산(蔚山), 양산(梁山), 함안(咸安), 금산(金山), 대구(大丘), 괴산(槐山), 영암(靈巖), 영평(永平), 과천(果川), 금천(衿川), 음성(陰城), 진천(鎭川), 신창(新昌), 예산(禮山), 전의(全義), 연기(燕歧), 영동(永同), 황간(黃澗), 문의(文義), 해미(海美), 강진(康津), 남평(南平), 장성(長城), 임실(任實), 해남(海南), 금구(金溝), 창평(昌平), 태인(泰仁), 정읍(井邑), 경산(慶山), 동래(東萊), 의성(義城), 기천(基川), 삼가(三嘉), 언양(彥陽), 고령(高靈), 군위(軍威), 의흥(義

興), 신령(新寧), 진원(珍原), 고양(高陽), 영산(靈山), 양지(陽智), 직산(稷山), 연풍(延豊), 은진(恩津), 이산(尼山)은 중로(中路)로 하고, 남양(南陽), 강화(江華), 여흥(驪興), 이천(利川), 순천(順天), 연안(延安), 삼척(三陟), 양양(襄陽), 철원(鐵原), 영해(寧海), 순흥(順興), 장흥(長興), 풍덕(豊德), 안산(安山), 인천(仁川), 안성(安城), 삭녕(朔寧), 양근(楊根), 임천(林川), 청풍(淸風), 태안(泰安), 한산(韓山), 서천(舒川), 면천(沔川), 서산(瑞山), 익산(益山), 진도(珍島), 금산(錦山), 진산(珍山), 김제(金堤), 곡산(谷山), 안악(安岳), 수안(遂安), 풍천(豊川), 배천(白川), 평해(平海), 통천(通川), 정선(旌善), 고성(高城), 간성(杆城), 영월(寧越), 평창(平昌), 함양(咸陽), 초계(草溪), 예천(醴泉), 흥해(興海), 청송(靑松), 곤양(昆陽), 보성(寶城), 낙안(樂安), 영광(靈光), 부평(富平), 양천(陽川), 김포(金浦), 장단(長湍), 지평(砥平), 적성(積城), 연천(漣川), 천녕(川寧), 교동(喬桐), 임진(臨津), 교하(交河), 임강(臨江), 마전(麻田), 음죽(陰竹), 양성(陽城), 가평(加平), 통진(通津), 홍산(鴻山), 제천(堤川), 평택(平澤), 회인(懷仁), 정산(定山), 청양(靑陽), 청안(淸安), 회덕(懷德), 진잠(鎭岑), 부여(扶餘), 석성(石城), 비인(庇仁), 남포(藍浦), 결성(結城), 보령(保寧), 당진(唐津), 영춘(永春), 보은(報恩), 청산(靑山), 목천(木川), 용담(龍潭), 연산(連山), 임피(臨陂), 만경(萬頃), 능성(綾城), 광양(光陽), 용안(龍安), 함열(咸悅), 부안(扶安), 함평(咸平), 옥과(玉果), 고산(高山), 옥구(沃溝), 흥덕(興德), 고창(高敞), 무장(茂長), 무안(務安), 구례(求禮), 곡성(谷城), 운봉(雲峰), 장수(長水), 진안(鎭安), 무주(茂朱), 동복(同福), 화순(和順), 흥양(興陽), 신은(新恩), 옹진(甕津), 문화(文化), 우봉(牛峰), 장련(長連), 신천(信川), 송화(松禾), 장연(長淵), 강령(康翎), 강음(江陰), 토산(兎山), 은율(殷栗), 울진(蔚珍), 흡곡(歙谷), 이천(伊川), 평강(平康), 홍천(洪川), 횡성(橫城), 양구(楊口), 인제(麟蹄), 안협(安峽), 영덕(盈德), 고성(固城), 거제(巨濟), 남해(南海),

거창(居昌), 의령(宜寧), 하양(河陽), 용궁(龍宮), 봉화(奉化), 청하(淸河), 칠원(漆原), 진해(鎭海), 하동(河東), 인동(仁同), 진보(眞寶), 지례(知禮), 안음(安陰), 현풍(玄風), 산음(山陰), 단성(丹城), 비안(比安), 예안(禮安), 영일(迎日), 장기(長鬐), 창녕(昌寧), 사천(泗川), 기장(機張), 대흥(大興), 낭천(狼川), 덕산(德山), 아산(牙山)은 소로(小路)로 할 것.

- 【실록】 세조 2권, 1년(1455) 9월 11일(계미) 4번째 기사. 병조에서 각도의 내지에도 거진을 설치하고 인근 고을을 익에 분속시킬 것을 청하다

  (병조(兵曹)에서 아뢰기를) 청주도(淸州道)는 그 중익을 청주(淸州), 진천(鎭川), 문의(文義), 연기(燕岐), 회인(懷仁), 보은(報恩), 청안(淸安)으로 하고, 좌익은 옥천(沃川), 황간(黃澗), 영동(永同), 청산(靑山)으로 하며, 우익은 천안(天安), 온양(溫陽), 전의(全義), 평택(平澤), 아산(牙山), 목천(木川), 직산(稷山)으로 합니다. 다음 홍주도(洪州道)는 그 중익을 홍주(洪州), 청양(靑陽), 대흥(大興)으로 하고, 좌익은 신창(新昌), 예산(禮山)으로 하며, 우익은 면천(沔川), 덕산(德山)으로 합니다.

- 【실록】 세조 9권, 3년(1457) 10월 20일(경술) 2번째 기사. 병조의 건의로 각도의 중익, 좌익, 우익을 혁파하고 거진(巨鎭)을 설치하다

  (병조에서 아뢰기를) 천안진(天安鎭)에는 직산(稷山), 평택(平澤), 아산(牙山), 온양(溫陽), 신창(新昌), 예산(禮山), 목천(木川), 전의(全義)를 속하게 하라.

- 【실록】 세조 33권, 10년(1464) 4월 22일(갑진) 1번째 기사. 노사신, 박원형 등과 아산군의 설치, 과거에 관한 일 등에 대해 논의하다

  도승지(都承旨) 노사신(盧思愼)이 아산군(牙山郡)을 다시 설치할 일을

아뢰니, 임금이 말하기를, "의정부(議政府)의 의논은 무어라고 하던가?" 하였다. 노사신이 대답하기를, "혹자는 말하기를, '이미 혁파(革罷)하였으니, 다시 설치할 수 없다.'고 하고, 혹자는 말하기를, '마땅히 본군(本郡)을 찾아가서 물어보고 만약 다시 설치하고자 한다면 다시 설치하자.'고 하였습니다." 하니, 임금이 말하기를, "도로 정부(政府)에 내려 주어 다시 의논하여 시행하게 하라." 하였다. 처음에 아산(牙山)을 혁파(革罷)하여 온양(溫陽), 평택(平澤), 신창(新昌)에 나누어 붙였는데, 황수신(黃守身)이 충청도진휼사(忠淸道賑恤使)로서 돌아와서, 본도(本道)의 관찰사(觀察使) 황효원(黃孝源)의 현명하고 유능[賢能]함을 지극히 칭찬하고, 이어서 아산(牙山)의 공해(公廨)의 기지(基地) 북쪽에다 자기 처(妻)의 무덤을 이장(移葬)하겠다고 청(請)하니, 임금이 이를 허락하였다. 사헌부(司憲府)에서 항소(抗疏)하여 정쟁(庭諍)하고, 고을 사람들이 상언(上言)하여 진소(陳訴)하였었다. 그때 내섬판사(內贍判事) 김숙(金潚)이 사민경차관(徙民敬差官)으로서 먼저 충청도에 갔는데, 임금이 명하여 그 일을 김숙에게 맡겨서 현지에 가서 다시 조사하도록 하였다. 김숙이 돌아와서 말하기를, "본 고을은 왜선(倭船)이 왕래하는 관문(關門)이고 조세(租稅)를 수납(輸納)하는 요지(要地)이니, 수령(守令)을 두지 않을 수가 없습니다. 또 여러 사람들이 말하기를, '공해(公廨)의 기지(基地)가 큰 냇물에 부딪혀 무너지고 관우(館宇)가 황폐하여 허물어졌다는 것은 모두 뜬소문이다.'고 하니, 다시 설치하는 것이 편(便)하겠습니다." 하였었으나, 박원형(朴元亨), 함우치(咸禹治)는 모두 말하기를, "혁파(革罷)하는 것이 좋겠습니다." 하였다. 이때에 이르러 고을 사람들의 호소로 인하여 이것을 의논하였던 것이다.

● 【실록】 세조 37권, 11년(1465) 9월 5일(기유) 3번째 기사. 아산현을 다시
  세우다

  아산현(牙山縣)을 다시 세웠다.

● 【실록】 성종 139권, 13년(1482) 3월 5일(계유) 7번째 기사. 신창현 사람
  들이 중궁의 탄생지이므로 군으로 승격시켜 줄 것을 청하자 윤허하다

  이조(吏曹)에서 신창현(新昌縣) 사람 표간(表幹) 등의 상언(上言)에 의
  거하여 아뢰기를, "신창현이 비록 중궁(中宮)의 내외향(內外鄕)은 아닙니
  다만, 그러나 (중궁이) 탄생한 곳입니다. 청컨대 군(郡)으로 승격시켜 주
  소서." 하니, 그대로 따랐다.

● 【실록】 성종 139권, 13년(1482) 3월 10일(무인) 2번째 기사. 사간 김여석
  이 신창현을 군으로 승격시킨 것의 잘못을 논하다

  경연(經筵)에 나아갔다. 강(講)하기를 마치자, 사간(司諫) 김여석(金礪
  石)이 아뢰기를, "이제 신창현(新昌縣)을 중궁(中宮)이 탄생할 곳이라 하
  여 (군(郡)으로) 승격하여 부르는 것은 미편(未便)합니다. 신창현은 (왕비
  의) 내외향(內外鄕)이 아니며, 또 승격을 하게 되면 현감(縣監)은 6품이고
  군수(郡守)는 4품이니 관작(官爵)도 따라서 외람(猥濫)하여질 것입니다.
  그렇게 되면 천백세(千百歲) 뒤에는 현관(縣官)이 모두 승격되고 그 품관
  (品官)들도 공(功)을 바라고 요역(徭役)을 면하게 될 것이니, 그 폐단이
  장차 여러 가지로 많게 될 것입니다." 하니, 임금이 좌우의 신하들에게
  물었다. 영사(領事) 심회(沈澮)가 대답하기를, "전례(前例)에 중궁의 내외
  향은 승격시켰습니다. 그러나 신창현의 일은 신이 감히 알지 못합니다."
  하자, 김여석이 말하기를, "신창현은 중궁의 내외향이 아니고, 윤호(尹
  壕)가 현감으로 있을 적에 중궁이 탄생한 곳입니다." 하니, 임금이 말하

기를, "사례(事例)를 상고하여 아뢰라." 하였다.

• 【실록】 성종 139권, 13년(1482) 3월 20일(무자) 1번째 기사. 신창현을 승격시키는 것을 의논하여 승격은 시키되 부역은 전과 같이 하도록 하다

　　명하여 신창현(新昌縣)을 승격시키는 것에 대하여 의논하게 하였다. 영의정(領議政) 정창손(鄭昌孫), 청송부원군(靑松府院君) 심회(沈澮), 좌의정(左議政) 윤필상(尹弼商), 파천부원군(坡川府院君) 윤사흔(尹士昕), 우의정(右議政) 홍응(洪應), 영중추부사(領中樞府事) 이극배(李克培) 등이 의논하기를, "역대(歷代)로 군현(郡縣)은 한정(限定)이 있습니다. 그러나 왕후(王后)는 무궁(無窮)한 것입니다. 만일 (왕후가) 탄생한 고을이라 하여 모두 승격시킨다면 현(縣)과 읍(邑)이 모두 주(州)와 부(府)가 될 것이니, 이것은 미편(未便)한 듯합니다." 하고, 상당부원군 한명회는 의논하기를, "왕후의 본향(本鄕)이나 또는 탄생한 곳은 승격시키는 것이 타당(妥當)합니다. 다만 승격을 시킨 뒤에 그곳에 사는 백성들의 부역(賦役)은 승격시킨 관호(官號)에 따라 정하게 되면 폐단이 있으니, 비록 승격은 시키더라도 부역은 전과 같이 하는 것이 어떻겠습니까?" 하니, 어서(御書)로 이르기를, "승격은 시키되 부역은 전과 같이 하라." 하였다.

• 【실록】 성종 139권, 13년(1482) 3월 22일(경인) 1번째 기사. 장령 이세광, 헌납 이종윤이 신창현을 승격시키지 말도록 아뢰다

　　상참(常參)을 받고 정사를 보았다. 장령(掌令) 이세광(李世匡)이 아뢰기를, "신창현(新昌縣)을 승격시키는 것은 그윽이 미편(未便)하다고 여깁니다." 하고, 헌납(獻納) 이종윤(李從允)이 말하기를, "토지는 더 주지 아니하고 승격시키게 되면 도리어 그곳 백성들에게 폐(弊)를 주게 됩니다." 하니, 임금이 말하기를, "마땅히 전례(前例)를 참고하여 시행하게 하라.

만일 그것이 맞지 않으면 예전대로 하라." 하였다.

• 【연산일기】 연산 58권, 11년(1505) 6월 29일(임오) 1번째 기사. 충청도의 평택, 직산, 진천, 아산을 경기에 옮겨 붙이다

충청도의 평택(平澤), 직산(稷山), 진천(鎭川), 아산(牙山) 4현(縣)을 경기에 옮겨 붙였다.

• 【연산일기】 연산 60권, 11년(1505) 10월 14일(을축) 2번째 기사. 경기에 이속하였던 진천 등 5역을 성환도로 부르고, 역승 1원을 두게 하다

전교하기를, "경기에 이속하였던 진천(鎭川), 직산(稷山), 아산(牙山), 평택(平澤) 등 5역(驛)을 성환도(成歡道)라 부르고, 역승(驛丞) 1원을 두라." 하였다.

• 【실록】 중종 1권, 1년(1506) 9월 5일(신사) 10번째 기사. 김홍수 등의 가자, 충청도의 회복을 의논하다

아뢰기를, "충공도(忠公道)는 다시 충청도(忠淸道)라 일컫기를 청하며, 경기에 입속(入屬)된 아산(牙山), 평택(平澤), 직산(稷山), 진천(鎭川) 등 고을은 아울러 본도(本道)에 다시 예속시키고, 신설한 신은도(新恩道)를 혁파하소서." 하니, '그리하라.' 전교하였다.

• 【실록】 중종 18권, 8년(1513) 9월 17일(임오) 2번째 기사. 신창현 사람이 신창의 현호 승격을 상언하다

신창현(新昌縣) 사람이 상언하기를, "본현은 곧 자순왕후(慈順王后)께서 탄생한 땅이니, 청하옵건대 신의왕후(神懿王后)가 탄생한 삭녕(朔寧)의 전례에 의하여 신창의 현호를 승격하소서." 하였는데, 정부에 명하

여 의논하게 하니, 송일 등이 의논드리기를, "자순대비(慈順大妃)께서 비록 신창에서 탄생하였으나, 본현은 내, 외향(內外鄉)에 관계가 안 되니 삭녕에 비례하여 현호를 승격시킬 수는 없을 듯합니다."하니, 그대로 따랐다.

● 【실록】 숙종 38권, 29년(1703) 4월 2일(정축) 2번째 기사. 병조판서 이유의 청에 따라 해미의 토포영을 온양군으로 옮기다

해미(海美)의 토포영(討捕營)을 온양군(溫陽郡)으로 옮겼다. 병조판서 이유(李濡)가 말하기를, "온양, 천안 사이는 본래 도적의 숲이라고 일컫는데, 청주(淸州) 토포영(討捕營)과는 거리가 조금 멀어 이곳으로 옮겨서 설치하는 것이 마땅하다."하니, 그대로 따른 것이다.

● 【실록】 숙종 47권, 35년(1709) 3월 18일(기축) 2번째 기사. 지평 한배주가 남쪽 고을의 민간 병폐와 관방의 허술함을 상소하다

지평 한배주(韓配周)가 상소하여 일찍이 남쪽 고을을 맡았을 때에 본 민간 병폐의 애절함과 관방(關防)이 허술한 상황을 진달하고, 각도(各道)의 영장(營將)을 혁파하여 선량한 민중을 억울하게 해치고 관름(官廩)을 낭비하는 폐해를 제거하고서, 각기 그 고을의 수재(守宰)가 토포(討捕)를 겸임하게 하는 것을 김해(金海), 온양(溫陽)의 사례대로 하고, 동래(東萊)의 군졸(軍卒)이 각 아문(衙門)의 제색(諸色)에 소속된 사람들을 모두 본부(本府)로 돌려보내 영솔(領率)하게 하여 성첩(城堞)의 위급을 방비하게 하는 것을 한결같이 광주(廣州), 수원(水原)의 사례대로 하고, 경주(慶州), 안동(安東)이 겸하여 방어하였던 것을 단독의 진(鎭)이 되게 하고, 밀양(密陽)이 또한 방어를 겸하고 있는 것을 모두 비국으로 하여금 의천(議薦)하게 하여 동래, 의주(義州)의 사례대로 하기를 청하니, 임금이 묘당(廟

堂)에 분부하여 품처(稟處)하게 하였다.

- 【실록】숙종 51권, 38년(1712) 2월 10일(계해) 1번째 기사. 태안부를 태
  안군으로 하고, 온양군수의 겸영장의 명호를 파하다

비변사(備邊司)에서 계청(啓請)하기를, "태안(泰安)의 방어(防禦)의 임
무를 이미 안흥(安興)으로 옮겨서, 여전히 부사(府使)의 명호(名號)를 둠
은 매우 의의(意義)가 없으니, 청컨대 부(府)를 낮추어 군(郡)으로 하여서
당하(堂下)의 무신(武臣)으로써 택차(擇差)하고, 안흥협수장(安興協守將)
이 습조(習操) 때에 중군(中軍)의 일을 행하던 것을 그대로 행하게 하소
서." 하고, 또 순무사(巡撫使) 이만성(李晚成)과 관찰사(觀察使) 조도빈(趙
道彬)의 말로써 온양군수(溫陽郡守)의 겸영장(兼營將)의 명호(名號)를 파
(罷)하고 다시 해미현감(海美縣監)으로 하여금 이를 겸하게 하기를 청하
니, 모두 그대로 따랐다.

- 【실록】고종 8권, 8년(1871) 4월 22일(신사) 3번째 기사. 충청도 각 군에
  포군을 두다

삼군부(三軍府)에서, '충청도병사(忠淸道兵使)의 군영(軍營)에 포군(砲
軍) 101명(名), 충주목(忠州牧)에 포수(砲手) 200명, 공산부(公山府)에 포
군 50명, 홍주목(洪州牧)에 포수 120명, 청풍부(淸風府)에 화포군(火砲軍)
50명, 태안부(泰安府)에 포수 100명, 임천군(林川郡)에 포수 40명, 한산
군(韓山郡)에 포수 40명, 서천군(舒川郡)에 포군 50명, 면천군(沔川郡)에
포수 40명, 천안군(天安郡)에 포수 40명, 괴산군(槐山郡)에 포수 19명, 서
산군(瑞山郡)에 포수 50명, 온양군(溫陽郡)에 포군 20명, 대흥군(大興郡)
에 포수 20명, 홍산현(鴻山縣)에 포수 23명, 제천현(堤川縣)에 포군 35명,
평택현(平澤縣)에 포수 35명, 직산현(稷山縣)에 포수 20명, 정산현(定山

縣)에 포군 15명, 청양현(靑陽縣)에 포군 15명, 은진현(恩津縣)에 포수 40명, 노성현(魯城縣)에 포군 20명, 부여현(扶餘縣)에 포수 20명, 석성현(石城縣)에 포군 15명, 비인현(庇仁縣)에 포수 50명, 남포현(藍浦縣)에 포군 50명, 진천현(鎭川縣)에 포군 60명, 결성현(結城縣)에 포군 50명, 보령현(保寧縣)에 포수 50명, 해미현(海美縣)에 포수 50명, 당진현(唐津縣)에 포수 45명, 신창현(新昌縣)에 포수 40명, 예산현(禮山縣)에 포수 40명, 목천현(木川縣)에 포군 16명, 전의현(全義縣)에 포수 20명, 황간현(黃澗縣)에 포군 100명, 아산현(牙山縣)에 포군 40명, 평신진(平薪鎭)에 포수 40명을 설치하였습니다.'라고 아뢰었다.

- 【실록】 고종 16권, 16년(1879) 11월 15일(갑신) 1번째 기사. 차대를 행하고 왕세자에게 시좌하도록 명하다

이최응이 아뢰기를, "온양군(溫陽郡)의 양전(量田)은 이미 오래되어서 안부(案簿)는 증거로 삼을 수가 없고, 경계는 문란하고 거짓이 잡다하게 나고 있으니, 지금 바로잡지 않으면 장차 고을 구실을 못할 것입니다. 도신과 수령에게 특별히 신칙하여 속히 처리하게 하며, 그 밖의 여러 고을에서도 제일 심한 읍을 가려 점차로 정리하라는 내용으로 일체 분부하는 것이 어떻겠습니까?" 하니, 윤허하였다.

- 【실록】 고종 33권, 32년(1895) 5월 26일(병신) 1번째 기사. 감영, 안무영과 유수 폐지에 관한 안건, 지방 제도의 개정에 관한 안건을 반포하다

칙령 제98호, 「지방 제도의 개정에 관한 안건[地方制度改正件]」을 재가(裁可)하여 반포(頒布)하였다. … (중략) … 홍주부(洪州府) 『홍주군(洪州郡), 결성군(結城郡), 덕산군(德山郡), 한산군(韓山郡), 서천군(舒川郡), 비인군(庇仁郡), 남포군(藍浦郡), 보령군(保寧郡), 임천군(林川郡), 홍산군(鴻

山郡), 서산군(瑞山郡), 해미군(海美郡), 당진군(唐津郡), 면천군(沔川郡), 태안군(泰安郡), 대흥군(大興郡), 청양군(靑陽郡), 예산군(禮山郡), 신창군(新昌郡), 온양군(溫陽郡), 아산군(牙山郡), 정산군(定山郡)】

● 【실록】 고종 44권, 41년(1904) 3월 12일(양력) 2번째 기사. 표훈원 관제와 전보사와 우체사의 관제를 개정하다

제4호, 「전보사 관제 중 개정 안건[電報司官制中改正件]」【1등사(一等司)에 종성(鍾城), 진위(振威), 황간(黃澗)을, 2등사(二等司)에 시흥(始興), 천안(天安), 노성(魯城), 성주(星州), 밀양(密陽), 직산(稷山), 아산(牙山), 전의(全義), 연산(連山), 진산(珍山), 영동(永同), 금산(金山), 칠곡(漆谷), 청도(淸道)를 첨입한다.】

(2) 조세 및 진휼

● 【고려사】 고려사 제80권 / 문종 36년(1082) / 지-제34-식화3-진휼

36년 9월에 왕이 순시하러 남쪽으로 가서 온천(溫泉; 온양 온천)에까지 갔다가 10월에 서울(개성)로 돌아 왔는데 왕의 행차가 지나간 주, 현의 역로 역참에는 그 해 조세의 절반을 면제하여 주었다.

● 【실록】 세종 87권, 21년(1439) 11월 5일(기유) 3번째 기사. 충청도관찰사가 구황에 대한 사의를 아뢰다

충청도관찰사가 치계(馳啓)하기를, "엎드려 지난 9월에 흉년을 구휼할 조건에 대해 상세하게 조처하여 아뢰라는 내전(內傳)을 받자왔으므로, 신은 구황(救荒)하는 사의를 삼가 아래와 같이 기록하옵니다.

일(一). 천안(天安), 아산(牙山), 평택(平澤), 직산(稷山) 등의 고을은 비록 완전히 실농하였사오나, 한전(旱田)이 조금 실염된 것 뿐이옵고 민간에서는 구황(救荒)의 물건으로 준비한 것이 전보다 몇 배나 되므로 세전(歲前)에는 진휼하여 구할 수 있사오나, 명년 봄에 이르게 되면 군자(軍資), 의창(義倉)에 저축된 미곡으로 병진년의 예에 의하여 호구를 계산하여 진급(賑給)해야 하옵는데, 만약 또 부족하게 되면 또한 본도의 각 고을에서 저축하였던 묵은 곡식을 옮겨다 진휼하오면 가히 기근을 면할 것입니다. 그 곡종(穀種)은 도관서(導官署)에 바치는 전세(田稅)를 제외하고는 풍저창(豊儲倉), 광흥창(廣興倉) 등 각사(各司)나 사사(寺社)의 전세를 모두 곡식으로 바치게 하오면 명년의 종자는 여유가 있을 것이오며, 그 외의 실농한 고을도 역시 이에 의하여 진구하겠나이다.

일(一). 완전히 실농한 각 고을의 감할 만한 공물(貢物)은 형편을 요량하여 감면하옵고, 각사(各司)의 노비가 경작하는 50짐[卜] 이하의 것들은 금년의 공(貢)을 면제하게 하옵되, 양맥(兩麥)이 성숙할 때까지는 선상노자(選上奴子)의 신역(身役)을 면하게 하옵소서." 하니, 이를 호조로 내리었다.

● 【실록】 문종 3권, 즉위년(1450) 9월 19일(경신) 8번째 기사. 의정부에서 봄, 가을에 1도의 1도회에서 염초를 구워내도록 아뢰다

충청도(忠淸道)에서는 공주(公州)를 1도회(都會)로 삼아서 이산(尼山), 은진(恩津), 진잠(鎭岑), 연산(連山), 부여(扶餘), 석성(石城), 임천(林川), 서천(舒川), 한산(韓山), 홍산(鴻山), 청양(靑陽), 비인(庇仁)으로써 이에 소속시키고, 충주(忠州)를 1도회(都會)로 삼아서 괴산(槐山), 연풍(延豊), 음성(陰城), 영춘(永春), 단양(丹陽), 진천(鎭川), 제천(堤川), 청풍(淸風)으로써 이에 소속시키고, 청주(淸州)를 1도회(都會)로 삼아서 문의(文義), 회덕

(懷德), 청안(靑安), 연기(燕岐), 전의(全義), 목천(木川), 옥천(沃川), 영동
(永同), 황간(黃澗), 청산(靑山), 회인(懷仁), 보은(報恩), 직산(稷山), 천안
(天安)으로써 이에 소속시키고, 남포현(藍浦縣)을 1도회(都會)로 삼아서
보령(保寧), 태안(泰安), 면천(沔川), 서산(瑞山), 당진(唐津), 덕산(德山),
평택(平澤), 온양(溫陽), 아산(牙山), 정산(定山), 대흥(大興), 결성(結城),
해미(海美), 신창(新昌), 예산(禮山), 홍주(洪州)로써 이에 소속시키소서.

- **【실록】단종 6권, 1년(1453) 6월 9일(갑오) 1번째 기사. 의정부에서 여러
  도의 도회소에서 만드는 군기의 일정 액수를 정하기를 청하다**

(의정부에서 병조(兵曹)의 정문(呈文)에 의거하여 아뢰기를) 내상도회
소(內廂都會所)에서 홍주(洪州), 덕산(德山), 아산(牙山), 해미(海美), 대흥
(大興), 정산(定山), 신창(新昌), 평택(平澤), 결성(結城), 예산(禮山), 온양
(溫陽), 직산(稷山), 천안(天安) 등 13개 고을이 갑(甲) 5부(部), 주(冑) 5정
(頂), 각궁(角弓) 25장(張), 장편전(長片箭), 궁대(弓帒), 나도 통아(羅韜筒
兒) 각각 25부(部)입니다.

- **【실록】단종 12권, 2년(1454) 8월 21일(경자) 2번째 기사. 충청도 신창
  등의 고을이 실농하니 제도의 선군 등을 나누어 번상하게 하다**

의정부에서 병조(兵曹)의 정문(呈文)에 의거하여 아뢰기를, "충청도의
신창(新昌), 한산(韓山), 부여(扶餘) 등의 고을이 실농(失農)하였음이 더욱
심하니, 제포(諸浦)의 선군(船軍)과 제영(諸營)의 진군(鎭軍) 및 수성군(守
城軍), 방패(防牌)를 명년(明年) 보리가 익을 때까지 한(限)하여 4번(番)으
로 나누어 번상(番上)하게 하고, 또 제영진(諸營鎭)의 월과군기(月課軍器)
와 제읍(諸邑)의 낡은 군기를 보수(補修)하는 일도 정지하게 하소서." 하
니, 그대로 따랐다.

- **【실록】 세조 39권, 12년(1466) 7월 12일(신사) 5번째 기사. 병조에서 군기를 상정하여 아뢰다**

  (병조(兵曹)에서 군기(軍器)를 상정(詳定)하여 아뢰기를) 석성(石城), 해미(海美), 강진(康津), 신창(新昌), 예산(禮山), 목천(木川), 전의(全義), 연기(燕岐), 영춘(永春), 황간(黃澗), 청산(靑山), 아산(牙山), 함창(咸昌), 문경(聞慶), 예안(禮安), 청하(淸河), 봉화(奉化), 진해(鎭海), 진보(眞寶), 단성(丹城), 용궁(龍宮), 산음(山陰), 신녕(新寧), 임피(臨陂), 만경(萬頃), 금구(金溝), 용담(龍潭), 옥과(玉果), 여산(礪山), 남평(南平), 진산(珍山), 창평(昌平), 진원(珍原), 운봉(雲峯), 화순(和順), 토산(兎山), 문화(文化), 우봉(牛峯), 장련(長連), 송화(松禾), 은율(殷栗), 강음(江陰), 이천(伊川), 평강(平康), 김화(金化), 낭천(狼川), 홍천(洪川), 양구(楊口), 인제(麟蹄), 안협(安峽), 고성(高城), 평창(平昌), 금성(金城), 흡곡(歙谷), 정선(旌善), 횡성(橫城), 삼수(三水), 갑산(甲山), 박천(博川), 운산(雲山), 위원(渭原), 순안(順安), 맹산(孟山), 양덕(陽德)에는 각기 향각궁(鄕角弓) 17장(張), 마전(磨箭) 9부(部), 통전(筒箭) 8부(部), 장창(長槍) 7자루, 중창(中槍) 10자루, 환도(環刀) 17파(把), 궁현(弓絃) 34개입니다. 이상의 군기(軍器)는 1년에 한 번 제조하는데, 기모(旗髦)는 2년 만에 한 번 제조합니다. 상공(上貢)하는 수량 외에는 모두 거진(巨鎭)에 간수해 두고, 갑주(甲冑)와 쟁(錚)과 고각(鼓角)은 다만 거진(巨鎭)에서만 제조하여 바치게 하소서." 하였다.

- **【실록】 성종 3권, 1년(1470) 2월 30일(기묘) 4번째 기사. 병조에서 지금의 군액 및 분번할 수와 3도 군정의 감액할 수 등을 기록하여 아뢰다**

  (병조(兵曹)에서 아뢰기를) 온양(溫陽)은 5백 15인데 지금 4백 60으로 정하고, 신창(新昌)은 2백 74인데 지금 2백 30으로 정하고, 면천(沔川)은 3백 85인데 지금 3백 50으로 정하고, 결성(結城)은 4백 16인데 지금 3백

80으로 정하고, 보령(保寧)은 3백 83인데 지금 3백 50으로 정하고, 서산(瑞山)은 5백 63인데 지금 5백 30으로 정하고, 남포(藍浦)는 2백 96인데 지금 2백 60으로 정하고, 서천(舒川)은 2백인데 지금 1백 80으로 정하고, 홍산(鴻山)은 95인데 지금 60으로 정하고, 예산(禮山)은 2백 85인데 지금 2백 40으로 정하고, 아산(牙山)은 4백 54인데 지금 4백으로 정하고, 덕산(德山)은 4백 71인데 지금 4백 31로 정하고, 당진(唐津)은 2백 90인데 지금 2백 55로 정하고, 대흥(大興)은 4백 26인데 지금 3백 80으로 정하고, 태안(泰安)은 2백 67인데 지금 2백 37로 정하고, 해미(海美)는 2백 75인데 지금 2백 30으로 정하였습니다.

- 【실록】 성종 15권, 3년(1472) 2월 1일(무진) 7번째 기사. 병조에서 하삼도의 군액 감소 계획을 올리니 받아들이다

(병조(兵曹)에서 아뢰기를) 온양(溫陽)은 5백 15 가운데에서 전에는 55를 줄여 4백 60으로 정하였었는데 이제는 70을 줄여 3백 90으로 정하게 하고, 신창(新昌)은 2백 74 가운데에서 전에는 44를 줄여 2백 30으로 정하였었는데 이제는 60을 줄여 1백 70으로 정하게 하시옵고, 면천(沔川)은 3백 85 가운데에서 전에는 35를 줄여 3백 50으로 정하였었는데 이제는 60을 줄여 2백 90으로 정하게 하고, 결성(結城)은 4백 16 가운데에서 전에는 36을 줄여 3백 80으로 정하였었는데 이제는 50을 줄여 3백 30으로 정하게 하고, 보령(保寧)은 3백 84 가운데에서 전에는 33을 줄여 3백 51로 정하였었는데 이제는 61을 줄여 2백 90으로 정하게 하고, 서산(瑞山)은 5백 63 가운데에서 전에는 33을 줄여 5백 30으로 정하였었는데 이제는 68을 줄여 4백 62로 정하게 하고, 남포(藍浦)는 2백 96 가운데에서 전에는 36을 줄여 2백 60으로 정하였었는데 이제는 50을 줄여 2백 10으로 정하게 하고, 서천(舒川)은 2백 가운데에서 전에는 20을 줄여 1백

80으로 정하였었는데 이제는 50을 줄여 1백 30으로 정하게 하고, 홍산 (鴻山)은 95 가운데에서 전에는 35를 줄여 60으로 정하였었는데 이제는 20을 줄여 40으로 정하게 하고, 예산(禮山)은 2백 85 가운데에서 전에는 45를 줄여 2백 40으로 정하였었는데 이제는 60을 줄여 1백 80으로 정하 게 하고, 아산(牙山)은 4백 54 가운데에서 전에는 54를 줄여 4백으로 정하였었는데 이제는 60을 줄여 3백 40으로 정하게 하소서.

● 【실록】 명종 7권, 3년(1548) 2월 23일(경오) 3번째 기사. 충청도에 진휼 관을 보내고 충주, 아산의 세미로 진휼케 하다

정원에 전교하였다. "이 충청도 어사의 서계를 보니, 수령들이 비록 기민(飢民)을 구활하려 하나 곡식이 없어서 구활하지 못한다고 하였으 니, 반복하여 헤아려보아도 계책이 없다. 또 충주(忠州)와 아산(牙山) 등 지의 창고에 새로 받아들인 세미(稅米) 3~4천 석을 기민에게 나누어주 는 일은 과연 마땅하다. 강명한 문관을 진휼관(賑恤官)으로 임명하여 도 내의 가장 흉황이 극심한 곳에 나누어 줄 일을 대신에게 의논하라."

● 【실록】 명종 7권, 3년(1548) 2월 24일(신미) 4번째 기사. 삼공, 진휼사, 호조 당상과 논의하여 충청, 황해, 함경도 구황 대책을 세우다

충주(忠州)와 아산(牙山)의 창곡(倉穀)은 으레 광흥창(廣興倉)으로 실 어다가 경비(經費)로 쓰는데, 지금 경저(京儲)도 역시 탕갈되었으니 새 로 거둔 전세(田稅)는 흩어서 나누어줄 수가 없습니다. 그러니 감사(監 司)가 한 도(道)의 일을 주관하여, 각 고을 가운데 곡식이 많은 곳과 민 간(民間)의 사저(私儲)에 대해서 먼저 그 수량을 헤아리고 또 소금이나 황각채(黃角菜) 등의 물품을 옮겨다가 나누어준다면 거의 구활할 수 있 을 것입니다.

● 【실록】 명종 7권, 3년(1548) 3월 17일(임진) 1번째 기사. 소대하자 참찬
  관 한두가 올린 충청도 어사 민전의 단자

상이 소대하였다. 참찬관 한두(韓㞳)가 아뢰었다.

"지난번에 봉상시정(奉常寺正) 민전(閔荃)이 어사로 충청도에 갔다왔
는데, 조정의 의논이 시행되지 않은 것을 민망히 여겼습니다. 그가 아뢴
말을 단자(單子)에[8] 적어서 정원에 보낸 지가 벌써 며칠이 되었습니다.
그 뜻이 매우 격절(激切)하였으나, 대간과 시종의 신분이 아니므로 사체
에 어긋날까 염려되어 감히 입계(入啓)하지 않았습니다."

● 【실록】 명종 7권, 3년(1548) 3월 18일(계사) 3번째 기사. 삼공들과 숙의
  간택, 일본 사신 접대, 구휼 등의 일을 논의하다

삼공 등이 의계하기를, "지난번에 민전이 충주, 아산 양창에서 받아들
인 전세(田稅)를 기민에게 나누어 주려고 하였으나, 국가에서 쓰는 경비
를 헤아리지 않을 수 없기 때문에 전혀 시행하지 못하였습니다. 지금
서계를 보니 그 뜻은 매우 합당합니다. 그러나 이것도 아마 시행하지
못할 것 같습니다. '그때 조금이나마 연명하던 사람들은 지금 반드시
모두 굶주릴 것이고, 그때 굶주리던 사람들은 지금 반드시 모두 죽었을
것이다.' 하였으니, 과연 이렇다면 감사 혼자만 어찌 듣지 못했겠습니
까. 외방의 일을 조정도 이미 다 아는데, 더구나 한 도(道)의 감사이겠습
니까. 평상 시에 여역(癘疫)으로 죽은 사람도 낱낱이 다 첩보(牒報)하는

---

8) 〖신이 전일에 잘못 헤아리고서 서계하기를 '충주(忠州), 아산(牙山)의 양창(兩倉)에 먼
   저 봉납(奉納)한 전세(田稅)는 결코 옮겨갈 수 없고, 지금은 또한 삼감(三監)의 오래
   묵은 잡곡(雜穀)을 아울러 5~6천 석을, 숫자를 헤아려 제급(題給)하되, 본도(本道)의
   조선(漕船)을 경강(京江)에 회박(回泊)시켜 수송하는 일을 감독해서 당일에 내려가게
   한다면 그래도 4월의 매우 곤궁한 때에 거의 구활할 수 있을 것이다.'고 하였습니다.〗

데, 이처럼 굶어죽는 백성을 수령이 어찌 감사에게 보고하지 않았겠으며, 감사는 어찌 서장(書狀)을 올리지 않았겠습니까." 하였다.

● 【실록】 명종 7권, 3년(1548) 3월 21일(병신) 3번째 기사. 충청감사 나세찬이 올린 충청도 내의 여역과 기민의 상황을 적은 서장

충청감사 나세찬(羅世纘)의 서장(書狀)을[9] 정원에 내리며 일렀다.

"각 고을 백성들 중 여역(癘疫)으로 죽은 자가 많아서, 진천(鎭川)은 정월 20일 이후에 죽은 남녀가 5백 60명이고, 지금 누워 앓고 있는 자가 9백 89명이라 한다. 지금 기곤(飢困)한 때에 수령이 두루 구활하지 못하므로 굶어 죽은 것이다. 어찌 모두가 여역으로 죽은 것이겠는가. 별도로 감사에게 하유하여 도사에게 실지대로 자세히 조사하게 해서 치계(馳啓)하도록 하라. 또 다른 도에도 만일 여역이 도는 곳이 있으면 도사에게 적간하게 할 일을 아울러 하유하라."

● 【광해일기】 광해 22권, 1년(1609) 11월 25일(임인) 1번째 기사. 영의정 이덕형이 돌아와 평택, 직산, 아산, 신창, 예산 등지의 상황을 보고하다

영의정 이덕형이 아뢰기를, "평택(平澤), 직산(稷山), 아산(牙山), 신창(新昌), 예산(禮山) 등의 길에서 주민들이 길을 막으며 호소하였는데, 흉년에 굶주리는 민망하고 절박한 상황은 기전(畿甸)의 고을과 조금도 다른 것이 없었습니다. 그런데도 기전 고을의 경우는 급재(給災), 급진(給

---

9) 【서장의 내용은 다음과 같다. "여역이 성하게 번져서, 청주(淸州)는 정월 이후로 죽은 사람이 남녀 모두 31명이고, 지금 누워 앓는 사람이 19명입니다. 온양(溫陽)은 정월 이후로 죽은 사람이 남녀 모두 70명이고, 지금 누워 앓는 사람이 93명입니다. 진천(鎭川)은 정월 이후로 죽은 사람이 남녀 모두 5백 60명이고, 지금 누워 앓는 사람이 9백 89명입니다. 회인(懷仁)은 2월 이후 죽은 사람이 남녀 모두 10명이고, 지금 누워 앓는 사람이 곳곳에 있습니다."】

陳)해 주었지만 그곳에는 지난해에 거둬들인 세금에 의거 거두게 하였고, 기전 고을의 경우는 제역(諸役)을 감해 주었는데 그곳에는 쌀을 거두는 일과 일체의 잡역(雜役)이 몰려들었으니, 주민들이 원통하다고 부르짖는 것은 진실로 그럴 만하였습니다. 그런데 또 각 고을에 조금 남아있는 곡식마저도 기전 고을을 진구(賑救)하는 밑거리로 삼으려고 하니, 내년 봄에 이르러 그곳의 주민들이 굶주린다고 호소하며 먹여주기를 바란다면 또 앞으로 어느 곳의 곡식을 옮겨다 구제하겠습니까. 그곳의 곡식을 빼앗아다 이곳에 주는 것은 치우친 처사인 듯합니다. 이것은 대체로 당초 하삼도(下三道)를 총괄하여 논의하면서 경기(京畿)와 연접한 지역의 흉년이 심하게 든 것을 헤아리지 못해 이와 같이 마련하게 된 것이었으니, 지금 고치는 것이 적합하겠습니다.

신이 직접 전야(田野)가 황폐해진 상황을 보았고, 또 백성들이 호소하는 글을 접수했는데 모두들 '궁궐이 이미 완성되었는데도 은가(銀價)로 포(布)를 거둔다. 포는 억지로라도 내놓을 수 있지만, 쌀로 환산하는 데 이르러서는 운반하여 바치는 즈음에 복정(卜定)한 숫자에만 그치지 않는다. 이렇게 민간의 곡식이 금(金)과 같은 시기에 강제로 쌀을 거두니, 참으로 큰 염려이다.' 하고, 또 '기인(其人), 조례(皀隷), 조군(漕軍), 수군(水軍)의 폐단은 모두 오늘날 백성을 병들게 하는 고질적인 폐단인데, 수군이 더욱 심하다. 번외(番外)에 한번 경역(京役)을 당하게 되면 으레 월리채(月利債)로 포 30여 필(疋)을 써야 하니, 어찌 감당할 수 있겠는가. 정처 없이 떠돌아다니는 사람이 그전보다 더 많아지고 있으니, 빨리 이런 폐단을 변통하여 친족과 이웃에 징수하는 괴로움을 조금 늦춰주기 바란다.' 하였습니다. 날마다 와서 부르짖는데 참으로 차마 듣지 못할 정도였습니다."

● 【광해일기】 광해 23권, 1년(1609) 12월 16일(계해) 2번째 기사. 충청도 초면 각 고을의 세공 견감을 비변사에서 건의하다

(비변사가 아뢰기를) "충청도에서 실농(失農)이 더욱 심한 평택, 직산, 아산, 온양, 신창, 예산, 당진, 면천, 연기 등 고을의 공물 내에 각사에 관계되지 않는 공물은 해조로 하여금 참작하여 견감해주게 하여, 조정이 진휼을 내리는 뜻을 보여줌이 어떻겠습니까?" 하니, 윤허한다고 전교하였다.

● 【실록】 효종 12권, 5년(1654) 2월 29일(경인) 1번째 기사. 부교리 남용익이 봄철에 열무하는 것을 중지해야 한다고 아뢰다

"신(=남용익)이 눈으로 본 것을 가지고 말하건대 아산현에서 사망한 사람이 1백 40여 명입니다. 한 고을이 이와 같다면 한 도를 알 수 있고 한 도가 이와 같다면 8로(路)를 알 수 있습니다. 이는 정말로 군신상하가 두려워하고 경계하여 창고를 열고 진대(賑貸)를 의논하기를 불에 타고 물에 빠진 사람을 구제하듯이 급히 하여 딴 겨를이 없어야 합니다. 그런데 이런 것을 생각하지 않고 조치와 시행하는 것이 느긋하게 평시와 다름이 없으니, 만일 가의(賈誼)가 이때에 태어난다면 반드시 통곡하면서 눈물만 흘리고 말지는 않을 것입니다. 엎드려 바라건대 성명께서는 다시 더 심사숙고하여 친히 거둥하여 진법(陣法)을 연습하려는 명령을 속히 정지하소서."

● 【현개】 현개 10권, 5년(1664) 3월 3일(을축) 1번째 기사. 선정전에 나아가 상참을 행하고 시정을 논하다

호조판서 정치화(鄭致和)가 아뢰기를, "지난번 대간의 아룀으로 인하여 여러 궁가와 각 아문에서 절수(折受)한 해양(海洋)을 모두 혁파하였습

니다. 이 때문에 임해군(臨海君)이 절수한 아산(牙山) 영공암(令公巖)의 해양도 혁파하는 가운데에 포함되었습니다. 그런데 중추부(中樞府)에서 세(稅)를 거두고자 입계하여 윤허를 받았습니다. 혁파하도록 하였다가 곧바로 세를 거두도록 허락하니, 일의 체계에 있어 온당치 못합니다. 추부(樞府)는 바로 대신(大臣)의 아문이므로 신들이 감히 방계(防啓)하지 못했습니다." 하니, 상이 이르기를, "대신이 계달했기 때문에 윤허했는데 사리에 있어 온당치 않으니, 시행하지 말라." 하였다.

- **【실록】 현종 10권, 6년(1665) 5월 11일(병신) 5번째 기사. 영상, 형조판서를 불러 도내 죄인을 심리케 하고 부세 감면을 논하다**

상이 행궁에 나아가 영의정 정태화, 형조판서 김좌명을 불러 도내의 죄인을 심리하게 한 다음 온 가족이 변방으로 이주한 자 중에 죄가 가벼운 자 25인을 방면하고, 한 사람을 감등하였다. 명하여 우찬성 송시열, 대사헌 송준길, 부호군 이유태, 충청감사 김시진(金始振)을 인견하였다. 상이 이르기를, "부세를 감면하는 일에 대하여 경들과 더불어 의논하여 결정하려고 한다. 다른 고을은 추후에 시행하더라도 이 고을은 반드시 지금 서둘러 시행하여 조정의 덕의를 알게끔 하고자 한다." 하니, 태화가 아뢰기를, "고사에도 조세를 감해준 일이 있었으니 만약 조세를 감해주고자 하신다면 마땅히 대동 전세미로 헤아려 감해야 할 것입니다." 하였다. 상이 시진에게 물으니, 시진이 대답하기를, "온양에 정한 역이 가장 혹심합니다. 그 다음으로는 직산(稷山), 예산(禮山), 신창(新昌), 대흥(大興), 천안(天安) 등의 고을이며, 또 그 다음으로는 아산(牙山), 목천(木川), 덕산(德山), 전의(全義), 진천(鎭川), 공주(公州) 등의 고을입니다. 그 외에 멀리 떨어진 고을은 여러 물건을 나누어 분담시키는 데에 불과하고 별로 역을 정한 일은 없습니다. 그러니 비록 부세를 감면한다고 하더라도 멀리 떨어진 고을에까지 두루 견감해 줄 필요가 있겠습니까." 하니, 상이 이르기를, "온양은 전세를 모두 감면하라. 그리고 1등 고을은 쌀 2두, 2등 고을은 1두를 감하라." 하였다. 준길이 아뢰기를, "신이 시골에 있으면서 들으니, 백성의 신역이 가장 지나치게 중한데 고통스러움과 원망 근심이 근래에 더욱 심하다 합니다. 지금 거둥을 하신 날에 덕음(德音)을 한 지역에 두루 미치게 하기에는 진실로 어렵습니다. 그런데 지난번에 신역과 받아들이지 못한 관의 곡식을 탕감해 주라는 명이 있었으나 끝내 백성들에게 실질적인 혜택이 미치지 못하였기 때문에 백성들이 모두 실망하고 있습니다. 대개 비록 관에 납부할 곡식을 탕감해 주라고 하였으나 아직 받아들이지 않은 것을 이미 받아들인 것으로 수령들이 하였기에 별로 탕감할 것이 없기 때문입니다. 또 징수할 곳이 없는 부류 중에 도망갔거나 사망한 자만을 포함시키고, 가난하여 구걸하는 자들은 여기에 포함시키지 않았습니다. 백성들이 실질적인 혜택을 느끼지 못하는 것은 참으로 이 때문입니다. 백성들의 심한 고통거리는 신역보다 더한 것이 없으므로 반드시 별도의 조처가 있어야만 백성의 마음을 위로할 수 있을 것입니다. 한두 말을 증감하는 일에 있어서는 마땅히 대신들이 스스로 여쭈어 정해 시행하겠지만, 조정의 덕의(德意)는 모름지기 널리 시행되어야 하니 상께서 마땅히 두루 시행하는 것을 위주로 하셔야 할 것입니다." 하자, 태화가 아뢰기를, "널리 시행하는 것이 어찌 좋지 않겠습니까마는 일을 담당한 자와 감사들이 어렵게 여기고 있습니다." 하니, 상이 이르기를, "그렇다면 등급을 셋으로 나누고, 한 도를 통틀어 등급에 따라 구분해서 감해주는 것이 어떠하겠는가?" 하자, 태화가 아뢰기를, "그렇다면 첫째 등급은 세 말, 둘째 등급은 두 말, 셋째 등급은 한 말을 감해주도록 하되, 감사로 하여금 등급을 나누어 시행하도록 하소서." 하니, 상이 그렇게 하도록 하였다. 준길이 아뢰기를, "금일의 민심은 실로 가상합니다. 상께서 건강을 회복하셨다는 말을 듣고는 모두 기뻐서 날뛰고 있는데, 어느 곳이라도 모두 그러합니다. 그러므로 신의 생각에는 구구하게 곡식을 감해주는 것으로는 조금이라도 백성의 바람을 보답하기에 부족하지 않을까 여겨집니다." 하니, 상이 이르기를, "그렇다면 한 도를 통틀어 봄가을로 각기 쌀 한 말씩을 감하도록 하라." 하였다. 시진이 아뢰기를, "백성들이 겪는 신역의 고통은 전역(田役)보다 갑절이나 되는데, 한 사람의 집에서 납부하는 것이 혹은 10여 필에 달하며, 혹은 20여 필에 이르기도 합니다. 비록 사대부의 집안이라 하더라도 일시에 마련해내기가 어려운데 하물며 가난한 백성이겠습니까. 국가에서 비록 어린아이에게는 정하지 못하도록 하고 있지만, 양민이 날로 줄어들고 있기 때문에 여전히 어린 아이를 충당하고 있습니다. 이래서 시달리는 백성들의 원망이 전적으로 신역에 있는 것이니, 실로 애긍하다고 하겠습니다. 하물며 이외에 또 이웃이나 친족의 대신으로 징수시키는 피해가 더욱 참혹하고 혹독한 경우이겠습니까." 하니, 준길이 아뢰기를, "시진의 말이 옳습니다. 백성들의 신역이 이와 같이 편중되어 고통스럽기 때문에 비록 포흠(逋欠)된 곡식을 탕감하라는 명령이 있다고 하더라도 끝내 실질적인 혜택이 없게 되니, 신은 일찍이 이를 애통하게 여기고 있었습니다. 대신과 도신들이 모두 여기에 있으니 이는 실로 얻기 어려운 기회입니다. 그들과 더불어 상의하게 하되, 도망한 여부에 대해서는 논하지 말고 가난하여 구걸하며 납부하지 못할 자에 대해서 다시 자세히 조사하게 하여 탕감해 주는 것이 어떠하겠습니까?" 하니, 상이 이르기를, "비국에 분부하여 자세히 조사하여 탕감하도록 하라." 하였다. 시열이 본직과 겸임하고 있는 성균좨주를 사양하고 또 온천에서 목욕하기 위해 뒤처지려고 한다고 하였다. 준길도 병으로 수행하지 못하겠다는 뜻을 진술하였다. 상이 이르기를, "하늘이 세상을 다스리고자 한다면 어찌 경들로 하여금 질병이 있게 하겠는가. 내 마땅히 기다리고 있을 것이니 경들은 나의 지극한 바람을 저버리지 말라." 하였다. 준길이 아뢰기를, "옛날 사람이 말하기를 '말이 너의 마음에 거슬리거든 반드시 도에 맞는가 생각해 보고 말이 너의 뜻에 들어맞거든 반드시 도가 아닌가 생각해 보라.' 하였습니다. 연소한 대관들이 비록 간혹 과격하더라도 항상 애써 너그럽게 포용하여 기를 꺾지 말아야 합니다. 이것은 비단 임금의 훌륭한 덕일 뿐만이 아니라, 언로를 여는 것입니다. 근래 이민서(李敏敍), 김만기(金萬基), 민시중(閔蓍重) 같은 사람은 연소자 중에도 과감히 말하는 자들인데 오래도록 관직에 임명되지 못하고 있으니 어찌 미안한 일이 아니겠습니까. 옛날 사람 중에 현위(弦韋)를 차고 자신의 병통을 다스리는 자가 있었으니, 병을 살펴 약을 쓰는 것은 실로 학문상 공부해야 할 것입니다. 바라건대 더욱 유의하여 조심하는 생각을 갖도록 하소서." 하니, 상이 수긍하였다.

- **【현개】현개 13권, 6년(1665) 5월 11일(병신) 7번째 기사. 부세 감면에 대해 논의하고, 신역을 3등급에 따라 감면케 하다**

상이 시진에게 물으니, 시진이 대답하기를, "각읍에 정한 역의 경중을 가지고 말한다면 온양 외에 직산(稷山), 예산(禮山), 신창(新昌), 대흥(大興), 천안(天安) 등의 고을이 1등이며, 아산(牙山), 목천(木川), 전의(全義), 진천(鎭川), 공주(公州) 등의 고을이 2등입니다. 그 외에는 여러 물건을 나누어 분담시킨 데에 불과하고 별로 역을 정한 일은 없습니다. 그러니 비록 부세를 감면한다고 하더라도 한 가지 예를 두루 적용시키지 않아도 될 듯합니다." 하니, 상이 이르기를, "온양은 전세를 모두 감면하라. 그리고 1등 고을은 쌀 2두, 2등 고을은 1두를 감면하라."

하였다. 준길이 아뢰기를, "신이 시골에 있으면서 들으니, 백성의 신역이 가장 지나치게 무거운데 고통스러움과 원망 근심이 근래에 더욱 심하다 합니다. 지난번에 신역과 받아들이지 못한 관의 곡식을 탕감해 주라는 명이 있었으나 끝내 백성들에게 실질적인 혜택이 미치지 못하였기 때문에 백성들이 모두 실망하고 있습니다. 대개 비록 관에 납부할 곡식을 탕감해 주라고 하였으나 아직 받아들이지 않은 것을 이미 받아들인 것으로 수령들이 하였기에 별로 탕감할 것이 없기 때문입니다. 또 징수할 곳이 없는 부류 중에 도망갔거나 사망한 자만을 포함시키고, 가난하여 구걸하는 자들은 여기에 포함시키지 않았습니다. 백성들이 실질적인 혜택을 느끼지 못하는 것은 참으로 이 때문입니다. 백성들의 심한 고통거리는 신역보다 더한 것이 없으므로 반드시 별도의 조처가 있어야만 백성의 마음을 위로할 수 있을 것입니다. 마땅히 두루 시행하는 것을 위주로 하소서." 하고, 태화가 아뢰기를, "널리 시행하는 것이 어찌 좋지 않겠습니까마는 일을 담당한 자와 감사들이 모두 어렵게 여기고 있습니다." 하니, 상이 이르기를, "신역을 갑작스레 바꾸기 어렵다면 한 도를 통틀어 3등급에 따라 구분해서 감면해 주는 것이 어떻겠는가?" 하자, 태화가 아뢰기를, "그렇다면 첫째 등급은 세 말, 둘째 등급은 두 말, 셋째 등급은 한 말을 감해주도록 하되, 감사로 하여금 시행하도록 하소서." 하니, 상이 그렇게 하도록 하였다. 준길이 아뢰기를, "금일의 민심은 실로 가상합니다. 상께서 건강을 회복하셨다는 말을 듣고는 모두 기뻐하고 있는데, 곳곳마다 다 그러합니다. 신의 생각에는 구구하게 곡식을 감해주는 것이 조금이나마 백성의 바람을 보답하기에 부족하지 않을까 여겨집니다." 하니, 상이 이르기를, "그렇다면 한 도를 통틀어 봄 가을로 각기 쌀 한 말씩을 감하도록 하라." 하였다. 시진이 아뢰기를, "백성들이 겪는 신역의 고통은 전역(田

役)보다 갑절이나 되는데, 한 사람의 집에서 납부하는 것이 혹은 10여 필에 달하며, 혹은 20여 필에 이르기도 합니다. 비록 사대부의 집안이라 하더라도 마련해 내기가 어려운데 하물며 가난한 백성이겠습니까. 국가에서 비록 어린 아이에게는 정하지 못하도록 하고 있지만, 양민이 날로 줄어들고 있기 때문에 여전히 어린 아이를 충당하고 있습니다. 이래서 시달리는 백성들의 원망이 전적으로 신역에 있는 것이니, 실로 애처롭다고 하겠습니다. 하물며 이 외에 또 이웃이나 친족의 대신으로 징수시키는 피해가 더욱 참혹하고 혹독한 경우이겠습니까." 하니, 준길이 아뢰기를, "시진의 말이 옳습니다. 현재 대신과 도신이 모두 여기에 있으니 더불어 상의하되, 도망한 여부에 대해서는 논하지 말고 가난하여 납부하지 못하는 자에 대해서 자세히 조사하게 하여 탕감해 주는 것이 어떻겠습니까?" 하니, 상이 이르기를, "비국에 분부해서 자세히 조사하여 아뢰도록 하라." 하였다. 시열이 본직과 겸임하고 있는 성균좨주를 사양하고 또 온천에서 목욕하기 위해 뒤에 남겠다고 하고, 준길도 병으로 수행하지 못하겠다는 뜻을 진달하였다. 이유태도 모친의 병환을 이유로 돌아가기를 청하였다. 상이 이르기를, "비록 동시에 수행할 수는 없더라도 조금 차도가 있을 때까지 기다렸다가 올라와도 좋다. 내 마땅히 경들을 기다리고 있을 것이니 나의 지극한 뜻을 저버리지 말라." 하였다. 준길이 아뢰기를, "연소한 대관들이 간혹 과격하더라도 항상 애써 너그럽게 포용하여 기를 꺾지 말아야 합니다. 이것이 언로를 여는 것입니다. 근래 이민서(李敏叙)·김만기(金萬基)·민시중(閔蓍重) 같은 사람은 연소자 중에서도 과감히 말하는 자들인데 오래도록 관직에 임명되지 못하고 있으니 맑은 조정의 아름다운 일이 아닌 듯합니다. 옛날 사람 중에 현위(弦韋)를 차고서 자신의 병통을 다스리는 자가 있었으니, 병을 살펴 약을 쓰는 것은 실로 학문상 공부해야 할

부분입니다. 바라건대 더욱 유의하여 조심하는 생각을 갖도록 하소
서." 하니, 상이 수긍하였다.

- **【현개】 현개 15권, 7년(1666) 5월 18일(무술) 3번째 기사. 상이 대신들과
  청나라 사신의 조사차 내방에 대비할 것을 논의하다**

    홍명하가 아뢰기를, "온양에 거둥하신 뒤로 호서 일도가 이미 요역을
  견감해 준 혜택을 받았습니다만, 경기는 어가가 경유한 5개 고을을 제외
  하고 기타 각 역참과 병정(幷定)의 여러 고을만 혜택을 입지 못하였기
  때문에 억울하다는 원망이 없지 않습니다. 역참이 경비를 수송하는 노
  고와 비용이 5개 고을과 다름이 없고 병정의 각 고을도 돈을 들여 인부
  와 말을 사서 운반하였으니, 이를 계산하여 감해 줌으로써 혜택이 골고
  루 돌아가도록 해야 할 것입니다." 하니, 상이 이르기를, "본도의 감사에
  게 물어서 적당히 계산해 감해 주어야 할 것이다." 하였다.

- **【현개】 현개 19권, 9년(1668) 11월 23일(무오) 4번째 기사. 충청도의 21
  곳과 황해도의 4곳에 양전을 실시하다**

    충청도에 양전(量田)을 하되 4곳의 큰 고을부터 시작하도록 명했다.[10]
  황해도도 마찬가지로 양전을 하라고 명했다. 이때 영상 정태화는 한꺼
  번에 변통하는 것을 어렵게 여겼지만, 호조판서 민정중이 힘껏 주장하
  고, 판중추 송시열도 행할 수 있다고 여겼기 때문에 이 명이 있었다.
  이때 충청감사 민유중이 다른 고을까지 차례로 거행하기를 계청하자,
  이에 모두 따랐다. 다음해에 이르러서 끝냈는데, 충청도는 4곳의 큰 고
  을 외에 천안(天安) 등 17고을을 양전했으며,[11] 황해도는 네 고을만 양전

---

10) 〖홍주(洪州), 공주(公州), 청주(淸州), 충주(忠州)이다.〗

하고 그쳤다.¹²⁾

● 【실록】 숙종 31권, 23년(1697) 9월 29일(병오) 2번째 기사. 아산현감 송 징은이 본 고을의 조세 감면을 청하다

아산현감(牙山縣監) 송징은(宋徵殷)이 상소하여 본 고을에서 마땅히 바쳐야 할 여러 가지 구실을 덜어 줄 것을 청하자, 비국(備局)에서 도내(道內)의 다른 고을도 함께 명년 가을이 될 때까지 기한을 물려서 바치도록 청하였는데, 임금이 그대로 따랐다.

● 【실록】 숙종 59권, 43년(1717) 3월 8일(계해) 4번째 기사. 임금이 충청감 사와 도내 수령을 소견하다

임금이 충청감사(忠淸監司) 윤헌주(尹憲柱)와 차원(差員)으로 와서 기다리는 도내의 수령(守令)을 소견(召見)하였다. 특별히 명하여 공조판서(工曹判書) 조태채(趙泰采)도 같이 들어오게 하였는데, 대개 조태채가 바야흐로 진휼청 당상(賑恤廳堂上)의 직무를 띠었기 때문이었다. 임금이 말하기를, "나에게 매우 급한 병이 있어서 이 만부득이한 행차를 하였으나, 민사(民事)를 생각하면 마음이 매우 불안하다." 하고, 또 진정(賑政)과 농사의 형편을 죄다 아뢰라고 명하였다. 윤헌주(尹憲柱)가 말하기를, "도내의 땅이 없어 굶주리는 백성이 10만 3천여 구(口)나 되는데, 진자(賑資)는 피곡(皮穀) 18만 석(石)과 쌀 1천여 석에 지나지 않습니다. 이것으로는 진구(賑救)를 이어 갈 수 없으므로, 뒤에 조목조목 벌여 적

---

11) 【목천(木川), 보령(保寧), 청안(淸安), 은진(恩津), 평택(平澤), 이산(尼山), 온양(溫陽), 부여(扶餘), 제천(堤川), 임천(林川), 청양(靑陽), 결성(結城), 정산(定山), 비인(庇仁), 연풍(延豊), 전의(全義)이다.】

12) 【황주(黃州), 안악(安岳), 해주(海州), 평산(平山)이다.】

어서 장문(狀聞)하겠습니다." 하니, 임금이 말하기를, "농사꾼이 밭에서 힘써 일하며 농사 지어야 또한 풍성한 가을 수확이 있을 것이므로, 굶주림을 진구하는 것을 진실로 늦출 수 없으나, 씨앗을 주는 것도 긴급하니, 유의하지 않을 수 없다. 또 여러 가지 백성의 고통을 내가 행궁에 있을 때에 낱낱이 장문하여 변통하는 것이 마땅하다." 하였다. 윤헌주가 도내 큰 고을의 오래 체납된 군포(軍布)를 적당히 탕감하기를 청하니, 임금이 묘당(廟堂)에 명하여 품처(稟處)하게 하였다. 임금이 여러 고을의 굶주리는 백성과 죽은 수를 두루 묻고, 또 농사를 권과(勸課)하고 진정(賑政)에 마음을 다하라고 입시(入侍)한 수령들에게 경계하여 이르고, 이어서 모든 폐막(弊瘼)을 도신(道臣)과 상의하여 구획하여 아뢰라고 명하였다. 임금이 또 조태채(趙泰采)에게 앞으로 나오라고 명하여 묻기를, "지난번 대관(臺官)의 상소로 인하여 하교한 것이 있었는데, 어떻게 조치하였는지 알려고 같이 들어오게 하였다." 하였는데, 조태채가 말하기를, "경성(京城)의 굶주리는 백성이 5천여 명이나 되고, 이 뒤에 또한 얼마나 되는지 모르는데, 이것으로 미루어 보면 외방(外方)도 알 만합니다. 일전에 진위(振威)의 작문(作門)밖에 모여 온 걸인이 매우 많으므로, 신(臣)이 본현(本縣)의 진미(賑米) 수십 두(斗)를 가져다가 나누어 주었습니다. 을사년 선조(先朝)에서 온천에 거둥하셨을 때에 행궁 근처에 모여 온 굶주린 백성에게 죽미(粥米)를 나누어 준 일이 있으므로, 미처 성지(聖旨)를 내리기 전에 온양(溫陽) 인근이 네댓 고을에서 받아들인 대동미(大同米)를 이미 받아 두게 하였습니다. 그리고 하교를 받고서 경청(京廳)의 쌀을 바야흐로 배로 청주의 별창(別倉)으로 나르는 쌀 1천여 석을 본도에서 가져다 쓰고자 하였으나, 묘당에서 이 염려 때문에 또한 허락하지 않았습니다. 호서 열읍(列邑)의 기근은 어느 곳인들 그렇지 않겠습니까마는, 그 가운데에서 태안(泰安), 보령(保寧)같은 고을이 더욱 참혹하니, 이것은 도신과 상의하여 참작해서 옮겨 주어야 하겠습니다." 하니, 임금이 옳게 여겼다. 승지(承旨) 이병상(李秉常)이 말하기를, "충청병사(忠淸兵使) 오중주(吳重周)가 지영(祗迎)한 뒤에 그대로 머물러 기다립니다. 반드시 상교(上敎)가 있어야 감히 본영(本營)으로 물러갈 수 있습니다." 하니, 임금이 물러가라고 명하였다. 이병상이 또 말하기를, "근일 호중(湖中)에 학문에 뜻을 두고 있는 선비가 많이 일어나므로, 일전에 옥당(玉堂)에서 차자(箚子)를 올려 찾기를 청하니 거행하라는 명까지 있었습니다. 그러나 반드시 일정한 것을 가리키는 분부가 있은 연후에야 거행할 수 있을 것이니, 도신으로 하여금 대신에게 의논해서 천목(薦目)을 정하여 곧 천거하여 아뢰게 함이 마땅합니다. 권상하(權尙夏)가 본도에 살고 있으므로, 학문에 뜻을 둔 선비를 잘 알 수 있을 것이니, 앞으로 인접(引接)하실 때에 특별히 하문(下問)하시는 것이 좋을 듯합니다." 하니, 임금이 모두 옳게 여겼다. 임금이 또 이병상에게 묻기를, "지난번 태학생(太學生)들이 선정(先正)의 종사(從祀)를 청한 상소에 대한 비답(批答)에서 이미 온천에 가서 치제(致祭)하려는 뜻을 보였는데, 어찌하여 거행하지 않는가?" 하였는데, 이병상이 대답하기를, "이것은 곧 거행할 것입니다마는, 선조에서 거둥하셨을 때에 선정신(先正臣) 송준길(宋浚吉)의 청에 따라 고(故)판서(判書) 김정(金淨)과 사절신(死節臣) 조헌(趙憲), 송상현(宋象賢)과 고 참찬(參贊) 송인수(宋麟壽)와 고 통제사(統制使) 이순신(李舜臣)의 무덤에 치제하였으니, 지금도 전례에 따라 사제(賜祭)하고 송준길의 무덤에도 치제해야 하겠습니다." 하니, 임금이 마찬가지로 사제하라고 명하였다.

• 【실록】 숙종 59권, 43년(1717) 3월 12일(정묘) 1번째 기사. 진휼청 당상
   이 신창현에서 굶주린 백성에게 식량을 지급하다

진휼청 당상(賑恤廳堂上)이 비국(備局)의 결정에 따라 신창현(新昌縣)
의 배가 정박하는 곳에 나가 굶주린 백성 1천 5백여 명을 불러 모아 장약
(壯弱)을 구별하여 마른 양식을 주고, 그 가운데 가장 심한 자에게는 죽
을 만들어 먹이고, 타일러서 각각 본읍(本邑)으로 돌아가게 하고는 돌아
와 그 정상을 아뢰었다.

• 【실록】 영조 72권, 26년(1750) 9월 20일(기미) 8번째 기사. 온양군의 금
   년 전세를 감하고, 윤증에의 치제에 대해 이르다

온양군(溫陽郡)의 금년 전세(田稅)를 감하였다. 우의정 정우량이 말하
기를, "온양은 주필(駐蹕)하는 곳이니, 선조 정유년의 고사에 의해 전세
를 감해야 마땅합니다." 하니, 임금이 그대로 따른 것이었다. 이어서 정
우량에게 말하기를, "윤증(尹拯)에게 치제(致祭)를 명한 것은 그가 일찍
이 의정(議政)을 지내서이지 선정(先正)으로 사제(賜祭)한 것이 아니므로,
윤봉구(尹鳳九)의 상소가 틀린 것이 아니겠는가?" 하였다.

• 【실록】 영조 96권, 36년(1760) 7월 29일(신미) 1번째 기사. 훈국장관에
   게 명하여 협련군을 교대하고 저치미를 나눠주도록 하다

훈국장관(訓局將官)에게 명하여, 협련군(挾輦軍)을 거느리고 천천히
가서 교체(交替)해 오게 하되 만약 노비(路費)가 없으면 역시 저치미(儲置
米)를 나누어 주게 하고, 온양(溫陽)에 있는 금위영(禁衛營)과 어영청(御營
廳)의 하번군(下番軍)은 매우 불쌍하니, 장관(將官)이 신번군(新番軍)을
거느리고 가서 교체하되 또한 저치미를 후하게 주어 회정(回程)의 양식
을 삼게 하고 그곳에서 바로 놓아 보내게 하며, 수어군(守禦軍)도 일체로

교체하게 하였다.

- **【실록】 정조 5권, 2년(1778) 5월 5일(갑자) 2번째 기사. 경기, 호서, 영남, 관동 4도의 진휼을 마치다**

    호서(湖西)의 대흥(大興), 한산(韓山), 예산(禮山), 덕산(德山), 당진(唐津), 태안(泰安), 천안(天安), 임천(林川), 서산(瑞山), 은진(恩津), 직산(稷山), 석성(石城), 서천(舒川), 신창(新昌), 해미(海美), 평택(平澤), 온양(溫陽), 면천(沔川), 아산(牙山), 충주(忠州), 서원(西原), 홍주(洪州), 음성(陰城) 등의 고을과 성환(成歡), 율봉(栗峰) 등의 역(驛)과 마량(馬梁), 안흥(安興), 평신(平薪), 서천포(舒川浦), 소근(所斤) 등의 진(鎭)은 기민이 2만 9천 5백 31구이고 진곡이 2만 3천 3백 97석이었다.

- **【실록】 정조 15권, 7년(1783) 5월 23일(계축) 2번째 기사. 진휼에 대한 논공행상을 행하다**

    호서의 관청에서 진휼한 곳은 수군절도영(水軍節度營), 평택(平澤), 아산(牙山), 천안(天安), 직산(稷山), 해미(海美), 신창(新昌), 온양(溫陽), 태안(泰安), 서산(瑞山), 당진(唐津), 면천(沔川), 덕산(德山), 한산(韓山), 임천(林川), 서천(舒川), 석성(石城), 부여(扶餘), 연기(燕岐), 비인(庇仁), 정산(定山), 문의(文義), 결성(結城), 청주(淸州), 홍산(鴻山), 대흥(大興), 홍주(洪州), 예산(禮山), 충주(忠州), 제천(堤川), 공주(公州), 보령(保寧) 등의 고을과 소근(所斤), 평신(平薪), 마량(馬梁), 서천포(舒川浦) 등의 진과 성환(成歡), 율봉(栗峰), 연원(連源), 이인(利仁) 등의 역참이었다. 총 굶주린 백성이 40만 6천 8백 89명이었고 진휼에 들어간 곡물은 2만 3천 9백석이었다.

• 【실록】 정조 17권, 8년(1784) 5월 22일(병자) 1번째 기사. 호서의 진휼을 마치다

호서에 진휼을 베풀었는데, 2월부터 시작하여 이때에 진휼을 마쳤다. 공진(公賑)에는 태안(泰安), 평택(平澤), 서산(瑞山), 아산(牙山), 서천(舒川), 직산(稷山), 비인(庇仁), 대흥(大興), 예산(禮山), 한산(韓山), 당진(唐津), 천안(天安), 해미(海美), 온양(溫陽), 보령(保寧), 남포(藍浦), 은진(恩津), 부여(扶餘), 결성(結城), 면천(沔川), 석성(石城), 정산(定山), 공산(公山), 홍주(洪州), 임천(林川), 홍산(鴻山), 서원(西原), 제천(堤川), 연기(燕岐), 문의(文義), 전의(全義), 덕산(德山) 등의 고을과 병영(兵營), 수영(水營), 행영(行營)과 평신(平薪), 소근(所斤), 마량(馬梁), 서천포(舒川浦) 등의 진(鎭)과 성환(成歡), 이인(利仁), 율봉(栗峯) 등의 역(驛)에 총 기민 65만 6천 2백 91구(口)이고, 진곡 4만 9천 6백 38석 영(零)이었다. 사진(私賑)으로, 청양(靑陽), 이성(尼城), 연산(連山), 진잠(鎭岑) 등의 고을의 총 기민 2만 3천 9백 15구, 진곡 1천 7백 46석이다. 호서의 도신이 진휼을 마친 장계를 올리니, 비국 당상과 진휼청 당상을 소견하였다.

• 【실록】 정조 23권, 11년(1787) 5월 23일(기축) 1번째 기사. 경기, 영남, 호남, 호서, 관동, 관북 여섯 도의 진휼을 마치다

호서. 태안(泰安), 온양(溫陽), 평택(平澤), 아산(牙山), 직산(稷山), 석성(石城), 홍산(鴻山), 정산(定山), 부여(扶餘), 음성(陰城), 신창(新昌), 비인(庇仁), 청양(靑陽), 공주(公州), 서천(舒川), 보령(保寧), 홍주(洪州), 결성(結城), 천안(天安), 전의(全義), 예산(禮山), 한산(韓山), 남포(藍浦) 등의 고을과 수영(水營), 행영(行營), 마량(馬梁), 서천포(舒川浦), 소근(所斤) 등의 진(鎭), 성환(成歡), 이인(利仁) 등의 역(驛)의 총기민이 27만 9천 8백 77구이고, 진곡이 1만 7천 75석이다.

- 【실록】정조 37권, 17년(1793) 5월 24일(을묘) 1번째 기사. 호서의 진휼 정사가 끝나자 여러 관리에게 차등 있게 가자하다

  호서에 진휼을 베풀었는데, 정월부터 시작하여 이때에 이르러 진휼의 일을 끝마쳤다. 공진으로는 수군절도영 관할인 온양(溫陽), 석성(石城), 직산(稷山), 홍산(鴻山), 연기(燕岐), 평택(平澤), 아산(牙山), 신창(新昌), 은진(恩津), 청산(青山), 부여(扶餘), 정산(定山), 보령(保寧), 비인(庇仁), 남포(藍浦) 등의 고을과, 마량(馬梁), 서천(舒川) 등의 진과, 성환역(成歡驛)의 기민 총 20만 1천 4백 97명에 진휼곡은 1만 5천 9백 84석 남짓이었다.

- 【실록】정조 41권, 18년(1794) 11월 4일(무자) 3번째 기사. 호서위유사 홍대협을 불러 보고 봉서를 내리다

  호서위유사 홍대협(洪大協)을 소견하였다. 이어서 봉서를 내려 이르기를, "호서 일대는 천 리나 되는 경기 지역과 접하고 있으므로 내 크게 근심하는 바이다. 비록 풍년이 든 해라도 그 돌보아주는 바가 다른 지역보다 배나 되는데 하물며 근래에 드문 올해 같은 흉년에야 말할 것이 있겠는가. 가을부터 겨울까지 내가 국사에 부지런히 힘쓰는 가운데서도 호서지역을 가장 근심하며 잊지 못해 왔다. …(중략)… 우심한 곳은 태안(泰安), 석성(石城), 평택(平澤), 연기(燕岐), 서산(瑞山), 서천(舒川), 직산(稷山), 신창(新昌), 은진(恩津), 이성(尼城), 영동(永同), 당진(唐津), 면천(沔川), 한산(韓山), 천안(天安), 아산(牙山), 예산(禮山), 남포(藍浦), 해미(海美) 등 20개 고을이고, 지차는 부여(扶餘), 임천(林川), 홍산(鴻山), 보령(保寧), 결성(結城), 덕산(德山), 온양(溫陽), 청주(清州), 음성(陰城), 진잠(鎭岑), 회덕(懷德), 청풍(清風), 청안(清安), 영춘(永春), 연산(連山), 청산(青山), 보은(報恩), 대흥(大興), 홍주(洪州), 연풍(延豊), 문의(文義), 목천(木川),

옥천(沃川), 충주(忠州), 평신(平薪) 등 24개 고을과 진(鎭) 한 곳이다.

- 【실록】 정조 42권, 19년(1795) 5월 21일(신미) 2번째 기사. 호남과 호서
  에서의 진휼을 끝마치다

호서(湖西)에서 진휼을 행하였는데 1월부터 시작해서 이때에 이르러 끝마쳤다. 공곡으로 진휼한 지역은 수영(水營), 태안(泰安), 석성(石城), 평택(平澤), 연기(燕岐), 서산(瑞山), 비인(庇仁), 서천(舒川), 직산(稷山), 신창(新昌), 은진(恩津), 노성(魯城), 영동(永同), 당진(唐津), 면천(沔川), 한산(韓山), 천안(天安), 아산(牙山), 예산(禮山), 남포(藍浦), 해미(海美), 부여(扶餘), 임천(林川), 홍산(鴻山), 보령(保寧), 결성(結城), 덕산(德山), 청주(淸州), 회덕(懷德), 청풍(靑風), 대흥(大興), 홍주(洪州), 목천(木川) 등 고을과 안흥(安興), 소근(所斤), 마량(馬梁), 서천포(舒川浦) 등 진과 성환(成歡), 율봉(栗峯) 등 역으로 기민이 총 62만 6천 4백 70구였으며 진휼한 곡물은 4만 5천 3백 40석이었다. 사곡으로 진휼한 지역은 연산(連山), 청산(靑山), 연풍(延豊) 등 고을과 병영(兵營)으로 기민이 총 2만 1천 9백 95구였으며 진휼한 곡물은 1천 4백 89석 6두 8승 1합이었다. 응급 구제한 지역은 충주(忠州), 공주(公州), 단양(丹陽), 온양(溫陽), 괴산(槐山), 문의(文義), 음성(陰城), 진잠(鎭岑), 청안(淸安), 영춘(永春), 청양(靑陽), 정산(定山), 전의(全義), 진천(鎭川), 회인(懷仁), 황간(黃澗), 제천(堤川) 등 고을과 평신진(平薪鎭)과 이인(利仁), 금정(金井), 연원(連原) 등 역으로 기민이 총 8만 4백 84구였으며 진휼한 곡물은 4천 9백 77석이었다.

- 【실록】 정조 44권, 20년(1796) 1월 18일(을축) 2번째 기사. 충청도관찰
  사 이정운에게 경남전 6만 냥으로 환곡에 보태게 하다

충청도관찰사 이정운(李鼎運)이 신창(新昌) 등 여러 고을에 분진(分賑)

할 일로 치계하니, 전교하기를, "호서(湖西)의 농사를 마음 놓을 수가 없고, 또 그곳 곡부(穀簿)가 더욱 모양을 이루지 못하여 백성 진휼은 고사하고 백성들에게 환곡 나누어 주는 것도 그 형편이 참으로 어렵다. 작년에 별도로 전곡(錢穀)을 조치하고자 하였으나 실행하지 못했으므로, 금년에 백성들의 먹고 살기 어려움이 작년보다 배나 더할 것이니, 경납전(京納錢) 6만 냥을 특별히 도신에게 부쳐서 곡식으로 만들어 환곡에 보태게 하라." 하였다.

- 【실록】정조 44권, 20년(1796) 5월 12일(병진) 6번째 기사. 호서에 기근을 진휼하는 일을 비로소 마치다

호서에 기근을 진휼하는 일을 개설하였는데, 정월에 시작하여 4월에 끝마쳤다. 국가의 진휼은 신창(新昌), 아산(牙山), 평택(平澤), 직산(稷山), 천안(天安), 면천(沔川), 해미(海美), 대흥(大興), 예산(禮山), 덕산(德山), 당진(唐津) 등의 고을과 성환역(成歡驛)에서 실시하였는데, 기민은 총 11만 8천 1백 71명이었고 소요된 곡식은 5천 3백 11섬이었다. 사적(私的)인 진휼은 목천(木川)에서 실시하였는데, 기민은 6천 3백 21명이었고 소요된 곡식은 4백 18섬이었다. 다급한 구제는 서산(瑞山), 태안(泰安), 서천(舒川), 온양(溫陽) 등의 고을과 안흥(安興)의 소근포(所斤浦)와 서천포(舒川浦) 등의 진영에서 실시하였는데, 기민은 총 1만 9천 8백 97명이었고 소요된 곡식은 1천 3백 73석이었다.

- 【실록】정조 51권, 23년(1799) 5월 9일(병인) 8번째 기사. 호서지방의 기민 구제를 위해 납미한 사람에게 실직을 제수하다

호서(湖西)의 기민 구제는 1월부터 실시하였는데 이때에 와서 진휼을 끝냈다. 공적으로 진휼한 곳은 홍주(洪州), 청주(淸州), 은진(恩津), 석성

(石城), 부여(扶餘), 한산(韓山), 연기(燕岐), 태안(泰安), 서천(舒川), 임천(林川), 회덕(懷德), 서산(瑞山), 정산(定山), 직산(稷山), 아산(牙山), 평택(平澤), 진잠(鎭岑), 보령(保寧), 결성(結城), 당진(唐津), 전의(全義), 천안(天安), 덕산(德山), 해미(海美) 등의 읍(邑), 수군절도사 영(營), 성환(成歡), 율봉(栗峯) 등의 역참, 평신(平薪), 안흥(安興), 소근(所斤), 마량(馬梁), 서천포(舒川浦) 등의 진(鎭)이었고, 사적으로 진휼한 곳은 공주(公州), 이성(尼城), 옥천(沃川), 면천(沔川), 문의(文義), 연산(連山), 영동(永同), 황간(黃澗), 대흥(大興), 홍산(鴻山), 청안(淸安), 보은(報恩) 등의 읍, 병마절도사 영, 이인(利仁) 역참이었다. 긴급 구제한 곳은 괴산(槐山), 진천(鎭川), 청양(靑陽), 남포(藍浦), 비인(庇仁), 회인(懷仁), 청산(靑山), 제천(堤川) 등의 읍과 금정(金井) 역참이었다. 총계하면, 굶주린 백성은 50만 9천 7백 22명이었고 구제하는 데에 든 곡식은 4만 5천 8백 10섬이었다.

- **【실록】순조 11권, 8년(1808) 10월 29일(신유) 4번째 기사. 수원부, 영남, 호남에 기근이 심한 고을 등에 새 환미를 정퇴하다**

수원부(水原府)와 영남(嶺南), 호남(湖南)에서 가장 기근이 심한 고을에 새 환미(還米)를 면(面), 리(里)에 따라 등급을 나누어 정퇴(停退)하게 하고, 호서(湖西)의 아산(牙山) 등 열 고을에는 새 환미 및 신역(身役)에 따른 미(米), 포(布), 전(錢)을 아울러 전부 정퇴하게 하였다.

- **【실록】헌종 6권, 5년(1839) 7월 12일(을사) 1번째 기사. 비변사에서 경기 암행어사와 충청좌도 암행어사의 별단을 아뢰다**

계사년에 은결(隱結)을 조사하여 기경(起耕)하게 하였다가 병신년에 도로 묵히게 한 후에 목천(木川), 청안(淸安), 전의(全義)에서는 혹 공용

(公用)에 보충하기도 하고, 혹은 사용(私用)에 빌려주고 있고, 청산(靑山), 아산(牙山), 천안(天安)에서는 폐해(弊害)를 구제하는 데 돌리고 있으므로, 사실에 의거하는 정사에 흠결(欠缺)이 있으니, 여섯 고을의 전결(田結)을 일일이 민간(民間)에 나누어 주라는 일입니다. 전후에 도신(道臣)이 혹 조사하여 기경하게 하기도 하고 혹은 돌려주기를 청하여 경권(經權) 사이에 각기 의견이 있었으나, 혹은 폐해를 보충한다고 빙자하기도 하고 혹은 사용(私用)에 혼동해 돌리기도 하였습니다. 해당 수령은 어사의 서계(書啓)에 이미 논열(論列)하였고, 여섯 고을의 전결은 그 수(數)에 준거해서 내주어 호서(湖西)의 백성들이 시종(始終) 혜택을 입도록 하소서." 하니, 모두 윤허(允許)하였다.

● 【실록】 철종 1권, 즉위년(1849) 8월 20일(을유) 2번째 기사. 함열현감의 임기를 아산의 예대로 3년으로 정하다

　대왕대비가 함열현감(咸悅縣監)을 아산(牙山)의 예(例)대로 3년 임기의 자리로 정하라 명하였으니, 대신의 주청(奏請)에 의한 것이었다.

● 【실록】 고종 1권, 1년(1864) 6월 9일(무인) 4번째 기사. 의정부에서 온양의 상납할 조세 미납의 문제에 대해 아뢰다

　의정부(議政府)에서 아뢰기를, "방금 공충감사(公忠監司) 이병문(李秉文)이 보고한 바를 보니, '온양(溫陽) 임술년(1862) 조(條)에 선혜청(宣惠廳)에서 받아들일 위미(位米) 15석(石) 남짓과 지정된 몫의 콩 89석 남짓을 해당 아전(衙前)이 떼어먹고 달아났는데 아직까지 잡지 못하였고, 대동미(大同米) 470석을 민간에서 거두지 못하여 봉납한 것은 겨우 100석이 될 뿐입니다. 계해년(1863)의 대동미로 받아들인 것이 단지 670석이 되는데, 그 중에서 370석을 임술년에 받아들이지 못한 양에 추이(推移)

하여 채워 넣게 되면 남는 쌀은 300석에 불과하며 부족한 콩이 720여 석이나 됩니다. 지금 결역(結役)을 마땅히 봉납해야 하는 것으로 말하면 백성들이 봉납하지 않은 것이 8,000여 두(斗)이고 관속이 포흠(逋欠)한 것이 4,000여 두이니, 만일 이 수량을 다 받아들인다면 700여 석의 상납을 채울 수 있습니다. 그러나 결민(結民)과 관속(官屬)은 모두 몇 해 간에 그대로 인습해왔기 때문에 사망한 자들이 많아서 이 수량대로 채워 받아들일 가망이 실로 없습니다. 그러니 임술조 위미와 콩 및 계해년 조의 대동미 미납분과 각 아문이 받아들일 쌀과 콩을 모두 대전(代錢)하여 상납하게 하소서." 하니, 윤허하였다.

- **【실록】고종 11권, 11년(1874) 9월 20일(기미) 1번째 기사. 이유원이 원자의 태를 묻으러 가는 길에 여러 고을의 폐해를 보고 그곳의 조세를 감면할 것을 청하다**

영의정(領議政) 이유원(李裕元)이 아뢰기를, "지난번 연석(筵席)의 하교를 받아 원자(元子)의 태를 묻는 곳으로 따라갈 때 연로(沿路)의 백성들의 폐해를 알아보고 등문(登聞)하도록 공문을 띄웠습니다. 지금 충청감사(忠淸監司) 성이호(成彝鎬)의 장계(狀啓)를 보니, '평택(平澤), 아산(牙山), 신창(新昌), 예산(禮山), 대흥(大興), 결성(結城) 등 6개 고을에서 탈을 입지 않은 진결(陳結) 336결 6부는 모두 대장에 올라 있지도 않은데 해마다 억울하게 징수하고 있으며, 홍주(洪州)의 제방(堤防) 부근에 논을 만든 곳은 그 전에 조세를 바친 토지가 1결 58부 6속이었는데 지금은 제방을 대충 쌓았기에 결세(結稅)는 응당 도로 삭감하여야 하니, 묘당(廟堂)으로 하여금 품처(稟處)하게 하소서.'라고 하였습니다. 원자의 태를 가지고 갈 때 은혜를 베푼 전례가 이미 있고 본 도는 특히 다른 만큼, 평택 등 6개 고을의 진결에 대해서는 10년 동안 특별히 조세를 그만두도록 허락하고 홍주의 제방 부근 논에 대해서는 장계에서 청한 대로 조세를 감해주도록 행회(行會)하는 것이 어떻겠습니까?" 하니, 윤허하였다.

● 【실록】 고종 15권, 15년(1878) 11월 20일(을축) 1번째 기사. 충청감사 이명웅의 장계에 따라 공주와 신창 등의 대동미를 돈으로 대납하게 하다

의정부(議政府)에서 아뢰기를, "지금 충청감사(忠淸監司) 이명웅(李明應)의 장계(狀啓)를 보니, '병자년(1876)의 참혹한 흉년 이후에 공주(公州)와 신창(新昌) 두 고을의 을해년(1875)과 병자년의 세미(稅米)를 아직도 납부하지 못한 것을 사실 본색(本色)으로 납부하도록 질책할 수도 없습니다. 공주목(公州牧)의 병자년 조의 대동미(大同米)와 위미태(位米太)의 원래 상납하기로 되어 있는 것 2,590여 석(石)과 신창현(新昌縣)의 을해년 조의 대동미로서 아직 받지 못한 쌀 290여 석, 위태(位太) 70여 석을 특별히 소상정(小詳定)으로 대납(代納)하게 할 것을 묘당(廟堂)으로 하여금 품처(稟處)하게 하소서.'라고 하였습니다. 정공(正供)을 몇 년씩 지체시키는 것은 일의 체모가 중한 것에 크게 어그러집니다. 호서(湖西)의 50여 개 고을 가운데에서 감사(監司)가 꼭 이 두 고을만 뽑아 보고한 것에서 거기가 가장 심하게 영락되었음을 상상할 수 있습니다. 그러나 소상정으로 대납하게 하는 것은 여러 법례로 따져볼 때 더욱 거론할 수 없는 것입니다. 공주는 원래 바쳐야 되는 것 가운데에서 절반을 원상정(元詳定)으로 납부하게 하고 신창은 마을이 이미 쇠잔해지고 납부할 수량도 많지 않으니 모두 원상정으로 시행하도록 허락하는 것이 어떻겠습니까?" 하니, 윤허하였다.

(3) 인사 행정

● 【실록】 세종 2권, 즉위년(1418) 12월 4일(기묘) 5번째 기사. 최윤덕이 농사 망친 온수 부근 주군의 수령을 체임시키지 말기를 청하다

도총제(都摠制) 최윤덕(崔潤德)이 상왕에게 아뢰기를, "신이 보건대 온수(溫水) 등지의 인민(人民)이 농사를 그르침이 심하오니, 그 부근 주군(州郡)의 수령들은 비록 임기가 이미 찼더라도 체임(遞任)시키지 말아서, 그들을 영접하고 보내는 폐단을 덜게 하소서" 하여, 상왕이 말하기를, "그렇다. 경이 주상에게 아뢰라."고 하였다.

● 【실록】 세종 37권, 9년(1427) 8월 9일(갑자) 3번째 기사. 지순창군사 송기, 온수현감 신가권, 고창현감 노맹온 등이 사조하다

순창군사(淳昌郡事) 송기(宋箕), 온수현감(溫水縣監) 신가권(申可權), 고창현감(高敞縣監) 노맹온(盧孟溫) 등이 사조하니, 임금이 불러 보고 말하기를, "수령의 임무가 중하니 각기 그 직무에 조심할 것이다. 더욱이 요즈음은 한재를 만나 백성의 생계가 염려스러우니 더욱 근신하기 바란다." 하였다.

● 【실록】 세종 65권, 16년(1434) 8월 4일(무신) 1번째 기사. 경기 통진, 충청도 아산 등 고을에 교도를 임명하다

이조에서 아뢰기를, "경기 통진(通津), 충청도 아산 등 고을은 5백 호가 차오니, 『속전(續典)』에 의하여 교도(教導)를 임명하옵소서." 하니, 그대로 따랐다.

● 【실록】 세종 67권, 17년(1435) 3월 2일(갑술) 2번째 기사. 지덕천군사
　안계인, 신창현감 권수종이 하직하니 직무를 다할 것을 당부하다

　지덕천군사(知德川郡事) 안계인(安繼仁), 신창현감(新昌縣監) 권수종(權
守宗)이 하직하니, 인견하고 계인에게 이르기를, "평안도는 근일 비변(備
邊)에 관한 일로 인하여 인민의 생활이 몹시 곤란할 것이니, 그대가 가거
든 위로하고 잘 구호하라." 하고, 수종에게 이르기를, "농상(農桑)을 권
장 독려하고, 인민을 사랑하고 구제하라." 하였다.

● 【실록】 세종 68권, 17년(1435) 6월 14일(갑인) 3번째 기사. 신창현감 차
　진이 하직하다

　신창현감(新昌縣監) 차진(車軫)이 하직하니, 불러 보고 말하기를, "근
년에 흉년이 들어서 민생이 염려되니, 네가 가서 구휼하라." 하였다.

● 【실록】 세종 92권, 23년(1441) 5월 1일(병신) 2번째 기사. 충청도관찰사
　이맹상 등에게 옷을 하사하다

　충청도관찰사 이맹상(李孟常)에게 안마(鞍馬)를, 도사 송취(宋翠)에게
옷 1습(襲)을, 도차사원(都差使員) 홍주목사(洪州牧使) 윤은(尹殷)과 지온
양군사(知溫陽郡事) 송만달(宋萬達)에게 각각 옷 1령(領)을, 박후생(朴厚
生)에게 옷과 갓을 내려 주었다.

● 【실록】 세종 93권, 23년(1441) 7월 30일(갑자) 3번째 기사. 하직하는 청
　산현감 안수희를 인견하다

　청산현감(青山縣監) 안수희(安壽希)가 하직하니, 인견하고 말하기를,
"근년 이래에 하삼도(下三道)가 좀 농업(農業)에 실패가 있었고, 충청도
는 또 온양(溫陽)에 거둥으로 인하여 지극히 피곤하여졌으니, 그 의창(義

倉)의 곡식을 고루 주어서 백성의 생명을 살려, 나의 지극한 마음에 합하게 하라." 하였다.

● 【실록】 문종 6권, 1년(1451) 2월 3일(임신) 4번째 기사. 온양군사 이관식이 사조하니 인견하다

온양군사(溫陽郡事) 이관식(李寬植)이 사조(辭朝)하니, 임금이 인견(引見)하고 말하기를, "이제 각도에서 군기(軍器)를 만드니, 너는 부지런히 보살필 것이며, 또 의창(義倉)의 곡식을 거두어 주는 일은, 모름지기 때에 맞게 할 것이니, 너는 거기에 힘쓰라." 하였다.

● 【실록】 문종 8권, 1년(1451) 7월 13일(기유) 1번째 기사. 공주판관 전계흠, 언양현감 김흠 등에게 수령의 직임을 다할 것을 하교하다

공주판관(公州判官) 전계흠(全季欽), 언양현감(彦陽縣監) 김흠(金欽), 청양현감(靑陽縣監) 정명응(丁明應), 신창현감(新昌縣監) 김율(金慄), 연천현감(漣川縣監) 고수장(高壽長)이 사조(辭朝)하니, 임금이 인견(引見)하여 각각 그 출신(出身)을 묻고 말하기를, "무릇 수령(守令)이 되는 자는 비록 모두 뽑아 내는 것이나, 이따금 마땅한 사람이 아닌 수가 있다. 수령의 직임은 오로지 농사에 힘쓰고 백성을 돌보는 데에 있다. 온갖 곡식을 씨뿌리는 것이 너무 일러서도 안 되고 늦어서도 안 되니, 모름지기 제때에 맞추도록 하라. 또 제언(堤堰)은 농사에 긴요한 것이니, 새로 쌓는 것은 실로 어려우므로 옛 둑이 있으면 때때로 살피고 고쳐 쌓아서 관개(灌漑)의 편리를 다하여야 한다." 하였다.

• 【실록】 문종 8권, 1년(1451) 7월 20일(병진) 2번째 기사. 온양군사 박충지, 함안군사 우성 등에게 수령의 직임에 힘쓸 것을 명하다

온양군사(溫陽郡事) 박충지(朴忠至), 함안군사(咸安郡事) 우성(禹晟), 영산현감(靈山縣監) 이주(李紬), 용강현령(龍岡縣令) 백우(白瑀), 정읍현감(井邑縣監) 신숙량(申叔良)이 사조(辭朝)하니, 임금이 인견(引見)하고 말하기를, "수령의 직임은 농사에 힘쓰고 군사를 훈련하는 것일 따름이다. 마땅히 경상(耕桑)을 권하여 시기를 잃지 않게 하고, 제언(堤堰)을 수보하여 수리(水利)를 일으켜야 한다. 이제 각도(各道)에 감련관(監鍊官)을 보내어 병기(兵器)를 만들게 하니, 너희들이 고을에 가거든 한결같이 그 말을 좇아서 늦추어지지 않게 하라." 하였다.

• 【실록】 문종 12권, 2년(1452) 2월 13일(정축) 3번째 기사. 신하들을 각지에 보내어 전세를 징수하는 것을 몰래 살피게 하다

판군기감사(判軍器監事) 윤처공(尹處恭)을 나주(羅州) 등지에, 내섬시윤(內贍寺尹) 정자제(鄭自濟)를 용안(龍安) 등지에, 이조정랑(吏曹正郎) 권효량(權孝良)을 충주(忠州) 등지에, 종부소윤(宗簿少尹) 이교연(李皎然)을 아산(牙山) 등지에 보내어 전세(田稅)를 징수할 때의 불법(不法)한 일을 몰래 살피게 하였다.

• 【실록】 세조 7권, 3년(1457) 3월 23일(병술) 4번째 기사. 난신들의 전지를 종친과 대신들에게 나누어 주다

박중림(朴仲林), 박팽년(朴彭年), 박기년(朴耆年), 박인년(朴引年), 박대년(朴大年), 박영년(朴永年), 봉여해(奉汝諧)의 신창(新昌) 전지, 박수(朴邃)의 광주(廣州) 전지는 영천부원군(鈴川府院君) 윤사로(尹師路)에게 내려주라. … (중략) … 박중림(朴仲林)의 아산(牙山) 전지, 최사우(崔斯友)의

해미(海美) 전지, 봉뉴(奉紐)의 온양(溫陽) 전지, 윤영손(尹令孫)의 회덕(懷德) 전지, 이개(李塏)의 임피(臨陂) 전지는 전 판원사(判院事) 이계전(李季甸)에게 내려 주라. ··· (중략) ··· 박팽년(朴彭年)의 온양(溫陽) 전지, 조청로(趙淸老), 유성원(柳誠源)의 청주(淸州) 전지, 이개(李塏)의 여산(礪山) 전지, 허조(許慥)의 하양(河陽) 전지, 이문(李聞)의 안산(安山) 전지, 정종(鄭悰)의 평산(平山) 전지는 도승지(都承旨) 한명회(韓明澮)에게 내려 주라.

● 【실록】 세조 35권, 11년(1465) 2월 22일(기해) 3번째 기사. 충청도관찰사 김진지가 고태필 등의 승직과 이석 등의 파출을 건의하다

충청도관찰사 김진지(金震知)가 글로써 아뢰기를, "청주목사(淸州牧使) 고태필(高台弼), 온양군사(溫陽郡事) 이신효(李愼孝), 임천군사(林川郡事) 박휘(朴輝)는 부지런하고 정성스러우며 상세하고 공명하여, 관리는 두려워하고 백성은 편안하니, 승직(陞職)할만하고, 청안현감(淸安縣監) 이석(李晳)은 사리에 어둡고 어리석으며 나태하여 정사를 다스리지 아니하고, 청양현감(靑陽縣監) 유극경(柳克敬)은 게으르고 허황하여 백성의 일을 진휼하지 않으니, 파출할 만합니다." 하니, 명하여 이조(吏曹)에 내리게 하였다.

● 【실록】 세조 37권, 11년(1465) 9월 1일(을사) 4번째 기사. 온양군사 이신효가 상피가 적용되므로 장단군사로 제수하다

온양군사(溫陽郡事) 이신효(李愼孝)가 관찰사(觀察使)와 상피(相避)되므로 장단(長湍)으로 바꾸어 제수하였다. 고을 사람들이 상언하여 유임하기를 청하여 말하기를, "이신효가 백성을 사랑하기를 자식같이 하고 백성들은 보기를 아비같이 합니다." 하였다. 어서(御書)로 불가하게 여기어 말하기를, "가는 곳마다 아비와 같으니, 어찌 너희 고을에만 국한하

겠느냐?" 하였다.

• 【실록】 세조 46권, 14년(1468) 4월 7일(병신) 3번째 기사. 수빈과 윤소훈 등에게 농사지을 땅과 벼 황두 등을 내리다

내수사(內需司)에 전지하기를, "수빈(粹嬪)에게는 고양 농장(農庄)의 종[奴] 모지리(毛知里)의 벼[稻], 황두(黃豆) 아울러 6백 석, 온양 농장(農庄)의 종 득만(得萬)의 벼, 황두 아울러 4백 석과 고양 농사(農舍)의 종 철산(哲山)이 받은 수전(水田)의 종자[種] 3석(石)을 할 만한 땅을, 윤소훈(尹昭訓)에게는 양주(楊州)의 종 금삼(金三)이 받은 수전(水田)의 종자 1석을 할 만한 땅을, 월산군(月山君) 이정(李婷)에게는 공주 농장(農庄)의 종 원생(元生)의 벼, 황두 아울러 1천 4백 석, 경산 농장(農庄)의 종 개질동(介叱同)의 벼, 황두 아울러 1천 6백 석, 충주(忠州)의 종 귀금(貴今)이 받은 수전(水田)의 종자 3석을 할 만한 땅을, 자을산군(者乙山君)[13]에게는 직산 농장(農庄)의 종 말을생(末乙生)의 벼, 황두(黃豆) 아울러 2천 석과 적성(積城)의 종 석을구지(石乙仇知)가 받은 수전(水田)의 종자 2석을 할 만한 땅을, 이경근(李慶根)[14]에게는 충주 농장(農庄)의 종 귀금(貴今)의 벼, 황두 아울러 2천 석과 수전(水田)의 종자 2석을 할 만한 땅을 내려 주게 하라." 하였다.

• 【실록】 성종 16권, 3년(1472) 3월 25일(신유) 3번째 기사. 신창현감 조종 이 하직하다

신창현감(新昌縣監) 조종(趙琮)이 하직하니, 임금이 인견(引見)하고 이

---

13) 【금상(今上)의 휘(諱).】
14) 【곧 명의 공주(明懿公主).】

르기를, "너는 마땅히 칠사(七事)를 닦아 밝히고, 백성들에게 후렴(厚斂)하지 말라." 하였다.

- **【실록】 성종 47권, 5년(1474) 9월 27일(기묘) 1번째 기사. 목청전에 나가서 제사하고 문묘에 이르러 알성하다**

신 등은 엎드려 듣건대 우리 세조혜장대왕(世祖惠莊大王)은 선비의 벼슬길이 막힌 것을 열어주기를 생각하여 매양 순행해 살펴서 어가(御駕)를 멈추고 선비를 뽑았으며, 평양(平壤), 온양(溫陽), 강릉(江陵)에 거둥하여 모두 선비를 뽑았으니, 어찌 홀로 지금 이때에만 그렇게 아니하겠습니까? 엎드려 원하건대 전하께서는 조종(祖宗)의 이룩한 법을 따라서 특별히 선비를 뽑는 명령을 내려서 신 등의 구구한 소망을 허락하소서." 하니, 명하여 차윤중을 불러서 이르기를, "그대가 세조께서 선비 뽑는 것을 가지고 말하였으나 강릉과 평양은 모두 먼 지방이므로 엄체(淹滯)한 사람이 있을 것이나 너는 기보(畿輔) 땅에 있으니 과거(科擧)에 응시하는 것이 무엇이 어렵겠는가?" 하였다.

- **【실록】 성종 76권, 8년(1477) 2월 12일(신사) 1번째 기사. 강무를 당하여 수령들이 민폐를 끼칠 것을 염려하다**

도승지 현석규가 아뢰기를, "지금 강무(講武)를 당하여, 경기(京畿)의 수령(守令)들이 다투어 진귀한 물건[珍異]을 구(求)하여서, 민폐(民弊)를 끼치는 자가 간혹 있을 것입니다. 세조(世祖)께서 온양(溫陽)에 거둥하실 적에 근신(近臣)을 보내어서 비법(非法)을 규거(糾擧)하시어, 김진지(金震知)를 주살(誅殺)하셨으니, 지금도 또한 보내심이 어떻겠습니까?" 하니, 전지하기를, "지응사(支應使)가 이미 알고 있고, 더구나 지금 이미 날이 가까와져서 분요(紛擾)한 폐단이 있을까 두려운데, 어찌 꼭 이같이 해야 하겠는가? 만약 범하는 자가 있으면 자연히 주벌(誅罰)을 당할 것이다."
하였다.

● 【실록】 중종 15권, 7년(1512) 3월 6일(신해) 2번째 기사. 권오기가 온양
　군수로 뽑힌 사람들이 부적당하다고 말하다

　　(대간이 아뢰기를) "온양군수(溫陽郡守) 최창손(崔昌孫)은 잔약하고 용
렬한데다가 병이 있어 결코 그 고을을 소복(蘇復)시키지 못할 것이니,
체직하소서." 하니, 전교하기를, … (중략) … "윤허하지 않는다." 하고,
두 번 아뢰었으나, 윤허하지 않았다.

● 【실록】 중종 15권, 7년(1512) 3월 7일(임자) 1번째 기사. 대간이 군수 최
　창손 등의 인물을 평가하며 임용하지 말기를 청하다

　　대간이 장임, 오보, 이우 및 장리의 아들의 일 등을 아뢰고, 또 아뢰
기를, "온양(溫陽)은 잔폐(殘弊)한 고을인데, 군수 최창손(崔昌孫)이 잔열
(殘劣)하고 또 병이 있어 합당하지 못하니, 개차(改差)하소서. 또한 듣건
대 정조사(正朝使) 이윤검(李允儉) 등이 요동(遼東)에 돌아 와서, 윤검은
평안도절도사에게 서신을 보내고, 서후(徐厚)는 의주목사(義州牧師)에게
서신을 보냈다는데, 중국의 기별(奇別)을 급히 정원에 치계(馳啓)하지 않
고, 서장(書狀) 또한 사서(私書)와 같이 하여 사체를 알지 못하니, 서울에
온 뒤에 추고(推考)하소서." 하니, 전교하기를, "송숙근의 사람됨을 위에
서 몰랐다면 그만이거니와, 쓸만함을 알았다면 쓰는 것이 무엇이 방해
되겠는가? 최창손의 일은 감사(監司) 역시 가려서 차출하기를 청하였으
니, 최창손의 인물이 잔열하다면 가는 것이 가하다. 홍상은 초방의 친
척이기 때문에 조지서 제조가 된 것이 아니라, 전에 일찍이 상의원(尚衣
院), 사복시(司僕寺)의 제조로도 있었는데, 모두 일을 맡아보는 자리였

다. 또한 일찍이 폐조(廢朝) 때에 죄없이 멀리 귀양 갔던 것을 누가 알지 못하겠는가? 조지서는 일을 맡아보는 데가 아니고, 늘 겸제조(兼提調)가 하나도 없는 것이기 때문에 특별히 제수한 것이다. 정조사(正朝使)와 서장관은 서울에 오면 추고하겠다. 나머지는 모두 윤허하지 않는다." 하였다.

- 【실록】 중종 16권, 7년(1512) 8월 8일(기유) 1번째 기사. 간원이 진위현령으로 최칭을 대신해서 용담현령으로 있는 안서봉을 천거하다

  단양군수(丹陽郡守) 신영철(申永徹)도 온양군수(溫陽郡守)였다가 지금 단양군수로 바꾸었습니다. 대체로 온양은 근래에 잔폐하던 끝에 전 군수가 죽었으므로 사람들이 모두 싫어합니다. 신영철이 당초 온양에 제수되자, 피할 길을 꾀하려고 아들의 처가 및 전민이 있는 곳임을 핑계하여 이조(吏曹)에 정소(呈訴)하였으나, 이조에서 들어주지 아니하므로 할 수 없이 부임하였습니다. 그런 뒤에 몹시 잔폐함을 자세히 알고서 다시 이조에 정소하니, 이조에서 유여림(兪汝霖)과 바꾸었습니다. 이조에서 처음에는 들어주지 않았다가 이제는 들어주어 바꾸었으니, 신영철만 사곡(邪曲)한 것이 아니라 이조에서 사정을 쓴 것이 분명하니, 이조를 추문하고 신영철을 온양에 잉임(仍任)하소서. 이렇게 조잔한 고을을 피하려는 것을 한번 그 단서를 열어 놓으면, 뒷날의 폐단을 막기 어려울 것이므로 감히 아룁니다." 하였다.

- 【실록】 중종 20권, 9년(1514) 6월 9일(경자) 4번째 기사. 온성부사 여형과 회안부정 이식을 체차하다

  이은(李誾)은 온양군수(溫陽郡守)에 제수되었는데도 잔폐한 고을이라고 꺼려서 피하고 부임하지 않았으니, 도로 제수하소서. 덕흥부수(德興

副守) 존숙(存肅)은 형제간에 화목하지 않아서 일이 강상(綱常)에 관계되니, 도로 서용(敍用)하지 말아야 합니다.

● 【실록】중종 31권, 13년(1518) 1월 24일(갑자) 1번째 기사. 간원이 허확을 체직하지 말 것과, 온양군수 홍혼을 체직시키도록 청하다

온양군수(溫陽郡守) 홍혼(洪混)은 현감(縣監)에서 체직된 지 30개월이 못 되었고, 별로 공로(功勞)가 없고 현능(賢能)도 아닌데 갑자기 군수(郡守)로 승진시키는 것은 온당치 못하오니 체직시키소서." 하였으나, 모두 윤허하지 않았다.

● 【실록】중종 57권, 21년(1526) 11월 16일(을미) 3번째 기사. 집의 남세웅을 체직시키다

집의(執義) 남세웅(南世雄)이 전에 온양군수(溫陽郡守)로 있을 때 군적(軍籍)에 착오가 있었던 일 때문에, 병조(兵曹)가 초계(抄啓)하여 죄를 청하려 했다. 남세웅은 이 때문에 직에 있기가 송구스럽다고 재삼 사직(辭職)하니 대신들의 의논을 모으라고 명하였다. 영의정 남곤이 의논드리기를, "공사(公事)를 집행하던 중에 있었던 작은 착오 때문에 대간을 경솔히 체직시킬 수는 없습니다. 군적에 대한 착오 때문에 죄받은 사람이 매우 많았습니다. 그런데 남세웅이 다시 와서 사직하는 것은 틀림없이 다른 사람들은 죄를 면치 못하고 있는데 자기만 면한 것을 송구스럽게 여긴 것이고, 따라서 자기만 죄를 면한 것은 대간의 체통을 잃는 것이기 때문입니다. 그의 청을 윤허해도 안 될 것 없겠습니다." 하니, 전교하기를, "집의 남세웅을 체직시키라." 하였다.

● 【실록】 명종 5권, 2년(1547) 1월 18일(신미) 2번째 기사. 온양군수 인구
손 등이 배사하자 인견하고, 백성을 구휼하라고 전교하다

온양군수(溫陽郡守) 인귀손(印龜孫)과 개운포만호(開雲浦萬戶) 김한문
(金漢文)이 배사(拜辭)하니, 상이 인견하고 백성을 구휼하고 군졸을 위무
하라는 뜻으로 하교하였다.

● 【실록】 명종 33권, 21년(1566) 6월 16일(을해) 1번째 기사. 진휼을 잘한
수령들에게 향표리를 하사하라고 전교하다

전교하였다. "올봄에 진휼(賑恤)을 잘한 수령으로서 여주목사(驪州牧
使) 홍춘년(洪春年),[15] 수원부사(水原府使) 강욱(姜昱),[16] 양천현감(陽川縣
監) 심연(沈鍊), 연천현감(漣川縣監) 정종우(鄭宗祐), 청주목사(淸州牧使)
안홍(安鴻), 온양군수(溫陽郡守) 조윤서(趙允瑞), 보은현감(報恩縣監) 황징
(黃憕), 청안현감(淸安縣監) 정충인(鄭忠仁)에게 각각 향표리(鄕表裏)한 벌
씩을 하사하라."[17]

● 【실록】 선조 14권, 13년(1580) 8월 9일(병오) 3번째 기사. 간원이 신창현
감 이성경, 진보현감 성준덕 등을 탄핵하다

사간원이 아뢰기를, "신창현감(新昌縣監) 이성경(李誠慶)은 인물이 우
둔하고 용렬한데다가 처사가 전도되어 온 경내가 시끄럽고 이산(離散)해
가는 집이 속출하고 있으니 파직시키소서. 진보현감(眞寶縣監) 성준덕(成

---

15) 【성품이 간오(簡傲)하였다. 일찍이 정유권간(丁酉權奸)에게 빌붙었다고 해서 시론(時
論)에 폄을 받았고 그의 형 홍춘경(洪春卿)을 섬기는 데에도 역시 불손한 일이 있었다.】
16) 【사람됨이 비루하고 고집불통이었으며, 또 청렴치 못하다는 비방을 받았다.】
17) 【진휼사(賑恤使) 홍섬(洪暹)이 일찍이 그 종사관(從事官)의 말로 인하여 서계(書啓)했
었다.】

駿德)은 자리만 지킬 뿐 일처리에 밝지 못하여 아전들이 간교한 짓을 하고 있으니 파직시키소서." 하니, 아뢴 대로 하라고 답하였다.

● 【실록】 선조 14권, 13년(1580) 9월 18일(을유) 2번째 기사. 재상 답험에 착오를 범한 수령을 파직한 고을

경기우도의 양주(楊州), 삭녕(朔寧), 충청좌도의 온양(溫陽), 청풍(淸風), 충청우도 결성(結城), 경기좌도 여주(驪州), 황해도 봉산(鳳山), 강원도 인제(麟蹄)의 수령을 재상(災傷) 답험(踏驗)의 착오로 모두 파직하였다.

● 【실록】 선조 15권, 14년(1581) 7월 □□일[18] 2번째 기사. 정인홍이 심의겸을 논했을 때 이이도 따랐는데, 정철까지 탄핵하자 의견이 갈리다

정인홍 등이 심의겸을 논계할 때 이이도 따랐었는데 정철(鄭澈)까지 아울러 탄핵하자 이이가 이의를 제기하였다. 그러자 정언 윤승훈(尹承勳)이 이이의 잘못을 탄핵하니 상이 노하여 윤승훈을 신창현감(新昌縣監)으로 내보냈다.

● 【실록】 선조 43권, 26년(1593) 10월 28일(무신) 1번째 기사. 사헌부가 최원, 선거이, 이빈 등에게 군율대로 죄줄 것 등을 아뢰다

(사헌부가 아뢰기를) 아산현감(牙山縣監) 한유성(韓惟省)은 앞서 수령으로 있을 적에 별로 잘한 것도 없었고 또 몸에 병이 있어서 형세가 소임을 감당할 수 없으니 체차하도록 명하소서." 하였다.

---

18) 원문에 일(日)이 밝혀져 있지 않음.

- **【실록】선조 51권, 27년(1594) 5월 2일(기묘) 1번째 기사. 역적의 일로 충청병사 변양준은 가자하고 아산현감 최유원은 품계를 건너뛰어 서용 하다**

  전교하였다. "충청병사 변양준(邊良俊)은 역적을 체포하는 데 극력 주 선했으니 가자하라. 아산현감(牙山縣監) 최유원(崔有源)은 역적에 대한 기별을 제일 먼저 보고하였으니, 품계를 건너뛰어 서용하라."

- **【실록】선조 66권, 28년(1595) 8월 9일(기유) 1번째 기사. 해주의 별시 실시에 대해 비변사에서 이의를 제기하다**

  정원이 전교하기를, "황해도에서 시취(試取)하는 일은 대체로 마땅히 해야 할 일이니 반드시 전례를 따질 것이 아니다. 그러나 전의 일로써 말하더라도 온양(溫陽)과 개성(開城)에서도 다 별거(別擧)가 있었다. 대개 임금이 거둥한 곳에는 은전을 보이지 않을 수 없는 것이니, 어찌 인재를 시취(試取)하는 데 넓고 좁음을 따지겠는가. 전에 의주(義州)에서도 관서 (關西) 사람을 시취하였으니 올 가을에 황해도에서 시취하는 것은 의심 할 일이 아니다. 다시 의계(議啓)할 것으로 비변사에 말하라." 하였는데, 비변사가 회계하기를, "전의 일로 말한다면 온양과 개성뿐만 아니라, 여주(驪州)나 고성(高城)에서도 행행(行幸)하여 인재를 시취한 사례가 있 습니다. 만일 대가(大駕)가 해주에 머물러 계실 때 의주 등에서 과거를 실시한 예에 따라 사람을 시취하셨다면 불가할 것이 없으나, 환도(還都) 하신 뒤에 특별히 별거(別擧)를 명령하시어 특수한 대우를 보이시는 것 은 그 위로하는 은전이 편중된 듯하며 사방에서도 실망할 것입니다. 신 들의 생각에는 끝내 온당치 못하다고 여깁니다. 감히 아룁니다." 하니, 답하기를, "나는 이곳에 돌아왔으나 중전이 그곳에 있으니, 이는 어머니 가 그대로 그곳에 있는 것이다. 별시(別試)는 당연한 일이다. 이 계(啓)는 온당하지 못하니 다시 의계하도록 하라." 하였다.

• 【실록】 선조 77권, 29년(1596) 7월 9일(갑술) 1번째 기사. 온양군수 한순의 파직을 청하다

온양군수(溫陽郡守) 한순(韓淳)은 임진년(壬辰年)의 변에 아비가 왜적의 손에 죽었을 때 즉시 달려가 곡(哭)하지 아니하여 인륜에 큰 죄를 얻었으니, 파직하고 서용(敍用)하지 말도록 명하소서." 하니, 상이 아뢴 대로 하라고 하였다.

• 【실록】 선조 93권, 30년(1597) 10월 7일(갑자) 4번째 기사. 군공첩을 속히 만들어 충청도와 전라도감사에게 보내도록 지시하다

전교하였다. "전일에 충청도 온양(溫陽)과 전라도 부안(扶安)에서 왜적을 포획한 군공(軍功)을 올린 서장(書狀)에 따라 각별히 파격적으로 논상하라고 전교하고 군공을 이미 마련해서 계하하였는데 어찌 지금까지 거행하지 않는가? 그 군공첩(軍功帖)을 속히 만들어 본도 감사에게 내리도록 하라."

• 【실록】 선조 182권, 37년(1604) 12월 19일(갑자) 2번째 기사. 간원이 구성의 구속, 시약청 상가 환수, 이홍로의 추고, 이준의 체차를 청하다

(간원이 아뢰기를) "충청감사 이홍로(李弘老)는 아산(牙山) 주민의 등장(等狀)을 거론하여 강극유(姜克裕)의 선정(善政)을 극구 진술하면서 대부의 비평을 받았다고 하는가 하면 풍문이 혹은 사적으로 미워하는 데에서 나왔다는 등 마치 대부의 비평을 받은 것에 대해 극유의 억울함을 따지는 듯하였으니, 너무나도 번신의 체통을 알지 못한다 하겠습니다. 추고를 명하소서."

● 【실록】 선조 186권, 38년(1605) 4월 8일(임자) 3번째 기사. 허욱, 황섬이
홍영의 일을 아뢰다

이조판서 허욱(許頊)과 참의 황섬(黃暹)이 아뢰기를, "전일 정사(政事)
에 영유현령(永柔縣令)을 차출할 때, 선정을 베푼 수령 및 기타 명망이
있는 사람으로 선택하여 차출하도록 전교하셨는데, 신창현감(新昌縣監)
홍영(洪榮)이 선정을 베풀었으므로 승진되어야 한다는 전후의 장계가 모
두 승전책(承傳冊)에 기록되었기 때문에 전례에 따라 비의(備擬)하여 수
점(受點)하기에 이르렀습니다. 그런데 지금 들으니 홍영은 이조좌랑 민
경기(閔慶基)의 아내와 동성사촌(同姓四寸)이라고 합니다. 법에 있어서
의당 피혐하여야 되는데 혼매하여 살피지 못하였으니, 그 직책을 수행
하지 못한 죄가 큽니다. 황공스러워 대죄합니다."[19] 하니, 전교하기를,
"그러지 말라. 이미 제수하였으니 그대로 두어라." 하였다.

사신은 논한다. 법이라는 것은 임금이 세상을 다스리는 도구로서 한
시대의 다스려짐과 어지러워짐이 관계된다. 법이 한 번 굽혀지면 굽혀
진 것은 작지만 손상되는 것은 크기 마련이니 경계하지 않을 수 있겠는
가. 지난번에는 양즙이 재임(再任)된 처지로 길주(吉州)에 부임하였고,
이번에는 홍영이 상피할 처지로 영유(永柔)를 그대로 맡았으니, 조종(祖
宗)이 법을 설정한 의의가 어디에 있단 말인가. 이목지관(耳目之官)도 전
혀 한 마디 말도 없으니, 아, 또한 괴이하다.

● 【실록】 선조 187권, 38년(1605) 5월 16일(기축) 2번째 기사. 홍여순, 김
신원, 한효순, 이선복, 이문전, 이명준 등에게 관직을 제수하다

홍여순(洪汝諄)을 호조판서로, 김신원(金信元)을 동지중추부사로, 한

---

19) 【홍영은 허성(許筬)의 사위이며 의창군(義昌君)의 동서(同壻)이다.】

효순(韓孝純)을 행평안감사(行平安監司)로, 이선복(李善復)을 홍문관응교로, 이문전(李文荃)을 황해병사로, 이명준(李命俊)을 호조좌랑으로, 윤수겸(尹守謙)을 예조좌랑으로, 윤선정(尹先正)을 종성부사(鍾城府使)로, 심윤(沈惀)을 영평현령(永平縣令)으로, 김충민(金忠敏)을 홍원현감(洪原縣監)으로, 송응순(宋應洵)을 부제학으로, 원욱(元稶)을 한산군수(韓山郡守)로, 이통(李通)을 온양군수(溫陽郡守)로, 김덕겸(金德謙)을 충청도사로, 유도(柳塗)를 공주판관(公州判官)으로, 이인기(李麟奇)를 보은현감(報恩縣監)으로, 이승형(李升亨)을 은진현감(恩津縣監)으로, 현극(玄極)을 상토첨사(上土僉使)로, 허함(許涵)을 이산현감(尼山縣監)으로 삼았다.

- **【실록】** 선조 196권, 39년(1606) 2월 4일(계묘) 2번째 기사. 음죽현감 남빈, 진위현령 윤기빙 탄핵, 해운판관 심광세의 상피 등에 관한 헌부의 상소문

  (사헌부가 아뢰기를) "해운판관(海運判官) 심광세(沈光世)는 아산현감(牙山縣監) 심정세(沈挺世)와는 동복형제이고 또 정산현감(定山縣監) 구인기(具仁基)와는 이성 사촌 형제입니다. 한 도에 같이 있다 보면 전세(田稅)를 독촉하거나 조졸(漕卒)을 조발하는 즈음에 반드시 구애받는 일이 많을 것입니다. 해조(該曹)로 하여금 속히 의논하여 처리하게 하소서." 하니, 상이 윤허한다고 하였다.

- **【광해일기】** 광해 7권, 즉위년(1608) 8월 21일(을해) 3번째 기사. 충청도 암행어사의 서계로 송선 등을 승선할 것 등을 전교하다

  충청도 암행어사의 서계로 인하여 전교하였다. "단양군수(丹陽郡守) 송선(宋瑄), 한산군수(韓山郡守) 성이민(成以敏)은 모두 승서(陞敍)하고, 남포현감(藍浦縣監) 이완(李莞), 이산현감(尼山縣監) 이진웅(李震雄), 청안

현감(淸安縣監) 양사행(梁思行)은 옷감 한 벌씩을 내려주고, 공주목사(公州牧使) 허균(許筠), 태안군수(泰安郡守) 신진(申溱), 진천현감(鎭川縣監) 윤인연(尹仁演), 신창현감(新昌縣監) 경괄(慶适) 등은 모두 파직하라.

- **【광해일기】광해 49권, 4년(1612) 1월 15일(경술) 6번째 기사. 박안현 조 공근 등에게 관직을 제수하다**

    조공근(趙公瑾)을 온양군수로, 이경안(李景顔)을 정언으로, 김지남(金止男)을 보덕으로 삼았다.

- **【광해일기】광해 141권, 11년(1619) 6월 2일(계축) 5번째 기사. 대신에게 관직을 제수하다**

    홍방(洪霶)을 동지사로, 안경(安璥)을 장령으로, 남명우(南溟羽)를 정언으로, 정도(鄭道)를 부교리로, 장세철(張世哲)을 전주부윤으로, 유필영(兪必英)을 신창현감으로 삼았다. 남명우는 사람됨이 간사하고 아첨을 잘해 남을 기쁘게 하여 청로(淸路)로 진출하였다. 장세철은 약간의 이재(吏才)는 있었으나 음직으로 발신해 이이첨에게 아첨하여 2품까지 이르렀는데, 벼슬살이하면서 탐욕스럽고 야비하여 오직 수탈하는 것만 일삼았다. 유필영은 윤숙의(尹淑儀)의 외조부로 이때 나이 70여 세였다.

- **【광해일기】광해 174권, 14년(1622) 2월 8일(갑술) 2번째 기사. 전세 상 납 미룬 수령을 조사하여 파직 시킬 것을 명하다**

    호조가 아뢰기를, "백관에게 녹봉을 주는 것은 국가의 큰 정사인데, 지난해 동등(冬等)을 아직까지도 다 나누어주지 못해 올해 춘등(春等)은 생각도 못하게 되었으니, 이는 실로 전에 없던 변으로써 모두 신들이 직무를 제대로 수행하지 못한 죄입니다. 전세(田稅) 수미(收米)를 납부하도록 독촉하는 일을 하유하여 재촉한 것이 지금 몇 번 째입니다. 분조참의(分曹參議) 이창정(李昌庭) 및 해운판관(海運判官) 김수현(金守玄)이 현재 양호(兩湖)에 있으면서 도를 나누어 재촉하고 있는데, 어찌 마을에 출입하면서 세세히 따지며 세금을 가혹하게 거둘 수 있겠습니까. 각관을 검칙하는 데 불과할 뿐이고 검칙의 권한도 '계문하여 파출시키겠다.'고 말하는 데 불과할 뿐인데, 장계하여 파직시키도록 청한 관원이 지금까지 편안히 앉아 냉소하며 서로 지켜만 본 채, 비록 본조 당상이 직접 내려가더라도 이러한 무리에 대해서 어찌하겠습니까. 지난번에 전세를 가장 심하게 납부치 않은 신창(新昌), 대흥(大興) 두 고을의 수령을 해운판관 김수현이 이미 파출시켰는데, 또다시 잉임(仍任)시켰고, 본조가 법에 의거해 파직시키도록 청한 것이 두 번이었는데, 아직까지 결정을 받지 못하고 있으니, 완악하고 오만한 수령을 징계할 방법이 없습니다. 이에 감히 아룁니다." 하니, 전교하기를, "전세를 느릿느릿 오래도록 상납하지 않으면 비록 잘 다스리는 훌륭한 관리라 하더라도 파직시킨들 무엇이 아깝겠는가. 그 납부하지 않은 각 고을이 어찌 이 두 고을뿐이겠는가. 본도 감사와 해운판관이 십분 자세히 조사하여 치계한 후 처치하라." 하였다.[20]

● 【실록】 인조 29권, 12년(1634) 3월 6일(임진) 1번째 기사. 종사관 윤명은의 보고에 따라 관리들을 출척하다

도체찰사 김류가 아뢰기를, "종사관 윤명은(尹鳴殷)이 서계한 내용에,

---

20) 『이때 수령으로서 궁첩의 인척이 아니면 거의 대부분이 이들과 뇌물로 체결한 사람들이었으므로, 법에 의거하여 파직시키라는 청이 이행될 수 없었다.』

수영우후(水營虞候) 유하(柳遐), 서천군수(舒川郡守) 이극화(李克華), 남포현감(藍浦縣監) 손종로(孫宗老), 천안군수(天安郡守) 조경기(趙慶起)는 잘 다스리지 못한 정상이 있다고 하였으니 파직시키고, 홍주목사(洪州牧使) 안복선(安復善), 한산군수(韓山郡守) 심기주(沈器周), 아산현감(牙山縣監) 박대화(朴大華)는 모두 정사를 잘한 성적이 있다고 하였으니 해조로 하여금 논상하게 하소서." 하니, 상이 따랐다.

- **【현개】현개 5권, 2년(1661) 6월 5일(임오) 3번째 기사. 이증, 백홍우, 채이항, 정시걸, 이현 등을 파면 혹은 추문하다**

　　신창현감(新昌縣監) 박융부(朴隆阜) … (중략) … 아산현감(牙山縣監) 이정악(李挺岳), 평택현감(平澤縣監) 심익선(沈益善), 이산현감(尼山縣監) 이관하(李觀夏), 흥덕현감(興德縣監) 오정언(吳挺彦), 무장현감(茂長縣監) 정시대(鄭始大), 만경현령(萬頃縣令) 도거원(都擧元), 경산현감(慶山縣監) 이희년(李喜年)에게는 모두 포상(褒賞)을 베풀었는데, 3도(道)의 암행어사가 서계한 것을 인해서이다.

- **【실록】현종 4권, 2년(1661) 6월 6일(계미) 1번째 기사. 어사 이민적의 서계에 따라 각 고을 현감, 군수에게 상벌을 내리다**

　　어사 이민적(李敏迪)의 서계에 따라 서산군수(瑞山郡守) 윤격(尹橄), 당진현감(唐津縣監) 윤세교(尹世喬), 태안군수(泰安郡守) 민진량(閔晋亮), 아산현감(牙山縣監) 이정악(李挺岳), 평택현감(平澤縣監) 심익선(沈益善), 이산현감(尼山縣監) 이관하(李觀夏) 등을 모두 포상하고, 신창현감(新昌縣監) 박융부(朴隆阜), 덕산현감(德山縣監) 황봉조(黃奉祖) 등을 금부에 내렸다.

- **【현개】현개 13권, 6년(1665) 4월 29일(을유) 3번째 기사. 차점으로 낙방한 자 중 3인에게 급제를 하사하고 2인에게 관직을 제수하다**

  상이 본군 사람이 과거에 합격한 자가 없다는 것은 과거를 실시한 본래 의도가 아니라 하여, 차점으로 낙방한 자들의 시험지를 들여오라고 하였는데, 그 중 5인이 모두 온양 사람이었다. 상이 이들에게 모두 급제를 하사할 것을 명하자, 영의정 정태화와 대제학 김수항 등이, 규정을 벗어나 5인이나 급제를 하사하는 것은 너무 지나치다며 그 중에서 다시 가려 뽑기를 청하였다. 상이 그 말을 따라 조이병(趙爾炳), 선약봉(宣若奉), 임유(林濡) 등 3인에게만 급제를 하사하라고 명하고, 조명한(趙鳴漢), 신한선(申漢宣) 두 사람은 해조로 하여금 관직을 제수하게 하였다.[21] 임유는 얼마 후에 호적을 위조했다는 이유로 제적되었다.

- **【현개】현개 13권, 6년(1665) 5월 6일(신묘) 2번째 기사. 신계영을 지중추로 삼고, 온양 노인 15인의 자급을 올려 주다**

  신계영(辛啓榮)을 지중추로 삼고, 온양 노인 박춘화(朴春華)등 15인의 자급을 올려 주었다.

- **【현개】현개 14권, 6년(1665) 11월 21일(계묘) 2번째 기사. 양사에서 온양 행행 이후 상직을 내린 명의 환수를 청하다**

  양사가 온양에 다녀와서 상격을 내린 것을 환수할 일로 연계(連啓)하니, 상이 단지 유도(留都)한 사람 및 약방의 관원에게 가자한 것과 사관(史官)을 6품으로 천전시키게 한 명만 환수하였다.

---

21) 『뒤에 모두 재랑(齋郞)을 제수하였다.』

● 【현개】 현개 15권, 7년(1666) 6월 1일(경술) 4번째 기사. 감사 임의백과 군수 박매에게 가자하다

상이 대신과 비국의 신하들을 인견하였다. 상이 이르기를, "작년에 온천에 갔을 때 본도 감사와 온양군수를 모두 가자(加資)했었다. 이번에도 차이를 두어서는 안 되겠으니, 감사 임의백(任義伯)과 군수 박매(朴邁)를 모두 가자하라." 하였는데, 장령 이광적이 그 명을 거두기를 청하였으나, 상이 따르지 않았다. 몇 달 동안 계속해서 아뢰었으나, 윤허를 받지 못하였다.

● 【현개】 현개 16권, 8년(1667) 1월 1일(병자) 1번째 기사. 박장원, 조복양, 강백년, 윤강 등에게 관직을 제수하다

박장원을 형조판서로, 조복양을 이조참판으로, 강백년을 대사간으로, 윤강을 공조판서로, 이민채를 봉교로, 이경휘를 병조참판으로, 이경억을 대사헌으로, 윤문거를 좌부빈객으로, 이시술을 병조참지로, 이익을 겸보덕으로, 심재를 겸필선으로, 이유상을 겸사서로, 홍만종을 겸설서로, 윤지선을 설서로, 김징을 장령으로, 오두인을 부교리로 삼고, 도승지 장선징을 특별히 가선의 품계로 올려 주었다. 이때 좌승지 김만기가 온양에서 상을 수행한 노고로 가선의 품계에 올랐는데, 장선징은 통정의 품계이므로 응당 그의 밑에 있어야 했으나, 승정원의 관례에 이미 도승지를 거쳤을 경우에는 좌·우승지로 강등될 수가 없었기 때문에 이조가 그 뜻으로 여쭙자, 상이 명하여 특별히 장선징의 품계를 올려 준 것이다.

● 【실록】 숙종 60권, 43년(1717) 7월 18일(경오) 2번째 기사. 온양의 별과 문과 액수를 8인으로 정하다

약방(藥房)에서 들어와 진찰하였다. 임금이 안질(眼疾)이 더욱 위중하

여겼으므로 침을 맞았다. 제조(提調) 민진후(閔鎭厚)가 주원(廚院)에 이직(移直)하겠다고 청하였으나, 임금이 우선 며칠 동안 병세를 살펴보고 하라고 하였다. 민진후(閔鎭厚)가 또 말하기를, "온양(溫陽)의 별과(別科) 문과(文科)의 액수(額數)를 을사년에는 9인으로 하였고 병오년에는 3인으로 하였으니, 지금도 그 액수를 정해야 합니다." 하니, 임금이 이르기를, "마땅히 을사년의 전례를 따라 9인으로 하라." 하였다. 민진후가 말하기를, "을사년에 9인으로 한 것은 대체로 곡절이 있습니다. 처음에는 6인으로 출방(出榜)하였으나 임금께서 온양(溫陽) 사람이 참여하지 않았다는 이유로 온양 사람의 시권(試券) 가운데 차등(次等)에 있는 사람의 것을 넣게 하였으므로, 드디어 9인이 된 것입니다." 하니, 임금이 이르기를, "선왕(先王)께서 온양 사람이 참여하지 않았다는 이유로 특별히 사제(賜第)할 것을 명하셨으니, 이번에 만약 참여하는 사람이 없으면 어떻게 해야 되겠는가?" 하였다. 민진후가 아뢰기를, "과거(科擧)의 입락(立落)은 글의 공졸(工拙)에 달려 있는 것입니다. 어떤 사람은 시권(試券)에다 '온(溫)'자를 쓰게 해서 온양 사람이 아주 빠져버리는 일이 없게 해야 한다고도 하고, 어떤 사람은 그렇게 하는 것은 사체(事體)가 구간(苟簡)스러우니 결단코 할 수 없다고 하기도 합니다." 하니, 임금이 이르기를, "서북 지방에 별과(別科)를 보일 적에는 시권에다 으레 남, 북이라고 써서 표시하게 했으니, 이것도 그 준례에 따라 시권에 '온(溫)'자를 쓰게 하는 것이 좋겠다." 하였다. 민진후가 말하기를, "9인은 아무래도 너무 지나친 것으로 생각됩니다. 성의(聖意)로 을사년의 전례를 적용하려 하신다면 원액(元額) 6인 외에 온양 사람 1인을 더 채용하는 것이 좋을 것 같습니다." 하니, 임금이 8인으로 액수를 정하라고 명하였다. 다음날 좌의정(左議政) 이이명(李頤命)이 임금에게 액수가 너무 과다하다고 아뢰니, 액수를 다시 7인으로 고쳤다.

- 【실록】 영조 19권, 4년(1728) 8월 2일(경진) 1번째 기사. 전라병사 이익 필, 성주목사 이보혁, 온양군수 조국빈, 호서어사 김시형을 인견하다

임금이 전라병사(全羅兵使) 이익필(李益馝), 성주목사(星州牧使) 이보 혁(李普赫), 온양군수(溫陽郡守) 조국빈(趙國彬), 호서어사(湖西御史) 김시 형(金始炯)을 인견(引見)하였다. 임금이 이익필에게 말하기를, "친공신 (親功臣)은 쉽사리 외방(外方)에 내보낼 수 없으나, 지금은 외방이 중요한 때이므로 어쩔 수 없이 내보내니, 모든 일에 유념해야 한다."

하매, 이익필이 말하기를, "무비(武備)를 신칙(申飭)하여 정돈해서 위 임하신 성의(聖意)를 저버리지 않겠습니다." 하였다. 이보혁이 말하기 를, "본읍(本邑)은 사노(寺奴)와 방군(防軍)이 가장 병폐이므로, 일전에 도신(道臣)이 천역(賤役)을 면한 사노를 모두 천역으로 되돌릴 뜻을 아뢰 어 윤허받았고, 신이 천역을 면한 무리를 찾아낸 것도 60여 명이나 되 니, 방군을 보충하기 어려운 폐단을 조금 없앨 수 있을 것입니다." 하고, 조국빈은 말하기를, "신이 부임한 뒤에 폐단이 있으면 도신과 상의하여 변통하겠습니다." 하니, 임금이 말하기를, "이제 이웃과 겨레붙이에게 침징(侵徵)하는 폐단을 신칙하였으니, 내려간 뒤에는 유의해서 하라." 하였다.

- 【실록】 영조 39권, 10년(1734) 12월 25일(병인) 5번째 기사. 탕평의 폐단 과 훈련대장 장붕익의 방탕한 사치 등에 대한 사간 조한위의 상소

지난번 아산현감(牙山縣監)의 자리에는 이엽(李燁)을 수망(首望)하기에 이르렀으니, 신중히 선택하는 뜻을 잃었습니다. 신의 생각에는 해당 전 관(銓官)은 마땅히 규경(規警)을 가해야 할 것입니다. 또 듣건대, '대신(大 臣)이 이엽의 낙점을 받지 못한 문제로 연석(筵席)에서 우러러 질문하였 는데, 성교(聖教)에 착인(錯認)했다고 대답하였다.'했으니, 신의 생각에

는 군신(君臣)이 모두 실수했다고 여깁니다. 대신의 도리는 신하로서 임금을 섬김에 있어 진실로 준재(俊才)를 천거하여 임금이 채용하지 않는다면, 변통해서 다시 나오게 하더라도 불가함이 없을 것입니다. 그런데 이제 늙은 의관(醫官)의 수령에 제수되지 못한 것으로써 심지어는 성의(聖意)의 있는 바를 질문했으니, 전에 듣지 못하던 일입니다. 성교에 이른바 착인했다는 말이 만약 대답하기 어려워서 우선 임시변통에서 나온 말이라면, 전하께서도 대신을 대우함이 또한 성실하지 못한 것입니다."

- 【실록】 영조 42권, 12년(1736) 8월 6일(정묘) 1번째 기사. 호서어사 정이검이 복명하니, 수령을 잘 조사하여 아뢰게 하다

  호서어사 정이검(鄭履儉)이 복명하니, 임금이 불러 보았다. 서계를 열람하고 나서 하교하기를, "수령이 어찌 반드시 혁혁한 성문(聲聞)이 있은 뒤에야 잘 다스린다고 할 수 있겠는가? 명예를 요구하는 자에게는 마땅히 책벌(責罰)을 가해야 하겠지만 백성들은 원망을 반드시 조정에 돌리는 것이다. 그러나 원망이 돌아오는 것을 두려워하여 벌을 가하지 않게 되면 조정에서도 명예를 요구하는 것에 가까운 것이 되니, 장차 어떻게 아랫사람을 책망할 수 있겠는가? 나 또한 스스로 반성해야 한다." 하였다. 온양군수(溫陽郡守) 이시정(李時鼎)은 치행(治行)이 제일이라는 것으로 표리(表裏)를 하사하고, 그 나머지 불법을 저지른 3인에 대해서는 엄중히 조사하여 무겁게 감죄(勘罪)하라고 명하였다.

- 【실록】 영조 73권, 27년(1751) 2월 11일(기묘) 1번째 기사. 정언 이홍덕이 상서하여 이응협, 조상규의 사판 삭거 등을 청하다

  헌부(憲府)에서 전달을 거듭 상달하였으나, 따르지 않았다. 간원(諫院)에서[22) 전달을 거듭 상달하였으나, 따르지 않았다. 또 상달하기를, "전

대사간 이응협(李應協)은 탐도(貪饕)하고 비쇄(鄙瑣)하여 이민(吏民)을 침학(侵虐)하였고 억지로 여가(閭家)를 빌려서 살아 사람들이 지탱해 감당하지 못하였으니, 청컨대 사판(仕版)에서 삭거하소서." 하니, 동궁(東宮)이 답하기를, "지나치다." 하였다. 또 상달하기를, "사포서별제(司圃署別提) 조상규(趙尙圭)는 사람됨이 음흉하고 교활하여 지난 가을 온천(溫泉)에 거둥하실 때에 갑자기 희기(希覬)하는 마음을 내어 거짓으로 온양(溫陽)에 이거(移居)한다고 일컫고서 본직(本職)에 제수됨을 얻었으니, 청컨대 조상규를 영구히 사판에서 삭거하소서. 우통례(右通禮) 우경한(禹景漢)은 지처(地處)가 비천한데 분관(分館)하는 초기에 일세(一世)를 기폐(欺蔽)하여 외람되이 국자감(國子監)에 소속되어 전후(前後)의 천력(踐歷)이 과람(過濫)하지 않음이 없습니다. 청컨대, 우경한을 빨리 태거(汰去)시키게 하소서." 하니, 동궁이 답하기를, "아뢴 대로 하라." 하였다.

- 【실록】영조 87권, 32년(1756) 3월 12일(경진) 5번째 기사. 충청어사 조엄을 불러 도내 수령의 치적에 대해 묻다

아산현감(牙山縣監) 유언종(兪彦宗)은 늙어 정신이 혼미하고, 공주영장(公州營將) 장섭(張涉)은 잔약하고 무능하며, 금정찰방(金井察訪) 김치한(金致翰)은 양가의 부녀자를 겁탈하였다고 아뢰니, 임금이 모두 파직하고 즉시 대신할 사람을 보내라고 명하였다.

- 【실록】영조 121권, 49년(1773) 11월 10일(을축) 2번째 기사. 영의정 김상복이 충청도의 진자, 윤득흠의 일 등에 대해 아뢰다

김상복이 말하기를, "전 아산현감(牙山縣監) 윤득흠(尹得欽)과 전 홍주

22) 〖정언 이홍덕(李弘德)이다.〗

영장(洪州營將) 이언방(李彦邦)은 전에 대계(臺啓)로 인하여 처분된 적이 있었는데 신이 이번 걸음에 자세히 들으니 사실과 상반된다고 합니다." 하니, 임금이 말하기를, "대신(大臣)이 친히 듣고서 이미 아뢰었으니 모두 탕척(蕩滌)하라." 하였다.

- 【실록】 영조 125권, 51년(1775) 11월 19일(임진) 4번째 기사. 호서어사가 복명하여, 충주목사 등 수령들을 파직, 삭직하다

충주목사 서각수(徐覺修)는 먼저 파직시킨 뒤에 잡아들이게 하고, 문의현령(文義縣令) 박대순(朴大淳)과 아산현감(牙山縣監) 박일원(朴一源)과 홍산현감(鴻山縣監) 정지순(鄭持淳), 전의현감(全義縣監) 신함(申涵), 신창현감(新昌縣監) 이수형(李修亨), 당진현감(唐津縣監) 김경조(金景祖)는 모두 삭직(削職)시키게 하였는데, 어사가 진달한 바에 따른 것이다.

- 【실록】 순조 13권, 10년(1810) 5월 27일(경진) 3번째 기사. 진휼한 고을의 수령 및 원납인 등에게 차등 있게 논상하다

진휼한 고을의 수령 및 원납인(願納人) 등에게 논상(論賞)하라고 명하였다. 보령현감(保寧縣監) 함정희(咸正禧), 진도(珍島) 전 군수 민식(閔植)은 가자(加資)하고, 상주목사(尙州牧使) 이영소(李英紹)에게는 새서표리(璽書表裏)를 내려 주었으며, 나주목사(羅州牧使) 김사희(金思羲), 서천군수(舒川郡守) 조덕양(趙德壤), 고창현감(高敞縣監) 변세의(卞世義), 광양현감(光陽縣監) 이은회(李殷會)에게는 표리를 내려 주었다. 순창군수(淳昌郡守) 이광헌(李光憲), 남원현감(南原縣監) 남주헌(南周獻), 낙안군수(樂安郡守) 이보영(李普榮), 당진현감(唐津縣監) 서치보(徐致輔)에게는 준직(準職)을 제수하고, 온양군수(溫陽郡守) 이대원(李大遠), 신창현감(新昌縣監) 윤치유(尹致猷), 전의현감(全義縣監) 이영효(李英孝), 벽사찰방(碧沙察訪) 원

재성(元在誠), 영천(永川) 전 군수 서유교(徐有教)는 모두 승서(陞敍)하였으며, 그 나머지에게는 차등을 두어 시상하였다.[23]

• 【실록】순조 33권, 33년(1833) 6월 12일(신해) 1번째 기사. 목사, 군수, 현감 등의 실정과 선정에 대해 암행어사 김기만이 서계하다

　공충좌도 암행어사 김기만(金箕晩)이 서계(書啓)하여, 온양(溫陽)의 전 군수(郡守) 이조식(李祖植), 단양(丹陽)의 전 군수 이유(李游), 청안(淸安)의 전 현감(縣監) 신명조(申命藻), 천안(天安)의 전 군수 정동만(鄭東萬), 전전(前前) 군수(郡守) 서병순(徐秉淳), 서원현감(西原縣監) 성긍묵(成兢默), 진천현감(鎭川縣監) 홍익주(洪翼周), 전 현감 서유호(徐有皓), 전의현감(全義縣監) 변상대(邊相位), 전 평택현감(平澤縣監) 구병로(具秉魯), 아산현감(牙山縣監) 이돈명(李敦明), 연원(連原)의 전 찰방(察訪) 채홍면(蔡弘勉), 영동현감(永同縣監) 김보근(金普根), 전 현감 조학점(趙學點), 직산(稷山)의 전 현감(縣監) 정택우(鄭澤友), 신창현감(新昌縣監) 강이문(姜彝文), 연기현감(燕岐縣監) 정학제(鄭鶴濟), 음성현감(陰城縣監) 조득겸(趙得謙), 연풍현감(延豊縣監) 정하교(丁夏敎), 직산현감(稷山縣監) 김천서(金天敍), 서원(西原)의 전 영장(營將) 구재봉(具載鳳) 등의 잘 다스리지 못한 실상을 논하니, 아울러 경중(輕重)을 나누어 감처(勘處)하게 하였다.

• 【실록】순조 34권, 34년(1834) 6월 24일(무오) 2번째 기사. 이조에서 제도의 진휼을 마친 상황을 복계하다

　이조에서 제도(諸道)의 진휼을 마친 상황을 복계(覆啓)하였으니, 제일 먼저 포상할 수령은 상주목사(尙州牧使) 조기복(趙基復), 개령현감(開寧縣

---

23) 『각도의 사민(士民)이 원납(願納)한 각종 곡식은 5만 9천 4백 28석이다.』

監) 김재경(金在敬), 대흥군수(大興郡守) 한여(韓礖), 아산현감(牙山縣監) 김진화(金鎭華)에게 모두 포상의 은전(恩典)을 시행하고, 진휼을 도운 사람은 등급을 나누어 시상하였다.

● 【실록】 헌종 6권, 5년(1839) 6월 22일(병술) 4번째 기사. 충청좌도 암행어사 임백경의 서계에 따라 이계재 등에게 죄를 주다

충청좌도 암행어사(忠淸左道暗行御史) 임백경(任百經)을 희정당(熙政堂)에서 불러 보고, 청안현감(淸安縣監) 이계재(李繼在), 목천현감(木川縣監) 이인영(李寅永), 충주목사(忠州牧使) 신재익(申在翼), 전의현감(全義縣監) 이의연(李義延), 청풍부사(淸風府使) 박종완(朴宗琬), 괴산군수(槐山郡守) 김병두(金炳斗), 온양군수(溫陽郡守) 성헌증(成憲曾), 청산현감(靑山縣監) 이용재(李龍在), 아산현감(牙山縣監) 정지영(鄭祉榮), 연풍현감(延豐縣監) 이상신(李象信), 신창현감(新昌縣監) 이정구(李鼎耉), 율봉찰방(栗峰察訪) 박호수(朴皓壽) 등을 차등 있게 죄주었는데, 어사의 서계(書啓)에 인한 것이었다.

● 【실록】 헌종 9권, 8년(1842) 7월 26일(임신) 1번째 기사. 충청좌도 암행어사 이경재를 소견하고, 유석주, 심능학, 이형만 등을 죄주다

충청좌도 암행어사(忠淸左道暗行御史) 이경재(李經在)를 희정당에서 소견(召見)하였다. 전 충주목사(忠州牧使) 유석주(兪碩柱), 제천현감(堤川縣監) 심능학(沈能學), 전의현감(全義縣監) 이형만(李馨萬), 전 청산현감(靑山縣監) 신명연(申命淵), 전 신창현감(新昌縣監) 전봉주(全鳳周), 전 음성현감(陰城縣監) 신명준(申命準), 전 연풍현감(延豐縣監) 강이구(姜彝九), 전 성환찰방(成歡察訪) 나한기(羅漢基), 문의현령(文義縣令) 김진근(金晉根) 등을 차등을 두어 죄주었으니, 어사(御史)의 서계(書啓)로 인함이었다.

● 【실록】 헌종 14권, 13년(1847) 10월 8일(갑인) 2번째 기사. 어사의 서계로 이조식, 김봉서, 홍면용 등을 차등을 두어 죄주다

전 청주목사(淸州牧使) 이조식(李祖植), 전 전의현감(全義縣監) 김봉서(金鳳敍), 전 영춘현감(永春縣監) 홍면용(洪冕容), 온양군수(溫陽郡守) 심의익(沈宜益), 직산현감(稷山縣監) 윤영원(尹榮遠), 전 충주목사(忠州牧使) 이형원(李衡遠), 전 단양군수(丹陽郡守) 민황세(閔璜世), 전 신창현감(新昌縣監) 이우겸(李愚謙), 전 평택현감(平澤縣監) 정성수(鄭性秀), 전전 아산현감(牙山縣監) 이용관(李用觀), 전 연풍현감(延豊縣監) 한중리(韓重履), 전 제천현감(堤川縣監) 홍장섭(洪璋燮) 등을 차등을 두어 죄주었다. 어사(御史)의 서계(書啓)에 말미암은 것이다.

● 【실록】 철종 3권, 2년(1851) 3월 22일(기유) 2번째 기사. 서계하여 단양군수 장조 등을 탄핵한 충청좌도 암행어사 서당보를 불러 보다

충청좌도 암행어사(忠淸左道暗行御史) 서당보(徐堂輔)를 불러서 보았는데 단양군수(丹陽郡守) 장조(張照), 신창현감(新昌縣監) 김건(金鍵), 제천현감(堤川縣監) 조행진(趙行鎭), 온양군수(溫陽郡守) 조병선(趙秉璿), 전 군수(郡守) 윤상일(尹庠一), 천안군수(天安郡守) 김근희(金近喜), 전 전의현감(全義縣監) 유신환(兪莘煥), 전 아산현감(牙山縣監) 이노영(李魯榮), 전 청주영장(淸州營將) 신명항(申命沆), 전전 충주영장 조존덕(趙存德) 등에게 죄를 줄 것과 청풍부사(淸風府使) 이휘재(李彙載)를 포장(褒獎)하여 준직(準職)해서 제수할 것을 서계(書啓)하였다.

● 【실록】 고종 1권, 1년(1864) 12월 15일(임오) 2번째 기사. 대왕대비가 전최의 공정성과 우수한 평정을 받은 지방관의 포상을 명하다

대왕대비(大王大妃)가 전교하기를, "전최(殿最)에 대하여 신칙한 것이

이미 여러 차례이니 응당 성실하게 집행하는 효과가 있어야 할 것이다. 그런데 지금 각도(各道)의 계본(啓本)을 보면 '중(中)'을 맞거나 '하(下)'를 맞은 것은 거의 없다시피 되어 있다. 종전에 '중'을 맞은 것을 전부 '하'로 처리한 뒤로 또다시 그것을 전례로 삼을까 우려되어 선뜻 중고(中考)로 하는 것을 꺼려서 그런 것인가? 아니면 근일에 수령(守令)이 된 사람들이 모두들 경계하고 조심하여 잘 다스리지 못하는 사람이 없어서 그런 것인가? 과연 수령마다 청렴하고 공평해서 고을마다 소생되고 회복되는 것이라면 내 마음으로 밤낮 바란 것이니, 이 이상 더 무엇이 있겠는가? 앞날의 실제적인 성과는 우선 차치하고라도 그 제목(題目)에 치적이 특이한 사람에게 아무런 성의도 표시하지 않아서는 안 될 것이다. 양주목사(楊州牧使) 임한수(林翰洙), 파주목사(坡州牧使) 유협(柳悏), 안변부사(安邊府使) 이한영(李漢永), 삼수부사(三水府使) 이민순(李敏純), 철원부사(鐵原府使) 임상준(任商準), 인동부사(仁同府使) 조행림(趙行林), 남원부사(南原府使) 안응수(安膺壽), 순천부사(順天府使) 황종현(黃鍾顯), 장단부사(長湍府使) 어재연(魚在淵), 용강현령(龍岡縣令) 한응필(韓應弼), 금구현령(金溝縣令) 홍순영(洪淳永), 신창현감(新昌縣監) 성재기(成載琦) 등에게는 모두 새서(璽書)와 표리(表裏)의 은전을 시행하라." 하였다.

- 【실록】고종 5권, 5년(1868) 11월 1일(갑술) 3번째 기사. 공충좌도 암행어사의 서계에 따라 지방관을 죄주거나 표창하다

공충좌도 암행어사(公忠左道暗行御史) 한경원(韓敬源)을 소견(召見)하였다. 서계(書啓)에 의하여, … (중략) … 신창현감(新昌縣監) 최승현(崔升顯), 평택현감(平澤縣監) 이만응(李晚應), 영동현감(永同縣監) 박승수(朴升壽) 등에게 죄를 주었다.

- 【실록】 고종 6권, 6년(1869) 11월 10일(정축) 1번째 기사. 종묘와 영녕전 을 보수하도록 하다

   아뢰기를, "음직(蔭職)으로 처음 수령(守令)을 하게 되는 사람은 6년을 임기로 규정하였습니다. 함열(咸悅)과 아산(牙山)은 두 번에 걸쳐서 영운 (領運)하여야 하기 때문에 3년을 임기로 정하였던 것이나, 아산에서 영 운하는 것은 이번에 이미 혁파되었으니 다시 6년으로 시행하는 것이 어 떻겠습니까?" 하니, 윤허하였다.

- 【실록】 고종 11권, 11년(1874) 7월 22일(임술) 1번째 기사. 아산현감의 대리로 이전응을 임명하게 하다

   전교하기를, "아산현감(牙山縣監)의 대리로 덕흥대원군(德興大阮君)의 섭사손(攝祀孫) 이전응(李雋應)을 제수하라." 하였다.

- 【실록】 고종 11권, 11년(1874) 10월 30일(기해) 2번째 기사. 충청좌도 암 행어사 김명진을 소견하다

   충청좌도 암행어사(忠淸左道暗行御史) 김명진(金明鎭)을 소견(召見)하 였다. 서계(書啓)로 인하여 아산현감(牙山縣監) 조귀호(趙龜鎬), 전 전의 현감(全義縣監) 조석희(趙奭熙), 황간현감(黃澗縣監) 김주진(金周鎭), 연기 현감(燕岐縣監) 이유열(李裕烈), 음성현감(陰城縣監) 이헌춘(李獻春), 전 현감(縣監) 윤우현(尹禹鉉), 전 천안군수(天安郡守) 김복용(金復容) 등은 죄를 주고, 전 청주목사(淸州牧使) 홍우경(洪祐慶), 전 청풍부사(淸風府使) 김도근(金度根), 전 온양군수(溫陽郡守) 이응우(李膺愚), 문의현령(文義縣 令) 조면하(趙冕夏), 제천현감(堤川縣監) 권재우(權在禹) 등은 포장하여 승 서하였다.

● 【실록】 고종 20권, 20년(1883) 7월 19일(정유) 1번째 기사. 전 제천현감 정재범과 전 온양군수 조진억 등에게 죄를 주다

충청좌도 암행어사(忠淸左道暗行御史) 유석(柳瓅)을 소견(召見)하였다. 서계(書啓)로 인하여 전 제천현감(堤川縣監) 정재범(鄭在範), 전 온양군수 (溫陽郡守) 조진억(曺鎭億), 전 연기현감(燕岐縣監) 이수원(李秀元) 등에게 죄를 주었다.

● 【실록】 고종 22권, 22년(1885) 11월 4일(무술) 1번째 기사. 암행어사 정 인흥을 소견하여 전 영동현감 홍용관 등에게 승서를 시행하도록 하다

충청좌도(忠淸左道)의 암행어사(暗行御史) 정인흥(鄭寅興)을 소견(召見) 하였다. 서계(書啓)로 인하여 전 제천현감(堤川縣監) 이수원(李秀元)은 죄 주고 전 영동현감(永同縣監) 홍용관(洪用觀), 전 아산현감(牙山縣監) 홍병 도(洪秉燾)는 승서(陞敍)를 시행하였다.

● 【실록】 고종 29권, 29년(1892) 6월 7일(계사) 3번째 기사. 복명한 충청도 암행어사 이중하와 전라도 암행어사 이면상을 소견하고 우수한 업적을 낸 해당 지방관을 포상하다

충청도 암행어사(忠淸道暗行御史) 이중하(李重夏)와 전라도 암행어사 (全羅道暗行御史) 이면상(李冕相)을 소견(召見)하였다. 복명(復命)하였기 때문이다. … (중략) … 태안부사(泰安府使) 이봉호(李鳳鎬), 능주목사(綾 州牧使) 김승집(金升集), 전전 영광군수(靈光郡守) 송도순(宋道淳), 전 고 부군수(古阜郡守) 서기보(徐綺輔), 전전 장흥부사(長興府使) 민치준(閔致 駿), 순창군수(淳昌郡守) 윤병관(尹秉觀), 전전 함열현감(咸悅縣監) 홍병도 (洪秉燾), 공주판관(公州判官) 송병종(宋秉琮), 온양군수(溫陽郡守) 서만보 (徐晩輔), 전 목천현감(木川縣監) 조성희(趙性憙), 전 곡성현감(谷城縣監)

이희하(李熙夏)는 차등 있게 포상(襃賞)하였다.

- 【실록】고종 33권, 32년(1895) 5월 29일(기해) 1번째 기사. 이채연 등에게 관직을 제수하다

  온양군수(溫陽郡守) 서만보(徐晩輔)를 공주부관찰사(公州府觀察使)에 임용하고 모두 주임관(奏任官) 2등에 서임하였다.

- 【실록】고종 39권, 36년(1899) 11월 1일(양력) 1번째 기사. 평락정을 영건할 때 참가하였던 궁내부 대신 이하에게 시상하다

  【음력 기해년(己亥年) 9월 28일】 평락정(平樂亭)을 영건(營建)할 때의 궁내부 대신(宮內府大臣) 이하에게 차등 있게 시상(施賞)하였다. 혜릉영(惠陵令) 안지승(安志承), 신창군수(新昌郡守) 이홍렬(李洪烈), 법부참서관(法部參書官) 이호영(李虎榮), 안협군수(安峽郡守) 허매(許梅), 6품 박의병(朴義秉), 중화군수(中和郡守) 이완용(李完鎔), 홍천군수(洪川郡守) 이낙응(李洛應), 문경군수(聞慶郡守) 이재하(李宰夏), 우체사장(郵遞司長) 김창한(金彰漢), 육군삼등감독(陸軍三等監督) 김양한(金亮漢), 철도국기사(鐵道局技師) 김교석(金敎奭), 임피군수(臨陂郡守) 이장렬(李璋烈), 전 군수(郡守) 한병회(韓秉會), 참령(參領) 윤철규(尹喆圭), 정3품 이용복(李容復), 한산군수(韓山郡守) 심건택(沈健澤), 온성군수(穩城郡守) 주철준(朱哲濬), 4품 윤태영(尹泰榮), 내부참서관(內部參書官) 윤성구(尹成求)에게 모두 가자(加資)하였다.

- 【실록】고종 40권, 37년(1900) 1월 17일(양력) 2번째 기사. 탁지부대신 조병직이 공납의 연체가 심한 고을의 수령과 군수를 처벌할 것을 청하다

  탁지부대신(度支部大臣) 조병직(趙秉稷)이 아뢰기를, "공납(公納)을 지

체한 사안에 대해 이미 여러 차례 논의하고 아뢰어 먼저 우심읍(尤甚邑)의 수령(守令)은 파면하여 징계하고, 이어서 급히 (차사(差使)를) 내려 보내 각기 해도의 관찰사(觀察使) 및 해당 군수(郡守)를 엄하게 훈령을 내리면서 거리를 따져서 기한을 정해주고 날짜를 따져 독촉한 것은 앞으로 어떻게 하는가를 보자는 것이었는데 대수롭지 않은 것으로 여기면서 줄곧 태만한 모습을 보이고 있으니, 법과 기강으로 볼 때 너무도 놀라운 일입니다. 각 해군(該郡) 중에서 갑오조(甲午條)를 많이 체납(滯納)한 재령(載寧) 등 4개 군(郡)【평산(平山), 수안(遂安), 전주(全州)】, 을미조(乙未條)를 많이 체납한 광주(廣州) 등 3개 군【평택(平澤), 신천(信川)】, 병신조(丙申條)를 많이 체납한 대흥(大興) 등 6개 군【충주(忠州), 장성(長城), 나주(羅州), 안동(安東), 연안(延安)】, 정유조(丁酉條)를 많이 체납한 이천(利川) 등 7개 군【신창(新昌), 나주(羅州), 거창(居昌), 경주(慶州), 안동(安東), 영덕(盈德)】, 무술조(戊戌條)를 많이 체납한 회덕(懷德) 등 14개 군【괴산(槐山), 진천(鎭川), 여수(麗水), 순천(順天), 함평(咸平), 진주(晉州), 경주(慶州), 성주(星州), 예천(醴泉), 영덕(盈德), 선산(善山), 보성(寶城), 장연(長淵)】의 전 군수는 이미 체차되었다고 하여 논죄하지 않을 수는 없으니 법부(法部)로 하여금 조율(照律)하여 처벌하고, 홍산(鴻山) 등 7개 군【나주, 영광(靈光), 광양(光陽), 합천(陜川), 문경(聞慶), 풍천(豊川)】은 전임군수와 시임군수가 교체할 때 납부한 선후(先後)와 다과(多寡)에 대하여 어느 한 쪽을 지적하여 책임지우기 어려우니 역시 법부로 하여금 잡아다가 사핵(查覈)하여 실정에 따라 처벌하게 하며, 남평군수(南平郡守) 이근홍(李根洪)과 영암군수(靈巖郡守) 심상호(沈相瑚)는 봄철에 부임하여 공납 기일을 지체한 책임이 없지 않으므로 법부로 하여금 일체 사핵하여야 할 것입니다. 또 각 해당 관찰사로 말하자면 참으로 주의해서 감독하고 신칙하였더라면 어찌 이럴 리가 있겠습니까? 사체(事體)에 비

추어볼 때 역시 극도로 놀랍고 탄식할 노릇이니, 모두 1개월 감봉(減俸)
하는 것이 어떻겠습니까?" 하니, 윤허하였다.

(4) 유배(流配)

● 【실록】 태종 7권, 4년(1404) 1월 23일(을축) 1번째 기사. 노비 변정에
대한 기밀을 누설한 맹사성을 온수로 귀양 보내다

맹사성(孟思誠)을 온수(溫水)로 내쫓았다. 사헌부에서 상소하여 말하
기를, "사성(思誠)과 장령(掌令) 권우(權遇) 등이 차의가(車衣加)를 종천(從
賤)시키자고 의정(議定)한 일을 청평군(淸平君) 이백강(李伯剛)에게 누설
하였으니, 그 죄를 논하기를 청합니다." 하였다. 임금이 말하였다.

"사성이 이미 정해진 종천(從賤)의 일을 가지고 양(良)에도 천(賤)에도
문계(文係)가 분명치 않다 하였으니, 마땅히 외방(外方)에 내쳐야 하고,
권우는 시비를 말하지 않고 다만, '상감(上鑑)이 두려워서 결절(決折)하
였다.'고 말하였고, 또 원종공신(原從功臣)의 아들이니 논하지 말라."

● 【실록】 태종 10권, 5년(1405) 11월 20일(임자) 1번째 기사. 박신, 서선,
성엄 등을 순금사에 가두었다가 귀양보내다

박신(朴信), 서선(徐選), 현맹인(玄孟仁), 신경원(申敬原), 성엄(成揜) 등
을 순금사(巡禁司)에 내리어, 신(信)은 아주(牙州)로, 맹인(孟仁)은 전라도
내상(全羅道內廂)으로, 선(選)은 음죽(陰竹)으로, 엄(揜)은 원주(原州)로,
경원(敬原)은 괴주(槐州)로 귀양보내고, 사간(司諫) 윤수(尹須) 등을 불러
명하였다.

"긴급(緊急)하지 않은 일은 두 번씩이나 상소(上疏)하고, 사헌부에서

허척(許倜)의 죄를 몽롱(朦朧)하게 한 것은 다시 청하지 않으니, 매우 위임(委任)한 뜻에 어긋난다. 각각 집으로 물러가라."

• 【실록】 태종 18권, 9년(1409) 10월 5일(계묘) 3번째 기사. 이무의 옥사에 관련된 조희민 등의 가족을 연좌시켜 귀양보내다

　　조희민(趙希閔)의 아비 조호(趙瑚)를 평주(平州)에, 아들 조검동(趙儉同)을 음죽(陰竹)에, 유기(柳沂)의 아비 유후(柳厚)를 순흥(順興)에, 아들 유방선(柳方善)을 청주(淸州)에, 유선노(柳善奴)를 순흥(順興)에, 유효복(柳孝福), 유막동(柳莫同)을 온수(溫水)에, 윤목(尹穆)의 아들 윤소남(尹召南)을 대흥(大興)에, 윤주남(尹周南)을 신창(新昌)에, 강사덕(姜思德)의 아들 강대(姜待)를 안악(安岳)에, 강말동(姜末同)을 양성(陽城)에 귀양보냈다.

• 【실록】 태종 19권, 10년(1410) 4월 20일(병진) 1번째 기사. 도류형의 계목을 올리니 경외 종편 또는 이배시키다

　　의정부(議政府)에서 죄인에게 연좌(連坐)된 자를 각 고을에 이배(移配)하도록 계청(啓請)하니, 이무(李茂)의 아들 이간(李衎)은 기장(機張)에, 이승조(李承祚)는 장기(長鬐)에, 이공효(李公孝)는 풍주(豐州)에, 이공유(李公柔)는 옥구(沃溝)에, 이공지(李公祗)는 남포(藍浦)에, 이탁(李托)은 평해(平海)에, 강사덕(姜思德)의 아들 강대(姜待)는 순천(順天)에, 유기(柳沂)의 아비 유후(柳厚)는 광주(光州)에, 그 아들 유방선(柳方善)은 영주(永州)에, 유방경(柳方敬)은 울주(蔚州)에, 유선로(柳善老)는 순흥(順興)에, 유효복(柳孝僕), 유막동(柳莫同)은 온수(溫水)에, 조희민(趙希閔)의 아들 조금동(趙今同)은 여흥(驪興)에, 조효순(趙孝順)은 서주(瑞州)에, 윤목(尹穆)의 아들 윤소남(尹召南)은 대흥(大興)에, 윤주남(尹周南)은 신창(新昌)에, 조호(趙瑚)의 아들 조수(趙須)는 회양(淮陽)에, 조아(趙雅)는 원주(原州)에, 윤

목(尹穆)의 조카 윤희이(尹希夷)는 해진(海珍)에, 윤희제(尹希齊)는 광주(光州)에 옮겼다.

- 【실록】 태종 28권, 14년(1414) 7월 8일(기묘) 2번째 기사. 대간들을 외방에 부처하다

순금사(巡禁司)에 명하여 대간의 관원을 불러 오도록 하여 왕패(王牌)를 내보이고 아울러 자원안치(自願安置)시켰는데, 집의(執義) 이작(李作)은 부여(扶餘)에, 장령(掌令) 복간(卜僩)은 대흥(大興)에, 이유희(李有喜)는 춘천(春川)에, 지평(持平) 이맹진(李孟畛)은 충주(忠州)에, 이문간(李文幹)은 신은(新恩)에, 사간(司諫) 윤회종(尹會宗)은 진산(珍山)에, 헌납(獻納) 유미(柳渼)는 곡성(谷城)에, 김이상(金履祥)은 보천(甫川)에, 정언(正言) 이심(李審)은 아산(牙山)에, 한권(韓卷)은 황간(黃澗)에 안치시켰으나, 다만 대사헌 유관(柳觀)은 태조의 원종공신(元宗功臣)이라 하여 면제시켰다.

- 【실록】 세종 51권, 13년(1431) 2월 27일(임술) 2번째 기사. 의금부에서 이중지 등의 죄상을 아뢰니, 각각을 판결하다

의금부에서 이중지(李中至) 등의 죄상을 갖추어 아뢰니, 명하기를, "이중지는 서흥(瑞興)에, 민의생(閔義生)은 온수(溫水)에 각기 부처(付處)하고, 민서각(閔犀角)은 진무직(鎭撫職)을 파면하고, 최습(崔濕)은 이미 장(杖)에 처하였으니, 직첩(職牒)만 거두고 본관(本官)의 군역(軍役)으로 정할 것이며, 황보인(皇甫仁)은 직위를 파면시키고, 신상(申商), 조수산(趙壽山), 안완경(安完慶)은 모두 논죄하지 말라." 하고, 인하여 명하기를, "안완경은 도로 경기경력으로 부임하게 하고, 이익박(李益朴)은 소환(召還)하라." 하였다.

- 【실록】 세종 64권, 16년(1434) 6월 9일(갑인) 2번째 기사. 동궁의 기명을 훔친 죄로 보라지 부자를 신창 관노로 삼다

의금부에서 아뢰기를, "보라지(甫羅知)는 아들과 공모하여 다시 내탕(內帑)의 보배로운 기명[珍器]을 훔쳤사오니, 그 죄를 용서할 수 없고, 또 까닭 없이 치부(致富)하여 세 첩(妾)을 얻어서 아울러 기와집에 벌여 두었사오니, 그가 공사의 재물을 도둑질하여 치부한 것이 의심 없습니다. 만일 전과 같이 놓아주시면 공사간에 또한 장차 그 폐단을 받을 것이오니, 먼 지방의 관노(官奴)로 바꾸어 정함이 옳겠나이다." 하니, 그대로 따르고, 보라지(甫羅知) 부자를 아울러 신창(新昌)의 관노(官奴)로 삼았다.

- 【실록】 단종 3권, 즉위년(1452) 윤9월 19일(무인) 5번째 기사. 허징, 우계번, 원자경, 신경달을 방사하다

영동(永同)에 부처(付處)한 허징(許澄), 천안(天安)에 부처한 우계번(禹繼蕃), 온양(溫陽)에 부처한 원자경(元自敬), 용강(龍岡)에 부처한 신경달(辛敬達)을 방사(放赦)하였다.

- 【실록】 세조 1권, 1년(1455) 윤6월 16일(경신) 3번째 기사. 이어를 아산으로, 이전을 안성으로, 정종을 양근으로 이배하다

의금부(義禁府)에 전지(傳旨)하기를, "이어(李瑀)는 아산(牙山)으로, 이전(李瑔)은 안성(安城)으로, 정종(鄭悰)은 양근(楊根)으로 이배(移配)하도록 하라." 하였다.

- 【실록】 세조 1권, 1년(1455) 윤6월 19일(계해) 2번째 기사. 경기 및 충청
  도관찰사에 명하여 도내에 부처한 이유 등에게 식량만 공급하고 반찬거
  리 공급은 금하다

  경기(京畿) 및 충청도관찰사(忠淸道觀察使)에게 유시하기를, "그 도내
  에 부처(付處)한 광주(廣州)의 이유(李瑜), 안성(安城)의 이전(李瑔), 청산
  (靑山)의 이영(李瓔), 아산(牙山)의 이어(李㻽)는 그 노비(奴婢)와 아울러서
  다만 양료(糧料)만을 매월 지급하고, 주육(酒肉)과 찬구(饌具)는 본읍에서
  지공(支供)하지 말라." 하였다.

- 【실록】 세조 8권, 3년(1457) 8월 20일(신해) 2번째 기사. 한맹규, 이승준
  등에 대해 하삼도 가운데 자원에 따라 옮겨 부처하게 하다

  괴산(槐山)에 부처(付處)한 김장철(金莊哲), 김성금(金性今), 결성(結城)
  에 부처(付處)한 정산(鄭山), 대흥(大興)에 부처(付處)한 옥비(玉非), 근비
  (近非), 초재(初才), 해남(海南)에 부처(付處)한 김우(金雨), 김지생(金芝
  生), 직산(稷山)에 부처(付處)한 종비(從非), 온양(溫陽)에 부처(付處)한 복
  수(卜守), 진천(鎭川)에 부처(付處)한 석정(石丁), 진도(珍島)에 부처(付處)
  한 박회(朴回), 거제(巨濟)에 부처(付處)한 박삼(朴參), 태인(泰仁)에 부처
  (付處)한 내은이(內隱伊), 내은덕(內隱德) 등은 하삼도(下三道) 가운데 자
  원(自願)에 따라 옮겨서 부처(付處)하라.

- 【실록】 세조 9권, 3년(1457) 9월 24일(을유) 5번째 기사. 충청도 아산에
  충군한 속고치 백운경, 경상도 예천에 충군한 김치근을 석방하다

  형조에 전지하여, 충청도 아산(牙山)에 충군(充軍)한 속고치(速古赤)[24]

---

24) 『고려후기 임금의 곁에 있으면서 시중드는 일을 맡은 직임 혹은 그 직임을 맡은 사람으

백운경(白雲敬)과, 경상도 예천(醴泉)에 충군한 속고치 김치근(金致謹)을 석방하였다.

- 【실록】 세조 14권, 4년(1458) 9월 19일(계묘) 5번째 기사. 종부시에서 전 첨지중추원사 김종숙의 잘못을 아뢰다

종부시(宗簿寺)에서 아뢰기를, "전 첨지중추원사(僉知中樞院事) 김종숙(金宗淑)이 죽청감(竹靑監) 이중규(李仲規)와 그 처(妻)를 다리 위에서 만났는데, (김종숙이) 피하지 않고 그대로 지나가자, 중규가 김종숙에게 꾸짖기를, '어째서 내 처를 피하지 않느냐?' 하며 말채찍으로 구타하였으니, 매우 부당합니다." 하니, 명하여 고신(告身)을 거두고 아산(牙山)에 부처(付處)하게 하였다.

- 【실록】 세조 42권, 13년(1467) 4월 6일(신축) 2번째 기사. 사방지를 신창현의 노비로 소속시키다

의금부(義禁府)에 명하여, 사방지(舍方知)를 신창현(新昌縣)의 종[奴]으로 소속시키게 하고, 또 그 고을로 하여금 존휼(存恤)하게 하여 실소(失所)함이 없게 하였다.

- 【실록】 예종 6권, 1년(1469) 6월 27일(기묘) 11번째 기사. 하동군 정인지가 자기 집 종을 가두고 구타한 사헌부 관원을 추국하기를 상서하다

김유악의 아비는 김귀석(金龜石)이라고 하는데, 그가 일찍 죽자 그 어미 이씨가 사방지(舍方知)와 가까이 하였으니, 사방지는 남자로서 여복(女服)을 한 자이었다. (이씨가 사방지와 더불어) 같은 방에서 두어 해를

로 속고치(速古赤)는 몽고어의 음차.】

지냈으므로, 그 추한 소문이 자자하게 퍼져서 나라에서 추국하여 충청
도 신창(新昌)을 붙여 종을 삼았는데, 김유악이 사람들과 더불어 한화(閑
話)하여 남녀의 더러운 일에 미치면, 역시 심한 말로 많은 말을 하여
조금도 주저하거나 부끄러워하지 아니하니, 사람들이 그 어리석음을 비
웃었다.

- 【실록】 성종 18권, 3년(1472) 5월 1일(정유) 5번째 기사. 의금부에 전지
  하여 충청도 아산의 관노로 정속된 이인수를 석방하다
  의금부에 전지하여, 충청도 아산(牙山)의 관노(官奴)로 정속(定屬)된
  이인수(李仁壽)를 석방하게 하였다.

- 【실록】 성종 36권, 4년(1473) 11월 9일(병신) 2번째 기사. 김유악을 그
  자신의 용렬함과 어미의 추문으로 인해 경상도도사에서 개차시키다
  경연(經筵)에 나아갔다. 강(講)을 마치자, 임금이 영사(領事) 한명회(韓
明澮) 등에게 묻기를, "어제 헌부(憲府)에서 차자(箚子)를 올리기를, '경상
도도사(慶尙道都事) 김유악(金由岳)의 어미 이씨(李氏)가 일찍이 사방지
(舍方知)란 남자를 집에 두었으니, 김유악을 도사(都事)로 삼는 것은 마땅
하지 않다.'고 하였다. 내가 이전에는 사방지의 일을 알지 못했었으니,
어떻게 처리하는 것이 좋겠는가?" 하니 한명회는 아뢰기를, "세조(世祖)
께서 영순군(永順君)에게 명하여 검사하여 보게 하니 과연 남자였으나,
다만 그 범(犯)한 바는 묻지 아니하였습니다." 하였고, 영사 김질(金礩)은
말하기를, "신은 마침 외방(外方)에 있어서 보지 못했습니다. 그러나 그
때 승정원(承政院)에 확인하여 보게 하니 그가 남자인 것은 모든 사람이
다 아는 바였습니다. 세조께서 비록 (이씨의) 범한 죄는 논하여 다스리
지 아니하였으나, 명하여 (사방지를) 외방에 유배(流配)하게 하였었는

데, 그 후 사방지가 몰래 돌아왔으므로, 또 명하여 신창의 관노(官奴)로 정했습니다." 하였다. 임금이 이내 헌부(憲府)의 차자(箚子)를 한명회 등에게 보이니, 김질(金礩)이 다시 아뢰기를, "도사(都事)는 감사(監司) 다음으로 한 도(道)를 규찰(糾察)하고, 만약 감사에게 변고(變故)가 있으면 그 임무를 대행(代行)하니 그 직무의 막중(莫重)함이 이와 같습니다. 그러므로 제수할 때에는 사인(舍人), 검상(檢詳)의 예와 같이 개만(箇滿)에 구애받지 않고 가려서 제수하는데, 김유악 같은 용류(庸流)는 비록 흠잡을 것이 없을지라도 진실로 이 선임(選任)에 합당하지 않은데, 더욱이 이와 같은 허물이 있는 데이겠습니까?" 하니 임금이 말하기를, "과연 관노(官奴)로 정속(定屬)시켰다면, 그를 남자로 논단(論斷)한 것이 명확하다." 하였다. 지평(持平) 김윤종(金潤宗)은 아뢰기를, "사방지의 일은 온 나라에서 모두 아는 바입니다. (김유악이) 스스로 이와 같은 허물이 있으면서 수령(守令)을 규찰한다면 수령(守令)된 자로서 누가 두려워하여 즐거이 복종(服從)하겠습니까? 청컨대 모름지기 개차(改差)하소서." 하였고, 정언(正言) 이감(李堪) 또한 이와 같이 아뢰었다. 임금이 말하기를, "개차(改差)하는 것이 옳다." 하였다.

- **【실록】명종 8권, 3년(1548) 11월 18일(기축) 2번째 기사. 함경감사의 장계에 따라 양성(兩性) 인간 임성구지를 외진 곳에 살게 하다**

함경감사의 장계에, "길주(吉州) 사람 임성구지(林性仇之)는 양의(兩儀)가 모두 갖추어져 지아비에게 시집도 가고 아내에게 장가도 들었으니 매우 해괴합니다." 하였는데, 전교하기를, "성구지의 일은 율문(律文)에도 그러한 조문은 없으니 대신에게 의논하라. 성종조(成宗朝)에 사방지(舍方知)[25]를 어떻게 처리하였는지 아울러 문의하라." 하였다. 영의정 홍언필이 의논드리기를, "임성구지의 이의(二儀)가 다 갖추어짐은 물괴(物

怪)의 심한 것이니, 사방지의 예에 의하여 그윽하고 외진 곳에 따로 두고 왕래를 금지하여 사람들 사이에 섞여 살지 못하게 하여야 합니다." 하니, 상이 따랐다.

- 【실록】성종 52권, 6년(1475) 2월 14일(계사) 7번째 기사. 신정, 김천수 등 정역되고 충군되었던 이들을 방면하게 하다

  온양(溫陽)에 정역된 박처정(朴處貞), 홍주(洪州)의 관노(官奴)로 영속(永屬)된 동비(同非), 신창(新昌)에 충군된 을만(乙萬)을 방면하게 하였다.

- 【실록】성종 98권, 9년(1478) 11월 29일(병술) 2번째 기사. 이계손을 아산에 내치다

  명(命)하여 이계손(李繼孫)을 아산(牙山)에 부처(付處)하게 하였다.

---

25) 〖사방지(舍方知)의 일은 이러하다. 사방지란 자는 사천(私賤)이었다. 어릴 때부터 그 어미가 여자아이의 의복을 입히고 연지와 분을 발라주고, 바느질을 가르쳤다. 장성하여서는 벼슬한 선비의 집안에 꽤나 드나들며 많은 여시(女侍)와 통하였다. 선비 김구석(金九石)의 아내 이씨(李氏)는 판원사(判院事) 이순지(李純之)의 딸인데, 과부로 있으면서 사방지를 끌어다 수놓는다고 핑계하고 밤낮으로 함께 있은 지가 거의 십여 년이 되었다. 천순(天順) 7년(1463) 봄에 사헌부에서 듣고 국문을 하였는데 그가 평소에 통하였던 여승[尼]에게 묻자, 여승이 말하기를 '양도(陽道)가 매우 장대하다.' 하므로 여자아이 반덕(班德)에게 만져보게 하였더니 정말이었다. 상이 승정원 및 영순군(永順君)의 스승 하성위(河城尉) 정현조(鄭顯祖) 등에게 여러 가지로 시험하여 보게 하였다. 하성위의 누이는 이씨의 며느리였다. 하성위 역시 혀를 내두르며 '어쩌면 그렇게 장대하냐.' 하였다. 상은 웃으시고 특별히 추국하지 말라고 하시며 이순지의 가문을 더럽힐까 염려된다.' 하시고 사방지를 이순지에게 주어 처리하게 하니 이순지는 다만 곤장 십여 대를 쳐서 기내(畿內)에 있는 노자(奴子)의 집으로 보내었다. 얼마 후 이씨는 몰래 사방지를 불러들였는데 이순지가 죽은 후에 더욱 방자하게 굴어 그침이 없었다. 그 뒤에 재추(宰樞)가 한가한 이야기 끝에 아뢰니, 상이 사방지를 곤장을 쳐 신창현(新昌縣)으로 유배하였다.〗

● 【실록】 성종 115권, 11년(1480) 3월 8일(무자) 3번째 기사. 의금부에 전지하여 아산에 부처된 이계손을 방면하게 하다

　　의금부(義禁府)에 전지(傳旨)하기를, "아산(牙山)에 부처(付處)시킨 이계손(李繼孫)을 방면(放免)하게 하라." 하였다.

● 【실록】 성종 170권, 15년(1484) 9월 15일(기해) 2번째 기사. 지중추부사 이계손의 졸기

　　지중추부사(知中樞府事) 이계손(李繼孫)이 졸(卒)했는데, 철조(輟朝)하고 조제(弔祭)하기를 예(例)대로 하였다. … (중략) … 무술년에는 경기관찰사(京畿觀察使)로 전임되었다가 죄를 받아 아산(牙山)으로 귀양갔었으며, 신축년에는 소환하여 지중추부사를 제배하였다가 한성부판윤(漢城府判尹), 병조판서(兵曹判書)로 전임하였다.

● 【연산일기】 연산 52권, 10년(1504) 3월 27일(무자) 4번째 기사. 엄씨와 정씨의 자식을 유배보내고 영접하지 못하게 하다

　　정씨(鄭氏)의 아들 이항(李恒)을 제천(堤川), 이봉(李憶)을 이천(伊川), 딸 한기(韓紀)의 처를 백천(白川)에 안치(安置)하고, 엄씨(嚴氏)의 딸 한경침(韓景琛)의 처를 아산(牙山)에 안치(安置)하게 하고, 그 도관찰사에 유시하여 지나는 고을에서 영접 공대(供待)하지 말게 하였다.

● 【연산일기】 연산 52권, 10년(1504) 4월 7일(무술) 2번째 기사. 박안성, 최숙생 등을 곤장 때리고 유배보내다

　　전교하기를, "승지 박열(朴說), 이계맹(李繼孟)은 금부에 가서 홍문관원에게 형장 때리는 것을 감독하여 외방에 부처(付處)하게 하라. 박안성(朴安性)은 장형(杖刑)을 속받고 진잠(鎭岑)에 부처하고, 응교 최숙생(崔淑

生)은 장 60을 때려 신계(新溪)에 부처하고, 부응교 이행(李荇)은 장 60을 때려 충주(忠州)에 부처하고, 교리 이자화(李自華)는 장 60을 때려 아산(牙山)에 부처하고, 부교리 권달수(權達手)는 장 60을 때려 용궁(龍宮)에 부처하고, 수찬(修撰) 박광영(朴光榮)은 장 60을 때려 목천(木川)에 부처하고, 부수찬 이사균(李思鈞)은 장 60을 때려 보은(報恩)에 부처하고, 부수찬 김양진(金楊震)은 장 60을 때려 예천(醴泉)에 부처하고, 박사 유부(柳溥)는 장 60을 때려 은진(恩津)에 부처하고, 저작(著作) 김내문(金乃文)은 장 70을 때려 청안(清安)에 부처하고, 정자 강홍(姜洪)은 장 70을 때려 익산(益山)에 부처하라." 하였다.

● 【실록】 중종 15년 경진(1520) 1월 4일(계사) 2번째 기사. 장령 서후가 조광조, 김식 등과 향약의 폐단을 논핵하다

상이 이르기를, "또 도망한 자가 있는가?" 하매, 정광필(鄭光弼)이 아뢰기를, "신이 듣건대 기준(奇遵)도 도망가다가 그 고을 사람에게 잡혔다 합니다.[26] 지금 온성(穩城)으로 이배(移配)하려 하는데, 온성은 야인(野人)의 지경(地境)과 가깝고 기준(奇遵)은 연소(年少)한데다가 경박하니 신은 피지(彼地)로 도망하여 들어갈까 염려스럽습니다. 주장합(籌長哈)이 '조선(朝鮮) 사람은 죄를 받고나서 1년만 지나면 모두 방환(放還)한다 하는데 우리들 가운데 죄를 받은 자는 어찌하여 오래되어도 방환하지 않는가?' 하면서 늘 원망하는 말을 한다고 합니다. 지금 기준(奇遵)을 온성

---

26) 【기준은 처음 아산(牙山)으로 귀양갔다. 그때 그의 형(兄) 기형(奇逈)이 무장현감(茂長縣監)이었는데 그 어머니가 따라와 있었다. 기준(奇遵)이 장차 온성(穩城)으로 귀양지를 옮기게 되자, 어머니를 만나보고 오기 위하여 도망쳐 천안군(天安郡) 남원(南院)에 이르렀는데 발이 부르트고 배가 고파 걷지 못하고 시냇가에 엎드려 있다가 마침 아산(牙山)의 보장인(報狀人)을 만나 잡혔다.】

에 두는 것이 비록 야인들 지역에 들어가게 하는 것은 아니나 만약 도망한다면, 그가 도망하여 온 줄은 모르고서 주장합(籌長哈)의 무리가, 방환하였다고 여겨 반드시 원심(怨心)을 품을 것이니 신은 기준을 반드시 온성으로 이배할 것이 아니라 가까운 곳으로 귀양보내는 것이 가하다고 생각됩니다." 하고, 이항(李沆)은 아뢰기를, "정광필의 이 말은 옳은 것 같지만 그릅니다. 만약 그가 도망하려 한다면 가까운 곳에 두는 것 또한 매우 불가합니다." 하고, 정광필은 아뢰기를, "가까운 곳에 두면 비록 도망하더라도 나라 안에 있을 것입니다." 하고, 서후(徐厚)는 아뢰기를, "오랫동안 시종(侍從)으로 있던 자이니, 비록 가까운 곳에 귀양보내더라도 끝내 돌아오지 못하게만 하면 될 것입니다." 하고, 정광필은 아뢰기를, "전일 이성언(李誠彦)이 상소(上疏)하였을 때 기준(奇遵)이 베기를 청하였으니 그 경박함을 알 수 있습니다." 하니, 상이 이르기를, "김식(金湜)이 만약 이배(移配)시키는 것인 줄 모르고 사형(死刑)을 내리는 것인가 하여 도망하였다면 그만이거니와, 금부서리(禁府書吏)가 이배하는 문서를 가지고 갔고 대죄(大罪)에 이른 것도 아닌데 감히 도망하였으니 매우 불가하다. 기준이 도망한 것은 어버이를 만나기 위하여서라고 하나 알 수 없다. 그러나 기필코 도망하려 한다면 먼 데 두나 가까운 데 두나 다를 것이 없으니, 또 개정(改正)하여 이비하는 것은 불가하다." 하매, 이항이 이르기를, "근래 사람을 서용하는 것이 너무 지나쳐 연소자들이 거개 모두 외람되게 제수(除授)되었습니다. 저 연소자들이 불선(不善)한 것은 아니나 옛말에 '노신(老臣)을 봉양하여 걸언(乞言)하는 것은 경력(經歷)이 오래어 경험한 바가 많기 때문이다.' 하였는데, 하물며 작상(爵賞)은 임금이 명백히 하고 삼가야 할 것임에리까! 근래 전조(銓曹)에만 오로지 위임하였기 때문에 연소자들로 하여금 멋대로 하게 하는 한편 신진(新進)들을 임용(任用), 구신(舊臣)을 박축(駁逐)하게 하여 권강(權綱)이 아래로 옮겨졌으므로 식견(識見)이 있는 사람들은 한탄하지 않는 이가 없었는데 이제 다행히 조종의 구장(舊章)을 따르게 되었으므로 인심이 안정되었습니다. 저들이 전자에 '풍속(風俗)이 이미 좋아졌다.' 하였으나 신은 그렇지 않다고 생각합니다. 자제(子弟)가 부형(父兄)의 잘못을 비방하고 조카가 숙부(叔父)를 비방하였으므로, 비록 부자, 형제, 친척 사이라도 서로 이야기할 수가 없었습니다. 그 마음에 품은 바가 상반(相反)되면 서로 의심하고 두려워하기 때문에 조카가 아우의 비방으로 하여 죄책(罪責)을 받은 자도 있었으니, 부자형제, 붕우(朋友)의 도(道)가 모두 그 순서를 잃었습니다." 하였다.

● 【실록】 중종 103권, 39년(1544) 5월 29일(병인) 2번째 기사. 성균관 생원 신백령이 조광조의 신원을 요청하는 상소

(성균관 생원 신백령(辛百齡) 등이 상소하기를)〖기준은 아산(牙山)으로 귀양가 있다가 한 번은 술이 취하여 어머니를 사모하는 지극한 정을 견디지 못하여 말을 타고 절반쯤 가다가 돌아왔는데, 현감(縣監) 배철중(裵哲中)이 역시 망명했다고 무고하여 사형을 받게 되었다.〗

● 【실록】 인종 1권, 1년(1545) 3월 13일(을해) 3번째 기사. 성균관 진사 박근 등이 조광조의 신원을 청하는 상소문

(성균관 진사(進士) 박근(朴謹) 등이 상소를 올리기를)

"김정, 기준은 다 조광조와 뜻이 같고 도(道)가 맞으므로 힘을 합하여 정치를 도왔는데, 화가 일어나게 되어서는 김정은 금산(錦山)으로 귀양가고 기준은 아산(牙山)으로 귀양갔습니다. 마음속으로 반드시 죽게 되리라는 것을 알고 한 번 어미를 만나보고 영결(永訣)하기 위해 김정이 읍재(邑宰)에 고하여 말미를 구하여 보은(報恩)으로 그 어미를 보러 갔다

가 돌아왔는데 이것을 망명(亡命)이라 할 수 있겠습니까? 기준의 어미는 멀리 무장(茂長)에 떨어져 있었으므로 가는 것이 여의하지 못하여 고개에 올라 구름을 바라보아 옛사람이 산[屺]에 올라 어미를 그린 뜻을 펴고는 잠시 뒤에 스스로 돌아왔는데 이것을 망명이라 할 수 있겠습니까? 이 두 신하가 참으로 망명하려 하였다면 어찌 스스로 돌아올 리가 있겠습니까. 두 고을의 수령은 남곤, 심정의 뜻을 맞추기 위해 죄를 꾸며서 무고하였고 심정, 남곤은 다시 팔을 걷어붙이고 멋대로 말하기를 '김정, 기준은 걸핏하면 옛사람을 본받는다고 스스로 말하였는데 마침내는 임금의 명을 업신여겼으니 그 무리의 소행이 대개 이러하다.' 하면서 이것으로써 조광조를 흠잡기에 이르렀으며, 심한 자는 또 불궤(不軌)라는 죄명(罪名)을 조광조에게 씌워서 임금의 총명을 가렸으니, 통탄스러움을 견딜 수 있겠습니까."

● 【광해일기】 광해 111권, 9년(1617) 1월 6일(임신) 7번째 기사. 신흠, 박동량, 한준겸을 부처하다

신흠(申欽)을 춘천(春川)에, 박동량(朴東亮)을 아산(牙山)에, 한준겸(韓浚謙)을 충원(忠原)에 부처(付處)하였다.

● 【광해일기】 광해 118권, 9년(1617) 8월 1일(계사) 4번째 기사. 죄인 최천건의 졸기

죄인 최천건(崔天健)이 온양(溫陽) 유배지에서 병으로 죽었다.[27]

---

27) 〖최천건은 권흉(權凶) 황헌(黃憲)의 외손이다. 재주가 조금 있기는 하였으나 위인이 볼품이 없어 청의(淸議)에 버림을 받아 정사하는 반열에 등용되지 못하였다. 유영경이 집권하게 되자 천건이 제일 먼저 아부하였고, 영경에게 비밀 논의가 있을 때마다 천건이 참여하였던 까닭에 그를 끌어 올려 전장(銓長)이 되게 하였다. 무신년 초에 죄를

● 【실록】 인조 2권, 1년(1623) 5월 7일(병신) 4번째 기사. 사간원이 심대복의 국문과 기순격을 죄 줄 것 등을 청하다

대체로 죄인을 유배시키는 것은 곧 그를 구속하여 고달프게 만들려는 목적에서이지 그 몸을 편안하게 놔두려고 해서가 아닙니다. 그런데 윤휘(尹暉)가 있는 임피(臨陂)나 임길후(任吉後)의 부안(扶安), 박자응(朴自凝)의 아산(牙山), 김여순(金汝純)의 태안(泰安), 이잠(李埁)의 영월(寧越)은 모두 편하고 좋은 지역을 가린 것으로 물정이 분개하고 있으니, 모두 배소(配所)를 개정하소서.

● 【실록】 인조 21권, 7년(1629) 7월 29일(임자) 1번째 기사. 나만갑을 해주에 유배하다

나만갑(羅萬甲)을 해주(海州)에 유배하였다. 처음에 나만갑은 아산(牙山)에 유배되었는데, 상이 이르기를, "중죄인을 서울과 가까운 곳에 유배시킬 수는 없다." 하여, 지역을 바꿔 유배한 것이다.

● 【실록】 인조 44권, 21년(1643) 10월 10일(경오) 4번째 기사. 정명수가 위리안치한 자까지 전부 석방하기를 바라다

정명수가 수차 하는 말이, 이번의 이 대사는 보통의 경우와 비할 바가 아니니 위리안치(圍籬安置)한 자까지 전부 다 석방하여야만 우리들이 돌아가 심양에 보고할 때도 빛날 것이다 하였는데, 비국이 서로(西路)의 죄인을 모두 석방하라고 명하여 칙행이 돌아갈 때 그들에게 길 왼편에 늘어서서 절하여 사례하게 함으로써 그들 마음을 즐겁게 하자고 청하니, 상이 이르기를, "명수의 뜻은 이민구(李敏求)에게 있는 듯 한데 묘당

받았는데 이때에 와서 죽었다.】

에서도 그런 줄을 아는가?" 하고, 아산현(牙山縣)으로 양이(量移)하게 하였다. 대개 민구가 영변(寧邊)에 위리안치된 뒤에 일찍이 자기가 한 번 돌보았던 자를 첩으로 삼았는데, 바로 정명수의 처제였다. 명수가 기필코 중죄인을 전부 석방시키려고 한 것은 민구 때문이었다. 묘당에서 그 뜻을 알면서도 분명히 말하지 않으므로 이와 같은 하교가 나온 것인데, 이 말을 들은 자들은 모두 민구를 심하게 욕하였다.

● 【실록】 효종 1권, 즉위년(1649) 7월 19일(병자) 3번째 기사. 이경여, 이응시, 심노, 홍무적을 고향으로 돌려 보내다
이경여를 아산(牙山)으로, 이응시를 직산(稷山)으로, 심노를 연안(延安)으로 양이하고, 홍무적을 고향으로 돌려보내라고 명하였다.

● 【실록】 효종 4권, 1년(1650) 7월 20일(신미) 2번째 기사. 헌부가 이민구의 서용을 시행하지 말라고 아뢰니 신하들과 의논 뒤에 따르다
처음에 민구가 영변부(寧邊府)에 귀양가서 정명수(鄭命守)의 처제(妻弟)를 취하여 첩(妾)으로 삼았다. 그 뒤 정명수가 청사(淸使)로 나왔을 때에 서로(西路)에 유배한 사람들을 모두 석방하라고 청하자, 조정이 할 수 없이 따랐다. 그리하여 민구가 마침내 아산현(牙山縣)에 양이(量移)되었으므로 간원이 이같이 아뢴 것이다.

● 【실록】 효종 8권, 3년(1652) 3월 23일(갑오) 3번째 기사. 죄인 신면이 쓴 인열왕후의 시책을 오준이 고쳐 쓰다
신면은 사람됨이 음흉한 생각을 품고서 권세를 좋아하여, 김자점(金自點)의 당으로 빌붙어 누구보다도 친하게 지내면서 조정의 논의를 마음대로 주도하는 등 일체를 자기의 생각대로 꾸며 나갔다. 상이 즉위하여

유자(儒者)를 진출시켜 등용하고 청의(淸議)를 널리 펴게 하였는데, 송준길(宋浚吉)이 집의가 되어 신면을 권간(權奸)의 당여(黨與)라고 탄핵하자, 상이 이에 신면을 축출하여 아산(牙山)에 유배하였다.

- **【현개】현개 24권, 12년(1671) 7월 27일(병자) 1번째 기사. 집의 이하 지평 유하익이 전 해운판관 이광적의 소행을 아뢰다**

  또 아뢰기를, "아산(牙山)에 정배된 죄인 박형(朴洞)은 큰 장죄를 범하였으므로 법으로는 도저히 용서할 수 없는데도 서쪽 변방에서 가까운 내지(內地)로 유배지를 옮겨 주었습니다. 그러나 조금도 악행을 고치지 않고 방자하게 의롭지 못한 짓을 하였습니다. 마음대로 유배지를 떠나 안성(安城)에 오래 있으면서 전장(田庄)을 장만하고 집을 짓고 주민을 부렸으니, 국법을 업신여기고 방자하여 꺼리는 것이 없는 정상을 징계하지 않아서는 안 되겠습니다. 법에 따라 처치하소서." 하니, 상이 다 따랐다.

- **【현개】현개 27권, 14년(1673) 11월 2일(정묘) 3번째 기사. 좌승지 심재 등이 금부의 초기에 대한 비답에 대해 아뢰다**

  심재 등이 물러가 『정원일기(政院日記)』를 상고하였는데, 산릉의 석물을 배설한 날에 마침 정사(政事)가 있어 치화가 병조판서의 신분으로 나아와 참여했었다. 이를 가지고 보고하니, 상이 치화의 죄를 감하여 아산현(牙山縣)에 정배하도록 명하였다.

- **【실록】숙종 5권, 2년(1676) 6월 17일(무진) 1번째 기사. 허목이 차자를 올려 이사의 정배를 말함으로써 이사를 아산에 정배시키다**

  우의정(右議政) 허목(許穆)이 자전(慈殿)의 편찮음을 듣고 빨리 달려왔다가, 이에 이르러 차자(箚子)를 올려 인질(引疾)하고, 또 말하기를, "천

지광탕(天地曠蕩)의 은혜가 미치지 아니한 곳이 없는데, 이사(李泗)는 신(臣) 때문에 멀리 절역(絶域)에 유배(流配)되어 은전(恩典)을 입지 못하였으니, 신이 더욱 몸둘 바가 없습니다." 하니, 임금이 드디어 가까운 도(道)로 옮기기를 명하였으므로 금부(禁府)에서 사(泗)를 파주(坡州)에다 정배(定配)하자, 임금이 너무 가깝다는 이유로 중간이 되는 도(道)로 바꾸기를 명하여 곧 아산(牙山)에 정배하였다.

- 【실록】 숙종 6권, 3년(1677) 2월 9일(병진) 1번째 기사. 이지익의 건의와 허목의 상소로 정배한 이사를 풀어주다

상참(常參)을 거행했다. 대사헌 이지익(李之翼)이 아뢰기를, "아산(牙山)에 정배(定配)된 죄인 이사(李泗)는 종신(宗臣)으로 입시(入侍)하여 생각하고 있는 바를 진달하다가 말이 대신을 범하여 드디어 먼 데로 귀양갔었고, 그 뒤에 대신이 진달하는 말에 따라 중도(中道)로 양이(量移)되었습니다. 사는 곧 촌수가 먼 종친(宗親)이어서 조정에 상관이 없으므로, 그의 마음에 반드시 한편에 치우치는 사심도 없었을 것이고 그의 말도 한결같이 공심에서 나온 것이었습니다. 또한 전하(殿下)께서 종신(宗臣)을 접해 보시면서 이미 말을 하도록 해놓고 따라서 죄를 줌은 포용하시는 도리가 아닐 듯싶습니다. 놓아주도록 명하소서." 하니, 임금이 이르기를, "사가 한 말은 원래 공정하지 않았고, 또한 말한 일이 대신에게 관계가 있는 것이었다. 지금 대신이 놓아주기를 청하는 말이 없었는데 앞질러 먼저 놓아줌은 자못 타당하지 못할 듯싶다. 윤허하지 않는다." 하였다.

- 【실록】 숙종 6권, 3년(1677) 10월 22일(병인) 2번째 기사. 대신과 비변사의 제신을 인견하고 시관의 죄를 논하다

대신(大臣)과 비국(備局)의 여러 신하를 인견(引見)하고, 시관(試官)의

죄에 대하여 논하였다. 박태보(朴泰輔)를 선천(宣川)에 유배(流配)시키고, 이정영(李正英)을 철원(鐵原)에, 이홍연(李弘淵)을 아산(牙山)에, 윤심(尹深)을 연안(延安)에, 목천성(睦天成)을 춘천(春川)에, 김총(金璁)을 단양(丹陽)에, 이화진(李華鎭)을 홍천(洪川)에 도배(徒配)시켰으며, 감시관(監試官) 유정휘(柳挺輝), 신학(申潗)을 아울러 삭출(削黜)하였다.

- **【실록】 숙종 36권, 28년(1702) 5월 13일(갑오) 1번째 기사. 남구만은 아산현으로, 유상운은 직산현으로 부처시키게 하다**

  양사(兩司)에서 세 대신에 대하여 합계(合啓)한 신명(申明)하니, 답하기를, "남구만(南九萬), 유상운(柳尙運)은 중도 부처(中途付處)하였는데, 그 후에 남구만 등을 멀리 귀양보내라는 계(啓)가 즉시 정지되었다. 남구만은 아산현(牙山縣)으로, 유상운은 직산현(稷山縣)으로 부처(付處)하라." 하였다.

- **【실록】 숙종 52권, 38년(1712) 12월 2일(신해) 1번째 기사. 이돈, 오수원 등의 처벌에 대해 논의하고 이돈을 아산현에 부처하고 오수원을 양재역에 도배하다**

  임금이 들어주지 않고, 드디어 이돈은 아산현(牙山縣)에 부처(付處)하고. 오수원은 양재역(良才驛)에 도배(徒配)하였다.

- **【숙보】 숙보 52권, 38년(1712) 12월 2일(신해) 1번째 기사. 이돈을 아산현에 부처하고 오수원을 양재역에 도배시킬 것을 명하다**

  임금이 초복(初覆)을 행하여, 이돈(李墩)을 아산현(牙山縣)에 부처(付處)하고 오수원(吳遂元)을 양재역(良才驛)에 도배(徒配)하라고 명하였다.

● 【실록】 정조 2권, 즉위년(1776) 10월 8일(병오) 2번째 기사. 민가를 빼앗는 법금을 범한 이유로 낙림군 이연을 아산현에 정배하다

　낙림군(樂林君) 이연(李堧)을 아산현(牙山縣)에 정배(定配)하였는데, 민가(民家)를 빼앗는 법금(法禁)을 범했기 때문이었다. 1품의 종신(宗臣)은 치대(置對)하지 않는다는 선조(先朝)의 정식(定式)이 있기 때문에 곧바로 감죄(勘罪)하여 정배하게 하였다.

● 【실록】 순조 31권, 30년(1830) 3월 19일(정미) 2번째 기사. 아산현에 정배될 죄인 오경원을 석방하게 하다

　영(令)하기를, "오늘 행례(行禮)한 뒤에 가만히 삼학사(三學士)의 충절에 대하여 크게 감동하였다. 그리고 또 선조(先朝)의 고사(故事)가 있으니, 아산현(牙山縣)에 정배(定配)될 죄인 오경원(吳慶元)을 특별히 풀어 주도록 하라." 하였다.

● 【실록】 고종 40권, 37년(1900) 3월 14일(양력) 5번째 기사. 김영준을 아산군으로 귀양보내고 기한은 3년으로 정하다

　법부대신임시서리참정(法部大臣臨時署理參政) 김성근(金聲根)이 아뢰기를, "삼가 조칙(詔勅)을 받들어 김영준(金永準)은 아산군(牙山郡) 배소(配所)로 보내려 하는데 그 기한을 본부(本部)에서 감히 마음대로 정할 수 없으니, 어떻게 해야겠습니까?" 하니, 제칙(制勅)을 내리기를, "3년으로 마련하라." 하였다.

2) 조운(漕運)

● 【고려사】 고려사 제79권 / 지(志) 제33 / 식화2-조운

　건국 초기에 남방 각도의 수군(水郡; 수운이 가능한 하천 또는 바다를 끼고 있는 고을)들에 12개의 창고를 설치하였는데 충주(忠州)에는 덕흥창(德興倉), 원주(原州)에는 흥원창(興元倉), 아주(牙州)에는 하양창(河陽倉), 부성(富城; 서산)에는 영풍창, 보안(保安; 전라도 부안 땅)에는 안흥창(安興倉), 임피(臨陂)에는 진성창(鎭城倉), 나주(羅州)에는 해릉창(海陵倉), 영광(靈光)에는 부용창(芙蓉倉), 영암(靈岩)에는 장흥창(長興倉), 승주(昇州; 순천)에는 해룡창(海龍倉), 사주(泗州; 사천)에는 통양창(通陽倉), 합포(合浦)에는 석두창(石頭倉)을 두었다. 또 서해도 장연현(長淵縣)에 안란창(安瀾倉)을 설치하였다. 창고에는 판관을 두었다. 여러 고을들의 조세(租稅)는 각각 부근에 있는 여러 창고들에 운반하였다가 이듬해 2월에 배로 나르는데 서울에서 가까운 곳에서는 4월까지, 먼 곳에서는 5월까지, 경창(京倉)에로의 운반을 끝낼 것이며 제 기한 내에 출발하였으나 바람이 순조롭지 못하여 키(도)잡이 3명 이상, 뱃군(水手), 잡인(雜人; 잡부) 5명 이상이 미곡과 함께 침몰한 경우에는 조세를 다시 징수하지 않으며 제 기한보다 늦어서 출발하였고 키잡이 뱃군의 3분의 1까지의 인원이 빠져 죽은 경우에는 그 고을의 관장(원), 색전(色典; 해당 사무를 맡은 인원), 키잡이 뱃군 등에게 평균하게 징수하게 하였다. 13섬의 운반비가 1섬인 곳인 편섭포(便涉浦) 이전에는 타이포(打伊浦)라고 하였는데 아주(牙州) 하양창(河陽倉)이 여기에 있다.

- 【실록】 태종 26권, 13년(1413) 8월 14일(경신) 2번째 기사. 충청도도관찰사 이안우가 순성의 일로 상서하다

충청도도관찰사 이안우(李安愚)가 상서(上書)하였는데, 그 글은 이러하였다.

"이제 정부에서 순성(蓴城)의 일을 가지고 신에게 잘못 보고하였다고 죄책하고 대신(大臣)과 근신(近臣), 대원(臺員)을 보내어 그 땅을 가서 보도록 청하였습니다. 그러나 본 바가 각각 달라서 일시적으로 뜻을 펴보려는 모책(謀策)에만 힘쓰고 만세토록 백성들을 평안하게 하려는 계책(計策)을 생각하지 않으므로, 비분(悱憤)함을 이기지 못하여 관견(管見) 한두 가지를 다음에 조목별로 열거합니다.

… (중략) …

안행량(安行梁)은 물이 깊고 암초의 풀이 없으므로 근년에 배가 패몰(敗沒)하였다는 소식을 듣지 못하였으며, 뱃사람들이 평탄한 도로처럼 보는데, 무슨 까닭으로 이를 버리고 험애한 땅을 굽어 좇아서 이 백성들을 병들게 하겠습니까? 신은 어리석어서 오로지 하늘의 두려움만을 알 뿐이요, 어찌 시상(時相)의 위엄을 꺼리겠습니까?"

임금이 박자청(朴子靑)을 불러서 물었다. "온수(溫水)와 순성(蓴城)이 서로 거리가 몇 리이냐? 내가 장차 온수에 거둥하여, 마침내 순성까지 가서 친히 운하를 파는 것이 편리한지 그 여부를 보겠다." 박자청이 대답하였다. "양읍(兩邑) 사이에 큰 산이 있고 길이 또 험하므로 상체(上體)가 피로하실까 두렵습니다."

임금이, "백성을 위하여 가는데, 내가 어찌 수고스럽다고 생각하겠는가?" 하였다. 그때 하윤(河崙)이 힘써 순성의 제방을 개착(開鑿)하자는 의논을 주장하니, 아부하는 자가 많이 있었다. 임금이 대언사(代言司)에 명하였다. "순제(蓴堤)의 일은 경들이 그 가부를 정하여 계문(啓聞)한다

면, 반드시 멀리 거가(車駕)를 움직일 것도 없다." 김여지(金汝知)가 대답하였다. "지난번에 너댓 신료를 보내어 형세를 가서 보았으나 오히려 그 가부를 결정하지 못하였는데, 하물며 신은 식량(識量)이 얕고 좁으며 오히려 또 그 형세를 보지 못하였습니다. 신이 들은 바로서는 진실로 어렵겠습니다. 그것은 전조(前朝)의 예왕(睿王), 숙왕(肅王) 말년(末年)에도 있었는데, 모두 백성들을 동원하여 운하를 파서 통하게 하였으나 그 효과를 보지 못하였습니다. 온수(溫水)와 순제(蓴堤)는 아주 가까우므로 거가(車駕)가 한 번 왕림하면 만세의 의논을 결단할 수 있을 것입니다."

유사눌(柳思訥)이, "만약 수만 명의 사람을 써서 여러 해를 걸린다고 하여 어찌 개착(開鑿)하지 않을 까닭이 있겠습니까?" 하니, 임금이 말하였다. "친히 그 형세를 보지 않고 그 가부를 정한다면 의정부의 의논과 무엇이 다르겠는가?"

● 【실록】 세종 28권, 7년(1425) 6월 27일(을축) 3번째 기사. 충청도의 녹전과 선납미의 수납을 차사원이 감독할 수 있도록 하다

충청도감사가 계하기를, "도내 각 고을에서 녹전(祿轉)과 상납(上納)을 선납(先納)으로 바치는 법은 전일에는 길의 멀고 가까움을 분간하여, 도내 면천(沔川)은 범근천(犯斤川)으로, 아산(牙山)은 공세곶(貢稅串)으로, 직산(稷山)은 경양포(慶陽浦)로, 충주(忠州)는 금천(金遷), 앙암(仰巖)으로, 경기도 여흥(驪興)은 우음안(亏音安), 천녕(川寧), 이포(梨浦) 등지로 각기 내왕하기 가까운 곳에다 나누어 정하여 출포(出浦)하게 하였사온데, 녹전은 2월에 상납하기 시작하여 해빙한 뒤 3월에 배에 싣게 하고, 선납미는 7월에 상납하기 시작하여 8월에 들어선 뒤에 배에 싣는데, 그 처음 수납할 때는 각 고을 수령이 몸소 포구 있는 곳에 가서 친히 감독하여, 다 받기를 마치면 싣기를 감시하여 차사원(差使員)에게 넘

겨 맡기어 상납하게 하는 것은, 이미 격식으로 전례가 되어 있사온 바
인데, 그러하오나, 경상도의 녹전 상납은 그 수량이 지극히 많사온대,
수령이 포구에 나오지 아니하고 차사원 한 사람이 홀로 금천에 와서 각
고을의 감고(監考)와 색리(色吏)를 불러다가 수납할 뿐이온데, 본도에서
는 쌀, 보리의 수량이 적사오나, 매양 수령들로 1년에 두 번씩 여러 날
길에 양식을 싸가지고 오고가게 하니, 폐단이 진실로 여러 가지 오며,
더구나 농삿달을 당하여 수령이 농사를 독려하지 못하게 되어 더욱 불
편하게 되오니, 앞으로는 각 고을 수령이 포구에 나가지 말고 다만 차
사원 한 사람을 정하여 보내서 살펴 거두어 받게 하소서." 하니, 그대로
따랐다.

• 【실록】 성종 8권, 1년(1470) 10월 25일(기사) 3번째 기사. 원상 신숙주
  등이 수원 지방에서 일어난 배의 사고를 조사할 것을 청하다

　　원상(院相) 신숙주(申叔舟) 등이 아뢰기를, "고(故) 봉교(奉敎) 방귀원(房
貴元)의 아내 윤씨(尹氏)가 그의 아산(牙山) 전장(田莊)으로부터 수원(水
原)의 오미곶이[吾未串]에 이르렀는데, 나루를 지나 중류(中流)에서 배가
파선되어 죽은 자가 19인이었으며, 홀로 사공[篙工]만이 죽지 않고 배를
몰아 언덕에 대어 놓고서 사람이 모래 가운데 서서 있는 것을 보고는
구원해 줄 것을 소리쳐 불러도 구원하지 않았다고 하니, 이것은 필시
배 가운데 도둑이 있었던 것입니다. 청컨대 조정의 관리를 보내어 이를
국문하게 하소서." 하니 전지하기를, "마땅히 강명(剛明)한 자를 가려 보
내어, 저 교동행대(喬桐行臺)와 같이 하지 말도록 하라." 하였다. 이보다
앞서 감찰(監察) 허황(許篁)에게 교동현감(喬桐縣監) 탁신지(卓愼志)의 탐
묵(貪墨)한 것을 국문하게 하였는데, 실상을 캐지 못하였으므로, 이와
같은 하교(下敎)가 있은 것이었다.

- 【실록】 성종 120권, 11년(1480) 8월 11일(무오) 2번째 기사. 남방의 백성을 옮겨 평안도, 황해도 두 도를 채우는 것이 적당한지를 의논하다

또 명하여 호조(戶曹)에서 아뢴 바 곡식을 무역하여 변방을 채우는 것과 전라도(全羅道)의 전세(田稅)를 조전(漕轉)하는 등의 일을 의논하게 하였다. 정창손, 한명회는 의논하기를, "곡식을 무역하여 변방을 채우는 것은 옳으나 어사(御史)를 보내어 곡식을 무역하는 것은 옳지 못하니, 청컨대 여러 고을의 수령에게 전적으로 위임하고 감사(監司), 도사(都事)가 돌아다니면서 규찰하게 하소서." 하고, 김국광(金國光)은 의논하기를, "전라도(全羅道)의 전세(田稅)를 아산(牙山) 공세곳이[貢稅串]로 수송하면 경상도(慶尙道)의 전세를 가흥창(可興倉)으로 수송하는 괴로움과는 차이가 있습니다. 또 해로(海路)로 조전(漕轉)하다가 배가 전복되는 근심이 없는 해가 없으니, 청컨대 순찰사(巡察使)로 하여금 적당한지의 여부를 다시 살펴서, 전라상도(全羅上道)의 전세는 모두 공세곳이로 수송하고, 전라하도(全羅下道)의 전세는 덕성(德城)으로 옮겨 수송하게 하소서." 하니, 임금이 다시 그대로 따랐다.

- 【실록】 성종 162권, 15년(1484) 1월 7일(을미) 2번째 기사. 병조에서 충청도, 전라도, 경상도의 사민초정사목을 아뢰다

병조(兵曹)에서 충청도, 전라도, 경상도의 사민초정사목(徙民抄定事目)을 아뢰었는데, 이러하였다. … (중략) … 변경에 옮기는 사람의 가재(家財)와 잡물(雜物)을 육로로 운반하기가 어려우면 그 사람과 마필(馬匹)은 육로로 가도록 허락하고, 그 가재는 자원(自願)에 따라 전라도와 충청우도(忠淸右道)는 아산(牙山) 공세곳이[貢稅串]에서, 경상도와 충청좌도는 충주(忠州) 금천(金遷)에서 차사원(差使員)을 정하여 각각 짐에 표를 붙여서 물주(物主) 한두 사람으로 하여금 간수(看守)하게 하여 참선(站船) 및

사선(私船)을 이용하여 싣고 만호(萬戶), 수운판관(水運判官)으로 하여금 압령(押領)하여 조운(漕運)하게 한다.

● 【실록】 성종 216권, 19년(1488) 5월 29일(임진) 4번째 기사. 전라도의 전세를 옮겨서 수납하는 일을 영돈녕 이상에게 의논하도록 명하다

수로(水路)에서의 풍랑(風浪)은 지척(咫尺)에서 호흡(呼吸)하는 순간에 일어나므로, 만약 조선(漕船)의 운행(運行)을 조심스럽게 하지 않는다면 공세곶이[貢稅串] 이상(以上)인들 어떻게 패몰(敗沒)이 없다는 보장을 하겠습니까? 그리고 패몰하는 조선의 피해를 제거하려고 해서 반드시 육로(陸路)로 운반하게 한다면 경창(京倉)에다 전수(轉輸)해야 하겠습니까? 이것이 세 번째 불가한 것입니다. 진실로 조졸(漕卒)이 대신 운행하고, 압령만호(押領萬戶)와 연변수령(沿邊守令), 해운판관(海運判官)이 게을러서 고찰(考察)하지 않는 것이 마치 위에서 말한 것과 같다면, 비록 공세곶[貢稅串]에 운반하는 것도 패몰(敗沒)을 구원할 수 없을 것입니다. 신등은 생각하건대, 예전대로 조운(漕運)하게 하고, 법대로 하지 않는 자는 엄하게 다스린다면 거의 패몰하는 근심이 없을 것입니다." 하고, 손순효(孫舜孝)는 의논하기를, "전라도(全羅道)의 전세(田稅)를 수로(水路)로 운반해야 한다는 것과 육로(陸路)로 수송해야 한다는 의논이 분운(紛紜)한데, 그것은 오늘부터 그런 것이 아닙니다. 그러나 그 두 가지 의논을 근거로 생각해 보면, 본도(本道)는 경상도(慶尙道)와는 비교할 것이 아니며, 조운(漕運)하는 길이 사방으로 통하였으니 끝내 폐지할 수는 없습니다. 그러나 길은 멀고 가까운 것이 있는데, 먼 곳을 육로(陸路)로 수송한다면 매우 고달픕니다. 그래서 부득이 조선(漕船)으로 운반하는 것입니다. 그리고 가까운 곳은 육로로 운반할 만하며 끝내 해로움이 없습니다. 신은 망령되게 생각하기를, 한 도(道)를 반으로 나누어 아산(牙

山) 공세곶[貢稅串]과의 거리가 5, 6일 노정(路程)에 지나지 않는 곳은 육로로 수송하게 하고, 그 나머지 먼 고을은 조운(漕運)하는 것이 편(便)하다고 여깁니다. 만약 마소[牛馬]가 죽는 것을 괴롭게 여긴다면, 경상도 백성에게 매년 2월 이전에 전세(田稅)의 수납(收納)을 마치게 하면 농사를 폐기(廢棄)한다고 할 수 없을 것입니다. 그러니 우선 시행하여 그 편부(便否)를 증험해 볼 만합니다." 하니, 전교하기를, "예전대로 하도록 하라." 하였다.

- 【실록】 중종 8권, 4년(1509) 5월 27일(무오) 1번째 기사. 조강에서 영사 박원종이 어살의 일, 조선의 패몰 방지책을 아뢰다

영사 박원종이 아뢰기를, "어살은 신도 또한 받았습니다. 『대전』으로 보면 어살과 시장(柴場)은 과연 사사로이 점거하여서는 안 되니, 대간의 말이 옳습니다. 그리고 근년에 조선(漕船)이 연달아 패몰하고 금년에 더욱 심하여 국용이 넉넉하지 못하니, 참으로 염려됩니다. 신의 뜻에는, 아산창(牙山倉)에 납부된 것은 경창(京倉)에 납부하게 하고, 득성창(得成倉)에 납부된 것은 아산에 납부하게 하며, 영산(榮山), 법성(法聖) 등 창에 납부된 것은 득성에 납부하게 하여, 차례차례 추이(推移)해서, 먼 곳으로부터 가까이 옮기면 육수(陸輸)하는 폐단은 혹 있을지라도 패선(敗船)하는 걱정은 또한 제거할 수 있다고 여깁니다."

- 【실록】 중종 75권, 28년(1533) 6월 12일(계미) 1번째 기사. 흉변의 대책을 논의하다

특진관(特進官) 이귀령(李龜齡)이 아뢰기를, "충청도 태안군(泰安郡)의 안행도(安行渡)에는 조선(漕船)이 침몰되지 않는 경우가 드뭅니다. 따라서 물에 빠져 죽은 사람이 얼마인지 모름은 물론이고 해마다 잃어버리

는 쌀이 몇 곡(斛)인지 모릅니다. 그리고 건진 쌀을 빈민들에게 나누어 지급하고 숫자만큼 새 쌀로 거두어들이므로 그 폐단이 작지 않습니다. 세조께서 온양(溫陽)으로 행행(幸行)할 때 개펄을 파게 하였으나 끝내 실효을 거두지 못하였습니다. 신이 충청감사로 있을 때 유의하여 살펴보았더니 그곳에는 비어 있는 원우(院宇)가 있었습니다. 배가 나루 어구에 이르면 짐을 내려 이 빈 원우에 쌓아두고 사람을 시켜 지키게 한 다음, 입번(入番)한 군민(軍民)의 수레로 운반하게 하고 빈 배를 나루 머리 쪽으로 돌려 정박시키고 짐을 도로 싣게 하면 위험을 면할 수 있어서 사람이 빠져 죽을 걱정이 없음은 물론, 해마다 쌀을 잃는 폐단도 없을 것입니다." 하였다.

- **【실록】중종 97권, 37년(1542) 2월 26일(정축) 1번째 기사. 진휼청이 충청도 진휼경차관 임호신의 계본에 의하여 건의하다**

진휼청(賑恤廳)이 충청도 진휼경차관 임호신(任虎臣)의 계본에 의하여 회계하였다. 그 대략에, "이 도는 실농(失農)이 다른 도에 비해 더욱 심하여 공사(公私)가 가지고 있는 곡식이 이제는 바야흐로 고갈되게 되었으니, 미리 조치하지 않았다가 하루아침에 다 떨어져버린다면 온 지경의 굶주리는 백성들을 살려낼 수 있는 방법이 없겠습니다. 계본 내용의 사연을 가지고 과연 호조와 더불어 함께 의논하여 상확(商確)해서 마련해보건대, 도내(道內)의 가흥(可興), 아산(牙山) 두 창고에다 올해에 받아들인 세입(稅入)의 수가 겨우 5만여 석이 되는데, 충주(忠州) 등 여섯 고을의 굶주리는 백성을 구제할 4천 석을 호조가 이미 계품(啓稟)하여 내주었습니다. 국가에서 쓸 것은 더욱 긴요하니 이제 또 더 주기는 어려운 형편입니다. 그러나 한 도의 굶어 죽은 시체가 장차 구렁에 뒹굴 형편인데 보고만 있고 구제하지 않는 것은 차마 못할 일입니다. 충주, 괴산(槐

山), 제천(堤川), 진천(鎭川), 청안(淸安), 음성(陰城) 등 여섯 고을의 굶주리는 백성들에게는 가흥창(可興倉)에 받아 놓은 군자(軍資)인 조미(糙米) 1천 석을 더 주고, 직산(稷山), 천안(天安) 온양(溫陽), 평택(平澤) 등 네 고을의 굶주리는 백성들에게는 아산창(牙山倉)에 받아 놓은 풍저창(豊儲倉)의 조미 2천 석을 제급(題給)합니다.

● 【실록】 명종 7권, 3년(1548) 1월 5일(임오) 2번째 기사. 삼공, 육조판서와 수령의 잉임, 조운, 역로 등의 일을 의논하다

전라도에서 바치는 조세(租稅)를 아산창(牙山倉)으로 옮겨 받아들이는 일에 대해서는, 남도(南道)에서 조운(漕運)해온 유래가 오래되었을 뿐만 아니라, 이 또한 배[舟]를 조종하는 기술을 배우는 일이기도 하니 지금 선뜻 그 전례를 바꾸어서는 안됩니다. 양전(量田)하는 일에 대해서는 수령들이 각기 인읍(隣邑)의 수령과 더불어 서로 참작해서 한 다음에 각별히 경관(京官)을 파견하여서 자세히 살필 일로 호조(戶曹)에서 사목(事目)을 만드는 것이 타당합니다. 조운선(漕運船)이 침몰하거나 파선되었을 경우 그 손실된 곡식을 징수하는 일에 대해서는, 침몰된 곡식은 그 즉시 건져 낼 수 없기 때문에 혹 뒤늦게 건져 낸다 하더라도 4~5월 사이에는 기후가 매우 더워 하루 이틀 사이에 썩어서 먹을 수 없게 됩니다. 그러므로 수변(水邊)의 거주민에게 나누어 징수하는 것이 비록 억울한 일이기는 하지만 그렇다고 국곡(國穀)을 이 때문에 징수하지 않는다면 일이 매우 허술하게 됩니다. 배가 파선되는 것은 그리 흔한 일이 아니니, 전례대로 수변의 거주민에게서 징수하는 것이 무방합니다.

● 【실록】 선조 26권, 25년(1592) 5월 13일(임신) 4번째 기사. 비변사가 이
옥 등에게 경성으로 달려가게 하고 아산창의 조운을 해로로 보내게 하라
고 청하다

비변사가 아뢰기를, "장수의 의리란 근왕(勤王)보다 더 큰 것이 없습
니다. 이옥(李沃), 이익(李翊), 이광(李洸) 등은 달려와서 경성을 구원해
야 마땅한데 그들은 경성을 중하게 여기지 않고 다만 들어온 외적(外賊)
만 염려하였으니 경중(輕重)의 본의를 크게 상실하였습니다. 이러한 뜻
으로 이광 등에게 하서하여 속히 경사(京師)로 달려가게 하소서. 아산창
(牙山倉)의 조운(漕運)은 황해감사를 시켜 서해(西海)의 해로로 보내게 하
소서." 하니, 상이 따랐다.

● 【실록】 선조 26권, 25년(1592) 5월 23일(임오) 6번째 기사. 상이 대신
이하를 인견하고 임진 전투의 패배 상황, 군량의 조달, 각도의 전투 상황
을 논의하다

홍원(興源)이 아뢰기를, "금곡창(金谷倉)의 곡식은 지금 쓰고 있는 아
산창(牙山倉)의 곡식도 실어오려 했는데 도로가 막혀 이제야 비로소 군
병을 정하여 실어오기 시작했습니다." 하였다. 두수가 아뢰기를, "충청
감사의 장계를 보니 적이 향하는 곳마다 싸워보지도 않고 무너진다고
하였습니다. 이는 오랫동안 태평이 계속된 까닭에 백성들이 싸움을 몰
랐던 탓입니다. 전라도는 을묘왜변(乙卯倭變)을 겪은 뒤에 싸움에 대한
의지가 생겼으므로 타도의 군졸과 견줄 수 없습니다." 하고, 최황(崔滉)
은 아뢰기를, "병가(兵家)는 제각기 장기(長技)가 있습니다. 왜적은 칼을
잘 쓰고 우리는 활을 잘 쏘는데 장기인 궁마(弓馬)로 하지 않고 지친 군
졸만을 먼저 내보냈다가 한번 무너지고 나면 맹장(猛將)마저도 패합니
다. 또 우리는 척후(斥候)를 내보내지 않기 때문에 매번 복병(伏兵)에게

패합니다." 하고, 홍원은 아뢰기를, "동군(東軍)이 부족하다고 하므로 오늘 토병 1백 명을 보냈습니다." 하니, 상이 이르기를, "오늘 보냈는가? 무엇을 가지고 호궤하였는가?" 하였다. 두수가 아뢰기를, "목면(木棉)을 주어 호궤하였습니다." 하고, 홍원은 아뢰기를, "이혼(李渾)의 군사도 당연히 올 것인데 지금 가장 우려되는 것은 군량입니다. 개성의 쌀 4백여 석과 적전(籍田)의 곡식 1천여 석은 모두 쓸 수 있습니다. 금곡창(金谷倉)의 것도 써야 하고 아산창(牙山倉)은 이제 운송해 오려 하고 있고 흥원창(興源倉)에도 2천여 석이 있으나 운송하기가 어렵습니다. 삼강(三江)에서 사람들이 배를 많이 모아 두었는데 어제 윤담(尹湛)을 시켜 이것으로 운반하게 하였습니다." 하였다.

- 【실록】 선조 27권, 25년(1592) 6월 26일(갑인) 4번째 기사. 윤두수가 바닷길로 남행하기를 청하자 대신들과 논의하다

윤두수 등이 아뢰기를, "다시 생각해보니 장산곶(長山串) 근처는 뱃길이 대단히 험하여 평상시에도 평안도 배들이 언제나 장산곶에서 파선당하곤 했으니 대가가 이곳을 지나서는 안 됩니다. 용천(龍川)을 경유하여 급히 안악(安岳)에 정박하고 육로로 올라가 해주(海州)를 지나 아산(牙山)에 도착하는 것이 좋겠습니다. 한편으로는 선전관을 보내어 사공들을 소집하도록 하소서." 하니, 답하기를, "알았다. 그와 같이 하겠으니 실행하든 않든 간에 속히 준비하라." 하였다.

- 【실록】 선조 28권, 25년(1592) 7월 11일(무진) 4번째 기사. 군량을 조달하는 일에 대비하라고 전교하다

전교하기를, "평양의 왜적을 몰아내면 황해도는 군량이 부족하다. 충청도 아산창(牙山着)에 세미(稅米)가 많이 쌓였다 하니, 본도의 감사에게

배에 싣고 와서 중국 군사에게 나누어 주든지 아니면 우리 군사가 이르는 곳을 따라 군량을 대도록 하라는 내용으로 비변사에게 속히 의논하여 조처하게 하라." 하였다. 비변사가 회계하기를, "신들은 생각이 멀리 미치지 못하여 매양 평양의 왜적을 몰아낸 뒤 황해도의 군량은 용강(龍岡)에 비축된 곡식이 매우 넉넉하므로 황해도로 옮겨서 쓰려고 했었습니다. 아산창의 세미가 많기는 하나 뱃길에 바람이 심하여 날짜를 정할 수가 없습니다. 옹진(甕津)에 도착할 아산 세미 1천 2백 석이 만일 장산곶(長山串)을 지나지 않았거든 황해감사에게 조처하도록 하여 배천(白川)에 대기하고 경강(京江)에도 대기하여 우리 군사가 이르는 곳에 따라 군량을 대게 하는 것이 어떻겠습니까?" 하니, 답하기를, "아뢴 대로 하라. 아산 세미는 지금 미치지 못하나 즉시 나누어 싣고서 뱃길의 중간에 있다가 형편을 보아 응용하도록 할 것을 아울러 하서(下書)하라." 하였다.

● 【실록】 선조 28권, 25년(1592) 7월 24일(신사) 5번째 기사. 정철 등을 인견하고 군량 조달 등을 논의하다

상이 이르기를, "중국 군사의 군량을 어떻게 할 것인가?" 하니, 두수가 아뢰기를, "아산(牙山)에서 운반해 온 쌀이 있고 또 구성(龜城)에서 지금 한창 군량을 운반하고 있습니다." 하고, 정철은 아뢰기를, "신이 충청, 전라도체찰사의 명을 받았으나 신은 계책이 천박하니 재략있는 사람을 얻어 데리고 가게 하소서." 하였다. 상이 이르기를, "나의 생각에는 무인(武人)을 데리고 갔다가 본도에 도착하여 종사관(從事官)을 차출하는 것이 무방하다고 여겨진다. 그러나 어떤 길로 도달하겠는가?" 하니, 정철이 아뢰기를, "삼화(三和)의 수로(水路)를 경유하여 풍천(豊川)에 도달할 수 있으나, 풍천 등의 고을이 현재 적의 소굴이 되어 있기 때문에 부득이 장산곶을 경유해야겠습니다." 하였다.

- 【실록】 선조 30권, 25년(1592) 9월 16일(계유) 2번째 기사. 전 충청감사 윤선각이 아산창의 곡식을 운송하여 군량에 보충케 하다

   전 충청도감사 윤선각이 아산창(牙山倉)의 전세미(田稅米)와 대맥(大麥)을 합해 7천 5백 석을 관원을 임명, 합송하여 군량에 보충시키게 하였다.

- 【실록】 선조 30권, 25년(1592) 9월 21일(무인) 5번째 기사. 세자를 시종하는 신료들의 식량이 떨어져 아산창의 전세미를 나누어 주다

   동조(東朝)를 시종하는 신료들의 식량이 절핍되었으므로 아산창(牙山倉)의 전세미(田稅米) 50~60석을 가져다 나누어 주었다.

- 【실록】 선조 46권, 26년(1593) 12월 18일(정묘) 4번째 기사. 비변사에서 중국군이 참여하지 않더라도 단독으로 병사를 초발하여 왜군을 공격할 것을 건의하다

   (비변사가 아뢰기를) "기전(畿甸)이 바야흐로 굶주리고 있어 양식을 싸가지고 가기가 곤란할 것이니 아산(牙山)의 양곡이 도착하면 수원(水原) 관아에서 제급하여 주게 하소서. 아산 이하의 일은 차차로 전수(傳授)하겠다는 것으로 경기감사에게 밀유(密諭)하는 것이 어떻겠습니까?" 하였다.

- 【선수】 선수 28권, 27년(1594) 4월 1일(기유) 6번째 기사. 군정에 대한 영의정 유성룡의 상소문

   영의정 유성룡이 차자를 올려 시무(時務)에 대해 진술하였다. … (중략) … 여러 조건으로 징수한 것들은, 전라도는 군산(群山)의 법성창(法聖倉)에, 충청도는 아산(牙山)의 가흥창(可興倉)에, 강원도는 흥원창(興元倉)에, 황해도는 금곡(金谷)의 조읍창(助邑倉)에 들이도록 하십시오.

- **【실록】 선조 62권, 28년(1595) 4월 19일(신유) 4번째 기사. 호조에서 명사의 경성 체류시의 접대 대책에 대해 건의하다**

  (호조가 아뢰기를) "지금 해운판관(海運判官) 조존성(趙存性)과 본조정랑(本曹正郎) 최동망(崔東望)의 이문(移文)을 보니, 법성(法聖)에서 처음 운반한 미곡과 두태는 모두 1만 3천 7백여 석으로 이달 2일에 배를 띄웠고, 아산(牙山)에서 두 번째로 운반할 미곡과 두태는 모두 5천 8백여 석으로 23일 경에 나누어 싣고자 한다고 하였습니다. 그러나 천리를 조운하여 한강에 도착하는 숫자는 꼭 맞는다고 보장하기가 어렵습니다."

- **【실록】 선조 68권, 28년(1595) 10월 25일(갑자) 5번째 기사. 호조에서 중국군의 소요 양곡을 위해 미수 전세를 거둘 것을 건의하다**

  호조가 아뢰기를, "삼창(三倉)에 남아 있는 것은 오직 쌀, 콩 합하여 2만 4천 5백여 석과 피곡(皮穀) 3천여 석이 있을 뿐인데, 1개월의 백관 이하의 산료(散料)와 현재 중국군에게 지출하는 양곡의 수효는 2천 9백 10여 석이나 되며, 불시의 비용은 이 안에 들어 있지 않으니, 앞으로 경비가 장차 떨어질 근심이 있습니다. 충청도 아산창(牙山倉)의 미수 전세(田稅)를 본조의 낭청(郎廳) 유사원(柳思瑗)을 보내어 독촉하여 거두어 상납하도록 해야 하며, 황해도도 낭청 1인을 보내어 미곡과 콩을 수합하여 얼음이 얼기 전에 기한에 미쳐 배로 운반해야 하는데, 현재 낭청은 3인만이 있을 뿐입니다. 본조에서도 구관(句管)할 일이 많으므로 보낼 수 없습니다. 청컨대 이조로 하여금 문무(文武)나 음관(蔭官)을 논하지 말고 부지런하고 일을 잘하는 사람을 특별히 가려 속히 차출하여 해조의 낭청으로 칭호를 붙여 제때에 발송시키는 것이 어떻겠습니까?" 하니, 상이 따랐다.

● 【실록】 선조 82권, 29년(1596) 11월 13일(을사) 1번째 기사. 판중추부사 윤두수 등이 대가의 파천 계책에 대해 아뢰다

윤두수가 아뢰기를, "대가(大駕)가 파천(播遷)하면 도리어 임진년만도 못할 것이니, 내전(內殿)은 나가더라도 위에서는 반드시 성을 지킬 생각을 하셔야 하겠습니다. 서울을 버리고 해주(海州)로 가면 조정(朝廷)이 멀어서 명령이 통하지 않습니다. 내전이 먼저 강화(江華)로 가고 위에서 형세가 어쩔 수 없게 된 후에 강화로 가서 머무르시면 험조(險阻)를 차지할 수 있을 것이고, 거기에 오래 지체할 수 없으면 뱃길로 해주에 갈 수 있으며, 아산창(牙山倉)의 곡식도 날라 올 수 있을 것입니다. 또 포수(砲手)의 처자도 강화에 두어야 하겠습니다. 신이 밤새도록 자지 못하고 충분히 생각해 봤는데 국가의 대계는 오직 강화가 그래도 좀 낫겠습니다. 비변사 당상의 뜻도 이러합니다." 하였다.

● 【실록】 선조 92권, 30년(1597) 9월 29일(병진) 4번째 기사. 충청도관찰사로 임명된 김신원을 인견하고 격려하다

신원이 앞으로 나아가 아뢰기를, "한 부대의 중국 군대가 이미 남쪽으로 내려갔고 대병도 장차 내려갈 것입니다. 그런데 호서(湖西) 일도는 새로 병화(兵火)를 겪은 나머지 거주하던 백성들이 사망하여 열 사람 중에 한두 사람도 생존한 자가 없으므로 곡식이 들판에 널려 있어도 거둬들일 만한 사람이 없으니 조도(調度)와 접제(接濟)하는 일에 대하여 백방으로 계책을 세워봐도 좋은 계책이 없습니다. 강화(江華)의 중국 군량을 즉시 배로 운반하여 아산(牙山) 및 백마강(白馬江) 등처에 내려놓으면, 직산(稷山) 등 네 역참(驛站)에 운반해 두었다가 군량으로 조달할 계책을 삼을까 합니다." 하니, 상이 이르기를, "호조(戶曹)가 이미 이 뜻을 알았을 터이니 급급히 조치하라." 하였다.

● 【실록】 선조 93권, 30년(1597) 10월 9일(병인) 8번째 기사. 중국군의 남
행에 따른 군량 조달 등의 문제들을 논의하다

"아산창(牙山倉)에 저축해 놓은 것도 본읍을 시켜 힘을 다해 공주로
운반하게 해야 합니다. 급히 선전관을 보내 표신(標信)을 가지고 직접
본현에 가서 현감으로 하여금 직접 거느리고 가게 하고, 한편으로는 급
히 선전관을 보내 충청도와 전라도감사에게도 알려서 다방면으로 조치
하여 대령하게 하며, 경기감사에게는 오늘밤에 발송하여 조처하도록 하
는 것이 마땅할 것입니다. 이러한 조치는 모두 때에 미치기 어려우나
부득이한 실정이므로 감히 아룁니다." 하니, 답하기를, "알았다. 아뢴
대로 하라." 하였다.

● 【실록】 선조 111권, 32년(1599) 4월 20일(기사) 7번째 기사. 비변사가 장
사꾼들이 군병이 주둔하는 곳에 들어와 장사하는 폐단에 관해 아뢰다

(비변사가 아뢰기를) "근자에 또 듣건대, 장사꾼들이 황해(黃海), 경기
(京畿), 충청도(忠淸道) 등의 연해(沿海)에 흩어져 들어가 민가의 수철(水
鐵)을 긁어모으는데, 농기구와 부정(釜鼎)을 모두 강탈하여 거두어 모아
배에 실으므로 바닷가 백성들의 원망하는 소리가 자자하다고 합니다.
신들이 또 듣건대, 한 동지(韓同知)가 호조에 공문을 보내어 장사꾼이
수철을 싣고 갈 배의 지급을 요청하여 이미 3척(隻)을 지급했는데도 지
금 또 더 보내줄 것을 요청하였다고 합니다. 아산(牙山), 공관(貢串), 용
안(龍安), 지세포(知世浦) 같은 곳에는 수철이 산처럼 쌓여 있는데 만일
법을 만들어 금단하지 않는다면 그 폐해가 날로 더해갈 것입니다. 즉시
전후의 사리(事理)를 경리아문에 명백하게 자문(咨文)하여 금후로는 장
사꾼들의 노인(路引)을 분명히 조사하고 확인해 시행토록 하소서."

● 【광해일기】 광해 77권, 6년(1614) 4월 12일(갑오) 1번째 기사. 사간원이
　예빈시주부 이의신을 법률에 의해 죄를 결정하기를 청하다

　아뢰기를, "부산진(釜山鎭)은 대마도와 마주 바라보고 있어서 조석으
로 변고에 대비해야 하니, 그 소임이 지극히 소중합니다. 그런데 부산
첨사 신충일(申忠一)은 깊은 병을 얻어 실성하였으니 명하여 파직케 하
소서. 대흥현감(大興縣監) 송해(宋垓)는 사람됨이 용렬하여 아산창(牙山
倉)의 전세차사원(田稅差使員)으로서 세미(稅米)를 봉납할 때 오로지 서
리의 손에만 맡겨서 조종하여 폐단을 만들었으니 파직하소서."하니,
따랐다.

● 【광해일기】 광해 152권, 12년(1620) 5월 21일(무술) 1번째 기사. 전세가
　도착하는 대로 지급하도록 하다

　호조가 아뢰기를, "여름철 녹과(祿科)를 나누어 주는 날이 단지 4, 5
일 밖에 남지 않았는데, 창고에는 비축해 둔 것이 남아 있지 않고, 아
산(牙山)의 첫 조운(漕運)이 아직 한강에 도착하지 않았으니 기한 안에
녹봉을 나누어 주는 것은 형세상 어떻게 할 수 없습니다. 아산의 조운
이 비록 도착한다고 하더라도, 그 수는 단지 쌀과 콩을 합해도 4천 3백
석 밖에 되지 않는다고 하니, 많은 녹봉을 결코 일시에 다 나누어 줄
수는 없습니다. 정월(正月)의 예에 의하여 쌀을 먼저 지급하고, 받아들
이는 대로 나누어 주도록 해야지, 기한 안에 녹봉을 지급할 수는 없겠
습니다. 감히 아룁니다."하니, 전교하기를, "금년에는 백관의 녹봉을
일시에 원래 정해진 액수만큼 받을 수 없으니, 형편이 말이 아니다. 지
방의 전세(田稅)가 도착하는 대로 지급하여 궁핍한 근심이 없도록 하
라."하였다.

- 【실록】 숙종 29권, 21년(1695) 10월 18일(정미) 2번째 기사. 대사헌 이수헌이 백성의 곤궁함 등에 대해 응지 상소하다

(대사헌(大司憲) 이수언(李秀彦)이 응지(應旨)하여 상소하기를) 신은 들으니, 금년의 각양 신포는 한결같이 재실(災實)의 분등(分等)에 따라 그 신포를 감하고, 기병(騎兵)과 보병(步兵)은 15달씩 윤번(輪番)하기 때문에 그 속에 넣지 않았다고 합니다. 이들의 번차(番次)가 비록 매우 먼 것 같으나, 이 전고(前古)에 없던 흉년을 당하여 홀로 2필(疋)을 바치게 한다면, 반드시 칭원(稱冤)의 단서(端緒)가 있을 것이니, 다른 예에 의하여 모두 1필로 감한다면, 거의 한결같은 혜택(惠澤)을 입을 수 있습니다. 청주 등 10여 읍(邑)의 조세(租稅)를 배[船]로 운반하여 상납(上納)하는 것을, 산군(山郡)의 예에 의하여 작전(作錢)하여 상납하고, 아산(牙山), 안흥(安興), 양진(楊津) 등 창고의 곡식은 경창(京倉)에 대납하며, 각읍의 전세(田稅)와 대동미(大同米)를 본관(本官)에 수봉(收捧)하여 유치(留置)한다면, 기민(飢民)의 혜택을 입음이 매우 큽니다.

- 【실록】 숙종 31권, 23년(1697) 2월 13일(갑오) 1번째 기사. 충청도관찰사 민진후가 저치미로써 진휼하는 밑천을 보충할 것을 청하다

충청도관찰사(忠淸道觀察使) 민진후(閔鎭厚)가 하직 하니, 임금이 인견(引見)하고 면유(勉諭)하였다. 민진후가 충주(忠州), 안흥(安興), 아산(牙山) 세 곳의 창고 곡식 중에 각 고을에서 거두어 보관해 둔 것을 그 고을에다 되돌려주고, 또 각 고을의 저치미(儲置米)를 덜어 내어 아울러 진휼하는 밑천으로 보충하도록 청하니, 임금이 그대로 따랐다.

● 【실록】숙종 43권, 32년(1706) 4월 20일(정미) 1번째 기사. 정축년 이전
  에 받지 못한 조곡은 모두 탕감해 주다

　민진후(閔鎭厚)가 인하여 말하기를, "매양 북관(北關)과 관동(關東)에
흉년이 들 때에 영남(嶺南)이 치우치게 그 해를 받으니, 지금 마땅히 영
해(寧海) 지방에 창고를 설치하는 것을 충주(忠州)의 양진(楊津)이나 아산
(牙山)의 공진(貢津)의 예(例)와 같이 하소서." 하니, 김창집(金昌集)이 말
하기를, "영해(寧海) 지방에서 단독 담당하면 반드시 폐단(弊端)이 있을
것입니다." 하므로, 민진후(閔鎭厚)가 아뢰기를, "반드시 그렇지는 않을
것입니다." 하니, 임금이 마침내 그 말을 따랐다.

● 【실록】숙종 55권, 40년(1714) 7월 30일(기사) 3번째 기사. 조세 징수를
  위해 충청도 분포에 창고를 설치하다

　충청도 도신(道臣)의 장청(狀請)으로 인하여 분포(粉浦)에 창고를 설치
하고 금북(錦北)의 조세(租稅)를 받도록 하였다. 대개 공주(公州) 등지는
아산(牙山), 공진(貢津)과의 거리가 멀기 때문이었다.

● 【실록】숙종 61권, 44년(1718) 1월 10일(기미) 1번째 기사. 아산창에 소속
  된 전삼세와 황해도 세곡을 3월 전에 상납하라는 호조의 청을 따르다

　호조(戶曹)에서 경비로 쓸 미곡이 절핍되었다고 하면서 아산창(牙山
倉)에 소속된 정유년 조의 전삼세(田三稅)와 황해도 각 고을의 세곡을
반드시 3월 이전에 상납하기를 청하고, 아울러 혹시라도 기한이 지나면
차사원(差使員), 해운판관(海運判官)과 해당 수령을 각별히 논죄하게 하
도록 청하니, 세자가 그대로 따랐다.

• 【실록】 영조 11권, 3년(1727) 4월 29일(을묘) 1번째 기사. 이정박이 호서의 공신창 조운, 서천군수 김상두의 비리, 관서의 폐해에 관해 상소하다

　　지평 이정박(李廷樸)이 상소하여 호서(湖西)의 여섯 가지 일을 논하였다. 첫머리에 아산(牙山) 공진창(貢津倉)의 조운(漕運)이 허술하므로 마땅히 본 고을 원으로 하여금 검찰(檢察)하게 해야 함을 논하였다.

• 【실록】 영조 110권, 44년(1768) 5월 5일(임진) 1번째 기사. 3년 동안 조운을 잘한 아산현감 이운철의 승진을 윤허하다

　　좌의정 한익모가 조운차원(漕運差員) 아산현감(牙山縣監) 이운철(李運喆)이 3년 동안 납부하면서 한 번도 취재(臭載)하지 않았다고 하여 승진하여 서용할 것을 청하니, 윤허하였다.

• 【실록】 영조 113권, 45년(1769) 7월 5일(을유) 1번째 기사. 여러 도의 가을 조련을 정지케 하고, 도사의 해운 겸대를 감하하게 하다

　　홍봉한이 말하기를, "전라도 법성창(法聖倉)은 이미 명무(名武)의 이력(履歷)으로서 첨사(僉使)를 차송(差送)하여 그로 하여금 조선(漕船)에 타고 운송(運送)하게 하였으니, 규모는 아산창(牙山倉)의 예에 의거하였습니다. 도사(都事)가 해운(海運)을 겸대(兼帶)하는 것은 지금 우선 감하(減下)함이 마땅합니다." 하니, 윤허하였다.

• 【실록】 영조 116권, 47년(1771) 5월 3일(계묘) 3번째 기사. 영의정과 둔전, 조운, 기우제에 관한 일에 대해 의논하다

　　우의정 김상철(金尙喆)이 말하기를, "아산창(牙山倉)의 조운(漕運)은 내양(內洋)에 불과한데도 두 차례 조운을 하면 번번이 모두 승천(陞遷)하였습니다. 그러나 법성창(法聖倉)의 경우는 칠산(七山)의 험난한 바

닷길을 출몰(出沒)해야 하니, 바닷길의 멀고 가까움과 수고롭고 편안함은 현격하게 다를 뿐만이 아닙니다. 그런데도 변통(變通)하는 때를 당하여 세 차례 조운한 뒤에야 변경[邊地]에다 조용(調用)하라는 영(令)이 있었으니 아마도 경중(輕重)을 잃은 듯합니다. 이 뒤로는 법성창의 조운도 역시 두 차례에 준(準)하게 하고 해조(該曹)에서 전례에 의거하여 변경에 이의(移擬)하게 하는 것이 적합할 듯합니다." 하니, 임금이 허락하였다.

- 【실록】 정조 8권, 3년(1779) 11월 18일(무술) 1번째 기사. **호조판서 김화진이 세곡의 미납이 잦자 수운판관의 폐지를 상소하다**

(호조판서 김화진(金華鎭)이 상소하기를) 수운판관(水運判官)은 대개 세곡(稅穀)을 날라다 바치기 위하여 둔 것인데, 해마다 거두어들이지 못하여 점점 적체되어 미납이 된 것은 참으로 수운판관인 자가 흔히 연한이 이미 찼고 또 해유(解由)가 없기 때문에 폐단이 이 지경에 이른 것입니다. 만약 본도(本道)의 수령(守令)을 번갈아 차원(差員)으로 정하여 한결같이 아산(牙山)의 방법과 같이 하고 수운판관을 폐지하는 것이 옳겠습니다. 바라건대, 하문하여 재처(裁處)하소서하고, 묘당(廟堂)에서 품청(稟請)하니, 그대로 시행하게 하였다.

- 【실록】 정조 12권, 5년(1781) 8월 10일(경진) 1번째 기사. **영의정 서명선, 호판 정민시와 영남 삼조창과 조운선의 폐단을 의논하다**

호조판서 정민시(鄭民始)가 아뢰기를, "영남 삼조창의 영운차원(領運差員)은 으레 귀산(龜山), 적량(赤梁), 제포(薺浦) 등의 변장(邊將)으로 차정하는데, 사람이 이미 비미(卑微)하여 위엄을 세워 통제할 수 없기 때문에 조졸(漕卒)들의 폐단이 점점 많이 발생하고 있는 것입니다. 신의 의견에는 선천(宣薦)된 가운데 이력(履歷)이 있는 사람을 진해(鎭海), 웅천(熊川) 등의 수령으로 차견하여 그들로 하여금 영운(領運)하게 하고 2차를 제대로 운납(運納)한 경우에는 아산(牙山)의 예(例)에 의거하여 우직(右職)에 조용(調用)하는 것이 좋을 것 같습니다." 하고, 서명선은 아뢰기를, "호판의 아뢴 바가 참으로 사의(事宜)에 맞습니다. 도신(道臣)으로 하여금 상량하여 아뢰게 하소서." 하니, 그대로 따랐다.

- 【실록】정조 16권, 7년(1783) 10월 29일(정해) 3번째 기사. 비변사에서 올린 제도 어사 사목

아산(牙山) 조운창(漕運倉)의 세곡(稅穀) 받는 법은 과조(科條)가 매우 엄격하게 되어 있는데도, 사격(沙格)은 뇌물(賂物)로 도득(圖得)하게 되고 감색(監色)은 오로지 주구(誅求)를 일삼고 있다. 경창(京倉)에 수납(輸納)할 적에 당하여는 용비(冗費)를 핑계 대고서 곡축(斛縮)이 본창(本倉) 속읍(屬邑) 이외의 연강(沿江), 연해(沿海)에서 임선(賃船)하여 재운(載運)하는 것에서 많이 나오도록 하여, 가지가지로 농간을 부려 도둑질하느라고 고의(故意)로 파선하는 일이 서로 잇달게 된다. 특별히 분부를 내려 준엄하게 신칙하기를 전후에 거듭거듭 했는데도 태연히 징계하지도 두려워하지도 아니하여 폐단이 모두 제거되지 못했으니 각별히 자세하게 검찰해야 한다.

- 【실록】정조 27권, 13년(1789) 7월 19일(계묘) 1번째 기사. 영우원 천장의 원소도감 당상에게 선창의 건설에 관해 이르다

도감 당상을 불러 보았다. 상이 이르기를, "선창(船艙)을 만들 때 선운(船運)이 시기를 잃어 서울 백성들의 식량이 곤란할 염려가 있으므로, 아산창(牙山倉)의 조선도 모두 사곡(私穀)을 실어 나르도록 허가하였다.

그런데 공조판서의 말을 듣건대 10월 보름께를 기해 경강(京江)에 모여 기다리게 하였으나 기한 전에 얼음이 얼어붙을 염려가 없지 않다고 하니, 그렇다면 선창을 만드는 데 공선(公船)과 사선(私船)을 섞어 쓰는 것이 좋을 것이다. 강화(江華), 교동(喬桐) 및 호서(湖西), 해서(海西)의 여러 수영(水營)에 병선(兵船), 방선(防船)을 새로 건조한 자에게 따로 양식과 물자를 주어 편리한 대로 선소(船所)에서 배를 가져다가 쓰게 하되 올라올 때는 공사(公私)의 짐을 막론하고 실어 운반하도록 허가하라." 하였다.

- 【실록】 정조 30권, 14년(1790) 4월 7일(정사) 2번째 기사. 함양에 나갔던 어사 최현중이 관곡을 축낸 것 등을 조사 보고하다

지금 그 고을 수령으로 하여금 전담해서 조사 검열하고 이어 운반해다 바치게 하되, 이 또한 아산(牙山)의 관례에 의하여 2년을 기한으로 하여 자리를 이동하게끔 정한다면 세 고을이 나누어 관리하는 폐단이 없고 한 고을이 책임지는 효과가 있을 것입니다. 이는 실로 납세하는 9개 고을에서 공통적으로 희망하는 일입니다.

- 【실록】 정조 30권, 14년(1790) 4월 7일(정사) 5번째 기사. 함열의 창고 관리의 폐단을 없애는 방법 등을 중신들이 의견을 내다

모든 백성을 동등하게 간주하는 조정의 도리로서 음관이건 무관이건 무슨 차이를 두겠는가. 무관이 능히 할 수 있는 해운(海運)을 음관인 고을 수령이 어찌 할 수 없겠는가. 비록 거리의 멀고 가까운 차이는 조금 있다 하더라도 아산(牙山)의 전례를 또한 상고하여 시행할 수 있을 것이다. 다만 성당과 군산 두 창고는 운반해야 할 곡식 섬이 1만 섬을 넘지 않는데 차사원을 별도로 내는 것은 실로 더 깊이 생각해 보아야 할 일이다. 모름지기 두 창고를 합치는 것의 가부를 결정한 다음에야 시원하게

결정할 수 있을 것인데, 만약 합설(合設)하게 되면 군산 첨사도 마땅히 오래 근무하는 자리로 만들어야 할 것인가. 경들은 이 여러 가지 조항을 타당하게 하나로 결정하여 보고하라.

● 【실록】정조 30권, 14년(1790) 7월 1일(기묘) 1번째 기사. 한강을 건너기에 편한 배다리에 관한 어제『주교지남(舟橋指南)』의 내용

배다리[舟橋]의 제도를 정하였다. 상이 현륭원(顯隆園)을 수원(水原)에 봉안하고 1년에 한 번씩 참배할 차비를 하였는데, 한강을 건너는 데 있어 옛 규례에는 용배[龍舟]를 사용하였으나 그 방법이 불편한 점이 많다 하여 배다리의 제도로 개정하고 묘당으로 하여금 그 세목을 만들어 올리게 하였다. 그러나 상의 뜻에 맞지 않았다. 이에 상이 직접 생각해내어『주교지남(舟橋指南)』을 만들었는데, 그 책의 내용은 이러하였다.

"배다리의 제도는『시경(詩經)』에도 실려 있고, 사책(史冊)에도 나타나 있어 그것이 시작된 지 오래되었다. 그러나 우리나라는 지역이 외지고 고루함으로 인하여 아직 시행하지 못하고 있다. 내가 한가한 여가를 이용하여 부질없이 아래와 같이 적었다. 묘당에서 지어 올린 주교사(舟橋司)의 세목을 논변(論辨)하고 이어 어제문(御製文)을 첫머리에 얹혀『주교지남』이라고 이름을 붙였다.

1. 지형이다. 배다리를 놓을 만한 지형은 동호(東湖) 이하에서부터 노량(露梁)이 가장 적합하다. 왜냐하면 동호는 물살이 느리고 강언덕이 높은 것은 취할 만하나 강폭이 넓고 길을 돌게 되는 것이 불편하다. 빙호(冰湖)는 강폭이 좁아 취할 만하나 남쪽 언덕이 평평하고 멀어서 물이 겨우 1척만 불어도 언덕은 10척이나 물러나가게 된다. 1척 정도 되는 얕은 물에는 나머지 배를 끌어들여 보충할 수 없으므로 형편상 선창을 더 넓혀야 하겠으나 선창은 밀물이 들이쳐 원래 쌓은 제방도 지탱하지

못하는데 더구나 새로 쌓아서야 되겠는가. 건너야 할 날짜는 이미 다가 왔는데 수위의 증감을 짐작하기 어려워 한나절 동안이나 강가에서 행차를 멈추었던 지난해의 일을 교훈으로 삼아야 한다. 또 강물의 성질이 여울목의 흐름과 달라서 달리는 힘이 매우 세차고 새 물결에 충격을 받은 파도가 연결한 배에 미치게 되므로 빙호는 더욱 쓸 수 없다. 그러므로 이들 몇 가지 좋은 점을 갖추고 있으면서 이들 몇 가지 결함이 없는 노량이 가장 좋다. 다만 수세가 상당히 높아 선창을 옛 제도대로 쓸 수 없는 점이 결점이다. 이것 역시 좋은 제도가 있는 만큼[28] 염려할 것은 없다. 이제 이미 노량으로 정한 이상 마땅히 노량의 지형을 살피고 역량을 헤아려 논의해야 하겠다.

2. 물의 넓이이다. 선척의 수용을 알려면 반드시 먼저 강물의 넓이가 얼마인가를 정해야 한다. 노량의 강물넓이가 약 2백 수십 발이 되나[29] 강물이란 진퇴가 있으므로 여유를 두어야 하니 대략 3백 발로 기준을 삼아야 한다. 배의 수용 숫자를 논하는 데는 그 강물의 진퇴에 따라 적당히 늘이고 줄이는 것이 실로 무방할 것이다.

3. 배의 선택이다. 지금의 의견에 의하면 앞으로 아산(牙山)의 조세 운반선과 훈련도감의 배 수십 척을 가져다가 강복판에 쓰고 양쪽 가장자리에는 소금배로 충당해 쓰겠다고 하나, 소금배는 뱃전이 얕고 밑바닥이 좁아서 쓸모가 없다. 그러므로 5개 강의 배를 통괄하여 그 수용할 숫자를 헤아리고, 배의 높낮이의 순서를 갈라 그 완전하고 좋은 배를 골라[30] 일정한 기호를 정해놓고 훼손될 때마다 보충하며 편리한 대로

---

28) 〖아래 선창교(船艙橋) 조항에 보인다.〗
29) 〖발은 기준이 없으나 일체 지척(指尺) 6척을 한 발로 삼는다.〗
30) 〖모두 아래에 보인다.〗

참작 대처하는 것만 못할 것이다.

… (중략) …

『주교절목(舟橋節目)』에 '배다리를 설치할 때는 나룻길을 먼저 보아야 하는데, 노량진 건널목은 양쪽의 언덕이 마주 대하여 높고 강복판의 흐름은 평온하면서도 깊다. 그리고 그 길이와 넓이도 뚝섬[纛島]이나 서빙고(西氷庫)에 비하여 3분의 1은 적어 지형의 편리함과 공역의 절감이 오강(五江)의 나룻길 중에 가장 으뜸이다. 이에 온천에 행차할 때와 선릉(宣陵), 정릉(靖陵), 장릉(章陵)에 행차할 때 모두 이 길을 이용할 것을 영구히 결정하고, 헌릉(獻陵), 영릉(英陵), 영릉(寧陵)에 행차할 때에는 광진(廣津)으로 옮겨 설치한다.' 하였다.

이에 대해 논변하면 다음과 같다. 노량나루터의 지형은 북쪽 언덕은 높고 남쪽 언덕은 평편하고 낮으며 한결같이 모래사장으로 되어 남쪽 언덕과 북쪽 언덕의 형세가 다른데 양쪽 언덕이 마주 대해 높이 솟아있다고 한 것은 실로 잘못이다. 또 조수의 왕래로 인하여 수면의 높낮이가 조석으로 변하니 배다리 역시 응당 높아졌다 낮아졌다 하게 되는데, 강복판의 흐름은 평온하면서도 깊다는 말 또한 잘못이며 깊다고 한 말은 더욱 의미가 없다. 그리고 보면 배다리가 물을 따라 높아졌다 낮아졌다 하는 것은 사실 괜찮지만 양쪽 언덕에다가 다리를 만든다는 것은 가장 불편하다. 해설은 선창다리 조항에 보인다.

절목에 '배다리에 필요한 배는 나라의 배와 개인의 배를 섞어서 써야만 부족할 우려가 없다. 나라의 배는 훈련원의 배 10척과 아산(牙山) 공진창(貢津倉)의 조운선 12척을 쓰고 개인의 배는 서울 부근 포구의 배를 쓰는데, 혹시 큰물이 져서 나루가 불어날 때를 당할 경우 또한 예비하는 방도가 없어서는 안 되는만큼 서울 부근 포구의 배 10척만 더 정비해둔다.' 하였다.

이에 대해 논변하면 다음과 같다. 나라의 배건, 개인의 배건 논할 것 없이 재어보기도 전에 어떻게 몇 척이 필요한지 알 것인가. 만약 훈련원의 배와 조운하는 배의 높이가 서로 맞지 않으면 그 중에는 필시 쓸 수 없는 것도 있겠는데, 지금 나라의 배와 개인의 배를 합쳐 42척으로 그 숫자를 결정하니, 이는 너무도 타산이 없는 말이다. 나머지 배 몇 척을 미리 준비한다는 것은 당연히 그렇게 해야 할 일이기는 하나, 양쪽 언덕까지 다리를 만들어 조금도 움직일 수 없다면 큰물이 져서 나루가 넓어질 때를 당하여도 나머지 배는 쓸 곳이 없다. 지난번 빙호(氷湖)에 큰물이 졌을 때도 어찌 나머지 배가 없어서 그리된 것이겠는가. 갑자기 큰물을 만나 나머지 배로 연결 보충하려 한다면 두 언덕의 다리를 헐고 다시 만드는 외에는 다른 방법이 없을 것이다. 그렇기 때문에 판자를 띄워 다리를 만든다는 말도 또한 부득이한 데서 나온 것이다.

절목에 '나라의 배나 개인의 배를 막론하고 정돈 단속하는 규정이 없으면 반드시 기강이 문란할 우려가 있고, 또 배를 부리는 것은 엄연히 강가에 사는 백성들의 생업이니, 그들 중에 부유하고 근실하며 일을 아는 사람을 뽑아 그로 하여금 선계(船契)를 모아 사공을 통솔하는 일을 도맡아 거행하게 하되, 선계에서 집행할 조건은 여론을 참작하여 별도로 절목을 만든다.' 하였다.

이에 대해 논변하면 다음과 같다. 이 조항은 우선 배를 선택하여 완전히 결정한 다음에 다시 여론을 참작하여 편리하게 결정하는 것이 좋겠다.

절목에 '아산 공진창(貢津倉)의 조운선 12척을 주교사에 이속하여 선계(船契)로 넘기고, 조운의 규정은 모두 호서의 전례에 의하여 거행함으로써 선계에 든 사람들이 혜택을 보게 한다. 그리고 조운이 끝난 후 다리를 만드는 여가에는 먼 도나 가까운 도의 공적인 짐이나 사적인 짐을 막론하고 또한 한 차례씩 실어나르는 것을 허락한다.' 하였다.

이에 대해 논변하면 다음과 같다. 배를 선택하는 조항에 이미 자세히 말하였다.

절목에 '개인의 배로서 선계에 든 것은 특별히 살아갈 밑천을 만들어 주어서 참가하기를 즐겁게 여기는 길을 열어주지 않을 수 없다. 그러므로 삼남(三南)의 조운선과 각도의 전선·병선 가운데서 연한이 차 못쓰게 된 것을 모두 값을 받고 선계에 든 사람들에게 내주고 그 돈으로 배다리를 놓는 배를 보수하는 비용으로 삼게 하되 전선, 병선으로서 연한이 차 못쓰게 된 것은 3년, 조운선으로서 연한이 차 반납된 것은 영구히 선계로 이속한다.' 하였다.

이에 대해 논변하면 다음과 같다. 이것은 강가에 사는 백성들이 뇌물질을 하면서 도모한 것이다. 이미 세미 조운의 이익을 독차지하고 또 못쓰게 된 배의 이익을 독차지하게 한다면 선계에 든 자는 모두 몇 년이 안 되어 저마다 부자가 될 것이다. 못쓰게 된 전선 1척이면 수하(水下)의 큰 배 2척은 충분이 만들 수 있고, 못쓰게 된 병선과 조선 또한 각각 큰 배 1척씩은 만들 수 있다. 큰 배 1척에 드는 물량이 거의 천금에 가까우니 그 이익이 어찌 만금으로 논할 뿐이겠는가. 비록 값을 받고 내준다 하지만 해당한 값을 다 받지 못하는 이상 그들이 얻는 이익은 엄청날 것이다. 이미 이와 같을진대 다리를 만드는 모든 일을 일체 그 선계로 하여금 전적으로 담당하게 하는 것이 사리로 보아 당연하다. 지금 그 이익을 독차지하게 하고도 또 조정으로 하여금 허다한 돈과 곡식을 이전처럼 낭비하게 한다면 나라와 개인이 함께 이익을 보는 본의가 어디에 있겠는가. 조정에서는 1전을 허비하지 않고 그들을 시켜 거행하게 하더라도 반드시 좋아 날뛰면서 남에게 뒤질세라 앞을 다투어 달려들 것인데 지금 감히 한량없는 욕심을 내어 이익 외의 이익을 독점한다면 이 얼마나 통탄할 일인가. 이는 뇌물질의 소치가 아니면 필시 당상관 등이 속아서 한 말일 것이다.

절목에 '삼남에서는 고을의 세곡을 바치는 때로부터 실어나르는 일을 선계(船契)에 넘겨 그들의 생업을 돕고 있으나, 이것은 8개 포구 백성들의 생계이므로 전적으로 선계에 이속시킬 수 없다. 훈련원의 배는 자체적으로 정한 규정이 있고, 조운선은 이미 조세 운반을 거친만큼 더 논의할 필요가 없다. 수하(水下)의 개인배 30척에 대해서는 호남과 호서 두 도 가운데서 거리의 원근과 배값의 고하를 참작하여 절반씩 희망에 따라 떼어주고 주교사(舟橋司)로부터 호조와 선혜청에 공문을 띄워 나누어 보내도록 한다.' 하였다.

이에 대해 논변하면 다음과 같다. 경강(京江)의 배가 옛날에는 천여 척이 넘었는데 지금은 수백 척밖에 없다. 그렇다면 이익을 내는 것이 점차 전과 같지 못하다는 것을 알 수 있는데, 조세곡을 나르는 데서 또 이익을 선계에 나누어주게 되었으니, 선계에 든 60척 외에 백 척이나 10척의 뱃사람들은 어찌 본업을 잃고 뿔뿔이 헤어지지 않을 수 있겠는가. 특별히 편리하게 살아갈 근거를 강구함으로써 억울해 하는 일이 없도록 하는 것이 마땅할 것이다.

절목에 '나라배와 개인배 52척을 합하여 하나의 선계를 모으고 배의 대장을 만들어 10척마다 각각 선장 1인을 낸다. 나라배 22척에 감관(監官) 1인을 차출하고 개인배 30척에 감관 1인을 차출하며 나라배와 개인배를 아울러 도감관(都監官) 1인을 차출하여 차례차례 통솔할 소지로 삼되, 감관 3인은 3군문의 별군관(別軍官)에 나누어 소속시켜 근무기간을 통산한 뒤에 혹시 빈자리가 나면 선계로부터 공정한 의논에 따라 후보자를 권점하여 주관하는 당상관에게 보고하고 각 군문에 공문을 띄우며, 선장 역시 권점으로 차출하고 똑같이 보고한다.' 하였다.

이에 대해 논변하면 다음과 같다. 배다리에 속한 배가 이미 하나의 선계로 이루어졌다면 나라배와 개인배로 나누어 둘로 만들 필요가 없다. 가령 배가 50척이 된다면 나라배, 개인배를 논할 것 없이 으레 섞어서 쓸 것이며, 10척마다 각각 대장(隊長)을 내고 25척마다 각각 감관 1인을 내어 좌부와 우부로 만들어야 한다. 이에 특별히 도감관 1인을 선출하여 그로 하여금 총괄적으로 거느리게 해야만 피차 서로 미루는 폐단이 없을 것이다. 감관 3인을 군문에 소속시키는 것은 매우 타당치 못한 것 같고 또 3인이 윤번으로 수직을 서게 되면 직무상 자연 지장을 줄 것이며, 기본 관직에 임명하려면 군문 또한 모순되는 일이 많을 것이다. 그러므로 차라리 주교사의 벼슬만 전적으로 맡겨서 상근하는 자리로 만들고 차출 시에는 그들로 하여금 후보자를 권점하게 하는 것이 무방할 것이다.

절목에 '관청을 노량진 접경에 짓되 사무보는 청사 8간, 목재 창고 15간, 쌀 창고 5간, 창고지기와 군사들이 수직하는 집 5간, 대문 1간, 곁문 1간, 헛간 3간으로 할 것이며 주교사에서 물자와 인력을 내어 짓는다. 수직에 관한 일은 감관 3인이 윤번제로 입직하고 하인으로는 창고지기 겸 대청지기 1명, 군사 1명이 영구히 도맡아 보게 한다.' 하였다.

이에 대해 논변하면 다음과 같다. 이 조항은 그럴듯하기는 하나 다시 생각해볼 여지가 있다.

절목에 '필요로 하는 여러 가지 잡물을 이미 주교사에서 조달하여 쓰기로 한 이상 물자를 해결할 방도가 없어서는 안 된다. 영남의 별회곡(別會穀) 중에서 대미(大米)를 2천 석씩 매년 떼어내 돈으로 만들어 쓰고, 쌀과 베를 쓸 곳이 있으면 공진창(貢津倉)의 조운미 중에서 적절하게 가져다 쓰도록 한다. 물자를 출납하는 데서 남는 것이 있으면 주관하는 당상관이 특별히 살피도록 한다.' 하였다.

이에 대해 논변하면 다음과 같다. 배다리를 설치함에 있어 마땅히 일이 단순하고 비용이 절감되는 것을 첫째가는 계책으로 삼아야 한다. 그렇다면 대미 2천 석을 해마다 떼어낸다는 것은 대체적 의미로 보아 결함이 있는 것 같다. 포구 백성들의 생업은 조운(漕運)보다 더 앞설 것이 없는데, 일단 선계에 들면 그 이익을 독점할 수 있기 때문에 지금 머리가 터지도록 경쟁하여 혹시라도 빠질까 염려하며 심지어는 천금을 가지고 뇌물질을 하기까지 하니, 백성들이 크게 원한다는 것을 미루어 알 수 있다. 이미 그 크게 원하는 바를 들어준다면 다리공사가 하루도 안 되어 완성되리라는 것은 또한 손바닥을 보듯 훤하다. 그렇다면 그중에 필요한 약간의 경비는 매년 5백 냥이면 만족할 것이다. 또 전선과 병선, 그리고 조운선을 떼어주는 것은 이미 전에 없던 큰 이익인데, 또 한없이 많은 재물을 내어 한갓 뱃사람들만 더욱더 부유하게 만드는 술책을 쓰는 것은 완전히 몰지각한 처사이다. 쌀은 역부들의 요식 외에는 종전처럼 낭비할 필요가 없다.

… (중략) …

절목에 '다리를 만드는 공사에 재곡(財穀)을 출납하는 것은 주교사의 주관 당상(主管堂上)이 전적으로 관리하여 거행하고, 예겸당상(例兼堂上)은 다리 공사를 할 때 윤번으로 왕래하면서 검열하며 감독한다. 또 다리를 만들 때 세 군문의 장교 각 3인과 군사 각 6명을 영리하고 근실한 사람으로 정하여 보낸다. 또 다리를 만들 때 주교사의 주관 당상이 나가 볼 적에는 수어청(守禦廳)과 총융청(摠戎廳) 두 군영의 전배(前排)를 전례대로 정하여 보낸다. 또 주교사에서 인장 하나를 만들어 사용한다. 또 원역(員役)은 준천사 원역(濬川司員役)이 겸임하여 거행하고 주관 당상의 하인 1명과 창고지기 겸 대청지기 1명, 군사 1명을 특별히 배치한다. 더 설치한 원역의 요포(料布)와 겸역(兼役)한 원역에게 더 주는 요식에 관한 일은 준천사의 전례에 의해 참작하여 별도로 마련한다. 또 영남의 별회곡(別會穀)을 돈으로 만드는 조항과 아산(牙山)의 조운군에게 주는 베는 준천사와 양사(兩司)에서 돈으로 만드는 규례에 의하여 균역청(均役廳)에서 받아두었다가 주교사 주관 당상의 공문이 있을 때 필요한 수량을 수시로 출납한다. 아산의 세미 운반에 필요한 쌀은 주교사에서 받아 내려보내되, 각 군영 군향색(軍餉色)의 예에 의하여 도청(都廳)이 전적으로 관리하여 거행한다. 조운선을 만약 개조하거나 뱃바닥을 고칠 일이 있으면 균역청의 가외로 떼주는 예에 의하여 안면도(安眠島) 부근 고을의 미포(米布) 중에서 필요한 양을 바꾸어 준다.' 하였다.

- 【실록】정조 30권, 14년(1790) 7월 12일(경인) 3번째 기사. 전라도관찰사 윤시동이 성당과 군산의 창고의 내용에 대해 보고하다

만약 군산에 합설하지 않고 이전대로 세 고을에서 나누어 관할한다면 묵은 폐단은 여전할 것이니, 차라리 본 고을에 전속시켜 조세를 바치고 배를 타는 것을 한결같이 아산(牙山)의 공진창(貢津倉)에서 하는 것처럼 하는 것이 폐단을 바로잡는 한 가지 방법이 될 것입니다. 군산으로 말하면 고을과 진영이 서로 겨루고 관리들의 토색질이 갈수록 더하여 고질이 되고 있습니다. 지금 만약 창고가 있는 1개 면을 떼어내 단독 진영으로 만들기를 마치 영광(靈光)의 법성창(法聖倉)에서 진량(陳良)을 떼어내듯 한다면, 고을과 진영은 애초부터 관련이 없어 묵은 폐단을 영영 없앨 수 있을 것입니다.

- 【실록】정조 37권, 17년(1793) 2월 5일(무진) 4번째 기사. 전라도관찰사 정민시의 건의에 따라 2년 동안 조운선을 영솔한 함열현감을 승천시키다

명하여 함열현감(咸悅縣監)이 두 해 동안 조운선을 영솔한 데 대하여

아산(牙山)의 전례에 따라 승천(陞遷)시키도록 하였다. 앞서 전라도관찰사 정민시가 장계로 청하기를, "성당창(聖堂倉)의 조곡(漕穀)은 함열현감으로 하여금 감독하여 영솔해 운반하도록 하소서." 하자, 상이 그대로 허락했었는데, 이때에 이르러 민시가 등대해서 아뢰기를, "두 해 동안의 조운을 무사히 영솔해 납부하였으니, 해당 관원은 당연히 아산의 전례에 따라 승천시켜야 합니다." 하니, 상이 대신에게 물은 결과 대신의 의견도 같으므로 그대로 따른 것이다.

- **【실록】 정조 42권, 19년(1795) 1월 7일(경인) 3번째 기사. 호서위유사 홍대협이 벌채와 군포, 선창, 공납, 백징의 폐 등에 관해 별단을 올리다**

  호서위유사(湖西慰諭使) 홍대협(洪大恊)이 서계(書啓)를 올려, 연풍현감(延豊縣監) 김홍도(金弘道)와 신창현감(新昌縣監) 권상희(權尙熺) 모두에게 다스리지 못한 죄를 차등 있게 매기라고 청하고, 또 별단(別單)을 올리기를, "아산(牙山)에서 조선(漕船)을 새로 만들거나 개조할 때 안면(安眠)의 송목(松木)을 정수(定數) 외로 마구 벌채한 뒤 운반해 와 내다 팔고 있으니 이 폐단을 지금부터 법을 엄하게 하여 통렬히 금하도록 해야 하겠습니다. 내포(內浦)의 제읍(諸邑)은 본래 면(綿)에 적당한 지역이 아니기 때문에 각종 군포(軍布)를 매번 무역해 옮기는 폐단이 발생하고 있습니다. 그런데 서천(舒川) 등 7읍만 순전(純錢)의 규정을 적용하고 있고 덕산(德山) 등 9읍은 아직 고른 혜택을 받지 못하고 있습니다."

  … (중략) …

  하교하기를, "아산의 조선(漕船)과 관련하여 남벌하는 폐단에 대해서 먼저 엄히 신칙하도록 하라. 아산만 그런 것이 아닐 것이다. 폐단을 바로잡으면서 공적으로나 사적으로 모두 타당하게 되는 그런 방책이 분명히 있을 것이니 경들은 다시 더 참작해서 헤아리도록 하라. 도신의 임기가 만료되어 교체될 때 진상하는 젓갈이나 숭어는 달리 말할 만한 물종(物種)으로 바꿔 봉진(封進)하라고 도신에게 분부하라. 영동에 역(役)이 중첩되는 일에 대해서는 도신에게 분부하여 기필코 바로잡아 고친 뒤 장계로 보고하게 하라." 하였다.

- **【실록】 정조 49권, 22년(1798) 10월 22일(임자) 1번째 기사. 보은현감 윤제동이 읍폐를 진달하고 공진창에 대해 비변사가 복계하다**

공진창(貢津倉)의 일에 대해 논하기를, "아산(牙山)의 공진창 역시 7읍의 큰 폐단이 되고 있습니다. 대개 7읍의 지경(地境)이 이미 연해(沿海)도 아니고 또 깊은 산골도 아니고 보면 전세(田稅)로 거두는 곡물을 모두 공진창으로 집결시키지 않을 수 없기는 합니다. 다만 민인(民人)들의 거주 지역이 멀리는 수백 리(里)나 떨어져 있고 가깝다고 해도 1백 리를 밑돌지 않기 때문에 그 곡물을 등에 지고 운반해 오노라면 다른 읍 백성들에 비해 몇 배나 고초를 겪게 마련입니다. 게다가 근년 이래로 전에 없이 폐단이 더욱 심해져서 원망하는 소리가 길에 가득한 실정인데, 이에 대해 모두들 말하기를 '영운(領運)하는 차원(差員)을 아산(牙山)에서 전적으로 임명하기 때문에 7읍의 백성들이 거의 살아남지 못하게 되었다.' 하고 있습니다.

포소(浦所)가 이미 해현(該縣)에 있고 보면 곡물을 봉상(捧上)하고 조선(漕船)을 영운하는 일은 형세상 당연히 해(該) 현감이 주관해야 할텐데도 돌려가며 하지 않고 몇 년 동안 아산에서 계속 그 일을 주관해 오고 있습니다. 그 결과 하배(下輩)가 위협하며 공갈치는 것이 상사(上司)와 다름없이 되었는데 곡물 장부에 농간을 부려 이곳을 노리는가 하면 방납(防納)하며 재차 징수하는 등 그 폐단이 이르지 않는 곳이 없습니다. 그러나 이것은 또 약과입니다. 먼저 추미(麤米)를 세납곡(稅納穀)으로 옮겨 채운 다음에 비싼 값으로 열읍(列邑) 백성들에게 강제로 징수하는 한편, 소위 세미(稅米)에 대해서는 아무리 정실(精實)하기 그지없는 것이라 하더라도 모두 퇴짜를 놓고 있기 때문에 원망하는 소리가 떼로 일어나며 가산을 탕진하는 사례가 잇따르고 있으니, 아, 저 잔약한 백성들이 어떻게 살아남겠습니까.

충주(忠州) 가흥창(可興倉)의 경우는 으레 각읍의 수령들을 교대로 정해 세곡의 납부를 관리하게 하기 때문에 해읍(該邑)에서만 전적으로 주관하지 않게 되어 봉상(捧上)하는 일이 자연히 균일하게 되고 있습니다. 지금 이 공진창 역시 이 예에 따르도록 하는 것이 사의(事宜)에 합당할 듯합니다." 하였다.

… (중략) …

"아산 공진창에 대한 일입니다. 해창(該倉)의 폐단이야말로 놀랍기 그지없습니다만, 충주(忠州)의 예를 따른다고 해서 완전히 폐단이 없어질지는 아직 모를 일입니다. 그리고 생각건대 해운(海運)은 강운(江運)과는 다른데 하루 아침에 제도를 변경하는 일은 신중하게 처리해야 온당할 듯합니다. 그런데 가령 각 고을 원들이, 이 미곡 한 알 한 알이 백성의 고혈(膏血)에서 나온 것을 생각한다면, 추미(麤米)를 옮겨다 채우고는 비싼 값으로 강제 징수하는 이런 일을 어떻게 차마 할 수 있단 말입니까. 도신에게 엄히 신칙하여 먼저 만든 법령을 다시 밝히는 동시에 규찰(糾察)하는 정사를 펼치게 하고, 만약 옛날 그대로 잘못을 답습하는 폐단이 있거든 짐을 꾸려 출발시키는 때를 당했다 하더라도 이를 논열(論列)하여 급히 보고하게 함으로써 통렬히 징계할 수 있도록 해야 하겠습니다.

또 속읍(屬邑)의 수령으로 말하더라도 백성을 거느리고 가서 수납(輸納)할 때 성심껏 거행한다면 아문이 본래부터 서로 대등하니 어찌 고개

숙여 차원(差員)의 명령대로 따를 수가 있겠으며 또 차원도 어떻게 자기
하고 싶은 대로 할 수가 있겠습니까. 이는 각읍의 죄로서 차원보다 그
죄가 덜하다고 할 수가 없으니 이런 내용으로 똑같이 분부해야 하겠습
니다." 하였다.

- 【실록】 정조 50권, 22년(1798) 11월 21일(경진) 2번째 기사. 부사과 김희
  순을 불러 서산과 그 지역 백성들에 대한 폐단을 묻다

    "아산현(牙山縣) 공진창(貢津倉)에 소속된 7개 고을 가운데 천안(天安)
과 온양(溫陽) 두 고을의 대동미를 이미 본 고을에서 배를 세내어 상납하
였습니다. 그러니 전세(田稅)가 아직도 공진창에 소속되어 있는 것은 먼
저 조창(漕倉)을 설치한 뒤에 대동법을 시행하였기 때문에 예전대로 그
대로 두고 미처 바로잡지 못해서 그런 것인 듯합니다. 두 고을의 전세와
대동미를 뱃길이 닿는 다른 도의 규례에 의거해서 해당 고을에서 함께
짐을 꾸려 보내게 하면 두 고을에 있어서는 한시름 놓는 단서가 될 듯하
고, 공진창에 있어서는 두 고을의 전세를 싣는 배에 들어가는 비용과
격군(格軍)들에게 소요되는 경비를 덜 수 있을 것이니, 묘당에 신칙하여
참작해서 변통하게 하는 것이 좋을 듯합니다. 이상의 사항들에 대해 묘
당으로 하여금 품의하여 조처하게 하소서."

- 【실록】 순조 4권, 2년(1802) 6월 8일(정미) 1번째 기사. 충청도 암행어사
  가 윤재급 등의 잘못 다스린 형상을 서계하다

    충청도 암행어사 신귀조(申龜朝)가 서계(書啓)하여 전 한산군수 윤재
급(尹載伋), 전 신창현감(新昌縣監) 정한철(鄭漢喆), 전 보령현감 정한(鄭
澣), 옥천군수 홍장보(洪章輔), 결성현감 남혜관(南惠寬), 전 전의현감 홍
이호(洪彝浩), 제천현감 이재안(李在安), 서천군수 유이현(柳頤玄), 청풍

부사 조영경(趙榮慶), 면천군수 서유제(徐有悌), 음죽현감 진영(秦泳), 병사 오재중(吳載重) 등의 잘못 다스린 형상을 논핵하니 경중(輕重)을 나누어 감처(勘處)하게 하였다. 별단(別單)에는 교원(校院)에 이례(吏隸)를 모집해 들이고 봉족(奉足)을 찾아 모아 충정(充丁)하는 일, 전정(田政)을 윤년(輪年)으로 개량(改量)하는 일, 조적(糶糴)을 병작(並作) 반분(半分)하는 일, 보령(保寧)의 원옥(冤獄)을 안사(按査)하는 일, 형구(刑具)는 모두 성헌(成憲)을 따르는 일, 통오(統伍)를 엄하게 밝혀 사특함을 중지시키고 간사함을 살피는 일, 아산(牙山)의 조창(漕倉)을 혁파하고 7읍에 윤정(輪定)하는 일, 해미진영(海美鎭營)을 옮겨 설치하는 일, 평택(平澤) 사람 권위(權瑋)가 척사(斥邪)하다가 원통하게 죽은 일, 이액(吏額)을 재량하여 줄이는 일 등에 대해 진달하니, 묘당(廟堂)으로 하여금 좋은 방도를 따라 채택하여 시행하게 하였다.

- **【실록】 순조 11권, 8년(1808) 7월 4일(무진) 1번째 기사. 공충좌도 암행어사 홍희준이 이의복 등 현감들의 실정을 아뢰다**

　공충좌도 암행어사 홍희준(洪義俊)이 서계하여, 아산현감(牙山縣監) 이의복(李義福), 회인현감(懷仁縣監) 김환(金鋎), 충주목사(忠州牧使) 김기헌(金箕憲), 전 괴산현감(槐山縣監) 박종형(朴宗珩), 옥천군수(沃川郡守) 이희연(李羲淵), 연원 찰방(連原察訪) 이용주(李龍柱) 및 병사 장현택(張鉉宅) 등이 잘 다스리지 못한 실상을 논하니, 아울러 경중(輕重)에 따라 감죄(勘罪)하게 하였다. 그리고 별단(別單)을 올려, 청풍(淸風) 등 세 고을의 전결(田結)을 조사하여 아뢰게 할 것, 직산(稷山) 등 다섯 고을의 신포(身布)와 환곡(還穀)은 그 기한을 늦출 것, 아산(牙山)의 공진창(貢津倉)을 개건(改建)할 것, 상당산성(上黨山城)에 사는 백성들은 부역을 견감할 것 등의 일을 청하니, 묘당으로 하여금 좋은 데 따라 채택하여 시행하게 하였다.

- 【실록】 순조 29권, 27년(1827) 7월 11일(갑인) 5번째 기사. 아산창의 미 수전을 탕감해 주다

아산창(牙山倉)의 조운(漕運)에 필요한 물품으로 떼어 유치(留置)한 미 수전(未收錢) 1만 3천 냥을 탕감해 주라고 영을 내렸다. 호조판서 박종훈 (朴宗薰)의 진달에 의한 것이었다.

- 【실록】 헌종 6권, 5년(1839) 6월 22일(병술) 2번째 기사. 호혜청, 선혜 청, 내각 등의 재감을 정하다

훈국(訓局)의 화약(火藥) 가미 4백 석과 금위영(禁衛營)의 화약 가미 3 백 40석, 어영청(御營廳)의 화약 가미 3백 40석 이상은 이미 해를 걸러 지급하던 것인데, 그 절반을 10년을 한도로 해서 임시로 감하며, 훈국(訓 局)은 요미(料米)를 겸하여 7천 2백 석 중에서 임시로 2백 석을 감하여 원가(原價)를 보내도록 하며, 아산(牙山)의 조운선은 2척을 한도로 임시 로 감하며,[31] 호혜청(戶惠廳) 내의 공용(公用)은 적당하게 재감(裁減)하도 록 하였다.

- 【실록】 헌종 9권, 8년(1842) 12월 3일(정축) 1번째 기사. 대신과 비국의 당상을 인견하다

계언(啓言)하기를, "요즈음 호서좌도 암행어사(湖西左道暗行御史) 이경 재(李經在)의 별단(別單)에, '온양(溫陽)의 대동(大同)을 아산조창(牙山漕 倉)에 실어다 바치니, 쓸데없는 비용이 많아서 군민(郡民)들이 원하지 않 고 있으므로 이제부터는 중방포(中方浦)를 경유하여 본군(本郡)에서 직 접 납부케 하소서.'라고 한 일로 인하여 아울러 도신(道臣)으로 하여금

---

31) 〖척마다 자맥질하여 건진 쌀이 76석이었다.〗

의견을 갖추어서 자세히 살펴 장문(狀聞)하게 하였던 바 당해 감사의 장계(狀啓)가 이제 막 등철(登徹)하였는데, 아산에서는 조법(漕法)을 이유로 신중히 할 것을 요구하고 온양에서는 민폐(民弊)를 들어 쟁난(爭難)하고 있어서 두 가지 말이 각각 의거한 바가 있으나, 온양은 본시 심히 피폐한 고을이라서 이제 급급(汲汲)한 우려가 있는데 무릇 회보(懷保)하는 방도에 관계된다면 어찌 경장(更張)하는 거사를 꺼리겠습니까?" 하니, 그대로 따랐다.

- **【실록】 헌종 14권, 13년(1847) 10월 8일(갑인) 1번째 기사. 충청좌도 암행어사 이승수를 소견하다**

  임금이 말하기를, "별단 가운데에서 말하면 어느 일이 제일 큰 폐단인가?" 하매, 이승수가 말하기를, "아산(牙山) 공진창(貢津倉)에서 세(稅)를 받아들이는 일이 실로 네 속읍(屬邑)의 고폐(痼弊)입니다." 하였다. 임금이 말하기를, "돈으로 받는 것은 무엇 때문에 그러한가?" 하매, 이승수가 말하기를, "원래 네 속읍의 세곡(稅穀)은 다 본색(本色)인 쌀로 상납하였으나, 근래에는 오로지 돈을 받아서 남는 것을 취하므로, 정백(精白)한 쌀일지라도 전부 점퇴(點退)합니다. 속읍의 이민(吏民)과 민간의 호수(戶首)들은 이미 쌀로 상납할 수 없거니와 또 다른 데에서 살 수도 없으므로 따라서 대전(代錢)으로 방납(防納)할 뜻으로 관(官)에 부탁하면 높은 값으로 전부 돈을 받고 본읍(本邑)의 전세(田稅), 대동미(大同米)로 바꾸어 받아들여 남는 것을 취합니다. 대개 높은 값으로 돈을 받기 때문에 속읍의 결가(結價)가 따라서 또한 높아지니, 네 속읍의 백성이 실로 그 폐해를 받습니다." 하였다.

- 【실록】 철종 9권, 8년(1857) 6월 20일(기사) 1번째 기사. 법성, 군산의 첨사의 이력을 변지로 허락해 시행하게 하다

희정당(熙政堂)에서 차대(次對)를 행하였다. 우의정 조두순(趙斗淳)이 아뢰기를, "법성(法聖), 군산(群山)의 첨사(僉使)는 양년(兩年)의 조운(漕運)을 기다려 단지 반변지(半邊地) 첨사의 이력을 허락한 것은 이것이 관방(官方)을 삼가는 뜻에서 나왔습니다. 그러나 그가 험난한 바다를 거쳐 위험을 무릅쓰고 수운(水運)의 역사(役事)를 잘 끝마친 것은 아산(牙山), 함열(咸悅)과 더불어 일반입니다. 그런데 아산, 함열에는 양년의 조운을 거치면 승이(陞移)시키는데, 이 두 진(鎭)만은 유독 구별하는 바가 있으니, 편파적이고 불공평한 처사에 대한 한탄이 없지 않습니다. 변지(邊地)로 허락해 시행함이 불가할 것이 없을 듯하나, 일이 관제(官制)의 변통에 관계되니, 연석(筵席)에 나온 전신(銓臣)과 장신(將臣)들에게 하문하소서." 하였는데, 이조판서 김보근(金輔根), 병조판서 조병기(趙秉夔), 호군(護軍) 심낙신(沈樂臣), 이희경(李熙絅)이 편리하여 좋겠다고 하니, 그대로 따랐다.

- 【실록】 고종 4권, 4년(1867) 3월 15일(기사) 3번째 기사. 공충감사 신억이 온양군의 전세를 실은 배가 침몰된 것과 관련하여 아뢰다

호조(戶曹)에서 아뢰기를, "공충감사(公忠監司) 신억(申檍)이 올린 계본(啓本)에, '온양군(溫陽郡)의 병인년(1866) 조(條) 전세(田稅) 286석(石)을 실은 배가 2월 19일 밤에 풍랑을 만나 평신진(平薪鎭) 개포(介浦)의 뒷바다에서 침몰되었습니다. 그래서 완미(完米) 240여 석은 싯가에 따라 매 석당 1냥(兩) 2전(錢) 7푼(分)으로 판 결과 도합 312냥 남짓이 되었고 미처 건져내지 못한 쌀 40석은 법에 따라 색리(色吏)와 사공들에게 나누어 징수하도록 본 아문(衙門)에서 품처(稟處)하도록 하소서. 장재읍(裝載邑)의

수령인 온양군수(溫陽郡守) 전광석(全光錫)은 색리를 대신 보내고 감관(監官)을 태우지 않았으며 배를 떠나보내는 것을 지체시킨 것 등 그 책임을 모면하기가 어렵게 되었으나, 사실 형편에 따랐던 것이고 다른 단서를 잡을 만한 것이 없습니다. 호송을 책임진 지방진(地方鎭)의 첨사인 평신첨사(平薪僉使) 전중민(田重民)은, 조세를 실은 배가 풍랑을 만나 거의 천리 밖으로 표류하여 갔으므로 미처 생각할 수 없었던 일이니, 지휘를 잘못한 것으로 논하는 것은 부당합니다. 그러므로 장재읍 수령과 지방진첨사는 참작하여 용서해 주는 것이 합당할 듯합니다.'라고 하였습니다. 건져내지 못한 수량이 이와 같이 많다는 것은 아무래도 의심스럽고 이상하니 갇혀 있는 색리와 사공을 다시 엄하게 형장을 쳐서 진상을 밝혀내고, 팔아서 돈으로 만든 것은 즉시 상납(上納)하게 하는 것이 어떻겠습니까?" 하니, 윤허하였다.

3. 온천과 온행

1) 온천 효험(效驗)

• 【실록】 세종 37권, 9년(1427) 8월 29일(갑신) 4번째 기사. 온정에 병을
  치료하러 오는 사람들을 곡식을 주어 구휼하도록 하다

　　임금이 말하기를, "외방(外方)의 온정(溫井)이 있는 곳에 목욕하여 병
을 치료하고자 하는 잔질(殘疾)이 있는 사람들이 많이 모이는데 양식이
떨어져 고생하고 있으니, 의창(義倉)의 진제(賑濟)하는 예(例)에 의거하
여 병든 사람이 많이 모여드는 온정(溫井) 곁에 곡식 2, 3백 석(石)을 쌓
아두고 진휼(賑恤)하는 것이 어떻겠는가. 예조에서 정부와 함께 의논하
여 아뢰라." 하니, 맹사성(孟思誠)과 신상(申商)이 계하기를, "목욕하는
사람들이 많이 모이는 곳은 평산군(平山郡)과 온수현(溫水縣)의 두 곳과
같은 곳이 없는데, 온정에 만약 이 법을 마련한다면 빈궁(貧窮)한 사람을
구휼(救恤)하는 것이 지당하겠습니다." 하였다.

• 【실록】 세종 57권, 14년(1432) 9월 4일(기미) 1번째 기사. 승정원에 온수
  에 가려하니 폐단이 백성에 미치지 않을 계책을 의논하라 전지하다

　　승정원에 전지하기를, "내가 근년 이후로 풍질(風疾)이 몸에 배어 있
고, 중궁(中宮)도 또한 풍증(風症)을 앓게 되어, 온갖 방법으로 치료하여
도 아직 효과를 보지 못하였다. 일찍이 온정(溫井)에 목욕하고자 하였으
나, 그 일이 백성을 번거롭게 할까 염려되어 잠잠히 있으면서 감히 말하
지 않은 지가 몇 해가 되었다. 이제는 병의 증상이 계속 발생하므로 내년
봄에 충청도의 온수(溫水)에 가고자 하니, 폐단이 백성에게 미치지 않을
계책을 의논하여 아뢰라. 또 그 접대하는 도구(道具)와 공선(工繕)의 일
은 모두 금년 겨울 사무가 한가로울 때에 미리 준비하게 하고, 비록 실우
(室宇)를 짓더라도 사치하고 크게 짓지 못하게 하며, 그 체제(體制)를 그
림을 그려 올리게 하라." 하였다. 대언(代言) 등이 삼전(三殿)의 욕실(浴
室)과 침실(寢室)의 체제(體制)를 그림을 그려서 올리니, 임금이 이를 보
고 그 수효를 감하게 하고, 판사(判事) 배환(裵桓)으로 하여금 그림을 가
지고 온정(溫井)으로 가서 본도(本道) 감사(監司)와 다시 편의한 점을 의
논하여 아뢰게 하였다.

• 【실록】 세종 96권, 24년(1442) 5월 3일(임술) 1번째 기사. 눈병이 심하여
  세자로서 서무를 처결하게 하려는 뜻을 조서강에게 이르다

　　내가 눈병을 앓은 지는 지금 벌써 10년이나 되었으며, 근래 5년 동안
은 더욱 심하니, 그 처음 병이 났을 때에 이와 같이 극도에 이르게 될
줄은 알지 못하고 잘 휴양(休養)하지 않았던 것을, 내가 지금에 와서 이
를 후회한다. 몇 해 전에 온양(溫陽)에서 목욕을 한 후에는 병의 증후(證
候)가 조금 나았으므로, 내 생각에는 이로부터는 완전히 나을 것이라고
여겼는데, 10월 이후로는 또 다시 그전과 같으니, 비록 종묘(宗廟)에 친

히 제사를 지내고자 하여도 벌써 희망이 없게 되었다.

- 【실록】 세종 98권, 24년(1442) 11월 24일(경진) 3번째 기사. 임금이 병으로 온양에서 목욕하고자 하다

  임금이 승정원에 이르기를, "내가 병이 있은 이후로 계축년(癸丑年)에 온양(溫陽)에서 목욕하고, 또 신유년(辛酉年) 봄에 온양(溫陽)에서 목욕하고, 금년에 또 이천(伊川)의 온정에서 목욕하니, 내 병이 거의 조금 나았으나 그래도 영구히 낫지는 않았다. 이것은 나의 종신(終身)토록 지낼 병이므로 목욕으로 능히 치료할 수 없는 것이다. 그러나, 목욕한 후에는 나은 듯 하므로 또 온양(溫陽)에 목욕하고자 하니, 그 시위(侍衛) 군사는 간편한 데 따르도록 하고, 그대들이 마감(磨勘)하여 아뢰라." 하였다.

- 【실록】 세종 126권, 31년(1449) 12월 3일(기유) 3번째 기사. 임금이 배천 온천에 요양가려는 일에 대해 의논하다

  임금이 하연, 황보인, 박종우, 정분, 정갑손에게 이르기를, "나의 안질(眼疾)은 이미 나았고, 말이 잘 나오지 않던 것도 조금 가벼워졌으며, 오른쪽 다리의 병도 차도가 있음은 경 등이 아는 바이지만, 근자에는 왼쪽 다리마저 아파져서, 기거(起居)할 때면 반드시 사람이 곁부축하여야 하고, 마음에 생각하는 것이 있어도 반드시 놀라고 두려워서 마음이 몹시 두근거리노라. 예전에 공정왕(恭靖王)께서 광주(廣州) 기생의 이름을 생각하여도 생각이 나지 않아서, 사람을 시켜 치문(馳問)하게 한 뒤에야 심중이 시원하신 듯하였고, 또 연회 때에 신색이 이상하시더니, 얼마간 있다가야 안정하시고는 사람에게 말씀하시기를, '마침 생각하는 것이 있었으나 뜻을 이루지 못하여, 얼굴빛이 변함이 이르렀노라.' 하셨다. 그때에 내 매우 이상하게 여겼더니, 이제 왼쪽 다리가 아픔에 때로

이를 생각하니, 기운이 핍진(乏盡)함을 깨닫지 못하다가, 오래 되어서야 평상으로 회복되고는 하니, 예전에 괴이하던 일이 내 몸에 이르렀노라. 박연(朴堧), 하위지(河緯地)가 온천에서 목욕하고 바로 차도가 있었지만, 경들도 목욕하고서 병을 떠나게 함이 있었는가. 나도 또한 온천에 목욕하고자 하노라." 하니, 황보인, 박종우, 정갑손이 대답하기를, "신 등도 일찍이 배천(白川)의 온천(溫泉)에 가서 목욕하여 병을 고쳤습니다." 하였다. 이에 지승문원사(知承文院事) 강맹경(姜孟卿)을 배천 온천에 보내고, 인하여 명하기를, "그전에 이천(伊川)으로 거둥했을 때 폐단이 많았음은 말할 수 없다. 온양(溫陽)의 초수행궁(椒水行宮)에서도 너무 지나쳤으나, 모두 이엉[茨]을 덮었을 따름이니, 너는 배천으로 가되 폐단이 나지 말게 하라. 그렇다고 내가 거처할 곳이 너무 좁게 해서는 안 될 것이다." 하였다. 또 병조판서 민신(閔伸)으로 지응사(支應使)를 삼고, 임금이 승정원에 이르기를, "동궁(東宮)은 내 노환[老疾]때문에 멀리 떠날 수 없으므로, 강무(講武)를 행할 수 없겠다. 이번 배천(白川)의 행차에는 개성(開城) 등지의 길을 경과하게 되니, 새 짐승을 번육(繁育)시켜 연도(沿途)에서 사냥을 함이 어떻겠느냐. 그러나, 또한 이 때문에 군졸을 더함은 불가하니, 다만 호위하는 군사로써 이를 할 것이다." 하니, 좌승지 조서안(趙瑞安) 등이 대답하기를, "이 기회에 강무(講武)하는 것이 편하겠습니다." 하였다.

- **【실록】단종 6권, 1년(1453) 4월 24일(신해) 1번째 기사. 나홍서가 하위지의 자급을 더하는 일이 사사로운 은혜가 아님을 아뢰다**

"세종조(世宗朝)에 송만달(宋萬達)이 온양군사(溫陽郡事)가 되었을 때 왕자가 온천[溫井]에서 목욕하여 병이 나으니 특별히 송만달에게 자품을 더하여 주었는데, 이제 조충손(趙衷孫)에게 자품을 더하여 준 것도 바로 그러한 예입니다. 수양대군(首陽大君)의 수종관(隨從官)에게 자품을 더한 일에 대하여서는, 황보인(皇甫仁), 김종서(金宗瑞)는 그들의 아들도 또한 이에 참여하였기 때문에 감히 의의(擬議)하지 못하였고, 그 나머지는 모두 말하기를, '이미 시행되었으니 다시 고칠 수가 없습니다.' 하였습니다."하였다.

- 【실록】 세조 13권, 4년(1458) 8월 24일(기묘) 3번째 기사. 충청도관찰사에게 온양 온정에 목욕하러 가는 의창군 이공을 잘 대접하게 하다

    의창군(義昌君) 이공(李玒)이 병(病) 때문에 온양 온정(溫井)에 목욕하니, 충청도관찰사(忠淸道觀察使)에게 유시(諭示)하여 후하게 대접하도록 하였다.

- 【실록】 세조 37권, 11년(1465) 11월 27일(신미) 1번째 기사. 온천욕을 원하는 자를 금하지 말도록 하다

    승정원(承政院)에서 왕지(王旨)를 받들어 충청도관찰사(忠淸道觀察使)에게 치서하기를, "온양 온천(溫泉)에 무릇 목욕하고자 하는 자는 어정(御井), 어실(御室) 외에는 금하지 말라." 하였다.

- 【실록】 세조 45권, 14년(1468) 2월 2일(계사) 8번째 기사. 목천 사람 전 선공녹사 전사례가 천안에 궁궐을 세울 것을 상소하다

    목천(木川) 사람 전 선공녹사(繕工錄事) 전사례(全思禮)가 상서(上書)하기를, "신(臣)은 그윽이 듣건대, 온천(溫泉)이란 것은 신기(神祇)가 더웁게 하는 것이니, 주로 모든 질병(疾病)을 치료하는 것입니다. 그러므로 그것이 인간(人間)에 나온 것은 더욱 중합니다. 여러 날을 더웁게 잠기어서 휴식(休息)하고 조섭(調攝)하면, 혈맥(血脈)이 순하게 통하고 원기(元

氣)가 가득히 소생하여, 아양(痾瘍)이 저절로 없어지고 악질(惡疾)이 나으니, 그 사람에게 이익 있음이 말로 다할 수 있겠습니까? 지난번에 기전(畿甸)의 안에다 널리 온천(溫泉)을 구(求)하였으나 마침내 얻을 수가 없었으니, 성상의 진려(軫慮)뿐만 아니라, 바로 일국(一國)의 신민(臣民)이 한가지로 한(恨)하였던 것입니다. 본도(本道)의 온양(溫陽)은 서울과의 거리가 멀지 아니하고 두어 번 묵어서 이르며, 길이 평이하여 다니기에 어렵지 않고, 또 물의 성질이 적당하여 잠기어 목욕하기에 편리하고, 여러 다른 물들에 비하여 효험을 얻음이 매우 빠릅니다. 옛사람이 이르기를, '천금(千金)같이 소중한 아들은 마루 끝에 앉히지 아니하고, 그 관계되는 것을 지극히 중히 한다.' 하였는데, 하물며 전하(殿下)의 일신(一身)은 종묘(宗廟), 사직(社稷)의 의탁한 바이며, 신민(臣民)이 첨앙(瞻仰)하는 데이겠습니까? 만기(萬機)의 사이에 혹 화기(和氣)를 어기는 것이 있으면 마땅히 즉시 조섭하고 치료해야 할 것이니, 농업에 해롭다 하여 사양하심은 옳지 않으며, 백성을 수고롭힌다 하여 밀치심도 옳지 않다고 신의 어리석은 마음은 항상 절절(切切)하게 생각하는 것입니다. 속언(俗諺)에 이르기를, '1일을 목욕하면 3일을 휴식(休息)함이고, 2일을 목욕하면 6일을 휴식함이다.' 하였으니, 이와 같이 하면 묵은 병이 제거될 것이고 풍증(風症)에도 해로움이 없으니, 진실로 이와 같이 하지 아니하면 원기(元氣)가 충분치 못하여 도리어 풍증에 상(傷)하는 근심이 있을 것입니다. 목욕하는 날이 오래 되고 휴식하는 것도 또한 오래 되면 목욕하는 효험을 기약할 수 있습니다.

신은 또 일찍이 듣건대, 천안(天安)은 옛 영주(寧州)이니, 3국(三國)의 중심(中心)이며, 오룡(五龍)의 여의주[珠]를 다투는 땅이니, 마땅히 궁궐(宮闕)을 경영하여 사방(四方)을 진무(鎭撫)할 것입니다. 고려 태조(高麗太祖)는 일찍이 대진(大鎭)을 세워 삼한(三韓)을 통합하였고, 또 온양(溫陽)

과는 겨우 1식(息)을 격(隔)하였으니, 신의 어리석은 생각으로는, 원컨대
이 땅[地]에다 성곽(城郭)을 쌓고 궁전(宮殿)을 영조하여, 본도의 세공(稅
貢)은 다 여기에 보내어서 춘추(春秋)로 유행(遊幸)의 장소로 갖추면 비록
봄을 지내고 여름을 거치더라도 나라와 백성에게 단연코 폐단을 끼침이
없을 것입니다. 만약 천안(天安)에다 궁궐(宮闕)을 영조하여 축성하기가
마땅하지 않다면 모름지기 온양(溫陽)의 큰 들에다 정하는 것도 가(可)할
것이니, 안심하고 목욕하는 방법과 휴식함에 폐단이 없게 하는 계책은
이에서 지나는 것이 없을 것입니다. 신(臣)은 나이가 79세이니 남은 날
이 한도가 있사온데, 성은(聖恩)을 깊이 입어 다시 노직(老職)을 받았으
니, 아득히 보답할 것을 도모하고 생각하나, 연애(涓埃)의 효험도 없으므
로 감히 어리석은 말을 바칩니다." 하였다.

● 【실록】 성종 4권, 1년(1470) 4월 17일(을축) 7번째 기사. 충청도관찰사
　김필에게 온양 온천을 민간에 개방하라고 이르다

　충청도관찰사(忠淸道觀察使) 김필(金㻭)에게 글을 내리기를, "도내(道
內) 온양 온정(溫井)의 어실(御室) 및 휴식소와 세자궁(世子宮)의 침실 외
에는 다른 사람이 목욕하는 것을 허락하고, 남쪽 탕자(湯子)는 재상(宰相)
및 사족(士族)의 부녀에게 또한 목욕하는 것을 허락하라." 하였다.

● 【실록】 성종 150권, 14년(1483) 1월 4일(정유) 7번째 기사. 약방제조 정
　창손, 권찬이 대왕대비의 온탕을 정지해야 한다고 아뢰다

　약방제조(藥房提調) 정창손(鄭昌孫), 권찬(權攅)이 와서 아뢰기를, "온
탕(溫湯)은 본래 병을 치료하는 것이나 도리어 다른 병을 얻는 자가 많습
니다. 대왕대비(大王大妃)께서는 춘추(春秋)가 이미 60이 넘으셨고 병이
뱃속에 있으며 또 어선(御膳)을 드시지 않아서 기운이 이미 약하십니다.

신은 이로 인하여 다른 증세가 생기면 병이 더욱 위태로워질까 두렵습니다. 청컨대 (온탕을) 정지하는 것이 어떻겠습니까?" 하니, 전교하기를, "나도 이를 헤아린 지 오래 되었다. 그러나 대왕대비께서 하시고자 하니 간하여 말릴 수 없다. 비록 온양(溫陽)에 행차하시더라도 기운이 만약 순조롭지 못하시면 그때 가서 정지할 수도 있다." 하였다.

• 【실록】 성종 151권, 14년(1483) 2월 15일(무인) 5번째 기사. 현복군 권찬이 대왕대비께 약을 올리는 것에 대하여 아뢰다

현복군(玄福君) 권찬(權攅)이 와서 아뢰기를, "이보다 앞서 대왕대비(大王大妃)께 약을 올릴 적에는 반드시 계품(啓稟)한 뒤에 올렸는데, 만약 온양(溫陽)에 계시어 멀리 아뢰기가 어려우면, 어가(御駕)를 따르는 정승 및 임원준(任元濬), 가승지(假承旨) 등과 함께 의논하여 올리는 것이 어떻겠습니까? 또 증후(證候)가 목욕이 좋지 않은데 억지로 하려고 하시면 어떻게 해야 하겠습니까?" 하니, 승정원(承政院)에 전교하기를, "권찬이 아뢴 말은 삼전(三殿)의 수레를 따르는 재상과 정승을 불러 유시(諭示)하되, 목욕은 예정할 수가 없으니, 다만 임시로 두 왕비전(王妃殿)에 아뢰어 처리함이 가하다. 억지로 목욕하고자 하는 것 또한 불가하니, 말리도록 하라." 하였다.

• 【실록】 중종 10권, 5년(1510) 3월 18일(계유) 2번째 기사. 병으로 성희안이 온양에 갈 것을 청하다

우의정 성희안이 아뢰기를, "신이 병이 있는데, 침과 뜸도 효험이 없습니다. 의원의 말이, '목욕하여 찬 병증을 제거하여야 하겠다.' 하므로 말미를 받아 온양(溫陽)에 가려고 하였는데, 대간이 폐를 끼치게 된다고 논하니 신이 감히 가지 못합니다." 하니, 상이 전교하기를, "알았다."

하였다.

- 【실록】 중종 29권, 12년(1517) 8월 21일(갑자) 6번째 기사. 어미의 일로
  사직을 청한 사헌부지평 한충의 상소

  사헌부지평(司憲府持平) 한충(韓忠)이 상소하였다.

  "소신(小臣)이 지난달 그믐께에 어미가 병들었다는 소식을 듣고, 대궐
  에 나아가 사장(辭狀)을 바쳐 어미를 만나보게 해 주시기를 빌어 은명(恩
  命)을 입게 되매 말미를 받아서 남으로 돌아가 어미의 병을 살피니, 머
  리가 아프고 눈이 어지러워서 정기(精氣)가 흩어진 듯하고 손과 발에 종
  창(腫瘡)이 나서 아픔이 사지에 퍼져 있었습니다. 본디 이 병을 앓아 왔
  고 이제 와서는 더욱 심해졌는데, 나이가 이미 많고 기운이 점점 지쳐
  가니 마침내 살리기 어려울 듯합니다. 의원(醫員)이, 증세가 목욕하면
  좋겠다고 하므로 온양군(溫陽郡)으로 데려왔는데, 온양은 집에서 겨우
  두번 쉴 바탕만 떨어졌으므로 묘시(卯時)에 떠나서 신시(申時)에 이르러
  목욕하였으나, 목욕을 마치자 갑자기 이질을 앓아서 몸이 쇠약해지고
  힘이 소모되며 천식이 급하고 땀이 흐르니, 풍로(風露)가 이미 사나와졌
  으므로 뜻밖의 일이 생길까 염려됩니다. 신이 약시중을 들어야 하므로
  정리(情理)에 차마 곁을 떠날 수 없으며 병 고칠 때를 기다리자면 다시
  순월(旬月)은 걸려야 하는데, 신이 직사(職事)를 떠난 지 이미 양순(兩旬)
  이나 되며 대헌(臺憲)의 직임(職任)은 잠시도 비워 둘 수 없는 것이니,
  신의 뜻을 굽어 살피시어 신의 벼슬을 갈아서 모자(母子)의 사랑을 베풀
  수 있게 하여 주소서."

● 【실록】 선조 104권, 31년(1598) 9월 22일(갑진) 6번째 기사. 약방이 온수 목욕을 하지 말 것을 다시 아뢰다

약방[32]이 다시 아뢰기를, "온수 목욕은 조종조에서 간혹하였으나 이는 평안할 때에 하였을 뿐 아니라 반드시 날씨가 따뜻한 때를 기다려 아무런 방해됨이 없을 때 우연히 한 것이니, 지금은 절대로 이런 거동을 하여 사람들이 의혹스럽게 여기도록 해서는 안 되므로 의관들만 어렵게 여기는 것이 아니라 신들도 이 전교를 감히 외부에 전파하지 못하는 것입니다. 우각구(牛角灸)는 날을 가려 들여보내려 하나 침의 중에 박춘무(朴春茂), 허임(許任)이 모두 무단히 출타 중에 있습니다. 중대한 택일(擇日)이므로 반드시 널리 의논하여야 하니 다른 침의들이 모두 모이기를 기다려서 의계(議啓)하는 것이 타당하겠습니다. 박춘무, 허임은 우선 추고하고 현재 가 있는 곳의 관원에게 재촉하여 올려보내도록 하는 것이 어떻겠습니까?" 하니, 답하기를, "나의 병은 백약(白藥)이 무효라는 것을 모든 의관들이 다 알고 있다. 이제 그 증세가 갈수록 더 깊어져서 언제 죽을지 모르는데, 남들이 온천수로 치료할 수 있다고 한다. 평산(平山)에 신효(神效)한 물이 있다 하니 겨울이 더 깊어지기 전에 지금 혼자 갔다 오려고 하는데 열흘도 걸리지 않을 것이다. 의당 내신(內臣) 한두 명과 함께 양식을 싸가지고 갈 것이니 어떻게 감히 백성에게 폐를 끼치겠는가. 옛날에도 임금이 목욕하여 병을 치료한 일이 있고, 더구나 조종조에는 온양(溫陽)과 예천(醴泉)에 간 일이 있었는데 어째서 경들은 억지로 막는가. 수일 내에 떠나려 한다." 하고, 이어 정원에 전교하기를, "지금 약방에 내린 비망기를 민간에 전파하라." 하였다.

---

32) 【좌목(座目)은 위와 같다.】

- 【실록】 선조 199권, 39년(1606) 5월 18일(을유) 2번째 기사. 약방에서 초정수 대신에 온수를 사용할 것을 건의하다

약방(藥房)이 아뢰기를, "전일에 신들이 '손가락을 초수(椒水)에 담그 겠다.'는 전교를 받고 의관(醫官)들과 반복하여 상의해 보니 '초수는 부 당하고 만약 온수(溫水)에 담가 씻으면 근맥(筋脈)이 풀어져 효험을 볼 수 있을 것이다.'고 합니다. 어제 본원의 관원으로 하여금 온양(溫陽)으 로 달려가게 하였는데 오늘 새벽에 물을 떠서 지금 가져 왔습니다. 아직 도 온기가 남아 있으니 시험해 보는 것이 좋을 것 같기에 감히 품합니 다." 하니, 시험해 보겠다고 답하였다.

- 【실록】 현종 5권, 3년(1662) 8월 13일(계축) 1번째 기사. 습창으로 인해 온정에 목욕할 일을 의논하다

내의원도제조 원두표(元斗杓)가 상이 침을 맞은 뒤 상의 안색을 살펴 보기를 청하니, 상이 이르기를, "문을 열고 들어와 앞으로 가까이 오라." 하였다. 두표가 이어 아뢰기를, "날씨가 아직도 무더우니 능을 참배하시 는 일은 조금 뒤로 물리소서." 하니, 상이 따랐다. 제조 김좌명(金佐明)이 아뢰기를, "삼가 듣건대 옥체에 습창(濕瘡)이 또 발생했다 하는데, 옥체 를 수고스럽게 하시면 더 상하게 될까 염려됩니다." 하니, 상이 이르기 를, "습창은 온정(溫井)에서 목욕하면 효과가 있다고 하는데, 서울 가까 운 지역에 온정이 있는가?" 하자, 두표가 아뢰기를, "예로부터 열성(列 聖)께서 온정에 목욕하시던 때가 있었는데, 이천(伊川)과 온양(溫陽)에는 아직도 행궁(行宮)의 유지(遺址)가 있다고 합니다." 하였다. 상이 이르기 를, "내 몸의 습창이 날이 갈수록 더욱 심해지고 있으니 온정에 가서 목욕하는 일을 그만둘 수 없을 듯하다. 경들의 의견은 어떠한가?" 하니, 두표가 아뢰기를, "옛날과 지금의 시대가 달라서 중난(重難)할 듯합니다

만, 습창이 이러한데 또한 어떻게 그만둘 수 있겠습니까. 공조판서 이완이 지난해 온양에서 목욕하였으니, 시험삼아 물어보는 것이 좋겠습니다." 하자, 상이 이르기를, "경의 말이 옳다." 하였다. 상이 이완을 불러 입시하게 하고, 이어 온정에 목욕하여 효험을 보았는지의 여부를 하문하였는데, 이완이 대답하기를, "신의 두드러기에는 효험을 보지 못했습니다마는, 습창 같은 증세는 목욕을 하면 효과를 본다고 하였습니다." 하였다. 남용익(南龍翼)이 아뢰기를, "온양은 서울에서 3일 거리로서 갔다가 돌아오려면 필시 반 달은 소요될 것이니, 어찌 중난하지 않겠습니까. 그리고 세조조(世祖朝) 이후로는 이런 일이 없었으니 갑자기 정하는 것은 불가합니다. 후일 다시 대신에게 물어보아 정하는 것이 마땅할 듯합니다." 하니, 상이 이르기를, "이 말은 우선 전파시키지 말고 다시 후일을 기다려 의논해 정하도록 하라." 하였다.

- **【현개】 현개 7권, 3년(1662) 8월 13일(계축) 2번째 기사. 상이 양지당으로 나아가 침을 맞으니 대신들은 온천욕을 권하다**

상이 양지당으로 나아가 침을 맞았다. 내의원도제조 원두표에게 이르기를, "습창(濕瘡)은 온천에서 목욕을 하면 효험을 본다고 하는데, 서울 가까운 곳에 온천이 있는가?" 하니, 두표가 아뢰기를, "우리 조정 열성들이 혹 온천에서 목욕하신 때가 있었는데, 이천(伊川)과 온양(溫陽)에 모두 행궁(行宮)의 유지(遺止)가 있습니다." 하였다. 상이 이르기를, "나의 습창이 점점 중해지고 있으니, 부득이 온천에 가서 목욕을 해야 할 것 같다. 경들의 의견은 어떠한가?" 하니, 두표가 아뢰기를, "옛적과 지금이 다르니, 동가(動駕)하여 멀리 가시는 것은 무척 어려울 것 같습니다. 그러나 상의 병환이 이러시다면, 어찌 또한 그만둘 수 있겠습니까. 이완(李浣)이 바로 지난해 온양에 가서 목욕을 했다고 하니, 그 효험을 시험삼아 물어보는 것이 좋겠습니다." 하였다. 상이 명초(命招)하여 이 완을 들어오도록 하고서 하문하니, 이완이 대답하기를, "신의 두드러기 에는 효험을 보지 못하였으나, 습진 등의 증세에는 상당히 효험이 있었 습니다." 하였다. 도승지 남용익(南龍翼)이 아뢰기를, "온양은 서울에서 3일 거리이니, 가셨다가 돌아오시자면 반드시 반달이 걸릴 것입니다. 어찌 매우 어려운 일이 아니겠습니까. 세조조 이후에는 이런 일이 없었 으니, 이제 가벼이 논의할 수 없습니다. 진지하게 다시금 대신들과 의논 하여 정하는 것이 온당할 것 같습니다." 하니, 상이 이르기를, "이 말은 아직 누설하지 말고, 다시 뒷날을 기다렸다가 의논하여 정하는 것이 좋 겠다." 하였다.

- **【현개】현개 13권, 6년(1665) 4월 7일(계해) 2번째 기사. 온양 온천으로 갈 것을 결정하다**

상이 침을 맞은 후에 도제조 허적이 나아와 아뢰기를, "온천물이 습진 을 치료하는 데 효과가 있다는 것은 알고 있었습니다. 그러나 겸하여 안질까지 치료할 수 있는지에 대하여 근래 비로소 물어보니 사대부 간 에도 효험을 본 자가 많다고 합니다. 굳이 고집하지 마시고 오늘 내로 의논하여 결정하는 것이 어떻겠습니까." 하니, 상이 이르기를, "처음에 이미 대신과 대면하여 의논하였다. 지금 비록 다시 의논한다고 하더라 도 어찌 처음 의견과 다르겠는가. 온천에 가는 것이 폐해가 있다는 것을 내가 모르는 것은 아니다. 그러나 기어이 가서 목욕을 하려는 것은 정말 부득이해서이다. 의논자 중에 혹 귀에 거슬린다느니 편치 못하다느니 하고 말을 하는 자가 있는데 이 어찌 나의 본심을 아는 자이겠는가." 하였다. 허적이 아뢰기를, "요즘 여러 대신들이 비록 문안하는 반열에 나아가기는 하지만 어찌 신들이 매일처럼 들어와 진찰함으로 해서 상의 건강 상태를 자세히 아는 것만 하겠습니까. 여러 대신들은 상의 건강이 여기에 이른 줄을 자세히 모르기 때문에 온천에 관한 논의에서 어렵게만 여겼던 것은 더칠까 하는 우려가 있어서입니다. 전일 하문하셨을 때 홍명하가 과연 귀에 거슬린다느니 편치 못하다느니 하는 말을 하였습니다마는 이는 경솔하게 한 말에 불과합니다. 그의 본심을 따져보면 어찌 다른 의도가 있었겠습니까. 그 뒤에 홍명하가 상의 건강 상태를 상세히 알고 뉘우치는 뜻이 있었고, 이경석도 온천물이 눈병을 치료할 수 있다는 말을 듣고 당초 잘못 진달한 것에 대해 깊이 뉘우치고 있습니다. 정태화가 오늘 신에게 말을 전해오기를 '온천에 가는 일을 그만 둘 수는 없다. 비록 의견들을 수렴한다고 하더라도 별다른 이견이 없을 것이니 속히 품정해야 한다.' 하였습니다. 원컨대 약방에 비답을 내려서 속히 수의하게 하여 오늘 중으로 결정하는 것이 어떻겠습니까." 하니, 상이 드디어 온천에 갈 것을 결정하고 대신에게 의논하라고 명하였다. 좌의정 홍명하가 대답하기를, "어리석은 신의 소견은 이미 전번 하문하셨을 때 다 진달하였으므로 지금은 감히 다시 진달하지 않겠습니다." 하고, 영부사 이경석, 영의정 정태화는 감히 다시 전번 견해를 고집하지 않았다. 상이 의논한 대로 시행하라고 명하였다. 평산(平山)은 온천이 너무 뜨겁고 이천(伊川)은 길이 험하다는 이유를 들어 드디어 온양(溫陽)으로 갈 것을 결정하였다.

- •【실록】현종 10권, 6년(1665) 5월 22일(정미) 2번째 기사. 대신들과 경기도의 부역 감면, 조경의 월봉 지급 등에 대해 의논하다

  상이 대신과 비국의 신하들을 인견하였다. 영상 정태화가 아뢰기를, "환궁하신 이후로 옥체가 어떠하십니까?" 하니, 상이 이르기를, "별다른 걱정이 없다." 하니, 태화가 아뢰기를, "이제 조금 회복된 시기를 당하여

번거롭게 응대하신다면 반드시 악화되는 근심이 있을 것인데, 문서까지 친히 열람하실 필요가 있겠습니까. 내관이나 혹은 승지로 하여금 읽게 하고 처리하셔야 할 것입니다." 하자, 홍명하가 아뢰기를, "천지신명의 도움에 힘입어 목욕하신 효험을 쾌히 얻으셨으니 종사 신민의 경사가 어떠하겠습니까. 또 듣건대, 모든 일을 시행할 때마다 인심에 부합되기 때문에 원근의 백성들이 감동하지 않는 자가 없고 심지어 서울의 백성들까지 소문을 듣고 기뻐한다 하니, 이는 더욱 다행한 일입니다." 하였다. 상이 이르기를, "경유하였던 경기 고을의 역을 감해 주는 일은 어떻게 하면 되겠는가?" 하니, 태화가 이르기를, "각 고을 중에는 크고 작은 고을에 따라 역을 부과한 정도의 차이가 심하지만, 부역을 감해 주는 데에 있어서는 구별을 해서는 안 될 것입니다. 오직 상께서 참작하여 처리하시는 데 달려 있습니다." 하자, 상이 이르기를, "그렇다면 직산과 천안의 예에 의거하여 쌀과 콩 각 1두씩을 감하라." 하였다.

… (중략) …

이일상(李一相)이 아뢰기를, "온양의 문무과는 이미 적(籍)을 고열하였습니다. 이후로도 이에 의거하여 할 것입니까?" 하니, 상이 이르기를, "이후로는 장적(帳籍)을 고열하되, 만약 적에 들어있지 않으면 비록 합격을 하였더라도 탈락시키고 미처 적에 들지 못한 자는 과거를 시행하기 전에 추가로 기록하라. 그리고 비록 전에 과거에 응시한 자라고 하더라도 적에 들어 있지 않으면 과거에 응시하지 못하도록 하되, 엄히 밝혀 신칙해야 할 것이다." 하였다.

- 【현개】 현개 13권, 6년(1665) 5월 22일(정미) 4번째 기사. 대신과 부역 경감, 동래 왜인, 과거응시 자격, 진휼, 원자 문제 등에 대해 의논하다
  상이 희정당에 나아가 대신과 비국의 신하들을 인견하였다. 영의정

정태화가 아뢰기를, "환궁하신 이후로 옥체가 어떠하십니까?" 하니, 상이 이르기를, "별다른 걱정이 없다." 하였다. 태화가 아뢰기를, "이제 조금 회복된 시기를 당하여 번거롭게 대응하신다면 반드시 악화되는 근심이 있을 것인데, 문서까지 친히 열람하실 필요가 있겠습니까. 내관이나 혹은 승지로 하여금 읽게 하여 결정하시는 것이 좋겠습니다." 하자, 좌의정 홍명하가 아뢰기를, "이번에 온천에 다녀오신 일에 대하여 신은 삼가 지나친 염려를 했었습니다마는 천지신명의 도움에 힘입어 안질과 부스럼이 모두 나으셨으니 종사 신민의 경사를 다 말씀드릴 수 있겠습니까. 또 듣건대, 모든 일을 시행할 때마다 인심에 부합되기 때문에 원근의 백성들이 감동하지 않는 자가 없다 하니, 이는 더욱 다행한 일입니다." 하였다. 상이 이르기를, "경유하였던 경기 고을의 역을 감해 주는 일은 어떻게 하면 되겠는가?" 하니, 태화가 이르기를, "크고 작은 고을에 따라 역을 부과한 정도의 차이가 심하지만, 부역을 감해 주는 데에 있어서는 구별을 해서는 안 될 것입니다." 하자, 상이 이르기를, "과천, 광주, 수원, 진위, 양성 등 다섯 고을은 직산과 천안의 예에 의거하여 쌀과 콩 각 1두씩을 감하라." 하였다.

··· (중략) ···

예조판서 이일상이 아뢰기를, "온양의 문, 무과는 이미 적(籍)을 고열한 일이 있었으니 이후의 과거에도 다르게 해서는 안 될 듯합니다." 하니, 상이 이르기를, "이후로는 장적(帳籍)을 고열하되, 만약 장적에 들어 있지 않으면 비록 합격을 하였더라도 탈락시키고 미처 적에 들지 못한 자는 과거를 시행하기 전에 추가로 기록하라. 그리고 비록 전에 과거에 응시한 자라고 하더라도 장적에 들어 있지 않으면 과거에 응시하지 못하도록 하되, 엄히 밝혀 신칙해야 할 것이다." 하였다.

• 【실록】 숙종 59권, 43년(1717) 2월 6일(신묘) 3번째 기사. 제조와 우의정
  등이 온천 거둥에 대해 논의하다

약방(藥房)의 세 제조(提調)와 우의정(右議政) 이이명(李頤命)이 청대(請
對)하니, 임금이 불러서 보았다. 도제조(都提調) 김창집(金昌集)이 말하기
를, "성후(聖候)의 안질이 이러하신데, 미처 시험해 보지 않은 것은 온천
(溫泉)이고, 선조(先朝)에서 이미 기이한 효험을 보셨으므로, 혹 이 의논
이 있었습니다. 그런데 안질은 손상받는 것이 각각 다르고, 또 선조에서
는 춘추가 강성하실 때이었으나, 이제 성상께서는 쇠약해 가시는 나이
므로, 피부가 수척해져서 가볍게 시험할 수가 없습니다. 그리고 길어
와서 시험삼아 목욕하는 것은 수기(水氣)가 이미 새어 결코 효험이 없으
리라는 것을 알겠으니, 근력이 거둥하실 만하면 차라리 이때에 거둥하
여 친히 목욕하여 효험을 바라시는 것이 낫겠습니다. 오직 명백하게 하
교하시는 데 달려 있을 뿐입니다." 하고, 이이명은 말하기를, "온천에
거둥하시어 조금이라도 이로움이 있다면 어찌 감히 막을 수 있겠습니까
마는, 이제 문과 뜰 사이에서도 오히려 행동하기 어려워 전각(殿閣)에
한가히 거처하시며 침수(寢睡)도 편하지 않을 때가 많은데, 더구나 거둥
하여 노동하시는 것이겠습니까? 또 목욕한 뒤에는 허약해지고 피곤해
진다는 것이 과연 방서(方書)에 말하는 것과 같다면, 그 우려하는 것이
더욱 어떠하겠습니까? 단지 다하지 못하였다는 회한(悔恨)을 없앨 수 있
다고 하교하셨으니, 군하(群下)가 다시 무슨 말을 하겠습니까? 길어 와
서 목욕하면 반드시 그 효험이 없을 것이니, 성의(聖意)가 어떠하신지
명백히 하교하셔야 마땅합니다." 하고, 제조(提調) 민진후(閔鎭厚)가 말
하기를, "온천에서 목욕하여 눈병을 치료하는 것이 의서(醫書)에 실려
있지는 않으나, 의서에, '현부(玄府)가 막히면 반드시 안질(眼疾)이 된다,'
하였으니, 현부는 곧 땀구멍입니다. 온천에 목욕하여 땀을 내어 현부가

트이면, 안질을 고칠 수 있을 것이니, 또한 의서에서 말하지 않았다고 할 수 없을 것입니다." 하니, 임금이 말하기를, "선조에서 안질을 오래 앓으시다가 을사년에 처음 거둥하여 시원하게 기이한 효험을 보셨으므로, 하교한 것이다. 요즈음 입이 써서 약을 들 수 없고, 한때 침을 맞아도 반드시 효험을 바랄 수가 없다. 온양(溫陽)에 가는 것은 스스로 기력을 헤아리면 미치지 못할 염려가 없을 듯하다. 다만 목욕한 뒤의 이해(利害)가 어떠할는지 모르겠으나, 먼저 두부(頭部)를 감고 물을 뿌려 씻는다면 어찌 해롭기야 하겠는가?" 하였다. 김창집이 말하기를, "그렇다면 가서 목욕하시는 것으로 정하시겠습니까?" 하니, 임금이 말하기를, "한 번 가서 목욕하면 다하지 못하였다는 회한을 없앨 수 있을 것이니, 거둥하는 것으로 정하는 것이 마땅하다. 선조에서 온양에 거둥하신 것은 을사년부터 기유년까지 모두 3월에 하셨으니, 가는 날짜를 이에 의거하여 하도록 하라." 하였다. 이이명이 말하기를, "찬찬하게 날짜를 배정하여 혹시라도 서둘러 가는 일이 없어야 마땅할 듯합니다." 하였는데, 민진후가 7일로 나누어 배정하기를 청하니, 임금이 옳게 여겼다. 임금이 또 이것은 참으로 부득이한 일이나, 이런 흉년을 당하여 폐단을 끼치는 것은 마땅하지 못하다 하여 모든 일을 힘써 줄이도록 명하였다. 따라서 배종(陪從)하는 신하들은 선조에 견주어 수를 줄이고, 모든 변통할 만한 것은 조건을 상정(詳定)하여 폐단을 없애도록 힘쓰라고 명하였다.

이이명이 말하기를, "마병(馬兵)이 대가(大駕)를 호위(扈衛)하고 향병(鄕兵)이 뒤따르므로, 야차(野次)하는 행궁(行宮)에서 결진(結陣)해야 하는데, 수가 적으면 모양을 이루기 어렵고, 지금 향병을 징발하기도 어렵습니다. 도성(都城)에 머무는 군사는 마병, 금군(禁軍)을 합하여 2~3초(哨)만 남겨 두고 도감(都監)의 군사 2천이 호종(扈從)하면, 비록 향병이 아니라도 거둥할 수 있겠으나, 저 곳에 이른 뒤에 행궁을 시위(侍衛)하기가 어렵겠습니다." 하니, 임금이 말하기를, "이런 때에 어찌 향병을 징발할 수 있겠는가? 물러가서 군사를 거느리는 관원과 상의하여 선처하라." 하였다. 임금이 또 을사년 거둥 때에 과거(科擧)를 설행(設行)한 전례를 물었는데, 김창집이 말하기를, "을사년 이후 5년 동안에 을사년과 병오년 두 번만 과거를 설행하였습니다." 하니, 임금이 말하기를, "친히 거둥하고 과거를 설행하지 않으면 사람들이 반드시 서운해 할 것이다." 하였다. 민진후가 환궁(還宮)한 뒤에 가을이 되기를 기다려서 설행하기를 청하였으나, 임금이 답하지 않았다. 이이명이 말하기를, "도성에 머무는 군사인 두 군문(軍門)은 교대로 번들어야 할 것이고, 표하(標下)가 또 5~6백 명 있어서 그 장관(將官)으로 하여금 대오(隊伍)를 만들어 도성에 머물게 할 뿐인데, 향병을 징발하지 않으시겠습니까?" 하니, 임금이 말하기를, "향병을 어찌 징발할 수 있겠는가?" 하였다. 김창집이 말하기를, "전에는 충청감사(忠淸監司)가 군사를 거느리고 와서 호위하였습니다." 하니, 임금이 말하기를, "본도(本道)에 토산(土産)을 진상(進上)하는 것은 전례가 있더라도 특별히 면제하라고 미리 분부하도록 하라." 하였다. 신하들이 이미 물러가고 나서 예조(禮曹)에서 3월 초 3일로 온양에 거둥할 길일(吉日)을 가려서 아뢰었다.

- **【실록】 영조 70권, 25년(1749) 10월 29일(갑진) 2번째 기사. 가려움 증세가 가시지 아니하여 온양 온천의 물을 두 번 길어 올 것을 허락하다**

임금이 약원(藥院)의 여러 신하를 소견하였다. 이때에 성궁(聖躬)의 가려움 증세가 가시지 아니하여 여러 신하들이 온천(溫泉)의 물을 길어다가 훈세(薰洗)할 것을 청하였다. 온양(溫陽)은 서울에서 거리가 3일의 노정(路程)이 되어 임금이 민폐(民弊)를 염려하여 어렵게 여겼는데, 강청(强請)한 연후에 단지 두 번만 길어 올 것을 허락하였다.

● 【실록】 영조 70권, 25년(1749) 11월 3일(무신) 1번째 기사. 온천물로 훈세하고 온천감회시를 짓다

임금이 온천물로 훈세(薰洗)하고 숙고(肅考)의 온양(溫陽)에 행행(行幸)한 일을 추억하여 온천감회시(溫泉感懷詩)를 지었다.

● 【실록】 영조 70권, 25년(1749) 12월 23일(정유) 4번째 기사. 제조 김상로가 다시 온천물을 길어 오게 할 것을 청하나 정지토록 분부하다

약방에서 입진하였다. 제조(提調) 김상로가 다시 온천(溫泉) 물을 길어 오게 할 것을 청하니, 임금이 말하기를, "정지토록 하라. 내가 온양(溫陽)의 백성으로 하여금 편안히 세시(歲時)를 지내게 하련다." 하였다.

2) 온행 문화

(1) 온행(溫行)

● 【고려사】 고려사 제1권 / 세가 제1 / 태조 11년(928) / 무자 4월 경자일
여름 4월 경자일에 왕이 탕정군(湯井郡, 溫陽)에 갔다.

● 【고려사】 고려사 제9권 / 세가 제9 / 문종 36년(1082) / 임술 9월 계미일
왕이 남방으로 순행하여 정해일에는 봉성현(峯城縣; 파주)에 머물러 중양연(重陽宴)을 배설하고 양부의 관원들과 측근 신하들에게 명령하여 '도중에서 중양절을 만났다(途中遇中陽)'는 표제로 시를 짓게 하였으며 계묘일에는 천안부(天安府)에 머물렀고 을사일에는 온수군(溫水郡; 온양)

에 당도하였다.

- **【고려사】** 고려사 제9권 / 세가 제9 / 문종 36년(1082) / 임술 10월 초하
  루 무신일

  왕이 친히 지은 '늦은 가을에 남행하여 천안부에 머물렀다(暮秋南幸次
  天安府)'는 시를 보이면서 측근 신하들에게 그 운자에 의하여 화답시를
  짓게 하고 등수를 정하였는데 그 중에서 좌산기상시 이의의 시가 가장
  우수하여 사람들을 경탄케 하였다. 왕이 그를 가상히 여겨 말 한 필을
  주고 기타 관원들에게는 비단을 차등 있게 주었다. 신해일에 재상들이
  글을 올려 온천에 행차한 것을 축하하였다. 경신일에 왕이 온천에서 출
  발하여 계해일에는 천안부에 도착하였다.

- **【고려사절요】** 高麗史節要 卷之五 文宗仁孝大王[二] 三十六年 / 壬戌 九
  月 癸未

  王南巡 丁亥次峯城縣 設重陽宴 令兩府及侍臣 賦詩 乙巳 至溫水郡.

- **【고려사절요】** 高麗史節要 卷之五 文宗仁孝大王[二] 三十六年 / 壬戌 冬
  十月

  宣示御製詩 命近臣和進 第其甲乙 左散騎常侍李顗 詩最警絕 王嘉歎 賜
  廐馬一匹 其餘賜絹有差.

- **【고려사절요】** 高麗史節要 卷之五 文宗仁孝大王[二] 三十六年 / 壬戌 十
  一月

  甲申還京 制加所過山川神號 侍從臣僚 亦加職賞 其餘吏卒 賜物有差 緣
  路州縣程驛 放今年租稅之半.

• 【실록】 태종 22권, 11년(1411) 9월 12일(경오) 3번째 기사. 상왕이 온천에
　　가려다 정부의 반대를 알고 금주 안양사로 목욕하러 가다

　상왕(上王)이 금주(衿州) 안양사(安養寺)에 거둥하였으니, 탕목(湯沐)하
고자 함이었다. 처음에는 충청도 온수(溫水)에 가고자 하였으나, 정부에
서 정지하기를 청하는 뜻을 알고 드디어 금주로 나갔다. 세자(世子)가
강가에서 전송하고 인하여 동교(東郊)에 나갔다.

• 【실록】 세종 59권, 15년(1433) 2월 12일(병신) 5번째 기사. 호조에서 어
　　가를 수종하는 각 품관 및 군사들의 말의 마료에 관해 아뢰다

　호조에서 아뢰기를, "지금 온수에 가는 어가(御駕)를 수종하는 각 품
관(品官) 및 군사들의 말 먹일 콩을, 만약 강무(講武)할 때 풍년의 예에
의한다면, 5천 3백 70여 석에 달하여 수송하는 데 폐가 있으니, 청컨대
흉년의 예에 좇아 한 달 마료(馬料) 4천 석을 천안 고을로 옮기게 하옵소
서." 하니, 그대로 따랐다.

• 【실록】 세종 59권, 15년(1433) 3월 25일(무인) 1번째 기사. 온수현 온천
　　에 행차할 때 왕세자 이하 종친, 부마 등이 호종하다

　온수현(溫水縣) 온천에 행차할 새, 왕세자 이하 종친, 부마(駙馬) 및
의정부, 육조, 대간(臺諫) 등에서 각 한 사람과 도진무(都鎭撫), 각위(各
衛) 절제사, 사복제조(司僕提調) 등이 호종(扈從)하고, 유도(留都)하는 백
관들이 흥인문 밖에서 전송하였다. 중궁(中宮)이 떠날 제 내명부(內命婦)
에서 척리(戚里)까지 모두 시위(侍衛)하여 흥인문 밖에서 전송하였다. 중
궁은 연(輦)을 타고, 숙의(淑儀)는 교자(轎子)를 타고, 소용(昭容), 숙용(淑
容) 두 부인과 궁인(宮人) 이하는 모두 말을 탔다.
　낙생역(樂生驛) 전평(前平)에 차소(次所)를 정하니, 경기감사 남지(南

智), 경력 황수신(黃守身), 광주목사 어중연(魚仲淵) 등이 맞이해 뵈옵고, 인하여 대전(大殿)에게는 농포병풍(農圃屏風) 1좌를, 중궁에게는 잠도병풍(蠶圖屏風) 1좌를, 동궁에게는 효자도 병풍(孝子圖屏風) 1좌와 각색 음식물을 올리고, 경상감사도 방물(方物)을 올렸다.

• 【실록】 세종 98권, 24년(1442) 11월 27일(계미) 5번째 기사. 명년에 온양에서 목욕할 때, 접대로 인하여 백성을 번거롭게 하지 못하게 하다

충청도관찰사에게 전지하기를, "명년에 온양(溫陽)에서 목욕하고자 하니, 무릇 접대하는 잡물(雜物)은 본도(本道) 각 고을의 상공물(常貢物)로써 수량을 헤아려 지대(支待)하고 민간에게 소요를 일으켜 폐단이 있게 하지 말라." 하였다.

• 【실록】 세종 99권, 25년(1443) 1월 25일(신사) 4번째 기사. 병조에서 온양 행궁 밖에 군사 100명을 주둔시킬 것을 아뢰다

병조(兵曹)에서 아뢰기를, "이제 온양(溫陽)에 거둥하시는데 바다 어귀가 멀지 않사오니, 전례에 따라 그 도의 절제사(節制使) 군영에 소속한 군사 1백 명을 도진무(都鎭撫)로 하여금 압령(押領)하여 행궁(行宮) 서편 10리 밖에 주둔하여 대령하게 하소서." 하니, 그대로 따랐다.

• 【실록】 세종 99권, 25년(1443) 2월 11일(정유) 2번째 기사. 도진무 성달생, 박종우, 김종서 등이 온양 거둥에 호종 인원의 증원을 건의하다

도진무(都鎭撫) 성달생(成達生), 박종우(朴從愚), 김종서(金宗瑞) 등이 아뢰기를, "이제 온양(溫陽)에 거둥하시는데 다만 금병(禁兵) 1백 인만으로 호종(扈從)하게 하시오니, 신 등의 생각에는 너무 적사옵니다." 하니, 임금이 말하기를, "적지 아니하다." 하였다.

- 【실록】 세종 99권, 25년(1443) 2월 24일(경술) 2번째 기사. 온양 거둥 시 서울에서의 국사 처리에 대해 병조에 전지하다

    병조에 전지하기를, "온양(溫陽)에 거둥할 때 승지(承旨) 2인과 병조의 당상관(堂上官) 2인을 서울에 배치해 두고, 만일 시급한 일이 있으면 궁궐을 지키는 대군(大君)에게 고하여 함께 의논하여 시행하게 하라." 하였다.

- 【실록】 세종 99권, 25년(1443) 3월 1일(병진) 1번째 기사. 왕비와 더불어 충청도 온양군 온천에 거둥하다

    임금이 왕비와 더불어 충청도 온양군 온천에 거둥하매, 왕세자가 따르고 대군 및 여러 군(君)과 의정부, 육조, 대간의 각 한 사람씩을 호가(扈駕)하게 하고, 광평대군(廣平大君) 이여(李璵)와 수춘군(壽春君) 이현(李玹)으로써 궁을 지키게 한 후, 대군과 여러 군을 윤번으로 왕래하게 하였다. 이날에 용인현(龍仁縣) 도천(刀川)의 냇가에 머무르는데, 악공[伶人] 15인이 저녁때부터 이고(二鼓)에 이르도록 풍악을 연주하다. 이번 거둥에 길처의 수령들은 모두 고을 경계에서 영알(迎謁)하였으며, 구경하는 백성들이 거리에 넘치었다.

- 【실록】 단종 5권, 1년(1453) 3월 12일(기사) 3번째 기사. 사간원에서 안평대군의 해주 온정욕을 다른 곳으로 가도록 청하다

    사간원(司諫院)에서 아뢰기를, "황해도는 여러 해 실농(失農)하였고, 또 중국과 우리나라 사신의 송영(送迎)하는 것 때문에 조잔(凋殘)한 폐단이 매우 심합니다. 이제 들으니, 안평대군(安平大君)이 해주(海州)의 온정(溫井)으로 목욕을 하러 간다고 하니, 지나가는 곳의 여러 고을에서 노고와 비용이 반드시 많을 것입니다. 충청도는 곡식이 약간 풍년이니, 청컨

대 온양(溫陽)이나 또는 안부(安富)의 온천으로 가도록 명하소서." 하니, 전지하기를, "안평대군이 말하기를, '온양은 세종대왕께서 일찍이 임행(臨幸)하던 곳이라 차마 이를 보지 못하겠으며, 안부는 연창위(延昌尉)가 지금 목욕하고 있으므로 부득이 해주로 향하는 것입니다.' 하므로, 존장(尊長)의 말이니 따르지 않을 수 없다. 모든 공억(供億)은 대군(大君)이 스스로 마련할 것이니 반드시 폐단이 없을 것이다." 하였다.

- 【실록】 단종 10권, 2년(1454) 3월 11일(임술) 1번째 기사. 전가생이 영웅대군, 익현군, 영해군, 양녕대군은 온천에 갈 필요가 없음을 아뢰다

  장령(掌令) 전가생(田稼生)이 본부(本府)의 의논을 아뢰기를, "신 등이 지금 전지(傳旨)를 보니, 양녕대군(讓寧大君) 이제(李禔)가 고성(高城) 온천(溫泉)에 가고 영웅대군(永膺大君) 이염(李琰)과 익현군(翼峴君) 이관(李璭), 영해군(寧海君) 이장(李瑈)이 온양(溫陽) 온천에 간다고 하였는데, 신등은 생각건대, 전일에 신빈(愼嬪)이 온양 온천에 갔을 때 계양군(桂陽君), 의창군(義昌君), 밀성군(密城君)이 따라갔었으니, 지금 영웅대군, 익현군, 영해군은 또 다시 가야 할 필요가 없고, 또, 양녕대군은 큰 질병도 없으니 온천에 가는 것이 마땅치 않습니다. 하물며, 충청도(忠淸道), 강원도(江原道) 두 도는 해마다 계속 농사에 실패하여 백성들이 생활이 어렵고, 또 농사철을 당하였으니, 폐단이 이루 말할 수 없을 것입니다. 청컨대 이를 중지하소서." 하니, 윤허하지 않았다.

- 【실록】 단종 10권, 2년(1454) 3월 12일(계해) 4번째 기사. 권준 등이 양녕대군, 영웅대군 등이 온천에 가는 것을 중지하기를 청하다

  대사헌(大司憲) 권준(權蹲) 등이 상소하기를, "신 등이 어제 양녕대군(讓寧大君)이 강원도 고성(高城) 온천(溫泉)에 가는 것과 영웅대군(永膺大

君) 이염(李琰), 익현군(翼峴君) 이관(李璭), 영해군(寧海君) 이장(李璋)이 충청도 온양(溫陽) 온천에 가는 것을 중지시키기를 청한 일로써 감히 성상의 위엄을 모독하였사오나 유윤(俞允)을 받지 못하였는데, 물러와서 생각하니 스스로 그만둘 수 없어 재차 천위(天威)를 모독하는 바입니다.

신 등이 가만히 생각하니, 이번의 행차와 전번의 신빈(愼嬪)의 행차를 어우를 것 같으면 그 집역(執役)과 공급(供給)하는 사람이 수백이 못되지 않을 것이며, 말도 1백여 필에 이를 것입니다. 그리고 도로(道路)에 지숙(止宿)하고 온정(溫井)에서 유련(留連)하는 데 있어서 공억지대(供億支待)를 반드시 한 도(道)의 군현(郡縣)으로 하여금 윤번(輪番)으로 판비(辦備)해야 할 것이고, 모든 공억의 비용을 모두 가가호호(家家戶戶)에서 거두어야 할 것이니, 이렇게 되면 관리들이 이것을 연유하여 온갖 방법으로 백성들을 침어(侵漁)할 것이고, 양식을 운반하는 폐단으로 온 도(道)가 소란하여, 그 해가 헤아릴 수 없을 것입니다. 비록 풍년이 든 때라 하더라도 오히려 마땅히 진념(軫念)하여야 될 터인데, 지난 가을에는 모든 도(道)가 다 풍년이 들지 못하고, 충청도와 강원도 두 도는 더욱 심하여 밭에 심은 것은 열에 하나를 거두지 못한 형편입니다. 게다가 국가(國家)에 연고까지 많아 민심(民心)이 편안치 못하였는데, 다행히 전하께서 인성(仁聖)하시어 백성을 불쌍히 생각하고 민망하게 여기시어, 포흠(逋欠)과 부채(負債)를 견면(蠲免)하고 영선(營繕)을 정파(停罷)하신 데 힘입어, 백성들이 기뻐하고 사모하며 감격하고 좋아하여 갱생(更生)의 은혜를 품지 않은 사람이 없습니다. 지금 봄철을 당하여 농사일이 바야흐로 한창인데, 전야(田野)의 백성들이 명아주의 잎과 콩잎[藜藿]도 이어 가지 못한다고 하니 귀로 차마 들을 수 없습니다. 진실로 마땅히 군신상하(君臣上下)가 더욱 더 삼가고 두려워하며 급급황황(汲汲遑遑)하게 (백성들의) 어려움을 근심하여 진휼(賑恤)하는 데 겨를이 없어야 하겠는데, 어찌 전과 다름없이 구차하게 이같이 불급(不急)한 행차를 하여 굶주리고 곤궁한 백성을 수고롭게 하고 시끄럽게 하며, 국가(國家)의 원기(元氣)를 빼앗아 없애겠습니까? 비록 전하께서 인애(仁愛)가 지극하시어 종척(宗戚)을 우례(優禮)로 대하여 차마 그 뜻을 어기지 못한다 하지만, 지금 농사철을 당하여 대군(大君)과 제군(諸君)의 이번 행차가 있으면 이르는 곳마다 소요해져서, 전하께서 백성의 고통을 불쌍히 여기시는 지극한 뜻이 있음을 어찌 알겠습니까?

또 국가가 근년 이래로 공사(公私)가 모두 탕갈(蕩竭)되었으니, 만일 다시 이것으로 인하여 업(業)을 잃게 되면 노유(老幼)가 장차 구학(溝壑)으로 굴러 떨어질 것이오니, 주상께서는 장차 무엇으로 이를 구제하겠습니까? 엎드려 빌건대, 이 행차를 정지하도록 명하시어 민생을 구제하시면 국가에 심히 다행하겠습니다." 하였으나, 윤허하지 않았다. 사간원에서도 또한 청하였으나, 윤허하지 않았다.

• 【실록】 세조 31권, 9년(1463) 12월 5일(기축) 1번째 기사. 하성위 정현조 등에게 명하여 온양 온정의 행궁에 가서 살피게 하다

하성위(河城尉) 정현조(鄭顯祖), 행첨지중추원사(行僉知中樞院事) 김개(金漑)에게 명하여 충청도(忠淸道) 온양 온정(溫井)의 행궁(行宮)에 가서 살펴보게 하였으니, 장차 내년 봄에 거둥하려 하였기 때문이었다.

• 【실록】 세조 31권, 9년(1463) 12월 14일(무술) 1번째 기사. 세자에게 정사를 다스리는 법을 배우게 하다

안철손의 아뢰기를, "온양(溫陽)에 행행(行幸)하실 때, 청컨대 굴포(堀浦)의 공물(貢物)을 대납(代納)한 자를 살피소서. 아직 바치지 못한 공물은 그 나머지 이익과 아울러 관(官)에서 몰수(沒收)하도록 이미 명령하였

으니, 청컨대 그 가산(家産)을 징수(徵收)하지 마소서." 하였다.

• 【실록】 세조 32권, 10년(1464) 1월 10일(계해) 2번째 기사. 온양 온정에
   행행하고자 감찰 민혜 등을 보내 살피게 하다

　임금이 장차 온양(溫陽)의 온정(溫井)에 행행(行幸)하고자 하여 감찰(監
察) 민혜(閔憓), 김양봉(金良奉) 등을 충청도(忠淸道)에 나누어 보내어, 수
령(守令)으로서 순행(巡幸)을 빙자하여 백성들에게서 (금품을) 거두고 폐
단을 일으키는 자를 살피고, 군현(郡縣)을 두루 다니며 거가(車駕)가 환
도(還都)한 다음에 돌아오게 하였다.

• 【실록】 세조 32권, 10년(1464) 2월 17일(경자) 3번째 기사. 임금이 온양
   으로 행행하고자 하여 정창손, 박원형 등을 수상과 주장으로 삼다

　임금이 온양(溫陽)에 행행(行幸)하고자 하여, 봉원부원군(蓬原府院君)
정창손(鄭昌孫), 예조판서 박원형(朴元亨), 우참찬 최항(崔恒), 하원군(河
原君) 정수충(鄭守忠), 이조판서(吏曹判書) 김담(金淡), 공조판서(工曹判書)
김수온(金守溫), 동지중추원사(同知中樞院事) 양성지(梁誠之), 원성군(原
城君) 원효연(元孝然), 행상호군(行上護軍) 송처관(宋處寬), 인순부윤(仁順
府尹) 한계희(韓繼禧), 이조참판(吏曹參判) 홍응(洪應), 인수부윤(仁壽府尹)
강희안(姜希顔), 형조참판(刑曹參判) 이서(李墅), 공조참판(工曹參判) 강희
맹(姜希孟)을 수상(守相)으로 삼고, 청성위(靑城尉) 심안의(沈安義), 영중
추원사(領中樞院事) 심회(沈澮), 중추원사(中樞院使) 윤사흔(尹士昕), 중추
원부사(中樞院副使) 김개(金漑), 서원군(西原君) 한계미(韓繼美), 화산군(花
山君) 권반(權攀)을 수장(守將)으로 삼았다.

- 【실록】 세조 32권, 10년(1464) 3월 1일(갑인) 2번째 기사. 어가가 온양의 행궁에 이르다

  저녁에 거가(車駕)가 온양(溫陽)의 행궁(行宮)에 이르렀다.

- 【실록】 세조 34권, 10년(1464) 12월 5일(갑신) 5번째 기사. 내년 봄에 온양에 거동할 때 경상도 군사가 시위할 것을 명하다

  병조(兵曹)에 전지(傳旨)하기를, "내년 봄에 온양(溫陽)에 거동할 것이니, 경상도(慶尙道)의 군사(軍士)들로 하여금 시위(侍衛)하게 하라." 하였다.

- 【실록】 세조 34권, 10년(1464) 12월 16일(을미) 1번째 기사. 충청도가 실농하였으므로 다른 지역 온천으로 가는 일에 대해 의논하다

  승정원(承政院)에 전지(傳旨)하기를, "지금 듣건대, 충청도(忠淸道)가 실농(失農)하였다고 하는데, 오는 봄에 온양(溫陽)에 행차(行次)하는 것이 마음에 편안치 못하기 때문에 강원도(江原道) 고성(高城)이나 황해도(黃海道) 배천(白川), 해주(海州) 등의 온정(溫井)에 거동하고자 하는데, 어느 곳이 좋겠는가?" 하니, 승정원(承政院)과 병조판서(兵曹判書) 윤자운(尹子雲)이 대답하기를, "온양(溫陽)의 옥사(屋舍)는 완전히 갖추어져 지금 다만 이를 수리(修理)할 뿐입니다. 만약 고성(高城), 배천(白川), 해주(海州)이면 옥사가 없으므로 그때까지 창건(創建)하지 못할까 걱정되니, 온양이 가장 좋을 것 같습니다. 비록 실농(失農)하였다고 하나 행행(行幸)하는 모든 일이 지극히 간략하니, 어찌 백성들에게 해를 끼치겠습니까?" 하였다. 또 전지(傳旨)하기를, "이른바 세 온정(溫井)은 내가 또한 후일에 마땅히 가겠으니, 아울러 옥사를 수리하지 아니할 수가 없다. 또 동래(東萊)가 비록 멀지만 오히려 갈 만하니, 또한 아울러 수리하라." 하니, 윤

자운이 아뢰기를, "동래(東萊)는 신(臣)이 친히 보았는데, 관사(館舍)가 완전하고 좋으니, 비록 고쳐 짓지 않는다 하더라도 지금 당장 거둥하실 수가 있습니다." 하였다.

● 【실록】 세조 35권, 11년(1465) 1월 4일(임자) 1번째 기사. 온양에 행행하여 머무르다

온양(溫陽)에 행행(行幸)하여 머물렀다.

● 【실록】 세조 36권, 11년(1465) 8월 17일(임진) 1번째 기사. 중궁과 함께 온양에 거둥하다

임금이 중궁(中宮)과 더불어 온양(溫陽)에 거둥하니, 왕세자(王世子)와 영응대군(永膺大君) 이염(李琰), 영순군(永順君) 이부(李溥), 귀성군(龜城君) 이준(李浚), 사산군(蛇山君) 이호(李灝), 신종윤(新宗尹) 이효백(李孝伯), 물거윤(勿巨尹) 이철(李徹), 제천부정(堤川副正) 이온(李蒕), 부윤부령(富潤副令) 이효숙(李孝叔), 곡성부령(鵠城副令) 이금손(李金孫), 운수부령(雲水副令) 이효성(李孝誠), 하성위(河城尉) 정현조(鄭顯祖), 청성위(靑城尉) 심안의(沈安義), 영의정(領議政) 신숙주(申叔舟), 상당부원군(上黨府院君) 한명회(韓明澮), 우의정(右議政) 황수신(黃守身), 남양부원군(南陽府院君) 홍달손(洪達孫), 좌참찬(左參贊) 최항(崔恒), 중추원사(中樞院使) 강순(康純), 지중추원사(知中樞院事) 김국광(金國光), 정식(鄭軾), 호조판서(戶曹判書) 노사신(盧思愼), 신천군(信川君) 강곤(康袞), 행상호군(行上護軍) 구문신(具文信), 이조참판(吏曹參判) 강희맹(姜希孟), 병조참판(兵曹參判) 임원준(任元濬), 행상호군(行上護軍) 조득림(趙得琳)이 수가(隨駕)하였다.

- **【실록】** 세조 38권, 12년(1466) 4월 24일(갑자) 2번째 기사. 호조에서 온
  양 온정의 수직인 3호에 한전을 줄 것을 건의하다

  호조(戶曹)에서 아뢰기를, "온양 온정(溫井)의 수직인(守直人) 3호(戶)
  를, 청컨대 대로원(大路院)의 분전(分田)의 예(例)에 의하여 한전(閑田)으
  로 각각 1결(結) 50부(負)를 주고 복역(復役)하여 완호(完護)하게 하소서."
  하니, 그대로 따랐다.

- **【실록】** 세조 40권, 12년(1466) 12월 12일(기유) 2번째 기사. 삼남의 순행
  에 관해 예조와 병조에 전지하다

  예조(禮曹)와 병조(兵曹)에 전지(傳旨)하기를, "지금 경상도(慶尙道)와
  전라도(全羅道)의 거둥은 정지하고 장차 명년 봄에 충청도(忠淸道)의 온
  양(溫陽)에 거둥할 것이다." 하였다.

- **【실록】** 세조 41권, 13년(1467) 2월 4일(경자) 1번째 기사. 환관 송중을
  충청도에 보내어 온양의 행궁을 수즙하게 하다

  환관(宦官) 송중(宋重)을 충청도에 보내어 온양(溫陽)의 행궁(行宮)을
  수즙(修葺)하게 하고, 이어서 승정원에 명하여 충청도관찰사에게 치서
  (馳書)하기를, "수즙을 조금만 더하여 백성들을 번거롭게 하지 말라." 하
  였다.

- **【실록】** 세조 45권, 14년(1468) 1월 20일(신사) 2번째 기사. 환관 신운
  등을 온양 행궁에 보내 온정을 수선하게 하다

  환관(宦官) 신운(申雲)과 선공감참봉(繕工監參奉) 이식(李埴)을 온양 행
  궁(行宮)에 보내어 온정(溫井)을 수선(修繕)하게 하였다.

• 【실록】 세조 45권, 14년(1468) 1월 27일(무자) 3번째 기사. 중궁과 더불어 세자를 거느리고 온양으로 거둥하다

임금이 중궁(中宮)과 더불어 세자(世子)를 거느리고 온양(溫陽)으로 거둥하였다. 보성군(寶城君) 이합(李峇)을 좌상대장(左廂大將)으로 삼고, 우공(禹貢), 배맹달(裵孟達), 유균(柳均), 김효조(金孝祖)를 위장(衛將)으로 삼았으며, 우찬성(右贊成) 한계미(韓繼美)를 우상대장(右廂大將)으로 삼고, 오자경(吳子慶), 황사장(黃事長), 이의견(李義堅), 이소(李昭)를 위장(衛將)으로 삼았다. 병조판서(兵曹判書) 박중선(朴仲善)을 전상대장(前廂大將)으로 삼고, 권경(權擎), 제천군(堤川君) 이온(李蒕), 유흥무(柳興茂), 이중미(李仲美)를 위장(衛將)으로 삼았으며, 공조판서(工曹判書) 남이(南怡)를 후상대장(後廂大將)으로 삼고, 운수군(雲水君) 이효성(李孝誠), 한치의(韓致義), 경유공(慶由恭), 이근효(李近孝)를 위장(衛將)으로 삼았다. 부윤부수(富潤副守) 이효숙(李孝叔)을 사자위장(獅子衛將)으로 삼고, 임자번(林子蕃)을 공현위장(控弦衛將)으로, 이숙기(李叔琦)를 좌사대장(左射大將)으로, 강곤(康袞)을 우사대장(右射隊將)으로, 이훈(李塤)을 좌용대장(左勇隊將)으로, 신종군(新宗君) 이효백(李孝伯)을 사복장(司僕將)으로, 안빈(安貧)을 치중장(輜重將)으로, 맹석흠(孟碩欽)을 잡류장(雜類將)으로, 평성도정(枰城都正) 이위(李偉)를 내금위장(內禁衛將)으로, 이맹손(李孟孫)을 착호장(捉虎將)으로, 유자광(柳子光)을 총통장(銃筒將)으로, 양진손(梁震孫)을 팽대장(彭隊將)으로, 김이정(金利貞)을 창대장(槍隊將)으로, 좌찬성(左贊成) 김국광(金國光)을 지응사(支應使)로 삼았는데, 내종(內宗), 사종(射宗), 임종(任宗)과 고령군(高靈君) 신숙주(申叔舟), 능성군(綾城君) 구치관(具致寬), 영성군(寧城君) 최항(崔恒), 인산군(仁山君) 홍윤성(洪允成), 호조판서(戶曹判書) 노사신(盧思愼), 좌참찬(左參贊) 유수(柳洙), 이조판서(吏曹判書) 성임(成任), 병조참판(兵曹參判) 윤흠(尹欽), 공산군(公山

君) 안경손(安慶孫), 문원군(文原君) 유사(柳泗), 행 대호군(行大護軍) 안철손(安哲孫), 이주(李珠), 황생(黃生), 윤말손(尹末孫), 이철견(李鐵堅), 행첨지사(行僉知事) 허유례(許惟禮), 이운로(李雲露), 행 호군(行護軍) 정숭로(鄭崇魯), 조신손(趙信孫), 행부호군(行副護軍) 이번(李蕃), 신말주(申末舟), 구치홍(具致洪), 권각(權恪)이 호종(扈從)하였다.

- 【실록】 세조 45권, 14년(1468) 2월 1일(임진) 1번째 기사. 탕정에 나가다
  임금이 비로소 탕정(湯井)에 나아갔다.

- 【실록】 세조 45권, 14년(1468) 3월 14일(갑술) 4번째 기사. 밀성군 이침이 아내와 온양 온정에 돌아가다
  밀성군(密城君) 이침(李琛)이 그의 아내와 더불어 온양 온정(溫井)에 돌아가니, 명하여 지나는 여러 고을에 친히 공돈(供頓)을 감독하고 또 담부(擔夫)를 주게 하였다. 또 충청도관찰사(忠淸道觀察使) 안철손(安哲孫)에게 치서(馳書)하기를, "노차(路次)와 유련(留連)할 때에는 수령(守令)으로 하여금 친히 지대(支待)를 감독하게 하라." 하였다.

- 【실록】 예종 4권, 1년(1469) 3월 14일(무술) 3번째 기사. 최안과 정동이 본가에 들른 뒤 온천에 가고자 함을 관반이 아뢰다
  관반(館伴)이 아뢰기를, "최안(崔安)은 음성(陰城) 본가에 가서 배소(拜掃)한 뒤에 온양 온천에 가려고 하고, 정동(鄭同)은 신천(信川) 본가에 가서 배소한 뒤에 해주 온천에 가고자 합니다." 하니, 곧 충청도, 황해도관찰사에게 치유(馳諭)하였다.

• 【실록】 성종 150권, 14년(1483) 1월 6일(기해) 4번째 기사. 이조참의 박
  안성이 주문사를 가을에 보내자고 아뢰다
  박안성이 또 아뢰기를, "세 대비께서 모두 장차 온양(溫陽)에 거둥하
시려고 하는데 대왕대비만 행차하시는 것이 어떻겠습니까?" 하니, 임금
이 말하기를, "이 말은 옳지 못하다." 하였다.

• 【실록】 성종 150권, 14년(1483) 1월 27일(경신) 2번째 기사. 집의 김수광
  이 종묘 주변의 인가를 옮기는 것에 대하여 아뢰다
  사간(司諫) 유자한(柳自漢)이 아뢰기를, "삼전(三殿)의 온양(溫陽) 행차
에 사헌부 관원은 수가(隨駕)하지 못하게 하였는데, 만일 수령의 불법(不
法)한 일이 있으면 누가 규찰(糾察)하여 다스리겠습니까? 청컨대 한 사람
을 수가하게 하소서." 하니, 임금이 말하기를, "대간(臺諫)한 사람은 보
낼 만하다." 하였다.

• 【실록】 성종 153권, 14년(1483) 4월 1일(계해) 1번째 기사. 김세적이 온
  양에서 돌아와 대왕대비의 위독함을 고하니, 대신을 불러 의논하게 하다
  새벽에 좌승지(左承旨) 김세적(金世勣)이 온양(溫陽)으로부터 돌아와
아뢰기를, "대왕대비(大王大妃)의 병세(病勢)가 매우 심합니다."고 하더
니, 이윽고 가승지(假承旨) 이유인(李有仁)이 양전(兩殿)의 뜻[旨]을 받들
고 치계(馳啓)하기를, "대왕대비(大王大妃)의 병 증세가 지극히 중하여 어
찌할 수 없으니, 마땅히 모든 일을 미리 마련[辦]하라.' 하였습니다."고
하니, 승정원(承政院)에 전교(傳敎)하기를, "내 마음이 어지러워 명을 전
할 수 없으니, 모든 행사에 따른 일은 먼저 모두 시행하고 뒤를 아뢰도록
하라." 하고, 명하여 의정부(議政府), 육조(六曹)를 불러 흉례(凶禮)를 의
논하게 하고, 우의정(右議政) 홍응(洪應), 좌참찬(左參贊) 이극증(李克增),

예조판서(禮曹判書) 이파(李坡)에게 명하여 온양(溫陽)에 가서 모든 일을 감독하여 다스리게 하고, 또 공조판서(工曹判書) 손순효(孫舜孝)에게 명하여 재궁(梓宮)을 모시고 온양(溫陽)에 나아가게 하였다.

- 【실록】 성종 153권, 14년(1483) 4월 1일(계해) 3번째 기사. 내관 박인손이 온양으로부터 와서 대왕대비의 승하를 알리다

  묘시(卯時)에 내관(內官) 박인손(朴仁孫)이 온양(溫陽)으로부터 돌아와 아뢰기를, "대왕대비(大王大妃)께서 3월 30일 술시(戌時)에 승하(升遐)하셨습니다." 하였다.

- 【실록】 성종 153권, 14년(1483) 4월 3일(을축) 3번째 기사. 이파가 온양에서 치계하여 양전이 먼저 환궁하려 하지 않음을 알리다

  빈전도감제조(殯殿都監提調) 이파(李坡)가 온양(溫陽)에 있으면서 치계(馳啓)하기를, "재궁(梓宮)이 먼저 행차하고 양전(兩殿)께서 뒤를 따라 환궁(還宮)하실 것을 양전(兩殿)께 품(稟)하였더니, 양전(兩殿)께서 전교하시기를, '재궁(梓宮)이 먼저 행하면 내 어찌 차마 뒤에 있겠는가?'고 하시니, 만약 나누어서 양행(兩行)을 하면 폐단도 또한 많을 것입니다." 하니, 임금이 노사신(盧思愼)에게 전교하기를, "이제 글을 보니, 비록 경(卿)을 보내어 청하더라도 반드시 윤허(允許)하지 않을 것이니 가지 말라." 하였다.

- 【실록】 성종 153권, 14년(1483) 4월 7일(기사) 1번째 기사. 우의정 홍응이 온양에서 치계하여 환궁을 늦추지 말기를 청하였으나 들어주지 않다

  우의정(右議政) 홍응(洪應)이 온양(溫陽)에 있으면서 치계(馳啓)하기를, "이제 17일에 환궁(還宮)하는 일을 반복하여 생각하건대 길흉(吉凶)의 설

(說)은 불가피(不可避)한 것 같습니다. 그러나 기일을 물리어 정할 경우한 고을이 곤폐(困弊)하여 지탱하기 어려운 상황은 이루 말로 할 수가없습니다. 홀로 생각하건대 양전(兩殿)께서 오래 행궁(行宮)에 머물러 수장(水漿)을 적게 드시고 밤낮으로 호곡(號哭)하여 질병(疾病)이 나실까 두려우니, 빨리 경궐(京闕)에 돌아가 전죽(饘粥)을 드시도록 권하는 것만같지 못합니다. 또 오래 가물었으므로 장마가 이르는 것은 틀림이 없는형편인데, 만약 어느 날 갑자기 폭우가 내리게 되면 앞에는 몇 개의 큰내가 있어서 정해진 날짜에 길을 떠날 수가 없을 것이니, 이것도 또한염려하지 않을 수가 없습니다." 하니, 임금이 글로써 유시(諭示)하기를,"이제 경(卿)의 글을 보니, 뜻이 길흉(吉凶)을 가리지 않고 속히 환궁하는데 있으나 길흉(吉凶)의 설(說)은 옛 서적에 실려 있으니, 만일 시일을물리어 정하는 것이 옳지 못하다고 하면, 고인(古人)이 염습[殮]하고 빈(殯)하는 데에 어찌 날을 가리는 것이 있었겠는가? 근자에 내왕하는 사람으로 인하여 양전(兩殿)께서 혹 전죽(饘粥)을 드시고 혹 수라를 드신다고 알았는데, 경(卿)의 말과 같으면 내가 들은 것과 다르다. 만약 적게수장(水漿)을 드시면, 경(卿)이 대신(大臣)으로서 행궁(行宮)을 시위하는데, 어찌 권하여 드시게 하지 못하고 이런 말을 하는가? 양전(兩殿)이밖에 드러내시고 슬퍼하여 상심(傷心)하고 계심을 생각하면, 내가 어찌급히 경궐(京闕)에 환궁하기를 바라지 않겠는가마는 사세(事勢)로 인하여 부득이 미루어 정하였고, 장마가 이르는 것은 천변(天變)이니 미리헤아릴 수가 없다. 경은 내 뜻을 알도록 하라." 하였다.

- **【실록】 성종 153권, 14년(1483) 4월 7일(기사) 2번째 기사. 지평 이복선이 서둘러 환궁하기를 청하는 글을 올렸으나 들어주지 않다**
  사헌부지평(司憲府持平) 이복선(李復善)이 온양(溫陽)에 있으면서 상서

(上書)하기를, "신(臣)이 삼전(三殿)을 호종(扈從)하여 온정(溫井)에 이르렀더니, 황천(皇天)이 돌보지 아니하여 대왕대비(大王大妃)께서 갑자기 훙서(薨逝)하셨습니다. 양대비(兩大妃)께서 홀로 머물러 읍혈(泣血)하시니, 이것은 마음이 아파 행하는 날을 늦출 수 없는 형편입니다. 재궁(梓宮)은 더디게 환궁할 수 없으며 양전(兩殿)께서도 오래 머물러 계실 수가 없습니다. 조정(朝廷)에서도 예의상 마땅히 급히 맞아야지 더디게 할 수가 없습니다. 어제 들으니, 초 8일에 성복(成服)하고, 11일에 환궁한다는 말이 있으며 또 듣건대 17일로 미루어 정하였다는 말이 있으니, 이것은 반드시 음양(陰陽)을 구기(拘忌)하는 말이며, 그 술수(術數)를 팔아먹음이 있기 때문입니다. 그러나 일에는 완급(緩急)이 있는데, 처리하는 것을 이치에 맞게 하면 되는 것이지 어찌 길흉(吉凶)의 말을 따라 대체(大體)를 불계(不計)하겠습니까?

예전에 이르기를, '상사(喪事)는 나아감은 있어도 미루는 것은 없다.'고 하였습니다. 지금 바로 여름철이니, 천연(遷延)하는 사이에 대우(大雨)가 갑자기 이르면 교량(橋梁)이 협착한데, 이때엔 무슨 계책으로 시행해야 할지 모르겠습니다. 또 양전(兩殿)께서 납시어 계신 행궁(行宮)은 낮고 좁아 천기(天氣)가 점점 더우면 비록 평상시라 하더라도 오히려 또 불안하거든 더구나 재궁(梓宮)의 곁에서이겠습니까? 죽음(粥飲)을 들지 않으시고 곡읍(哭泣)이 끊이지 않으시니, 만일 이로 인하여 병이 되시면 비록 택일을 하더라도 일에 무슨 이익이 있겠습니까? 주군(州郡)에서는 공돈(供頓)하는데 피곤하고 역기(驛騎)는 전명(傳命)하는 데 지쳤으니, 또한 작은 일이 아닙니다. 만약 11일에 출발하면 14일에 낙생역(樂生驛)에 도착할 것이니, 3, 4일을 머무르면 17일은 바로 길일(吉日)입니다. 이날에 성빈(成殯)하는 것도 무방(無妨)할 것 같습니다. 그래도 금기(禁忌)해야 하면 수일을 더 미루어 길일을 정할 때를 기다리는 것도 옳습니다.

낙생(樂生)은 경도(京都)와 거리가 멀지 않으니, 비록 수일을 머물더라도 공판(供辦)이 어렵지 않아 한 가지 일로서 두 가지를 온전히 얻을 것[一擧而兩全]입니다." 하니, 임금이 글로써 유시(諭示)하기를, "그대가 아뢰었던 일을 내가 상확(商確)하지 않음이 아니나, 형세가 부득이한 데서 나왔다." 하였다.

● 【실록】 성종 153권, 14년(1483) 4월 16일(무인) 4번째 기사. 노사신이 양전의 선행하지 않는 뜻을 고하다. 홍응에게 양전의 입어를 청하게 하다

노사신(盧思愼)이 온양(溫陽)으로부터 와서 아뢰기를, "신이 양전(兩殿)의 선행(先行)을 재청(再請)하였더니, 내교(內敎)하기를, '주상(主上)께서 비록 청함이 더욱 간절하더라도 우리들은 그 마음을 자제(自制)할 수 없다. 위로 주상(主上)의 명을 어기고, 아래로 군신(群臣)의 청을 어겨서, 스스로 편하지 못함을 알고 있으나, 그러나 재궁(梓宮)보다 먼저 감은 차마 못할 일이다.'고 하므로, 신이 먼저 직산(稷山)에 거둥하여 재궁을 기다리시기를 청하였더니, 내교(內敎)하기를, '이것도 또한 불가하다. 조석(朝夕)으로 빈전(殯殿)의 곁을 떠나지 못하거든, 어찌 선행(先行)하여서 기다릴 수가 있겠는가?' 하여, 신이 또 청하기를, '부득이하여 재궁(梓宮)을 성밖에 봉안(奉安)하면 양전(兩殿)께서는 대내(大內)에 입어(入御)하심이 어떻겠습니까?' 하니 내교하기를, '만약 그렇다면 이것은 재궁(梓宮)을 꺼려서 멀리 피함이니, 우리들의 성의(誠意)가 격절(激切)하면 하늘에 계신 신령도 반드시 장차 부호(扶護)하여 후환(後患)이 없게 할 것이다.'고 하여, 신이 또 아뢰기를, '행궁(行宮)이 편안치 못하여 양전께서 빈전(殯殿)의 곁을 떠나지 않으시면 주상께서도 또 어찌 안심(安心)하고서 임하지 않으시겠습니까?' 하니, 내교(內敎)하기를, '주상과 우리들의 몸은 진실로 다르거늘, 어찌 하나로써 논(論)하느냐?'고 하였습니다."

하였다.

- **【실록】 성종 153권, 14년(1483) 4월 17일(기묘) 7번째 기사. 영중추부사 이극배가 온양에서 와서 양전이 입어를 승낙했음을 고하다**

영중추부사(領中樞府事) 이극배(李克培)가 온양(溫陽)으로부터 와서 아뢰기를, "성안[城內]에 입어(入御)하는 것으로써 양전(兩殿)께 아뢰었더니, 내교(內敎)하기를, '처음에 행궁(行宮)이 편안치 못하여 주상(主上)으로 하여금 임상(臨喪)하지 못하게 하려고 한 까닭에 성외(城外)에다 성빈(城殯)하기를 청하였으나, 어찌 오늘날 물론(物論)이 이럴 줄 생각했겠느냐? 무릇 일의 길흉(吉凶)을 계교하지 않고 하는 것이라면, 공자(孔子)가 어찌 길흉(吉凶)을 『역경(易經)』에 나타냈겠는가? 만약 다시 옛 동궁(東宮)으로 빈전(殯殿)을 삼는다면 찬궁(欑宮)의 기구를 이미 영순군(永順君)의 집에 설치하였으니, 경이(輕易)하게 고칠 수가 없고, 또 주상께서 비록 창덕궁(昌德宮)에 입어(入御)하기를 청하더라도 우리들이 어찌 차마 갑자기 빈전(殯殿) 곁을 떠나서 대내(大內)에 들어가겠는가? 또 조정이 모두 성밖에 성빈함을 가지고 그르다고 하여 만약 빈전(殯殿)을 모시지 않으면 그 물론(物論)이 없겠느냐?'고 하시기에, 신이 대답하기를, '양전께서 만약에 빈전(殯殿)을 모시면 주상께서 어찌 감히 대내(大內)에서 편안히 거처하시겠습니까? 또 도성(都城)을 버리고서 오래 성밖에 계심은 불가(不可)합니다.' 하니, 내교(內敎)하기를, '그대들이 주상(主上)의 청을 어길 수 없다면 마땅히 성내(城內)에 처하겠으니, 이 뜻으로써 전문(轉聞)하라.'고 하였습니다." 하니, 전교하기를, "경(卿)이 성내(城內)에 입어(入御)하시기를 청하여 얻었으니, 내가 매우 기쁘다." 하였다.

• 【실록】 성종 154권, 14년(1483) 5월 19일(경술) 3번째 기사. 이세좌를 양
  전에 보내어 조석전에만 곡하기를 청하니 양전이 그대로 따르기로 하다

  임금이 도승지(都承旨) 이세좌(李世佐)를 보내어 양전(兩殿)에 아뢰기
를, "양전(兩殿)께서 온양에 계실 때에 조석전(朝夕奠)에만 곡(哭)을 한
것은 대행 대비의 뜻을 받든 것입니다. 그런데 이제 예문(禮文)에 따라
상식(上食)에 곡을 하고자 하시지만 일은 경중이 있는 것인데 어찌 대행
대비의 뜻을 따르지 않을 수 있겠습니까? 청컨대 대신에게 물어서 행하
소서." 하였는데, 양전(兩殿)이 전교하기를, "성 밖에다 빈전(殯殿)을 만
든 것은 행궁(行宮)이 고요하지 못하므로 주상과 멀리 한 것인데 조정에
서 모두 잘못이라고 하며 누(累)가 주상에게 미친다고 하니, 이제 생각하
면서 뉘우친들 어찌 미치겠습니까? 당초에 슬픈 정을 스스로 금하지 못
한데다 부녀(婦女)의 무지(無知)한 소치로 일마다 예(禮)에 어긋났으며,
또 상식의 곡(哭)마저 폐하였으니 매우 옳지 못합니다. 그러므로 다시
하려는 것입니다. 우리 때문에 주상께서 여러 번 염려하시니 내가 몸
둘 곳이 없습니다." 하였다. 이세좌가 다시 아뢰기를, "대행 대비의 본의
를 어기지 마시고 주상의 청을 힘써 따르소서." 하니, 양전(兩殿)에서 전
교하기를, "그렇다면 마땅히 힘써 따르겠다." 하였다.

• 【실록】 중종 25권, 11년(1516) 6월 1일(신해) 7번째 기사. 이조정랑 소세
  양이 수가 독서할 때 온양 온정에 갔으므로, 헌부가 추고하다

  이조정랑 소세양(蘇世讓)이 수가 독서(受暇讀書)할 때 온양의 온정(溫
井)에 갔으므로, 헌부가 듣고서 추고하였다.

  사신은 논한다. 이때 상이 학사(學士)의 독서(讀書)를 진념하여 사가(私
家)에 가지 말고 부지런히 학업에 힘쓰도록 하였으나, 세양이 상의 뜻을
돌보지 않고 함부로 서지(徐祉)와 함께 온정에 갔다. 근처 수령들이 그

위세를 두려워하여 주찬(酒饌)을 다투어 가져와서 공궤(供饋)하매, 세양이 태연히 그것을 받아 꺼림없는 짓을 자행하였으므로, 시론(時論)이 그를 그르다 하였다.

- **【현개】 현개 6권, 2년(1661) 9월 1일(정축) 2번째 기사. 훈련대장 이완이 온양의 온천에 가기 위해 휴가를 청하다**

  훈련대장 이완(李浣)이 온양(溫陽)의 온천에 가서 목욕하기 위하여 휴가를 청하였다. 이에 도제조 심지원(沈之源)으로 하여금 그 직임을 겸하여 살피라고 명하였다.

- **【현개】 현개 10권, 5년(1664) 4월 21일(계축) 6번째 기사. 훈련대장 이완이 휴가를 받아 온양 온천에 가 해임시켜 주기를 청하다**

  훈련대장 이완(李浣)이 휴가를 받아 온양 온천에 가서 목욕하고 있었는데, 이때에 상소하여 해임시켜 달라고 청하였다. 이에 대사간 김수흥(金壽興)이 상소하여 체직시켜 줄 것을 청하였다. 그 후 상이 대신(大臣)에게 물었는데, 대신이 마땅한 후임자가 없으니 체직시키지 말고 그대로 두자고 하니, 상이 조리하고 올라오라고 하였다.

- **【실록】 현종 10권, 6년(1665) 4월 7일(계해) 4번째 기사. 영상 정태화 등과 온천으로 거둥 시의 행사들에 대해 의논하다**

  영의정 정태화, 우의정 허적과 비국 당상 홍중보(洪重普) 등이 뵙기를 청하자, 상이 희정당(熙政堂)에서 인견하였다. 태화가 아뢰기를, "온천에 거둥하시는 일을 이미 정하였으니, 거둥 시의 행사를 미리 정하지 않을 수 없기에 감히 뵙기를 청했습니다." 하고, 이어 아뢰기를, "호위 군병 중 마병은 멀리 갈 수 있으나, 보병의 경우, 훈련도감의 군병은 한강 가에서 교대해 주고, 수원군은 충청도 경계에서 교대해 주면 충청도군이 온양까지 호위해 가야겠습니다. 그리고 연(輦)을 호위하는 포수는 4백 명으로 교대시키는 것이 어떻겠습니까?" 하니, 상이 이르기를, "능(陵)에 거둥할 때는 으레 4백 명을 사용하였으니, 이번 행차에는 8백 명을 이용해 어가를 번갈아 호위해야 할 것이다. 또 내 마음은 외방의 군병을 징발하고 싶지 않다." 하자, 태화 등이 도감군 중에서 건장한 자를 가려 데리고 가기를 청하였다. 각사(各司)는 한 명만 수행하되 긴요하지 않은 각사는 수행하지 말도록 하였다. 그리고 파발을 세워 궁궐내의 안부를 전하도록 하고 승지와 내관(內官)이 문안드리는 예는 폐지하도록 하였다. 예조판서 이일상(李一相)은 남아서 약방의 당직을 서게 하고, 부관(副官)이 수행하도록 하였고, 예관은 종묘에 거둥하는 것을 고하게 하였으며, 훈련도감의 병사는 남아 서울을 지키도록 하였다. 바야흐로 농사철이 닥쳐서 각 영에서 병사를 징발할 수 없다고 하여, 수원의 군사 6천 명을 두 부대로 나누어 한 부대는 한강 가에서 기다리고 한 부대는 본부에서 기다리고 있다가 번갈아 호위하게 하였고, 충청의 군사도 병사(兵使)로 하여금 한 군영의 병사만을 징발하여 충청도 경계에서 기다리고 있다가 온양에 도착한 뒤에 형세를 보아 다른 군영의 병사를 다시 징발하게 하였으며, 마병은 도감군과 금군의 군대를 이용하게 하였다. 훈련대장 이완(李浣)을 유도대장(留都大將)으로, 도총관 김우명(金佑明)을 호위대장으로 삼아 입직 군사를 거느리고 궁궐 안을 호위하도록 하고, 좌상 홍명하와 영부사 이경석을 유도대신으로 삼았다. 군병이 온천에 도착한 뒤에 본도에 있는 호조의 쌀을 급료로 주고, 수행한 백관도 온천에 도착한 후 급료를 나누어 주게 하였다.

- **【현개】현개 13권, 6년(1665) 4월 7일(계해) 3번째 기사. 온천 거둥에 대한 출발 일시, 호위군, 일정 등에 대해 결정하다**

영의정 정태화, 우의정 허적 및 비국 당상 홍중보 등이 뵙기를 청하니, 상이 희정당에서 인견하였다. 태화가 아뢰기를, "온천에 거둥할 논의를 이미 결정하였으니 거행할 일을 미리 정해놓지 않을 수 없습니다." 하니, 상이 이르기를, "날씨가 점점 더워지고 있으므로 형세상 오랫동안 목욕하기 어려울 것이니 보름 전에 출발했으면 한다." 하였다. 허적이 아뢰기를, "12일이 좋기는 한데 기간이 너무 촉박하고 보름 후에는 17일 역시 좋다고 합니다." 하니, 상이 이르기를, "보름 전에 좋은 날이 없다면 17일로 결정하도록 하라." 하였다. 태화가 아뢰기를, "호위하는 군병중에 마병(馬兵)은 멀리 갈 수 있겠지만 보병(步兵)의 경우 훈련군은 한강(漢江) 가에서 교대해 주고 수원군은 충청도 접경지에서 교대해주면 충청도군이 온양까지 호위하게 하고 연(輦)을 호위하는 포수의 경우는 4백명으로 교대하여 호위하게 하는 것이 어떻겠습니까." 하니, 상이 이르기를, "능에 거둥할 때는 으레 4백 명을 동원하였으니, 이번 행차에는 8백명으로 서로 교대하여 호위해야 할 것이다. 그리고 나의 마음은 외방에서 군병을 징발하고 싶지는 않다." 하자, 태화 등이 도감군 중에서 건장한 자를 뽑아 데리고 가기를 청하였다. 각사에서는 한 명씩 수행하되 긴요하지 않은 각사는 수행하지 말도록 하였다. 파발을 세워 궁궐 내의 안부를 전하도록 하고 승지와 내관이 문안하는 것은 폐지하도록 하였다. 서울에서 행궁까지는 4일 노정이었는데 일정 잡기를 과천(果川), 수원(水原), 직산(稷山)을 숙소로 정하고, 수원군 6천 명을 두 부대로 나누어서 한 부대는 한강 가에서 기다리고 한 부대는 본부에서 기다리고 있다가 기일이 되면 서로 교체하게 하고, 충청도 군병은 병사로 하여금 한 군영의 병사만 징발하여 접경지에서 기다리게 하고 마병은 도감군

및 금군을 이용하게 하였다. 훈련대장 이완을 유도대장으로, 도총관 김
우명을 호위대장으로 삼아 입직 군사를 거느리고 대궐 안을 호위하게
하고, 좌상 홍명하, 영부사 이경석을 유도대신으로 삼았다. 예조판서
이일상은 서울에 남아서 약방에 숙직하였다. 예관이 온천에 가는 일을
종묘에 고하였다. 수행한 백관 및 군병에게 온양에 도착한 후에 본도에
있는 호조의 쌀을 식료로 주게 하였다. 온천에 간 후에 도성 안에 도적이
발생할 것을 우려하여 우변 포도대장으로 좌변을 겸하여 살피게 하여[33]
그로 하여금 야금을 밝히게 하였다. 거둥할 때 가는 길에 드는 어공물을
모두 간략하게 하고 단지 연로의 각읍으로 하여금 취득되는 대로 진상
하게 하였다.

- 【실록】현종 10권, 6년(1665) 4월 8일(갑자) 1번째 기사. 도제조 허적과
  호위 병사 징발에 대해 의논하다

  상이 침을 맞은 후에 도제조 허적 등이 입시하였다. 상이 이르기를,
  "병사를 한 군영에서만 징발하려니 미리 분부하지 않을 수 없다. 그런데
  온양은 어느 군영과 제일 가까운가?" 하니, 허적이 아뢰기를, "청주 군
  영이 제일 가깝습니다." 하였다.

- 【실록】현종 10권, 6년(1665) 4월 11일(정묘) 2번째 기사. 형조판서 김좌
  명을 정리사로 삼아 온양으로 보내다

  형조판서 김좌명을 정리사(整理使)로 삼아 온양에 먼저 가서 제반 일
  들을 정리하게 하였다.

---

33) 【대장 유혁연은 마땅히 왕을 수행해야 하기 때문이다.】

● 【실록】 현종 10권, 6년(1665) 4월 15일(신미) 3번째 기사. 영상 등과 공사 처리, 제사, 숙직, 과거 실시 등에 대해 의논하다

상이 희정당에 나아가 대신들과 비국의 신하들을 인견하였다. 영의정 정태화가 아뢰기를, "각 도에서 올라오는 공사(公事)들을 으레 행재소로 보냈는데, 급하지 않은 공사들은 승정원에 잠시 놔두어야 하겠습니다." 하니, 상이 그렇게 하라고 하였다. 태화가 아뢰기를, "온천과 지나가시는 산천에 제사를 지내야 합니다." 하니, 상이 예조에서 거행하도록 하였다. 예조판서 이일상(李一相)이 아뢰기를, "목욕하실 날을 21일로 잡았으니 온천의 제사는 그날 아침에 거행하도록 하소서." 하니, 상이 그러라고 하였다. 태화가 아뢰기를, "도성을 지키는 백관들이 조회가 있는 아일(衙日)에 조방(朝房)에 모두 모여 내전께 문안드려야 진실로 인정과 도리에 맞습니다." 하자, 명하가, 삼전(三殿)께 5일 간격으로 문안드리게끔 정하자고 청하니, 상이 그렇게 하라고 하였다. 태화가 아뢰기를, "거둥하신 후에도 각사(各司)에서 사무 보는 일이나 소송을 판결하는 등의 일들을 모두 해야 합니다. 정원으로 하여금 이를 분부하도록 하소서." 하고, 허적이 아뢰기를, "내의원(內醫院) 제조가 내의원에 들어가 숙직을 하는 것이 어떻겠습니까?" 하니, 상이 이르기를, "제조 한 사람이 혼자 숙직하기는 어려우니 승지를 임시 제조로 삼아 그로 하여금 겸하여 보살피도록 하라." 하였다. 명하가 아뢰기를, "거둥하신 후에 외각사(外各司)는 당상, 당하관 각 1인으로 숙직하게 하소서." 하니, 상이 이르기를, "각사의 관원들은 낮에는 다같이 모이고 숙직을 할 때는 평상시의 관례와 같이 낭청 1인이 숙직하게 해야 할 것이다. 그리고 각사의 출근부를 승정원에 들여 정원으로 하여금 행재소에 보내게 하라." 하고, 또 이르기를, "온양에 도착한 후 병사들의 질병이 염려되니 전의(典醫)와 제조(提調)는 의약품을 맡은 관사에 분부해 넉넉하게 약품을 싸가지고 가서

구호할 수 있게 하라. 듣자니 충청감사가 지은 집이 꽤 많아 어실(御室) 세 군데에 담장을 둘렀고, 담장 밖에는 임시로 지은 집이 1백 50여 칸이 된다 하니, 그 폐단이 어찌 많지 않겠는가." 하니, 태화가 아뢰기를, "이 는 비록 폐단이 있다 하더라도 짓지 않을 수 없습니다." 하였다. 상이 이르기를, "만약 과거를 실시하게 되면 충청도에만 실시할 것인가, 아니 면 서울 사람도 모두 과거를 볼 수 있도록 허락할 것인가?" 하니, 태화가 아뢰기를, "일찍이 인조조(仁祖朝) 갑자년에 공산(公山)에서 과거를 실시 했을 때는 그 도의 사람들만 과거를 보게 했고 수행한 사람들도 시험을 보도록 했습니다." 하니, 상이 이르기를, "규정을 어기고 과거를 봐 합격 된 서울 사람은 마땅히 빼버리되, 거듭 주의시키고 엄히 금하여 현재 충청도에 거주하는 자만 과거를 볼 수 있도록 허용하라." 하였다. 명하 가 아뢰기를, "파발을 하루 내에 왕복하도록 하는 것이 어떠합니까?" 하니, 상이 이르기를, "요즘은 하루 시각이 9시(時)이니 9시 안에 왕복하 도록 하라. 그리고 떠나보낸 시간을 적어 지체하지 말도록 하라." 하였 다. 이완이 아뢰기를, "온양은 지세가 비좁아 마병과 금군(禁軍)이 진을 치고 꼴을 먹일 곳이 없습니다. 만일 온양에서 조금 떨어진 물과 풀이 있는 널찍한 곳을 택하여, 그들을 나누어 보내 여기저기 진을 치고 있게 하면 별도로 복병을 둘 필요가 없으니 두 가지가 다 편리할 듯싶습니다." 하니, 상이 그리하면 좋겠다고 하였다.

　명하가 아뢰기를, "삼가 듣건대, 충청도 내의 부로들과 시골 사대부들 이 행차 깃발의 아름다움을 보고 싶어 모두 온양에 모인다고 하니, 행차 를 빨리 달리지 말고 천천히 여유있게 하여 위의를 보이시고 간혹 어가 를 멈추어 이들을 위로하시고 아울러 백성들의 실정을 물어보시는 게 어떠합니까?" 하니, 상이 받아들였다. 명하가 아뢰기를, "옥당 관원은 모두 수행해야 할 것 같습니다." 하니, 허적이 아뢰기를, "신의 뜻은 그렇지 않습니다. 상, 하번이 가므로 2인이 더 가 보았자 불필요할 듯합니다." 하니, 상이 그렇다고 하였다. 상이 승지 장선징에게 이르기를, "이 영부사가 차자로 진술한 세 가지 일이 무엇인가?" 하자, 선징이 그의 차자를 올렸다. 상이 보고 나서 이르기를, "만약 송상현(宋象賢)에게 제사를 지낸다면 그 나머지 드러난 이들에게도 모두 제사를 지내야 할 것인가?" 하니, 선징이 아뢰기를, "충청도 내에 송상현보다 더 충절이 있는 이는 없습니다." 하였다. 상이 이르기를, "온양군 향교에 제사지내는 것이 어떠한가?" 하니, 명하가 아뢰기를, "지내지 않아서는 안 될 듯합니다." 하였다. 명하가 또 아뢰기를, "경과하는 도로와 백성들의 전답 중 손상된 곳은 모두 그 손해를 따져 주인에게 변상해 주면 좋겠습니다." 하니, 상이 이르기를, "경과한 곳은 환궁 후에 거행하고 머물렀던 곳은 올 때에 거행하면 될 것이다." 하였다. 상이 이완에게 이르기를, "외방에서 병사를 징발하지 않았기에 도성이 텅 비어 있으니 도둑이 생길까 걱정된다. 순라 도는 일을 각별히 잘해야 할 것이다." 하니, 이완이 아뢰기를, "거둥 후에 잠시 군사 훈련을 중단하였으면 합니다." 하니, 상이 그렇게 하라고 하였다.

● 【현개】 현개 13권, 6년(1665) 4월 15일(신미) 3번째 기사. 거둥 후 궁문 폐쇄, 변복, 제수관원 사은숙배, 과거 응시자격 등에 대해 의논하다

상이 희정당에 나아가 대신과 비국의 여러 신하들을 인견하였다. 홍명하가 아뢰기를, "거둥하신 후에 창경궁(昌慶宮)의 선화문(宣化門)과 통화문(通化門)을 모두 봉쇄해야 하겠습니다." 하니, 상이 이르기를, "창덕궁 각문도 돈화문(敦化門), 금호문(金虎門) 이외에는 아울러 봉쇄하라." 하였다. 상이 이르기를, "거둥한 후에 만일 국기일(國忌日)을 당하면 종관(從官)의 복장은 어떻게 해야 하겠는가?" 하니, 허적이 아뢰기를, "거

등하실 때 상하 군신이 모두 융복(戎服)을 입는다면 이는 군대의 행렬인 것입니다. 그렇다면 군중에는 변복하는 절차가 없습니다." 하였다. 상이 "상복(上服)은 어떻게 해야 하는가?" 하니, 정태화가 융복을 입되 남색을 써야 한다고 하였다. 상이 "거둥 후 제도의 공사는 행재소(行在所)로 보내야 하는가?" 하니, 태화가 아뢰기를, "행재소로 바로 진달하게 하되 서북 양도는 길이 서울을 경유해야 하니 승지가 먼저 살펴본 후에 그다지 긴요하지 않은 것은 정원에 머물러두게 하소서." 하니, 상이 그렇게 하라고 하였다. 태화가 아뢰기를, "온천 및 지나는 명산대천에 모두 제사를 지내게 하소서." 하니, 상이 예조로 하여금 거행하게 하였다. 태화가 아뢰기를, "서울에 있는 백관은 대체로 출근하는 날 조방(朝房)에 함께 모여서 3전(三殿)에 문안을 드리는 것이 진실로 정례에 합당합니다." 하고, 명하가 청하기를, "5일 간격으로 문안하도록 하고 각사의 당상과 낭청은 낮에는 일제히 본사에 좌회(坐會)하고 밤에는 당상과 낭청 각 1인이 숙직하게 하소서." 하니, 상이 이르기를, "낮에는 다같이 좌회하고 밤에는 평상시의 규례에 따라 낭청 1인이 숙직하게 하되, 각사에서는 회좌하고 회좌하지 않은 사실에 대한 문서를 정원에 보고하여 행재소에 전달하도록 하라." 하였다. 김수항이 아뢰기를, "거둥하신 후에 제수된 관원이 사은숙배하는 절차에 대해서 미리 결정해 두어야만 합니다." 하고, 태화가 아뢰기를, "어가를 수행한 관원이 다른 관직에 제수되었을 때는 단지 대전에만 사은숙배를 올리게 하고, 서울에 있는 관원 중에 관직에 제수된 자는 3전에 사은숙배를 올리고 임무를 살피도록 허락하며, 남도의 수령인 경우에는 행재소에 나아와 하직한 후에 부임하는 것이 타당할 듯합니다." 하고, 날이 점점 더워져 군중의 전염병이 걱정된다고 하자, 상이 이르기를, "전의감제조(典醫監提調)는 약물을 넉넉히 싸가지고 가서 치료해줄 수 있도록 하라." 하였다. 또 이르기를,

"듣자니 충청감사가 지은 집이 꽤 많아 어실(御室)의 세 모퉁이에 담을 두르고 담 밖에는 1백 50여 칸이나 되는 임시 집을 지어 놓았다 하니, 민폐가 어찌 많지 않겠는가." 하니, 태화가 아뢰기를, "이는 비록 폐단이 있다 하더라도 그만둘 수 없습니다." 하였다. 상이 이르기를, "만약 과거를 실시하게 되면 단지 본도에만 실시할 것인가, 아니면 서울 사람도 모두 과거에 응시할 수 있도록 허락할 것인가?" 하자, 태화가 아뢰기를, "일찍이 인조조에 공산(公山)에서 과거를 실시했었는데 단지 본도 사람 및 수행했던 사람만 과거에 응시하도록 하였습니다." 하였다. 상이 이르기를, "서울 사람으로 규정을 어기고 과거에 응시하여 합격된 자는 마땅히 빼 버리고 거듭 주의시켜 엄하게 단속하라." 하였다. 홍중보가 아뢰기를, "노량진(露梁津)의 모래사장은 모래가 깊어 말굽이 빠지기 때문에 말이 지나가기가 꽤 어렵습니다. 만약 용산(龍山)의 큰길로부터 와서(瓦署)를 거쳐 서빙고(西氷庫)로 돌아가면 매우 편할 듯합니다." 하니, 상이 이르기를, "오갈 때 선창(船艙)을 축조하지 말아서 민폐를 줄이도록 하라. 파발은 9시로 한정하여 9시 내에 왕복하도록 하고 떠난 시간을 적어서 지체하지 말도록 하라." 하였다. 유혁연이 아뢰기를, "정리사 김좌명이 신에게 통보하기를 '충청도 군병은 접경지에서 기다리고 있어야 하는데 소사(素沙)의 앞 들이 모두 백성들의 밭이어서 조금 앞으로 나아가게 되면 경기 지역이기 때문에 약간 물려서 진을 쳐야 할 듯하다.'고 합니다." 하니, 상이 이르기를, "비록 몇 리를 물리더라도 반드시 밭이 없는 넓은 곳을 택하여 진을 치라는 뜻으로 분부하도록 하라." 하였다. 유혁연이 아뢰기를, "김좌명이 또 행궁에 포장을 칠 일로 문의하였습니다." 하니, 상이 이르기를, "지형이 낮은 곳에는 포장을 2층으로 치고 담이 있는 곳에는 홑포장을 쓰도록 하라." 하였다. 이완이 아뢰기를, "포장(布帳) 2백 벌을 이미 훈국으로부터 수송하였습니다. 그리고 온양은 지세가 비좁아 마병과 금군이 진을 치고 꼴을 먹일 것이 없습니다. 그 곁에 넓고 물과 풀이 있는 곳을 택하여 각초(各哨)를 흩어보내어 진을 치고 서로 망을 보게 하면 별도로 복병을 설치할 필요도 없을 것이니 두 가지가 다 편리할 듯합니다." 하니, 상이 그렇게 하면 좋겠다고 하였다.

홍명하가 아뢰기를, "삼가 듣건대, 도내의 부로(父老) 및 시골 사대부들이 깃발의 아름다운 모습을 보겠다고 모두 온양에 모인다고 합니다. 빨리 달리지 말게 하여 간혹 어가를 멈추고 위로도 해주고 겸하여 백성들의 실정을 물어보도록 하소서." 하니, 상이 받아들였다. 상이 승지 장선징에게 이르기를, "이 영부사가 차자로 진달한 것이 무슨 일에 대한 것인가?" 하니, 선징이 그 차자를 올렸다. 상이 다 보고 나서 이르기를, "만약 송상현(宋象賢)에게 제사를 지낸다면 그 밖에 드러난 사람에게도 모두 제사를 지내 주어야 하는가?" 하니, 선징이 아뢰기를, "도내에 충절이 있는 사람으로 송상현보다 나은 자는 없습니다." 하였다. 상이 이르기를, "본군 향교(鄕校)에서 제사지내는 것이 어떻겠는가?" 하니, 명화가 아뢰기를, "제사를 지내지 않아서는 안 될 듯합니다." 하였다. 명하가 또 아뢰기를, "지나는 도로와 백성들의 전답 중 손상된 곳은 손상된 곳을 따져 그 주인에게 변상해 주도록 하소서." 하니, 상이 이르기를, "지난 곳은 환궁한 뒤에 거행하고 머물렀던 곳은 올 때에 거행하도록 하라." 하였다. 상이 이완에게 이르기를, "이미 외방에서 병사를 징발하지 않았으므로 도성이 비어있는 것이 염려된다. 순라도는 일을 각별히 잘하도록 하라." 하니, 이완이 아뢰기를, "거둥하신 후에 우선 군사 훈련을 중단하기를 청합니다." 하니, 상이 그렇게 하라고 하였다.

- 【실록】 현종 10권, 6년(1665) 4월 17일(계유) 1번째 기사. 온양 온천에 거둥하다

상이 온양 온천에 거둥하였다. 상은 군복을 입고 칼과 활, 화살통을 차고 떠났는데, 영의정 정태화, 우의정 허적, 행병조판서 홍중보(洪重普), 호조판서 정치화(鄭致和), 이조판서 김수항(金壽恒), 한성부판윤 오정일(吳挺一), 지사(知事) 정지화(鄭知和), 예조참판 남용익(南龍翼), 대사간 이경억(李慶億), 행도승지 박세모(朴世模), 좌승지 이성징(李星徵), 우승지 장선징(張善澂), 동부승지 송시철(宋時喆), 교리 심재(沈梓), 부수찬 윤심(尹深), 집의 오두인(吳斗寅), 지평 이섬(李暹), 정언 이규령(李奎齡) 등이 각사의 관원과 종반(宗班) 숭선군(崇善君) 등 8인, 의빈(儀賓) 익평위(益平尉) 홍득기(洪得箕) 등 5인, 침의(鍼醫) 윤후익(尹後益) 등 4인, 약의(藥醫) 이동형(李東馨) 등과 더불어 따라 갔으며, 영풍군(靈豊君) 이식(李湜) 등 형제 4인도 자원하여 어가를 수행하였다. 무예별감(武藝別監) 30인, 어영군 1천 2백 명, 기병(騎兵) 50명, 군뢰(軍牢)와 잡색(雜色)이 합해 4백 명이었는데, 대장 유혁연과 중군(中軍) 유정(兪綎)이 이끌고, 금군(禁軍) 5백 명은 별장(別將) 이지원(李枝遠)이 이끌고, 마병 4백 70명과 포수 8백 명은 별장 유비연(柳斐然), 한여윤(韓汝尹)이 이끌었다.

- 【현개】 현개 13권, 6년(1665) 4월 17일(계유) 1번째 기사. 온양 온천으로 거둥하다

상이 온양 온천에 거둥하였다. 인시에 상은 군복을 입고 칼과 활, 화살통을 차고서 작은 수레를 타고 나가 인정문 밖에 도착하였다. 수레에서 내려 말을 타고 숭례문 밖에 도착하여서부터는 교자를 타고 출발하였다. 영의정 정태화, 우의정 허적, 병조판서 홍중보, 호조판서 정치화, 이조판서 김수항, 한성판윤 오정일, 지사(知事) 정지화, 예조참판 남용

익, 대사간 이경억, 도승지 박세모, 좌승지 이성징, 우승지 장선징, 동부
승지 송시철, 교리 심재, 부수찬 윤심, 집의 오두인, 지평 이섬, 정언
이규령 및 각사의 관원과 종반(宗班) 숭선군 이징 등 8인, 의빈(儀賓) 익
평위(益平尉) 홍득기(洪得箕) 등 5인, 침의(鍼醫) 윤후익(尹後益) 등 4인,
약의(藥醫) 이동형(李東馨) 등 4인이 따라 갔으며, 영풍군 이식 등 형제
4인도 자원하여 어가를 수행하였다. 무예별감(武藝別監) 30인, 어영군
1천 2백 명, 기병 50명, 군뢰(軍牢)와 잡색(雜色)이 합해 4백 명이었는데,
대장 유혁연과 중군(中軍) 유정(兪䅫)이 이끌고, 금군 5백 명은 별장 이지
원(李枝遠)이 이끌고, 마병 4백 70명과 포수 8백 명은 별장 유비연(柳斐
然), 한여윤(韓汝尹)이 이끌었다.

● 【현개】 현개 13권, 6년(1665) 4월 17일(계유) 2번째 기사. 호위 군병 배치
   에 대해서 명하다

어영대장 유혁연에게 군사를 이끌고 금군, 마병, 훈국 포수와 연(輦)
을 호위하는 군사를 선도하고, 훈련대장 이완에게는 그 나머지 군사를
이끌고 뒤를 보호하여 강가까지 가서는 뒤에 처졌다가 돌아와 궁성을
호위하라고 명하였다. 총융사 구인기(具仁墍)에게는 수원 군병 5천을 거
느리되, 두 부대로 나누어 한 부대는 강의 남쪽에 진을 치고 있다가 뒤를
보호하여 수원까지 가고, 다른 한 부대는 수원에서부터 뒤를 보호하여
충청도 경계에까지 가도록 명하였다. 충청병사 민진익(閔震益), 청주영
장 이간(李旰)에게는 그들의 군사 5천을 이끌고 충청도 경계에서 대기하
고 있다가 뒤를 보호하여 온양까지 가라고 명하였다.

- **【실록】현종 10권, 6년(1665) 4월 17일(계유) 6번째 기사. 온양의 행궁까지 30리마다 파발을 설치케 하다**

　서울에서 온양의 행궁에 이르기까지 30리마다 파발 하나를 설치하였다. 군사와 말을 각기 다섯씩 대기시켜 그들로 하여금 문서를 교대로 전달하며 왕복하게 하였는데 9시(時) 안으로 하게 정하였다.

- **【실록】현종 10권, 6년(1665) 4월 20일(병자) 3번째 기사. 호조판서 정치화가 호위 군병에게 급료를 지급할 것을 청하다**

　호조판서 정치화(鄭致和)가 뵙기를 청하니, 막사에서 인견하였다. 치화가 아뢰기를, "호위 군병은 처음에 각기 5일 양식을 지참케 했으니 온양에 도착한 후에는 급료를 주어야 하겠습니다. 그리고 듣건대, 충청도의 군사는 동원한 지 벌써 오래되어 싸가지고 온 양식이 이미 바닥나 굶주리게 될 걱정에 놓여 있다 하니 필요한 물품들은 마련해 주어야 할 듯합니다. 군사 6천 7백여 인의 하루 식량이 80여 석인데, 직산(稷山)에도 회부(會付)한 곡식이 있으니, 이것으로 나누어 주소서." 하니, 상이 따랐다.

- **【현개】현개 13권, 6년(1665) 4월 20일(병자) 2번째 기사. 호조판서 정치화가 호위 군병, 수행 백관 등에게 식량을 나누어 주기를 청하다**

　호조판서 정치화가 뵙기를 청하니, 막사에서 인견하였다. 치화가 아뢰기를, "호위 군병은 처음에 각기 5일 양식을 지참케 했으니 온양에 도착한 후에는 급료를 주어야 하겠습니다. 그리고 듣건대, 충청도의 군사는 동원한 지 벌써 오래 되어 싸가지고 온 양식이 이미 바닥나 굶주리게 될 걱정에 놓여 있다 합니다. 군사 6천 7백여 인의 하루 식량이 80여 석인데, 직산(稷山)에도 회부(會付)한 곡식이 있으니, 이것으로 나누어 주게 하소서. 행재소에 도착한 다음 수행한 백관에게도 급료를 주어야 하니, 1품관에게는 하인 3명과 말 두 마리가 먹을 식량을, 당상관에게는 하인 2명과 말 두 마리가 먹을 식량을, 3품 이하에게는 하인 1명과 말 한 마리가 먹을 식량을 지급하되, 매일 1인당 쌀 2되를 주고 말은 콩 3되를 주는 것으로 마련하여 왕의 수레를 호위하는 군병에게도 일체로 나누어 주소서." 하니, 상이 따랐다.

• 【실록】 현종 10권, 6년(1665) 4월 20일(병자) 10번째 기사. 대사간 이경억 등이 초관을 문초한 일과 백성 구휼 등에 대해 아뢰다

대사간 이경억(李慶億)과 정언 이규령(李奎齡)이 뵙기를 청하니, 행궁에서 인견하였다. 경억이 아뢰기를, "삼가 듣자니 초관을 곤장 칠 때 승지 등을 결박하라는 하교가 있었다 하는데 너무나 그지없이 미안합니다. 어가가 작문에 도착할 즈음에는 모시는 신하들이 호위하는 일에 급하여 제대로 못할까 두려워하기 때문에 으레 복잡하기 마련입니다. 상께서 금지하신 것은 참으로 옳은 일입니다만, 결박이라는 말을 제왕이 해서는 안 됩니다. 빨리 고치는 게 어떻습니까?" 하니, 상이 이미 고쳤다고 하였다. 경억이 아뢰기를, "외작문의 일은 대장(大將)이 주관해야 하고, 내작문의 일은 병조판서가 주관해야 합니다. 그런데 초관에게 벌을 줄 때 승지에게 장형(杖刑)을 감독하게 하였으니 사체로 보아 역시 미안한 듯합니다. 차후에 만일 죄를 다스릴 일이 생기면 마땅히 내외 대장에게 다스리게 해야 할 것입니다." 하였다. 경억이 또 아뢰기를, "초관은 군졸의 우두머리에 불과한데 어찌 지존의 제왕으로서 작은 일을 친히 하실 수가 있겠습니까.

또 요즈음 충청도에 기근이 들어 백성의 일이 바야흐로 시급하니, 반드시 감사를 접견하여 구제할 방안을 물어서 속히 거행해야 할 것입니

다. 그러면 충청도의 민심이 반드시 화합하여 모여질 것입니다. 그러나 만약 환궁하신 후에 거행하려고 하면 백성들의 기대를 실망시킬 것입니다." 하니, 상이 이르기를, "내일 행궁에 도착하면 감사를 인견하겠다." 하였다. 경억이 아뢰기를, "세금을 감해주는 일은 일찍이 명하였으니 비록 환도하신 후에 거행하더라도 안 될 것이 없으나, 백성을 구휼하는 일은 즉시 시행해야만 백성이 은혜를 알 것입니다. 그리고 노인을 우대하는 예와 상을 주어 권장하는 은전에 있어서는 병행하지 않을 수 없으니, 도내의 연로한 사람들과 효자, 절부(節婦)들을 감사로 하여금 일일이 아뢰게 하소서.

고 충신 조헌(趙憲), 송상현(宋象賢)과 유현(儒賢) 김장생(金長生)의 묘소가 모두 도내에 있으니 역시 관리를 보내어 제사지내야 합니다." 하니, 상이 고개를 끄덕였다. 이규령이 아뢰기를, "지금 가뭄의 재해가 매우 혹독한데 충청도를 볼 때 그 나머지 도(道)도 짐작할 수 있습니다. 만일 팔도에 하교하시어 모두 부역을 감해주시면 민심을 위로하고 기쁘게 하는 것 중 이보다 더 큰 것이 없을 것입니다." 하자, 경억이 아뢰기를, "여러 사람들의 의견은 모두 세금을 충청도만 감해주면 은혜를 베푸는 것이 공평하지 못하다고 합니다만, 신의 생각은 팔도에 두루 거행하기는 형세로 보아 어려움이 있다고 여깁니다." 하니, 상이 이르기를, "널리 베풀어 대중을 구제하는 것은 요, 순도 못할까 걱정한 일이다. 나라의 비용이 몇 년만 지탱할 수 있다면 이 일 또한 무엇이 어렵겠는가." 하니, 선징이 아뢰기를, "이 일은 나라의 비용이 부족하여 널리 베풀기가 어려우니 충청도에만 실시해야 됩니다." 하였다. 경억이 아뢰기를, "신의 생각에는 비록 충청도라도 온양과 경유하신 각읍을 제외한 그 나머지의 읍들은 차등을 두어 구별하는 것이 괜찮을 듯합니다." 하니, 상이 그렇겠다고 하였다. 경억이 아뢰기를, "오늘 소사 다리 위에서 금군에게 말을 달려보라고까지 하셨는데 이 일은 비록 적은 것이나, 경기, 충청 양도의 백성들이 보는 사이에 반드시 구경하려고 한 일로 생각했을 것입니다. 만약 이렇게 되면 성상의 덕에 적지 않게 흠이 될 것이니 환궁하실 때는 이러한 일을 하지 않으시는 것이 어떠합니까." 하였다. 선징이 아뢰기를, "파발을 18시간으로 제한한 것이 너무 급박하여 한정한 시간 내에 왕복할 수가 없습니다. 그래서 좌상 홍명하 역시 이 일을 신에게 알려 품달하도록 하였습니다." 하니, 상이 이르기를, "그렇다면 24시간으로 개정하라. 급하지 않은 공사(公事)는 파발에 넘기어 24시간 내에 왕복하게 하고 긴급한 공사는 별도로 금군을 정하여 빨리 왕복하게 하라고 비국에 분부하라." 하였다.

- **【현개】 현개 13권, 6년(1665) 4월 20일(병자) 7번째 기사. 대사간 이경억 등이 충청도 기근 대책과 충신, 효자 등을 돌볼 것을 청하다**

대사간 이경억과 정언 이규령이 뵙기를 청하니, 행궁에서 인견하였다. 경억이 아뢰기를, "삼가 듣자니 초관을 곤장 칠 때 승지 등을 결박하라는 하교가 있었다 하는데 너무나 미안합니다. 어가가 작문에 도착할 즈음에는 여러 신하들이 호위하는 일에 급하여 으레 복잡하기 마련입니다. 상께서 금지하신 것은 참으로 옳은 일입니다만, 결박이라는 말을 제왕이 해서는 안 됩니다. 빨리 고치도록 하소서." 하니, 상이 이미 고쳤다고 하였다. 경억이 아뢰기를, "외작문의 일은 대장(大將)이 주관해야 하고, 내작문의 일은 본병이 주관해야 합니다. 그런데 지금 초관에게 벌을 주면서 승지에게 장형(杖刑)을 감독하게 하였습니다. 초관은 군졸의 우두머리에 불과한데 어찌 존엄하신 임금께서 사소한 일까지 관여하십니까. 앞으로 이런 일은 일체 내외 대장에게 맡기도록 하소서." 하니, 상이 이르기를, "군무에 관한 일은 본병 외에 병방 승지도 그 일을 담당하고 있기 때문에 그렇게 분부했던 것이다." 하였다.

경억이 아뢰기를, "현재 본도에 기근이 들어 백성들의 일이 다급합니
다. 도신을 인접하여 진구할 대책을 물어 속히 거행하소서. 만약 서울로
돌아간 후에 시행한다면 백성들의 기대를 잃게 될 것입니다. 그리고 노
인을 우대하는 예와 상을 주어 권장하는 은전에 있어서는 병행하지 않
을 수 없으니, 도내의 연로한 사람들과 효자, 절부(節婦)들을 감사로 하
여금 일일이 아뢰게 하소서.

고 충신 송상현(宋象賢), 조헌(趙憲)과 유현(儒賢) 김장생(金長生)의 묘
소가 모두 도내에 있으니 역시 관리를 보내어 제사지내게 하소서." 하
니, 상이 고개를 끄덕였다. 이규령이 아뢰기를, "지금 가뭄의 재해가 매
우 혹독한데 충청도를 볼 때 그 나머지 도(道)도 짐작할 수 있습니다.
만일 팔도에 하교하시어 모두 부역을 감해주시면 민심을 위로하고 기쁘
게 하는 것 중 이보다 더 큰 것이 없을 것입니다." 하니, 상이 이르기를,
"널리 베풀어 대중을 구제하는 것은 요, 순도 못할까 걱정한 일이다.
나라의 비용이 몇 년만 지탱할 수 있다면 이 일 또한 무엇이 어렵겠는
가." 하니, 장선징이 아뢰기를, "나라의 비용이 부족하여 널리 베풀기가
어려우니 충청도에만 실시해야 됩니다." 하였다. 경억이 아뢰기를, "신
의 생각에는 비록 충청도라도 온양과 경유하신 각읍을 제외한 그 나머
지의 읍들은 차등을 두어 구별하는 것이 타당할 듯합니다." 하니, 상이
그렇겠다고 하였다. 경억이 아뢰기를, "소사 다리 위에서 금군에게 말을
달려보라고까지 하셨는데 이 일은 비록 적은 것이나, 백성들이 바라볼
때는 반드시 관희(觀戲)에서 나온 것으로 여길 터이니 어찌 성상의 덕에
흠이 되지 않겠습니까." 하였다. 선징이 아뢰기를, "파발을 9시간으로
제한한 것이 너무 급박하여 한정한 시간 내에 왕복한 수가 없습니다.
그래서 좌상 홍명하 역시 이 일을 신에게 알려 품달하도록 하였습니다."

하니, 상이 이르기를, "12시간 내에 왕복하게 하라고 비국에 분부하라."
하였다.

● 【실록】 현종 10권, 6년(1665) 4월 21일(정축) 3번째 기사. 오시 말에 온
   천에 도착하다

오시 말에 어가가 온천에 도착하였다. 수원 이남부터 어가가 경유하
는 각 읍마다 유생, 부로(父老)들이 수십 인이나 백여 인씩 곳곳에서 마
주 나와 절하였으며, 온양에 이르자 십 리쯤 길 양쪽으로 인파의 줄이
끊이지 않고 이어졌는데, 상이 가끔 어가를 멈추고 위문하였다.

● 【실록】 현종 10권, 6년(1665) 5월 1일(병술) 2번째 기사. 대신들과 과거
   실시, 합격자 발표, 환궁 시 군사 징발 등을 의논하다

영의정 정태화(鄭太和), 형조판서 김좌명(金佐明), 대사간 이경억(李慶
億)을 인견하였다. 상이 이르기를, "무과(武科)는 언제쯤 끝내야 하겠는
가?" 하니, 태화가 아뢰기를, "마땅히 4, 5일 사이에 시험을 끝내야 할
것입니다. 만약 어가가 돌아가는 기일을 알 수 있다면 이때 합격자 명단
을 발표할 수 있을 것입니다." 하였다. 상이 이르기를, "11일 사이에 돌
아가려고 한다." 하니, 태화가 아뢰기를, "만약 홍패(紅牌)와 사화(賜花)
를 만들더라도 기일에 미치지 못할 염려는 없을 듯하니, 11일에 합격자
를 발표하고 12일에 어가를 돌리시면 좋을 듯합니다." 하니, 상이 그렇
게 하라고 하였다. 태화가 아뢰기를, "어가를 수행하는 무사들이 서울로
돌아간 후에 또 곧바로 과거를 실시하는 것은 번거로울 듯합니다. 5일에
호군(犒軍)을 하고 나서 그대로 시취(試取)를 하고, 일시에 합격자를 발
표하는 것이 어떠하겠습니까?" 하니, 상이 따랐다. 태화가 아뢰기를,
"어가를 돌릴 때 또 다시 이 도의 군사를 징발할 것입니까?" 하니, 상이

이르기를, "나의 생각으로는 마병을 전대(前隊)로, 보군을 후대로 삼고, 본도의 군사는 징발하지 않았으면 한다." 하자, 태화가 아뢰기를, "매우 지당하십니다. 이대로 분부하셔서 백성들이 알도록 하소서." 하니, 상이 충청도감사, 병사에게 분부하도록 하였다. 경억이 아뢰기를, "수원의 군사도 일체 징발하지 말도록 합니까?" 하니, 상이 그렇게 하라고 하였다. 태화가 아뢰기를, "온양 사람에게 특별히 급제를 주도록 명하신 것은 실로 위로하고 기쁘게 하려는 조처였습니다. 그런데 그 가운데 탈락한 조명한(趙鳴漢), 신한선(申翰宣)은 억울함이 없지 않을 듯하니, 해당 관서로 하여금 그에게 직책을 제수하도록 하소서." 하니, 상이 따랐다.

상이 이르기를, "지금 충청감사의 장계를 보니, 민간에서 보리가 익기 10여 일 전을 버티어 살아나갈 수 없을 것이라고 한다. 본도 감사에게 분부하여 이러한 자에 대해서는 진휼하여 구제하도록 하고, 떠돌아다니며 구걸하는 자에 대해서는 무상으로 먹을 것을 지급해 주어야 할 것이다." 하였다.

좌명이 아뢰기를, "행궁 밖의 북탕(北湯) 옆에 오래된 우물이 있습니다. 세조조에 샘물이 갑자기 솟아 나왔기 때문에 신기한 우물이라고 하여 비를 세워 이 일을 기록하였다고 일찍이 들은 바가 있습니다. 그런데 그 비가 지금도 여전히 남아 있으나 자획이 흐려서 알아볼 수가 없습니다. 신이 다시 새기고자 하는데, 액정(掖庭)에 공인이 있다고 하니 그로 하여금 다시 새기도록 하소서." 하니, 상이 따르고 아울러 한 부를 정서하여 올리라고 명하였다.

경억이 아뢰기를, "어가가 멀리 아랫고을에 임하신 것은 실로 한 세상의 드문 일입니다. 상께서 마땅히 특별한 은혜를 베푸셔서 이 지방의 백성들을 위로해야겠습니다." 하니, 상이 이르기를, "부세 감면을 이르는 말인가? 내 그때 임해서 시행하려 한다." 하자, 태화가 아뢰기를, "신의 생각도 그러합니다. 비단 이 고을뿐만이 아니라, 지나가는 군현마다 성상께서 유의해 주신다면 실로 아름다운 일입니다." 하였다. 경억이 아뢰기를, "백성들은 부역 외에 신역(身役)을 가장 고통스럽게 여기고 있으므로 백성들을 위로하는 방법은 신역을 변통하는 것보다 더 좋은 것이 없습니다. 그리고 노인들에게 음식을 제공하는 일에 대해 이미 우러러 진달하였으나 아직 시행되지 않고 있습니다." 하니, 상이 이르기를, "노인들에게 일찍이 자급을 올려 주도록 하였으니 다시 음식을 제급(題給)해 줄 수는 없다. 다만 90세 이상된 자에게 다시 음식물을 지급해 준다면 좋을 듯하다." 하자, 태화가 아뢰기를, "진실로 그러합니다. 감사로 하여금 한 도(道) 안의 사람을 자세히 조사하여 아뢰게 하고, 우선 본 고을 사람부터 시행하소서." 하니, 따랐다. 경억이 아뢰기를, "본도의 인재에 대해서도 감사에게 물어 보시고 양전(兩銓)으로 하여금 거두어 쓰도록 하소서." 하니, 따랐다. 상이 이르기를, "충효와 절의가 있는 사람에 대해서는 어떻게 하면 되겠는가?" 하니, 태화가 아뢰기를, "이것은 갑자기 시행하기 어려우니, 감사로 하여금 반드시 행실이 뚜렷하여 모든 사람이 알고 있는 자를 아뢰도록 하여 시행하소서." 하자, 상이 그렇게 하라고 명하였다. 또 연로 여러 고을의 노인들을 뽑아 보고하도록 하여, 자급을 올려 주는 일과 음식을 지급하는 일을 일체로 시행하도록 하였다.

● 【현개】 현개 13권, 6년(1665) 9월 3일(병술) 2번째 기사. 온양에 축조할 어실 문제 등에 대해 의논하다

허적이 아뢰기를, "이번에 온양(溫陽)에다 새로 축조한 어실에는 자전께서 입어(入御)하셔야 하고 전에 축조해 놓은 어실에는 상께서 입어하셔야 하는데, 백관의 임시 처소가 새로 축조한 어실과 너무 가까워서 매우 불편합니다. 도형(圖形)을 그려 내려보내서 내관(內官)으로 하여금

주관하여 분부하게 하소서." 하니, 상이 이르기를, "호조판서로 하여금 주관하여 하도록 하라." 하였다. 허적이 아뢰기를, "일로의 관사 중에 자전이 거처했던 방에는 다른 날에 사객(使客)이 거처할 수 없을 듯하니 별도로 침실을 축조하지 않을 수 없습니다." 하니, 영의정 정태화가 아뢰기를, "갑자년에 인목 왕후가 공주(公州)에 행차했을 때 거처했던 방을 그 뒤에 사객이 사용했던 일이 있었으니 별도로 침실을 지을 필요는 없습니다." 하였다.

● 【실록】 현종 12권, 7년(1666) 3월 26일(병오) 1번째 기사. 자전을 모시고 온양의 탕천으로 거둥하다

상이 자전(慈殿)을 모시고 온양(溫陽)의 탕천(湯泉)에 거둥하였는데 복색(服色), 여마(輿馬)와 시종(侍從)하는 백관(百官)을 모두 작년의 예대로 하였다.

● 【현개】 현개 15권, 7년(1666) 3월 26일(병오) 1번째 기사. 상이 온양 온천으로 거둥하다

상이 대비를 모시고 온양 온천으로 거둥하였다. 도총관 낭선군(朗善君) 이우(俁), 완양군 이원로, 부총관 예조참판 박세모, 봉산군 이형신, 시위도총관 지사 김좌명, 별운검 회원군 이윤, 동평위 정재륜, 이조판서 김수항, 병조판서 홍중보, 판윤 오정일, 도승지 김수흥, 좌승지 김우석, 우부승지 김만기, 가주서 신정, 한림 윤경교, 교리 이단하, 수찬 박세당, 의관 윤후익 등은 어가의 뒤를 따르고, 약방 도제조 우상 허적, 시위 익평위 홍득기, 복창군 이정, 도총관 흥평위 원몽린, 우승지 민희, 주서 최상익, 한림 최후상, 참지 장선징, 의관 이동형 등은 자전의 수레를 따르고, 영상 정태화, 대사헌 조복양, 형조참판 이은상, 대사간 정만화,

지평 어진익, 정언 이동직과 종반 낙선군 이숙 등 4인과 금창부위 박태정은 외반(外班)으로 따랐다. 호조판서 정치화는 정리사로, 사옹제조 복녕군 이유는 공상(供上)으로 먼저 떠났다. 어영대장 유혁연은 보군 1천 3백 60명과 별마대 57명과 별초 무사 49명과 별파진 22명과 각 차비군 3백 31명을 거느리고, 훈련천총 구문치는 연(輦)을 호위하는 포수 1천 명을 거느리고, 금군별장 이동현은 금군 5백 50명을 거느리고 마대별장 민승 등은 마병 5백 명을 거느리고 앞뒤로 호위하였다. 유도대신 영중추 이경석, 좌상 홍명하는 비국에서 숙직하고, 훈련대장 이완은 궁성을 호위하고, 수궁대장 김우명은 종사관 이세장을 거느리고 빈청에서 숙직하면서 대궐 안을 호위하였다.

- 【실록】현종 12권, 7년(1666) 3월 30일(경술) 1번째 기사. **직산을 출발하여 온양의 행궁에 도착하다**

  상이 묘시에 직산을 출발하여 천안(天安)에서 잠시 휴식하였고, 미시에 온양의 행궁(行宮)에 도착하였다.

- 【현개】현개 15권, 7년(1666) 3월 30일(경술) 1번째 기사. **상이 온양의 행궁에 도착하다**

  상이 묘시에 직산을 출발하여 진시에 천안의 주정소에 머물렀다가 미시에 온양의 행궁(行宮)에 도착하였다. 자전의 수레가 뒤따라 이르자 상이 동문(東門) 안에서 맞이하였다.

- 【실록】현종 12권, 7년(1666) 4월 1일(신해) 1번째 기사. **온양 행궁에 있었다**

  상이 온양 행궁에 있었다. 우의정 허적(許積)이 아뢰기를, "자전께서 목욕하시려면 기후를 살펴보아야 하는데, 오늘이 바로 길일이니 잠시 목욕을 해보시는 것이 좋을 듯합니다." 하니, 상이 그렇게 하겠다고 하였다.

- **【현개】 현개 17권, 8년(1667) 4월 11일(을묘) 1번째 기사. 상이 대비를 모시고 온양 온천으로 거둥하다**

상이 대비를 모시고 온양 온천으로 거둥하였다. 이때 비가 내려 사시에 비로소 어가가 출발하였다. 도총관 예조판서 홍중보,[34] 부총관 박세모, 김여수, 영신군 이형, 신유, 이은상과 병조판서 김좌명, 참판 이정영, 별운검판윤 오정일,[35] 낭선군 이우, 익평위 홍득기, 복평군 이인은 미리 보냈다. 호조판서 김수흥,[36] 도승지 장선징, 좌승지 민점, 우부승지 심재, 동부승지 이정, 가주서 유상운, 윤연, 사관 홍만종, 신정, 우의정 정치화, 이조참판 조복양, 정랑 남이성, 형조판서 정지화, 대사헌 박장원, 지평 이세장, 대사간 강백년, 정언 윤진, 교리 이유상, 부교리 이단하, 숭선군 이징, 낙선군 이숙, 복녕군 이유, 복창군 이정, 청평위 심익현, 의관 유후성, 이동형, 윤후익, 최유태 및 위장, 선전관, 병조, 도총부, 호조, 예조, 형조의 낭청과 상서원, 승문원, 통례원, 사용원, 상의원, 사복시, 군기시, 사도시, 관상감, 양의사관(兩醫司官) 중에 한 명이나 두 명이 어가를 수행하였다. 어영대장 유혁연은 보군 1천 3백 65명과 각 차비군 3백 14명과 별초무사 41명과 별마대 55명과 별파진 20명을 거느리고, 훈련천총 이두진은 연을 호위하는 군사 8백 명을 거느리고,

---

34) 【겸 판의금.】
35) 【겸 지의금.】
36) 【겸 정리사.】

마병별장 김경, 이상경 등은 마병 5백 명과 잡색군 1백 74명과 복직군 1백 97명을 거느리고, 금군별장 이동현 등은 금군 5백 명과 잡색군 45명을 거느리고 전후에서 호위하였다. 유도대신 영중추부사 이경석, 훈련대장 이완, 수궁대장 김우명은 숙직과 호위의 일을 모두 지난해의 관례대로 하였다. 이날 저녁에 상이 과천에서 머물렀다.

● 【실록】 현종 13권, 8년(1667) 4월 15일(기미) 1번째 기사. 온양 행궁에 도착하다

상이 온양의 행궁(行宮)에 도착했다.

● 【실록】 현종 14권, 9년(1668) 3월 13일(신해) 2번째 기사. 진구책을 의논하다

상이 대신과 비국의 여러 신하를 인견하여 진구책(賑救策)에 대하여 의논하였다. 의논을 마치고 영상 정태화가 아뢰기를, "온양(溫陽)에 행차한 데 대한 상격(賞格)이, 첫해에는 전에 없던 거조였고 다음해에는 자전(慈殿)을 모시고 행차하였으므로 여러 사람들이 혹 그럴 수도 있다고 여겼습니다. 그러나 이번은 전의 두 해와는 차이가 있는데 하필 여러 사람들의 뜻을 굳이 어기십니까." 하니, 상이 아무 말이 없었다.

● 【현개】 현개 19권, 9년(1668) 8월 16일(임오) 4번째 기사. 상이 온양의 탕천에 행행하다. 어가가 유시에 과천에 머물다

오시(午時)에 상이 온양(溫陽)의 탕천(湯泉)에 행행하였다. 상이 우립(羽笠)에 망룡홍단융의(蟒龍紅段戎衣)를 입고 활과 칼을 차고 소여(小輿)를 타고서 인정문(仁政門)을 나가 말을 타고 갔다. 청파역(靑坡驛)에 도착하여 또 가교(駕轎)를 탔으며 선소(船所)의 막차(幕次)에서 잠시 쉬었

다가 배를 타고 강을 건넜다. 양재역(良才驛)에 도착하여 가마를 멈추고서 가을 농사를 자세히 살펴보았으며, 유시(酉時)에 과천(果川)에 머물렀다.

수가(隨駕)한 여러 신하는, 숭선군(崇善君) 이징(李澂), 낙선군(樂善君) 이숙(李潚), 좌의정 허적, 행판부사 정치화, 겸병조판서 홍중보(洪重普), 영안위(永安尉) 홍주원(洪柱元), 흥평위(興平尉) 원몽린(元夢鱗), 지의금부사 오정일(吳挺一), 이조참판 민정중, 정리사(整理使) 호조판서 이경억, 예조판서 조복양, 병조참판 정만화(鄭萬和), 형조참판 윤집(尹鏶), 집의 박증휘(朴增輝), 장령 이휴징(李休徵), 사간 김징(金澄), 정언 정재숭(鄭載嵩), 응교 정석(鄭晳), 부수찬 이혜(李嵇), 이조좌랑 이선(李選), 호조정랑 정시형(鄭時亨), 예조좌랑 이수만(李壽曼), 병조낭관 유경(柳炅) 등 3원, 형조좌랑 박내장(朴乃章), 감찰 조이병(趙爾炳) 등 2원, 봉교 홍만종(洪萬鍾), 대교 조사석(趙師錫), 금부도사 홍진(洪璡) 등 3원, 승문원부정자 권해(權瑎), 통례(通禮) 이명전(李明傳), 이숙달(李叔達), 인의(引儀) 표기상(表奇祥) 등 2원, 상서원직장 여단제(呂端齊) 등 2원, 사옹원직장 이면(李薆), 상의원직장 박시경(朴時璟), 사복시첨정 강전(姜瑱), 판관 박숭고(朴崇古), 겸내승(兼內乘) 유흡(柳潝), 구일(具鎰), 사도시 관원 1원, 총관(摠官) 이원노(李元老), 영은군(靈恩君) 이함(李涵), 봉산군(逢山君) 이형신(李炯信), 민진익(閔震益), 이원정(李元禎), 별운검(別雲劍) 복선군(福善君) 이담(李柟), 청평군전(淸平君佺), 도총부도사 조전(趙顓) 등 2원, 선전관 최숙(崔橚) 등 15원, 겸선전관(兼宣傳官) 윤시진(尹時進) 등 4원, 수문장 김효증(金孝曾) 등 4원, 훈련대장 이완(李浣), 중군(中軍) 이동현(李東顯), 마병별장(馬兵別將) 유병연(柳炳然), 천총(千摠) 이연정(李延禎), 파총(把摠) 구원필(具元弼) 등 3원, 금군별장(禁軍別將) 이여발(李汝發), 내금위장(內禁衛將) 권도경(權道經), 조무적(曺無敵), 겸사복장(兼司僕將) 김중명(金重明), 초관(哨官) 윤전지(尹全之) 등 19인, 지구관(知彀官)과 기패관(旗牌官) 각 6인, 군관 10인, 별군직(別軍職) 12인, 금군 3백 명, 마군(馬軍) 3백 명, 보군(步軍) 1천 6백 명, 잡색군(雜色軍) 4백 67명, 의관(醫官) 이동형(李東馨) 등 6인, 관상감 관원 2인, 전의감과 혜민서 관원 각 1인이었다.

영부사 이경석, 영의정 정태화는 도성에 머물면서 비국에서 숙직하였으며, 수궁대장(守宮大將) 청풍부원군(淸風府院君) 김우명(金佑明)이 종사관 신명규(申命圭)를 거느리고 대궐을 호위하였고, 어영대장 유혁연(柳赫然)이 군사를 거느리고 북영(北營)에 주둔하면서 궁성을 호위하였다.

- 【실록】 현종 15권, 9년(1668) 8월 21일(정해) 1번째 기사. 온양에 머물다
  상이 온양(溫陽) 행궁에 있었다.

- 【실록】 현종 15권, 9년(1668) 8월 22일(무자) 1번째 기사. 온양에 머물다
  상이 온양(溫陽) 행궁에 있었다.

- 【실록】 현종 15권, 9년(1668) 8월 23일(기축) 1번째 기사. 온양에 머물다
  상이 온양 행궁에 있었다.

- 【실록】 현종 15권, 9년(1668) 8월 25일(신묘) 1번째 기사. 온양에 머물다
  상이 온양 행궁에 있었다.

- 【실록】 현종 15권, 9년(1668) 8월 26일(임진) 1번째 기사. 온양에 머물다
  상이 온양 행궁에 있었다.

- 【실록】 현종 15권, 9년(1668) 8월 27일(계사) 1번째 기사. 온양에 머물다
  상이 온양 행궁에 있었다.

- 【실록】 현종 15권, 9년(1668) 8월 28일(갑오) 1번째 기사. 온양에 머물다
  상이 온양 행궁에 있었다.

- 【실록】 현종 15권, 9년(1668) 8월 29일(을미) 1번째 기사. 온양에 머물다
  상이 온양 행궁에 있었다.

- 【실록】 현종 15권, 9년(1668) 8월 30일(병신) 1번째 기사. 온양에 머물다
  상이 온양 행궁에 있었다.

- 【현개】 현개 20권, 10년(1669) 2월 9일(임신) 4번째 기사. 좌의정 허적
  등이 자전의 온양 행차 여부 등을 묻다
  좌의정 허적이 아뢰기를, "이번 온양(溫陽)의 행차에 자전도 거둥하십
  니까? 신이 약방(藥房)과 태복(太僕)의 임무를 맡고 있으므로 미리 알아
  거행하지 않을 수 없습니다." 하니, 상이 이르기를, "자전이 한 번 목욕
  한 후로 3년 동안 여름과 겨울에 기체후가 안녕하셨으니 이는 실로 목욕
  한 효험이다. 이번에도 당연히 거둥하실 것이다." 하고, 다음달 10일에
  서 15일 사이에 날을 택하게 하고, 호조판서 민정중을 정리사(整理使)로
  차출하였다.

- 【실록】 현종 16권, 10년(1669) 2월 10일(계유) 1번째 기사. 온양 행차에
  대해 논하다
  허적이 아뢰기를, "이번 온양(溫陽)의 행차에 자전도 거둥하십니까.

신이 약방(藥房)과 태복(太僕)의 임무를 맡고 있으므로 미리 알아 거행하지 않을 수 없습니다." 하니, 상이 이르기를, "자전이 매번 여름이면 환후가 생겼는데 한번 목욕한 후로 3년 동안 여름과 겨울에 기체후가 안녕하셨으니, 이는 실로 목욕한 효험이다. 만일 시일이 오래된 후에 목욕한 효험이 점차 떨어진다면 올 여름에 무사하실 지를 알 수 없다. 당연히 거둥하실 것이다." 하였다. 허적이 택일을 청하니, 상이 다음달 10일에서 20일 사이에 날을 택하게 하고, 호조판서 민정중을 정리사(整理使)로 차출하였다.

● 【실록】 현종 16권, 10년(1669) 3월 2일(을미) 3번째 기사. 민정중이 온양 행궁 및 노정에 관한 일을 점검하고 돌아오다

정리사(整理使) 민정중(閔鼎重)이 온양 행궁 및 노정의 모든 일을 점검하고 돌아왔다.

● 【실록】 현종 16권, 10년(1669) 3월 7일(경자) 2번째 기사. 온양 거둥 시의 진상 물품의 조달 규정과 감사가 경상에 진주하는 것을 논의하다

온양(溫陽)의 거둥 때 경기 일대 및 충청의 각 군읍과 양로(兩路)의 진상하는 물선(物膳)은 일체 정미년의 예에 의거하여 거행하게 하고, 함경, 전라 양도의 감사는 경상(境上)에 진주(進駐)하지 말게 하여 그 폐단을 제거하게 하였다.

● 【실록】 현종 16권, 10년(1669) 3월 15일(무신) 1번째 기사. 왕대비, 중궁, 공주들과 함께 온양으로 행차하다

상이 왕대비를 받들고 온양 온천으로 행차하는데, 중궁이 따르고 네 공주가 배행하였다.

- 【실록】 현종 16권, 10년(1669) 3월 19일(임자) 1번째 기사. 온양 행궁에 있었다

  상이 온양 행궁에 있었다.

- 【실록】 현종 16권, 10년(1669) 3월 20일(계축) 1번째 기사. 온양 행궁에 있었다

  상이 온양 행궁에 있었다.

- 【실록】 현종 16권, 10년(1669) 3월 21일(갑인) 1번째 기사. 온양 행궁에 있었다

  상이 온양 행궁에 있었다.

- 【실록】 현종 16권, 10년(1669) 3월 22일(을묘) 1번째 기사. 온양 행궁에 있었다

  상이 온양 행궁에 있었다.

- 【실록】 현종 16권, 10년(1669) 3월 23일(병진) 1번째 기사. 온양 행궁에 있었다

  상이 온양 행궁에 있었다.

- 【실록】 현종 16권, 10년(1669) 3월 24일(정사) 1번째 기사. 온양 행궁에 있었다

  상이 온양 행궁에 있었다.

- 【실록】 현종 16권, 10년(1669) 3월 25일(무오) 1번째 기사. 온양 행궁에 있었다

  상이 온양 행궁에 있었다.

- 【실록】 현종 16권, 10년(1669) 3월 26일(기미) 1번째 기사. 온양 행궁에 있었다

  상이 온양 행궁에 있었다.

- 【실록】 현종 16권, 10년(1669) 3월 27일(경신) 1번째 기사. 온양 행궁에 있었다

  상이 온양 행궁에 있었다.

- 【실록】 현종 16권, 10년(1669) 3월 28일(신유) 1번째 기사. 온양 행궁에 있었다

  상이 온양 행궁에 있었다.

- 【실록】 현종 16권, 10년(1669) 3월 29일(임술) 1번째 기사. 온양 행궁에 있었다

  상이 온양 행궁에 있었다.

- 【실록】 현종 16권, 10년(1669) 4월 1일(계해) 1번째 기사. 온양 행궁에 있었다

  상이 온양 행궁에 있었다.

- 【실록】 현종 16권, 10년(1669) 4월 2일(갑자) 1번째 기사. 온양 행궁에 있었다
  상이 온양 행궁에 있었다.

- 【실록】 현종 16권, 10년(1669) 4월 3일(을축) 1번째 기사. 온양 행궁에 있었다
  상이 온양 행궁에 있었다.

- 【실록】 현종 16권, 10년(1669) 4월 5일(정묘) 1번째 기사. 온양 행궁에 있었다
  상이 온양 행궁에 있었다.

- 【실록】 현종 16권, 10년(1669) 4월 6일(무진) 1번째 기사. 온양 행궁에 있었다
  상이 온양 행궁에 있었다.

- 【실록】 현종 16권, 10년(1669) 4월 7일(기사) 1번째 기사. 온양 행궁에 있었다
  상이 온양 행궁에 있었다.

- 【실록】 현종 16권, 10년(1669) 4월 8일(경오) 1번째 기사. 온양 행궁에 있었다
  상이 온양 행궁에 있었다.

- 【실록】 현종 16권, 10년(1669) 4월 9일(신미) 1번째 기사. 온양 행궁에 있었다
  상이 온양 행궁에 있었다.

- 【실록】 현종 16권, 10년(1669) 4월 10일(임신) 1번째 기사. 온양 행궁에 있었다
  상이 온양 행궁에 있었다.

- 【실록】 현종 16권, 10년(1669) 4월 11일(계유) 2번째 기사. 온양 행궁에 있었다
  상이 온양 행궁에 있었다.

- 【실록】 현종 16권, 10년(1669) 4월 12일(갑술) 2번째 기사. 온양 행궁에 있을 때, 유혁연을 서용하고 밀부를 주다
  상이 온양 행궁에 있었다. 전 대장 유혁연을 서용하도록 명하고 밀부(密符)를 도로 주었다.

- 【실록】 현종 16권, 10년(1669) 4월 14일(병자) 2번째 기사. 온양 행궁에 있었다
  상이 온양 행궁에 있었다.

- 【실록】 현종 16권, 10년(1669) 4월 15일(정축) 1번째 기사. 온양 행궁에 있었다
  상이 온양 행궁에 있었다.

- 【실록】 숙종 59권, 43년(1717) 2월 16일(신축) 1번째 기사. 병조판서 이
  건명이 온양 지경의 새길 이용을 건의하다

  병조판서(兵曹判書) 이건명(李健命)이 청대(請對)하여 임금에게 아뢰기
를, "온양(溫陽) 지경 안의 옛길은 50년 동안 황폐하여 무덤이 많고 나무
가 자라 길을 트기가 쉽지 않습니다. 그런데 옆에 길 하나가 있는데,
옛길에 견주어 7리가 가깝다 하니, 편리할 듯합니다." 하니, 임금이 말
하기를, "새 길이 편리하고 가깝다면 새 길로 가야 마땅하다." 하였다.
이건명이 또 말하기를, "병조(兵曹)의 역마(驛馬)가 매우 피곤할 것이니,
호조(戶曹)의 별고(別庫)에 있는 쌀과 콩 각각 1백 석(石)을 얻어 역졸(驛
卒)에서 나누어 주게 하소서." 하니, 임금이 윤허하였다. 승지(承旨) 이성
조(李聖肇)가 말하기를, "대가가 온천에 거둥하신 뒤에 경외(京外)의 제
배(除拜)된 관원이 숙사(肅謝)하는 일은 품정(稟定)하는 방도가 있어야 마
땅합니다. 배종(陪從)하는 관원이 이배(移拜)되면 대전(大殿)에만 숙배하
고 대가(大駕)가 환궁한 뒤에 비로소 중궁전(中宮殿)과 세자궁(世子宮)에
숙배(肅拜)하고, 유도(留都)하는 관원과 경중(京中)에 있는 사람이 혹 벼
슬을 옮기거나 제수(除授)되면 먼저 중궁전과 세자궁에 숙배하고 대가가
환궁한 뒤에 대전에 숙배하는 것이 마땅할 듯합니다." 하니, 임금이 옳
게 여겼다.

- 【실록】 숙종 59권, 43년(1717) 2월 22일(정미) 2번째 기사. 거둥 시 찬물
  의 진배를 줄이고 온양 옛길을 개수하게 하다

  약방(藥房)에서 입진(入診)하였을 때에 정리사(整理使) 권상유(權尙游)
가 말하기를, "온천에 거둥하실 때에 각참(各站)에서 바치는 찬물(饌物)
가운데 산 노루와 산꿩은 얻기가 매우 어려우니, 이 두 가지는 산 것이
아니라도 품질과 맛이 변하지 않았으면, 봉진(封進)하도록 허가하여도

무방할 듯합니다." 하니, 임금이 말하기를, "지금 모든 일을 힘써 간략하게 하도록 하였으니, 꿩과 노루를 진배(進排)하지 말게 함이 옳다." 하였다. 권상유가 또 말하기를, "연(輦)이 지날 때에 길이 향교(鄕校) 앞을 거치게 되니, 연에서 내리시는 절차가 있어야 할 듯합니다." 하였는데, 제조(提調) 민진후(閔鎭厚)가 말하기를, "향교를 지날 때에는 가교(駕轎)에서 내려 인부가 낮추어 받들고 지나는 것이 마땅할 듯합니다." 하니, 임금이 옳게 여겼다. 권상유가 또 말하기를, "듣건대, 병판(兵判) 이건명(李健命)이 아뢴 바에 따라 천안(天安)부터 온궁(溫宮)까지는 새 길을 닦을 것이라 합니다. 이른바 새 길에는 좁고 진창이 많이 있으나, 옛길은 이런 폐단이 없습니다. 지사(知事) 강현(姜鋧)의 집에는 근처에 산소를 썼는데, 어로(御路)가 용호(龍虎)가 됩니다. 그래서 나무를 많이 길렀는데, 이제 나무가 다 말라 죽었으므로, 개수(改修)하기 어렵지 않습니다." 하니, 임금이 옛길을 닦으라고 명하였다. 임금이 이어서 농사의 형편과 밀, 보리가 어떠한지를 물었는데, 권상유가 말하기를, "지금 본 바로는 잘 익을 희망이 있을 듯합니다." 하였다. 도승지(都承旨) 이관명(李觀命)이 백홍(白虹)이 해를 꿰뚫은 이변 때문에 진계(陳戒)하고, 또 하유(下諭)하여 백성의 고통을 물어 곧 행조(行朝)에 장문(狀聞)하게 하여 곧 변통하기를 청하니, 임금이 가납(嘉納)하고, 인하여 경기, 충청 두 도의 감사(監司)에게 하유하라고 명하였다.

● 【실록】숙종 59권, 43년(1717) 2월 27일(임자) 1번째 기사. 거둥과 진정 관계 외에는 봉입을 금지하다

약방(藥房)에서 입진(入診)하였다. 진후(診候)를 마치자, 도제조(都提調) 김창집(金昌集)이 임금의 안질이 매우 중하다 하여 거둥과 진정(賑政)에 관계되는 것 외에는 삼사(三司)에서 일을 말하는 소(疏)일지라도

일체 봉입(捧入)하지 말게 하기를 정하니, 임금이 옳게 여겼다. 김창집이 또 말하기를, "온천에 거둥하실 날짜가 멀지 않았는데, 회란(回鑾)하신 뒤에 어사(御史)를 보내려면 어사에 뽑힌 사람은 온궁(溫宮)에 가서 기다려야 할 것이니, 이것도 어렵겠습니다." 하니, 임금이 말하기를, "각도에 한꺼번에 보낼 것 없으니, 거둥하기 전에 보내려 한다." 하였다. 제조(提調) 민진후(閔鎭厚)가 말하기를, "절사(節使)가 돌아오는 것이 회란하시기 전에 있으면, 복명(復命)하는 일은 어떻게 해야 하겠습니까?" 하니, 임금이 말하기를, "사행(使行)이 돌아왔으면 환궁(還宮)하기를 기다릴 수 없을 것이니, 역마(驛馬)를 타고 온양(溫陽)에 이르러 숙배(肅拜)하게 하되, 원역(員役)은 따라오지 말게 하는 것이 마땅하다." 하였다.

- **【실록】숙종 59권, 43년(1717) 3월 3일(무오) 1번째 기사. 임금이 온양에 거둥하다**

  임금이 온양(溫陽)으로 거둥하였다. 사시(巳時)에 대가(大駕)가 창덕궁(昌德宮)을 나가 숭례문(崇禮門)을 거쳐서 서빙고(西氷庫)의 강가에서 주정(晝停)하고, 왕세자가 나룻가까지 따라가서 지송(祗送)한 뒤에 궁으로 돌아갔다. 미시(未時)에 임금이 배를 타니, 약방(藥房)에서 입진(入診)하였다. 신시(申時)에 배에서 내려 가교(駕轎)를 타고 떠나 저녁에 과천(果川)의 행궁(行宮)에서 유숙(留宿)하였다.

- **【숙보】숙보 59권, 43년(1717) 3월 8일(계해) 1번째 기사. 대가가 온양 행궁에 머물다**

  대가(大駕)가 온양 행궁(行宮)에 머물렀다.

- 【실록】 숙종 59권, 43년(1717) 3월 27일(임오) 1번째 기사. 대가가 온양을 떠나 천안 행궁에서 유숙하다

   사시(巳時) 초(初)에 대가(大駕)가 온양(溫陽)을 떠나 저녁에 천안 행궁(行宮)에서 유숙(留宿)하였다.

- 【실록】 영조 72권, 26년(1750) 9월 12일(신해) 1번째 기사. 온천에 거둥하여 과천현에서 묵다

   임금이 온천(溫泉)에 거둥하여 과천현(果川縣)에서 묵었다. 임금이 말하기를, "패영(貝纓)에다 견영(絹纓)을 함께 맨 것은 지난날 온양(溫陽)에 거둥할 때 처음 하기 시작한 것으로, 대개 끊어질까 근심해서였는데, 그 후에도 이 때문에 풍습이 되고 말았다." 하니, 승지 오언유(吳彦儒)가 말하기를, "듣건대, 호수(虎鬚) 역시 그때에 처음으로 시작되어 백관들이 보리 이삭을 갓 위에 꽂았던 것인데, 그 후에 그대로 호수를 꾸미는 법이 이루어졌다고 합니다." 하였다.

- 【실록】 영조 72권, 26년(1750) 9월 16일(을묘) 1번째 기사. 대가가 온양의 행궁에 머무르다

   대가가 온양(溫陽)의 행궁(行宮)에 머물렀다.

- 【실록】 영조 96권, 36년(1760) 7월 18일(경신) 2번째 기사. 온천에 행차하기 위해 출발하여 과천에서 유숙하다

   왕세자가 온양(溫陽)에 행차하였다. 이때 예후(睿候)가 습종(濕瘇)으로 편치 못하였는데, 약방에서 입진(入診)하고 온천에 목욕하기를 의논해 정하니 대조(大朝)께서 이를 허락하였다. 진시(辰時)에 창덕궁(昌德宮)에서 출발하여 한강 가에 도착하니, 이때 강물이 크게 불어서 선창(船艙)을

정돈해 기다리지 못하여 용주(龍舟)가 건너지 못하였는데, 경기감사(京畿監司) 윤급(尹汲)이 꾀를 써서 큰 배 수십 척으로 돛을 달고 선도(先導)로 하여, 굵은 동아줄 수십 개로 용주를 여러 배에 매어, 오후에 다행히 잘 건너 과천(果川)에서 유숙하였다. 병조좌랑으로 하여금 각사(各司)를 적간(摘奸)하여 공해(公解)에 머물러 자게 하고 민가(民家)에 주접(住接)하지 못하게 하였다. 사부(師傅), 빈객(賓客)이 한 사람도 따르는 자가 없었으니, 식자(識者)들이 근심하고 탄식하였다.

- 【실록】 영조 96권, 36년(1760) 7월 23일(을축) 1번째 기사. 분승지와 경기, 충청 도신에게 왕세자의 행차 시 백성을 매질치 말 것을 신칙하다

  하교하기를, "밤낮으로 마음을 쓰는 것은 오직 군민(軍民)에 있다. 온양(溫陽)에 들어가는 날 밤 비오는 소리가 들렸으나 이같이 하늘이 푸름은 삼영(三營)의 5백 60명 군사를 권고(眷顧)하는 뜻이다. 벌떡 일어나 하늘의 뜻을 체득하여 힘써 고휼(顧恤)을 더함이 마땅하다. 승정원에서 분승지(分承旨)와 이도(二道)의 도신에게 유시(諭示)를 내려 길가 백성들을 매질하여 쫓아내지 말 것을 금오랑(金吾郎)에게 엄하게 신칙하라." 하였다.

- 【실록】 고종 7권, 7년(1870) 8월 9일(계묘) 3번째 기사. 대원군의 부대부인이 행차할 때 수원유수 이재원이 배행하도록 하다

  전교하기를, "이번에 대원군(大院君)의 부대부인(府大夫人)이 온양(溫陽)과 덕산(德山)으로 행차(行次)할 때 수원유수(水原留守) 이재원(李載元)이 배행(陪行)하라." 하였다.

(2) 온행 행사

- 【실록】 세종 95권, 24년(1442) 3월 21일(임오) 2번째 기사. 목욕을 시작하고 광대를 시켜 담장 밖에서 풍악을 연주하게 하다

　임금이 목욕을 시작하고 광대를 시켜 담장 밖에서 풍악을 연주하게 함을 날마다 그렇게 하였다.

- 【실록】 세종 58권, 14년(1432) 12월 9일(갑오) 2번째 기사. 승정원에 9월에 대열하고자 하니 정부의 대신과 의논하여 아뢸 것을 전지하다

　승정원(承政院)에 전지하기를, "대열(大閱)은 조종(祖宗)의 성헌(成憲)이요, 국가의 대사이니 폐할 수 없는 것이다. 사신이 올 때마다 군액(軍額)이 적음으로 인하여, 열병(閱兵)을 하지 못하고 여러 해를 지내 왔으나, 그러나 사신이 오는 것은 어느 해에도 없지 아니하매 익히지 않을 수 없다. 명년에는 번상시위(番上侍衛)와 온수(溫水)에 거둥할 때의 시위패(侍衛牌)를 정지하고, 9월을 기다려 여러 도에서 징병하여 대열(大閱)을 하고자 하는데 어떨까. 그것을 정부의 대신과 더불어 의논하여 아뢰라." 하니, 황희(黃喜)는 아뢰기를, "하필 여러 도의 군사를 다 징발하오리까. 해마다 번상(番上)하는 군사로서 열병(閱兵)을 하면 여러 도의 군사가 서로 교대하면서 이습(肄習)하지 아니할 자 없을 것이오니, 그리하오면, 비록 중국의 사신이 본다 할지라도 반드시 '번상군(番上軍) 뿐이라.' 할 것이요, 사경(四境)에서 다 징병함이 아니라 할 것입니다." 하고, 맹사성(孟思誠), 권진(權軫) 등이 아뢰기를, "명년에는 다 징발하여 대열하시고, 그 뒤로는 번상군사(番上軍士)로서 해마다 강습(講習)하옵는 것이 편하고 이익될까 하나이다." 하니, 임금이 말하기를, "앞으로 병조와 삼군도진무(三軍都鎭撫)에게 의논하리라." 하였다.

- 【실록】 세종 60권, 15년(1433) 4월 14일(정유) 1번째 기사. 아산현의 노
  인들에게 음식을 대접하고 물건을 차등 있게 하사하다

  아산현에 사는 94세의 늙은 할머니가 마떡[薯] 한 동이를 올리니, 내
  정에서 음식을 대접하고 면포 두 필, 술 열 병 및 잡물을 하사하였다.
  이 뒤에도 근방에 있는 노인들이 와서 채소를 올리자, 모두 음식을 먹이
  고 물건을 차등 있게 하사하게 하였다.

- 【실록】 단종 10권, 2년(1454) 3월 25일(병자) 1번째 기사. 영응대군과
  익현군, 영해군이 온양 온천에 가니 환관을 보내어 전송하게 하다

  영응대군(永膺大君) 이염(李琰)과 익현군(翼峴君) 이관(李璭), 영해군(寧
  海君) 이장(李璋)이 온양(溫陽) 온천(溫泉)에 가니, 환관(宦官)을 보내어 한
  강(漢江)에서 전송하게 하고, 풍악을 하사하였다.

- 【실록】 단종 11권, 2년(1454) 4월 8일(기축) 2번째 기사. 영응대군 이염
  이 온양에서 돌아오니 선온을 내려주다

  영응대군(永膺大君) 이염(李琰)이 온양(溫陽)에서 돌아오니, 도승지(都
  承旨) 신숙주(申叔舟)를 보내어 선온(宣醞)을 가지고 가서 한강(漢江)에서
  맞이하게 하였는데, 풍악(風樂)을 내려 주었다. 세조(世祖)가 여러 종친
  및 병조참판(兵曹參判) 홍달손(洪達孫), 좌랑(佐郎) 이극배(李克培)와 더불
  어 사복시(司僕寺) 관원과 좌우응방(左右鷹坊)을 거느리고 청계산(淸溪山)
  에 사냥하러 갔다가 이를 맞이하였다.

- 【실록】 단종 11권, 2년(1454) 4월 13일(갑오) 1번째 기사. 신빈이 온양에
  서 돌아오다

  신빈(愼嬪)이 온양(溫陽)으로부터 돌아오니, 세조(世祖)가 종친과 더불

어 화양정(華陽亭)에서 맞이하였다.

• 【실록】 세조 32권, 10년(1464) 2월 18일(신축) 1번째 기사. 중궁과 더불어 온양에 행행하였는데, 광주 문현산에서 사냥을 구경하다

임금이 중궁(中宮)과 더불어 온양(溫陽)에 행행(行幸)하였는데 어가(御駕)가 광주(廣州) 문현산(門懸山)에 이르러 사냥하는 것을 구경하고, 포획(捕獲)한 짐승을 어가를 호종한 종친과 재신(宰臣)에게 하사(下賜)하였다.

• 【실록】 세조 32권, 10년(1464) 3월 21일(갑술) 1번째 기사. 어가가 서울에 돌아오니 기로 판중추원사 김말 등이 가요를 올리다

어가(御駕)가 서울에 돌아왔다. 기로(耆老) 판중추원사(判中樞院事) 김말(金末) 등이 가요(歌謠)를 올리어 이르기를, "엎드려 살피건대, 주상(主上)께서는 승천제도(承天體道) 열문영무(烈文英武)하시니, 전하께서는 5백 년만에 한번 세상을 구제할 자질로서, 천일(千一)을 하나같이 형둔(亨屯)할 운(運)을 어루만지니, 빛은 백 번이나 열리어 사방(四方)이 근심없게 되었네. 깊이 구중(九重)에 계시면서 오히려 일부(一夫)의 억울함을 염려하여 자신(紫宸)에서 소간(宵肝)으로 진념(軫念)하시고 때때로 취개(翠蓋)를 들어서 순행(巡行)하시었네. 농사일을 호남(湖南)에서 살피시고 드디어 탕정(湯井)에 주필(駐驆)하시었네. 비가 내려 땅을 기름지게 하고, 감로(甘露)로 목욕(沐浴)하니 비록 야부(野夫)일지라도 자식과 같이 사랑하는 깊은 은혜를 느끼도다. 나아가기는 해와 같고 바라보기는 구름과 같은데, 어찌 도성 사람으로 후래(后來)를 기다림이 간절하다 하겠습니까? 난여(鑾輿)가 이에 움직이고 용기(龍旂)가 다시 돌아오시니, 아름다운 기운은 밤하늘에 퍼지고 산천(山川)이 백리(百里)에 걸쳐서 빛을 내어 기뻐하는 소리가 땅을 두르고 사녀(士女)가 구시(九市)를 기울여 기

뻐하네. 신(臣) 등은 강구(康衢)에서 노인과 어린이를 거느리고 요(堯)와 같은 성대에서 편히 쉬고 있도다. 오래도록 하사하신 구장(鳩杖)에 의지하여 깊이 은련(恩憐)을 감사하도다. 봉필(鳳蹕)의 돌아오심을 들으니 어찌 기쁨을 이기겠습니까?" 하고, 송(頌)을 지어 이르기를,

"황황한 우리 임금 덕은 하늘과 같도다.

하늘을 타고 병부를 잡아 우리 대동을 편안하게 하도다.

예를 만들고 악을 지으니, 도는 흡족하고 교화는 높았도다.

요(堯), 순(舜)도 오히려 연안이 독이 되는 것을 걱정하고

바로 중춘에 남쪽 땅에 순행하셨네.

상서로운 바람은 따뜻한 기운을 부채질하도다.

희화(羲和)가 아울러 말을 모니, 건곤이 거듭 열리도다.

때를 따라 율려를 같이하니, 군목(群牧)이 직분을 다했네.

드디어 영천에 행행하시니, 시절은 밝아지고 해는 편안하도다.

신정(神井)에서 상서로운 물이 솟아오르고 땅은 보배를 아끼지 아니하였도다.

다만 지방을 순시하는 것이 어찌 놀고 즐기는 것이라 하겠습니까?

난여가 이르는 곳에 거리마다 사람이 넘치도다.

누런 빛을 드리우고 흰 빛을 실으니, 앞과 뒤에서 기뻐 날뛰도다.

모두 우리 임금을 가리켜, 그 어짐이 하늘과 같다고 하도다.

한번 놀고 한번 즐기어, 우리 백성의 소망을 위로하셨네.

생각건대 옛날에 세종대왕께서 두 번째 우리 지방에 오시어

은총이 피부에 배었으니, 이 세상 다하도록 감히 잊을손가?

어찌 오늘 뜻하였으리오, 다시 용안 뵈올 줄을

전후의 임금이 똑같으시어, 어린 우리들은 생각하기 어렵네.

우리들이 성은을 생각하니, 장차 무엇으로 보답하리까?

다만 만수를 비오니 동국을 길이 보유하소서.

남쪽 백성의 기쁨이요, 성 사람의 바람입니다.

육룡을 바라보고 어느 날에 돌아올 것인가?

달마다 기다리고 다시 기다리니, 법가가 돌아오신다 하네.

기쁨은 거리에 넘치고 빛은 산천을 움직였도다.

식토(食土)하는 짐승들도 어찌 즐겁지 않다고 하리오.

더구나 이 신하의 무리들은 구루(傴僂)와 같은 남은 목숨[殘骨]으로

성상도 견도(甄陶)에 힘입어 성세(盛世)에 잘 지내고 있네.

이제 성사를 만났으니 다시 어두운 눈을 닦고 보세.

오색구름은 지척에 있는데 임금의 수레 우러러보며

애오라지 긴 노래를 올리고 화봉삼축(華封三祝)을 드립니다.

상전벽해가 여러 번 변하더라도 성수는 유구하시어

천년만년 이 백성의 부모 되어 주소서." 하였다.

중궁에게 가요를 올리어 이르기를, "어헌(魚軒)이 용어(龍御)를 따라 순행하시니 호남(湖南) 사람이 모두 곤원(坤元)의 덕을 우러러 보았네. 학발(鶴髮)이 구장(鳩杖)을 짚고 줄지어 서서 길가에서 공경하게 월륜(月輪)이 돌아오는 것을 맞이하도다." 하여, 송(頌)을 지어 이르기를,

"봉련(鳳輦)이 순행하니 적불(翟茀)이 따라서

양궁이 만민과 기쁨을 함께 하도다.

정기는 따뜻한 날씨에 천원에 빛나고

초목에는 봄이 깊어 우로가 맺혔구나.

상서는 영천(靈泉)에 피어올라 빛남을 내려 주니

티끌은 거둥길[馳道]에 맑아 상서로운 바람을 떨치도다.

어찌 태학(鮐鶴)이 우러러 뵈옵기를 기대하였겠습니까만

만세를 세 번 부르니 다시금 오래 사소서." 하였다.

성균 생원(成均生員) 방안석(房安石) 등이 가요(歌謠)를 지어 올려 이르기를, "주상께서는 승천제도(承天體道) 열문영무(烈文英武)하셔서, 전하께서는 천하를 얻어 즉위하시어 정려(精勵)하고 다스리기를 도모하시니, 조정(朝庭)이 평화롭게 다스려지고 나라 안이 평안하고 고요하며, 백성이 화락하게 잘 지내고 환과(鰥寡)도 보호할 것이 없는데, 오히려 천리(千里)의 먼 곳을 염려하시고 항상 사방의 식견이 막혀 있으므로, 이에 순수의 고전(故典)을 상고하여 드디어 시매(時邁)의 의례를 계획하셨도다. 중춘(仲春)에 (서울을) 떠나 남방(南方)에 행행하시니, 구름은 걷히어 의장(儀仗)이 아름답고 양요(兩曜)도 가지런히 빛이 나네. 늙은이를 위로하고 선비를 뽑으시며 성(盛)한 예(禮)를 갖추어 거행하여서 은총을 넓고 깊게 베푸니, 아이 어른이 즐거워하고 동리 전야(田野)가 기뻐하네. 비록 천일(天日)의 빛이 머물기를 원한다 할지라도 도성 사람이 연저(延佇)하니, 어찌 운예(雲霓)를 오래 바라보리오? 법가(法駕)를 돌이켜서 드디어 서울에 이르니, 기뻐하는 소리가 신린(臣隣)에 넘치고 즐거운 기운이 성궐(城闕)에 오르도다. 신(臣) 등은 주(周)나라 교화의 덕을 입고 우상(虞庠)에 재학하니, 성미(成美)를 가송(歌頌)함은 곧 우리의 직분이로다. 어찌 감히 옹졸한 말로써 드리는 바리오?" 하고, 송사(頌詞)를 지어 이르기를,

"아아! 거룩한 우리 임금, 덕이 커서 하늘과 같으니

교화가 융성하고 다스림이 흡족하여 사방이 편안하도다.

이미 만족하지 않고 밤낮으로 조심하고 두려워하며

가깝고 먼 곳 없이 한결같은 은혜를 베푸시네.

오히려 부족함을 염려하시어 이에 남쪽 지방을 돌아보시니

용기가 출발하자 만물이 봄을 만난 것 같도다.

덕을 펴고 의를 가르치면서 지방을 살피고 백성을 돌아보며

온천에 주필하니 깨끗함이 날로 새롭도다.

뜰에는 신류(神溜)가 용솟음쳐 특별한 상서가 때마침 나타나니

크게 천위(天闈)를 열어 영재(英才)를 망라하고 기사(奇士)를 초빙하였네.

노인을 존문하고 고독에게 은혜를 베푸니

난여가 이르는 곳마다 넓은 은택이 골고루 퍼지도다.

우리 임금의 이번 거둥은 안일도 유락도 아니며

백성의 봄갈이를 살펴 돕고 편안하게 함이로다.

달려가서 서로 경하할 새 사녀들이 구름같이 모여들어

취화를 우러러보고 북도 치며 노래도 하네.

부모가 심히 가까이 계시니 그 즐거움이 어떠하리

겨우 수순을 지나 법가가 되돌아오셨도다.

도민의 즐거움은 거리에 넘쳐 있고

신들의 광비(狂斐)는 즐거움이 반궁(泮宮)에 있도다.

삼가 길가에서 맞이하여 가송을 이에 올립니다." 하였다.

중궁(中宮)에게 가요(歌謠)를 올리어 이르기를, "엎드려 보건대, 주상(主上) 승천 체도 열문 영무 전하께서는 보록(寶籙)에 당하셨고, 중궁(中宮) 자성왕비전하(慈聖王妃殿下)께서는 신헌(神獻)을 잘 도우시어 그 밝음이 일월(日月)과 같고, 형가(亨嘉)의 운(運)을 빛나게 열었으며, 건곤(乾坤)의 덕(德)을 합하여 생성(生成)의 공(功)을 길이 이루었는데, 오히려 일부(一夫)의 향우(向隅)를 염려하여 남방(南方)을 향하여 순수하셨네. 풍속을 보고, (수령의) 직분을 상고하시어 덕(德)을 펴고 은혜를 베푸시니, 환성(歡聲)이 만백성에게서 일어나고 기쁜 기운은 천리(千里)에 퍼졌도다. 높은 거둥이 이미 거행되시니 많은 칭송이 여기저기 일어나고 온천(溫川)에 잠깐 머무시다가 법가(法駕)가 돌아오신다고 하니, 사녀(士女)들은 속거(屬車)의 먼지를 바라보고 대소(大小) 인민은 가뭄에 무지개를 바

라보듯 하네. 산(山)은 실희(失喜)를 부르고, 거리에는 인파(人波)가 넘쳤네. 신(臣) 등은 다 광간(狂簡)으로서 함부로 대팽(大烹)을 허비하고 현관(賢關)에서 유학하고 있으므로 감히 성미(盛美)를 찬양하는 노래를 올리도다." 하고, 송(頌)에 이르기를,

"빛나도다, 우리 임금, 용이 날아 하늘에 오르는 듯하고
우리 왕후 생각하니 곤후(坤后)가 하늘의 배필 되셨도다.
모든 서민을 적자와 같이 보살피니
덕이 넓고 흡족히 퍼졌으니 자신의 다스림이라 않으셨도다.
이 봄에 남쪽으로 행행하여 백성을 돌아보고 지방을 살피니
적불이 뒤를 따라 풍화가 더욱 빛나도다.
늙은이를 존문하고 고독을 위로하며
탕천에 주필하니 크나큰 복을 맞이하는도다.
남쪽 사람들이 기뻐하고 즐거워하여 다투어 축하를 올리니
우리 임금 우리 왕후, 실로 우리 부모일세.
부모가 가까이 계시니 은총이 우로처럼 깊고
난여가 이르는 곳마다 노래가 길을 메우도다.
또 도성 사람의 마음을 생각하시니, 다시 오시기를 간절히 바라서
겨우 순월을 계시다가 요가가 이에 돌아오도다.
바람은 고운 구름으로 바뀌고 선장(仙仗)은 높고도 높도다.
도성 사람이 용약하니 거리마다 사람이 넘치고
환성은 땅을 움직이고 기쁜 기운은 하늘에 떠있도다.
신 등의 광간(狂簡)은 즐겁게 반궁(泮宮)에 있으면서
삼가 길가에 나와 맞이하여 가요를 올립니다." 하였다.

창기(倡妓) 등이 가요(歌謠)를 올려 이르기를, "엎드려 육룡(六龍)이 황도(黃道)에 나는 것을 보니 취화(翠華)의 깃발이 바람에 나부끼고 쌍봉(雙

鳳)이 하늘을 향하여 요함(瑤諴)을 태양 아래에 올리니, 생황(笙簧)과 노래는 다투어 연주되고 비단 깃발은 어지럽게 휘날리도다. 공손이 생각하건대, 주상(主上)께서는 승천제도 열문영무하셔서, 전하께서는 요임금의 문명(文明)한 때와 같고, 탕임금의 용지(勇智)를 이으셨네. 사역(四域)이 날로 편안하고, 구서(九序)를 때로 노래하도다. 요계(堯階)의 우간(羽干)이 춤추고, 우회(禹會)에 옥백(玉帛)를 아뢰도다. 복분(覆盆)을 누가 그 남긴 빛을 걱정할 것이리오. 문을 열어 오히려 멀리 보고 들을 수 있으리라. 아름다운 행동은 백왕(百王)에서 찾고, 궐전(闕典)은 천재(千載)에 들 것이로다. 우악(虞嶽)에 순수(巡狩)하고, 주방(周邦)에 출행하시니, 중춘(仲春)의 가신(佳辰)을 택하여 법가(法駕)가 드디어 남쪽에 행행(行幸)하셨네. 해와 달이 함께 비추어 전리(田里)의 휴척(休戚)이 환하게 되고, 만정(萬井)이 기뻐하여 기애(耆艾)의 개역(開懌)도 고르게 하였네. 인풍(仁風)이 크게 뻗어나가고 혜로(惠露)가 널리 젖었도다. 정(情)이 어찌 미미하다고 하여 통하지 않을 것이며, 못이 어찌 숨었다고 하여 찾지 않으리까? 어가(御駕)가 잠깐 탕정(湯井)에 머무르시니, 상서가 신천(神泉)에서 응(應)하였네. 하늘이 이미 도우시는데, 땅이 어찌 보배를 아끼리? 남민(南民)의 농사를 살피는 뜻은 비록 이미 위로되었다 하더라도, 도성 사람의 오시기를 기다리는 바람은 또한 가히 구휼(救恤)해야 할 것이로다. 우사(雨師)가 갑자기 넓은 들에 비를 뿌리고, 풍백(風伯)이 잠깐 유진(游塵)을 맑게 하였네. 빨리 돌아오시게 되자 선장(仙仗)이 교전(郊甸)에서 빛나니, 어찌 기쁘지 않다고 하리오? 화기(和氣)가 천지에 넘치니 화악(華嶽)이 더욱 높아지고, 신도(神都)가 다시금 빛나도다. 첩(妾)등이 멀리 봉도(蓬島)를 떠나서 외람되게 이원(梨園)에 적을 두어, 나아가기는 해와 같고 바라기는 구름과 같은데, 흔연(欣然)히 난로(鑾輅)의 이리(迤邐)함을 맞이하여, 높기는 하늘과 짝하고 두텁기는 땅과 짝하여 거북[龜圖]의 영장(靈長)을 향유(享有)하기를 원(願)하며, 감히 가사(歌詞)를 엮어서 삼가 찬미하나이다." 하고, 사(詞)를 지어 이르기를,

"옥련이 이월의 하늘에 남순하시니
훈풍이 집에 불어와 상서로운 연기가 피어오르도다.
용기의 그림자가 움직이니 은나라 수레로 돌아오고
봉관의 소리가 더디니 순 임금의 거문고와 합하도다.
복숭아는 천년에 맺어져 신선의 이슬에 젖어 있고
산은 만세를 불러 채색 구름이 연했도다.
이원에서 항상 소광(韶光)의 아름다움을 짊어지고
자라의 기쁨이 오히려 학수(鶴壽)로 연장되기를 빕니다." 하였다.

중궁에서 가요를 올려 이르기를,

"엎드려 보건대, 삼춘(三春)이 길상을 고하자 건어(乾御)를 따라 순행하시니, 만 백성이 모두 다 기뻐하도다. 곤원(坤元)의 후한 덕을 우러러 보고, 취화(翠華)를 펄럭이며 돌아오시니, 신선과 같이 공손히 맞이하도다. 공손히 생각하니, 중궁(中宮) 자성왕비전하(慈聖王妃殿下)께서는 성품(性稟)이 깊고 온화하시어, 몸소 자비심이 깊고 검약함을 행하시니, 공(功)은 실로 해를 붙드는 것보다 높고, 덕(德)은 진실로 하늘을 비유하는 것보다 뚜렷하네. 가만히 영유(英猷)를 도우시니 이남(二南)의 풍화(風化)를 여시고, 드디어 법가(法駕)를 함께 하시고 일방(一方)의 춘경(春耕)을 살피시니 의화(懿化)가 멀리 흘러 기뻐하는 소리가 다투어 일어나 물 끓듯 하도다. 비록 남쪽 백성들이 양요(兩曜)를 기쁘게 뵈었다 하더라도, 도성 사람들이 기다리기 수순(數旬)이었네. 예정(霓旌)이 잠시 온천에 머무시다가, 난여(鑾輿)가 이에 서울로 돌아오시니, 산천(山川)이 기뻐하고 일월(日月)이 빛을 더하도다. 첩(妾) 등이 자취를 이원(梨園)에 욕되게 하여 정성을 계액(桂掖)에 걸고 부모(父母)가 가까이 오심을 기뻐

하여 혹은 북치고 혹은 노래하면서, 숭악(嵩嶽)의 환호를 본받아 춤추기
도 하고 뛰기도 하면서, 감히 무딘 말을 엮어서 송미(頌美)하도다. 날은
길고 풍경은 아름다운데, 시절은 화평하고 경상은 한가하도다. 요지에
목욕 마치고 육비(六飛)가 돌아오니, 아름다운 기운은 교외에 피어오르
도다. 연로에는 노래와 풍악이 오르고, 도성 문에는 비단 깃발이 눈부
시도다. 오색 구름 사이에서 내려오는데, 원컨대 남산과 같이 장수하소
서." 하였다.

　　임금이 환궁(還宮)하였는데, 도성에 머물러 있던 백관(百官)들이 하례
(賀禮)를 행하고, 반사(頒赦)하였다. 교지(敎旨)에 이르기를, "순수(巡狩)
라는 것은 제왕(帝王)의 성사(盛事)요, 상서(祥瑞)란 지덕(至德)의 형향(馨
香)이다. 내가 부덕한 몸으로 외람되게 영도(靈圖)를 받았고 자민(子民)
의 정사를 아직 베풀지 못하였는데 연풍(年豐)의 경사를 여러 번 얻었으
니 스스로 미덥지 아니하여 다만 공손히 삼가함을 더할 따름이다. 복천
(福泉)에 이르기 전일(前日)에는 속리산(俗離山)에서 방광(放光)하였고,
행궁(行宮)에 나아갈 때에는 사리분신(舍利分身)이 있었고 신천(神泉)이
솟아올랐으니, 이는 실로 예천(醴泉)이다. 온 세상이 경사를 같이 하고,
멀고 가까운 곳이 다 함께 칭송하니, 마땅히 천휴(天休)를 넓히어 백성
과 더불어 다시 시작하겠다. 이달 21일 새벽 이전으로부터 대역(大逆)을
모반(謀反)한 자, 반역을 도모한 자, 자손(子孫)으로서 조부모(祖父母)나
부모(父母)를 죽이려고 도모한 자, 처첩(妻妾)으로서 지아비를 죽이려고
도모한 자, 노비(奴婢)로서 주인(主人)을 도모한 자, 고의(故意)로 살인(殺
人)을 도모한 자, 고독(蠱毒), 염매(魘魅)를 한 자, 다만 군령(軍令)을 범
한 자와 강도(强盜)를 제외(除外)하고는, 이미 발각(發覺)되었거나 아직
발각되지 아니하였거나, 이미 결정(結正)하였거나 아직 결정하지 아니
하였거나를 막론하고 모두 용서하고, 감히 유지(宥旨) 이전의 일을 가지

고 서로 고소하는 자는 그 죄로써 죄줄 것이다. 그러므로 이에 교시(教示)하니, 모두 알도록 하라." 하였다.

- **【실록】세조 34권, 10년(1464) 11월 4일(계축) 2번째 기사. 을유년의 과거는 온양에 행행하기 전에 끝내고, 문과의 강경을 없애게 하다**
  예조(禮曹)에 전지(傳旨)하기를, "오는 을유년의 과거(科擧)는 모름지기 온양(溫陽)에 행행(行幸)하기 이전에 시험을 끝마치게 하고, 또 문과(文科)의 강경(講經)은 없애도록 하라." 하였다.

- **【실록】세조 36권, 11년(1465) 8월 20일(을미) 1번째 기사. 대가가 온양 탕정의 행궁에 이르다**
  대가(大駕)가 움직이었다. 상군(廂軍)에게 명하여 길가에서 몰이하게 하여 여우[狐]를 잡고, 드디어 온양 탕정(湯井)의 행궁(行宮)에 이르렀다.

- **【실록】세조 36권, 11년(1465) 8월 27일(임인) 2번째 기사. 왕세자에게 아산포에서 사냥을 구경하게 하다**
  왕세자(王世子)에게 명하여 아산포(牙山浦)에서 사냥을 구경하게 하니, 영응대군(永膺大君) 이염(李琰), 사산군(蛇山君) 이호(李灝), 영순군(永順君) 이부(李溥), 귀성군(龜城君) 이준(李浚), 영의정(領議政) 신숙주(申叔舟), 우의정(右議政) 황수신(黃守身), 남양부원군(南陽府院君) 홍달손(洪達孫)이 수행(隨行)하였다.

- **【실록】세조 43권, 13년(1467) 8월 26일(기미) 2번째 기사. 한명회가 온양 온천에 가니 세자에게 전별하게 하다**
  상당군(上黨君) 한명회(韓明澮)가 온양 온정(溫井)에 가서 목욕하니, 임금이 세자에게 명하여 제천정(濟天亭)에서 전별(餞別)하게 하였다.

- 【실록】세조 45권, 14년(1468) 1월 19일(경진) 2번째 기사. 27일에 온양
  에 거둥할 것을 병조에 알리다

병조(兵曹)에 전지하기를, "본월(本月) 27일은 온양(溫陽)에 거둥하여
50일을 머무르고, 겸하여 강무(講武)를 행하겠으니, 그 모든 일을 판비
(辦備)하라."하였다.

- 【실록】세조 45권, 14년(1468) 1월 30일(신묘) 1번째 기사. 거가가 천안
  의 신은역에 이르러 사냥하고, 저녁에 온양 행궁에 이르다

거가(車駕)가 천안(天安)의 신은역(新恩驛)에 이르러 사냥[打圍]하고,
저녁에 온양 행궁(行宮)에 이르렀다.

- 【실록】세조 45권, 14년(1468) 2월 2일(계사) 1번째 기사. 세자에게 매사
  냥을 하게 하다

세자(世子)에게 명하여 매사냥[放鷹]을 신창(新昌)의 경계 위에서 하게
하니, 고령군(高靈君) 신숙주(申叔舟), 좌참찬(左參贊) 유수(柳洙)와 겸사
복(兼司僕) 20인 등이 따랐다.

- 【실록】세조 45권, 14년(1468) 2월 4일(을미) 2번째 기사. 세자에게 매사
  냥을 구경하게 하다

세자(世子)에게 명하여 매사냥[放鷹]을 온양(溫陽)의 북산(北山)에서 구
경하게 하니, 능성군(綾城君) 구치관(具致寬)이 따랐다.

• 【실록】 세조 45권, 14년(1468) 2월 4일(을미) 3번째 기사. 신숙주 등에게 술자리를 베풀다. 명나라 사신이 올 시기에 대해서 얘기하다

　고령군(高靈君) 신숙주(申叔舟), 영성군(寧城君) 최항(崔恒), 인산군(仁山君) 홍윤성(洪允成), 좌찬성(左贊成) 김국광(金國光), 호조판서(戶曹判書) 노사신(盧思愼), 이조판서(吏曹判書) 성임(成任)을 불러 술자리를 베풀었는데, 마침 중추부지사(中樞府知事) 민발(閔發)이 충주(忠州)로부터 와서 알현하니, 즉시 불러 보고, 임금이 신숙주 등에게 이르기를, "내가 여기에 이르러 목욕(沐浴)을 여러 번 하였으나 일기가 화창하고 따뜻하기가 올봄과 같은 적이 없었으니, 내 오래 머물러 조섭하고 목욕하려고 하나, 다만 명(明)나라 사신(使臣)이 빨리 올까 의심된다." 하니, 신숙주가 대답하기를, "명나라 사신이 비록 온다 하더라도 반드시 3월 사이에 있을 것이니, 탕천(湯泉)에 나아가 조섭할 여유는 있습니다." 하므로, 임금이 말하기를, "어찌 오지 않음을 알겠는가?" 하니, 신숙주가 말하기를, "명나라 사신이 만약 오지 않는다면, 중국은 의리가 없는 것입니다." 하므로, 임금이 말하기를, "단지 나의 도리만 지킬 뿐이다." 하였다. 또 말하기를, "전번에 전사례(全思禮)라는 자가 나이 79세에 상서(上書)하여 청하기를, '도성을 천안(天安)에 세우되, 천안(天安)이 불가하면 또한 온양(溫陽)도 가(可)하다.'고 하였으니, 그 정상이 가련(可憐)하여 내가 보고자 하였는데, 승지(承旨) 등은 어찌하여 전사례를 머물게 하고 즉시 아뢰지 아니하였느냐?" 하니, 좌승지(左承旨) 이극증(李克增)이 대답하기를, "상서(上書)하는 곳에 사람이 빽빽하게 있어 상언(上言)함을 인연한 까닭으로 즉시 아뢰지 못하였습니다." 하였다. 임금이 말하기를, "너에게 책임이 있으니, 그것을 다시 말하지 말라." 하고, 웃으며 이르기를, "지난번에 문(門)을 다는데 행인(行人)이 사슴에게 상(傷)함이 있어 내가 너로 하여금 가 보게 하려 하였으나, 네가 이미 취(醉)한 까닭으로 어세겸(魚

世謙)을 불렀더니 어세겸도 또 취하였는데, 이는 모두가 책임이 있는 것이니 그것을 술로써 벌(罰)하겠다." 하니, 이극증(李克增) 등이 바로 관(冠)을 벗고 받으므로, 노사신(盧思愼)이 따라서 곁에서 아뢰기를, "그날은 유독 이극증(李克增), 어세겸(魚世謙)만이 취한 것이 아니라, 승지(承旨)들은 모두 취하였습니다." 하니, 임금이 웃으며 명하여 모두 잔술로써 벌하였다. 임금이 민발(閔發)에게 이르기를, "너는 글[書]을 아느냐?" 하니, 대답하기를, "모릅니다." 하므로, 임금이 말하기를, "네가 글을 알지 못하고서 어찌 뭇 것[衆]을 다스림이 적은 것[寡]과 같음을 알겠느냐? 『오자(吳子)』를 읽었느냐?" 하니, 대답하기를, "숙독(熟讀)한 곳은 대강 압니다." 하니, (묻기를) "『대학(大學)』을 읽었느냐?" 하니, 대답하기를, "못 읽었습니다." 하였다. 신숙주가 말하기를, "민발은 시위(侍衛)하여 서울에 올 때에 『대학』을 시복(矢服)에 꽂고, 또 읽었습니다." 하니, 민발이 말하기를, "익히지 아니하여 읽는 대로 잊었습니다." 하므로, 임금이 말하기를, "그렇다면 네가 무거(武擧) 때에 강(講)한 것은 무슨 글이냐?" 하니, 대답하기를, "신(臣)의 등제(登第)는 명령이었습니다." 하므로, 신숙주가 말하기를, "민발(閔發)이 무거(武擧) 때에 『대학』을 잘못 읽어 시관(試官) 등이 불통(不通)이라 하니, 민발이 크게 말하기를, '성상께서 일찍이 나한데 이와 같이 가르쳤고 신숙주도 나에게 또한 이와 같이 가르쳤는데, 시관(試官)은 도리어 의심하여 조통(粗通)으로 두는가?' 하여, 이로 인하여 등제(登第)하였으니, 과연 민발이 말한 것처럼 명령이었습니다." 하니, 임금이 크게 웃고, 또 민발에게 묻기를, "너는 어마법(御馬法)을 아느냐?" 하니, 대답하기를, "압니다." 하므로, 임금이 웃으며 말하기를, "민발은 알지도 못하며 스스로 안다고 하니, 이로써 사람을 가르친다면 장차 반드시 사람들이 모두 민발과 같이 되리라." 하고, 드디어 술을 마시었다. 영순군(永順君) 이부(李溥)로 하여금 안에서 언문(諺文)을 내다 읽으며 어마법(御馬法)을 민발에게 물으니, 민발이 대답하는 것이 자못 성지(聖旨)에 맞으므로, 임금이 즐거워하고 술을 올리게 하였다. 또 최항(崔恒), 김국광(金國光), 노사신(盧思愼), 성임(成任) 등에게 명하여 언문으로 어마법(御馬法)을 번역하게 하고, 신숙주(申叔舟) 등에게 명하여 잘못된 곳을 지적하게 하니, 신숙주 등이 지적하지 못하므로, 임금이 말하기를, "이(耳)자가 잘못 되었는데도 경(卿) 등은 알지 못하느냐?" 하고, 드디어 잔술로써 벌(罰)하였다.

- **【실록】** 세조 45권, 14년(1468) 2월 10일(신축) 1번째 기사. 문과, 무과의 중시를 보게 하다

고령군(高靈君) 신숙주(申叔舟), 영성군(寧城君) 최항(崔恒), 인산군(仁山君) 홍윤성(洪允成), 좌찬성(左贊成) 김국광(金國光), 중추부지사(中樞府知事) 임원준(任元濬), 호조판서(戶曹判書) 노사신(盧思愼)을 불러 정사를 의논하고, 이어서 술자리를 베풀었다. 김국광(金國光)이 아뢰기를, "이제 봄 과거[春闈]를 당하여 호종(扈從)한 선비가 모두 시험에 나아가려 하는데, 만약 다 돌려보내어 시험에 나아가게 한다면 영진(營陣)이 허소(虛疎)하여질 것이니, 청컨대 성균관(成均館), 한성부(漢城府)의 시험하는 수효를 나누어서 행궁(行宮)의 가까운 고을에서 시취(試取)하게 하소서." 하니, 임금이 신숙주(申叔舟)에게 이르기를, "김국광(金國光)이 아뢴 것은 식년(式年)의 일이다. 내가 문과(文科), 무과(武科)를 중시(重試)를 보여서 그 재주를 보려 하는데 어떻겠느냐?" 하니, 모두가 말하기를, "좋습니다." 하므로, 즉시 명하여 임원준(任元濬)을 예조가판서(禮曹假判書)로 삼고, 시험 보는 일을 관장하게 하였다. 이어서 임원준, 김국광에게 명하여 사목(事目)을 만들게 하기를, "문과(文科)는 『사서오경(四書五經)』, 『무경칠서(武經七書)』, 『병요(兵要)』, 『병장설(兵將說)』, 『장감박의(將鑑博

議)』, 『백장전(百將傳)』 중에 탐주(探籌)하여 강하되, 1서(一書)를 약통(略通)한 자 이상으로 책문(策問) 한 가지를 말하고, 무거(武擧)는 윗항의 제서(諸書) 중에서 자원(自願)하여 1서(一書)를 조통(粗通)한 자 이상으로 기사(騎射)는 세 번 이상 적중시키고, 보사(步射)는 2시(矢) 1백 보(步)를 지난 자를 뽑게 하라." 하고, 또 예조(禮曹)에 전지하기를, "도내(道內) 문과(文科), 무과(武科)의 향시(鄕試)의 수효는, 문과는 전의 수효보다 갑절을 더하고 무거(武擧)는 세 갑절을 더하되, 온양(溫陽)의 가까운 고을에다 개장(開場)하고, 호종인(扈從人)과 본도(本道)의 거자(擧子)로 하여금 시험에 나아가게 하라." 하였다.

- 【실록】 세조 45권, 14년(1468) 2월 12일(계묘) 1번째 기사. 탕정에 나가다. 세자가 문과의 초시, 중시를 강하다

  탕정(湯井)에 나아가니, 세자(世子)가 시관(試官) 등을 거느리고 입내(入內)하여 문과(文科)의 초시(初試), 중시(重試)를 강(講)하여, 어두울 무렵에야 마쳤다.

- 【실록】 세조 45권, 14년(1468) 2월 14일(을사) 2번째 기사. 무거의 기사를 구경하고 종친, 재신에게 술자리를 베풀다

  임금이 온양 행궁(行宮) 앞 언덕에 나아가 무거(武擧)의 기사(騎射)를 구경하고, 종친(宗親), 재신(宰臣)을 불러 술자리를 베풀었다.

- 【실록】 세조 45권, 14년(1468) 2월 19일(경술) 1번째 기사. 무거의 초시, 중시의 거자를 불러 강하다

  무거(武擧)의 초시(初試), 중시(重試)의 거자(擧子)를 불러 친히 글을 강(講)하고, 얼마 안 되어 탕정(湯井)에 나아갔다. 세자(世子)에게 명하여,

시관(試官) 신숙주(申叔舟) 등을 거느리고 탕실(湯室) 창 밖[窓外]에 나아가 이를 강(講)하게 하여, 계천령(溪川令) 이계(李誡) 등 36인과 이몽석(李夢石) 등 38인을 뽑았다.

● 【실록】 예종 5권, 1년(1469) 4월 18일(신미) 2번째 기사. 최안이 온양에서 돌아오니, 정동, 심회가 제천정에 나아가 맞이하다

최안(崔安)이 온양(溫陽)에서 돌아오니, 정동(鄭同), 심회(沈繪)가 제천정(濟川亭)에 나아가 맞이하였는데, 능성군(綾城君) 구치관(具致寬), 창녕군(昌寧君) 조석문(曹錫文), 도승지(都承旨) 권감(權瑊)을 보내어 궁온(宮醞)을 가져가서 위로하게 하였다. 연회가 파하자, 최안 등이 배를 타고 강을 따라 내려와 노량(路梁)에 이르러 돌아오니, 우부승지(右副承旨) 정효상(鄭孝常)을 보내어 문안(問安)하게 하고, 또 환관(宦官) 김결(金潔)을 보내어 별하정(別下程)을 가져가서 최안에게 주게 하였다.

● 【실록】 성종 132권, 12년(1481) 8월 18일(경신) 1번째 기사. 상참을 받고 백성의 억울한 일과 황효원의 잘못을 따지다

형조판서(刑曹判書) 이극증(李克增)은 아뢰기를, "옛날에 세조(世祖)께서 온양(溫陽)에 거둥하였을 때에 원한을 호소할 자는 모두 표기(標旗) 아래로 모이게 하였는데, 모인 사람은 숲같이 많았으나 모두 정실(情實)은 없었다 합니다." 하니, 임금이 말하기를, "관리(官吏)들이 혹시라도 공정치 못하다면 어떻게 원통함을 풀겠는가? 그러나 격쟁하며 통곡을 하는 것은 옳지 않다." 하였다.

● 【실록】 성종 151권, 14년(1483) 2월 16일(기묘) 1번째 기사. 삼대비가 온
  양에 가는데 마중 나가다

　　삼대비(三大妃)가 온양 온정(溫陽溫井)에 거둥하였다. 임금이 백관(百
官)을 거느리고 먼저 주정소(晝停所)에 이르러 예조 당상(禮曹堂上)을 불
러 전교하기를, "처음에 주정소에서 지송(祇送)하려고 하였으나, 여기
와서 다시 생각해 보니 마음이 편안하지가 못하다. 내 백관을 거느리고
친히 강변에 이르러 (거기에서) 지송하겠다. 삼대비전(三大妃殿)께서 강
(江)을 건넌 뒤에 나도 돌아오려고 하는데, 경(卿)들의 생각은 어떠한
가?" 하니, 예조(禮曹)에서 아뢰기를, "성상의 하교가 지당합니다." 하였
다. 이윽고, 삼대비(三大妃)가 주정소에 이르렀다. 임금이 도승지(都承
旨)에게 분부하여 삼전(三殿)의 수레를 따르는 재추(宰樞) 등을 불러 술을
내려 마시게 하였다. 백관에게 명하여 먼저 강변에 나아가서 길 왼쪽에
차례로 서 있게 하였다. 임금이 강변에 거둥하여 말에서 내리었다. 차례
로 입대(立待)하는 것은 하지 말도록 하였다. 삼전이 이르니, 임금은 무
릎을 꿇고, 백관들은 부복(俯伏)하였다. 삼전이 배에 오르니, 임금이 이
어 일어섰다. 삼전이 강을 건너 연(輦)에 올라 수십 보쯤 갔는데, 임금은
한참 동안 서 있다가 삼전이 멀리 간 다음에 환궁(還宮)하였다.

● 【실록】 성종 152권, 14년(1483) 3월 4일(병신) 3번째 기사. 우의정 홍응
  을 온양에 보내어 삼전에 문안토록 하다

　　우의정(右議政) 홍응(洪應)을 온양(溫陽)에 보내어 삼전(三殿)에 문안(問
安)하도록 하였다.

• 【실록】 성종 155권, 14년(1483) 6월 18일(기묘) 4번째 기사. 대행대비가
  온양에 있을 때 임원준을 시켜 다시 지은 비음을 가져오게 하다

전교(傳敎)하기를, "내가 듣건대, 대행대비(大行大妃)가 온양(溫陽)에
거둥하였을 때 임원준(任元濬)에게 명하여 주필천비(駐蹕泉碑)의 비음(碑
陰)을 다시 기록하게 했다고 하니, 곧 그 글을 가지고 오도록 하라." 하
니, 승정원(承政院)에서 가지고 와 바쳤다. 그 글에 이르기를, "예전 우리
세조혜대왕(世祖惠莊大王)께서 남쪽으로 순행(巡幸)하실 때 자성(慈聖)께
서 실제로 함께 거둥하시어 곧 온천(溫泉)에 머물렀다. 신정(神井)의 상
서로움이 있어 드디어 이름을 내리고 돌에 새겨 영원히 전하려고 하였
다. 이에 금년 봄 2월에 자성(慈聖)께서 두 왕대비(王大妃)와 함께 신천(神
泉)에 거둥해 보니, 신정(神井)은 그대로 있는데 석각(石刻)은 마멸되었
다. 이리하여 옛일을 회상하며 현재를 생각하니 슬픔을 감당할 수 없어,
이에 내수(內需)의 재물로써 중각(重刻)한다. 월산대군(月山大君) 신(臣)
이정(李婷), 덕원군(德源君) 신 이서(李曙), 하성부원군(河城府院君) 신 정
현조(鄭顯祖)에게 명하여 그 일을 주관(主管)하게 하고, 신 임원준(任元
濬)이 일찍이 이 신정(神井)에 대하여 기록하였다 하여, 이어서 그 비(碑)
에 음기(陰記)를 기록하게 하였으니, 아! 신이 차마 기록하겠는가? 신이
두서 없는 말로 엮은 지 이미 20성상(星霜)이 되었다. 용염(龍髯)이 돌아
오지 못함을 슬퍼하고, 인사(人事)가 쉽게 변함을 슬퍼한다. 견마(犬馬)
같은 목숨은 한 번 죽으면 그 뿐인데, 지금 또 호종(扈從)하는 데에 참여
하여 외람되게 이런 명을 받았으니, 요행이 아니고 하늘이 내린 것이다.
절실하게 사모하여 슬퍼함이 지극함을 감당하지 못하여 감히 눈물을 흘
리면서 머리를 숙여 절하고 전말(顚末)을 기록하였으니, 때는 성화(成化)
19년 3월 일이다." 하였다.

- **【실록】 중종 9권, 4년(1509) 윤9월 7일(병인) 1번째 기사. 유순정 등이 천둥, 번개를 들어 공구 수성할 것 등을 아뢰다**

  듣건대 세조(世祖) 때에 한 여인이 그 지아비의 억울하게 죽은 것을 신원(伸冤)하지 못하고 있다가 온양(溫陽) 행행 때에 막차(幕次)에 가서 부르짖고 울어 그 원통하고 억울함을 폈다고 하니, 만약 시원해야 할 일이 있는데도 일체 막아 버림은 불가합니다."하고, 유순정은 아뢰기를, "법사(法司)에서 만일 해사(該司)의 퇴장(退狀)이 없으면 퇴장을 주지 않기 때문에 상언(上言)을 할 수 없게 되는데, 해사에서 그릇 결단한다면 과연 퇴장하지 않을 리가 있겠습니까? 비록 해사의 퇴장이 없는 자일지라도 다만 사헌부(司憲府)의 퇴장을 받아 상언하게 한다면 거가 앞에서 정장(呈狀)하는 자가 반드시 그렇게 분분하지는 않을 것입니다."하였다.

- **【실록】 현종 12권, 7년(1666) 4월 10일(경신) 2번째 기사. 비가 많이 와서 과거의 시행을 변통하다**

  이때 비가 매우 많이 왔다. 우의정 허적이 승지 민희(閔熙)로 하여금 아뢰게 하기를, "야외에 과장(科場)을 열었는데, 갑자기 큰비를 만나 수천 명의 유생이 그대로 흠뻑 젖어 제술을 할 수 없습니다. 추위를 견디지 못해 밖으로 나가 생명을 구할 수 있게 해달라고 일제히 호소하니, 달리 임시변통이 없어서는 안 되겠습니다."하니, 상이 영상 정태화(鄭太和)에게 의논하도록 명하였다. 태화가 아뢰기를, "과장의 일은 체모가 매우 중요하며, 또 훗날 이 일을 끌어다가 규례로 삼을까 염려됩니다. 곧바로 나가기를 자원하는 자는 허락해주고 나머지는 그대로 제술하게 해야 하겠습니다."하니, 상이 그들이 원하는 대로 유생을 내보내주라고 명하였다. 이에 수천여 명이 일시에 일어나 나가니, 흠뻑 젖은 채 이리저리

엎어지는 그 모양을 뭐라고 형용할 수 없었다. 약간의 유생만이 제술을 하여 냈는데 겨우 56장이었다. 허적 등이 급제한 사람의 순위를 정하여 3장을 올렸는데, 상은 온양 사람에게 급제를 하사하고자 하여 낙폭(落幅) 가운데서 찾아보도록 명하였다. 허적 등이 불가하다고 쟁집하자 상이 그만두고 권열(權說) 등 3명을 뽑아 급제를 하사하였다.

- 【실록】 현종 13권, 8년(1667) 윤4월 3일(정축) 2번째 기사. 온양의 공자 묘에 제사하다

  중신을 보내어 태뢰(太牢)로써 온양의 공자묘에 제사했다.

- 【현개】 현개 17권, 8년(1667) 윤4월 3일(정축) 2번째 기사. 중신을 보내 어 온양 향교에 제사하다

  중신(重臣)을 보내어 태뢰(太牢)로써 온양(溫陽) 향교에 제사하였다.

- 【실록】 숙종 59권, 43년(1717) 2월 25일(경술) 2번째 기사. 사간 이정익 이 온양에서의 과거설행 중지를 청하다

  사간(司諫) 이정익(李禎翊)이 상소하여 온양(溫陽)에서 과거(科擧)를 설 행(設行)하는 일을 멈추기를 청하였는데, 이르기를, "과거를 설행하는 일은 선조(先朝)에서 이미 행한 전례이므로 위로하고 기쁘게 하는 도리 로서는 바로 준행(遵行)하고 폐기하지 말아야 할 것입니다. 그러나 이제 굶어 죽은 사람이 잇달아서 기상(氣象)이 슬프니, 전하께서 주필(駐蹕)하 신 뒤에 이러한 경황을 보시면 무슨 마음으로 과거를 설행하는 일을 하 시겠습니까? 비록 과거에 나아가는 자로 말하더라도 부황(浮黃)이 들어 거의 죽게 된 가운데 또한 양식을 싸가지고 먼 길을 일제히 와서 모일 수가 없을 것입니다. 신의 어리석은 생각으로는 거둥하시기 전에 특별

히 윤음(綸音)을 내려 본도의 도신(道臣)으로 하여금 한 방면에 두루 유시(諭示)하게 하고, 환궁(還宮)하여 가을 곡식이 익기를 기다려 따로 중신(重臣)을 보내어 과거를 설행해서 사람을 뽑고, 서울에 올라와서 방방(放榜)하게 하면, 조정에서 위로하고 기쁘게 하는 도리를 이에서 다하게 될 것입니다." 하였는데, 임금이 그 소를 묘당(廟堂)에 내렸다. 비국(備局)에서 복주(覆奏)하여 가을 곡식이 익기를 기다려 명관(命官)을 내려보내어 과장(科場)을 설치해서 시취(試取)하고, 호가(扈駕)한 군사는 서울로 돌아간 뒤에 따로 시취하기를 청하니, 임금이 그대로 따랐다.

- 【순종부록】 순부 4권, 3년(1910) 6월 16일(양력) 2번째 기사. 이교영을 보내어 이완용을 병문안하도록 하다

　시종(侍從) 이교영(李喬永)을 보내어 온양(溫陽) 온천에서 치료 중인 내각총리대신(內閣總理大臣) 이완용(李完用)의 병문안을 하도록 명하였다. 태황제폐하(太皇帝陛下)도 시종 홍운표(洪運杓)를 보내어 병문안을 하도록 명하였다.

(3) 온행 특사(特賜)

- 【실록】 세종 59권, 15년(1433) 3월 29일(임오) 1번째 기사. 온수현에 사는 백성들에게 매호에 콩 한 섬과 벼 두 섬을 하사하다

　온수현에 사는 백성들에게 매호에 콩 한 섬과 벼 두 섬을 하사하였다. 대저 대가(大駕)가 오래 머물면 백성들이 그 폐를 받을 것을 염려한 때문이었다.

- 【실록】세종 60권, 15년(1433) 4월 4일(정해) 1번째 기사. 임금이 충청도
  감사 조종생, 이중 및 수령 등에게 상을 줄 것을 승정원에게 묻다

  임금이 승정원에 묻기를, "충청도감사 조종생(趙從生)과 경력 이중(李
  重) 및 수령 등이 (이번 행차를) 접대하는 데 수고가 많았으므로, 내가
  상(賞)을 주고자 하는데 어떻게 하면 좋으냐." 하니, 여러 사람이 논의하
  여 아뢰기를, "감사에게는 안장 갖춘 말을 하사하고, 경력에게는 옷 1습
  을 하사하며, 차사원(差使員) 청주목사 조관(趙貫), 대흥현감(大興縣監)
  조병문(曹炳文), 온수현감 임계손(林繼孫) 등에게는 각각 옷 한 벌씩을
  하사함이 어떠합니까." 하매, 임금이 말하기를, "나의 뜻에 꼭 맞는다."
  하고, 곧 하사하게 하였다.

- 【실록】세종 60권, 15년(1433) 4월 5일(무자) 3번째 기사. 임금이 온수현
  의 병든 노인과 환과고독에게 은혜를 베풀 것을 말하다

  임금이 말하기를, "온수현 인민들에게 벼와 콩을 이미 하사하였는데,
  지금 다시 생각해 보니 조세(租稅)를 감해 주는 것이 좋을 뻔했다. 그러
  나 다시 고칠 수 없으니, 병든 노인과 환과고독(鰥寡孤獨)에게라도 은혜
  를 더 베풀고자 하는데 어떤가." 하니, 안숭선이 아뢰기를, "백성을 사랑
  하시는 마음이 지극합니다. 감사에게 이름을 기록하여 올리도록 하소
  서." 하니, 그대로 따랐다.

- 【실록】세종 60권, 15년(1433) 4월 7일(경인) 1번째 기사. 온수현의 빈궁
  한 사람에게 곡식을 하사하다

  온수현의 빈궁한 사람 76명에게 벼와 콩 각 1석씩, 나이 80이상인 곤
  궁한 백성 9명에게 벼 2석과 콩 1석씩, 나이 70이상인 곤궁한 백성 18명
  에게 벼와 콩 각 1석씩을 하사하고, 또 감사에게 명하여 토지가 행궁(行

宮) 근처에 있어서 농사를 짓지 못한 자에게는 그 결복(結卜)의 수(數)로 값을 주게 하였다.

- 【실록】세종 99권, 25년(1443) 3월 19일(갑술) 1번째 기사. 온양군 사람 들에게 치하하다

　명하여 온양군(溫陽郡) 사람에게 환자[還上]를 매호에 2섬씩 감하여 바 치게 하고, 그 고을의 노인 25인에게 곡식을 차등 있게 하사하였다. 또 온정감고(溫井監考) 6인에게도 면포(綿布)를 차등 있게 하사하였다.

- 【실록】세종 99권, 25년(1443) 3월 29일(갑신) 2번째 기사. 박결, 송만 달, 박생에게 옷과 갓을 하사하다

　도차사원(都差使員) 지여산군사(知礪山郡事) 박결(朴絜)과 지온양군사 (知溫陽郡事) 송만달(宋萬達)에게 옷 한 벌씩을 주고, 또 감고(監考) 전 부 사직(副司直) 박생후(朴生厚)에게 핫옷 한 벌과 갓을 주었다.

- 【실록】단종 6권, 1년(1453) 4월 24일(신해) 1번째 기사. 나홍서가 하위 지의 자급을 더하는 일이 사사로운 은혜가 아님을 아뢰다

　의정부사인(議政府舍人) 나홍서(羅洪緖)를 불러서 하위지(河緯地)의 상 소를 주어서 당상에서 의논하였다. 나홍서가 와서 아뢰기를, "『병요(兵 要)』, 병서(兵書)의 글자를 옮기어 쓴 사람도 모두 자급(資級)을 더하였는 데, 이제 수양대군(首陽大君)이 문종조(文宗朝)에 있어서 어명을 받고 찬 집(撰集)하였기 때문에 공도(公道)로써 이를 아뢴 것이요, 사사로운 은혜 가 아닙니다. 또 세종조(世宗朝)에 송만달(宋萬達)이 온양군사(溫陽郡事) 가 되었을 때 왕자가 온천[溫井]에서 목욕하여 병이 나으니 특별히 송만 달에게 자품을 더하여 주었는데, 이제 조충손(趙衷孫)에게 자품을 더하

여 준 것도 바로 그러한 예입니다. 수양대군(首陽大君)의 수종관(隨從官)에게 자품을 더한 일에 대하여서는, 황보인(皇甫仁), 김종서(金宗瑞)는 그들의 아들도 또한 이에 참여하였기 때문에 감히 의의(擬議)하지 못하였고, 그 나머지는 모두 말하기를, '이미 시행되었으니 다시 고칠 수가 없습니다.' 하였습니다." 하였다.

● 【실록】 세조 13권, 4년(1458) 7월 18일(계묘) 4번째 기사. 충청도관찰사 황효원에게 목욕가는 정순공주에게 음식 등을 지급라고 명하다

승정원(承政院)에서 교지(敎旨)를 받들어 충청도관찰사(忠淸道觀察使) 황효원(黃孝源)에게 치서(馳書)하기를, "정순공주(貞順公主)가 지금 온양 온정(溫井)에 목욕하러 가니, 그녀에게 감영(監營)의 쌀 10석(石)과 황두(黃豆) 5석을 주고, 아울러 음식물(飮食物)도 주라." 하였다.

● 【실록】 예종 6권, 1년(1469) 7월 6일(정해) 3번째 기사. 정현옹주가 온양 온천에 가서 목욕하니, 충청도관찰사에게 쌀 15석을 주도록 하다

정현옹주(貞顯翁主)가 온양(溫陽) 온천(溫泉)에 가서 목욕하니, 충청도 관찰사에게 쌀 15석을 주도록 유시하였다.

● 【실록】 성종 156권, 14년(1483) 7월 14일(갑진) 2번째 기사. 이조와 병조 등 각 관사에 국상 중에 수고한 신하들을 논상하게 하다

이에 앞서 삼전(三殿)이 온양(溫陽)에 거둥하였을 때와 재궁(梓宮)이 서울로 돌아오고 산릉(山陵)에 갔을 때에 공로가 있던 인원과 삼도감(三都監)의 당상(堂上), 낭청(郎廳)에 대하여 공로를 등제(等第)하여 아뢰라고 명하였는데 이때에 와서 이런 명이 있었다.

• 【실록】 성종 156권, 14년(1483) 7월 15일(을사) 4번째 기사. 이조에 청주 목사 이평의 자급을 하나 높이게 하다

이에 앞서 삼전(三殿)이 온양(溫陽)에 거둥하였을 때에 이평이 공로가 있어 승직(陞職)시킬 무리에 들어 있었는데, 이때에 와서 부사(副使)가 청하였으므로 이런 명이 있었다.

• 【실록】 성종 161권, 14년(1483) 12월 11일(경오) 1번째 기사. 사헌부의 청에 따라 논공된 수령이라도 임기 만료 후에 서용하게 하다

사헌부장령(司憲府掌令) 김질(金軼)이 와서 아뢰기를, "삼전(三殿)이 온양(溫陽)에 거둥하였을 때와 정희왕후(貞熹王后)의 상장(喪葬) 때에 수령(守令)으로서 공이 있었던 자는 개만(箇滿)하는 것을 헤아리지 않고 즉시 올려서 서용(敍用)하게 하였는데, 신의 생각으로는, 수령은 경관(京官)의 예(例)와 같지 아니하여 영송(迎送)하는 폐단이 작지 아니하니, 청컨대 개만(箇滿)하기를 기다려서 서용하소서." 하니, 전교하기를, "홍정승(洪政丞)이 말하기를, '공이 있는 자는 마땅히 빨리 상을 주어야 한다.'고 하였기 때문에 그렇게 하였다. 만약 개만(箇滿)하기를 기다리다가 육기(六期) 안에 혹시 불행한 일이 있으면 상을 받지 못할까 두렵다." 하였다. 김질이 다시 아뢰기를, "공(功)을 세우는 것은 적(敵)을 참(斬)하는 것만 한 것이 없습니다. 기해년 서정(西征) 때에 영변판관(寧邊判官) 홍석필(洪碩弼)이 공이 있어서 상(賞)을 받게 되었는데, 개만(箇滿)하지 아니하였었기 때문에, 금년에 비로소 신천군수(信川郡守)에 제수되었으니, 신의 생각으로는 개만(箇滿)한 후에 벼슬을 올려 주더라도 늦지 아니할 듯합니다." 하니, 전교하기를, "홍정승과 사헌부(司憲府)의 말을 가지고 영돈녕(永敦寧) 이상에게 의논하도록 하라." 하였다. 정창손(鄭昌孫), 심회(沈澮), 이극배(李克培), 윤호(尹壕) 등이 모두 사헌부의 말이 옳다고 하므로,

임금이 그대로 따랐다.

- 【실록】 현종 10권, 6년(1665) 5월 1일(병술) 3번째 기사. 온양 사람 조명
  한을 효릉참봉에 제수하다
  온양 사람 조명한(趙鳴漢)을 효릉참봉(孝陵參奉)으로 삼았다.

- 【실록】 현종 10권, 6년(1665) 5월 6일(신묘) 2번째 기사. 신계영, 신한선
  에게 관직을 제수하고 박춘화 등에게 자급을 올려주다
  신계영(辛啓榮)을 지중추로, 온양인 신한선(申翰宣)을 경릉참봉으로
  삼고, 온양 노인 박춘화(朴春華) 등 15인은 자급을 올려 주었다.

- 【실록】 현종 12권, 7년(1666) 4월 25일(을해) 2번째 기사. 영상 정태화
  등을 인견하여 본도 역의 견감, 노인들의 가자 등을 논의하다
  영상 정태화, 우상 허적, 호판 정치화, 충청감사 임의백(任義伯)을 인
  견하였다. 상이 이르기를, "본도의 역(役)을 견감하는 일을 어떻게 정해
  야 하겠는가?" 하니, 태화가 아뢰기를, "상께서 특명을 내려 견감하셔야
  합니다." 하였다. 상이 이르기를, "작년에는 얼마나 견감하였는가?" 하
  니, 허적이 아뢰기를, "온양은 전세(田稅)를 모두 감하였고 먼 읍은 수미
  (收米) 2두(斗)를 견감하였습니다." 하였는데, 상이 이르기를, "지금은 역
  민(役民)이 작년의 배나 되니 한결같이 작년의 예에 따라 견감하고, 경기
  도 그와 같이 견감하라." 하였다. 의백이 힘써 수군이 지탱하기 어려운
  폐단을 진달하고 추후에 변통하는 방도를 계문하겠다고 하였다. 태화가
  아뢰기를, "노인들의 가자(加資)는 한결같이 작년의 예에 따르셔야 합니
  다." 하니, 상이 이르기를, "감사로 하여금 계문하게 하라." 하였다. 태
  화가 아뢰기를, "신계영(辛啓榮)은 인조조(仁祖朝)에 삼사(三司)에 출입했

던 신하인데, 지금 나이가 아흔입니다." 하니, 허적이 아뢰기를, "이 사람은 계문하기를 기다릴 것도 없습니다." 하자, 상이 이르기를, "종1품에 초승(超陞)하라." 하였다. 관원을 보내어 연양부원군(延陽府院君) 이시백(李時白)과 판중추 김집(金集)에게 치제(致祭)하게 하였는데, 도승지 김수흥의 말을 따른 것이었다.

- **【현개】현개 15권, 7년(1666) 4월 25일(을해) 4번째 기사. 온천의 효험 및 온양의 요역, 노인 우대 등에 대해 논의하다**

상이 영상 정태화, 우상 허적, 호조판서 정치화, 충청감사 임의백을 인견하였다. 허적이 아뢰기를, "어가를 돌릴 날짜가 수일 밖에 안 남았는데, 안질이 더욱 나아지는 효과가 있으십니까?" 하니, 상이 이르기를, "상당히 나았다마는 지난해처럼 통쾌하지는 않은 것 같다." 하였다. 허적이 아뢰기를, "자전께서는 목욕하시고 나서 뚜렷한 효험을 보셨습니까?" 하니, 상이 이르기를, "그전에 앓아오던 습열의 증세는 쾌히 근치가 되었는지는 모르겠으나 지금 보기에는 신기한 효험이 있는 것 같다." 하고, 태화 등에게 묻기를, "본도의 요역을 견감해 주는 일에 대해서는 어떻게 의논해 정하였는가?" 하자, 태화가 아뢰기를, "상께서 특별히 견감해주라고 명하시어 은혜의 뜻을 보이셔야겠습니다." 하였다. 상이 이르기를, "지난해에 견감해 준 것은 얼마나 되는가?" 하니, 허적이 아뢰기를, "온양은 전세를 완전히 감해 주었고 나머지는 두 말을 감해 주었습니다." 하자, 상이 이르기를, "지금 역시 일체 지난해처럼 견감해 주되 경기도 똑같이 감해 주라." 하였다. 태화가 아뢰기를, "충청감사가 입시하였으니, 말씀드릴 만한 백성의 폐막이 없지 않을 것입니다." 하자, 임의백이, 수군의 신역이 너무나 무거워서 유지할 수 없는 폐단에 대해 말하고, 또 아뢰기를, "엊그제 재이(災異)로 인하여 백성의 폐막에 대해 하문하시고 또 인재를 구하셨는데, 때마침 거둥하신 때를 당하여 미처 장계를 올리지 못하였습니다. 뒤에 조목조목 열거하여 아뢰겠습니다." 하였다. 허적이 아뢰기를, "지난해 본도의 노인에게 가자할 때에 80세로 한정하였기 때문에 79세 된 자들이 그 가운데 들어가지 못하였는데, 올해에 이르러 기대하는 마음이 없지 않다고 합니다." 하니, 상이 이르기를, "본도로 하여금 조사해 뽑아 아뢰게 하라." 하였다. 태화가 아뢰기를, "전 참판 신계영(辛啓榮)에게 가자를 하였으나, 올해에 90이 찼으니, 이 사람에게 별도로 은전을 베풀어 노인을 우대하는 은전을 보여야 하겠습니다." 하자, 상이 이르기를, "지금 어떤 관작인가?" 하니, 태화가 아뢰기를, "지중추입니다." 하자, 상이 이르기를, "종1품으로 올려 주라." 하였다.

- **【실록】 현종 12권, 7년(1666) 6월 3일(임자) 2번째 기사. 충청감사 임의백과 온양군수 박구를 가자할 것을 명하다**

  상이 신하들을 인견하였다. 상이 이르기를, "작년에 온천에 갔을 때 본도 감사와 온양군수를 모두 가자(加資)했었다. 이번에도 차이를 두어서는 안 되겠으니, 감사 임의백(任義伯)과 군수 박구(朴遘)를 모두 가자하라." 하였는데, 장령 이광적이 명을 거두기를 청하였으나, 상이 따르지 않았다. 몇 달 동안 계속해서 아뢰었으나 뜻을 이루지 못하였다.

- **【현개】 현개 18권, 9년(1668) 3월 13일(신해) 2번째 기사. 진구책을 의논하다**

  상이 희정당에 나아가 대신과 비국의 여러 신하를 인견하여 진휼 정책에 대해 의논하였다. 이를 마치고 지평 이혜가 온천에 행행한데 대한 상격을 도로 거두기를 거듭 청하였으나, 상이 따르지 않았다. 영상 정태화가 아뢰기를, "온양에 행차했을 때 상격을 내린 일에 대해 매번 진달하고자 하였으나 끝내 아뢰지 못하였습니다. 첫해에는 전에 없던 데에서 나온 거조였고, 다음해에는 자전(慈殿)을 모시고 갔으므로 상격이 지나쳤더라도 사람들이 혹 놀랍게 여기지 않았습니다. 지금은 두 해와는 다릅니다. 그런데 어찌하여 이렇게까지 무리하게 군정을 거스른단 말입니까." 하니, 상이 묵묵히 있었다.

• 【실록】 현종 16권, 10년(1669) 4월 4일(병인) 1번째 기사. 충청도 수감 죄인, 가흥창 설치, 노비 신공 견감, 전세와 세폐 문제를 논의하다

약방이 입진하기를 청하니, 상이 이르기를, "입진할 때 영상도 입시토록 하고 충청감사도 와서 입시토록 하라." 하였다. 입시할 때 호판 민정중이 뵙기를 청하여 입시하였다. 상이 충청도에 당시 수감된 죄인을 관대히 처벌하도록 명하고, 가흥(可興)에 새로이 창고를 설치하는 일도 잠시 중단하도록 명하였다. 상이 연석에서 옥당이 서계한 일을 대신에게 의논하였는데, 영상 정태화도 가흥에 새로운 창고를 설치하는 일은 폐단이 많음을 진달하며 중지시키기를 청하였다. 충청감사 이숙(李䎘)이 아뢰기를, "전일에 하유하시어 백성에게 두루 폐단을 물어보게 하신 까닭에 지금 한창 가려내고 있습니다. 그런데 확실히 징수할 곳이 없는 노비의 신공은 별도의 견감하여 별도의 은혜를 베푸신다면 혜택이 적지 않을 것입니다." 하니 정태화가 아뢰기를, "이 말이 맞습니다. 허실을 분명하게 안다면 조정에서야 무엇이 아깝겠습니까." 하자 허적이 아뢰기를, "자세히 조사하게 하여 견감하는 것이 좋겠습니다." 하니, 상이 충청도 내에 견감하는 등의 일을 모두 무신년에 행차할 때 시행했던 전례에 따라 시행하도록 명하고, 온양의 전년 전세와 금년 세폐는 특별히 감해 주도록 명했다.

• 【실록】 현종 16권, 10년(1669) 5월 14일(병오) 3번째 기사. 온양에 행행
  할 때 연로의 80세 이상 노인 정엽 등 26명에게 가자하다

  충청도 온양에 행행할 때 연로(沿路)의 80세 이상의 노인 정엽(鄭曄)
  등 26명을 가자하였다.

• 【실록】 현종 22권, 15년(1674) 2월 17일(임자) 1번째 기사. 대사헌 남용
  익 등이 호서의 감세에 대해 의논하다

  대사헌 남용익, 집의 김석주, 지평 민암이 아뢰기를, "호서 지방은 신
  축년 이래로 재앙과 흉년이 계속되어 전결(田結)이 날로 줄어들고 있으
  며, 또 온양에 거둥하신 뒤로 춘추로 거둬들이는 쌀을 은전으로 인해
  감해주기도 하고 재앙으로 인해 감해주기도 하였기 때문에 해청(該廳)에
  상납하는 게 많이 삭감된데다 본도에 비축된 것도 점차로 소비되고 있
  는데, 갑자기 다시 경술, 신해년의 큰 흉년을 만나 안팎이 바닥나 수습
  할 수가 없게 되었습니다. 현재 호서에서 호조, 기청(畿廳), 진휼청, 상
  평청에게 차용한 것을 계산해 보면, 베는 1천여 동, 쌀은 3만여 석, 은은
  4천여 냥에 이르고 있는데, 이것들에 대해 모두 문안대로 상환받되 채무
  이행을 꼭 시켜야 한다는 의논이 있었습니다. 신이 그 수량을 계산해
  보니, 지금 비록 온 도에 부세를 더 매기고 1년 내내 받아들인 것을 모두
  쓸어잡는다 해도 채무를 충당할 수 없습니다. 애당초 진휼청에서 각종
  재물과 곡식을 모아둔 것은, 바로 이러한 흉년과 재앙을 당한 곳을 구제
  하기 위한 것인데, 지금 물량을 따져 받아들이고자 하니 혜택을 베풀어
  환란을 돌봐주는 도리에 사실 어긋납니다. 상평청의 경우 모곡(耗穀)으
  로 이자를 놔 경상비 이외 수용 자본을 마련하는 곳이니, 이 역시 어떻게
  빌려준 것이라고 하여 추심할 수 있겠습니까. 진휼청, 상평청으로 하여
  금 즉시 호서에서 쓴 은과 쌀의 수량을 모두 깨끗이 면제해주게 하소서.

그리고 호조, 기청에서 빌려준 쌀과 베에 대해서도 해당 아문으로 하여금 경비를 헤아려서 반을 감해주거나 소량을 감해주게 하여 좋은 법을 폐지하지 않고 애처로운 백성을 크게 위로하는 소지로 삼으소서." 하니, 답하기를, "묘당으로 하여금 품처하게 하라." 하였다.

- 【실록】숙종 59권, 43년(1717) 2월 12일(정유) 1번째 기사. 온천 거둥 지역의 진휼책에 대해 하교하다

  임금이 하교(下敎)하기를, "이번에 온천에 거둥하는 것은 만부득이한 데에서 나왔으나, 마침 흉년을 당하여 폐단을 끼치는 단서가 많을 것이니, 내 마음이 어찌 편안하겠는가? 특별히 진휼(軫恤)하는 방도가 없어서는 안 되니, 묘당(廟堂)으로 하여금 지나는 곳과 근처 각 고을의 병신년 조(條)의 전세(田稅), 대동(大同)을 품지(稟旨)하여 적당히 줄여서 내 뜻을 보이도록 하라." 하였는데, 비국(備局)에서 복주(覆奏)하기를, "온양(溫陽) 한 고을은 병신년 조의 전세를 완전히 감면하고, 호서(湖西)는 병신년 대동(大同)의 실결(實結) 7만 6천 10결(結)을 결마다 각각 2두(斗)씩 감면하면 감면할 것이 1만 1천 3백 40석(石)이 될 것인데, 본도(本道)의 감사(監司)로 하여금 그 출역(出役)이 어렵고 쉬운 데에 따라 구별하여 감면해 주게 하고, 경기의 고을은 결마다 대동미(大同米) 3두씩을 감면하소서." 하니, 임금이 옳게 여겼다.

- 【실록】숙종 59권, 43년(1717) 4월 1일(을유) 3번째 기사. 충청감사 윤헌주가 도내의 폐막을 아뢰다

  충청감사(忠淸監司) 윤헌주(尹憲柱)가 도내의 폐막(弊瘼)을 조목조목 아뢰고, 청하기를, "외방(外方)의 간사한 사람이 오래 추심(推尋)하지 않는 전민(田民)을 궁가(宮家)에 투매(投賣)하고 궁가에서 억지로 측량하게

한 것은 먼저 본관(本官)에게 물어 그 허실(虛實)을 알아서 아직 결송(決訟)하지 않았거나 오래 되어 기한이 지난 것은 모두 시행하지 말게 하고, 포민(浦民)이 배를 가지고 여러 상사(上司) 또는 사옹원(司饔院)에 입속(入屬)하였는데, 세월이 오래 되어 부패(腐敗)한 것은 낱낱이 조사해 내어 곧 탈안(頉案)을 허락하게 하고, 기병(騎兵), 보병(步兵)이 정월, 2월에 당번(當番)인데 아직 바치지 않은 포(布)는 다른 군포(軍布)의 예(例)에 따라 물려서 받아들이고, 공주(公州)의 을미년 조 대동미(大同米)를 포(浦)가에 노적(露積)하였다가 물에 잠긴 것은 탕감하소서." 하였는데, 비국(備局)에서 복주(覆奏)하니, 윤허하였다. 대개 임금이 온양 행궁(行宮)에서 윤헌주를 인견(引見)하였을 때에 물러가서 도내의 폐막을 갖추어 아뢰라고 명하였는데, 윤헌주가 아뢴 것은 간략한 두어 가지에 지나지 않아서 대단한 것이 아주 없었다.

- 【실록】 정조 44권, 20년(1796) 3월 14일(경신) 2번째 기사. 경진년 온천 행행시 배종한 이들에게 가자 또는 상을 내리다

  명하여 경진년 온천(溫泉) 행행 때 행차를 따랐던 군교(軍校)와 액속(掖屬)에게 가자하고 차등 있게 쌀을 내리도록 하였다. 궁인(宮人)에게도 그와 같이 하였다. 얼마 후 또 명하여 배종관(陪從官) 전 현감 권성응을 돈령부 도정으로 올려 제수하고, 온양군에서 일을 감독한 이교(吏校) 등에게도 각기 한 자급씩을 올려주도록 하였다.

- 【실록】 고종 7권, 7년(1870) 9월 20일(계미) 2번째 기사. 온양의 수령 김갑근에게 가자하도록 명하다

  전교하기를, "이번에 대원군(大院君)이 온양(溫陽)에 행차했을 때 군수(郡守)가 거행한 것이 절약하고 주밀하였으며, 치적(治績)이 훌륭하고 관

민(官民)이 서로 신뢰하여 들리는 좋은 평판이 파다하였다. 해당 군수 김갑근(金甲根)에게 별천(別薦)하는 규례를 시행하여 승품(陞品)시켜 천전(遷轉)하되, 구애받지 말고 조용(調用)하도록 전조(銓曹)에 분부하라." 하였다.

4. 전쟁과 사건

1) 전쟁과 변란

(1) 전쟁과 피화(避禍)

● 【고려사】 고려사 제92권 / 열전 제5 / 유검필(庾黔弼)

　태조 11년에 왕의 명령으로 탕정군(湯井郡)에 성을 쌓았다. 당시 백제의 장군 김훤(金萱), 애식(哀式), 한장(漢丈) 등이 3천여 명의 군사를 거느리고 청주(靑州)를 침범하였다. 하루는 유검필이 탕정군 남산(南山)에 올라가 앉아서 졸고 있었는데 꿈에 어떤 큰 사람이 나타나서 말하기를, "내일 서원(西原)에 반드시 변고가 있을 터이니 빨리 가라."고 하였다. 유검필은 놀라 깬 후 그 길로 청주로 가서 적군과 싸워 격파하고 독기진(禿岐鎭)까지 추격하였는데 살상 포로가 3백여 명이었다. 중원부(中原府)에 달려가서 태조를 보고 전투 정형을 자세히 보고하였더니 태조가 말하기를, "동수 싸움에서 신숭겸과 김락 두 명장이 전사하였으므로 국가를 위하여 깊이 근심하였더니 지금 그대의 말을 듣고 나의 마음이 저으기 안심되었다."라고 하였다.

- 【고려사】 고려사 제19권 / 세가 제19 / 명종 7년 / 정유(1177)

남적(南賊)이 아주(牙州)를 함락하였다. 이때에 청주목(淸州牧) 관하의 군(郡), 현(縣)들이 모두 적에게 함락되었는데 청주만은 굳이 지키고 있었다.

- 【고려사】 고려사 제23권 / 세가23 / 고종 23년 / 병신(1236)

정미일에 몽고군 백여 명이 온수군(溫水郡)으로부터 남쪽으로 내려오다가 차현현(車懸縣)으로 갔다. 무신일에 몽고군이 남경, 평택(平澤), 아주(牙州), 하양창(河陽倉) 등지에 각각 진을 쳤다. 기유일에 야별초(夜別抄) 지유(指諭)들인 이림수(李林壽), 박인걸(朴仁傑) 등이 각각 1백여 명의 군사를 거느리고 몽고군의 병영으로 향하였다.

9월 정사일에 몽고군이 온주군(溫州郡)을 에워싸매 그 고을 아전 현려(玄呂) 등이 성문을 열고 나가 싸워서 적을 크게 부수고 적 2명의 목을 베었으며 우리측 화살에 맞아 죽은 자가 2백여 명이요, 노획한 병기가 매우 많았다. 왕은 그 고을 성황당 귀신이 음으로 도와준 공이 있다 하여 성황당에 신호(神號)를 더 붙여 주고 현려를 그 고을 호장(戶長)으로 임명하였다.

- 【고려사절요】 高麗史節要 卷之十六 / 高宗安孝大王 二十三年 / 丙申 (1236)

蒙兵百餘人 自溫水郡南下 趣車峴 又分屯于南京平澤牙州河陽倉等處 夜別抄指諭李林壽朴仁傑 各帥一百餘人 分向蒙兵屯所. 九月 蒙兵圍溫水郡 郡吏玄呂等 開門出戰 大敗之 斬首二級 中矢石死者 二百餘人 所獲兵

仗 甚多 王以其郡城隍神 有密祐之功 加封神號 以呂爲郡戶長.

- 【고려사】 고려사 제23권 / 세가 제24 / 고종안효대왕 43년 / 병진(1256)
  4월 경인일

  충주도(忠州道), 순문사(巡問使) 한취(韓就)가 아주(牙州) 바다 섬에서
  배 9척으로 몽고 군사를 치려하였더니 몽고 군사가 반격해 와서 한취의
  군사를 다 죽였다. 그리고는 몽고 군사가 충주에 들어와서 성을 무찌르
  고 또 산성을 치매 관리와 노약자들은 겁이 나서 항거하지 못하고 월악
  산(月嶽山) 신사로 올라갔다. 이때에 갑자기 구름과 안개가 끼면서 바람
  이 불고 비가 내리며 뇌성이 들리고 우박이 동시에 쏟아지니 몽고군은
  우리에게 산신령의 도움이 있다 하여 공격을 하지 못하고 물러갔다.

- 【고려사절요】 고려사절요 제17권 / 고종안효대왕 43년 / 병진(1256)

  충주도 순문사 한취(韓就)가 아주(牙州; 아산) 바다 섬에서 배 9척을 가
  지고 몽고병을 치려고 하다가 적이 반격하여 모두 죽었다.

- 【고려사】 고려사 제23권 / 세가 제24 / 고종안효대왕 43년 / 병진(1256)
  6월 임오일

  장군 이천이 온수현(溫水縣)에서 몽고군과 싸워서 적 수십 명의 목을
  베었고 납치되어 갔던 남녀 1백여 명을 탈환하였다. 최항이 은 6근으로
  이천의 군사들에게 상을 주었다.

- 【고려사절요】 高麗史節要 第17卷 / 高宗安孝大王 43年 / 丙辰(1256)

  遣將軍李阡 奉舟師二百餘人 禦蒙兵于南道 阡戰于溫水縣 斬數十級 奪
  所虜男女百餘人 崔沆以銀六斤 賞士卒.

● 【고려사】 고려사 제107권 / 열전 제20 / 정인경(鄭仁卿)

　정인경은 서주(瑞州) 사람이다. 고종 말년에 몽고 군대가 침입하여 직산(稷山), 신창(新昌)에 주둔하게 되었을 때 정인경이 군대에 나갔었다. 그는 밤중에 적의 보루(堡壘)를 공격하여 공을 세웠으므로 제교(諸校; 교위 급 관직)에 임명되었다.

● 【고려사】 고려사 제29권 / 세가29 / 충렬왕 5년 / 기묘(1279)

　을미일에 왕자 왕자(王滋)를 충청도 아주(牙州) 동심사(東深寺)에 보내었는바 이는 세자를 피하게 하는 것이었다.

● 【고려사절요】 고려사절요 제20권 /충렬왕 5년 / 기묘(1279)

　왕의 자(滋)를 충청도 아주(牙州; 충남 아산) 동심사(東深寺)에 머무르게 하여, 세자를 피하였다.

● 【고려사】 고려사 제39권 / 세가 제39 / 공민왕 9년 / 경자(1360)

　기유일에 순화후(淳化侯) 왕유가 죽었다. 왜적이 양광도의 평택(平澤), 아주(牙州), 신평(新平) 등 현들에 침입하고 또 용성(龍城) 등 10여 현에 불을 질렀으므로 서울이 계엄 중에 있었다. 그리하여 전 평장사 유탁(柳濯)을 경기병마도통사(京畿兵馬都統使)로, 판추밀원사 이춘부를 동강도병마사(東江都兵馬使)로 임명하였으며 환조를 판군기감사(判軍器監事)로서 서강병마사(西江兵馬使)를 겸하게 하였다. 그리고 방(坊)과 이(里)의 장정을 징발하여 군대를 편성하였으며 또 모든 관리들에게 명령하여 조전(助戰)케 하였다.

- **【고려사】 고려사 제114 / 열전 제27 / 최운해(崔雲海)**

  왜적이 전라도에 침입하자 최운해는 전주목사(全州牧使)로 전근하였다. 이어 밀직부사(密直副使)로 임명되었으며 충근좌명공신(忠勤佐命功臣) 칭호를 받았다. 또 양광도, 광주(廣州) 등지 절제사(節制使) 겸 판광주목사(判廣州牧事)로 되어 왜적을 신창(新昌)에서 격퇴하였다.

- **【고려사】 고려사 제91권 / 열전 제4 / 종실2 / 강양공 자**

  충렬왕 5년에 왕자를 충청도 아주(牙州) 동심사로 보내 세자를 피하게 하였다.

- **【고려사】 고려사 제56권/ 지(志) 제10 / 지리1 / 청주목-천안부**

  고종 43년(1256)에 왕이 병란을 피하여 선장도(仙藏島)로 들어갔다가 후에 육지로 나왔으며 충선왕 2년에 전국의 목이 폐지됨에 따라 본 부를 영주(寧州)로 고쳤고 공민왕 11년에 다시 천안부로 복구되었다. 임환(任歡)이라고도 부르며 본 부에 소속된 군이 1개, 현이 7개 있다.

- **【고려사】 고려사 제41권 / 세가 제41 / 공민왕 18년 / 기유(1369)**

  11월 임진일에 아주(牙州)에서 왜적의 배 3척을 노획하고 포로 두 명을 바쳤다. 무오일에 납합출이 사자를 보내 말을 바쳤다. 왜적이 영주(寧州), 온수(溫水), 예산(禮山), 면주(沔州)의 양곡 운송선을 약탈하였다. 이에 앞서서 왜놈들이 거제도에 거주하면서 영원히 화친 관계를 맺고자 하므로 조정에서 그것을 믿고 허락하였었는데 이때에 와서 도적으로 되어 침입한 것이다.

● 【고려사절요】 高麗史節要 卷之二十八 恭愍王 十八年 / 己酉(1369) 十
   一月

　牙州獲倭船三艘 獻俘二級 倭掠寧州溫水禮山沔州漕船 初倭人願居巨
濟 永結和親 國家信而許之 至是入寇.

● 【고려사】 고려사 제126권 / 열전 제39 / 간신2 / 왕안덕(王安德)

　왜적이 홍주(洪州)를 도륙 소각했으며 목사 지득청(池得淸)의 처를 죽
이고 판관의 처자를 납치하였다. 왕안덕은 왜적과 노현(蘆峴)에서 싸웠
으나 패전하였다. 다음날 또 적이 온수현(溫水縣)을 습격하고 이산(伊
山), 영해(營海) 등을 불질렀으므로 왕안덕은 적과 신교(薪橋)에서 싸웠
는데 밤에 적이 사면으로 포위하자 사졸은 놀라서 흩어지고 많은 사상
자를 내었다. 적이 또 진포(鎭浦)로부터 한주(韓州)에 침입하였을 때는
왕안덕이 장수를 파견하여 조전(助戰)할 것을 청하였으므로 신우가 상산
군(商山君) 김득제(金得齊), 밀직부사 목충(睦忠), 왕빈(王賓)을 파견하여
그의 보좌로 되게 하였다. 왜적이 또 영주(寧州), 아주(牙州)에 침입하자
왕안덕은 홍인계, 인해, 김득제, 목충, 왕빈 등과 함께 아주에서 싸워서
적을 패주시키고 세 명을 포로하였으며 무기와 말 170여 필을 노획하였
다. 신우가 술을 주어 위로해 주었다.

● 【고려사절요】 高麗史節要 卷之三十 辛禑 三年 / 丁巳(1377)

　倭寇慶陽 遂入平澤縣 楊廣道副元帥印海 與戰不克. 召募良家子弟善射
御者 及郡縣吏有膂力者 防倭 籍諸司員吏 告歸田里久不還者 削職 取其田
給有戰功者. 倭屠燒洪州 殺牧使池得淸妻 虜判官妻子 楊廣道元帥王安德
等 與戰于蘆峴敗績 翌日賊又寇溫水縣 焚伊山營 元帥印海等戰于薪橋 夜
賊四圍 士卒驚潰 多被殺傷 賊又自鎭浦 入韓州安德 請遣將助戰 禑命商山

君金得齊 密直副使睦忠 王賓赴之. 倭寇寧州牙州 王安德 洪仁桂 印海 金
得齊 睦忠 王賓與戰于牙州 走之 擒三人.

- 【고려사】 고려사 제133권 / 열전 제46 / 신우 4년 / 무오(1378)

6월. 왜적이 청주를 침공하였는데 그 기세가 강성하여 아군이 소문만
듣고도 도망쳤다. 이때 아군은 방심하고 사방으로 흩어져서 노략질하는
적의 틈을 타서 적을 습격하여 10여 명을 베었다. 일본 구주(九州) 절도
사 원요준(源了浚)이 중(僧) 신홍(信弘)에게 그의 군사 69명을 인솔시켜
와서 왜적을 체포하게 하였다. 왜적이 또 목주(木州), 영주(寧州), 온수현
(溫水縣)을 침공하였다.

7월에 … (중략) … 왜적이 아주(牙州)를 침공하였고 동림사(東林寺)에
침입하였으므로 최공철, 왕빈(王賓), 박수경 등이 진격하여 적 3명을 베
이고 말 20여 필을 노획하였다.

- 【고려사절요】 高麗史節要 卷之三十 辛禑 四年 / 戊午(1378)

倭又寇木州寧州溫水縣. 倭寇牙州 崔公哲 王賓 朴修敬等擊走之.

- 【실록】 선조 27권, 25년(1592) 6월 28일(병진) 11번째 기사. 충청감사
  윤선각이 경기에 도착하여 경성을 구원하겠다고 보고하다

충청도관찰사 겸 순찰사 윤선각(尹先覺)이 치계하였다.

"신과 병사(兵使) 신익(申翌), 방어사(防禦使) 이옥(李沃) 등이 근왕병(勤
王兵)들을 나누어 거느리고서 이달 22일에 온양군에서 점열(點閱)하였습
니다. 전일의 하유(下諭)에 따라 전라도 도순찰사 이광, 경상도 도순찰사
김수 등이 24일에 도착하여 26일에 행군하였는데 연일 큰비가 내려 시
냇물이 불어 수만 병마(兵馬)가 쉽사리 건널 수 없었으므로 28일에야 비

로소 진위(振威) 지역에 도착하였습니다. 본도의 군사가 2만 5천 명이었으나 세 차례의 패전으로 흩어진 뒤에 거두어 조발하니 겨우 1만 5천 명을 얻었습니다. 청주(淸州) 이동의 고을들은 적로(賊路)가 막히어 나올 수가 없기에 그 본 고을의 수령들로 하여금 스스로 군사를 거느리고 방비하도록 하고, 신은 이광, 김수와 함께 직산(稷山)에 도착하여 13고을의 군사는 조방장(助防將) 이세호(李世灝), 수사(水使) 변양준(邊良俊) 등으로 하여금 거느리게 하고서 매복(埋伏)하였다가 합동 공격하여 마구 쳐들어오는 적을 방어하도록 하고, 다만 우도의 군사만으로 근왕병(勤王兵)을 삼았는데 그 수가 8천여 명입니다. 신이 이미 경기(京畿)에 도착하였으니 시일을 정해서 강을 건너 경성에 웅거하고 있는 적을 섬멸하여야 되겠지만, 수원(水原)의 도로가 현재 적에 의하여 막혀 있으니 이곳의 왜적들을 먼저 제거하지 않을 수 없으므로 이광, 김수 등과 함께 의논하여 좌우에서 협공한 뒤에 달려가 경성을 구원하겠습니다."

- 【실록】 선조 39권, 26년(1593) 6월 5일(무자) 10번째 기사. 왜노에게 침탈당한 도와 침범당하지 않는 도에 대한 상세한 기록

공주(公州), 홍주(洪州) 등 진과 임천(林川), 태안(泰安), 한산(韓山), 서천(舒川), 면천(沔川), 천안(天安), 서산(瑞山), 옥천(沃川), 온양(溫陽) 등의 군과 홍산(鴻山), 덕산(德山), 평택(平澤), 직산(稷山), 정산(定山), 청양(靑陽), 은진(恩津), 회인(懷仁), 진잠(鎭岑), 연산(連山), 이산(尼山), 대흥(大興), 부여(扶餘), 석성(石城), 비인(庇仁), 남포(藍浦), 결성(結城), 보령(保寧), 해미(海美), 당진(唐津), 신창(新昌), 예산(禮山), 목천(木川), 전의(全義), 연기(燕岐), 청산(靑山), 아산(牙山) 등 현은 적이 아직 지경에 들어가지 않았습니다.

- 【실록】 선조 43권, 26년(1593) 10월 9일(기축) 4번째 기사. 강화 등에 피난한 선왕의 후궁들에게 양식을 주라고 전교하다

  정원에 전교하였다. "강화(江華), 광주(廣州), 아산(牙山)에 선왕의 후궁들이 피난하여 가 있으니, 식물(食物)을 제급하라는 것으로 각각 그 도(道)에 하서하라."

- 【실록】 선조 45권, 26년(1593) 윤11월 25일(을사) 1번째 기사. 왕세자가 온양군에 머무르다

  왕세자가 저녁에 온양군(溫陽郡)에 머물렀다.

- 【실록】 선조 60권, 28년(1595) 2월 22일(을축) 6번째 기사. 비변사가 태조대왕 수용의 봉안에 대해 아뢰다

  비변사가 아뢰기를, "태조대왕의 집경전(集慶殿)의 수용(睟容)은 사변이 일어났을 때 임시로 예안(禮安)의 여염집에 봉안(奉安)하고, 경기전(慶基殿)의 수용은 아산현(牙山縣)의 객사(客舍)에 봉안하였는데, 난리중에 오랫동안 봉심을 폐지하였으니, 지극히 미안합니다. 근일에 가까운 큰 고을로 옮겨 봉안하기를 청하는 상소가 많이 있으니, 비록 사세가 어떨지 알 수 없으나 속히 봉심하지 않을 수 없습니다. 예관(禮官)으로 하여금 급히 마련하여 근신을 보내거나 혹은 예관을 보내서 달려가 봉심하여 처리하게 하는 것이 어떻겠습니까?" 하니, 상이 따랐다.

- 【실록】 선조 75권, 29년(1596) 5월 1일(정묘) 5번째 기사. 경기전과 봉선전의 수용을 태묘로 이안하는 일은 봉심한 뒤에 처치하도록 하다

  예조(禮曹)가 아뢰기를, "충청감사(忠淸監司) 이정암(李廷馣)의 장계(狀啓)에 '경기전(慶基殿)의 선왕의 수용(睟容)을 당초에 아산현(牙山縣)에 권

안(權安)하였는데 이제 서울로 올려보내어 태묘(太廟)의 실내(室內)에 권안하였다가 국내가 평정되거든 의례에 따라 봉안하려 한다.' 하였는데, 봉선전(奉先殿)의 수용도 태묘에 권안하여 한 곳에 옮겨 모시는 것이 더욱 온당할 듯하므로, 대신에게 의논하여 시행할 것으로 입계하여 윤허를 받았습니다."

- 【실록】 고종 31권, 31년(1894) 5월 1일(정축) 4번째 기사. 청나라에 구원을 요청하여 섭지초가 청의 군사를 거느리고 아산만에 도착하였으므로 이중하를 영접관으로 임명하여 일을 처리하도록 하다

  의정부(議政府)에서 아뢰기를, "중국(中國) 군함(軍艦)이 곧 와서 정박한다고 하니, 영접하는 절차를 조금도 늦출 수 없습니다. 공조참판(工曹參判) 이중하(李重夏)를 영접관(迎接官)으로 차하(差下)하여 일을 처리하게 하는 것이 어떻겠습니까?" 하니, 윤허하였다.[37]

- 【실록】 고종 31권, 31년(1894) 6월 14일(기미) 1번째 기사. 충청감사 이헌영에게 청군들이 주둔하고 있는 아산에 많은 민폐가 발생하고 있으므로 혁파하고 바로잡을 것을 명하다

  충청감사(忠淸監司) 이헌영(李鑛永)을 소견(召見)하였다. 사폐(辭陛)하였기 때문이다. 하교하기를, "청(淸)나라 군사들이 아산(牙山) 등지에 유진(留陣)하고 있는데, 이렇게 무더운 때에 사람과 말이 많이 상하였다고

---

37) 〖이때에 전주(全州)가 이미 함락되고 적의 세력이 성해지니 정부에서 비밀리에 원세개(袁世凱)와 의논하고 청(淸)나라 조정에 구원을 청하였다. 청나라 조정에서는 제원(濟遠), 양위(揚威) 두 군함을 파견하여 인천(仁川)과 한성(漢城)에 가서 청나라 상인을 보호하게 하는 동시에 제독(提督) 섭지초(葉志超)와 총병(總兵) 섭사성(聶士成)으로 하여금 세 군영(軍營)의 군사 1,500명을 인솔하고 아산(牙山)에 와서 상륙하게 하였다.〗

하니, 매우 염려된다. 비류(匪類)들이 아직까지 겁 없이 싸움을 끝내지 않고 아무 때나 모였다 흩어졌다 하니, 내려간 뒤 명을 받들어 그들을 무마하여 귀화시켜 각각 자기 생업에 안착하도록 하라." 하니, 이헌영이 아뢰기를, "이른바 비류들이 작년 봄부터 보은(報恩)에서 소요를 일으킨 이후부터 잔당들이 아직도 아무 때나 모였다 흩어졌다 합니다. 호서(湖西)에서는 호남(湖南)처럼 창궐하지는 않았지만 회덕(懷德), 진잠(鎭岑) 등의 읍에 이르러서는 침범과 핍박을 면치 못하였고 온 도(道)가 자연히 소란스러워졌습니다. 지금은 위로하여 편안히 생업에 종사하도록 하는 것이 급선무인데, 용렬하고 어리석은 신으로서는 실로 감당하기 어렵습니다. 청나라 군사들이 요즘 과연 아산에 주둔하고 있어 그들의 접대에 드는 허다한 비용이 실로 민폐가 되는데, 비단 아산만이 아니라 그 인근의 여러 고을도 마찬가지인 듯하니, 이것이 걱정됩니다." 하였다. 하교하기를, "열읍(列邑)의 백성들에게 지탱하기 어려운 폐단이 반드시 많을 것이니, 명목 없는 잡세(雜稅) 따위는 모두 혁파하고 빨리 바로잡을 계책을 도모하라." 하니, 이헌영이 아뢰기를, "성상께서 이렇게까지 하교하시니 못내 우러르게 됩니다. 지난번의 윤음(綸音)이 간절하고 지성스러울 뿐만이 아니었는데, 각 항목의 명목 없는 잡세는 경사(京司)에서부터 먼저 혁파한 다음에야 각읍(各邑)에서 자연히 거두어들이는 폐단이 없어질 것입니다. 그러지 않고서는 끝내 실효가 없을 것입니다." 하였다.

- 【실록】 고종 31권, 31년(1894) 6월 21일(병인) 1번째 기사. 일본 군사들이 새벽에 영추문으로 대궐에 난입하다

지난번 청(淸)나라 원병(援兵)이 아산(牙山)에 주둔했는데, 일본 공사(公使) 오토리 게이스케[大鳥圭介]는 마침 본국으로 돌아갔다가 변고를

듣고 5월 7일에 임소(任所)로 돌아왔다. 일본 정부에서는 곧바로 제물포 조약(濟物浦條約)에 의하여 공관(公館)을 보호한다는 이유로 군사를 출동시켰다.

(2) 역모와 변란(變亂)

• 【삼국사기】 삼국사기 삼근왕 2년

봄에 좌평(佐平) 해구(海仇)는 은솔(恩率) 연신(燕信)과 더불어 무리를 모아 대두성에 웅거하며 모반하니 왕은 좌평 진남(眞男)에게 명하여 군사 2천을 주어 토벌하게 하였으나 이기지 못하고, 다시 덕솔(德率) 진로(眞老)에게 명하여 정병 5백으로 해구를 격살시켰다.

• 【고려사】 고려사 태조 제1권 / 세가 / 태조 원년 / 무인(918)

계해 일에 웅주(熊州), 운주(運州; 洪州) 등 10여 주현이 모반하여 백제로 가 붙었다. 이전 시중 김행도를 동남도초토사지아주제군사(東南道招討使牙州諸軍事)로 임명하였다.

• 【고려사절요】 고려사절요 제15권 / 고종 안효대왕 4년 / 정축(1217)

진위현(振威縣) 사람 영동정(令同正) 이장대(李將大)와 직장동정(直長同正) 이당필(李唐必)이 나라에 일이 있는 틈을 타서, 같은 현 사람 별장동정(別將同正) 김례(金禮) 등과 더불어 반란을 꾀하여 무리를 모아 현령의 병부(兵符)와 인(印)을 빼앗고 창고를 열어 촌락에 곡식을 나눠 주니, 주린 백성이 많이 붙좇았다. 그리하여 이웃 고을에 공문을 보내어 자칭 정국병마사(靖國兵馬使)라 하고, 그 군사를 의병(義兵)이라 이름하였다.

행군이 종덕(宗德: 경기 화성), 하양(河陽; 충남 아산) 두 창(倉)에 이르자 곡식을 풀어서 군사를 먹이고, 제멋대로 가져가게 하고는, 광주(廣州)를 침범하려 하였다. 왕이 낭장 권득재(權得材)와 산원(散員) 김광계(金光啓) 등을 보내어, 안찰사 최박(崔博)과 함께 광주·수주(水州; 경기 수원) 두 주의 군사를 일으켜서 토벌하였으나 이기지 못하고, 다시 충청도(忠淸道)·양주도(楊州道)의 군사를 징발해 공격하여 당필과 김례를 잡으니, 도적의 무리가 흩어져 달아나고 장대는 상주(尙州)로 달아났는데, 안찰사가 그를 사로잡아 형구를 채우고 서울로 보내어서 모두(당필; 김례와 함께) 죽였다.

- 【실록】 중종 48권, 18년(1523) 5월 27일(병신) 4번째 기사. 황해도에서 생포한 왜인을 압송토록 하다

남곤이 의논드리기를, "들건대, 왜적이 서해에 침범하였다 하니 놀라움을 금치 못하겠습니다. 지난해 대마도(對馬島) 특송선(特送船)이 왔을 때 왜인이 회령포(會寧浦)를 침범하였으니, 이는 왜인이 반드시 죽기를 각오하고 계획을 달성하려는 것입니다. 저들은 '우리가 만일 뜻밖에 깊이 들어가 침구한다면 조선(朝鮮)이 어쩔 수 없이 화친(和親)을 승락할 것이다.' 하는 속셈입니다. 반드시 그에 따른 방법이 있겠으나 지극히 염려됩니다. 풍천(豊川)에서 사로잡인 왜인을 빨리 압송해다가 그 이유를 철저히 캐물어서 알아내야 할 터이나 다만 왜인은 성질이 급하여 자진(自盡)이라도 해버릴까 염려되니, 경유하는 각 관청으로 하여금 잘 호송하여 상처를 입지 않도록 하여야 합니다. 또 충청도 아산(牙山)에 있는 조선(漕船)에 대해 방금 전운(轉運), 방어(防禦) 등의 일로 각별히 조치할 것을 하서(下書)하는 것이 마땅합니다." 하였다.

• 【실록】명종 6권, 2년(1547) 윤9월 5일(계미) 3번째 기사. 전 온양군수 신건이 봉서를 올려 구례현감 양윤온을 추국하고 유배하다

전 온양군수(溫陽郡守) 신건(申健)이 봉서(封書) 한 통을 가지고 와서 아뢰기를, "신의 삼촌 조카 신수득(申守得)의 종이 상언하는 일로 서울에 왔는데 어제 환궁하실 때에 어가 앞에서 상언을 올린 뒤에 길에 떨어져 있는 상언 한 장을 주워다가 신에게 보였습니다. 신이 보니, 상언 중에 국가에 관계된 말이 있는데, 신하가 보고서는 그냥 지나칠 수 없는 내용이었으므로, 와서 아룁니다."[38] 하니, 전교하기를, "이 일은 사실이든 아니든 간에 상언할 생각이 있었던 것이니 진실로 작은 일이 아니다. 구례현감(求禮縣監) 양윤온(梁允溫)은 잡아다가 추문하는 한편, 양윤온이 서울에 오갈 때에 데리고 다닌 하인들도 모두 잡아다가 추문하는 것이 좋겠다. 고발한 마이산(亇伊山), 막석(莫石)은 만약 거처를 알지 못하면 순천(順天) 경주인(京主人)을 불러다가 물어서 찾아내어 추문하고, 구례 경주인은 먼저 잡아오도록 하되, 그러한 내용으로 양윤온이 을사년 8월에 서울에 왕래한 이유를 추문하라." 하였다. 양윤온이 한 차례 형을 받은 뒤에, 대신과 의금부 당상들이 아뢰기를, "양윤온과 윤임은 서로 혼인한 집안이니, 오가면서 만나는 것은 이상할 것이 없습니다. 지금

---

38) 【상언(上言)은 곧 천성보(天城堡)에 입거(入居)한 사노(私奴)인 도치(都致), 종금(終金) 등과 순천에 사는 사노인 마이산, 막석 등의 상언이었다. 그 상언의 내용은 다음과 같다. "구례현감 양윤온은 역적 윤임(尹任)과 혼인한 집안인데, 인종대왕이 승하한 뒤에 감사에게 휴가를 얻어 사사로이 올라 와서 계림군(桂林君), 윤임과 밤새도록 서로 어울려서 문을 닫고 같이 모의하였으며, 윤임이 사사된 뒤에는 지리산(智異山)에 숨어서 화가 그에게는 미치지 않았으므로 다시 부임하였습니다. 윤임 등은 지금 이미 처벌을 받았는데, 함께 참여하였던 사람은 지금까지 보전되고 있습니다. 그가 데리고 온 통인(通引)과 경주인(京主人) 문창(文昌), 경방자(京房子) 한영(漢永) 등을 추문한 뒤에, 양윤온을 대역(大逆)의 일로 논단하소서. 만약 사실이 아니라면 반좌(反坐)되겠습니다."】

만약 형벌을 가하여 반드시 승복을 받아내고자 하면, 곤장 아래서 죽을까 염려될 뿐만 아니라 마이산의 수단에 말려들게 되어 하민(下民)이 관장(官長)을 고발하는 폐단이 있게 될 것입니다. 양윤온은 역적과 혼인한 집안이니, 마땅히 다른 관례에 의하여 서용하지 말아야 하는 것이지, 어찌 마이산의 고소로 인하여 앞으로의 폐단을 열게 할 수야 있겠습니까." 하니, 답하기를, "양윤온은 말이 솔직하지 못하므로 내가 끝까지 추궁하고자 하였었는데, 대신들이 그렇게 아뢰니, 귀양보내는 것이 좋겠다." 하였다.

- **【선수】 선수 28권, 27년(1594) 1월 1일(경진) 3번째 기사. 역적 송유진을 처형하고 전국에 사면령을 내리다**

역적 송유진(宋儒眞)이 복주(伏誅)되었다. 당시 기민(饑民)이 뿔뿔이 흩어지고 군사(軍士)는 도망해 숨어 서로들 모여서 도적이 되어 곳곳마다 무리를 이루었는데, 그중에서도 경기와 호서(湖西)가 더욱 심하였다. 한수(漢水) 이남에서 조령(鳥嶺)까지의 지역과 호서의 험조(險阻)한 곳에도 적도(賊徒)들이 많이 잠복해 있어 마을을 노략질하였으므로 행인들이 두절되었다. 주군(州郡)에서 수색하고 토벌하면 일시 흩어졌다가 다시 모이곤 하여 소탕할 수가 없었다.

송유진은 본래 경성 서족(庶族) 출신의 무뢰배로서 천안(天安)과 직산(稷山) 사이에 출몰하며 도적질을 하였는데, 점점 방자해져 경성의 수비가 허술한 것을 보고는 결국 역모할 마음을 갖게 되었다. 여러 도적들을 속여 유인하고 자칭 의병대장이라 하면서 말하기를, "나는 사람을 죽이지 않고 오직 군량과 기계를 모을 뿐이다." 하였다. 그를 따르는 자가 매우 많아 지리산(智異山), 속리산(俗離山), 광덕산(廣德山), 청계산(淸溪山) 등 여러 산골짜기에 분포된 자가 2천여 인이었다. 송유진은 여러 적과 더불어 1월 10일에 군사를 동원하여 아산(牙山), 평택(平澤) 지방의 병기(兵器)를 빼앗아 가지고 경성에 쳐들어가기로 약속한 다음, 먼저 전주(全州)의 분조(分朝)에 글을 보내었는데, 임금을 모욕하는 말이 매우 흉참하였다.

충청병사(忠淸兵使) 변양걸(邊良傑)이 이 소식을 듣고 군사를 거느리고 온양(溫陽)에 머물러서 토포하려고 하였으나 적의 괴수가 있는 곳을 알지 못하였다. 그때 마침 진천(鎭川)의 무사(武士) 김응룡(金應龍)을 포섭하여 그의 계략을 쓰게 되었다. 대개 김응룡의 족자(族子) 홍각(洪毅)이란 자는 적의 심복이었는데, 종사관(從事官)이라고 호칭하였다. 김응룡이 그를 자기 집으로 유인하여 이해 관계를 가지고 위협해서 그 실상을 다 파악한 다음, 그를 협박하여 송유진을 초치하게 하니, 송유진이 수십 인을 거느리고 왔다. 이에 김응룡이 역사(力士) 홍우(洪瑀) 등과 함께 그를 포박하였는데 충청병사가 그를 수금(囚禁)하고 조정에 알렸다. 적들을 대궐 뜰에 끌어다가 국문하니 송유진 및 모든 도당들이 다 자복하였으므로 그들을 처형하고, 공을 세운 자들에게 상을 베풀었다. 김응룡 등에게는 관직을 제수하고, 변양걸에게는 자급을 올리고, 국청(鞫廳)의 여러 신하들에게는 차등 있게 상으로 자급을 내렸다. 그리고 중앙과 지방에 교서를 내려 사면을 베풀었다.

● 【실록】 선조 47권, 27년 갑오(1594) 1월 11일(경인) 기사. 대신 등을 행궁에서 인견하고 송유진 역모, 김덕령 등의 문제에 대해 논의하다

영의정 유성룡, 우찬성 최황(崔滉), 이조판서 김응남(金應南), 병조참판 심충겸(沈忠謙)이 청대(請對)하니, 상이 행궁(行宮)의 편전에서 인견하였다. 유성룡이 아뢰기를, "홍가신(洪可臣)이 아산(牙山)에 피난가 있으면서 신에게 보낸 편지에 '어떤 도적들이 천안에서 와서 진을 치고 둔취

하여 있다가 개현사(開玄寺)로 갔다.'고 하였습니다. 예로부터 병화(兵禍)를 겪은 뒤에는 으레 무뢰배들이 모여 도둑이 되었는데 때로는 그 세력이 번성해지기까지 하였으니 일찍 도모하지 않아서는 안 됩니다." 하니, 상이 이르기를, "영상의 말이 옳다. 늦추어서는 안 된다." 하였다. 최황이 아뢰기를, "아산에는 공세창(貢稅倉)이 있으니 모름지기 모략(謀略)이 있는 자를 가려서 맡겨야 됩니다. 신의 자식 최유원(崔有源)이 아산군수로 있는데 3일 대낮에 기병과 보병 40여 명의 적도(賊徒)가 그 고을에 사는 임희지(任羲之)의 집을 포위하고는 '군량과 군기를 얻고자 한다.' 하므로, 희지가 '우리 집에 어찌 군기가 있겠는가.' 하니, 도적이 '우리가 수색하여 볼 터이니 부인들은 피하게 하라.' 하였답니다. 희지도 피하여 달아나니, 도적이 '그대는 유사(儒士)이고 범한 죄도 없는데 무엇 때문에 피하는가?' 하더랍니다.

신의 자식이 관노(官奴)를 차견하여 두 번이나 보장(報狀)을 보냈다고 하는데 지금까지 오지 않는 것을 보면 중간에 저지당한 환란이 있었는가 합니다. 또 들리는 바에 의하면 적도가 민간의 소를 탈취하여 그 가운데 작은 것은 잡아먹고 큰 소는 도로 돌려주면서 '이것으로 농사를 지으라.' 하였으며, 그들의 대장(大將)은 가야산(伽倻山)에 있다고 합니다." 하니, 상이 이르기를, "찬성(贊成)이 들은 것도 내가 들은 것과 같다." 하자, 성룡이 아뢰기를, "홍가신이 서간(書簡)에 '도적들이 작은 종이에다 유고서(諭告書)를 만들어 백성들에게 두루 보였는데, 그 내용은 「백성들이 고통을 견디기 어려운 처지이므로 우리가 그대들을 위해서 나왔다.」고 했다' 하였습니다." 하였다. 상이 이르기를, "악비(岳飛)가 용맹을 떨치는 것이 때때로 신(神)과 같았는데도 종택(宗澤)이 '그대는 적 몇 명을 대적할 수 있는가?' 하니, 악비가 '용맹은 믿을 것이 못 된다. 도략(韜略)을 알아야 적병을 대적할 수 있는 것이다.' 하므로, 종택이 '그대는 항오(行伍) 가운데 있을 사람이 아니다.'라고 하였었다. 지금 덕령이 스스로 5~6리(里) 밖에다 진을 치고 단기(單騎)로 돌입하여 짓밟을 수 있다고 하였으니, 이 사람에게 큰일을 맡겨서는 안 되겠다." 하고, 또 이르기를, "경성의 간세인(奸細人)이 도적과 서로 내통할 경우도 없지 않으니 살피지 않을 수 없다." 하니, 충겸이 아뢰기를, "전번 해서(海西)의 도적 임꺽정(林巨叱正)의 말에 '우리 당여 가운데 1인이 정원의 사령(使令)이 되어야 한다.' 하였는데, 이는 조정의 일을 탐지하기 위해서였던 것입니다." 하였다. 상이 이르기를, "비록 미세한 공사(公事)라 할지라도 내가 반드시 직접 가지고 보겠으니 내관(內官)은 한 사람도 전독(傳讀)시키지 말고, 정원에서도 직접 처리하도록 하라. 그리고 무군사(撫軍司)와 충청감사, 병사 및 양호(兩湖)의 순변사(巡邊使)에게 다음과 같은 내용으로 하서하라.

'충청도 도적의 일을 언자(言者)들이 많이 우려하고 있기 때문에 이미 하서한 바 있다. 이제 강첨의 장계를 보건대, 그 도적들이 점점 번성하여 가는 것을 알 수 있다. 이는 병란이 발생한 이후 해야 할 역사(役事)가 너무 많아 조발(調發)과 전수(轉輸)는 물론 곡식을 거두고 세금을 매겨 독촉해 온 지가 이제 이미 3년이나 되어 백성들이 명령을 감당하지 못하고 있는 실정이어서 살아갈 길이 막연한 탓으로 감히 뛰쳐나와 노략질하게 된 것이니 이는 사세의 필연이다. 그리고 본도(本道)에는 의병이라 이름하는 자들이 곳곳에 둔취하여 있었는데 왜적이 물러간 뒤 조정에서 제때에 선처해서 통속(統屬)이 있게 하지 못한 관계로 그들 스스로 둔취해 있으면서 지니고 있던 무기로 여염(閭閻)을 노략질하게 되었고 이것이 점점 성해져서 제어하기 어려운 사나운 도적이 된 것이다. 그 이유를 궁구하여 보면 이 두 가지 단서에 기인된 것이다. 이제 많은 군마(軍馬)를 출동시켜 풀베듯 참획하려 한다면 도적들이 서로 고동(鼓

動)하여 스스로 보존할 계책을 세울 것이니, 그렇게 되면 난을 중지시키려다 도리어 난을 가중시키는 꼴이 된다. 그러니 한편으로는 그들을 효유하여 점차 평민으로 돌아가게 하고, 그 가운데 극심한 자만을 체포하여 벰으로써 스스로 두려워하여 흩어지게 해야 된다. 그리고 반드시 백성의 고통에 대해 강구하여 급하지 않은 요역(徭役)과 응당 감해야 할 과납(科納)은 이를 견감시킴으로써 덕의(德意)를 베푸는 것이 바로 재앙을 사전에 방지하는 방법이다. 그렇게 하지 않으면 살 곳을 잃은 백성들이 서로 추부(趨付)하게 될 것이니 이들을 제거하기가 더욱 어려워질 것이다.'"하였다.

- 【실록】 선조 47권, 27년(1594) 1월 24일(계묘) 2번째 기사. 충청도 도적인 송유진, 김천수 등을 친국한 공초의 내용

  (송유진은 30세였다. 그의 공초(供招)에) 정월 5일 아산(牙山) 여라항(汝羅項) 근처에서 말 탄 사람 3명이 나를 불러서 '우리가 충청도를 총령(總領)하고 있다. 이 일을 맡긴 16인 중에 네가 가장 잔열(殘劣)하다.' 하고는 광교산(光敎山)에서 만나기로 약속하였습니다. 하인(下人)에게 물어보니 노일개(盧一凱)라고 하였습니다.

  … (중략) …

  (김천수는 31세였다. 그 공초에) 아산과 직산의 지경에 천우(天雨), 풍산(風山), 풍석(風石), 만억(萬億), 천석(天石) 등 적중(賊中)에 들어가 나와 함께 행동을 같이한 자들이 있습니다. 수원(水原)의 괴수로서 아산과 직산 사이에 사는 자가 있는데 어떤 이는 이충남(李忠男)이라 하기도 하고 충갑(忠甲)이라고 하기도 하고 충세(忠世)라고 하기도 하는데 양반인 것 같았습니다. 홍우가 충남을 군관처럼 대우하였습니다."하였다.

  … (중략) …

(초사의 대개는) 12월 15일 아산에 있었는데 홍근이 부르기에 다음날 직산의 양전(良田)에 있는 홍근의 집으로 갔더니 근의 아비 응해(應海)가 '내가 침을 맞으려 하는데 이웃집에 역질(疫疾)이 있다.' 하여 드디어 함께 재궁(齋宮)으로 갔습니다. 그런데 그곳에는 우립(羽笠)에 말을 탄 자 3인이 있었고 또 말만 타고 있는 자가 30인이 있었으며 잡물(雜物)을 짊어진 자가 계속 들어오고 있었습니다. 홍근 등이 이경(二更)에야 비로소 왔는데 내가 놀라 가려고 하니, 근이 손으로 내 목을 잡고 귓속말로 '내가 한 말을 네가 전에 이미 알고 있지 않은가. 오늘 너를 부른 것은 그 일 때문이요 침을 맞기 위한 것이 아니다. 너는 이 기미를 모르겠는가? 사람들이 우리를 적(賊)이라고 한다.' 하기에, 내가 '그렇다면 사람을 죽이는 적인가?' 하였더니, 답하기를 '아니다. 바로 사람을 살리는 적이다.' 하였습니다. 상세한 내막을 듣고 싶다고 하였더니 '국가에서 소인들을 등용하기 때문에 민생이 편안히 살 수가 없다. 어진 수령은 매양 파출당하고 무용지인이 계속 차임되고 있으므로 이제 상언(上言)하고 인하여 궐하(闕下)에 모여 통곡하려는 것이다.' 하고, 또 '너는 수백 명의 사람을 모아 나에게 볼모로 맡긴 다음에야 돌아갈 수 있다.' 하였습니다. 내가 '누가 상경(上京)할 것인가?' 하니, 유진(儒眞)이 '내가 상경할 것이다.' 하였습니다. 내가 '언제 가는가?' 하니 '8일에 군사 2백을 거느리고 이곳으로 와서 9일에 상경한다.' 하였습니다.

  내가 아산(牙山)의 조원(趙瑗)에게 가서 즉시 직산(稷山)에 적 1백 70인이 경성을 범하려 한다고 하니, 조원이 매우 놀라 현관(縣官)에게 통지하려 하였으나 날이 저물어 하지 못하였습니다. 내가 '군량(軍糧), 군기(軍器)를 준다고 하면 이 적을 유인할 수 있다.' 하니, 조원이 '그것은 쉽다. 네가 그들을 끌어낼 수 있겠는가?' 하였습니다. 나는 즉시 형과 알고 지내는 사람 5~6인을 데리고 양전(良田)으로 갔더니, 홍응해(洪應海)가

'내일로 기약했는데 어찌하여 오늘 앞질러 왔는가?' 하기에, 내가 '도적에 대한 소문이 이미 전파되었다.' 하였습니다. 응해가 '홍근 등이 지금 아산의 개현사(開現寺)에 있다.'고 하였습니다. 홍근 등이 나를 개현사로 오라고 부르므로 올라가 보니 군졸이 전의 배가 되었습니다. 홍근과 유진이 나에게 '군사를 모으는 일은 어떻게 되었는가?' 하기에, 내가 '외간에 소문이 파다하여 군사를 모을 수가 없으니, 직접 공세곶(貢稅串)으로 가서 모집한다면 군사를 얻을 수 있겠다.' 하자, 유진이 '네가 하는 일은 아이들 장난과 같다. 돌격장이 안다면 너의 목을 벨 것이다.' 하였는데, 돌격장은 바로 유춘복(柳春福)입니다.

동행하였던 한 사람이 유인하러 왔다는 말을 누설하였기 때문에 그 다음날 새벽에 나를 잡으려 하였습니다. 8일 오경(五更)에 짙은 안개가 사방에 잔뜩 끼었으므로 내가 드디어 공세곶으로 도망하여 가서 유인해 내지 못하게 된 이유를 말하였더니, 조원이 '신창현감(新昌縣監)이 차사원(差使員)으로 공세창(貢稅倉)에 와 있으니 네가 가서 이 서간(書簡)을 전하라.' 하였습니다. 내가 즉시 가서 현감을 만났더니 즉시 나를 불러 물어보고는 바로 첩정(牒呈)을 지어 병사(兵使)에게 보고하게 하였습니다. 9일 해미(海美)로 가서 바치니 병사가 나를 불러 물어보고는 즉시 서목(書目)을 만들어 회답하였습니다. 12일에 신창에 이르러 그 서목을 바치고 공세곶으로 돌아오는 도중에 적들에게 잡혔습니다. 이 적들은 청계산(淸溪山)에서 왔다고도 하고 가야산(伽倻山)에서 왔다고도 했는데, 적괴는 바로 홍응해, 홍근입니다." 하였다.

● 【실록】 선조 47권, 27년(1594) 1월 25일(갑진) 2번째 기사. 송유진 등을 국문하다

상이 이르기를, "적도들이 이미 수백이나 모였었다고 하니 만일 발각

되기 전에 바로 아산(牙山)의 관창(官倉)을 공격하였다면 반드시 고을에
서 방어하지 못하였을 것이다. 적이 창고를 점거하고서 이밀(李密)처럼
군대를 모았다면 굶주린 백성이 구름같이 모여 순식간에 대군(大軍)을
이루었을 것이고 군현(郡縣)도 바람에 쓸리듯 하여 차마 말할 수 없는
지경에 이르게 되었을 것이다. 제때에 체포한 것은 진실로 다행스러운
일이다." 하였다.

● 【실록】 선조 47권, 27년(1594) 1월 26일(을사) 5번째 기사. 추국청 위관
  이 송만기 등을 엄히 신문하고 송홍수 등을 서울로 압송할 것을 청하다
  (추국청의 위관이[39] 아뢰기를) "김영(金永)의 초사는 '부평(富平) 사람
  으로 소금을 팔기 위해 아산에 갔다가 어떤 군인에게 잡혔는데 죽음이
  두려워 따라다녔다.' 하였습니다. 이들은 장(杖)을 참으면서 자복하지
  않으니 협박에 의해 따른 무리인 것 같습니다. 그런데도 아울러 가형(加
  刑)해야 하겠습니까?

● 【실록】 선조 47권, 27년(1594) 1월 28일(정미) 7번째 기사. 조희일의 공
  초 내용
  조희일의 초사의 대략은 다음과 같다.
  "수원(水原)에서 아산(牙山)으로 가던 중로에서 희진을 만났는데 손에
  종이 한 장을 들고 있었습니다. 그래서 어디에서 가지고 오는 것이냐고
  물었더니 김형의 집에서 가지고 오는 것이라고 답하였습니다."

---

39) 『영의정 유성룡과 동부승지 윤승길(尹承吉)임.』

● 【선수】선수 30권, 29년(1596) 7월 1일(병인) 2번째 기사. 이몽학은 그 부하에게 살해당하고 적의 무리는 해산되다

이몽학은 그 부하에게 살해당하고 적의 무리는 해산되었다. 처음에 몽학은 곧장 서울로 향한다고 말했다. 나중에 무리들이 질서를 잃게 되자 몽학은 그들을 통솔할 능력이 없어서 홍주(洪州)로 한현(韓絢)을 찾아 가려고 했으나 한현이 이미 면천군수(沔川郡守) 이원(李瑗)에게 체포되었으므로 드디어 홍주로 전진 공격하였다. 홍주목사 홍가신(洪可臣)은 민병(民兵)을 모으는 한편 홍주에 사는 무장 임득의(林得義), 박명현(朴名賢)과 전 병사(兵使) 신경항(辛景恒) 등을 불러서 성을 지킬 계책을 논의하고는 성 밖에 연이어 있는 민간 초가집들을 그대로 놓아두면 적들이 비를 피하고 밥을 해먹기에 편리하다고 하여 밤에 불화살을 쏘아 모두 태워버렸다. 이때 남포현감(藍浦縣監) 박동선(朴東善)이 변란의 소문을 듣고 수사(水使) 최호(崔浩)에게 급히 알리고 군병을 동원하여 홍주로 나아가 홍주를 구원하자고 하니, 수사는 동선에게, 자기에게 와서 상의하라고 했다. 동선은 즉시 군병을 모아 달려가서 곧장 홍주로 진군하자고 하자, 수사 최호가 '수군(水軍)은 육지에서 싸우는 병사가 아니다.' 하면서 난색을 표했다. 동선은 큰소리로 '지금이 정말 어느 때인데 수군과 육군의 다른 점을 계교하는가.' 하였다. 드디어 수영(水營)에 있는 군병을 모두 동원하였고 보령현감(保寧縣監) 황응성(黃應聖)을[40] 시켜 본현(本縣)의 군사를 소집하여 함께 홍주성에 들어가도록 하였다.

홍주성은 원병을 얻어 크게 기뻐하여 성 머리로 나와 서고, 밤이 되자 성가퀴에 횃불을 벌려 세우자 성 안팎이 환히 밝아지니 성세가 크게 확장되었다. 그리하여 적의 무리가 어둠을 타고 도망치니 성을 함락시킬

---

40) 『평양 사람이며 문신(文臣)이다. 그 뒤 아들 황윤후(黃胤後)도 문과에 올랐다.』

수 없음을 안 몽학은 이튿날 군대를 이끌고 덕산(德山) 길로 향하면서 장차 김덕령, 홍계남의 군대와 합류하여 곧장 서울로 들어가겠다고 떠벌였는데 따르던 무리들이 비로소 불신하기 시작하고 도중에서 도망치는 자가 속출하였다. 당시 본도 병사 이시언(李時言)은 군사들을 온양(溫陽)에 주둔시킨 채 감히 진격할 엄두를 내지 못하고 호남에 구원병을 요구했다.

도원수 권율이 충용장 김덕령 등에게 격문을 보내어 군사를 이끌고 오게 했는데 호남 군사가 석성(石城)에 이르렀을 때 적도들은 몽학의 머리에 현상금이 걸려 있다는 말을 듣고 있던 터라 밤에 몽학의 진영으로 가서 그의 머리를 베어 가지고 투항해 왔다. 박명현 등이 성문을 나가서 추격하니 적도들은 모두 흩어졌다. 도원수 권율이 수색 명령을 내리니 각 고을에서 잡아 가두었고 권율은 즉시 신문하여 자복을 얻어낸 뒤 모두 서울 옥(獄)으로 압송하였다.

상은 동지의금부사 윤승훈(尹承勳)을 직산(稷山)으로 보내어 죄인들을 심문해서 경중을 가리도록 했고 꼬임을 당했거나 위협을 못 이겨 가담한 어리석은 백성들은 가벼운 법을 적용해서 석방했다. 서울로 송치된 자는 1백여 명이었고 정형(正刑)된 자들은 법에 따라 연좌시키고 가산을 적몰하였다.

• 【실록】 선조 78권, 29년(1596) 8월 3일(무술) 2번째 기사. 사헌부가 병사 이시언과 어사 이시발의 논상이 합당하지 못하니 개정을 청하다

사헌부가 아뢰기를, "호서(湖西)의 역적을 토벌한 공에 대해 논상(論賞)이 합당하게 되지 못했습니다. 병사(兵使) 이시언(李時言)은 비록 먼저 온양(溫陽)에 군사를 둔쳐 유리한 형세를 점거했다고는 하지만 제때에 나아가 섬멸한 공이 별로 없는데도 도리어 수상(首賞)을 차지했습니

다. 어사(御史) 이시발(李時發)은 소임을 받은 이래 조련(操鍊)할 때마다 거조(擧措)가 합당하지 못하여 인심 잃은 짓을 쌓다가 원망을 가지고 반역하게 만들었고, 역적이 일어난 다음에는 공주(公州)에 물러가 있으면서 즉시 군사를 거느리고 나가 토벌하지 않았으며, 조련하던 군사들도 또한 허다히 역적에게 붙었었습니다. 설사 공이 있다 하더라도 오히려 그의 죄를 대속(代贖)하지 못할 것인데, 하물며 1급(級)의 공로도 없이 도리어 계급을 뛰어넘는 상을 받을 수 있겠습니까. 물정(物情)이 모두 놀랍고 괴이하게 여기고 있으니, 이시언의 가자(加資)와 이시발의 승직을 아울러 개정하도록 명하소서." 하고, 앞서 아뢰었던 병조의 당상(堂上)과 색낭청(色郞廳)을 추고(推考)하고 파직할 일에 관하여 아뢰니, 답하기를, "병조당상과 색낭청에 대해서는 이미 유시했다. 호서의 역적 토벌을 논공한 일에 관해서는 경중을 참작하여 논상(論賞)한 것이니, 할 수 없다." 하고, 이어 정원에 전교하기를, "공사(公事) 간의 일을 미처 살피지 못한 것이다. 또 이미 사면을 거친 것이므로 버려두는 것이 마땅하다." 하였다.

- **【실록】 선조 78권, 29년(1596) 8월 4일(기해) 2번째 기사. 사헌부가 아뢴 이시언과 이시발의 논상 개정 등에 대해 할 수 없다고 답하다**

  사헌부가 앞서 아뢰었던 병조당상을 추고하고 색낭청을 파직할 일과, 충청병사(忠淸兵使) 이시언(李時彦)의 가자(加資) 및 어사 이시발(李時發)의 승직(陞職)을 개정하는 일에 관하여 아뢰니, 답하였다.

  "이 일이 물간사(勿干赦)가 된다는 것은 알 수 없는 일이다. 공을 논할 적에는 경중(輕重), 완급(緩急), 본말(本末), 선후(先後)를 참작하여 시행하는 것이다. 먼저 온양(溫陽)을 거점(據點)으로 하여 역적들의 길목을 막아버렸기 때문에 이들이 비록 여러 고을을 함락시켰어도 끝내 어떻게 해 볼 수가 없었던 것이다. 그리고 변을 듣자 먼저 계문(啓聞)하고 이어 장수를 보내어 토벌했으며, 자신은 곤수(閫帥)와 군세(軍勢)를 연합하여 날뛰던 역적들이 가마 속의 물고기가 되어버림을 면치 못하게 했었으니, 이 두 사람은 마땅히 상을 주어야 한다. 목사(牧使) 홍가신이 공을 독차지하기는 어려울 듯하다. 옛적부터 공을 확정하여 상을 주게 될 즈음이면 언제나 사중지어(沙中之語)만 있게 되고 대수지명(大樹之名)은 듣기가 어려웠다. 개정할 수 없다."

• 【실록】 선조 110권, 32년(1599) 3월 20일(기해) 4번째 기사. 비변사가 전 찰방 이위빈에 관해 아뢰다

　　비변사가 아뢰기를, "온양군수(溫陽郡守) 유대형(兪大衡)의 첩정(牒呈)에 '전 찰방(察訪) 이위빈(李渭賓)이 역적 이몽학(李夢鶴)이 반역을 일으킬 초기에 향응하려고 한 일이 있었는데, 그 후의 심사도 의심스러운 점이 있다.' 하였습니다. 보기에 극히 놀라우니 마땅히 본도로 하여금 시급히 추열(推閱)하여 실정을 얻어내어 처치할 근거가 될 수 있게 해야 할 듯합니다." 하니, 나국(拿鞫)하라고 답하였다.

• 【실록】 선조 110권, 32년(1599) 3월 25일(갑진) 3번째 기사. 지평 이필 영이 와서 온양군수 유대형과 순화군 이보, 의빈도사 곽원성에 관해 아뢰다

　　지평 이필영(李必榮)이 와서 아뢰기를, "중외(中外)의 공사(公事)는 아무리 비밀이라 하더라도 반드시 대간으로 하여금 참여하여 보게 하는 것은 그만한 뜻이 있어서입니다. 저번에 온양군수(溫陽郡守) 유대형(兪大衡)의 비밀 첩문(牒文)을 금부(禁府)에 내린 뒤에 본부가 재삼 관문(關文)을 보내어 보내줄 것을 요구하였으나 금부는 전례가 없다는 것을 이유로 거절하

여 언관으로 하여금 참여하여 듣지 못하게 하였으니, 일이 매우 놀라울 뿐 아니라 또한 후일의 폐단이 없지 않을 것입니다. 색낭청은 파직하고 당상은 추고하소서. … (중략) … "아뢴 대로 하되 금부의 일은 사체가 지엄하고 이미 전례가 없으니 새로운 사단을 열기는 어렵다. 헌부가 관례대로 서리를 보내어 등서하도록 하라. 윤허하지 않는다." 하였다.

- **【실록】 선조 149권, 35년(1602) 4월 27일(무오) 1번째 기사. 충청감사 이용순이 충청도의 역적 사건을 치계하다**

충청감사 이용순(李用淳)이 치계하기를, "신이 당초 도내에 좀도둑이 있다고 듣기는 하였으나 그래도 종적을 알지 못하였었습니다. 그런데 지난해 겨울 온양군수(溫陽郡守) 이질수(李質粹)가 차사원(差使員)으로 서울에 올라가 관아를 비웠을 때 군도장(郡都將) 강염(姜燄)이 도적의 무리에게 살해당하는 사건이 일어났습니다. 이 사건으로 인해 탐문해본 결과 그때에야 온양(溫陽), 목천(木川), 전의(全義), 진천(鎭川), 청주(淸州) 등지에 꽤 많은 도적이 산재해 있다는 것을 알았습니다. 그래서 금년 봄에 군수 이질수가 그 무리들을 대거 체포하였는데, 성용개(成龍介) 등 3인은 오히려 곧바로 공초하지 않고 죽었습니다.

그 뒤 점차로 추적 탐문하면서 신이 군관 출신 오문갑(吳門甲) 등을 별도로 조포장(措捕將)으로 정해 이질수로 하여금 지휘하도록 하였습니다. 그리하여 신의 전령을 가지고 각 고을을 출입하면서 전의의 도적 고망난(高亡難)과 막금(莫金), 청주의 도적 내은세(內隱世), 목천의 도적 권생(權生), 진천의 도적 한종손(韓從孫) 등을 체포하여 온양군에 이감(移監)하고 사건의 실상을 추궁하였습니다. 그랬더니 막금이 강염을 살해하였다는 사유를 이미 승복하였는데 그 공초에 관련된 이가 무려 70여 인으로서 모두 여러 곳에 산재해 있다 하기에 현재 추적하여 체포하는 중에 있습니다.

　그 중 고망난이 바로 그들의 괴수라고 하기에 이질수에게 세밀히 심문하라고 하였더니 고망난이 공초하기를 '나는 괴수가 아니고 천안 금제역(金蹄驛)에 사는 화수(和愁)가 장수로 자처한다. 그의 매부로 태인현(泰仁縣)에서 옮겨온 노비 주질근(注叱斤)과 동생 주질금(注叱金) 등 일가가 전라도에 함께 살면서 자주 통행했는데 그 내용을 알 수 없었다. 그런데 지난해 7월에 청주 초치원(招致院)에 갔더니 주질근이 화수의 분부라고 하면서, 당류(黨類)에게 알려 8월을 기한으로 천안, 목천 지방 경계에 있는 광야에서 대회를 한다고 하였다. 그리고 나는 호남 사람이니 호남인들을 끌고 오라고 하기에 처음에는 따르지 않으려고 하였으나 참살한다고 위협하므로 어쩔 수 없이 동참하게 되었다. 8월이 되어 모이기를 기약한 날에 나갔더니 화수, 주질근 형제 및 산추(山秋) 등과 전라도와 충청도에서 온 사람 30여 명이 서로 모여 약속하기를 「누구는 선봉이 되고 누구는 후군이 되며, 누구는 기병이 되고 누구는 보병이 된다.」고 하며 일일이 부대를 나눈 뒤 각각 다시 흩어져 돌아갔다. 금년 2월 13일 다시 주질금을 초치원에서 만났는데 주질금이 말하기를, 지난해 9월 사이에 연산(連山), 은진(恩津) 지경의 마고해평(麻姑海坪)에서 두 차례 대회를 갖고 결진(結陣)했다고 하였으며 전라도에서 한 일을 자세히 물었더니, 결당(結黨)한 사람들이 순창(淳昌), 함양(咸陽) 두 고을에 많이 있는데 서로 오가며 비밀히 큰 계획을 모의하고 있다. 괴수는 순창에 사는 권대덕(權大德)의 큰 아들이고 거사는 7~8월 사이에 일으키려 한다고 하였다. 화수와 주질금 등을 불시에 체포해 추문해 보면 대역(大逆)의 정상을 알 수 있을 것이다.' 하였습니다.

　신이 이 공초의 내용을 살펴보건대 그 자가 간사한 모의와 비밀스런 계책을 자세히 알지 못하는 것이 아닌데도 그 대략만 공초하고 도적 괴수의 이름자 역시 바른대로 공초하지 않았으므로 다시 끝까지 추궁했더니 공초하기를 '도적의 괴수는 순창(淳昌) 읍내에 살던 고(故) 옹청하(邕淸河)의 두 아들 중 큰 아들이 괴수인데, 관명(冠名)은 뭐라고 하는지 알 수 없으나 아명(兒名)은 옹수(邕壽)이다. 권대덕(權大德)의 큰 아들은 글도 잘하고 벗도 많으나 계려(計慮)가 옹수를 못 당하므로 옹수를 대장으로 삼고 권(權)을 중군으로 삼았다. 화수는 용력이 있는데다가 상도(上道)에 거주하기 때문에 선봉장으로 정해 충청도의 병력을 구관(句管)하게 하였다. 그런데 도적질 따위는 하지 않고 도당을 많이 결속하여 단지 시장에서 모여 약속을 맺곤하므로 이 때문에 그 거사의 자취를 아는 이가 드물다. 도당의 이름을 기록한 책은 중군장 권가의 집에 감춰두었다고 한다. 그런데 도당의 이름 자를 각각 변경하여 사람들에게 서로 알지 못하게 하였으므로 내 이름은 명부 속에 고석(高石)으로 기록되어 있다.'고 하였습니다.

공초한 것이 이와 같기에 신이 앞으로 불러내어 직접 물어보니 다 확실하였습니다. 그런데 화수라는 자는 현재 통제사의 영문에 있으므로 즉시 체포하지 않을 수 없기에 곧바로 군관을 보내 비밀히 행이(行移)하였습니다. 주질금 등은 아침 저녁으로 옮겨 다녀 일정한 종적이 없으므로 지금 그 거처를 비밀히 탐문하여 체포하게 하는 한편 전라순찰사에게도 비밀히 통지하여 기관을 설치해서 체포하도록 하였습니다. 동도(同道) 적도들의 용모와 나이를 후록(後錄)하여 올려보냅니다." 하였는데, 비변사에 계하(啓下)하였다.

• 【실록】 선조 150권, 35년(1602) 5월 8일(기사) 1번째 기사. 헌부가 의금부가낭청인 사섬시봉사 이천준을 파직토록 아뢰다

헌부가 아뢰기를, "의금부가낭청(義禁府假郎廳)인 사섬시봉사(司贍寺

奉事) 이천준(李天駿)이 역적 김경(金鏡)의 아들 김사걸(金士乞)을 교형(絞刑)에 처하라는 분부를 받들고 목천(木川)으로 내려가는 도중 온양(溫陽)에 이르러 감사의 이야기만 듣고 곧장 되돌아왔으니, 임금의 명을 이행하지 않은 죄가 큽니다. 파직하소서. 김경이 이미 역적으로 발각 되어 붙잡혀 왔으니 감사로서는 마땅히 그의 처와 자식을 수금해 놓고 조정의 처분을 기다렸어야 할 것인데 그의 자식 사걸도 수금해두지 않았음으로 인하여 역적과 연좌(連坐)된 사람들이 결국 다 도망하여 법을 시행하지 못하였으니, 그 일처리를 소홀히 한 죄가 큽니다. 추고하소서." 하니, 모두 아뢴 대로 하라고 답하였다.

● 【실록】 선조 151권, 35년(1602) 6월 2일(임진) 1번째 기사. 민심을 안정시키고 농사일에 차질이 없도록 할 것을 정원과 논의하다

　　정원이 아뢰기를, "지난번 병조판서 신잡(申磼)의 차자에 대해 상께서 답하기를, '반드시 어사(御史)를 파견할 것은 없고 혹 글을 내려 무마하여 진정시키는 것은 가하다.' 하셨으니, 어사를 파견하지 않는다면 하서하는 일은 조금도 늦출 수 없습니다. 신들이 들으니, 전의(全義), 목천(木川), 온양(溫陽), 천안(天安), 청주(淸州), 연기(燕岐) 등지의 주민들은 사족(士族)이나 백성을 막론하고 동요하지 않는 이가 없다고 합니다. 체포하고 무고(誣告)로 끌어댈 때 놀라고 의혹하여 새나 고기가 놀라 흩어지듯 하여 온 경내가 텅 비었습니다. 지금 한창 양맥(兩麥)이 성숙하여 수확할 일이 급한데 들판에 버려두고 하나도 거두지를 않으며, 심지어 자라나는 벼는 전연 김을 매주지 않으니 가을이 와도 먹을 것이 없을 것이 뻔합니다. 백성들에게 먹을 것이 없으면, 무슨 환란(患亂)인들 일어나지 않겠습니까. 변이 발생한 지 두어 달에 비단 이들 몇 개 고을의 민심만 경동(驚動)된 것이 아니라, 관련자가 있는 곳과 체포가 행해지는 곳은

모두가 의심과 두려움으로 피하여 숨어버렸습니다. 만일 지금 안집(安集)시켜 진정할 방법을 생각해 내지 못한다면 이루 말할 수 없는 후일의 근심이 있을 것입니다. 신들이 삼가 보건대, 근일 추국(推鞫)할 때에 상께서는 많은 사람이 상할까 염려하여 이미 자백한 역적들을 보류하고자 하였고, 진짜 괴수를 잡으면 협박에 못이겨 마지못해 따른 무리들은 풀어주실 것을 생각하시어 아래에서 형신(刑訊)을 청할 적마다 매번 의논해서 처리하라고 하교하셨습니다. 그 덕성스러우신 뜻이 넘치고 옥사(獄事)를 처리함에 민망히 여기고 조심하는 뜻이 극진하시니, 신들은 감격스러움을 금할 수 없습니다. 다만 먼 외방의 우매한 백성들이야 성상의 본의를 어떻게 다 알겠습니까. 정성스럽고 간절하신 성지(聖旨)를 급히 양호(兩湖)에 하서(下書)하여 무마해 안정시키는 계책으로 삼으시는 것이 합당할 듯하기에 감히 품의합니다." 하니, 아뢴 대로 하라고 전교하였다.

사신은 논한다. 근신(近臣)의 체모에 매우 합당한 언사(言事)이다.

- 【실록】 선조 156권, 35년(1602) 11월 7일(갑자) 2번째 기사. 사간원이 온양군수 이질수와 병조좌랑 유기문의 파직을 건의하다

간원이 아뢰기를, "온양군수(溫陽郡守) 이질수(李質粹)는 지난번에 역당들을 체포했을 때 사련인(辭連人)들을 의당 잡아서 올려보내 조정이 안국(按鞫)하도록 했어야 합니다. 그런데 지레 먼저 형벌을 시행하면서 참독하고 잔혹한 짓을 마구 하였으므로 잘못 걸려 억울하게 죽은 자가 매우 많아서 사무치는 원통함을 품게 되었으며, 또 그들의 재산과 가축을 빼앗아 자기의 재물로 삼았으므로 호서(湖西) 사람들이 통분해 하지 않는 자가 없습니다. 그런데도 아직도 관직을 갖고 있으므로 물정이 더욱 격렬합니다. 파직하도록 명하소서. 병조좌랑 유기문(柳起門)은 명론

(名論)이 현저하지 못하므로 정조(政曹)의 중요한 자리에 적합하지 않습니다. 체차하도록 명하소서." 하니, 답하기를, "도적을 체포했는데 추치를 안 한단 말인가? 풍문이 과중하니 파직할 수 없다. 유기문은 아뢴대로 하라." 하였다.[41)]

● **【실록】선조 164권, 36년(1603) 7월 26일(경진) 3번째 기사. 사간원이 녹훈에 대해 논하다**

사간원이 아뢰기를, "녹훈하는 일은 매우 중대한 일이므로 조금이라도 한때의 외람된 것이 있으면, 만세에 비난을 받게 됩니다. 익운(翊運)의 녹훈에 대해서는 외의(外議)가 시끄럽기는 하지만 아직 감정(勘定)하지 않았으므로 신들이 감히 그 사이에 가벼이 의논할 수 없습니다. 그러니 우선 청난(清難)으로 마감된 자에 대해서만 아뢰겠습니다. 당시 병사(兵使) 이시언(李時言)은 청주(清州)에 있었으니 적이 홍주(洪州)에 다가왔다는 소식을 들었으면 군사를 거느리고 달려가기에 겨를이 없어야 할 것입니다. 그런데도 청주로 천천히 나아가서 사흘 만에야 온양(溫陽)에 이르렀고, 온양에서는 조금도 홍주로 나아가 싸울 생각이 없이 경내에서 소요하면서 머뭇거리고 나아가지 않았습니다. 그리고도 거짓으로 장계하였으므로 호서(湖西) 사람들이 지금까지도 이를 갈고 있습니다. 그런데 무슨 적을 친 공이 있어서 명정(銘鼎)하는 줄에 외람되이 끼었는지 모르겠습니다. 이시발(李時發)은 변이 일어났을 때 공주(公州)에만 앉아 있었으니 이미 홍주성(洪州城)을 지키는 일에 참여하지 않은 것입니다.

---

41) 『질수가 화적(和賊)을 체포하고는 큰 공을 세울 것이라 하여 멋모르는 백성을 속이고 지나친 형벌을 썼으며, 그들의 재산을 빼앗았는데, 공을 바라며 잔혹한 짓을 한 행위가 박난영(朴蘭英)과 다르지 않았다. 이에 온 호서가 시끄럽고 모든 사람이 격분하였는데, 대간이 이때에 처음 글을 올렸다.』

비록 독촉하여 관군(官軍)을 징발하였고 먼저 중군(中軍) 이간(李侃)을 보냈다고는 하지만 왜적이 이미 흩어진 뒤에 이간이 청양(靑陽)에 이르렀으므로 한 명의 적도 보지 못하였습니다. 그런데 다만 그 자신이 성언(聲言)한 다음 대군을 거느리고 홍주로 향하였다고 말하였기 때문에 2등의 공에 끼었으므로, 물의가 분하고 괴이하게 여기는 것이 날이 갈수록 더욱 격렬합니다. 임억명(林億明)으로 말하면 적괴(賊魁)와 같은 자입니다. 흉악한 계책으로 적괴와 마음을 같이하여 날뛰다가 형세가 궁해지고 힘이 약해지자 죄를 피할 길이 없음을 알고 적을 베고 와서 투항하였습니다. 그 죄로 따지면 결코 용서할 수 없으니 죽이지 않는 것만도 다행인데, 벼슬로 상준 것이 지나쳐 2품까지 되었으니 구차스럽기 그지없습니다. 그런데 다시 정훈(正勳)에 참여되었으므로 듣고 보는 이들이 모두 놀라워합니다. 이시언, 이시발, 임억명을 먼저 삭제하소서. 그 나머지 2등과 3등에 참록된 사람 중에 입성(入城)하였다고는 하나 별로 기록할 만한 공이 없어서 물의가 온편치 못하게 여기는 자도 많으니, 모두 원훈을 시켜 사실에 따라 살펴서 그릇 참여된 사람을 삭제함으로써 책훈(策勳)하는 큰일을 중하게 하소서." 하니, 답하기를, "녹훈은 이미 의논하여 정한 것이다. 이 사람들은 다 공이 있으니 고칠 수 없고 의논할 것도 없다. 윤허하지 않는다." 하였다.

● 【실록】 선조 165권, 36년(1603) 8월 2일(을유) 2번째 기사. 양사가 녹훈 삭제의 일을 아뢰다

양사(兩司)가 녹훈(錄勳)을 삭제하는 일을 연이어 아뢰니, 답하였다. "조정에서는 일의 체모가 있고 공훈을 책록하는 것은 중대한 일이니, 사람들의 경박한 의논에 따라 그 사이에서 고치는 일이 있어 뒤폐단을 열어 놓아서는 안 된다. 호서(湖西)의 적은 좀도둑에 지나지 않을지라도,

이미 논공(論功)하였다면 한 때의 공이 있는 사람은 다 수록(收錄)해야 할 것이니, 성을 지킨 한두 사람만을 적고 말 수는 없다. 나는 이시언(李時言)이 이 역(役)에 가장 공이 크다고 늘 생각했다. 먼저 온양(溫陽)을 차지하여 북으로 올라오는 길을 막아서 용병(用兵)의 형세를 깊이 얻었고, 요해(要害)를 빼앗고 나니 반란을 일으킨 무리들은 가마솥 안의 물고기가 되었다. 각 고을의 경우에는 성도 없고 군사도 없어서 한 사람이 칼을 뽑아도 수령을 묶어갈 수 있었으니, 그들이 몇 고을을 함락시키는 일은 문제도 안 될 정도였는데 다행히 홍양(洪陽)이 앞에서 굳게 지키고 이시언, 이시발 등이 숨통을 조르기도 하고 뒤를 습격하기도 한 까닭에 적의 무리가 저절로 무너졌다. 어찌 까닭없이 그렇게 되었겠는가. 사세를 헤아리지 않고 말을 너무 쉽게 하고 있다."

● 【광해일기】 광해 50권, 4년(1612) 2월 18일(계미) 7번째 기사. 좌의정 이덕형을 인견하고 역모에 관해 논의하다

"임인년에 충청도에서도 역변이 있었는데, 온양군수(溫陽郡守) 이질수(李質粹)가 많이 꾀어 서울로 올려보내어 죽인 자 또한 많았는데, 그 중 새로 온 죄인들은 곤장을 많이 치지 않았는데도 각 고을의 지명과 여러 사람들의 나이와 모습을 모두 말했습니다. 그러나 그 말들이 결국 사실이 아니었습니다. 전일에도 이와 같은 사람은 있었습니다. 이번의 경우는 괴수가 이미 체포되었으니 사실을 캐기가 쉬울 것입니다. 최군(崔君)이란 자가 주모자인 듯하고 정의민(丁義民)은 심복인 듯한데 이 두 사람이 아마도 관계된 듯합니다." 하였다. 왕이 이르기를, "그렇다. 최군이 비록 예조의 서리(書吏)라고 하나 아마도 사실이 아닌 듯하다. 외방인으로서 거짓으로 칭탁한 것이 아닐까?" 하니, 덕형이 대답하기를, "이는 필시 거짓으로 칭탁하면서 이러한 일을 했을 것입니다." 하였다.

● 【실록】 영조 16권, 4년(1728) 3월 22일(임신) 2번째 기사. 권첨과 서명언을 나문하다

장붕익(張鵬翼)을 김중기(金重器) 대신 총융사로 삼아 수원(水原)으로 출진하게 하였다. 장붕익이 청하기를, "이덕재(李德載)를 기복(起復)시켜 종사관으로 삼으소서." 하니, 윤허하였다. 승지 이병태(李秉泰)가 말하기를, "충청감사(忠淸監司) 권첨(權詹)은 교귀(交龜)하기에 급하여 계책을 세운 바가 없고, 신(新) 감사 서명연(徐命淵)은 아산(牙山)에서 머뭇거리며 즉시 영(營)으로 달려가지 않고 방향을 바꾸어 홍양(洪陽) 공산(公山)으로 가서 성지(城池)와 기계(器械)가 장차 적의 소유가 되게 되었습니다. 청컨대 그 죄를 분명하게 바로 잡으소서." 하였다.

● 【실록】 고종 32권, 31년(1894) 10월 27일(경오) 2번째 기사. 양호도순무영에서 이두황이 목천의 비적을 격파하고 그 두목 김복영을 사로잡은 것을 아뢰다

양호도순무영(兩湖都巡撫營)에서 아뢰기를, "방금 선봉장(先鋒將) 이규태(李圭泰)의 치보(馳報)를 보니, '천안(天安)에 사는 전 감찰(監察) 윤영렬(尹英烈)과 아산(牙山)에 사는 출신(出身) 조중석(趙重錫)이 장정 300명을 모집하여 진(陣) 중에 와서 명령을 기다리고 있습니다.'라고 하였습니다. 격려하는 도리에 있어서 뜻을 표시하지 않을 수 없으니, 모두 별군관(別軍官)으로 차하하여 공로를 세우게 하는 것이 어떻겠습니까?" 하니, 윤허하였다.

2) 부정부패

(1) 탐학(貪虐)과 무능

- 【실록】 세종 23권, 6년(1424) 3월 11일(정해) 6번째 기사. 형조에서 축첩하고 전토를 무단 소유한 아산호장 전근 등의 처벌을 청하다

  형조에서 계하기를, "아산호장(牙山戶長) 전근(全謹)이 토지를 널리 점령하여 농장을 많이 두어, 그 영향이 양민(良民)에게 폐단을 끼쳤으며, 관비(官婢)로 첩을 삼았습니다. 서산호장(瑞山戶長) 유눌(柳訥)도 또한 첩세 명을 두고 있으며, 토지와 민호(民戶)를 누락된 것이라 하여 많이 점유하고 있어 민간에게 폐단을 끼치고 있으니, 청하건대『육전(六典)』에 의하여 법대로 형(刑)을 더하소서." 하니, 회시(回示)하여 명하기를, "각기 일등(一等)을 감하라." 하였다.

- 【실록】 세종 108권, 27년(1445) 4월 27일(경오) 2번째 기사. 두종 사백석을 함부로 쓴 아산현감 오순민을 강제로 국문하지 못하게 하다

  사헌부에 전지하기를, "사노(私奴) 일정(一丁)이 고발하기를, '아산현감(牙山縣監) 오순민(吳舜民)이 능히 흉년을 구제하지 못한데다 또한 두종(豆種) 4백 석을 함부로 썼다.' 하여, 감찰을 보내어 추핵하게 하였으나, 무릇 유사(有司)는 한 가지 일을 얻으면 오로지 가혹하게 살피기만 숭상하고, 대체를 돌아보지 아니하여 소란을 일으키니 전지(傳旨) 외의 일은 강제로 국문하지 못하게 하라." 하였다.

- 【실록】 문종 5권, 즉위년(1450) 12월 29일(기해) 8번째 기사. 충청도 내
  여러 수령의 비행을 사헌부로 하여금 추국케 하다

  온양군사(溫陽郡事) 조욱(趙頊)이 객사(客舍)를 수리하는 일로 인하여
  백성들을 사역시켜 폐단을 일으켰고, 또 면포(綿布)를 민간(民間)에 강제
  로 팔고 콩 곡식을 무겁게 거두었고, 범죄인에게서 속전(贖錢)을 함부로
  징수하였습니다. 평창군사(平昌郡事) 강일우(姜一遇)는 포대(布帒) 3백 개
  를 만들어 거향(居鄕) 온양(溫陽)에 보내어 민간에 강제로 팔았습니다.

- 【실록】 단종 8권, 1년(1453) 10월 11일(갑오) 7번째 기사. 박이령, 조석
  강, 함우치, 이승손을 파면하다

  (이승손은) 일찍이 온양(溫陽)에 호종(扈從)하여 주현(州縣)에서 토색
  하여 쌀과 베를 배로 집에 운반하였고, 도승지(都承旨)가 되자 처형(妻兄)
  이근전(李根專)으로 순천(順天) 수령(守令)을 시키고, 처제(妻弟) 이근계
  (李根繼)로 보성(寶城) 수령을 시키고, 처질(妻姪) 김신행(金愼行)으로 장
  흥(長興) 수령을 시키어, 세 고을의 전복이 귀하다는 말을 듣고 토색하여
  보내어 미곡으로 바꾸어 해마다 집에 실어 들였다.

- 【실록】 단종 14권, 3년(1455) 6월 21일(을미) 3번째 기사. 아산현감 유미
  소를 혹리로 파직하다

  사헌부에서 아뢰기를, "아산현감(牙山縣監) 유미소(柳彌邵)가 도둑 세
  사람을 신문(訊問)한 지 10여 일 동안에 서로 잇달아 죽었으니, 형벌을
  쓴 것이 매우 혹독합니다. 만약 사유(赦宥)의 은전(恩典)을 이미 내렸다
  고 하여 논하지 않는다면, 혹리(酷吏)를 징계할 바가 없으니, 청컨대 파
  출(罷黜)하소서." 하니, 그대로 따랐다.

• 【실록】 성종 15권, 3년(1472) 2월 25일(임진) 4번째 기사. 신창현감 김숙
  손이 하직할 때 하문했으나 대답하지 못하니 개차하게 하다

　　신창현감(新昌縣監) 김숙손(金淑孫)이 하직하니, 임금이 인견(引見)하
고 묻기를, "너의 출신은 어느 곳이냐?" 하니, 대답하기를, "무과(武科)입
니다." 하니, 칠사(七事)를 물었으나, 김숙손이 대답을 하지 못하고 머리
를 숙인 채 자리만 긁으니, 임금이 말하기를, "비록 칠사(七事)를 안다
하더라도 오히려 백성을 다스릴 수가 없는데, 더구나 알지 못함이랴!
개차(改差)하게 하라." 하고, 승정원(承政院)에 명하여 이조(吏曹)에서 사
람을 옳게 쓰지 못한 이유를 물으니, 겸판서(兼判書) 노사신(盧思愼), 판
서(判書) 이극증(李克增)이 와서 대죄(待罪)하였다. 전지하기를, "내 처음
즉위하여 올바른 사람을 얻으려고 생각하는데 경 등은 이와 같은 사람
을 천거하니, 이것은 반드시 자세히 살피지 못한 까닭이니 대죄하지 말
라." 하였다.

• 【실록】 성종 27권, 4년(1473) 2월 19일(경진) 4번째 기사. 의금부에서
  오자경, 맹석흠의 죄를 아뢰다

　　의금부(義禁府)에서 아뢰기를, "전 보산군(寶山君) 오자경(吳子慶)은 집
을 수리하기 위하여 목공(木工) 위사문(魏士文)을 불렀다가 오지 않으매,
성이 나서 매를 때려죽이고는, 자취를 없애려고 관(棺)을 열고 시체를
훔쳐 내어 강물에 던졌으니, 죄가 율문(律文)에 따라 교형(絞刑)에 해당
하며, 또 절도사(節度使) 김봉원(金奉元)에게 청탁하여 온양(溫陽)의 정병
(正兵) 2여(旅) 반과 파적위(破敵衛) 36명을 사사로이 빌어 쌀 46석과 재
목(材木)을 거둬들였으니, 죄가 율문에 따라 장(杖) 1백 대에다 도(徒) 3년
에 해당하는데, 종중(從重)하여 교대시(絞待時)가 됩니다. 신창군(新昌君)
맹석흠(孟碩欽)은 절도사 김봉원에게 청탁하여 신창(新昌)의 정병 1여 반

과 한산(韓山)의 정병 20명을 사사로이 빌어 쌀 23석을 거둬들였으니, 그 죄는 율문에 따라 장 90대에, 도 2년 반에 처하고 고신(告身)을 모두 추탈(追奪)하고 사적(仕籍)에서 제명(除名)하여 서용(敍用)하지 않는 데에 해당합니다. 그러나 모두 사유(赦宥)가 있기 이전의 일입니다." 하니, 오 자경은 고신을 거두고 외방(外方)에 안치(安置)하며, 맹석흠은 고신을 거두고 외방에 부처(付處)하라고 명하였다.

- **【실록】 성종 27권, 4년(1473) 2월 21일(임오) 3번째 기사. 서거정 등이 오자경, 맹석흠, 김봉원에게 더 무거운 벌을 줄 것을 청하다**

서거정(徐居正) 등이 또 차자(箚子)를 올리기를, "오자경(吳子慶)은 관병(官兵)을 빌어다가 사가(私家)에서 부리고 또 역가(役價)로 쌀과 목재를 거두어 장물(贓物)이 70여 관(貫)에 이르므로 죄가 사형에 해당하며, 위력으로 형벌을 가하여 사람을 죽였으므로 죄가 사형에 해당하며, 무덤을 파고 관을 뼈개어 시체를 강물 속에 던졌으므로 죄가 사형에 해당하며, 어미의 상중(喪中)에 슬픔을 잊고 정욕이 내키는 대로 의롭지 않은 일을 많이 행하여 어버이에게 불효하였으므로 죄가 사형에 해당합니다. 맹석흠(孟碩欽)은 관병을 사사로이 빌어쓰고 역가로 물건을 거두어 장오(贓汚)를 범하였으므로 죄가 오자경과 같습니다. 김봉원(金奉元)은 한 방면을 맡은 대장으로서 관군(官軍)을 마음대로 보내어 제 집에서 부리고 또 재물을 거두어 이미 스스로 장오를 범한데다가 또 오자경, 맹석흠 등에게 관병을 빌려 주어 제 마음대로 방자하였습니다. 이 3인은 죄악이 한껏 찼으므로 천주(天誅)를 받아야 마땅한데, 김봉원은 앓는다고 핑계하여 집에 있으면서 한 번도 옥(獄)에 가지 않았고, 오자경과 맹석흠은 다만 고신(告身)을 거두고 안치(安置)하거나 부처(付處)만 하였으니, 죄는 무거운데 벌은 가볍습니다. 신 등은 생각건대 군졸은 국가의 조아(爪牙)

이므로, 신하로서는 마음대로 주고받을 수 없으니, 김봉원이 오자경 등에게 사사로이 줄 수 없고, 오자경 등도 김봉원에게서 사사로이 받을 수 없는데, 이제 오자경이 빌은 온양(溫陽)의 정병(正兵) 2여(旅) 반은 곧 3백여 인이고, 맹석흠이 빌은 신창(新昌)의 정병 1여(旅)는 곧 1백 25인이고, 김봉원이 부린 관병은 제 손아귀에 있으므로 셀 수 없이 많으니, 온 충청도의 관병의 수가 얼마나 되기에 주고받은 것이 이토록이나 많습니까? 더구나 김봉원, 오자경, 맹석흠 3인은 다 무신(武臣)인데 사사로이 서로 결탁하여 관병을 몰래 빌어다가 부리고 재물을 거두어 못하는 짓이 없었습니다. 대저 무신이 결탁하여 관병을 훔쳐 부리는 것은 난을 일으킬 조짐이니 작은 사고가 아닙니다. 국가의 병사를 훔치는 것은 바로 임금을 업신여기는 것이고, 임금을 업신여긴 자에 대해서는 나라에서 시행하는 상형(常刑)이 있으며, 또 천하의 죄 중에서 불효하고 임금을 업신여기고 사람을 죽이고 장오를 범한 것보다 더 큰 것이 없는데, 오자경은 그 네 가지 죄를 아울러 가졌고, 김봉원과 맹석흠은 그 두 가지 죄를 가졌으므로, 이들은 모두 명의(名義)의 죄인이니, 왕법(王法)에 있어서 반드시 베어야 할 터인데, 이제 이 3인은 상은(上恩)을 지나치게 입어서 목을 보존하게 된 것만도 다행인데도, 죄가 안치, 부처에 그쳤으니, 온 신민(臣民)이 바라는 것을 조금 보답하기에도 부족합니다. 또 오자경은 음흉하고 사나워서 전에 의주(義州)의 군관(軍官)으로 있을 때에 사람을 죽이고도 도망하여 죄를 면하였으니 참으로 이른바 인인(忍人)이며, 맹석흠은 광망(狂妄)하고 포려(暴戾) 한 하나의 변변치 못한 사람인데도, 이 2인은 전의 동정(東征) 때에 군중(軍中)에서의 공로가 조금 있었으므로 성은(聖恩)을 지나치게 입어 훈열(勳列)에 낄 수 있었던 것은 아주 분수에 넘치는 것이니, 조심하여 봉공(奉公)해서 국가에 보답해야 할 터인데도 도리어 공을 믿고 탐욕하고 방종하여 이렇게까지 법을 지키지 않았는데, 이것을 버려두고 다스리지 않으면 무엇으로 징계가 되겠습니까? 빌건대 성찰(聖察)을 내리시어, 오자경, 맹석흠 등을 공신의 적(籍)에서 삭제하고 폐출(廢黜)하여 서인(庶人)을 만들고, 빨리 의금부(義禁府)에 명하여, 김봉원을 잡아다가 정상을 국문(鞫問)하여 그 죄를 분명하게 바루시면 매우 다행하겠습니다." 하니 전교하기를, "이 일은 종사(宗社)에 관계된 것이 아니고, 죄가 그 자신에게 그치는 것이니, 안치, 부처도 지나친 것이다." 하였다.

- 【실록】 성종 33권, 4년(1473) 8월 10일(기사) 1번째 기사. 경연에서 대사간 정괄이 조득림의 서용과 조운명의 임명이 불가하다고 아뢰다

  경연에 나아갔다. 강(講)이 끝나자, 대사간(大司諫) 정괄(鄭佸)이 아뢰기를, "조득림(趙得琳)은 당초에 덕원군(德源君)과 전토(田土)를 다투다가 마음대로 아산(牙山)에 가서 그 노비를 구타하여 범한 죄가 매우 무거웠는데, 파직된 지 수개월 만에 곧 서용하였으니, 『대전(大典)』의 법에 위배됨이 있습니다. 청컨대 서용하지 말도록 하소서." 하였다.

- 【실록】 성종 78권, 8년(1477) 3월 5일(임신) 2번째 기사. 창원군 이성이 민폐를 끼치므로 행대를 보내고, 단양군 홍상도 주의하라 하다

  경연(經筵)에 나아갔다. 강(講)하기를 마치자, 대사헌(大司憲) 김영유(金永濡)가 아뢰기를, "창원군(昌原君) 이성(李晟)이 처음에는 온양(溫陽)에 목욕갈 것을 청하였는데, 그곳에 도착해서는 목욕은 하지 않고 공주(公州) 등지로 돌아다니면서 수령(守令)을 능욕(凌辱)하고 있으니, 지금 농무(農務)가 바야흐로 시작되고 있는데, 음식을 대접하는 폐단이 많을 것입니다. 또 들으니 일행들이 역마(驛馬)를 타고 다니는 자가 많다고 하는데, 이것은 반드시 감사(監司)가 주었을 것입니다. 청컨대 빨리 오라

고 명령하시고, 또 행대(行臺)를 보내어 감사에게 역마를 함부로 내준 것을 책문(責問)하게 하소서." 하니, 임금이 말하기를, "나는 실로 알지 못하는 일이다. 그 민폐(民弊)가 어찌 적겠는가? 감사가 만일 어질었다면 반드시 주지 않았을 것이다." 하고, 좌우를 돌아보며 말하기를, "행대(行臺)를 보내는 것이 어떤가?" 하니, 영사(領事) 한명회(韓明澮)는 대답하기를, "성상의 하교(下敎)가 윤당(允當)합니다." 하고, 도승지(都承旨) 현석규(玄碩圭)는 아뢰기를, "창원군(昌原君)이 본래 광망(狂妄)한데, 그 종자(從者)가 인도하기를 그릇되게 했을 것입니다. 옛부터 종친(宗親)이 도(道)를 잃은 것은 모두 군소(群小)들이 잘못 인도한 것입니다. 청컨대 모름지기 엄하게 징계하소서." 하였다. 김영유가 또 아뢰기를, "당양군(唐陽君) 홍상(洪常)이 또한 온양(溫陽)에 갔는데, 비록 폐가 있었다는 것은 듣지 못했으나, 공억(供億)의 번거로움은 농무(農務)에 해로움이 있을 것이니, 청컨대 하서(下書)하여 폐단을 끼치지 말게 하소서." 하니, 임금이 말하기를, "그렇게 하라." 하였다.

- 【실록】성종 78권, 8년(1477) 3월 5일(임신) 5번째 기사. 창원군 이성에게 속히 올라올 것을 하서하다

창원군(昌原君) 이성(李晟)에게 하서하기를, "들으니, 경(卿)은 온양(溫陽)에 가서 목욕은 하지 않고 여러 군(郡)을 돌아다니면서 즐겁게 놀고 있다 하니, 우리 백성들의 괴로움을 그대는 생각지 않는가? 속히 올라오라." 하였다.

- 【실록】성종 78권, 8년(1477) 3월 10일(정축) 3번째 기사. 종부시에서 창원군 이성과 수행한 가노, 반당의 추국을 아뢰다

종부시(宗簿寺)에서 아뢰기를, "창원군(昌原君) 이성(李晟)이 온양(溫

陽)에 목욕간다고 핑계하고 함부로 역마(驛馬)를 타고 여러 고을에 놀러 다니니, 청컨대 국문(鞫問)하고, 그 수행(隨行)한 가노(家奴)나 반당(伴倘)을 가두어 놓고 죄상(罪狀)을 추국(推鞫)하게 하소서." 하니, 그대로 따랐다.

● 【실록】 중종 7권, 4년(1509) 1월 16일(기유) 5번째 기사. 사헌부가 양주 목사 조금호, 부평부사 기저, 고양군수 신경원 등의 체임을 청하다

(사헌부가 아뢰기를) "신창현감(新昌縣監) 양제(梁濟)는 성품이 본래 광패(狂悖)하고 또 일을 알지 못하오니, 모두 파면하소서." 하니, 전교하기를, "체임(遞任)하라." 하였다.

● 【실록】 중종 67권, 25년(1530) 2월 15일(을해) 1번째 기사. 분양마를 잃은 몇 고을의 수령들의 자급을 내리게 하다

영상 정광필(鄭光弼)과 좌상 이행(李荇)이 아뢰기를, "충청도의 단양(舟陽), 제천(堤川), 신창(新昌), 영춘(永春) 등 읍의 수령들은 분양마(分養馬)를 죽거나 잃어버리게 한 일로 따진다면 수교(受教)에 의해 파면해야 합니다. 그러나 지금은 흉년이라서 백성들은 떠돌고 봄일은 한창이니 맞이하고 보내는 폐단이 작지 않을 것입니다. 그들의 죄를 만약 버려둘 수 없다면 자급(資級)을 내려 그대로 유임시키는 것이 어떻겠습니까?" 하니, 그리하라고 전교하였다.

● 【실록】 중종 77권, 29년(1534) 4월 22일(무오) 2번째 기사. 유경창의 파직을 아뢰니 따르다

(헌부가 아뢰기를) "신창현감(新昌縣監) 유경창(柳景昌)은 소행이 잔인하여 인륜을 손상시켰기 때문에 하루라도 사판(仕版)에 둘 수 없으니 파

직하소서." 하니, 아뢴 대로 하게 했다.

● 【실록】 중종 94권, 35년(1540) 10월 24일(임오) 2번째 기사. 왕자가 해택을 서로 다툰 일과 민전을 탈취한 천손의 일에 관하여 아뢰다

헌부가 아뢰기를, "어제 해택(海澤)을 서로 다툰 일에 대해 하문하였으므로 해사(該司)에 상고하여 보니, 해택의 입안(立案)은 모두가 종의 이름으로 소송을 올렸기 때문에 누가 누구의 종인지를 알 수 없는데, 다만 옥동(玉同)은 해안군(海安君)의 장인 고(故) 참봉(參奉) 신홍유(愼弘猷)의 종입니다. 이것이 왕자(王子)가 해택을 서로 다툰 일입니다. 그런데 아산(牙山)의 관리(官吏)가 사정을 알면서도 판결을 잘못했으므로 이미 추국하였습니다." 하니, 답하였다.

"아산현감을 추고한 공사(公事)를 보니, 봉성군(鳳城君)의 종 효림(孝林)이 한서운(韓瑞雲)의 종 종동(終同)과 서로 다툰 것이다. 그렇다면 해안군에 간여된 것 같지 않기 때문에 하문했는데, 지금 아뢴 내용을 보건대 해안군의 장인 신홍유의 종 옥동이라 하였으니 필시 해안군과 관계가 있다고 아뢰었다. 옥동이 신홍유의 종이라 하더라도 전적으로 해안군의 종이라 할 수는 없으니, 해안군은 간여되지 않은 듯하다. 최천손(崔千孫)이란 자가, 민전(民田)을 탈취하여 제군(諸君)과 공주의 집에 기상(記上)하였다 하나 이 사람은 전적으로 내수사에 간여되지 않았다. 전에 별감(別監)으로 사약(司鑰)이 된 자가 관원을 사칭하여 민전을 탈취하였다니 듣기에 심히 불미스럽다. 법사(法司)는 이를 조사하여 공사로 만들라."

헌부가 상고(相考)한 서계(書啓)의 내용은 다음과 같다.

"예산(禮山)에 사는 갑사(甲士) 이수량(李守良)의 정장(呈狀)에 '경중(京中)에 사는 내수사(內需司) 관원이라고 하는 최천손(崔千孫)이 덕산(德山)에 사는 윤기정(尹起貞) 등의 전지(田地)를 탈취하여 둘째 공주의 집에

기상(記上)하였다. 아산(牙山)에 사는 종이 일산(一山)의 땅을 탈취하여 둘째 공주의 집에 기상하였고, 신윤(申倫)의 땅을 탈취하여 세째 공주의 집에 기상하였다. 예산에 사는 본인 이수량 등 15인의 땅을 탈취하여 덕양군의 집에 기상하였고, 또 봉성군(鳳城君)의 종 효림(孝林)과 사노(私奴) 종동(終同), 옥동(玉同) 등이 평택(平澤)의 땅 굴포(堀浦)를 서로 다툰다.'고 되어 있습니다."

- **【실록】 명종 10권, 5년(1550) 9월 8일(무술) 2번째 기사. 헌부에서 온양 군수 유사필의 파직을 아뢰니 윤허하다**

   헌부가 아뢰기를, "온양군수(溫陽郡守) 유사필(柳師弼)은 경박하고 탐오스러워 가는 곳마다 삼가지 않고 술만 마시면서 늘 취하여 광망(狂妄)한 행동만 합니다. 모든 공무에는 깜깜하여 하리(下吏)들에게 맡기므로 부고(府庫)가 텅 비어 백성들이 그 폐해를 받게 되니 온 경내가 시끄럽습니다. 또 아비가 자식에게 자애롭지 않다고 하더라도 자식은 자식으로서의 도리를 다하지 않을 수 없는 것인데 사필은 부자 사이에도 죄가 없지 않습니다. 파직시키소서." 하니, 아뢴 대로 하라고 답하였다.

- **【실록】 명종 20권, 11년(1556) 3월 5일(갑자) 1번째 기사. 간원이 탐관오리인 현풍현감 신원을 파직시킬 것을 아뢰다**

   사신은 논한다. 수령으로서 탐욕스럽고 걸태질하는 자가 어찌 신원 한 사람뿐이겠는가마는, 특별히 의지할 만한 권세가 없었기 때문에 탄핵을 받는 것이다. 어떤 사람이 아산(牙山) 땅 요로원(要路院)에 써 붙이기를, 탐학한 아산현감 사돈 힘이고 탐오한 대흥현감 아우에 부끄러워하였는데, 이는 아산현감 한흥서(韓興緖)는 심강(沈鋼)과 혼인을 맺었기 때문에 사돈의 세력을 믿고 탐학한 짓을 하였다는 뜻이고, 대

홍현감 조준수(趙俊秀)는 곧 조사수(趙士秀)의 형인데 사수는 당시 청렴
으로 칭송받고 있었으므로 준수의 탐욕이 동생에게 부끄러운 일이라
는 뜻이다.

• 【실록】 선조 12권, 11년(1578) 4월 13일(갑오) 1번째 기사. 헌부가 아산현
감 윤춘수의 용렬함을 들어 파직을 청하다

　사헌부가 아뢰기를, "아산현감(牙山縣監) 윤춘수(尹春壽)는 아둔하고
용렬하여 피해를 끼치고 있으니 파직을 명하소서." 하니, 상이 그대로
따랐다.

• 【실록】 선조 12권, 11년(1578) 4월 20일(신축) 1번째 기사. 충청도사가
아산현감 윤춘수가 재물을 탐한다고 서장을 올리다

　충청도사(忠淸都事)가 서장을 올렸다. "아산현감 윤춘수는 삼가 백성
을 보살피지 않고 재물을 끝없이 탐하여 온 도(道)에 소문이 파다합니다.
개만(箇滿)이 임박하자 춘하등(春夏等)의 전최(殿最)를 두려워하여 병을
핑계로 벼슬을 버리고 가버렸습니다. 각별히 죄를 다스려 간사한 조심
을 막으소서."

• 【실록】 선조 12권, 11년(1578) 7월 2일(신해) 1번째 기사. 간원이 신창현
감 최영징 등을 탄핵하다

　사간원이 아뢰기를, "도총부도사(都摠府都事) 안세희(安世熙)는 패려
스럽고 신창현감(新昌縣監) 최영징(崔永徵)은 간교하니 아울러 파직시키
소서. 정산현감(定山縣監) 임구(林枸)는 글을 모르고 제용감정(濟用監正)
신일(辛馹)은 노쇠하였으니 아울러 체차하소서." 하니, 상이 그대로 따
랐다.

- **【실록】 선조 42권, 26년(1593) 9월 1일(임자) 6번째 기사. 헌부가 황정욱, 황혁의 일을 아뢰고 구빈, 유희규를 논핵하다**

(사헌부가 아뢰기를) "아산현감(牙山縣監) 구빈(具贇)은 용렬하고 무식한데다가 품행마저 올바르지 못하여 향리에서 버림받은 지가 오래 되었는데, 이번에 백성을 다스리는 관직을 받게 되자 물정(物情)이 해괴하게 여기지 않는 이가 없습니다. 파직시키소서." 하였다.

- **【실록】 선조 93권, 30년(1597) 10월 9일(병인) 4번째 기사. 온양군수로서 도망쳤던 남절을 빨리 처단하도록 비변사에 지시하다**

전교하였다. "경리가 우리나라에 군율이 없는 것을 그르다고 하였다 하니, 남절(南巀)을[42] 군법에 따라 처단하고 경리에게 고해야 한다. 그리고 속히 처결하라는 일로 비변사에게 말하라"

- **【실록】 선조 123권, 33년(1600) 3월 20일(계해) 1번째 기사. 사간원에서 과거 제도의 문제점을 아뢰고 아산현감 심곤 등의 파직을 청하다**

(사간원이 아뢰기를) "아산현감(牙山縣監) 심곤(沈闉)은 처사가 전도되고 형장(刑杖)을 남용하고 있는데 쇄마(刷馬)를 조발할 적에도 자신을 살찌우게 한 일이 많았으므로 원망이 길에 가득합니다. 하루도 벼슬에 둘 수 없으니 파직시키소서. 본 고을은 해운(海運)의 요충지인데 누차 부적격자를 거쳐 왔으므로 극도로 잔폐되었으니 그 대임(代任)은 문관을 가려 보내소서." 하였다.

---

42) 『온양군수로서 왜적이 고을에 이르기도 전에 도망하여 집으로 돌아갔다.』

- 【실록】 선조 197권, 39년(1606) 3월 8일(병자) 5번째 기사. 충청도 암행 어사 이극신이 암행 결과를 보고하다

(충청도 암행어사 이극신(李克信)이 아뢰었다.) "충주목사(忠州牧使) 신경진(辛慶晉)은 권솔(眷率)을 너무 많이 거느려서 거의 40명에 달한다 하고, 면천군수(沔川郡守) 홍순각(洪純愨)은 가솔이 너무 많아서 두 곳에 다 아문을 설치하고 모리배와 결탁하여 갖가지 공물들을 모두 방납자(防納者)에게 일임하였습니다. 연산현감(連山縣監) 조준남(趙俊男)은 용심이 교사하고 처사가 바르지 못하며 토호(土豪)에게 아첨하여 칭찬을 사고 소민에게서 수탈하여다 자신을 살찌웠습니다. 신창현감(新昌縣監) 한응 굉(韓應宏)은 아둔하고 직무를 살피지 못하고 정무를 하리(下吏)에게 위임하였고 조사 접대용 잡물을 너무 많이 징수하였습니다."

- 【실록】 선조 214권, 40년(1607) 7월 27일(정사) 3번째 기사. 헌부에서 황해병사 오정방, 원주목사 김홍원, 온양군수 이통 등을 탄핵하다

(헌부가 내계하기를) "온양군수(溫陽郡守) 이통(李通)은 아산군수(牙山 郡守)를 겸임한 사람으로 관직이 비어 있는 때를 틈타 편파적으로 친구 의 청탁을 받고서 죄를 얽어 엄한 형벌을 가하여 백성의 전토를 빼앗아 친구에게 주었으니, 듣는 자가 몹시 놀라고 있습니다. 파직시키소서." 하니, 답하기를, "윤허한다." 하였다.

- 【광해일기】 광해 11권, 즉위년(1608) 12월 27일(경진) 2번째 기사. 사헌 부가 이질수의 관직을 삭탈할 것을 청하니 파직하라 명하다

(사헌부가 아뢰기를) "오위장(五衛將) 이질수(李質粹)는 마음씀이 간 교하여 일찍이 온양(溫陽)의 수령으로 있을 때, 사람을 국문해서 공을 도모했다가 분수에 넘게 옥관자의 지위에 올랐으므로 호서 사람들이

그의 살을 씹어먹고자 하였고, 온 나라 사람들이 모두 통분해 하고 있습니다. 그의 관직을 삭탈하라 명하소서." 하고, 또 신요, 유영순, 권협의 일에 대해 아뢰니, 답하기를, "아뢴 대로 하고 (이질수는 파직하라.)" 하였다.

● 【광해일기】 광해 12권, 1년(1609) 1월 3일(병술) 3번째 기사. 지평 한찬남이 살인하여 공을 도모한 온양군수 이질수를 삭탈관작하라고 아뢰다

지평 한찬남(韓纘男)이 아뢰기를, "온양군수 이질수(李質粹)는 사람을 죽여 공을 도모하였으니, 그 마음의 참독(慘毒)함이 막야검(鏌鋣劍)보다 심합니다. 호서(湖西) 사람들만이 지금까지도 그의 살점을 씹고자 할 뿐만 아니라 온 나라 사람들이 모두 통분해 하니, 오랫동안 상명(償命)의 주벌을 유보한 것도 오히려 실형(失刑)이 되는데, 하물며 이 사적(仕籍)에 그의 성명을 그대로 두고 삭제하지 않을 수 있겠습니까. 그를 파직한 것만으로는 공의(公議)가 더욱 불평스럽게 여기니 서둘러 삭탈관작을 명하소서." 하니, 아뢴 대로 하라고 답하였다.

사신은 논한다. 과거 이질수가 온양군수로 있을 적에 우연한 기회에 궁인(弓人)과 이야기를 하였는데, 그 말에 허황되고 잡스러운 내용이 많았다. 그러자 질수는 즉시 감사 이용순(李用淳)에게 보고하고서 없는 사실을 꾸며 역모옥사(逆謀獄事)를 만들어, 그 초사(招辭)에 연루된 사람들을 체포하였다. 이에 호우(湖右) 8, 9고을의 인민들이 대부분 온양옥에 갇혔는데, 질수가 오로지 그 옥사를 조사했다. 하루는 옥수(獄囚) 10여 명을 (화로처럼 벌겋게) 달군 쇠가마[鐵釜] 곁에 줄지어 앉히고서, 맨 앞에 앉은 자에게 승복하지 않으면 이 달군 가마를 머리에 씌우겠다고 하였다. 그러나 옥수가 승복하지 않자 즉시 달군 가마를 그 옥수의 머리에 씌우니, 그 죄수는 즉시 불에 데어 죽었다. 이런 악형(惡刑)을 차례로

그 다음 사람들에게 시행하였다. 이때 날씨가 청명했는데 갑자기 천둥
번개가 치면서 쏟아붓듯이 소나기가 내려 (달군 쇠가마가 거의 한 자쯤
이나 물에 잠기니) 질수는 겁이 나서 즉시 형신(刑訊)을 중지하고 취조하
지 않았다. 이때 온양의 불량한 젊은이들 가운데 뇌물을 주고서 군관(軍
官) 중에 이름을 숨긴 자가 있었는데, 질수는 이웃 고을까지 쫓아가서
이들을 잡으면서 겁탈을 자행하여, 민가에는 쓸 만한 물건 하나 남지
않고 닭과 개도 모두 쓸어갔다. 심지어 가축과 재물, 비단까지도 적의
장물이라 하며 질수가 스스로 차지하니, 원근이 소동스러워 봇짐을 싸
놓고 기다렸다. 잡힌 자는 열에 하나도 살아서 나온 자가 없었는데, 이
옥사가 왕옥(王獄)으로 올라간 뒤에는 태반을 풀어주고 조정에서 특별히
승지를 보내어 민심을 진정시켰다. (이른바 그 마음의 참독함이 막야검
보다 심하다는 말이 마땅하다.)

- 【광해일기】광해 37권, 3년(1611) 1월 8일(기유) 5번째 기사. 사간원이
  윤공의 파직을 청하다 - (중초본)
  "아산현감(牙山縣監) 윤공(尹鞏)은 부임한 후에 정도에 넘치는 일을 많
이 저질렀으며, 이웃 읍의 과부의 노비를 공공연히 빼앗아 관아에 숨겨
두어 과부가 길에서 울부짖게 하였습니다. 이를 들은 사람들이 모두 분
통해 하고 있으니, 파직하도록 명하소서." 하였다.

- 【광해일기】광해 49권, 4년(1612) 1월 14일(기유) 1번째 기사. 사헌부가
  행호군 이응해를 사판에서 지우고 온양군수 박동도를 파직하자고 청하
  다 - (중초본)
  (사헌부가 아뢰기를) "온양군수(溫陽郡守) 박동도(朴東燾)는 부임한 후
에 오로지 수탈만을 일삼고 있으니, 파직하라 명하소서." 하니 답하기

를, "박동도는 아뢴 대로 하라." 하였다.

● 【광해일기】 광해 133권, 10년(1618) 10월 9일(갑자) 13번째 기사. 호조가 녹봉 지급의 일을 아뢰자 윤허한다는 전교를 내리다

"역적 허균이 예전에 행사한 것 가운데 본조와 관계있는 일을 가지고 말씀드려 보겠습니다. 이 역적이 일찍이 운판(運判)이었을 적에 아산창(牙山倉)의 세미(稅米) 80석(石)을 훔쳐냈다가 교대관에게 발각되었으며, 근년에는 본조의 참의로서 장차 연경(燕京)에 가게 되었는데 하루는 좌아(坐衙)가 끝난 뒤 혼자 남아 나가지 않고는 여러 낭관들이 모두 나가기를 기다렸다가 누고(樓庫)를 열어 관목(官木) 20동(同)을 공공연하게 훔쳐갔으니, 그의 조정을 업신여기고 임금을 무시한 것이 대체로 이미 오래되었습니다. 하물며 자신이 정부 당상의 직을 가지고 있으면서 정부의 사령(使令)으로 하여금 녹패를 가지고 가서 자기의 녹봉을 받아오게 하였으니, 미관말직인 창관(倉官)이 어떻게 막을 수 있었겠습니까. 그러나 창관이 본조에 보고하지도 않은 채 멋대로 지급한 죄는 징계하지 않을 수 없습니다. 창관은 추고하는 것이 어떻겠습니까?" 하니, 윤허한다고 전교하였다.

● 【광해일기】 광해 148권, 12년(1620) 1월 16일(을미) 3번째 기사. 사헌부가 온양군수 이득원의 악정을 고발하다

(사헌부가 아뢰기를) "온양군수(溫陽郡守) 이득원(李得元)은 본래 지나치게 탐욕스러운 사람으로 오로지 백성들의 재물을 결태질하는 것만을 일삼고 있으므로 백성들이 괴로움을 견디지 못하고 있습니다. 바라건대 사판에서 깎아버리라 명하여 아대부(阿大夫)를 삶아 죽인 경계로 삼으소서." 하니, 서서히 결정하겠다고 답하였다.

● 【실록】 인조 23권, 8년(1630) 8월 5일(임자) 1번째 기사. 헌부가 좌윤 유순익을 파직시킬 것을 아뢰다

　　헌부가 아뢰기를, "좌윤(左尹) 유순익(柳舜翼)이 비밀 관문(關文)을 아 산(牙山)에 멋대로 보내 그 고을 사람 장남(張男)의 모자(母子)를 체포하 고 형틀에 묶어 서울로 올려보내게 한 다음 함부로 형신을 가하였습니 다. 법을 무시하고 자기 멋대로 한 죄를 징계하지 않을 수 없으니, 파직 시키소서." 하니, 상이 따랐다.

● 【실록】 현종 4권, 2년(1661) 9월 17일(계사) 1번째 기사. 지평 이지익이 이일상의 미곡 실은 배 사건에 대해 인피하다

　　"일찍이 호서(湖西)에서 방백에게 간청하여 군영의 미곡을 아산현(牙 山縣)에서 받아내 배를 이용해 집으로 운반한 뒤, 그 적곡(糴穀)을 전의 현(全義縣)에 이록(移錄)시켜 황조(荒租)로 대납(代納)하고는 민간에 나누 어주게 하여 미곡으로 바꿔서 징수하게 하였는데, 이 이야기 역시 진신 사이에 전파되어 모두들 침을 뱉으며 더럽게 여기고 있습니다. 그런데 도 제멋대로 장소(章疏)에까지 드러내면서 일상이 원래 허물이 없는 자 처럼 만들었으니, 일상의 세력이 이토록까지 엄청날 줄이야 어찌 생각 이나 했겠습니까."

● 【현개】 현개 6권, 2년(1661) 9월 17일(계사) 1번째 기사. 지평 이지익이 인피하다

　　"일상의 욕심 많고 비루한 정상은 이 일뿐만이 아닙니다. 일찍이 호서 (湖西)에 있을 때 방백(方伯)에게 간청하여 아산현(牙山縣)에서 영미(營米) 를 받아내어 배로 자기 집에 옮기고 그것을 전의현(全義縣)에 이록(移錄) 한 뒤 묵은 조(租)로 대신 납부하였으며, 이를 다시 민간에 나누어 주고

쌀로 받아들였다는 소문이 선비들 사이에 전파되어 욕을 하지 않는 자가 없었습니다."

● 【현개】 현개 9권, 4년(1663) 8월 24일(기미) 2번째 기사. 대사헌 김수항 등의 충청감사 이홍연의 추고와 수창자의 처벌을 청하다

　대사헌 김수항 등이 아뢰기를, "충청도 아산(牙山) 땅에 간교한 무리들이, 인평위(寅平尉) 집에서 재가를 받아 떼어 받은 것이라고 칭하고 도신(道臣)에게 소장을 올리고는 둑을 쌓고 논을 만들어 벼가 들에 가득하고 대대적으로 포구를 굴착하여 백성들 전답이 그리로 잘려 들어가기 때문에 생업을 잃은 자가 매우 많고 원성과 욕설이 길에 널려 있습니다. 그런데 인평위 집에서는 원래 떼어 받은 사실이 없고 다른 궁가에서도 역시 그러한 사실이 없다고 합니다. 궁가에서 떼어 받는 그 피해가 오늘날 백성을 병들게 만드는 큰 폐단이 되고 있는데다 간교한 무뢰배들까지 덩달아서 궁가를 핑계하고 백성들의 전답을 침탈하여 국가로 하여금 거듭 백성들의 원성을 부르게 하고 있으니 그들 정상을 볼 때 참으로 가슴 아프고 놀랄 일입니다. 도신이, 재가한 일이 있었는지의 여부를 살펴보지 않고서 경솔하게 소청을 들어주어 그들로 하여금 마음 놓고 간계를 부리게 하였으니 잘못된 책임을 면키 어렵습니다. 충청감사 이홍연(李弘淵)을 추고하고, 이어 수창자를 엄히 조사해서 적발하여 아뢰어 적당한 조처를 취할 수 있도록 하게 하소서." 하니, 상이 따랐다.

● 【현개】 현개 10권, 4년(1663) 12월 20일(계축) 3번째 기사. 집의 송시철이, 전장 설치와 관련해 아산현감 윤필은의 파직을 청하다

　집의 송시철(宋時喆) 등이 아뢰기를, "사대부가 감사나 수령에게 사사로이 청탁하여 전장(田庄)을 설치하고 백성을 해롭게 하는 폐단이 벌써

고질화되었습니다. 얼마 전에 아산(牙山)의 굴포(掘浦)한 곳을 인평위(寅平尉)의 가(家)라고 가탁(假託)한 자는 바로 진사 이만경(李萬慶)이었습니다. 본현(本縣)에 청탁을 꾀하니 현감이 감사에게 거짓 보고하여 민전(民田)을 파헤친 일은 그야말로 놀랍기 짝이 없는데, 읍재(邑宰)가 된 사람으로 청탁을 들어주어 사사로이 이익을 꾀한 죄를 그냥 둘 수 없으니, 아산현감 윤필은(尹弼殷)을 파직시킨 뒤 서용하지 말고, 진사 이만경은 본도의 감사로 하여금 엄히 가두어 중죄로 다스리게 하소서." 하니, 상이 따랐다.

- **【현개】 현개 24권, 12년(1671) 7월 20일(기사) 3번째 기사. 사간 박지, 정언 정유악이 곡물을 내어 백성을 구제할 것을 아뢰다**

또 아뢰기를, "충청병사 이필(李泌)은 일찍이 기해년 국상 3년 동안에 해미영장(海美營將)으로서 순행 차 아산현(牙山縣)에 이르러 기생을 끼고 풍악을 벌였는데 그 기생은 본현의 사인(士人) 신인립(愼仁立)의 여종이었습니다. 신인립이 놀라움과 분함을 금치 못하여 그 여종을 매우 치고 악기(樂器)를 부숴버렸기에 도리에 어긋난 이필의 행실에 대해 사람들이 모두 알고 있습니다. 그런데 벼슬길을 타고 병마절도사의 직임에 제수되기까지 하였으니, 매우 놀라운 일입니다."

- **【실록】 숙종 31권, 23년(1697) 11월 16일(임진) 2번째 기사. 정언 이의만을 체임하다**

정언(正言) 이의만(李宜晚)이 지난번 상소 가운데 수령(守令)의 이름을 지적하지 않은 것 때문에 연신(筵臣)에게 나무람과 배척을 당했다 하여 마침내 인피(引避)하고, 인해서 영광군수(靈光郡守) 박세준(朴世𥛚)의 비루함과 울산부사(蔚山府使) 성호신(成虎臣)의 사리에 어두움과 신창현감

(新昌縣監) 민처중(閔處重)이 술주정하는 것을 열거하여 흉년에 자목(字牧)하는 직임에 적합하지 않다고 말하였다. 또 진휼청(賑恤廳)과 군문(軍門)의 일을 진달하였는데, 말이 매우 장황(張皇)하였지만, 대략은 지난번의 상소 내용과 같았다. 간원(諫院)에서 말이 난잡한 것이 많고 한 가지도 진실되고 확실한 것이 없다고 하면서 체임하기를 청하니, 그대로 윤허하였다.

● 【실록】 숙종 38권, 29년(1703) 6월 5일(기묘) 1번째 기사. 민전을 강제로 탈취한 서릉, 도정, 이욱 등의 일을 논의하다

처음에 서릉도정(西陵都正) 이욱(李煜)이 온양(溫陽)의 민전(民田)을 강제로 빼앗았는데, 도신(道臣)이 계문(啓聞)하여 잡아서 다스린 지 얼마 아니 되어 사유(赦宥)를 입었다. 그러자 다시 내려가서 침학(侵虐)이 전과 같으므로 백성들이 그 고통을 견디지 못하여 형조(刑曹)에 와서 호소하니, 형조에서 죄를 청한 초기(草記)에 말하기를, "종반(宗班)이 아무리 몹시 방자할지라도 어찌 감히 이처럼 거리낌이 없을 수 있겠습니까?" 하였는데, 임금이 표(標)를 붙여서 종반(宗班)이란 두 글자를 고쳐 거(渠)라고 하고, 단지 추고(推考)하기만 명하였다. 이때에 와서 임금이 연신(筵臣)에게 이르기를, "욱(煜)은 진실로 죄가 있으나 어찌 욱 한 사람의 까닭으로써 종반(宗班)을 방자하다는 죄목에로 혼동해서 돌릴 수 있겠는가? 초기(草記)에 사용한 말이 몹시 타당하지 못하다." 하니, 형조판서 민진후(閔鎭厚)가 사죄하기를, "문자(文字)를 살피지 못한 것은 신에게 진실로 잘못이 있습니다. 하지만 욱(煜)이 백성을 침학(侵虐)하고 법을 멸시한 것은 그 죄가 가볍지 아니하니, 문비(問備)의 벌에 그칠 수는 없습니다." 하므로 나문(拿問)하기를 명하였다가 문득 반사(頒赦)하여 곧 석방하였다. 욱(煜)은 하천도정(夏川都正) 이의(李椅)의 아들인데, 부자

(父子)가 몹시 포학(暴虐)하여 민간의 도척(盜跖)이 되었다.

- 【실록】 숙종 57권, 42년(1716) 5월 2일(신유) 2번째 기사. 사간원에서 김춘택과 박필문 등을 파직할 것을 청하나 따르지 않다

아산현감(牙山縣監) 박필문(朴弼文)은 창관(倉官)이었을 때부터 이미 청렴하지 않다는 책망이 많았고, 도임한 뒤로 가렴주구(苛斂誅求)한 정사는 일일이 들추어내기에도 어려우니, 송금(松禁), 우금(牛禁)으로 절도(節度) 없이 징속(徵贖)하며 영어(囹圄)는 가득차고 이졸(吏卒)은 꺼리낌없이 침학(侵虐)하였습니다. 청컨대 파직(罷職)하고 서용(敍用)하지 마소서.

- 【실록】 숙종 59권, 43년(1717) 4월 9일(계사) 2번째 기사. 헌부에서 아산현감의 파직을 건의하다

헌부(憲府)에서 전에 아뢴 일을 거듭 아뢰고, 또 말하기를, "아산현감(牙山縣監) 심필현(沈弼賢)은 두 해 동안 벼슬살이하였으나 볼만한 것이 하나도 없었고, 온천에 거둥하셨을 때에 공어(供御)하는 물선(物膳)의 값을 억지로 배로 거두고 교활한 서리(胥吏)가 농간하여 제 주머니를 불렸으니, 파직(罷職)하소서." 하였으나, 임금이 따르지 않았다.

- 【실록】 경종 3권, 1년(1721) 2월 13일(갑진) 3번째 기사. 사간원에서 신창현감 김광운을 파직할 것을 청하다

사간원(司諫院)에서 전계(前啓)를 거듭 아뢰고 신창현감(新昌縣監) 김광운(金光運)을 파직할 것을 청하여 말하기를, "첨정(簽丁)할 적에는 다만 뇌물만 볼 뿐이고, 군포(軍布)를 수봉(收捧)할 때는 정채(情債)를 덧붙여 거두며, 양전(量田)할 때는 강제로 전부(田夫)에게 쌀을 내도록 하여,

백성이 편안하게 살 수가 없어서 원망하는 소리가 들끓고 있습니다."
하니, 임금이 자세히 살펴서 처리하라고 명하였다.

- 【실록】 경종 12권, 3년(1723) 4월 1일(경술) 3번째 기사. 아산현감을 나
  문하여 정죄하게 하다

  간원(諫院)에서[43] 전계(前啓)를 거듭 아뢰고, 또 논하기를, "아산현감
  (牙山縣監) 송수량(宋秀良)은 조미(糶米)를 갑절로 거두어 들이고 재결(災
  結)을 사사로이 이용했으니, 청컨대 나문(拿問)하여 정죄(定罪)하소서.
  금천군수(金川郡守) 이중국(李重國)은 춘분(春分) 뒤에 그 처(妻)를 데리고
  가면서 첩(妾)의 행차라고 속였고, 뇌물을 받고 짐짓 살옥(殺獄)을 풀어
  주었으며, 군정(軍丁)을 찾아내어 아전과 이익을 나누었으니, 청컨대 또
  한 나문하여 정죄하소서." 하니, 임금이 다만 송수량과 이중국의 일만
  따랐다.

- 【실록】 영조 7권, 1년(1725) 7월 4일(기해) 2번째 기사. 하동부사 신경
  필, 온양군수 권흥준을 논핵하는 장령 조명신의 상소문

  장령(掌令) 조명신(趙命臣)이 상소(上疏)하여 성학(聖學)에 힘써서 다스
  리는 근본을 세우고 좋아하고 미워하는 것을 분명히 하여 사람의 마음
  을 복종시킬 것을 청하고, 또 논핵하기를, "하동부사(河東府使) 신경필
  (申慶弼)은 술에 취하여 나체(裸體)로 쫓아다니며 정무(政務)를 향임(鄕任)
  에게 위임(委任)하였으니 마땅히 파직(罷職)시켜야 하고, 온양군수(溫陽
  郡守) 권흥준(權興駿)은 노상(路上)에서 국휼(國恤)의 관문(關門)을 만났는
  데도 친우(親友)를 일일이 찾아 다니면서 종일토록 술을 많이 마시고,

---

43) 『정언(正言) 유시모(柳時模)이다.』

곧 거애(擧哀)하지 않았으니, 마땅히 사판(仕版)에서 삭제해야 합니다."
하니, 비답(批答)하기를, "진계(陳戒)한 말을 매우 가상(嘉尙)하게 여긴
다. 두 수령(守令)의 일은 아뢴 대로 시행(施行)하도록 하라." 하였다.

● 【실록】 영조 9권, 2년(1726) 3월 25일(정사) 2번째 기사. 박필정이 상소
  하다

（장령(掌令) 박필정(朴弼正)이 상소하여 논하기를) "진천현감(鎭川縣監)
김득대(金得大)는 굶주린 백성의 죽음을 방관(傍觀)하여 종시 진구(賑救)
할 생각이 없었고, 목천현감(木川縣監) 오성유(吳聖兪)는 간악한 아전이
정사(政事)를 맡아보아서 곤궁한 백성들이 원통함을 호소하였으며, 온
양군수(溫陽郡守) 이광식(李光湜)은 친구를 두둔하여 촌가(村家)를 헐어
서 입장(入葬)하도록 허락하였으니, 모두 파직(罷職)을 청합니다." 하니,
임금이 우비(優批)하였다.

● 【실록】 영조 11권, 3년(1727) 4월 12일(무술) 3번째 기사. 사헌부에서 온
  양군수 이만춘을 탄핵하다

사헌부에서 앞서 아뢴 일을 거듭 아뢰고, 또 아뢰기를, "온양군수(溫陽
郡守) 이만춘(李萬春)은 탐오(貪汚)하고 잔학(殘虐)한 짓을 했으니, 청컨
대 파직하소서." 하였으나, 모두 윤허하지 아니하였다.

● 【실록】 영조 24권, 5년(1729) 12월 28일(무진) 1번째 기사. 사간원에서
  양근군수 송수량을 탄핵하다

사간원에서[44] 앞서 아뢴 일을 거듭 아뢰었으나, 윤허하지 아니하였

---

44) 【정언 윤종하(尹宗夏)이다.】

다. 또 아뢰기를, "양근군수(楊根郡守) 송수량(宋守良)은 일찍이 아산(牙山)을 맡았을 적에도 이미 다스려 가지 못하는 것이 많았거니와, 본군(本郡)에 오게 되어서도 한 가지의 잘 하는 것이 없고, 애첩(愛妾)을 데리고 살며 뇌물받는 길을 마구 열어 놓고 있으니, 파직하시기 바랍니다." 하니, '아뢴 대로 하라.'고 비답하였다.

- 【실록】 영조 30권, 7년(1731) 9월 3일(계해) 2번째 기사. 사간 유언통이 온양군수 이창석과 관장을 능멸한 자산 이속의 처벌을 청하다

사간원에서[45] 전계(前啓)를 거듭 아뢰었으나, 윤허하지 않았다. 또 아뢰기를, "온양군수(溫陽郡守) 이창석(李昌錫)은 전정(田政)에 허록(虛錄), 가징(加徵)한 원망이 있고, 첨정(簽丁) 때 뇌물을 받고 면역(免役)을 허락한 폐해가 있으니, 마땅히 파직시켜야 합니다. 자산(慈山)의 이속(吏屬)이 그 관장(官長)을 원망하여, 체임되어 돌아갈 적에 말을 빼앗아 도망해 돌아갔으니, 마땅히 도신(道臣)으로 하여금 형배(刑配)해 그 습관을 징계하게 해야 합니다." 하니, 모두 그대로 윤허하였다.

- 【실록】 영조 55권, 18년(1742) 4월 4일(계사) 2번째 기사. 이원복이 서명오 등을 포상하고 정동우 등은 파직할 것을 청하다

"아산현감(牙山縣監) 이홍령(李弘齡)은 모든 행정을 오로지 간교한 아전에게 일임하고 있으며 정사를 하는 것도 어둡고 나태하여 하나도 좋은 실상이 없습니다. 신의 생각에는 모두 파직하여 민폐를 제거해야 한다고 여깁니다." 하니, 비답하기를, "모두 아뢴 대로 시행하라." 하였다.

---

45) 『사간 유언통(俞彦通)이다.』

● 【실록】 영조 86권, 31년(1755) 10월 12일(임자) 2번째 기사. 사헌부에서
  윤동성, 유언종의 처벌을 청하다

아산현감(牙山縣監) 유언종(兪彦宗)은 도임한 지 두어 달이 되었는데
백성들은 그 얼굴을 보지 못하고 고을의 크고 작은 일을 모두 하리(下吏)
에게 위임하였으니, 청컨대 파직하고 서용(敍用)하지 마소서하였다.

                    … (중략) …

왕세자가 모두 따르지 않았는데 유언종의 일은 '이 큰 기근을 당하여
수령들을 살피지 않을 수 없으니 나문(拿問)하라'고 하였다.

● 【실록】 영조 106권, 41년(1765) 11월 13일(갑신) 2번째 기사. 재임시 창
  고의 포흠이 심한 전 신창현감 이관휘에게 본율을 시행하다

전 신창현감(新昌縣監) 이관휘(李觀徽)가 재임시에 창고의 포흠(逋欠)
이 심히 많았는데, 일이 발각되자 나처(拿處)토록 명하여 5, 6개월을 갇
혀 있었지만, 아직도 조사가 마무리되지 않았다. 임금이 수찬 이재간(李
在簡)에게 가서 핵실(覈實)토록 명하였는데, 이재간이 돌아와서 아전이
축낸 실수(實數)를 아뢰매, 임금이 많이 견감(蠲減)해 주고, 이관휘에게
는 본율(本律)을 시행하였다.

● 【실록】 영조 121권, 49년(1773) 10월 8일(계사) 1번째 기사. 지평 황택인
  이 상소하여, 윤득흠, 남태헌, 정여익의 파직 등을 청하다

지평 황택인(黃宅仁)이 상소하여, 제도(諸道)에 엄히 신칙하여 급재(給
災)를 정밀하게 살피기를 청하고, 인하여 말하기를, "아산현감(牙山縣監)
윤득흠(尹得欽)은 멍청하고 어두우며 전혀 지각(知覺)이 없어서, 예사로
운 청리(聽理)도 스스로 처단하지 못하여 한 가지 일을 두 번 송사(訟事)
하게 하였습니다. 세미(稅米)를 받을 때에는 지나치게 큰 말[斗]을 써서

더 징수하는 것이 매석(每石)마다 두어 말에 이르렀으며, 포구(浦口)에서 고기를 잡고 해초를 채취하는 백성에게 약간의 푼돈[分錢]을 주고 징색(徵索)함이 번거롭고 가혹하였습니다." 하였다.

- 【실록】 정조 7권, 3년(1779) 3월 27일(신해) 1번째 기사. 직무유기자들을 파직하고 각종 세금 징수의 폐단을 시정케 하다

호서 암행어사(湖西暗行御史) 박우원(朴祐源)이 복명(復命)하고 나서 서계(書啓)를 올려 병마절도사(兵馬節度使) 이정병(李鼎炳), 병마우후(兵馬虞候) 이윤원(李潤元), 청양현감(靑陽縣監) 이용중(李龍中), 제천현감(堤川縣監) 송계상(宋繼相), 면천군수(沔川郡守) 정동현(鄭東顯), 보은현감(報恩縣監) 서퇴수(徐退修), 서산현감(瑞山縣監) 박지홍(朴志泓), 평택현감(平澤縣監) 유한응(兪漢膺), 아산현감(牙山縣監) 윤광(尹晄), 전의현감(全義縣監) 홍건(洪楗), 진잠현감(鎭岑縣監) 홍성호(洪成浩), 진위현령(振威縣令) 박좌원(朴左源), 서원영장(西原營將) 이형묵(李亨默)이 직무를 제대로 수행하지 않은 정상(情狀)에 대해 논핵하였다. 이정병, 이윤원, 이용중, 송계상은 나문(拿問)하고 정동현 등 9인은 파직시켰다.

- 【실록】 정조 51권, 23년(1799) 5월 9일(병인) 1번째 기사. 충청도 암행어사 신현이 각 고을의 폐단에 대해 올린 별단

차대하였다. 충청도 암행어사 신현(申絢)이 복명하였다. 서계를 올려, 평택현감(平澤縣監) 유상문(柳相文), 아산현감(牙山縣監) 홍장보(洪章輔), 태안현감(泰安縣監) 이종해(李宗海), 남포현감(藍浦縣監) 이황(李潢), 공주판관(公州判官) 김기응(金箕應), 중군(中軍) 유진엽(柳鎭燁) 등이 정치를 제대로 하지 못한 정상을 논하여 차등 있게 논죄하였다.

● 【실록】 순조 33권, 33년(1833) 6월 12일(신해) 1번째 기사. 목사, 군수, 현감 등의 실정과 선정에 대해 암행어사 김기만이 서계하다

공충좌도 암행어사 김기만(金箕晩)이 서계(書啓)하여, 온양(溫陽)의 전 군수(郡守) 이조식(李祖植), 단양(丹陽)의 전 군수 이유(李游), 청안(淸安)의 전 현감(縣監) 신명조(申命藻), 천안(天安)의 전 군수 정동만(鄭東萬), 전전 군수(郡守) 서병순(徐秉淳), 서원현감(西原縣監) 성긍묵(成兢默), 진천현감(鎭川縣監) 홍익주(洪翼周), 전 현감 서유호(徐有皓), 전의현감(全義縣監) 변상대(邊相岱), 평택(平澤)의 전 현감 구병로(具秉魯), 아산현감(牙山縣監) 이돈명(李敦明), 연원(連原)의 전 찰방(察訪) 채홍면(蔡弘勉), 영동현감(永同縣監) 김보근(金普根), 전 현감 조학점(趙學點), 직산(稷山)의 전 현감(縣監) 정택우(鄭澤友), 신창현감(新昌縣監) 강이문(姜彝文), 연기현감(燕岐縣監) 정학제(鄭鶴濟), 음성현감(陰城縣監) 조득겸(趙得謙), 연풍현감(延豊縣監) 정하교(丁夏教), 직산현감(稷山縣監) 김천서(金天敍), 서원(西原)의 전 영장(營將) 구재봉(具載鳳) 등의 잘 다스리지 못한 실상을 논하니, 아울러 경중(輕重)을 나누어 감처(勘處)하게 하였다.

● 【실록】 헌종 14권, 13년(1847) 10월 8일(갑인) 2번째 기사. 어사의 서계로 이조식, 김봉서, 홍면용 등을 차등을 두어 죄주다

전 청주목사(淸州牧使) 이조식(李祖植), 전 전의현감(全義縣監) 김봉서(金鳳敍), 전 영춘현감(永春縣監) 홍면용(洪冕容), 온양군수(溫陽郡守) 심의익(沈宜益), 직산현감(稷山縣監) 윤영원(尹榮遠), 전 충주목사(忠州牧使) 이형원(李衡遠), 전 단양군수(丹陽郡守) 민황세(閔璜世), 전 신창현감(新昌縣監) 이우겸(李愚謙), 전 평택현감(平澤縣監) 정성수(鄭性秀), 전전 아산현감(牙山縣監) 이용관(李用觀), 전 연풍현감(延豊縣監) 한중리(韓重履), 전 제천현감(堤川縣監) 홍장섭(洪璋燮) 등을 차등을 두어 죄주었다. 어사(御

史)의 서계(書啓)에 말미암은 것이다.

(2) 회뢰(賄賂)와 부정

• 【실록】 세종 36권, 9년(1427) 6월 21일(무인) 3번째 기사. 황희, 맹사성
  을 파직하고 서선의 직첩을 회수하는 등의 명을 내리다

　좌의정 황희와 우의정 맹사성은 관직을 파면하고, 판서 서선(徐選)은
직첩을 회수하고, 형조참판 신개(申槪)는 강음(江陰)으로, 대사헌 조계
생(趙啓生)은 태인(泰仁)으로, 형조좌랑 안숭선(安崇善)은 배천(白川)으로
각각 귀양보내고, 서달(徐達)은 장 1백 대에 유(流) 3천 리를 속(贖)으로
바치게 하고, 온수현감(溫水縣監) 이수강(李守剛)은 장 1백 대에다 유(流)
3천 리에 처하여 광양(光陽)으로 보내고, 전 지직산현사(知稷山縣事) 조
순(趙珣)은 장 1백에 도 3년을 속으로 바치게 하고, 직산현감(稷山縣監)
이운(李韻)과 목천현감(木川縣監) 윤환(尹煥)은 각각 장 1백에 도 3년을
속으로 바치게 하고, 대흥현감(大興縣監) 노호(盧皓)는 장 90에 도 2년
반을 속으로 바치게 하고, 신창현감(新昌縣監) 곽규(郭珪)와 신창교도(新
昌教導) 강윤(康胤)은 각각 장 1백과 도 3년에 처하고, 도사 신기(愼幾)는
장 1백에 처하였다.

　서달(徐達)은 선(選)의 아들이며 황희(黃喜)의 사위인데, 모친 최씨를
모시고 대흥현(大興縣)으로 돌아가는 길에 신창현(新昌縣)을 지나다가
그 고을 아전이 예로 대하지 않고 달아나는 것을 괘씸하게 여기어, 종
잉질종(芿叱宗) 등 세 사람을 시켜 잡아 오라고 하였는데, 잉질종이 길
에서 어떤 아전 하나를 붙잡아 묶어서 앞세워 가지고 그에게 달아난 아
전의 집으로 인도하게 하였다. 아전 표운평(表芸平)이란 자가 이것을 보

고 말하기를, "어떠한 사람인데 관원도 없는 데서 이렇게 아전을 묶어 놓고 때리느냐." 하니, 종들이 그 말에 성이 나서 운평의 머리채를 잡은 채 발로 차고 또 큰 작대기로 엉덩이와 등줄기를 함부로 여남은 번 두들기고서 끌고 달(達)이 있는 데까지 왔는데, 운평이 어리둥절하여 말을 못하는 지라, 달(達)이 홧김에 잘 살펴보지 않고 말하기를, "일부러 술 취한 체하고 말을 안 하는구나." 하면서, 수행원 서득(徐得)을 시켜 되려 작대기로 무릎과 다리를 50여 번이나 두들겼다. 운평이 그 이튿날 그만 죽어버렸는데, 그 집에서 감사에게 고소하니, 감사 조계생(趙啓生)이 조순(趙珣)과 이수강(李守剛)을 시켜 신창(新昌)에서 함께 국문하게 하였다. 순(珣)과 수강(守剛)이 달(達)이 주장하여 때리게 한 것으로 조서를 작성하여 신창(新昌) 관노(官奴)에게 주어 감사에게 보고하였다. 그때에 희(喜)가 찬성(贊成)으로 있었는데, 신창은 바로 판부사 맹사성의 본고향이므로 그에게 부탁하여 원수진 집과 화해를 시켜 달라 하였다. 운평(芸平)의 형 복만(卜萬)이란 자가 때마침 서울에 왔기로, 사성이 불러 오게 하여 힘써 권하기를, "우리 신창 고을의 풍속을 아름답지 못하게 하지 말라."고 하고, 또 신창현감 곽규에게 서신을 보내어 잘 주선해 주도록 하고, 서선도 또한 규(珪)와 수강(守剛)이 있는 곳에 나아가서 (달이) 외아들임을 말하여 동정받기를 청하고, 노호(盧皓)는 선(選)의 사위인지라, 이웃 고을 수령으로서 혹 몸소 가기도 하고, 혹 사람을 시켜서 애걸하기도 하였다. 이에 규(珪)가 호(皓)에게 내통하여 일러주기를, "차사관(差使官)의 보고가 막 떠났다." 하므로, 호(皓)가 길목을 질러 그 서류를 손에 넣었으며, 강윤(康胤)이 또한 최씨의 겨레붙이인지라, 원수진 집을 꾀어 이익을 줄 것을 약속하고 사화(私和)를 권하매, 복만(卜萬)이 역시 뇌물을 받고 사성(思誠)과 규(珪)의 말대로 원수진 집에 가서 달래어 이르기를, "죽은 자는 다시 살아날 수가 없는 것이고, 본 고을 재상과 현임

수령의 명령을 아전으로서 순종하지 않다가 나중에 몸을 어디다가 둘 것이냐."고 하여, 드디어 사화장을 써 받아 가지고 운평(芸平)의 아내에게 주어 신창(新昌)에 바쳐서 온수현(溫水縣)으로 보내니, 수강(守剛)이 순(珣)과 함께 의논하여 다시 관련된 증인을 모아 가지고 드디어 조서를 뒤집어 만들어 달(達)을 면죄되게 하고 죄를 잉질종(芿叱宗)에게 돌리어 감사에게 보고하였다. 감사가 윤환(尹煥)과 이운(李韻)을 시켜 다시 국문하게 하였는데, 환(煥) 등도 또한 선과 호와 수강의 청한 말을 받았는지라 그 안(案)대로 회보하니, 감사 조계생과 도사 신기(愼幾)도 다시 살펴보지 않고 형조에 그대로 옮겨 보고하였으며, 형조좌랑 안숭선(安崇善)은 7개월 동안이나 미루적거리다가 다시 더 논하지도 않고 참판 신개(申槪)에게 넘기니, 역시 자세히 살피지 아니하고 서달(徐達)을 방면하고, 옥사는 잉질종(芿叱宗) 등에게 돌아가게 되어 법에 비추어 정부에 보고하니, 정부는 그대로 위에 아뢰었는데, 임금이 사건의 조서에 어긋난 점이 있음을 의아하여, 의금부에 내려서 다시 국문하여 죄를 매기니, 달(達)은 율이 교형(絞刑)에 해당되는데, 임금은 그가 외아들이기 때문에 특히 사형을 감하고 유형(流刑)을 속으로 바치게 하고, 순(珣)은 그때에 상중(喪中)이었기 때문에 또한 속으로 바치게 하였다.

● 【실록】 세종 79권, 19년(1437) 11월 12일(무술) 3번째 기사. 장죄를 범한 임계손, 안보해를 유배시키다

사헌부에서 아뢰기를, "온수현감(溫水縣監) 임계손(林繼孫)이 관물(官物)을 훔쳤으니, 율에 따라 참(斬)하는 것이 마땅합니다." 하고, 의금부에서 아뢰기를, "지간성군사(知杆城郡事) 안보해(安保海)가 관물을 훔쳤으니, 율에 따라 참하는 것이 마땅합니다." 하니, 모두 한 등을 감하게 하고 자자하도록 명하였다.

• 【실록】 세종 100권, 25년(1443) 4월 16일(신축) 2번째 기사. 감사 이익박과 대소 관원이 서로 증여한 것을 벌할 것을 사간원에서 상소하다

사간원에서 상소(上疏)하기를, "지금 온양(溫陽)의 행차에 민폐(民弊)가 있을까 염려한 까닭으로 그 폐단을 없애는 사항(事項)을 곡진하게 포치(布置)하고 남몰래 사정을 쓰는 감사와 수령이 있으면 장물로 따져서 죄를 매기도록 하였으니, 그 백성을 염려하시는 뜻이 깊다고 하지 않을 수 없으며, 그 금방(禁防)하는 조처가 엄하다 하지 않을 수 없습니다. 그러나 감사 이익박은 성상의 뜻을 생각지 않고 나라의 법을 두려워하지 않고, 쌀, 콩 1백여 섬을 실어다가 공공연하게 뇌물(賂物)을 주었고, 정부의 대신에서 승지에 이르기까지 역시 모두 받았으니, 법을 어지럽히고 의리를 해친 것이 이보다 더 심할 수 없습니다. 무거운 견책을 가하여 후세 사람들을 경계해야 마땅한데도 전하께서 특별히 그대로 두고 논죄하지 말게 하셨고, 신 등이 두 차례나 논청(論請)하였으나 윤허하시지 않으셨습니다. 신 등이 반복해서 생각하여도 의리상 그만둘 수 없어서 감히 천총(天聰)을 더럽히게 됩니다. 대저 작은 관리나 하찮은 무리가 받은 자잘구레한 선사라고 하더라도 혹 도리에 어긋나면 오히려 이를 그르게 여기는데, 하물며 공경대신(公卿大臣)이라는 중한 직위에 있는 사람이겠습니까. 지금 대신 및 승지는 모두 고굉과 후설(喉舌)의 신하로서 지위가 높고 직책이 친근(親近)하니 마땅히 염치에 힘쓰고 풍속 교화를 앙양(昻揚)해야 할 터인데 이런 것은 생각지도 않고 뇌물 주고 받는 것을 함부로 하여 뇌물 주고 받는 길을 크게 열어 놓았으니, 이것이 성상의 뜻을 본받고 나라의 법을 받드는 것이라고 할 수 있겠습니까. 옛 글에 이르기를, '대신은 삼가지 않을 수 없으며, 근시(近侍)하는 신하는 조심하지 않을 수 없다.'고 하였는데, 이것이 사람의 도리입니다. 만약 대신과 근시하는 신하로서 뇌물을 받는다면, 일반 관료(官僚)로서는 누가 이

것을 옳지 못하다고 하겠습니까. 무릇 윗사람이 하는 것은 아랫사람을 인도하는 것이며, 윗사람이 하지 않는 것은 아랫사람에게 본 보이는 것인데, 윗사람이 하지 않는 것을 아랫사람이 혹 하게 되므로 이에 형벌을 제정하게 된 것입니다. 만약 윗사람이 하는 것을 아랫사람도 역시 본받는다면, 그것은 진실로 그 이치이니 또한 금단할 수 있겠습니까. 만약 아랫사람만 엄격히 금단하고 그 윗사람에게는 관용(寬容)한다면, 이것은 법이 아랫사람에게만 시행되고 윗사람에게는 시행되지 않는 것입니다. 또 감사라는 직책은 성택(聖澤)을 받들어서 교화(敎化)를 선양(宣揚)하며, 착한 사람을 올리고 착하지 못한 사람을 물리치는 것이니, 그 풍채와 기개가 한 도 백성을 감복(感服)시키지 못한다면 출척(黜陟)하는 권위(權威)를 감당하기에도 부족할 것인데, 풍속을 맑게 하는 효과를 거두겠습니까. 지금 익박은 사사로이 대소 관원과 교통하여 몰래 서로 증여를 하였습니다. 자신이 풍화를 맡은 중한 책임에 있으면서 먼저 국가에서 엄금하는 죄를 범했으니, 어찌 뻔뻔스럽게 직임에 나아가서 한 도의 의표(儀表)가 되겠으며, 수령이 탐오(貪汚)하여 법을 범한 것을 규찰할 수 있겠습니까. 이것은 징계하지 않을 수 없으니, 모두 헌사(憲司)에 내려 그 사유를 끝까지 캐내고 폄출하는 벌을 엄하게 더하여 뇌물 주고 받는 일을 없애고 염치의 도리를 조장하기를 엎드려 바랍니다." 하였으나, 윤허하지 아니하였다.

● 【실록】 세종 100권, 25년(1443) 4월 17일(임인) 1번째 기사. 사헌부에서 뇌물을 주고 받은 신하들을 모두 벌하기를 청하다

사헌부에서 상소하기를, "염치란 것은 신하의 큰 절조(節操)이고 상벌(賞罰)이란 것은 국가의 아름다운 법입니다. 신하로서 염치가 없으면 절조가 서지 않고, 나라에 상벌이 없으면 기강(紀綱)이 엄하지 않습니다.

이것은 선비의 풍기와 조정의 기강에 관계되는 바로서 경홀하게 할 수 없는 것입니다. 지금 온양에 행차함에 있어 그 민폐를 염려하여 내주(內廚)에 소용되는 것도 또한 절감(節減)하고, 이어서 내리신 교지에, '남몰래 사정(私情)을 쓰는 감사와 수령은 장물로 계산하여 논죄(論罪)한다'는 말씀이 있었으니, 대소 신료(臣僚)들은 마땅히 체념(體念)해야 할 바였습니다. 충청도감사 이익박이 민폐도 돌보지 않고, 쌀과 콩 1백여 섬을 온양까지 싣고 와서 근시(近侍)하는 신하와 요직에 있는 권신에게 공공연하게 증여하고 시기를 타서 아첨하여 한때의 영예를 구하였습니다. 그 법을 저촉하면서 성상을 속이고, 사의(私意)를 품어서 공경(公卿)에게 아첨한 죄는 이루 다 말할 수 없습니다. 그 뇌물 받기를 청구한 사람가운데 관직도 없는 미천한 무리야 족히 기록할 것도 없지만, 승지 조서강(趙瑞康), 이승손(李承孫), 강석덕(姜碩德), 김조(金銚), 성봉조(成奉祖) 같은 자들은 왕명을 출납(出納)하는 임무를 맡고 있어서 온양 거둥에 민폐를 없애려는 금령(禁令)을 자세하게 알고 있었을 것입니다. 공경하게 왕명을 삼가서 받드는 것이 마땅한데 도리어 뇌물을 받았으니, 그 근신(近臣)이라는 뜻이 있다 하겠습니까. 이뿐만 아니라 김조, 성봉조 등은 이미 증여를 받아 자기의 이득을 취하고도 또 친족들을 위해서 지나치게 청구하였습니다. 판원사(判院事) 이순몽(李順蒙), 성달생(成達生)과 참찬 이숙치(李叔畤)는 대신으로서 안연히 뇌물을 받았는데, 욕심을 한없이 부려서 하나같이 이 지경에 이를 줄은 미처 짐작하지 못하였습니다. 참찬 신인손(辛引孫)도 또한 정조(正曹) 대신으로서 남몰래 뇌물을 받았고, 또 아전(衙前)을 위해서 낭청(郎廳)과 함께 같은 편지로 청구하였습니다. 비단 염치가 땅을 쓸다시피 없을 뿐만 아니라, 나라의 법을 두려워하지 않은 것이 이보다 더 심할 수 없습니다.

- **【실록】** 세종 103권, 26년(1444) 2월 14일(갑오) 2번째 기사. 경기도관찰사 이선과 충청도관찰사 김조에게 이번 행차에 뇌물공여를 없애고 민폐를 제거할 것을 유시하다

경기도관찰사 이선(李宣)과 충청도관찰사 김조(金銚)에게 유시하기를, "무릇 인신(人臣)된 자가 임금의 덕을 보좌하려면 마땅히 군상(君上)의 마음으로서 제 마음을 삼아야 할 것인데, 본국 관리(官吏)들은 대체(大體)를 돌아보지 않고 백성에게서 횡렴(橫歛)하여 은밀히 서로 주고 받는 습관이 보통이 되었다. 그러므로 내가 매양 거동할 때면 감사(監司)나 수령(守令)이 은밀하게 인정을 쓰는 것을 금한 적이 한두 번이 아니었고, 지난해에는 온양(溫陽)의 일이 이미 발각[敗露]되었으나, 풍습이 된 지가 오래었으므로 감히 죄를 더하지 않았거니와, 이제 이 행차에 당하여는 무릇 모든 조도(調度)를 극히 생감(省減)하는 것은, 대개 옛날의 습관을 돌연히 개혁시키려 하는 것이다. 그러므로 감사와 수령이 혹시라도 전과 같이 작폐(作弊)하여 사사로이 주고 받는다면, 비록 조그마한 물건일지라도 법으로써 엄하게 징계하여 혹 조금도 용서함이 없을 것이니, 경(卿)은 이를 잘 알아서 지응(支應)하는 사목(事目) 외에는 일체 모두 금단하여 민폐를 제거하고 내 뜻에 부응하라." 하였다.

- **【실록】** 세종 104권, 26년(1444) 6월 10일(무자) 2번째 기사. 뇌물을 주고 받은 김숙지, 이순몽 등에게 율에 맞게 벌을 줄 것을 청하는 사간원의 상소

사간원에서 상소하기를, "지난번 온양(溫陽)에 행차하실 때에 서로 주고받는 것의 금법(禁法)을 엄히 세우시고, 감사(監司)와 수령(守令)들이 남 몰래 뇌물을 주는 자도 역시 장물로 계산하여 과죄(科罪)하게 하셨으니, 이는 곧 일국(一國)의 신민(臣民)들이 함께 송구하게 듣고 절조(節操)

를 가다듬을 것이므로, 스스로 탐도(貪饕)하여 부끄러움을 모르는 자가 아니 오면 누가 분부를 어기고 국법을 범하려 하겠습니까. 지금 면천군사(沔川郡事) 김숙지(金叔滋)가 성상의 분부를 받들지 않고, 국법도 두려워하지 아니하며, 백성들의 고혈(膏血)을 짜내어서 마음대로 뇌물을 주니, 그 법을 어지럽히고 의리를 해치는 것이 이보다 심할 수 없사온데, 말감(末減)하여 과죄(科罪)하는 것은 법에 어긋남이 있사오며, 또 판원사(判院事) 이순몽(李順蒙)은 특별히 성상의 은총을 입어서 벼슬이 숭품(崇品)에 올랐으며, 재산이 부요(富饒)하니, 비록 남의 뇌물을 물리쳐도 족히 자기의 봉양은 할 수 있는데, 돌이켜 보건대, 성상의 뜻을 몸으로 받들지 아니하고 안연(安然)하게 뇌물을 받아서, 장물과 뇌물이 낭자(狼藉)하여 일이 발각되었으니, 역시 마땅히 황공하여 죄를 자복하기에 여가가 없을텐데, 도리어 부끄러워할 줄 모르고 뻔뻔스럽게 공사(供辭)를 거절하오며, 또 김포(金布), 곽보민(郭保民) 등을 시켜서 가만히 옥산(玉山)을 꾀어 사연(辭緣)을 고쳐서 실정을 숨기니, 그 교사(狡詐)하고 부끄러움이 없기가 심합니다. 전하께서 만약 순몽을 공신의 후예라고 하여 차마 죄주지 않으신다면, 곧 직첩(職牒)을 거두시고 원방(遠方)으로 귀양 보내어 행실을 고치게 하시고, 숙지, 김포, 보민도 역시 율(律)에 의하여 죄를 매겨서 뒷사람을 경계하게 하소서." 하니, 임금이 말하기를, "전일의 비답(批答)에 내 뜻을 이미 다하였으니 다시 다른 말이 없다." 하였다.

● 【실록】 세종 104권, 26년(1444) 6월 21일(기해) 2번째 기사. 김숙지, 이순몽, 김흔지, 여효온, 곽보민 등을 율에 의하여 단죄할 것을 청하는 사헌부의 상소

"작년에 온양(溫陽)에 행차하실 때에 귀하고 가까운 신하가 먼저 법령을 범하였으되, 죄책을 가하시지 않사오니, 신은 두렵건대, 전하의 은택

(恩澤)이 단지 귀하고 가까운 신하에게만 베풀어지고 신민(臣民)에게는 미치지 못할까 염려되옵니다. 그때에 율문(律文)대로 논죄하였다면 간사한 일이 자연히 없어졌을 것이오니, 어찌 전에 있었던 일을 들어 오늘날 초수(椒水)의 폐단을 이루겠습니까. 대개 법을 세워도 따르지 않고, 지금 엄하여도 꺼리지 아니하여, 취렴(聚斂)하기를 가혹하게 하고, 회뢰(賄賂)를 공공연하게 행하여 탐오(貪汚)가 풍속을 이루워, 염치의 도가 상실되는 것은 곧 신하들의 이익이 되고, 국가와 생민의 복이 되지 못합니다. 요사이 간원(諫院)에서 소장(疏章)을 갖추어 청하여도 윤허를 받지 못하였사오니, 신 등이 더욱 유감이옵니다. 엎드려 바라옵건대, 전하께서는 죄가 있으면 반드시 벌을 주는 도리에 크게 용단을 내리시어, 장차 위에 말씀 드린 사람들을 모두 율(律)에 의하여 단죄(斷罪)하시어 사유(四維)를 베풀게 하시고, 사풍(士風)을 바루게 하시며, 백성들의 폐단을 덜게 하시고, 뒷사람의 경계를 드리우게 하소서." 하니, 회답하지 아니하였다.

- 【실록】 세종 106권, 26년(1444) 9월 6일(신사) 2번째 기사. 사헌부의 이순몽의 관직 제수에 대한 반대 상소

사헌부에서 상소하기를, "청렴으로 몸을 가짐은 신하의 큰 절조이고, 형벌로 악한 것을 징계함은 나라의 떳떳한 법이오라, 염치의 도리가 없게 되면 사유(四維)가 펴이지 못하고, 상벌이 공정하지 못하면 나라의 법이 이지러지는 것입니다. 순몽은 본성(本性)이 난잡하고 망령되어, 귀히 됨을 드세고 제멋대로 방자히 하여, 논이며 밭이며 종과 첩들을 안팎에다 널리 두고, 교만과 음란과 호기와 푼푼함이 그와 더불어 견줄 자가 없사온데, 남의 첩을 몰래 간통하다 붙잡히게 되자 머리꼬리를 잘리기도 하였고, 제 욕심을 방자히 부리다가 부끄러움 없이 의장(儀仗) 속으로

숨어들기도 하였으며, 큰 걸상에 걸터 앉아서 완만(頑慢)하고 불손함이 많았지마는, 법조문에 걸릴 때마다 은혜로운 용서를 받아 왔습니다. 수차의 거둥 때에 일체의 바라지를 모두 다 절약하여 민폐를 더셨는데, 순몽이 거룩하신 뜻을 받들지 아니하여서, 지난해 온양(溫陽)에서 범법으로 뇌물을 받았고, 금년 봄 초수(椒水)에서도 다량으로 뇌물을 먹었으되, 간사한 꾀로 교묘하게 꾸며대어 뇌물 받은 흔적을 숨기려 하고, 성난 눈을 무섭게 부라리며 물어 보는 관원을 도리어 모욕하니, 그 탐욕에 찬 몰염치와 오만하고 무례함이 지극하옵니다. 전하께서 특히 공신의 후예라 하여 다만 관직만 파하셨으니, 의당 황공한 마음을 가져 빨리 회개를 힘써야 할텐데, 농장으로 횡행하면서 꺼림 없이 흥청거리고, 조금도 반성하는 태도가 없사온데, 겨우 두어 달을 지나 다시 소중한 직임을 받게 하시니, 신 등은 그윽이 두려워하옵기를, 절개를 장려하고 악함을 징계하는 길에 어긋남이 있을까 하옵니다. 엎드려 바라옵건대, 이 명령을 빨리 거두시어 그 행실을 고치게 하시고, 부정을 탐하는 불경한 조짐을 막아 버리게 하소서." 하였으나, 허락하지 아니하였다.

● 【실록】세조 15권, 5년(1459) 1월 23일(병오) 3번째 기사. 황효원의 계문에 따라 아산현을 혁파하다

충청도관찰사(忠淸道觀察使) 황효원(黃孝源)이 도내 아산(牙山)의 유향품관(留鄕品官), 인리(人吏)와 시흥(時興), 창덕(昌德), 장시(長時), 일흥(日興), 광시(光時), 화천(花川)의 역자(驛子) 등의 장고(狀告)에 의거하여 아뢰기를, "신이 아산(牙山)의 아전을 보건대, 모두 속임수를 써서 수령(守令)을 모해(謀害)하기를 일삼고 있습니다. 또 관사(官舍)가 허물어지고 좁고 더러운 데도 재목(材木)의 산지(産地)에서 멀어 영건(營建)할 길이 없고, 그 기지(基地)가 큰물에 세차게 충격(衝激)하여 장차 가라앉을 형

세입니다. 더구나 역리(驛吏)들의 장고(狀告)에 수령(守令)이 사망(死亡)한다는 말은 비록 괴탄(怪誕)하지만, 그러나 일찍이 수령(守令)을 지내고 살아 있는 자는 적고 죽은 자가 많으니, 역리(驛吏)의 말이 빈 말은 아닌 것 같습니다. 위의 항목 6역(驛)은 아전이 본래 적고 또 흉년으로 인하여 유망(流亡)한 자가 상당히 많습니다. 그러나 아산(牙山)은 동쪽으로 온양군(溫陽郡)과의 거리가 12리이고, 북쪽으로 평택현(平澤縣)과의 거리와 남쪽으로 신창현(新昌縣)과의 거리가 각각 10리이니, 청컨대 아산현(牙山縣)을 혁파(革罷)하고 그 토지(土地)와 인민(人民)은 세 고을에 나누어 붙이고, 향리(鄕吏)는 온양(溫陽)에 붙이고, 노비(奴婢)는 6역(驛)에 나누어 붙여서 그 악(惡)한 풍속을 징계하고 피폐한 고을을 도와주어 역로(驛路)를 충실하게 하소서." 하니, 이조(吏曹)에 계하(啓下)하였다. 이조에서 아뢰기를, "군(郡), 현(縣)을 폐지하거나 설치한다는 그 일은 매우 중대하니, 청컨대 도순문진휼사(都巡問賑恤使) 황수신(黃守身)으로 하여금 다시 편부(便否)를 살펴서 계문(啓聞)하게 한 뒤에 의논하여 시행하소서." 하였으나, 임금이 황효원(黃孝源)의 계문(啓聞)에 따라서 이를 혁파(革罷)하고, 그 토지와 인민을 온양(溫陽) 등 세 고을에 나누어 붙이고, 노비(奴婢)와 향리(鄕吏)는 적당히 인근 고을에 붙이었다.

- **【실록】 세조 19권, 6년(1460) 2월 12일(기미) 3번째 기사. 이조에서 아산현의 민호와 도리의 수를 조사하여 아뢰게 할 것을 청하니 따르다**

이조(吏曹)에서 아뢰기를, "지금 아산현(牙山縣) 경재소(京在所)의 익녕군(益寧君)의 상언(上言)을 상고해 보건대, 처음에 현(縣)을 혁파(革罷)할 적에 관찰사(觀察使)가 아뢴 민호(民戶)와 도리(道里)의 수가 지금 상언(上言)한 사연과 같지 않습니다. 청컨대 관찰사로 하여금 다시 잘 조사하여서 아뢰도록 하소서." 하니, 그대로 따랐다.

● 【실록】 세조 24권, 7년(1461) 5월 12일(신해) 2번째 기사. 사헌부에서 충청도 아산현의 관노 화만이 좌찬성 황수신의 죄를 고발한 것을 아뢰다

사헌부(司憲府)에서 아뢰기를, "충청도(忠淸道) 아산현(牙山縣)의 관노(官奴) 화만(禾萬)이 본부(本府)에 글로써 고하기를, '좌찬성(左贊成) 황수신(黃守身)이 기묘년에 진휼사(賑恤使)로서 본읍(本邑)에 이르렀는데, 관둔전(官屯田) 및 공아(公衙)의 채소밭을 얻고자 하여 신창(新昌)에 사는 족인(族人) 별시위(別侍衛) 김극강(金克剛)으로 하여금 장고(狀告)하여 떼어 받게 한 뒤, 서울로 돌아가서 자기 아내의 장사는 이미 지냈는데도 거짓으로 아직 장사를 지내지 못하여 아산(牙山)에다 터를 정했다 하고 몽롱(朦朧)하게 계달(啓達)하여 하사를 받고, 본현(本縣)을 다시 설치하지 못하게 하였습니다. 그 공아(公衙)의 채소밭인즉 실은 이 종[奴]의 아비와 할아비의 영업전(永業田)인데, 햇수를 정해 임시로 관(官)에 바친 것입니다. 전적(田籍)에도 종의 아비 이름으로 되어 있으며 본 현을 혁파(革罷)한 뒤부터는 곧 도로 경작하고 있습니다. 그런데 황수신이 온양군(溫陽郡)으로 하여금 경진년의 소출(所出)을 빼앗아 가고, 또 금년에는 보리를 갈았습니다. 만일 황수신에게 「아무개로 하여금 뫼터를 보게 하였으며, 아무 마을 아무 언덕으로 정하였느냐?」고 물으면, 참인지 거짓인지를 알 수 있을 것입니다. 또 공아(公衙)의 기와집 48간(間)을 초가집 22간이라 하여 샀다고 공언(公言)하면서, 독촉해서 헐어 가지려고 하니, 빌건대 헐지 말게 하소서.' 하였습니다. 신 등이 생각하건대, 황수신이 만일 실제로 이와 같다면 마땅히 추핵(推覈)하여 죄를 주어야 할 것이고, 아니라면 화만(禾萬)은 공신(功臣)을 무함한 것으로 좌죄(坐罪)하여야 할 것입니다." 하니, 전지(傳旨)하기를, "어찌 급하게 황수신을 문초할 수 있겠는가? 화만을 가두어 국문(鞫問)하라." 하였다.

- **【실록】** 세조 24권, 7년(1461) 5월 13일(임자) 1번째 기사. 좌찬성 황수신이 고발 당한 것에 대해 피혐을 아뢰었으나 윤허치 않다

  좌찬성(左贊成) 황수신(黃守身)이 아뢰기를, "아산(牙山)의 관노(官奴) 화만(禾萬)이 신을 사헌부(司憲府)에 고소하였는데, 그 말한 바는 모두 신의 한 바가 아닙니다. 그러나 사헌부에서 바야흐로 탄핵하려고 하니, 청컨대 피혐(避嫌)하게 하소서." 하니, 전교(傳敎)하기를, "어찌 피혐하겠는가?" 하고, 마침내 교태전(交泰殿)에서 인견(引見)하였는데, 도승지(都承旨) 김종순(金從舜)이 입시(入侍)하고 술자리를 베풀었다.

- **【실록】** 세조 26권, 7년(1461) 12월 4일(경오) 2번째 기사. 의정부에 황수신의 죄를 논죄할 것을 하명하다

  임금이 정부(政府)에 의논하기를 명하며 말하기를, "사헌부(司憲府)에서 황수신(黃守身)이 아산(牙山)의 전지(田地)를 모람(冒濫)되게 받았다고 하여 관찰사(觀察使) 함우치(咸禹治) 및 온양군사(溫陽郡事) 조원지(趙元祉)를 잡아 와서 빙문(憑問)할 것을 청하였으므로, 내가 이미 윤허하였다. 그러나 함우치는 황수신의 청(請)하는 글을 보고도 물리쳤으니, 이제 은휘(隱諱)할 이치(理治)가 없을 것이다. 이문(移文)하여 묻는 것이 어떻겠는가? 이는 유사(宥赦) 전의 일이니 화만(禾萬)이 비록 죄가 있다고 하면 논죄(論罪)하는 것이 불가(不可)하겠지만, 다만 황수신의 일은 분별하여 밝히지 않을 수 없다." 하니, 모두 말하기를, "성상의 교지(敎旨)가 마땅합니다." 하였다.

- **【실록】** 세조 26권, 7년(1461) 12월 9일(을해) 3번째 기사. 황수신이 피혐을 청했으나 윤허하지 않다

  사헌부(司憲府)에서 좌찬성 황수신(黃守身)이 아산(牙山)의 전원(田園)

을 모람되게 점유(占有)한 것을 가지고, 여러 번 핵문(劾問)하기를 청하였으나, 임금이 너그럽게 용서하고 윤허하지 아니하였는데, 이에 이르러 황수신이 피혐(避嫌)하니, 임금이 이르기를, "소인(小人)의 망언(妄言)을 어찌 족히 취하여 믿겠는가? 경은 피혐하지 말라." 하였다.

● 【실록】 세조 27권, 8년(1462) 1월 28일(계해) 2번째 기사. 전지 모람에 대한 사헌부 핵문에 대해 진술한 황수신의 상언

처음에 좌찬성(左贊成) 황수신(黃守身)이 아산(牙山)의 전지(田地)를 모람(冒濫)되게 받았다고 하여 사헌부(司憲府)에 내려서 이를 핵문(劾問)하게 하였는데, 황수신이 헌부(憲府)에서 핵문한 6가지 조목(條目)을 두루 진술(陳述)하고 상언(上言)하여 억울함을 호소하였다.

"일(一). 사헌부에서 신에게 핵문하기를, '장차 아산(牙山)의 둔전(屯田)을 농장(農場)으로 삼아서 이를 비밀에 붙이려고 하여, 족인(族人) 김극강(金克剛)의 이름자를 슬그머니 사용하여 입안(立案)을 받으려고 청하였다.' 하면서, 신더러 궤휼(詭譎)하다고 이릅니다. 신이 진휼사(賑恤使)로서 아산(牙山)의 지세(地勢)를 살펴보고서 글로써 아뢰기를, '흉년이 들 때에는 힘써 안정(安靜)을 요할 것인데, 고을을 혁파(革罷)하여 백성들을 부동(浮動)하게 하여 농업(農業)을 실패하게 할까 두렵습니다. 또 아전(衙前)과 관노(官奴)를 세 고을에 나누어 붙이는 것은 불편하니, 청컨대 현감(縣監)으로 하여금 그대로 유임(留任)시켜 구황(救荒)하게 하소서.' 하였습니다. 만약 그때에 농장을 설치하려고 하였다면 이를 빨리 혁파하지 않을까 두려워하였을 터인데, 어찌 감히 정지하자고 아뢰었겠습니까? 또 김극강이 제의를 보낸 것을 받은 것이 2월 13일에 있었는데, 신의 계문(啓聞)은 11일에 있었으니, 회유(回諭)하시기 전에 제의를 보낸 것을 받도록 청할 리는 만무(萬無)합니다. 신이 처음에 온양(溫陽)에 도

착하니, 김극강이 와서 보고 말하기를, '우리는 군역(軍役)이 있으나 전지(田地)가 없으니, 아산(牙山)의 둔전(屯田)을 받기를 원한다.' 하였으므로, 신이 군사(郡事) 조원지(趙元祉)에게 말하고 우연히 이를 청하였을 뿐입니다. 지금 헌부(憲府)에서 김극강, 조원지의 공초(供招)를 받기를, '황수신이 재차 온양(溫陽)에 이르러 이를 청하였다.' 하였으나, 신이 온양에 도착한 것이 3월 초1일이었고, 김극강이 입안(立案)을 받은 것이 2월 27일에 있었으니, 신이 온양에 도착하기 전에 이미 입안(立案)을 받았는데, 신이 어찌 다시 말하였겠습니까? 이로써 본다면 신이 궤모(詭謀)를 쓰지 않은 것이 분명합니다. 그러나 김극강이 형벌을 받고 무복(誣服)하기를, '황수신이 나로 하여금 입안(立案)을 받게 하였다.' 하였는데, 지금 비록 다시 묻는다 하더라도 형세가 반드시 바꾸어지지는 않을 것이니, 그렇다면 입안(立案)을 받기를 청한 죄를 신이 면할 수 없겠으나, 가령 김극강이 입안을 받은 것이 그해 6월이므로, 계달(啓達)하고서 바꾸어 받았다면 진실로 몰래 숨기고 사사로이 받은 것은 아니니, 궤휼(詭譎)한 죄상은 신에게 실로 없는 것입니다.

일(一). 사헌부에서 신에게 핵문하기를, '끝내 처(妻)의 장지(葬地)를 옮기지 않았으니 상총(上聰)을 몽롱하게 속인 죄가 이보다 심할 수가 없다.' 하였습니다. 신이 그윽이 생각하건대 아산(牙山)이 혁파(革罷)된 뒤부터 고을 사람들의 호소로 인하여 성상께서 명하여 이조(吏曹)와 의정부(議政府)에 내려서 되풀이하여 상량 의논하게 하였으며, 감사(監司)로 하여금 친히 살펴보고 아뢰게 하였으며, 그 뒤에도 김숙(金潚)이 사민경차관(徙民敬差官)으로서, 박원형(朴元亨)이 목장순찰사(牧場巡察使)로서 거듭 살폈으나, 그대로 둘런지 혁파할런지의 의논이 지금까지 정해지지 않았는데, 어느 겨를에 이장(移葬)하겠습니까? 신이 꾸며대는 말이 아니라 온 나라에서 함께 아는 것이니, 상청(上聽)을 몽롱하게 속인 일은 신에게 실로 없습니다.

일(一). 사헌부에서 신에게 핵문하기를, '공아(公衙)를 사들일 때 노자(奴子)와 반인(伴人) 등이 값이 비싸다고 조원지에게 호소하여, 조원지가 그 값을 다시 절충하였다.' 하면서, 신더러 강제로 샀다고 이릅니다. 신이 처음에 종 말금(末金)을 아산(牙山)에 보내어, 찾아가서 사전(賜田)을 받게 하고, 또 이장(移葬)할 땅에 나무하고 소 먹이는 것을 금지하게 하였는데, 말금이 온양에 이르러 공아(公衙)를 사기를 청하였고, 그 창호(窓戶)와 답판(踏板)을 모두 다 도적당하였으므로 다시 값을 정하기를 청하고서 돌아와 신에게 고(告)하였습니다. 신의 생각으로서는, '공가(公家)를 사들이면 반드시 뒷 논의가 있을 것이라.' 하여, 그 값을 주지 않았습니다. 그 뒤에는 다시 종을 보내지 않았고, 지금까지 아산(牙山)의 경내에 신의 종이 있지 않습니다. 공아(公衙)의 재목과 기와로 향교(鄕校)를 지었고, 그 집이 아직도 있는데, 헌부(憲府)에서 그 사실을 이미 알고 있습니다. 값을 깎아서 억지로 산 일은 신에게 실로 없습니다.

일(一). 사헌부에서 신에게 핵문하기를, '함우치(咸禹治)에게 글을 보내어 사창(社倉)을 두지 말고 빨리 공아를 철거(撤去)하게 하였다.' 하면서, 신더러 함부로 점거(占據)하였다고 이릅니다. 신이 함우치에게 치서(馳書)하기를, '사람을 보내어 삼가 사뢰니, 잘 봐 주기 바란다.' 하였고, 이어서 고(告)하게 하기를, '죽은 처의 이장(移葬)은 이미 계달(啓達)하여 윤허(允許)를 받았으나, 듣건대 공아에다 사창(社倉)을 설치한다는데, 공아의 동혈(東穴)이 바로 장지(葬地)이므로 모름지기 허물어서 곧 이장하여야 하니, 사창을 설치하지 말기를 청한다.' 하였습니다. 신의 청한 바는 다만 이 정도의 말뿐이었습니다. 이것을 가지고 허물을 돌리니, 신은 실로 민망합니다.

일(一). 사헌부에서 신에게 핵문하기를, '아산(牙山)의 채전(菜田)은 사전(賜田)으로 받지도 않았는데, 관노(官奴)를 써서 경작시키고, 그 소출(所出)의 곡식을 조원지에게 청하여 받았다.' 합니다. 신이 그해 6월에 그 땅을 바꾸어 받았는데, 그 고을에서 이삭이 패기 전에 회환(回換)하는 예(例)로써 소출(所出)을 준 것이지 신의 사사로운 청이 아니었습니다. 신이 만약 이를 청하였다면 어찌 그 글이 없겠으며, 또 신의 성질이 소활(疏闊)하여 한가족이 살아가는 생계(生計)도 오히려 관여하여 알지 못하는데, 하물며 외방(外方)의 피곡(皮穀) 4, 5석(石)을 신이 어찌 개의(介意)하겠습니까?

일(一). 사헌부에서 신에게 핵문하기를, '아산(牙山)의 관노(官奴) 도자(道者)는 하사(下賜)받지도 않았는데, 사사로이 청하여 사환(使喚)하니, 더욱 탐모(貪冒)하고 무상(無狀)하다.' 합니다. 도자는 하사(下賜)를 받은 종이 아니고 곧 공신(功臣)의 구사(驅使)입니다. 지금 신을 고소한 사람이 무고(誣告)하기를, '둔전(屯田)의 소출(所出)을 도자(道者)에게 주었다.' 하는데, 도자의 구사(驅使) 입안(立案)이 기묘년 12월에 있었고, 곡식을 수확(收穫)한 것이 7, 8월에 있었습니다. 그렇다면 도자가 그때 관노(官奴)로서 저의 곡식을 받았을 터인데 그럴리는 만무(萬無)합니다. 헌부(憲府)에서 도자가 12월 전에 역사(役使)하던 곳을 상고하지 아니하고, 다만 피고인[隻人]의 단순한 공사(供辭)만 취하여서 신더러 탐모(貪冒)하고 무상(無狀)하다고 무고(誣告)하니, 신은 실로 민망합니다.

헌부에서 신의 범(犯)한 바를 논(論)한 것이 많습니다만, 그 중요한 것은 공아(公衙)를 사들인 것과 전지의 소출(所出)을 아울러 받은 두 가지 사건에 있을 뿐입니다. 그 공아는 지금까지 그대로 남아 있으며, 그 전지의 소출(所出)도 신이 마땅히 취할 만한 것이었으니, 이른바 청탁(請托)하였다는 말이나 부회(附會)하는 의논을 공격하지 않더라도 스스로 무너질 것입니다. 헌부(憲府)에서 만약 그 사건을 바로 논의하였다면 소신(小

臣)을 깊이 모함(謀陷)하기에는 족하지 아니하였을 것입니다. 지금 죄를
청한 계목(啓目)에 있어서도 조원지가 진술(陳述)하고 발명(發明)한 말을
마음대로 줄이고 깎았으며, 심각하게 논의하면서도 신에게 한 마디 묻
지도 않았고, 신을 가리켜서 탐모(貪冒)하고 무상(無狀)하다 하고, 혹은
궤휼(詭譎)하다 하고, 혹은 상총(上聰)을 몽롱하게 속였다 하면서 극구
비방하고 헐뜯어서 신의 죄를 만들었습니다. 만약 헌부에 내려서 핵문
하게 한다면 신이 비록 문서(文書)의 증거에 의거하여 발명(發明)한다 하
더라도, 헌부에서 어찌 스스로 위축(萎縮)당할 일을 바로 아뢰도록 용납
하겠습니까? 빌건대 다른 관사(官司)에 내려서 그 시비곡직(是非曲直)을
다시 변별(辨別)하게 하신다면 신의 죄상(罪狀)이 스스로 정해질 것입니
다. 신이 지나치게 성상의 은혜를 입어서 벼슬자리에 있은 지 이미 오래
이니, 은혜 갚기를 도모하기에도 겨를이 없을 터인데, 어찌 감히 꾀를
써서 구차스레 취하겠습니까? 더구나, 아산(牙山)의 땅은 본래 기름지지
도 않고 사방에 흩어져 있어 황폐(荒廢)하여졌고, 금년에도 또한 조세(租
稅)를 거두지 않았습니다. 애초에 얻고자 탐낸 마음도 없었으며, 다만
이장(移葬)하기만을 바랐을 뿐입니다." 하였다. 글이 올라가자, 사헌장
령(司憲掌令) 유계번(柳季潘)을 명소(命召)하여 되풀이 하여 힐문(詰問)하
니, 유계번이 조목에 따라 변명하였다. 이어서 좌승지(左承旨) 홍응(洪
應)을 불러서 다시 의논하고, 사헌부에 전지(傳旨)하기를, "황수신이 하
사(下賜)를 받기 전에 아산(牙山)의 관노(官奴) 도자를 사역(使役)시켰고,
온양군사(溫陽郡事) 조원지가 황수신의 종의 청하는 말을 듣고 화리(花
利)를 전부 주었으니, 그 아산차사원(牙山差使員)인 평택현감(平澤縣監)
김득경(金得敬)과 조원지를 핵문하여서 아뢰라." 하였다.

지평(持平) 이영부(李永敷)가 본부(本府)의 의논을 가지고 아뢰기를, "황수신(黃守身)은 공신(功臣)이라 하여 특별히 용서하였으나, 그 죄는 심히 무겁습니다. 지금 만약 다스리지 않는다면 사람들에게 경계하는 바가 없을 것이니, 청컨대 법에 의하여 과죄(科罪)하소서." 하니, 전지(傳旨)하기를, "황수신은 죄가 없다. 그것을 다시 말하지 말라." 하였다. 사헌부(司憲府)에서 인하여 상소(上疏)하기를, "신 등이 삼가 『서경(書經)』의 「주서(周書)」편을 보건대, 삼공(三公)을 세워서 '도리를 논하고 나라를 다스린다.'고 하였고, 삼고(三孤)는 '이공(貳公)으로서 교화(教化)를 넓힌다.' 하였으며, 또 이르기를, '관직(官職)은 반드시 다 갖출 것이 없으나, 오로지 그 적당한 사람은 있어야 한다.' 하였습니다. 대저 삼공(三公)과 삼고(三孤)는 나라의 중임(重任)이고 신하의 극위(極位)이지만, 진실로 그 적당한 사람이 아니면 오히려 그 자리를 비워 놓을 것이요, 오히려 그 적당하지 아니한 사람으로써 그 자리를 도둑질하게 할 수야 있겠습니까? 일전에 좌찬성(左贊成) 황수신(黃守身)이 나라에서 아산(牙山)을 혁파(革罷)하는 편부(便否)를 의논하던 때를 당하여, 몰래 그 땅에 전지(田地)를 차지하고 그 고을에 집을 지을 계획을 품었는데, 우연히 진휼사(賑恤使)의 명(命)을 받아 그 도(道)에 사신으로 가서, 몰래 족인(族人) 김극강(金克剛)의 이름을 도용(盜用)하여 황효원(黃孝源)에게 제의하여 보낸 것을 받도록 청하고, 조원지(趙元祉)에게 입안(立案)하고서 이르기를, '일을 이미 비밀로 하였고 또 틀림없다.'고 하였습니다.

그때를 당하여 고을 사람 희무(希武)가 뒷날에 다투리라고 그가 어찌 짐작하였겠습니까? 희무가 이를 다투자, 공아(公衙)의 채전(菜田)을 재빨리 공가(公家)에 붙이고 깊이 스스로 불쾌하게 여기다가, 하사(下賜)를 받고자 꾀하여 그 아내를 이장(移葬)한다고 핑계하고 모람되게 계달(啓達)하여, 쓸모없는 사석(沙石)의 땅을 가지고 그 비옥한 땅과 바꾸어 받았습니다. 이리하여 그 현(縣)이 복구되는 것을 꺼려서 공아(公衙)를 부수고자 꾀하였고, 또 강제로 사고자 하여 조원지에게 청탁한 것이 여러 차례였습니다. 사창(社倉)을 두는 것을 싫어하여 급히 집을 부수고자 하여서 함우치(咸禹治)에게 글을 보낸 것이 매우 간절한 사연이었습니다. 또 반인(伴人)을 시켜서, 채전(菜田)의 화리(花利)를 청구(請求)하여 다 써 버렸고, 관노(官奴) 도자(道者)를 모람되게 받아서 역사(役使)시켰습니다. '평산(平山)의 전지(田地)를 공가(公家)에 환속(還俗)시켰다.'고 이름하고 그것을 경작하여 수확하기를 태연자약하게 하였으니, 이것은 황수신이 나라의 땅을 가지고 자기의 농장(農場)으로 삼은 것입니다. 진휼사(賑恤使)의 명(命)을 빌려서 전지(田地)를 구(求)하는 구실로 삼고, 김극강의 몸으로써 자기의 몸을 대신하게 하여, 황효원과 서로 짜고서 조원지에게 지시하여 사석(沙石)의 땅을 가지고 비옥한 땅을 바꾸어 받은 것이니, 이것은 나라를 메마르게 하고 자신을 살찌게 하는 일입니다. 속공(屬公)하였다고 이름하고서도 한편 경작하고 한편 거두었으니, 이것은 나라의 재물을 훔치는 일입니다. 그 사창(社倉)을 싫어하여 글을 보낸 것은 나라에 병이 되는 일입니다. 부수고자 꾀하다가 그것을 강제로 사고자 하였으니, 이것은 그 관가(官家)를 사사로이 차지하는 일입니다. 심지어 채전(菜田)의 화리(花利)를 구하기에 이르러 털끝만한 작은 이익도 계산하여 따졌으며, 관노(官奴)를 모람되게 부리는 것은 몰래 인민(人民)을 점유(占有)하는 일입니다. 아아, 일찍이 묘당(廟堂)의 대신(大臣)이라 하면서 성상을 속이고 사정(私情)을 행한 것이 하나같이 이 지경에 이를 수가 있었겠습니까? 이미 아내를 장사지내겠다고 아뢰고서도 끝내 이장(移葬)하지 않았으니, 또한 심한 점이 있습니다. 황수신은 '국론(國論)

이 정해지지 않아서 장차 다시 세울 것을 염려하였기 때문에 그리하였다.'고 하지만, 신 등은 생각건대 '여러 번 사신을 보내어 이미 그 편부(便否)를 살피고서 혁파(革罷)한 지 오래인데, 국론(國論)이 이미 정해지지 않았다니 이게 무슨 말이며, 다시 세울 리가 만무한데 급급히 부수어서 취(取)하겠다는 글을 이미 함우치에게 보냈다니 이게 또 무슨 염려인가?' 합니다.

　농장(農場)을 만들고자 하여서 아내를 장사지내겠다고 아뢰었으니, 그 꾀가 심히 간교(奸巧)합니다. 지금 이미 다 폭로되었는데도 오히려 스스로 변명하고자 하니, 그가 천총(天聰)을 속이는 것이 극에 달하였습니다. 대저 황수신이 조정(朝廷)을 속인 것은 특히 그의 탐욕(貪欲)에서 나왔으니 족히 책할 것이 없다 하더라도, 일찍이 묘당(廟堂)의 대신(大臣)이 되어서 천총(天聰)을 속인 것이 이 지경에 이르렀으니, 인신(人臣)의 죄가 이보다 큰 것이 없습니다. 이것을 다스리지 않는다면 장차 어찌 징계하는 바가 있겠습니까? 『시경(詩經)』 「절남산지십(節南山之什)」에 이르기를, '혁혁(赫赫)한 태사(太師)와 윤씨(尹氏)여! 백성들이 모두 그대들을 우러러본다.' 하였고, 『논어(論語)』 「헌문편(憲問篇)」에서 '자로(子路)가 임금 섬기는 도리를 묻자, 공자(孔子)가 말하기를, 「속이지 않는 것이라.」고 하였다.' 하였습니다. 황수신은 이미 인신(人臣)의 행동이 없으며, 또 임금을 속인 죄가 있는데, 전하께서 오히려 훈구(勳舊)의 신하로 논(論)하여서 대신(大臣)으로 대접하고 여러 사람이 우러러 보는 암랑(巖廊)의 자리에 처(處)하도록 할 수 있겠습니까? 또 황수신이 중한지, 묘당(廟堂)이 중한지 알지 못하겠습니다. 전하께서 황수신을 중하게 여기시면 묘당(廟堂)을 가볍게 보는 것이요, 묘당(廟堂)을 가볍게 보면 묘당의 신하도 또한 가볍게 보는 것입니다. 전하께서 황수신을 아끼십니까? 신 등은 묘당을 위해서 이를 아끼는데, 또 후에 이를 논할 때 '재상에 그 적당한 사람을 얻었다.'고 할런지 알지 못하겠으므로 신 등은 두려워합니다. 엎드려 바라건대 전하께서는 황수신을 법대로 밝게 처치하여서 인신(人臣)의 탐욕하고 무망(誣罔)하는 죄를 바로 잡으소서." 하였다. 상소(上疏)가 올라가니, 임금이 종이 말미(末尾)에다 친히 쓰기를, "황수신이 비록 조금 잘못을 저지른 일이 있다 하더라도 어찌 임금을 무망(誣罔)한 데에 이르렀겠는가? 진실로 소인(小人)처럼 간교하게 대는 꾸며 행동을 하지 않았기 때문에 그 허물이 드러난 것이다. 공신(功臣)의 죄는 죽을 죄도 또한 마땅히 용서하는데, 하물며 일체 사정이 없겠는가?" 하였다. 장령(掌令) 유계번(柳季潘)이 다시 아뢰었으나, 윤허하지 않았다.

- **【실록】 세조 28권, 8년(1462) 3월 1일(병신) 1번째 기사. 사헌부에 황수신의 사사로운 관노 역사와 평산의 화리를 거둔 일을 묻게 하다**

  사정전(思政殿)에 나아가 술자리를 베푸니, 종친(宗親), 제장(諸將), 승지(承旨) 등이 입시(入侍)하였다. 임금이 도승지(都承旨) 유자환(柳子煥)에게 이르기를, "황수신(黃守身)이 만일 아산(牙山)의 전지를 얻으려고 하였다면, 어찌 반드시 김극강(金克剛)의 이름을 빌은 연후에 하겠으며, 또 아산현(牙山縣)을 회복시키는 여부(與否)를 국가의 의논으로 정하지 못하였으므로, 그 아내를 장사지내지 못하였으니 형세가 반드시 그러하였던 것이다. 공아(公衙)에서 강제로 샀다는 일은 대저 매매(買賣)란 그 값[價]의 경중(輕重)에 달린 것이니, 이것은 모두 허물이 되기에 부족하다. 다만 하사를 받기 전에 관노(官奴)를 역사(役使)한 연유와 평산(平山)의 속공전(屬公田)에서 아울러 화리(花利)를 거둔 일은 헌부(憲府)로 하여금 황수신에게 묻게 하라." 하였다.

- 【실록】 세조 28권, 8년(1462) 3월 4일(기해) 1번째 기사. 사헌 장령 이영
  은이 황수신을 잡아와서 국문할 것을 건의하다

  사헌부 장령(掌令) 이영은(李永垠)이 본부(本府)의 의논을 가지고 아뢰
기를, "황수신(黃守身)이 평산(平山)의 속공전(屬公田)에서 화리(花利)를
거두어 쓴 일과, 아산(牙山) 관노(官奴)를 하사받기도 전에 부린 일은 증
거[辭證]가 명백(明白)한데, 황수신은 오히려 승복(承服)하지 않으니, 청
컨대 성상께서 재결(裁決)하여 시행(施行)하소서." 하니, 전교(傳敎)하기
를, "대신(大臣)의 일은 억측(臆測)으로써 결단(決斷)하는 것은 불가(不可)
하니, 다시 핵실(覈實)하여 아뢰라." 하였다. 이영은(李永垠)이 또 아뢰기
를, "황수신의 반인(伴人) 윤산(尹山)은 그 전토(田土)를 경작하였으니,
청컨대 잡아 와서 국문(鞫問)하게 하소서." 하니, 전교하기를, "윤산(尹
山)과 평산 호방아전[平山戶房吏]을 잡아다가 국문하라." 하였다.

- 【실록】 세조 28권, 8년(1462) 3월 6일(신축) 1번째 기사. 사헌부의 건의
  에 따라 조규, 김구의 고신(告身)을 거두다

  사헌부(司憲府)에서 아뢰기를, "아산(牙山) 관노(官奴) 화만(禾萬)은 비
록 어리석어 미혹(迷惑)되고 무지(無知)하다고 하더라도 김구(金鉤)와 조
규(趙珪)의 사주(使嗾)를 받아 대신(大臣)을 고소(告訴)하였고, 평택현감
(平澤縣監) 김득경(金得敬), 온양군사(溫陽郡事) 조원지(趙元祉)는 대신(大
臣)에게 아부(阿附)하여 법을 굽혀서 청(請)에 따랐으며, 조규, 김구는 본
현(本縣)을 회복할 것을 도모하여 대신의 허물을 갖추 기록하였다가 비
밀히 부추겨서 화만(禾萬)에게 고소(告訴)하게 하였으니 모두 부당(不當)
한데, 사유(赦宥) 전이라 하여 전부 석방하는 것은 불가(不可)하니, 청컨
대 율(律)에 의하여 과죄(科罪)하소서." 하니, 명하여 조규, 김구의 고신
(告身)을 거두게 하고, 나머지는 모두 논하지 말게 하였다.

● 【실록】 세조 28권, 8년(1462) 4월 18일(계미) 1번째 기사. 사헌부에서 윤산, 오연수 등을 죄줄 것을 청한데 대해 의논하지 말게 하다

지평(持平) 이영부(李永敷)가 본부(本府)의 의논을 가지고 아뢰기를, "윤산(尹山), 오연수(吳連守) 등이 전번 평산(平山)에서는 허심탄회(虛心坦懷)하게 복초(服招)한 까닭으로 그 말이 정직하였는데, 지금 헌부(憲府)에 와서는 말이 한결같지 않은 것이 많으므로, 신 등이 이미 장신(杖訊)할 것을 청하였으나, 황수신이 예궐(詣闕)하여 스스로 호소하니 장신(杖訊)하지 말도록 명하셨습니다. 신 등은 황수신이 아뢴 것이 무슨 일인지를 알지 못하나, 그러나 대신(大臣)에 있어서는 하물며 혐의가 있는 경우에도 빨리 형적(形跡)을 피하여 법사(法司)로 하여금 궁핵(窮覈)하여 폭백(暴白)하게 하는 것이 마땅한데, 이제 감싸 주며 스스로 호소하여 장신하지 말게 하였으니, 신 등이 생각하건대, 비록 장신을 하지 않더라도 그 실정을 얻을 만합니다. 또 아산(牙山)의 전지와 관노(官奴)를 청탁하여 모람되게 받은 일은 전번에 이미 전교(傳敎)를 입어서 이미 그 잘못을 알았다고 하고, 지금 또 이와 같이 하였으니, 청컨대 법에 의하여 과죄(科罪)하소서." 하니, 어서(御書)로 대답하기를, "이것은 공사(公事)이니 공이 있고 허물이 있는 것이다. 헌부(憲府)는 대체(大體)를 떨어뜨리지 않고 기강(紀綱)을 들어서 능히 대신(大臣)을 핵실한 것은 공(功)이요, 먼저 편벽된 마음을 세운 것은 허물이다. 그 근원을 찾지 아니하고 급히 말하기를, '황수신이 공전(公田)의 화리(花利)를 썼다.'고 한 것은 허물이며, 황수신에게 질문하지도 않고 오연수(吳連守) 등을 형벌할 것을 청한 것은 공정한 것 같으나 실제는 공정하지 않은 것으로 허물이다. 오연수 등이 이미 공초(供招)를 하였는데도 아뢰지 않은 것은 허물이고, 이미 자복(自服)하였는데도 황수신에게 매질을 가한 연후에야 믿으려 하는 것도 허물이다. 신하가 직접 진달하는 것은 진실로 그 의리인데 대신(大臣)

의 입[口]을 닫으려고 함은 허물이며, 이미 정한 명(命)이 있는데도 천총(天聰)을 번독(煩瀆)하게 한 것도 허물이다. 내가 책임(責任)의 중대(重大)함 때문에 정성과 마음을 다한 것이므로 특별히 너그럽게 용서할 것이니, 뒤로는 대신(大臣)이나 공신(功臣)을 가볍게 의논하지 말라." 하였다.

집의(執義) 남윤(南倫), 장령(掌令) 신송주(申松舟), 지평(持平) 이영부(李永敷), 성율(成慄) 등이 다시 청하기를, "신 등이 다시 어서(御書)를 보니, 황공(惶恐)함을 이기지 못하겠습니다. 만약 다시 낱낱이 들어서 아뢴다면 (천총을) 번독(煩瀆)하는데 관계될까 두렵고, 또 모두 이미 진달하였으니 다시 군더더기 말을 하지 않겠습니다마는, 다만 황수신의 소행은 특히 대신(大臣)의 도리를 잃었으니, 청컨대 과죄(科罪)하소서." 하니, 전교하기를, "전번의 글에 다 말하였으니 다시는 말하지 말라." 하였다.

- **【실록】 세조 28권, 8년(1462) 4월 21일(병술) 5번째 기사. 좌찬성 황수신이 사헌부의 처벌에 대해 상언(上言)하다**

(좌찬성 황수신(黃守身)이 상언(上言)하기를 "헌부는 논하기를, '사석(沙石)을 가지고서 기름지고 비옥한 땅으로 바꾸어 받아 나라를 메마르게 하고 자신을 살찌웠다.'고 하니, 신의 생각으로는 아산(牙山)의 관둔전(官屯田)은 모두 24곳인데 그 17곳은 쓰지 못하는 전지(田地)라 여겨집니다. 신도 버려두고 경작하지 않았고, 혹은 진황(陳荒)하고 혹은 타인(他人)이 그곳을 경작하였으나 지난 가을에는 전손(全損)하여 거두지 않았고, 단지 편전(片田) 5곳만을 아울러 경작할 뿐이었습니다. 사람을 보내어 곳곳을 살피고 검사하였다면, 기름지고 비옥한 땅을 바꿔 받아서 나라를 메마르게 하고 자신을 살찌웠다고 논(論)하는 것은 저절로 헛된 일일 것입니다. 신이 만약 기름지고 비옥한 것을 얻어 농장(農場)을 설치하려고 하였다면, 회환(回換)하는 날에 즉시 노비(奴婢)를 모아서 그 땅

에 살게 하여 경운(耕耘)을 할 것이지, 어찌 3년이 이르도록 한 노비도 사는 자가 없겠습니까? 그 겨우 경작하였다는 5곳도 또한 모두 아울러 경작하고 다만 끊지 않은 것은 이장(移葬)을 기다린 것 뿐이었습니다. 이제 아산(牙山) 사람과 더불어 이미 원수(怨讐)를 지었으니, 이장(移葬) 하기도 미안하고 또한 이 전지로 연유하여 억울하게 논책(論責)을 입어 여러 번 천감(天鑑)을 번독하게 하고, 마음이 항상 운월(隕越)한데, 무슨 마음으로 그대로 경작하겠습니까? 이미 사람을 보내어 아울러 경작하지 말게 하고, 그 고을에 환납하였으니 나라를 메말리고 스스로를 살찌웠다는 논(論)은 신(臣)은 실로 매우 민망하게 여기는데, 헌부는 논하기를, '그 사창(社倉)을 (설치하는 것을) 싫어하여 글을 통한 것은 나라를 병들게 함이요, 그 아내를 이장(移葬)한다고 하고 끝내 장사하지 않은 것은 생각하건대, 그 국론(國論)이 정하여 지지 않음을 생각하여 장차 다시 세워서 하려고 그러한 것입니다.

신 등의 생각에는 여러 번 사신(使臣)을 보내어 편리한 여부를 살펴서 혁파함이 여러 해 되었습니다.'고 하니, 국론이 이미 정해지지 않았는데 어찌 다시 세우겠으며, 급급히 파취(破取)하라는 글을 이미 함우치에게 통했을 리 만무하지 않겠습니까? 신의 생각에는 장혈(葬穴)은 공아(公衙)와 상거(相距)가 수십 보(步)에 불과한 것으로 여겨지는데, 만약 사창(社倉)을 공아에다 설치한다면 어찌 이장(移葬)할 수 있겠습니까? 함우치(咸禹治)의 처소에 통서(通書)하기를, '사람을 보내어 우러러 사뢰니 밝게 귀를 기울여 달라.' 하고는, 고(告)하게 하기를, '망처(亡妻)의 이장은 일찍이 이미 윤허를 받았으나, 자세히 들으니 공아(公衙)와 사창(社倉)을 배치(排置)한다고 하나, 그러나 이것은 관아의 동쪽 구덩이[東穴]가 바로 장사지낼 곳이니 모름지기 이 관아를 철거한 연후라야 장사할 수 있는데, 이제 만약 사창의 곡식이 들어오면 불가하니, 청컨대 하지 말도록 하라.' 하였으며, 신이 말한 것은 여기에서 그쳤습니다. 사창(社倉)의 곡식이 비록 공아에 들어오지 않더라도 그 읍의 창고(倉庫)가 갖추어 있으니 할 수가 있는데, 어찌 나라를 병들게 하겠습니까? 다시 세울 리 만무하니 급급히 파취(破取)하라는 말은, 헌부가 신의 글을 보지 못했으니, 이 말은 반드시 신을 소송한 입으로부터 나온 것이며, 의(義)에 치우치게 듣는 것은 불가(不可)하거늘, 헌부는 어디서 믿을 만한 것을 취하여 감히 이를 논(論)합니까?

아산(牙山)을 혁파한 뒤로부터는 백성의 고소(告訴)로 인하여 이조(吏曹)는 해마다 분간(分揀)하고, 여러 번 사신을 보내어 편의 여부를 다시 심사하였는데, 아직도 또한 정하지 못하였습니다. 신사년 4월에는 형조 판서 박원형(朴元亨)이 또 살펴보고 아뢰었어도 본시에 정탈(定奪)하지 못하고, 동년 5월에는 아산 관노(牙山官奴) 화만(禾萬)이 신을 소송하여 지금까지 끝이 나지 않았으니, 어찌 감히 이장하겠습니까? 헌부에서 논한 바의 국론(國論)이 이미 정하여 지고 혁파한지 몇 해가 되었는데도 그 아내를 끝내 이장하지 않았다는 말은 거짓임이 분명합니다. 박원형이 생존하였고, 화만(禾萬)의 장고(狀告)도 있어서 문안(文案)이 갖추 밝혀져 있는데도 오히려 '몇 해 되었다.'고 말하는 것은 무고(無辜)한 일을 직성(織成)함이며, 그밖에 신을 죄주게 하는 말임을 이것을 미루어 알 만합니다. 헌부에서 논하기를, '억지로 사려고 꾀한 것은 그 고을을 사사로이 함이라.' 하나, 신의 생각에는 그 공아(公衙)를 사기로 비록 처음에는 신이 하고자 하였다 하더라도 뒤에 그 그릇됨을 알고 뉘우치고 도리어 바르게 하였으면 오히려 또 허물이 없을 것이어늘, 더구나 이 일은 이장(移葬)할 곳이라 하여 금벌(禁伐)한 것이겠습니까? 신의 종[奴] 말금(末金)이 공아를 매득(買得)하려고 내려가서 위의 종[奴]이 자의(自意)로 장고(狀告)를 올려 그 값의 경중(輕重)을 힐문하고, 값을 정한 연후에 와서 고하고 값을 청했는데, 신은 불가하다고 여기고 그 값을 주지 않았습니다. 그 집이 오히려 있고 향교(鄕校)를 조성(造成)하여 이미 일찍이 구처(區處)하였으며, 헌부는 행문이첩(行文移牒)하여 이미 간가(間架)를 살펴었고, 신을 소송한 자도 또한 사지 않은 것으로 복초하였으니, 이 집은 신에게 간여되지 아니함을 뭇사람이 함께 아는 것이거늘, 헌부(憲府)의 논(論)하는 바는 '억지로 사서 그 관아를 사사로이 하였다.'고 하니, 그 거짓임이 또한 분명합니다. 헌부에서 말하기를, '채전(采田)의 화리(花利)를 구하고 털끝만큼도 헤아려서 나누었다.' 하나, 신의 생각에는 전지를 환수(換受)한 것은 호조(戶曹)의 명문(明文)이 그 해 6월에 도부(到付)한 것으로 여겨지며, 그 푸른 싹이 아직 이삭을 패기 전으로 회환(回換)한 소출은 예(例)로 마땅히 신이 얻어야 하니 공공연히 청구하였습니다. 그 반인(伴人) 김효례(金孝禮)는 그곳에서 살아온 사람이며, 종[奴] 말금(末金)은 이미 일찍이 내려간 종[奴]입니다. 2일 노정(路程)의 길을 피속(皮粟) 5석(石)과 소두(小豆) 10두(斗)의 자질구레한 작은 물건을 어찌 감히 서울에 와서 신에게 고한 연후에 청탁하여 받아 내겠습니까? 신이 알지 못함은 명확한 것입니다. 또 헌부에서 추문(推問)할 즈음의 심각(深刻)한 상황은 입으로 말할 수 없으니, 신이 청탁하였다는 실상은 한 가지 말을 취할 것을 기다리지 않아도 거짓의 논란이며, 털끝만큼도 헤아려 나누었다고 하는 것은 신은 실로 매우 민망하게 여깁니다. 헌부에서 논하기를, '관노(官奴)를 모람(冒濫)되게 역사(役使)하고, 백성을 은점(隱占)하였다.'고 하니, 신의 생각에는 아산 관노(牙山官奴)를 말한 것으로 여겨지나, 기묘년 12월에 구사(丘史)와 봉족(奉足)을 입안(立案)하여 받은 뒤에 역사한 일은 없고, 도관(都官)에 고(告)하여 형조(刑曹)에 전보(傳報)하고, 관찰사(觀察使)에게 이문(移文)하여 곧 방역(放役)할 수 있으니, 신이 이전에 사사로이 얻어 사용(使用)하였으면 다만 도관(都官)의 입안(立案)

만 받을 뿐이지 어찌 반드시 도관, 형조, 관찰사를 경유하고 전전(轉轉)하여 괴롭게 명문(明文)을 받은 연후라야 방역(放役)하였겠습니까? 윗항의 3관사(官司)의 인신(印信)을 만약 신이 위조(僞造)하였다면 가(可)하겠으나 만일 위조하지 않았다면 어찌 취신(取信)하지 않았겠습니까? 또 종[奴]은 기묘년 8월부터 11월까지 그 고을에서 역사(役使)하였다는 명문(明文)이 어찌 없습니까? 헌부는 모두 실상을 고찰하지 아니하고 신이 백성을 은점(隱占)하였다고 논하니 신은 실로 매우 민망합니다. 신의 말한 바는 갖추 명확한 증거가 있고, 헌부의 논한 바는 실로 나직(羅織)함이니, 말하기를, '재물을 몹시 탐한다.' 하고, '그 마음이 매우 간사하고, 그 꾀함이 심히 교활하다.' 하며, '천총(天聰)을 속인다.' 하고, '탐욕(貪慾)하며 방자하여 제멋대로 행동하고 거짓을 꾸며 기망(欺罔)하였다.' 하여 극구(極口) 무함 비방하며, 만약 저자[市]에서 종아리를 친다면 신이 어찌 집집마다 효유(曉諭)하여서 그것이 그렇지 않은 것을 밝힐 수 있겠습니까? 신은 부끄러워 뻔뻔스러운 얼굴로 두루 다니기가 어려우며, 더구나 정부(政府)는 백관(百官)의 장(長)이요, 찬성(贊成)은 정부의 버금가는 벼슬인데, 더욱 논책(論責)을 입고서 직사(職事)에 나아가는 것은 불가하니, 빌건대 신을 파직(罷職)하여 두문(杜門)하고, 허물을 반성하여 성은(聖恩)을 보전하게 하시면 다행함을 이기지 못하겠습니다." 하였다.

- **【실록】세조 28권, 8년(1462) 5월 23일(정사) 1번째 기사. 사헌부의 건의로 황수신이 사사로이 사용한 관노, 채전 등을 본래대로 돌리게 하다**
  사헌부(司憲府)에서 아뢰기를, "황수신(黃守身)은 나라 일을 맡아 보는 대신(大臣)으로서 평택현감(平澤縣監)에게 청하여, 미리 관노(官奴) 도자(道者)를 점유하고 하사(下賜)를 받은 것이 아닌데도 집에서 사역하였으며, 또 관노비(官奴婢)를 부려 아산(牙山)의 채전(菜田)을 경작하게 하여 그 이익을 거두었으며, 또 원접사(遠接使)로서 친히 평산부(平山府)에 이르러, 윤산(尹山)의 구실[役]을 면제해 주기를 청하여 가사(家事)에 전속(專屬)시켰으니 특히 대신(大臣)의 정대(正大)한 체모가 없습니다. 청컨대 성상의 재결(裁決)로 시행(施行)하시되 도자(道者)는 본역(本役)에 도로 정(定)하고, 윤산(尹山)은 충군(充軍)하며, 아산의 채전(菜田)의 소출(所出)은 호조(戶曹)로 하여금 구처(區處)하게 하소서." 하니, 그대로 따랐으나, 명하여 황수신은 논하지 말게 하였다.

● 【실록】 세조 32권, 10년(1464) 2월 23일(병오) 2번째 기사. 한명회, 구치관, 황수신에게 관직을 제수하다

한명회(韓明澮)를 상당부원군(上黨府院君) 겸판병조사(兼判兵曹事)로, 구치관(具致寬)을 좌의정(左議政)으로, 황수신(黃守身)을 우의정(右議政)으로 삼았다. 장차 황수신을 보내어 등극(登極)을 하례하도록 하였기 때문에 이러한 제수가 있는 것이다. 황수신은 풍자(風姿)가 괴위(魁偉)하고 활달(豁達)하여 막힘이 없어서 당시의 유능한 관리(官吏)로서 일컬어졌으나 물의(物議)가 없지도 아니하였다. 그의 형(兄) 황치신(黃致身)이 청렴(淸廉)하지 아니하였는데, 하루는 황수신의 집에 와서 술을 마시고 좌우(左右)에 있는 물건을 모두 훔쳐가지고 갔다. 황수신이 희롱하는 말로 그 형을 가리켜 말하기를, '우리 형님은 참으로 임렴(林廉)이다.'라고 하였다. 그 뒤에 황치신이 또 이르니, 황수신의 어린 손자가 문에 나가 맞이하면서 말하기를, '임렴이 들어온다.'라고 하여 듣는 자가 모두 웃었다. 이때 황치신이 태안(泰安)의 둔전(屯田)과 양계(兩界)의 환노(換奴)에 대한 송사(訟事)가 있었고, 황수신도 아산(牙山) 둔전의 송사가 있었는데, 동시(同時)에 함께 발생하였으므로, 호사자(好事者)들이 다시 말하여 이르기를, '임렴은 참으로 인아(姻婭)이며, 치(致), 수(守)는 참으로 백

중(伯仲)하다.'라고 하였다.

- **【실록】 세조 37권, 11년(1465) 9월 15일(기미) 1번째 기사. 지평 유자한 이 김진지와 신윤보 등의 일을 아뢰다**

　　또 말하기를, "김진지(金震知)가 함부로 회뢰(賄賂)를 행하였기 때문에 이미 극형을 당하였는데, 뇌물을 받은 장수와 재상은 내버려두고 묻지 않으시니, 이 때문에 장령(掌令) 정괄(鄭佸)이 온양(溫陽)에서 여러 번 천총(天聰)을 번독하였으나 끝내 유윤을 입지 못하였습니다. 신 등이 반복하여 생각하여 보건대 예전 사람이 이르기를, '법을 행하지 못하는 것은 귀근(貴近)으로부터 시작된다.' 하였으니, 어찌 귀근 때문에 법을 굽힐 수 있겠습니까?" 하였다.

- **【실록】 세조 45권, 14년(1468) 2월 20일(신해) 3번째 기사. 온양 근방의 사형수를 재결. 억울하게 잡힌 신철산을 방면하다**

　　이 앞서 명하여 온양(溫陽) 근방 여러 고을의 사형수(死刑囚)를 모아 친히 재결하였는데, 이에 이르러 홍주(洪州)에서 강도(强盜)로 가둔 신철산(申哲山)이 이르렀으므로, 임금이 불러 보고 묻기를, "너의 나이는 몇 살이고 옥에 갇힌 지는 몇 해이며, 범한 것은 무슨 일이냐?" 하니, 신철산이 대답하기를, "나이는 15살이고, 갇힌 지는 3년이며, 수령(守令)이 억지로 강도(强盜)라 이름붙였는데, 범(犯)한 것은 본시 있지 않습니다." 하니, 임금이 좌찬성(左贊成) 김국광(金國光) 등에게 이르기를, "경(卿) 등이 보기에는 강도(强盜)가 이와 같으냐?" 하니, 김국광 등이 대답하기를, "강도질을 하는 자는 반드시 나이가 장년이고 힘이 강하니, 어찌 이와 같이 잔약하고 용렬한 자가 할 수 있는 것이겠습니까?" 하므로, 임금이 말하기를, "경(卿)의 말은 실로 내 뜻과 같다." 하고, 즉시 신철산(申哲山)

에게 유의(襦衣) 1령(領)을 내려 주어 놓아 보냈다. 명하여 면천군수(沔川郡守) 김자성(金自省), 홍주판관(洪州判官) 박원충(朴元忠), 해미현감(海美縣監) 이계희(李季禧)를 잡아 오게 하니, 곧 신철산의 일을 안문(按問)함이었다. 임금이 김자성 등을 친문(親問)하니, 김자성 등의 대답하는 바가 성지(聖旨)를 많이 거슬리므로, 즉시 교위(校尉)로 하여금 끌어내어 가두게 하고, 보령현감(保寧監縣) 최각(崔堉), 전 결성현감(結城縣監) 한옥산(韓玉山)도 또한 김자성 등과 더불어 신철산(申哲山)을 한 가지로 국문하였다 하여, 아울러 잡아 오게 하였다.

- 【실록】 성종 13권, 2년(1471) 11월 22일(경신) 2번째 기사. 김국광이 사직을 청했으나 듣지 않고 승정원에 산예역 조역 혁파건의 조사를 명하다

  "김지경이 충청도관찰사(忠淸道觀察使)가 되어 온양(溫陽)의 옥(獄)에 갇혔을 때 신이 명을 받들고 국문하게 되니, 김지경이 노(怒)하여 저에게 이르기를, '영공(令公)은 어찌 이렇게까지 하시오.'라고 하였습니다. 지금 김지경이 대사헌(大司憲)이 된 지 얼마 아니 되어, 신의 평생 동안에 있었던 죄과(罪過)를 들추어서 아뢰는 것은 반드시 이전의 혐의로써 그런 것입니다. 또 듣건대, 김지경이 아뢰기를, '세조(世祖)께서 김국광(金國光)의 기망을 당하여 잘못 산예역(狻猊驛)의 조역(助役)을 혁파시켰다.' 하면서 세조께서 우신(愚臣)에게 기망당하였다고 하니, 신은 실로 마음 아프옵니다." 하니, 전교하기를, "대간(臺諫)의 말은 반드시 다 옳은 것은 아니니, 번거롭게 사피(辭避)하지 말라." 하였다.

- 【실록】 성종 13권, 2년(1471) 11월 25일(계해) 1번째 기사. 대사헌 김지경이 글을 올려 김국광의 상언이 부당함을 말하며 사직을 청하다

  대사헌(大司憲) 김지경(金之慶)이 사직(辭職)하는 글을 올리기를, "김국

광(金國光)이 아뢰기를, '김지경(金之慶)은 본시 신으로 더불어 혐의가 있는 까닭으로 이제 신의 죄과(罪過)를 들추어서 말한다.'고 하오나, 이것은 참으로 옳지 않습니다. 신(臣)이 대사간(大司諫)이 되었기 때문에 실지로 김국광이 산예(狻猊)의 조역(助役)을 혁파한 것과 매관육작(賣官鬻爵)을 하며, 법을 어기고 방납(防納)한 것 등의 일을 가지고 논하였습니다. 그러나 노(怒)할 만한 것은 그[彼]에게 있는 것인데 신(臣)이 무엇 때문에 개인적인 관계가 있겠습니까? 온양(溫陽)의 일 같은 것은 신숙주(申叔舟), 노사신(盧思愼), 임원준(任元濬), 성임(成任)이 처음부터 끝까지 신(臣)을 국문(鞫問)하였고, 김국광은 겨우 1일 동안 위관(委官)이 되었으나 끝내 참여하지 않았습니다. 이것은 곧 신숙주 등이 아는 것이고 문안(文案)도 남아 있으니, 상고하면 알 수 있습니다. 신이 만약 김국광을 지목하기를, '나를 향하여 어찌 이렇게까지 하느냐?'라고 하였다면, 같이 위관(委官)이 된 자로 누가 듣지 못하였겠습니까? 이제 바로 그렇게 말하는 것은 그 누구를 속임입니까? 하늘을 속일 수 있단 말입니까? 신은 듣건대, '시비(是非)는 양립하지 못하고, 사정(邪正)은 서로 용납하지 못한다.'고 하오니, 엎드려 바라건대, 빨리 신의 직책을 파(罷)하시고, 명백히 추문(推問)하여 저죄(抵罪)하소서." 하니, 전교하기를, "정승(政丞)의 말은 자기의 일을 보호하려 함이며, 더구나 내가 경(卿)을 가지고 혐의가 있다고 하지 않았으니, 다시는 말하지 말라." 하였다.

- 【실록】 성종 13권, 2년(1471) 12월 1일(무진) 5번째 기사. 김국광의 처벌을 청하는 대사간 성준, 장령 박숭질 등의 상소문

사간원대사간(司諫院大司諫) 성준(成俊), 사헌부장령(司憲府掌令) 박숭질(朴崇質) 등이 상소(上疏)하여 말하기를, "김국광(金國光)이 선왕(先王)을 속이고, 전하(殿下)를 기망(欺罔)한 것은 죄가 넘쳐서 가릴 수가 없습

니다. 신 등은 직분이 언관(言官)을 갖추었으므로, 차마 묵묵히 있을 수가 없어 여러 번 전후(前後)의 일의 상황을 진달하였는데, 김국광은 스스로 변명할 구실이 없게 되자 구차하게 면할 계략을 꾸며 아뢰기를, '대사헌(大司憲) 김지경(金之慶)은 평소에 신을 함혐(含嫌)하더니, 이제 다시 신의 일을 탄핵합니다.' 하니, 신 등은 이것도 또한 김국광이 전하를 기망한 것이라고 여깁니다. 대저 언사(言事)의 관원은 나의 직분을 다하려고 생각할 뿐이요, 취하고 버리는 것[取舍]은 아래에서 감히 기필할 것이 아닙니다. 어찌 위에서 용납함을 보지 못하였다 하여 감히 원망을 남에게 품겠습니까? 결단코 이런 이치가 없는 것이어늘, 이는 김국광이 휼사(譎詐)의 마음으로써 남을 헤아리기를 자기와 같이 하는 것입니다. 또 김국광의 일은 김지경(金之慶)으로부터 시작된 것이 아닌데, 이 앞서 탄핵(彈劾)한 자도 또한 모두 혐의가 있겠습니까? 온양(溫陽)의 옥사(獄事) 같은 것은 신 등이 생각하기로는 김국광이 명을 받들고 옥사를 다스렸으니, 김지경이 어찌 원망함이 있겠습니까? 김국광이 이 말을 한 것은 심히 무상(無狀)합니다. 신 등이 다시 상고하니, 당시에 김지경의 옥사를 다스린 자는 위관(委官) 신숙주(申叔舟), 노사신(盧思愼), 임원준(任元濬), 성임(成任)과 대간(臺諫) 이극돈(李克墩), 조간(曹幹) 뿐이었고, 김국광(金國光)은 별도로 명을 받아 도적을 문초하여 그 반열에 앉은 것이 겨우 1일 뿐이었습니다. 비록 그 반열에 앉았더라도 그 일에 참여하지 않았으니, 김지경이 무슨 연유로 김국광을 가리켜 원망하는 말을 발하였겠습니까? 김국광이 없는 말을 저렇게 하는 것은 그 뜻이 반드시 '대신(大臣)이 임금에게 말하는 것을 외인(外人)은 반드시 알 수가 없고, 대간(臺諫)도 반드시 들을 수가 없으며, 임금이 반드시 나를 믿고 저들을 의심할 것이다.'라고 여긴 것입니다. 그 계교를 꾸미는 것이 이와 같으니, 그 누구를 기망하는 것이겠습니까? 전하께서 신 등에게 하교하기를, '김국광(金國光)의 전일(前日)의 일은 형적(形迹)이 분명하지 않으니, 추론(追論)할 수가 없다.'고 하셨으나, 그러나 온양(溫陽)의 일도 또한 분명하지 않습니까? 이로써 보면, 그 다른 것도 알 만하고, 산예(狻猊)의 사건도 이런 유(類)이며, 이한(李垾)이 도피한 일도 또한 이런 유(類)입니다. 신하로서 인군(人君)을 기망함은 한 번이라도 심하다고 하는데, 그 두 번을 기망함이 옳은 것이겠습니까? 엎드려 바라건대, 전하께서는 김국광이 기망(欺罔)한 죄(罪)를 분명히 추국하시어, 조정백관(朝廷百官)에게 보이고, 사방후세(四方後世)로 하여금 인군을 기망하고 위를 속이는 자는 죄를 피할 수 없다는 것을 알게 하소서." 하니, 계류(啓留)하였다.

- **【실록】성종 13권, 2년(1471) 12월 1일(무진) 7번째 기사. 대간의 탄핵에 대해 변명하고 사직을 청하는 김국광의 상서문**

  광산부원군(光山府院君) 김국광(金國光)이 상서(上書)하기를, "신(臣)은 대간(臺諫)의 탄핵을 입고 여러 번 사직(辭職)하기를 빌었으나, 오히려 윤허를 받지 못하오니 진퇴(進退)하기가 어려워 조처할 바를 알지 못하겠습니다. 반복하여 생각하건대, 신은 재덕(才德)도 없이 그릇되게 지우(知遇)를 입어 지위가 극품(極品)에 이르렀으나 물망(物望)에 합당하지 못하니, 신이 마땅히 파면되어야 할 것의 하나이며, 신이 스스로 헤아리지 못하고 위로 명주(明主)의 알아주심만을 믿고 무릇 일을 시행함에 있어서 경정직행(逕情直行)하였으므로 뭇사람의 비방을 초래하였으니, 신이 마땅히 파면되어야 할 것의 둘이며, 이미 뭇사람의 비방을 받고 여러 번 물러날 것을 빌어 진달하였어도 원하는 것은 얻지 못하고 유유(悠悠)히 무리를 좇아 비방함이 더욱 지극하니, 신이 마땅히 파면되어야 할 것의 셋입니다.

  신이 누조(累朝)의 깊은 은혜를 잊지 못하고 인이자고(引以自高)하다가 위와 같은 마땅히 파면되어야 할 것이 셋이 있으니, 신은 스스로 그냥 있을 수가 없습니다. 신이 뜬소문에 억울하게 맞게 되어 필경은 스스로 변명하지 못하게 되었으니, 세조대왕(世祖大王)의 성명(聖明)하신 지우 (知遇)를 저버릴까 두려우며, 이 때문에 마음이 아프고 뼈를 에이는 듯하 여 먹어도 맛을 알지 못하고 누워도 잠을 이룰 수가 없습니다. 이제 또 대사헌 김지경(金之慶)이 아뢰기를, '무자년에 온양(溫陽)에서 추핵할 때 에, 신을 가지고 오로지 수참(隨參)하지 않았다.' 하고, 대간(臺諫)도 또 한 김지경의 말을 믿고 진실로 무계(誣啓)한 죄(罪)를 청하니, 신이 비록 무상(無狀)하더라도 어찌 감히 말을 꾸며 하늘을 기망하겠습니까? 그 처 음 김지경을 가두었을 적에는 위관(委官)과 대간(臺諫)에게 명하여 안문 (案問)하게 하고, 그 끝에 친문(親問)하던 날, 별도로 신(臣)과 형방승지 (刑房承旨) 한계순(韓繼純)에게 명하여 승전(承傳)의 출납(出納)을 받으며 종일(終日) 추국(推鞫)할 적에는 김지경(金之慶)이 신을 향하여 불손한 말 을 하기에, 신이 '이것은 내 말이 아니고, 바로 이것은 전교(傳敎)이다.' 하니, 김지경이 머리를 수그렸습니다. 3, 4년 사이의 일을 김지경이 어 찌 기억하지 못하겠습니까? 처음은 신이 1일만 추국하는 데에 참여하였 다고 아뢰고, 두 번째는 신을 가지고 오로지 추문하지 않았다고 아뢰었 으니, 천총(天聰)을 기망(欺罔)하고 신의 죄를 무함(誣陷)하였으니 이것이 신을 더욱 통민(痛悶)하게 하는 것입니다. 엎드려 바라옵건대, 신의 직책 을 파(罷)할 것을 명하시어 신을 하옥(下獄)하게 하고, 허실(虛實)을 명백 하게 분별하여 신의 원통함을 풀게 하소서." 하니, 명하여 그 글을 돌려 보내게 하였다.

• 【실록】 성종 101권, 10년(1479) 2월 25일(임자) 2번째 기사. 지평 이계남
이 유순은 근신으로서 함부로 글을 보내어 청탁한 잘못을 국문할 것을
청하다

경연(經筵)에 나아갔다. 강(講)하기를 마치자, 지평(持平) 이계남(李季
男)이 아뢰기를, "유순(柳洵)은 이양(李敭)의 노비(奴婢)의 일로 아산(牙山)
에 글을 보내어 청탁하였으니, 국문(鞫問)하소서." 하니, 임금이 말하기
를, "유순의 글은 '관위(官威)에 의하지 않으면 억제할 수 없다.' 한 것에
지나지 않기는 하나 근신(近臣)으로서 글을 보낸 것은 매우 옳지 않으니,
의금부(義禁府)로 하여금 국문하게 하라." 하였다.

• 【실록】 성종 101권, 10년(1479) 2월 26일(계축) 3번째 기사. 좌부승지 김
계창이 아산현감 이지손이 공초를 함부로 고친 죄를 아뢰자 영구히 서용
하지 말게 하다

주강(晝講)에 나아갔다. 좌부승지(左副承旨) 김계창(金季昌)이 의금부
(義禁府)의 계본(啓本)을 가지고 아뢰기를, "아산현감(牙山縣監) 이지손(李
智孫)이, 조정문(曺定文) 등이 이양(李敭)을 때렸다는 것을 이미 사실대로
공초(供招)받고 나서 곧 공초를 고친 죄는, 율(律)이 결장(決杖) 1백 대에,
고신(告身)을 죄다 추탈(追奪)하는 데 해당합니다." 하니, 임금이 말하기
를, "종[奴僕]이 주인(主人)을 때리는 것은 인정(人情)으로 보아 매우 놀라
운 일인데 이지손은 수령[邑宰]으로서 그 죄를 변정(辨正)하지 못하였으
니 어찌 장형(杖刑)을 면할 수 있겠는가?" 하자, 김계창이 말하기를, "이
지손의 죄는 국가에 관계되는 것이 아니니 결장하는 것은 너무 중합니
다." 하니, 임금이 말하기를, "장형은 속(贖)바치게 하고, 영구히 서용(敍
用)하지 말라." 하였다.

● 【실록】 성종 102권, 10년(1479) 3월 3일(기미) 2번째 기사. 이양의 부당한 노비 송사로 청탁한 이영분, 유심, 유순 등을 처벌하다

의금부(義禁府)에서 아뢰기를, "행부호군(行副護軍) 이영분(李永賁)이 그 아들 이양(李敭)의 부당하게 노비(奴婢)를 차지한 일을 가지고 관찰사(觀察使)에게 청탁하고, 참봉(參奉) 유심(柳沈)이 그 조카 이양의 노비의 일을 가지고 아산훈도(牙山訓導)에게 청탁하고, 우부승지(右副承旨) 유순(柳洵)이 조카 이양의 노비의 일을 가지고 아산현감(牙山縣監)에게 청탁한 죄는, 모두 율(律)이 태(笞) 50대에 현직(現職)과 별서(別敍)를 해임하는 데에 해당합니다." 하니, 이영분은 고신(告身)을 거두어 외방(外方)에 부처(付處)하고 유심은 고신을 거두며 유순은 파직(罷職)하도록 명하였다.

● 【실록】 성종 102권, 10년(1479) 3월 28일(갑신) 3번째 기사. 심회의 노비 송사를 재심케 하고 권경우의 고신을 뺏다. 정동에게 선물을 주게 하다

좌부승지(左副承旨) 김계창(金季昌)이 사헌부(司憲府)의 계목(啓目)을 가지고서 좌의정(左議政) 심회(沈澮)와 온양군리(溫陽郡吏)가 노비(奴婢)를 소송한 일을 아뢰고 이어서 아뢰기를, "노비는 이미 정안(正案)에 붙였으므로 이치로는 마땅히 빼앗아서 본군(本郡)에 돌려보내야 하는데, 사평(司評) 채윤신(蔡允信)은 세도가(勢道家)의 청(請)을 몰래 듣고서 지체시키고 판결하지 않았습니다. 그리고 직강(直講) 최팔준(崔八俊)은 일찍이 충청도사(忠淸都事)가 되었을 때 다른 고을에 있으면서 본군(本郡)의 정안(正案)을 가져다 보았으니, 그 마음이 매우 간사합니다. 청컨대 모두 추신(追身)하여 국문(鞫問)하게 하소서." 하니, 그대로 따랐다.

- 【실록】 성종 102권, 10년(1479) 3월 30일(병술) 2번째 기사. 심회의 노비 송사는 전대로 하다

지평(持平) 이계남(李季男)이 아뢰기를, "심회(沈澮)가 노비를 소송한 것은 고쳐서 분간(分揀)하도록 명하셨으나, 신의 생각에 온양군(溫陽郡)의 정안(正案)은 매우 분명하므로 법(法)대로 속공(屬公)하고 다시 분변할 필요가 없다고 여겨집니다." 하니, 임금이 말하기를, "대신(大臣)이 공천(公賤)을 차지한 것은 일이 탐오(貪汚)한 것에 관계되므로 판명하지 않을 수 없다." 하였다.

- 【실록】 성종 105권, 10년(1479) 6월 22일(정미) 1번째 기사. 송사로 청탁한 심한의 처벌을 불허하다

지평(持平) 홍흥(洪興)이 아뢰기를, "심한(沈瀚), 강귀손(姜龜孫)이 글을 온양(溫陽)에 보내어서 소송하고 있는 노비(奴婢)를 청탁하였는데, 강귀손만 죄를 받게 하고 심한은 면하게 하니, 옳지 못합니다." 하니, 임금이 이르기를, "심한은 공신(功臣)이기 때문이다." 하였다. 대사간(大司諫) 성현(成俔)이 아뢰기를, "만일 공신이라 하여 죄를 면하게 한다면, 신은 아마도 사람들이 징계되는 바가 없을 듯합니다." 하였으나, 들어주지 아니하였다.

- 【실록】 성종 106권, 10년(1479) 7월 2일(병진) 1번째 기사. 복승정이 심회의 노비 일로 추국을 청하다

지평(持平) 복승정(卜承貞)이 아뢰기를, "심회(沈澮)는 대신(大臣)으로서 온양(溫陽)의 관가(官家)와 더불어 쟁송(爭訟)하여 판결이 나지 않은 노비(奴婢)를 집에서 역사(役使)시키고, 그의 아들 심한(沈瀚)은 또 사람을 보내어 이를 청하였습니다. 심회가 만약 참여하여 알았다면 죄(罪)가

있고 알지 못하였다면 또한 마땅히 자명(自明)해야 할 것이니, 추국(推鞫)함이 좋겠습니다."하니, 임금이 말하기를, "정승(政丞)이 만약에 문권(文券)이 없는 노비(奴婢)를 가지고 온양의 관가와 쟁송하였다면 진실로 죄가 있지만, 이미 문권이 있으니 무슨 죄가 있겠는가?"하였다. 김계창이 말하기를, "정축년 이전(以前)의 안천보(安天保)의 문권(文券)은 있으나 온양(溫陽)은 왜병(倭兵)이 불태워버린 뒤에 공적(公籍)이 유실(遺失)되어, 정유년에 이르러서 정안(正案)을 이루었으니, 모두 온양의 노비(奴婢)는 아닙니다."하니, 임금이 말하기를, "비록 온양의 노비가 아니라 하더라도 이미 정안(正案)에 올린 자는 옮겨 바꿀 수 없는 것이다."하였다. 복승정이 말하기를, "대신(大臣)의 일은 마땅히 시비(是非)를 변별하여야 합니다."하였으나, 들어주지 아니하였다.

- 【실록】성종 106권, 10년(1479) 7월 3일(정사) 1번째 기사. 박숙진 등에게 전교하여 심회의 노비 일을 물으니 국문하기를 청하다

  명하여 대사헌(大司憲) 박숙진(朴叔蓁) 등을 불러서 전교(傳敎)하기를, "경(卿) 등은 내가 심회(沈澮)의 노비(奴婢)의 일을 처결(處決)한 것을 가지고 그르다고 하였다. 그러나 온양(溫陽)의 정안(正案)에 올린 자는 심회에게 줄 수가 없고, 심회의 문기(文記)에 올린 자는 온양(溫陽)에 줄 수 없으니 어떻게 하면 좋겠느냐? 경 등이 마땅함을 헤아려서 아뢰라." 하였다. 박숙진 등이 대답하기를, "심회(沈澮)의 문기(文記)가 불명(不明)하니, 예(例)대로 속공(屬公)하는 것이 마땅합니다."하니, 전교하기를, "너희들이 아뢴 바는 마땅하지 못하니 각각 물러가라. 내가 정승(政丞) 등과 더불어 의논하겠다."하였다. 박숙진 등이 다시 아뢰기를, "정유년에 처음으로 송사하였을 때 강희맹(姜希孟), 박중선(朴仲善)은 사람을 온양(溫陽)에 보내어 현재 입역(立役)하는 노비(奴婢)를 몰래 불러내었는데,

그 노비가 읍리(邑吏)에게 체포되어 전이(轉移)하면서 추핵(推劾)하기를 수읍(數邑)에 이르렀다가, 마침내는 모두 도망하여 숨어서 저죄(抵罪)할 수가 없었습니다. 그리고 지금의 지평(持平) 홍흥(洪興)이 평택(平澤)에 부임했을 때에도 국문(鞫問)하였었습니다. 무릇 소송하는 노비는 반드시 관(官)의 판결을 기다린 연후에야 역사(役使)시킬 수가 있는데, 심회, 강희맹 등은 미결(未決) 전인데도 사람으로 하여금 몰래 부르게 하고, 또 그 아들 심한(沈瀚), 강귀손(姜龜孫)으로 하여금 통서(通書)하여 몰래 청하게 하였으니 매우 옳지 못합니다. 청컨대 국문하게 하소서." 하니, 전교하기를, "내 이미 알았다." 하고, 이어서 승지(承旨)에게 명하여 다시 문안(文案)을 상고하여 아뢰게 하였다.

● 【실록】 성종 106권, 10년(1479) 7월 24일(무인) 1번째 기사. 김계창이 심회 등의 추안을 청하다

　　좌부승지(左副承旨) 김계창(金季昌)이 아뢰기를, "심회(沈澮), 강희맹(姜希孟)을 추안(推案)하소서." 하니, 임금이 말하기를, "심회, 강희맹이 사람을 보내어 초인(招引)한 사적(事迹)이 명확하지 않은데 경(卿) 등의 뜻은 어떠하냐?" 하니, 좌승지(左承旨) 김승경(金升卿)이 아뢰기를, "강희맹은 관여하지 않았습니다." 하자, 임금이 말하기를, "모두 용서하게 하고 그 노비(奴婢) 가운데 문기(文記)에 올리지 않아서 속공(屬公)해야 할 자는 모두 온양군(溫陽郡)에 주어라." 하였다.

● 【실록】 성종 124권, 11년(1480) 12월 2일(정미) 2번째 기사. 정언 신경이 우의정 홍응을 체대시킬 것을 아뢰다

　　경연(經筵)에 나아갔다. 강(講)하기를 마치니, 정언(正言) 신경(申經)이 아뢰기를, "삼공(三公)은 여러 사람들이 우러러보는 자리이므로, 스스로

죄를 지어 몸을 더럽히고서는 외람되게 처할 수 없는 곳입니다. 지난번 심회(沈澮)가 온양(溫陽)의 관노(官奴)를 역사(役使)시키고 일이 발각되어 국문(鞫問)을 받으니, 전하(殿下)께서 삼공은 비록 작은 죄일만정 외람되게 그 자리에 있을 수 없다고 하시며 곧 명하여 고치게 하셨습니다. 홍응이 범한 바는 심회와 견주어 볼 때 더욱 심하니, 청컨대 체대(遞代)시키소서." 하니, 임금이 말하기를, "심정승(沈政丞)은 외람되게 공천(公賤)을 역사시켰기 때문에 체대시켰지만, 홍정승(洪政丞)은 일이 의심스럽고, 또 이미 사유(赦宥)를 받았으므로, 죄를 줄 수가 없다." 하였다. 신경이 말하기를, "비록 이미 사유(赦宥)가 지났다 하더라도 마땅히 끝까지 정상(情狀)을 추국(推鞫)한 후에 조치해야 합니다." 하니, 임금이 말하기를, "김중손(金仲孫)이 스스로 뇌물을 신유(信有)에게 주었다고 말했다면, 정승이 뇌물을 받은 것은 아니다." 하였다.

- **【실록】 성종 183권, 16년(1485) 9월 24일(임신) 2번째 기사. 장령 김질이 감찰 이순명을 추국하도록 아뢰다**

사헌부장령(司憲府掌令) 김질(金耋)이 와서 아뢰기를, "전일(前日)에 명하여 감찰(監察) 이순명(李順命)의 고신(告身)을 서경(署經)하도록 하였으므로, 신이 명을 듣고 가서 말하니, 감찰 등이 대답하기를, '이순명은 일찍이 아산현감(牙山縣監)이 되어 6기(六期) 안에 큰 집을 지었는데, 반드시 관물(官物)을 써서 그 집을 지었을 것입니다.'고 하니, 청컨대 그 정상(情狀)을 추국(推鞫)하소서." 하였는데 전교하기를, "이순명이 만약 자기 집의 재물(財物)로 남은 것이 있어 집을 지었다면 어찌 혐의스러움이 있겠는가? 일이 드러나지 않았는데도 지적하여 말해서 추국(推鞫)하기에 이른다면 애매(曖昧)하지 않겠는가?" 하므로, 김질이 아뢰기를, "이순명은 향공(鄕貢)으로 등제(等第)하여 가사(家事)가 영정(零丁)한데, 관물(官物)을 쓰지 않고 어떻게 큰 집을 지을 수 있겠습니까? 이순명이 숨겨 말하기를, '내가 사는 집은 세들어 사는 것이다.' 하였는데, 이는 실로 자기의 집인데도 감추는 것으로, 이 또한 의심할 만하니, 추국(推鞫)하지 않을 수 없습니다. 정조사(正朝使)가 떠날 날이 가까웠으니, 청컨대 서장관(書狀官)을 개차(改差)하소서." 하니, 그대로 따랐다.

- 【실록】 성종 184권, 16년(1485) 10월 9일(병술) 1번째 기사. 김질이 확인 되지 않은 사실로 이순명의 비행을 아뢴 노모를 추국하도록 청하다
  경연(經筵)에 나아갔다. 강(講)하기를 마치자, 장령(掌令) 김질(金耋)이 아뢰기를, "감찰(監察) 이순명(李順命)이 일찍이 아산현감(牙山縣監)에 재임하였을 때에 그 집을 영조(營造)하였다고 동료가 배척하여 신 등이 전교를 받들고 그 언근(言根)을 추궁하였더니, 바로 감찰(監察) 노모(盧瑁)에게서 나왔고 노모 또한 전문(傳聞)한 말이었습니다. 또 감찰 등이 이르기를, '새로 제수된 감찰을 완의(完議)하는 것은 그에게 누(累)됨이 있는지 없는지의 여부를 살피려 한 것이다.'고 하였습니다. 이제 말의 근원을 추궁하면 뒤에 반드시 남의 과실을 말하는 자가 없을 것입니다." 하니, 임금이 이르기를, "말의 근원을 추궁하지 않으면 수혐(讎嫌)을 인하여 말하여서 애매한 일이 있을 것이다." 하니, 김질이 말하기를, "이순명은 남의 집을 빌어서 우거하고 있으니 자기의 집이 아닙니다. 노모의 길가에서 주어들은 말은 실제로 망령된 짐작에서 나왔으니, 청컨대 추국하게 하소서." 하니, 임금이 이르기를, "옳다." 하였다.

- 【실록】 성종 235권, 20년(1489) 12월 15일(무술) 5번째 기사. 홍문관교리 조지서가 충청도 태안, 서천, 석성 등지의 수령의 불법을 아뢰다
  홍문관교리(弘文館敎理) 조지서(趙之瑞)가 충청도에서 돌아와서 태안

(泰安), 서천(舒川), 석성(石城), 평택(平澤), 연산(連山), 문의(文義), 신창(新昌), 정산(定山), 해미(海美) 수령(守令)의 불법(不法)한 일을 아뢰니, 사헌부(司憲府)에 회부하기를 명하였다.

- 【실록】 성종 239권, 21년(1490) 4월 27일(기유) 4번째 기사. 봉보부인의 사건에 대해 온양의 관리, 그 집의 가노 등을 국문하도록 하다

사헌부지평(司憲府持平) 이중현(李仲賢)이 와서 아뢰기를, "홍문관(弘文館)에서 아뢴 바 방납(防納)의 일은 본부(本府)에서 여러 고을의 경주인(京主人)과 방납을 맡은 사람을 붙잡아다 물어 보니, 충주(忠州), 수원(水原) 등 고을의 배는 윤은로(尹殷老), 윤보(尹甫)가 방납한다고 합니다. 그러므로 이는 본부에서 국문(鞫問)해야 마땅합니다. 온양(溫陽)의 배는 봉보부인(奉保夫人)의 가노(家奴)가 방납하니, 청컨대 아울러 추핵(推劾)하도록 하소서." 하니, 어서(御書)로 이르기를, "온양(溫陽)의 관리와 봉보부인의 가노를 먼저 국문하도록 하라." 하였다.

- 【실록】 명종 14권, 8년(1553) 6월 26일(신축) 2번째 기사. 만경현령 김윤정이 승려 보우와 수진을 벌할 것을 청하다

(만경현령(萬頃縣令) 김윤정(金胤鼎)의 상소에) 신이 아산(牙山), 법성(法聖), 군산(群山) 등 세 창고의 일을 보니, 해운판관(海運判官), 감납차사원(監納差使員), 압령만호(押領萬戶) 세 관원이 조졸(漕卒)에게 궐지(闕紙)를 징납하고 만호는 또 조선(漕船)이 출발하기 전에 포물(布物)을 징수하니 조졸은 빈손으로 배를 타게 되어 몰래 세미(稅米)를 훔쳐서 먹는데 많으면 10여 석이나 훔칩니다. 그래서 그 일족(一族)에게 나누어 징수하고 또 과해선가(過海船價)를 징수하기도 하는데, 불쌍한 우리 민생은 원통함을 품고도 호소할 곳이 없습니다. 그 함부로 징수하는 자를 적발하

여 죄책한다면 백성의 병을 치료할 수 있을 것입니다.

- **【광해일기】 광해 80권, 6년(1614) 7월 6일(병진) 3번째 기사. 호조가 전세의 창고 관리의 폐단을 들어 빼 돌리지 못하도록 방책을 건의하다**

　호조가 아뢰기를, "근래에 전세를 창고에 넣을 때 각창(各倉)의 사주인들이 인정미(人情米)와 작지(作紙)를 독책하는 폐단이 의례적으로 지나치고 있는데, 이는 대개 창고의 하급 관리들이 구종(丘從)과 청지기를 너무 많이 거느리고 그들에게 멋대로 몰래 빼내게 하였고 게다가 또 사주인에게 횃불과 주식(酒食)의 비용을 만들어 내도록 한 것에 연유된 것입니다. 그 때문에 사주인들이 조졸(漕卒)들에게 뜯어내는 것이 전일의 배가 되고 있으니 그 폐습을 엄하게 개혁하지 않으면 안 됩니다. 법성창(法聖倉)의 전세를 군자감에 납입할 때 축이 난 수량이 무려 4백여 석에 이르렀고, 아산창(牙山倉)에서 다시 운송한 전세를 광흥창에 납입할 때 축이 난 수량이 마찬가지로 많았으니 매우 한심합니다. 군자감과 광흥창의 장무관(掌務官)을 추고하고, 앞으로는 전세를 창고에 납입할 때에 축나는 일이 있을 경우 각창의 사주인에게 나누어 추징하고, 조졸이 전세를 창고의 뜰에 실어들일 때에 부족한 수량이 있을 경우 창고의 관원이 즉시 호조로 보고하게 하여 단호하게 추징하여, 사주인과 조졸이 몰래 빼내는 폐단을 막으소서.

　대개 각사에 상납하는 물품을, 장부를 대조한 뒤에 곧바로 납부하지 않으면 의례적으로 미납분을 추징하는 일이 있는데, 이는 농간의 폐단을 막기 위한 것이었습니다. 전세에 있어서 육지에 내려 창고에 들인 뒤에 속히 봉입(捧入)하느냐의 여부는 실상 창고의 관리에게 달려 있고 애당초 조졸이 당기거나 늦출 수 있는 것이 아닙니다. 이 때문에 평시에 조졸들에게는 본래 미납분을 추징하는 일이 없었는데, 병란 이후로는 조졸도 추징당하는 걱정거리가 생겼기 때문에 조졸들이 그 괴로움을 감당하지 못하게 되자, 원전세(元田稅)의 미두(米豆)를 으레 분할, 지급하게 되었던 것입니다. 앞으로는 한결같이 평시의 구례(舊例)에 의거하여 조졸들에게 미납분을 추징하는 일을 일체 혁파하는 것이 마땅하겠습니다. 전세를 육지에 내려서 창고의 뜰에 실어다 놓고 청대(請臺)하여 봉입할 때에 포도군관(捕盜軍官)을 시켜 몰래 빼내는 자들을 엄금하게 하소서. 위에 말씀드린 일을 승전을 받들어 시행하여 항식(恒式)으로 삼게 하소서." 하니, 따랐다.

- **【현개】 현개 13권, 6년(1665) 5월 30일(을묘) 2번째 기사. 온천에 있을 때 바다의 진미를 올린 경상, 강원감사를 체직 추고케 하다**

상이 희정당에 나아가 죄인을 심리한 다음 40인을 방면하고 3인을 감등하였다.

정언 이익상이 아뢰기를, "상께서 온천에 머무르실 때 모든 일을 검소하게 하지 않음이 없었습니다. 그런데 경상감사 임의백(任義伯)은 감히 법과 의례를 어기고 멀리서 바다의 진미를 올렸으니, 국가의 체모를 손상시킴이 이보다 심한 게 없습니다. 파직하소서." 하니, 상이 체직 추고하도록 명하였다. 간원이 얼마 후에 또 강원감사 이만영, 수원부사 박경지도 모두 멋대로 봉진하였다는 이유를 들어 아울러 파직하기를 청하니, 상이 만영은 체직 추고하고, 경지는 추고만 하라고 명하였다. 처음에 임의백과 이만영이 바다에서 나는 특산물을 약방(藥房)으로 특별히 보내왔고 어가가 수원을 지나갈 때 경지가 별도로 약과를 만들어 도제조 허적에게 전달하니, 허적이 싸가지고 온양에 갔었다. 이때에 만영이 논핵을 당하자, 허적도 상소하여 자신을 탄핵하니, 상이 안심하고 사양하지 말라고 답하였다.

- **【실록】 숙종 16권, 11년(1685) 10월 21일(무신) 1번째 기사. 온양인 방진해가 내수사에 투속된 노비의 환수를 청하자 처리하게 하다**

  사헌부(司憲府)에서 아뢰기를, "해조(該曹)의 결정에 의하여 내수사(內需司)에 투속(投屬)된 노비(奴婢)들을 본주(本主) 방진해(方振海) 등에게 돌려줄 것을 청합니다." 하였다. 방진해는 온양(溫陽) 사람인데, 노비를 내사에 빼앗겼으므로 공홍도(公洪道)에 나아가 소송하자, 본도(本道)에서 판결해 줄 것을 계문(啓聞)하였다. 해조(該曹)에서 이를 복주(覆奏)하여 윤허를 받았는데 내사에서는 '추쇄(推刷) 한 뒤에는 청리(聽理)를 허락하지 않는다.'는 수교(受敎)를 끌어다 방계(防啓)하여 윤허하지 말게 하였다. 임금이 내주지 말라고 명하니, 이에 방진해가 법부(法府)에 원통한 사정을 호소한 까닭으로 이렇게 아뢰었으나, 임금이 윤허하지 않았다.

- **【실록】 정조 16권, 7년(1783) 11월 22일(기유) 6번째 기사. 황해도 절도사 신응주 등을 귀양 보내고 오재희를 대신하다**

  황해도 병마절도사 신응주(申應周)를 괴산군(槐山郡)에, 전 절도사 이한태(李漢泰)를 신창현(新昌縣)에, 구명겸(具明謙)을 원주목(原州牧)에, 이득제(李得濟)를 충주목(忠州牧)에, 이윤경(李潤慶)을 삼화부(三和府)에 귀양 보냈다. 칙고(勅庫) 수용(需用)의 은(銀)과 돈을 나이(那移)했기 때문이다. 오재희(吳載熙)를 황해도 병마절도사로 삼았다.

- **【실록】 순조 19권, 16년(1816) 3월 27일(정미) 2번째 기사. 이우수가 서계에서 논한 관리들의 불법을 죄에 따라 처리하다**

  호서 암행어사 이우수(李友秀)의 서계(書啓)에, 한산군수(韓山郡守) 이희현(李羲玄), 임천군수(林川郡守) 조운로(趙雲路), 서산군수(瑞山郡守) 이현수(李顯綬), 남포현감(藍浦縣監) 김종호(金鍾虎), 면천군수(沔川郡守) 홍순호(洪醇浩), 석성현감(石城縣監) 이집린(李集麟), 전 아산현감(牙山縣監) 이문원(李文遠), 전 신창현감(新昌縣監) 이종억(李宗億), 전 예산현감(禮山縣監) 정이건(鄭履健), 전 이인찰방(利仁察訪) 안성모(安聖謨) 등이 불법을 저지른 정상에 대해 논하였는데, 모두 경중에 따라 죄를 감정하여 처리하게 하였다. 별단(別單)에 전세, 군정, 환곡의 세 정사를 바로잡아 구제하는 계책에 대해 진달하였다. 또 공진창(貢津倉)의 폐단을 바로잡아야할 것과 안면도(安眠島)의 송금(松禁)을 신칙해야 한다는 것을 말하였는데, 묘당으로 하여금 제일 좋은 방안에 따라 시행하게 하였다.

● 【실록】 순조 12권, 9년(1809) 4월 2일(신묘) 2번째 기사. 인동부사 이응복 등을 파직시키다

인동부사(仁同府使) 이응복(李膺福), 초계군수(草溪郡守) 신의권(申義權), 신창현감(新昌縣監) 김진백(金鎭白), 고령현감(高靈縣監) 민사응(閔師膺), 전주판관(全州判官) 정술인(鄭述仁), 면천군수(沔川郡守) 윤광시(尹光時), 임피현령(臨陂縣令) 홍윤모(洪允謨), 함창현감(咸昌縣監) 이영운(李永運)은 그 죄의 경중을 나누어 파직시키거나 잡아오라고 명하였다. 삼남(三南)의 문비랑(文備郎)이 적간(摘奸)할 적에 환곡(還穀)이 흠이 나기도하고 거칠기도 하였기 때문에 비국(備局)에서 계청(啓請)한 것이다.

● 【실록】 순조 20권, 17년(1817) 10월 5일(을해) 2번째 기사. 남공철이 대동미 미납으로 추국당한 양호의 수령의 후임을 빨리 차출하기를 청하다

차대하였다. 우의정 남공철(南公轍)이 아뢰기를, "일전에 선혜청의 초기와 복계(覆啓)로 인하여 양호(兩湖)의 여러 수령을 잡아다 신문하고 죄주라는 명이 계셨습니다. 대동미를 배에 실어 상납하는 것은 원래 정해진 기한이 있어 아무리 흉년을 당하였다고 하더라도 감히 어기지 못하

는 것인데, 작년과 같이 대풍년인데도 애당초 배를 출항시키지 않은 자
가 있었고, 기한이 지나서 실어 보낸 자도 있었으며, 혹은 취재(臭載)가
많은가 하면 혹은 얼음 속에 정박시키기도 하여, 미납된 수량이 자그마
치 수만 석에 이르고 있습니다. 수재(守宰)된 자가 만약 조금이나마 법을
두렵게 여기고 봉공(奉公)하려는 마음이 있었다면, 어떻게 이렇듯 전례
에 없었던 일이 있을 수 있겠습니까? 선혜청에서 죄주기를 청한 것은
한번 크게 버릇을 고치자는 뜻에서 나온 것이겠으나, 한편 생각해 보면
환상곡을 받아들이고 재결(災結)을 나누어 주는 때에 이렇듯 많은 수령
을 잡아다 추국하는 일이 있으면 필시 여러 달 직무를 폐기하게 될 것입
니다. 그 죄를 범한 바가 이미 중감(重勘)에 관련되니, 빨리 후임을 차출
하는 것만큼 편한 방법이 없습니다. 해당 수령들을 우선 파직한 후에
잡아다 추국하고, 그 후임을 상례(常例)에 구애치 말고 각별히 가려서
차출하여 당일로 사조(辭朝)하게 하소서." 하니, 그대로 따랐다.[46]

---

46) 〖파직하고 나문(拿問)하여 출두한 수재(守宰)는 청주목사(淸州牧使) 정의(鄭漪), 장흥
부사(長興府使) 민치성(閔致成), 여산부사(礪山府使) 이재풍(李載豊), 임천군수(林川郡
守) 이헌성(李憲成), 서천군수(舒川郡守) 한용하(韓用夏), 면천군수(沔川郡守) 한백연
(韓百衍), 서산군수(瑞山郡守) 이지연(李志淵), 천안군수(天安郡守) 이경수(李敬修), 대
흥군수(大興郡守) 오철상(吳澈常), 영암군수(靈巖郡守) 안성연(安性淵), 김제군수(金堤
郡守) 홍의경(洪義敬), 영광군수(靈光郡守) 송상렴(宋祥濂), 진도군수(珍島郡守) 유신검
(柳信儉), 보성군수(寶城郡守) 이제완(李濟完), 익산군수(益山郡守) 윤오영(尹五榮), 공
주판관(公州判官) 김기상(金基常), 충원현감(忠原縣監) 김사직(金思稷), 노성현감(魯城
縣監) 심노숭(沈魯崇), 결성현감(結城縣監) 최시순(崔時淳), 보령현감(保寧縣監) 강최현
(姜最顯), 부여현감(扶餘縣監) 조택겸(趙宅謙), 홍산현감(鴻山縣監) 이익재(李翼在), 청
양현감(靑陽縣監) 이장옥(李章玉), 덕산현감(德山縣監) 송계주(宋啓朱), 신창현감(新昌
縣監) 심원지(沈原之), 연산현감(連山縣監) 한경(韓䥏), 전 홍양현감(洪陽縣監) 한영규
(韓永逵), 전 남포현감(藍浦縣監) 김원순(金原淳), 강진현감(康津縣監) 임문백(任文白),
흥양현감(興陽縣監) 유민검(柳民儉), 무안현감(務安縣監) 남병관(南秉寬), 용안현감(龍
安縣監) 조형진(趙亨鎭), 해남현감(海南縣監) 장수초(張守初), 전 함열현감(咸悅縣監)
김용(金鎔) 등이다.〗

● 【실록】 순조 30권, 29년(1829) 11월 30일(경신) 3번째 기사. 공충도 암행
어사 홍원모가 서계와 별단을 올리다

공청도 암행어사(公淸道暗行御史) 홍원모(洪遠謨)가 서계(書啓)하여, 충
주목사(忠州牧使) 조제인(趙濟仁), 청풍부사(淸風府使) 박제상(朴齊尙)과
전 부사(府使) 조길원(趙吉源), 온양(溫陽) 전 군수(郡守) 심영(沈鏤), 신창
현감(新昌縣監) 이박현(李博鉉), 당진현감(唐津縣監) 최홍대(崔弘岱)와 전
현감 정동로(鄭東老), 남포현감(藍浦縣監) 강구성(姜九成), 비인현감(庇仁
縣監) 안숙(安塾), 부여현감(扶餘縣監) 김재선(金在宣), 청양현감(靑陽縣監)
이종덕(李鍾悳), 회덕현감(懷德縣監) 조운구(趙雲龜), 덕산현감(德山縣監)
정세교(鄭世敎) 등의 불법(不法)의 죄(罪)를 논하고, 공주(公州) 전 판관(判
官) 홍희익(洪義翼), 이노준(李魯俊), 면천군수(沔川郡守) 조운표(趙雲杓),
태안군수(泰安郡守) 이유목(李惟穆), 괴산군수(槐山郡守) 심원조(沈源祖),
단양군수(丹陽郡守) 김병원(金炳元), 임천군수(林川郡守) 김재성(金在星),
서원현감(西原縣監) 이상재(李常在), 제천현감(堤川縣監) 박종문(朴宗聞),
연풍현감(延豊縣監) 이원재(李元在), 전 진천현감(鎭川縣監) 서응순(徐膺
淳), 목천현감(木川縣監) 홍영섭(洪永燮), 연기현감(燕岐縣監) 김기명(金箕
明), 평택현감(平澤縣監) 조진문(趙鎭文), 전 보령현감(保寧縣監) 이시련(李
是鍊), 정산현감(定山縣監) 홍전(洪栴), 전 노성현감(魯城縣監) 윤행정(尹行
定), 전 은진현감(恩津縣監) 서유준(徐有準), 전 영동현감(永同縣監) 이계
조(李啓朝), 황간현감(黃澗縣監) 정시용(鄭始容), 청산현감(靑山縣監) 서홍
보(徐鴻輔), 회인현감(懷仁縣監) 이시학(李時學), 전 직산현감(稷山縣監)
엄질(嚴耋), 전 연산현감(連山縣監) 송지응(宋持膺), 청안현감(淸安縣監)
송흠명(宋欽明), 전 수사(水使) 박윤영(朴潤榮) 등의 불치상(不治狀)을 논
하였는데, 모두 경중(輕重)에 따라 감처(勘處)하도록 하령하였다. 별단
(別單)으로 군정(軍政), 전부(田賦), 조적(糶糴) 등 삼정(三政)의 폐단과 전

비(戰備)의 소홀함과 역참(驛站)의 퇴락, 이액(吏額)의 점증(漸增), 송금(松禁)이 오래동안 해이된 것 및 조창(漕倉)의 남봉(濫捧), 관결(官結)의 편중(偏重) 등의 문제를 진계(陳啓)하였는데, 묘당(廟堂)으로 하여금 좋은 방도를 채택하여 시행토록 하였다.

- **【실록】고종 1권, 1년(1864) 9월 23일(신유) 4번째 기사. 의정부에서 온양과 청안의 대동미와 상납분을 포흠한 자를 적발할 것을 아뢰다**

　의정부(議政府)에서 아뢰기를, "온양(溫陽)과 청안(淸安)의 대동미(大同米)와 각 아문(衙門)의 상납(上納)이 적체된 사건과 관련하여 두 고을의 포흠(逋欠)한 두목을 철저히 조사하여 등문(登聞)하라는 뜻으로 계품(啓稟)하여 행회(行會)하였습니다. 그런데 앞서 전 감사(監司) 이병문(李秉文)의 장계(狀啓)를 보니, '청안현(淸安縣)에서 신유년(1861) 조와 계해년(1863) 조의 관납미(官納米)를 포흠한 해당 관리에 대해서는 이미 감죄(勘罪)하여 정배(定配)하였으니 따로 논할 것이 없습니다. 각 아문에서 아직 바치지 못한 미(米) 920여 석(石)과 태(太) 114석 남짓, 목(木) 16동(同) 30여 필(疋)은 앞서 보고한 것처럼 대전(代錢)하여 나누어 납부할 것을 묘당(廟堂)으로 하여금 품지(稟旨)하게 하소서.'라고 하였습니다. 미와 목의 수효가 적지 않음에도 포흠한 여러 놈들에 대해서는 시종 덮어주려고 하니 어디에 이런 법의(法意)가 있겠습니까? 포흠한 놈을 적발하지 못하면 상납하는 것을 조절해 줄 수 없을 것이니, 이런 뜻으로 다시 관문(關文)을 발송하기 바랍니다." 하니, 윤허하였다.

3) 사건

(1) 살인(殺人)

● 【실록】 세종 30권, 7년(1425) 11월 17일(임자) 3번째 기사. 고의 살인한
아산 죄수 김장수를 참형에 처하다

　형조에서 계하기를, "아산(牙山)의 죄수 김장수(金長壽)의 고의(故意)
로 살인한 죄는 참형(斬刑)에 처해야 할 율(律)에 해당합니다." 하니, 그
대로 따랐다.

● 【실록】 세종 36권, 9년(1427) 6월 17일(갑술) 3번째 기사. 서달이 신창의
아전을 죽인 사건에 연루된 황희, 맹사성, 서선을 의금부에 가두다

　좌의정 황희와 우의정 맹사성과 형조판서 서선(徐選)을 의금부에 가두
도록 명하였다. 사연은 서달(徐達)이 신창(新昌)의 아전을 죽인 사건에
연루된 것이었다.

● 【실록】 세종 82권, 20년(1438) 7월 29일(신해) 2번째 기사. 형조에서 모
살자 이회, 김성길, 김성미, 김도치 등을 부대시 참형할 것을 아뢰다

　형조에서 아뢰기를, "아산(牙山) 죄수 이회(李會)와 청주(淸州) 죄수 김
성길(金成吉), 김성미(金成美)와 성천(成川) 죄수 김도치(金都致)는 모두
모살(謀殺)하였으니, 율문에 의하면 부대시(不待時) 참형에 처하여야 합
니다." 하니, 그대로 따랐다.

- 【실록】 세조 8권, 3년(1457) 8월 23일(갑인) 1번째 기사. 사람을 죽이고 마필을 빼앗은 죄수 정파토, 박간, 동질금을 참형에 처하다

  형조(刑曹)에서 아뢰기를, "단양(丹陽)의 죄수 정파토(鄭破吐), 박간(朴間) 등이 같이 모의(謀議)하여 김을생(金乙生)과 그 처자(妻子)를 때려죽이고, 그 말[馬]과 짐 실었던 물건들을 빼앗았으며, 또 신창(新昌)의 죄수 동질금(同叱金)이 칼로 사노(私奴) 말동(末同)을 죽이고 그 마필(馬匹)을 빼앗았으니, 죄가 모두 참형(斬刑)에 해당합니다." 하니, 그대로 따랐다.

- 【실록】 세조 37권, 11년(1465) 12월 27일(경자) 7번째 기사. 신창현감 김성중이 부민 오승수를 치사시켰으므로 벌하다

  신창현감(新昌縣監) 김성중(金性中)이 법을 어기고 남형(濫刑)하여 부민(部民) 오승수(吳升守)를 잘못 죽이었다. 명하여 장 90대에 도(徒) 2년 반으로 하고 영구히 서용(敍用)하지 않도록 하였으며 매장은(埋葬銀)을 추징(追徵)하였다.

- 【실록】 성종 51권, 6년(1475) 1월 11일(신유) 4번째 기사. 형조의 청에 따라 온양의 죄수인 향리 한중석의 살인죄를 처벌하다

  형조(刑曹)에서 삼복(三覆)하여 아뢰기를, "온양(溫陽)의 죄수인 향리(鄕吏) 한중석(韓仲石)이 살인(殺人)한 죄는 율(律)이 교대시(絞待時)에 해당합니다." 하니, 그대로 따랐다.

- 【실록】 성종 59권, 6년(1475) 9월 8일(갑인) 4번째 기사. 인산부원군 홍윤성 노복의 살인

  세조(世祖)가 온양(溫陽)에 거둥하여 목욕(沐浴)할 제, 사족(士族)의 부인 윤씨(尹氏)가 상언(上言)하여, 그 지아비[夫]가 홍윤성의 노복에게 살

해되었음을 호소하니, 명하여 유사(有司)에 국문하게 하여, 그 노복을 환형(轘刑)하고 홍윤성은 국문하지 않았다. 사헌부(司憲府)에서 탄핵하여 아뢰기를, "홍윤성(洪允成)의 거칠고 광망(狂妄)한 태도와 교만하고 제 마음대로 날뛰는 형상을 성감(聖鑑)은 통조(洞照)하소서." 하니, 당시에 이르기를, "그의 잘못을 똑바로 맞추었다."고 하였다.

● 【실록】 성종 72권, 7년(1476) 10월 20일(경인) 3번째 기사. 삼복 죄인 김극수의 종 을동의 조율에 대해 논란하다

현석규(玄碩圭)가 대답하기를, "전자(前者)에 홍윤성(洪允成)의 집 종이 윤씨(尹氏)의 남편을 죽였을 때에 마침 세조(世祖)께서 온양(溫陽)에 행차하셨으므로 윤씨가 신원(伸冤)할 수 있었습니다." 하니, 임금이 명하여, 김국광의 상언을 보류하게 하였다.

● 【실록】 성종 93권, 9년(1478) 6월 21일(신해) 3번째 기사. 형조에서 김수지, 장구지, 김덕복의 죄에 대한 처벌을 보고하다

형조(刑曹)에서 삼복(三覆)하여 아뢰기를, "전옥(典獄)의 죄수(罪囚)인 악생(樂生) 김수지(金守知)가 그의 아내 아간(阿干)을 때려죽인 죄와, '부령(富寧)의 죄수인 백정(白丁) 장구지(張仇知)가 조개질지(趙介叱知)를 때려죽인 죄는 모두 율(律)이 교대시(絞待時)에 해당하며, 온양(溫陽)의 죄수인 정병(正兵) 김덕복(金德福)이 두 번 절도(竊盜)를 범한 죄는『대전(大典)』에 의하여 교대시(絞待時)에 해당합니다." 하니, 그대로 따랐다.

● 【실록】 성종 218권, 19년(1488) 7월 2일(계해) 1번째 기사. 살인한 양인 위손과 내금위 이화의 처벌, 원각사의 보수에 관해 논의하다

정사를 보았다. 좌부승지(左副承旨) 김극검(金克儉)이 형조(刑曹)의 삼

복(三覆)한 계본(啓本)을 가지고 아뢰기를, "아산(牙山) 죄수인 양인(良人) 위손(魏孫)이 작도(斫刀)로 사촌 누이동생 매읍(每邑)의 목을 베고 의복과 잡물을 빼앗은 죄는, 율(律)이 참부대시(斬不待時)에 해당합니다." 하였는데, 임금이 좌우를 돌아보며 하문(下問)하였다. 영돈녕(領敦寧) 윤호(尹壕)가 대답하기를, "흉악한 짓을 행한 기구와 사적(事迹)이 명백합니다." 하자, 임금이 말하기를, "율(律)에 의거하도록 하라." 하였다.

● 【실록】 중종 66권, 24년(1529) 8월 17일(경진) 1번째 기사. 아산의 사형수 차응참이 그의 형 응벽을 죽이다

계복(啓覆)을 들었다. 아산(牙山)의 사형수인 유학(幼學) 차응참(車應參)이 적통(嫡統)을 빼앗을 생각으로 은밀히 늙은 아비에게 청을 드려 아비의 명을 빙자, 동기(同氣)인 형 차응벽(車應壁)을 고의로 타살한 사건에 대해 아뢰기를, "이는 능지처참(凌遲處斬)에 부대시(不待時)인데 삼복(三覆)입니다." 하였다. 상이 이르기를, "이 일은 어떻게 했으면 좋겠는가?" 하매, 우의정 이행(李荇)이 아뢰기를, "아비의 명으로 타살한 것과 제 스스로 타살한 것은 차이가 있습니다. 또 '검시(檢屍)하지 못했다.'고 했으니, 의심스런 점이 있는 것 같습니다. 이러한 뜻으로 형조에서 본부(本府)에 보고해 왔습니다만, 아비의 명이라 하더라도 몽둥이로 한 번 쳐서 죽였으니, 반드시 고의적으로 죽이려는 마음이 있었던 것입니다. 또 그 시신(屍身)을 물속에 빠뜨려 흔적을 없앴기 때문에 검시(檢屍)할 수 없어 몽둥이로 한 차례 때렸는지의 진위(眞僞) 역시 정확하게 알 수 없지만, 상처가 이것만은 아닌 듯합니다. 율(律)에 따라 처리해야 합니다." 하고, 형조판서 신상(申鏛)은 아뢰기를, "적통을 빼앗으려는 생각에서 고의로 살해한 형적(形迹)이 현저하지 않습니다. 그리고 아비의 명에 따라 타살했고, 검시를 할 수 없었기 때문에 그 상처 또한 알 수가 없습

니다. 급소는 한 차례만 때려도 죽는 수가 있습니다. 이 일은 상복(詳覆)할 수가 없습니다. 신의 생각으로 보통 사람이 동생으로서 형을 죽인 경우와는 차이가 있는 듯하니, 상께서 짐작하여 처리하소서." 하고, 병조판서 이항(李沆)은 아뢰기를, "응벽은 한 가정에서 제 동생의 첩과 간통하는 금수 같은 행동을 하는 등 횡역(橫逆)이 이러했으니, 그 부모나 동생도 반드시 증오했을 것이므로, 평상시의 부자와 형제 사이가 아니었을 것입니다. 응참이 제 아비에게 참소하지 않았다고 하더라도 통렬히 증오하는 마음이 없을 수 있겠습니까? 이 사건에는 달리 사간(事干)이 없고 단지 여종의 남편인 최산(崔山)의 공초(供招)에 근거하여 형을 죽여 적통을 빼앗으려고 한 것으로 추문하고 있습니다만, 최산이 곤장을 견디면서 발명하려 하겠습니까? 사세가 사실이 아닌 것도 승복하게 되어 있습니다.

그 아비 차식(車軾)의 공초에는 '내가 직접 때렸다.'고 했고, 응참이 타살했다는 사실은 달리 나타나지 않고 있으니, 이 일은 형적이 불분명하고 또 아비의 명으로 때렸으니, 제 스스로 죽인 것과는 차이가 있습니다." 하였다. 상이 좌우를 돌아보면서 이르기를, "경들의 의견은 어떠한가?" 하매, 이조판서 홍언필(洪彦弼)이 아뢰기를, "동생으로서 형을 살해했으니 진실로 율(律)대로 처결해야 합니다. 하물며 시체를 물속에 던져넣었으니 그 자취가 매우 간특하여 사형을 면할 수가 없습니다." 하고, 지경연사(知經筵事) 김극핍(金克愊)은 아뢰기를, "평소에 조금이라도 형을 사랑하는 마음이 있었다면 그 아비가 때리려 해도 반드시 스스로 가서 잡아오지 않았을 것입니다. 그런데 제가 직접 잡아오고 단번에 때려 죽였습니다. 이는 제멋대로 죽인 것과는 달라서 극형에는 해당되지 않지만, 사형을 감하는 것은 결코 안 될 일입니다." 하니, 상이 이르기를, "다시 조율(照律)하라." 하였다.

● 【실록】 중종 101권, 38년(1543) 10월 16일(정해) 1번째 기사. 승지, 이조
참판, 지사 등이 안성에 갇힌 맹인 김철정의 일을 아뢰다

또 아산(牙山)에 갇힌 수군(水軍) 김석경(金石京)의 추안을[47] 아뢰니,
상이 모두 율대로 하라고 하였다.

● 【실록】 명종 4권, 1년(1546) 11월 7일(경신) 1번째 기사. 병조판서 상진
등이 충청도 신창에서 일어난 사족 살해 사건에 대해 아뢰다

병조판서 상진(尙震)과 형조판서 정사룡(鄭士龍)이 아뢰기를, "요즘 충
청도병사의 서장(書狀)에, 신창(新昌) 관내에 강도가 나타나 대낮에 사족
(士族)을 살해하고 부인의 의복을 발가벗겼다 하니, 몹시 놀라운 일입니
다. 조정에서 방치해 두고 추문하지 않을 수 없습니다. 살해 사건이 관
청 근처에서 발생하였다니, 더욱 의아스럽습니다. 병사와 감사에게 밀
지(密旨)를 내려 함께 의논하여 비밀리에 붙잡아서 죄 없는 백성들이 횡
액을 당하지 않게 마소서." 하니, 전교하기를, "아뢴 뜻이 지당하니, 속
히 병사에게 밀교(密敎)를 내리라." 하였다.

● 【실록】 명종 26권, 15년(1560) 4월 21일(병진) 1번째 기사. 사노 김의가
복주하다

사노(私奴) 김의(金義)가 복주(伏誅)했다.[48]

---

47) 〖이 사람은 격군(格軍) 정문필(鄭文弼)이 역사(役事)를 거역한다 하여 등 같은 데를 마구
때리고 또 소나무 막대로 발바닥을 마구 때려서 죽게 하였으므로, 죄가 교대시(絞待時)
에 해당하며 삼복이었다.〗
48) 〖김의는 온양(溫陽) 사는 김숙겸(金叔謙)의 종이다. 김숙겸이 그 아비를 곤장으로 때려
거의 죽게 되었다가 소생한 적이 있었다. 그래서 원한을 품고 적당과 공모하여 김숙겸
을 죽인 것이다. 김숙겸의 아들 김황(金鎤)이 본도의 감사(監司)에게 정장(呈狀)하여
감사가 수령 등을 추문하기까지 하였으나 분명하게 밝혀내지를 못하고 방면하였다.〗

- **【실록】명종 26권, 15년(1560) 5월 6일(신미) 1번째 기사. 동궁별감이 구타당한 일을 추문하게 하고 각저, 도박, 답교 등을 금하다**

정원에 전교하였다. "요즈음 인심과 풍속이 날로 심하게 경박하고 악독하여 지고 있다. 주인을 죽이는 강상(綱常)의 변이 끊이지 않아[49] 북방(北方)의 반노(叛奴)가[50] 자기 주인을 살해하고자 하여 서울로 올라와 잠복하여 기회를 엿보고 있으니 변의 기미를 헤아릴 수 없으며, 궐정에서 격쟁하는 풍속이 크게 이루어져 기내(畿內)의 소민이 그 고을의 수령을 유임시키고자 하여 변장하고 칼까지 차고서 어가를 범하여 놀라게 하였다. 그리고 사람의 병을 치료하려고 고의적으로 어린 아이를 죽여 사람이 살을 베어내고는 몰래 우물 속에 던지었고, 심지어는 무뢰한들이 길거리에 모여 있다가 춘궁별감(春宮別監)을 마구 때리기까지 하였다.[51] 이 무슨 풍속인가? 비록 사대부 집안의 종이라고 할지라도 만약 어느 집안의 사람이라고 하였다면 참으로 이처럼 하지는 못하였을 것인데 더구나 궁중의 별감(別監)이겠는가. 끝까지 추문하여 엄히 다스릴 것을 형조에 말하라. 그리고 지금 이후 각저, 도박(睹博), 답교(踏橋)[52] 등의 일은 사헌부로 하여금 금지하게 하라."

그러자 김황이 어가(御駕) 앞에 나아가 진소하니 상이 삼성교좌(三省交坐)하라고 명하였는데 잡아다 국문하여 실정을 알아내어 마침내 능지처참되었다.】

49) 【온양(溫陽) 사람 김의(金義) 등의 일을 가리킨다.】

50) 【황희정(黃熙正)의 종이다.】

51) 【단옷날 동궁별감 박천환(朴千環)이 시강원에 와서 호소하기를 '지금 하사하신 물품을 빈객(賓客) 원계검(元繼儉)의 집에 보내고 오던 중 길에서 양반(兩班)의 무리를 만났는데 억지로 각저(角觝) 놀이를 하라고 하고 시키는 대로 않는다고 성을 내면서 의복과 갓을 찢고 회사문(回謝文)까지 찢었다.'고 하니 시강원이 그 사람들을 추고하도록 계청하였다. 이는 박천환이 먼저 유생들을 구타하여 욕보이고 이처럼 호소한 것이다.】

52) 【정월 중원일(中元日)에 여염(閭閻)에서 열 두 다리를 건너는 것으로 1년 동안의 액막이를 한다고 하여 서울안 남녀가 혼잡하게 모이는데 혹은 싸우기도 하였다.】

• 【실록】 인조 30권, 12년(1634) 11월 16일(무진) 2번째 기사. 신창현의 양
  전감관이 살해되자, 신창현감 이태선과 감사를 죄주다

  헌부가 아뢰기를, "삼가 공청감사(公淸監司)의 장계를 보건대, 신창현
(新昌縣)의 양전감관(量田監官)이 피살되었다고 하니, 일이 매우 놀랍습
니다. 백성들이 전결(田結)을 속이고 숨겨 오랫동안 요역(徭役)과 부세를
면해 오다가 갑자기 양전을 하니 싫어하는 마음을 내어 감히 공차(公差)
에 손을 댔는데도 수령이 된 자는 즉시 쫓아가 체포하지 않고 태연스레
있었으니, 크게 직무를 유기한 것입니다. 신창현감 이태선(李泰先)을 파
직하소서. 감사도 제대로 단속하지 못한 잘못을 면하기 어려우니, 중한
율에 따라 추고하소서. 그리고 그에게 다방면으로 뒤를 밟아 범인을 체
포하는 즉시 효시하도록 하여 뒷폐단을 막으소서." 하니, 답하기를, "아
뢴 대로 하라. 이태선을 지레 파직하면 뒤를 밟아 붙잡을 수 없을 것이
니, 우선 추고만 하도록 하라." 하였다. 이때 신창현의 감관(監官)인 안일
(安佾)은 서산군(瑞山郡)에서 고을을 바꾸어 온 자로 나이는 적으나 명찰
(明察)하여 한결같이 사목(事目)대로 하였다. 이 때문에 백성들이 모두
그를 싫어하여 죽였는데, 감사가 아뢴 것이다.

• 【실록】 인조 31권, 13년(1635) 2월 20일(신축) 2번째 기사. 주강에 『시
  전』을 강한 후, 최명길이 박지계는 죄가 없음을 말하다

  주강에 『시전』을 강하였다. 강을 마치고 지경연 최명길이 나아가 아
뢰기를, "신창현감(新昌縣監) 이태선(李泰先)이 박지계(朴知誡)와 사이가
나빠서, 그가 전결(田結)을 숨기고 양전감관(量田監官)을 죽였다고 무고
하였습니다. 박지계가 어찌 사람을 죽일 자이겠습니까. 이는 현재 사람
들이 모두 박지계를 간험한 사람이라고 하였기 때문에 태선이 시의에
맞추려고 그처럼 모함을 한 것입니다." 하니, 상이 본도로 하여금 조사

하여 아뢰도록 하라고 하였다.

- **【실록】 숙종 48권, 36년(1710) 5월 25일(기축) 2번째 기사. 충청도 온양에서 사대부가 사비의 아들을 죽인 사건을 핵실하도록 하다**

  사헌부(司憲府)에서 논핵하기를, "충청도 온양(溫陽)에 사는 사비(私婢) 생춘(生春)이라 이름하는 사람이 와서 그 아들이 신창(新昌)에 사는 변씨(邊氏) 성을 가진 사부(士夫)에게 맞아 죽었다고 호소하였는데, 섬돌과 뜰 사이에 핏자국이 낭자함을 동리(同里)의 백성들과 검시(檢屍)했을 때 본관(本官)의 아전 무리들도 모두 목도(目覩)하였으나, 본관은 변가(邊哥) 편의 말만 듣고 전후의 공사(供辭) 가운데 긴절(緊切)한 증거를 마음대로 지워버리고 까닭 없이 놓아 보냈습니다. 그리하여 마침내 추검(推檢)하게 한 일도 모두 허사(虛事)가 되었고, 원통하게 죽은 정상(情狀)을 씻을 길이 없다 하며 여러 차례 하소연하니, 정상이 불쌍하고도 참혹합니다. 청컨대 본도(本道)로 하여금 변가(邊哥)의 종과 주인 및 간증인(看證人)을 경옥(京獄)에 나치(拿致)하여 공정하게 처단케 하소서." 하니, 임금이 윤허하였다.

(2) 군도(群盜)

- **【실록】 세조 4권, 2년(1456) 5월 1일(기사) 1번째 기사. 삼군진무 박자영을 보내 왕명을 사칭한 도적들에 대해 체포케 하다**

  승정원(承政院)에서 아뢰기를, "충청도 아산현(牙山縣)에서 도둑 30여 명이 떼를 지어 읍인(邑人) 정우(鄭宇)의 집에 이르러 거짓말로 '왕명(王命)이 있다.'고 전하고, 정우가 나오자 결박하여 데리고 갔는데, 그 집안

사람들이 간 곳을 알지 못하여 그 아들 정종로(鄭終老)와 정숭로(鄭崇老)가 끝까지 수색하여 체포해 주기를 청하였습니다." 하니, 임금이 이 말을 듣자 놀라고 염려하여 삼군진무(三軍鎭撫) 박자영(朴子映)에게 명하여 가서 체포하게 하고, 친서[手札]로 진무 박자영이 가는 곳의 관찰사(觀察使), 절제사(節制使), 수령(守令), 만호(萬戶)에게 유시(諭示)하기를, "들으니, 강도가 아산(牙山) 사람 정우(鄭宇)를 결박하여 데리고 갔다고 한다. 이제 박자영을 파견하니, 박자영의 말을 듣고 군대를 내어 엄습하여 체포하고, 계류(稽留)하지 말라." 하였다.

● 【실록】 세조 4권, 2년(1456) 5월 4일(임신) 7번째 기사. 삼군진무 박자영이 왕명을 칭했던 도적 중 15명을 잡았음을 아뢰다

삼군진무(三軍鎭撫) 박자영(朴子映)이 치서(馳書)하기를, "도둑 정춘(鄭春) 등 15인이 아산(牙山)에 이르러 정우(鄭宇)를 결박하여 가다가 목천(木川) 지방에 이르러 정우의 의복을 빼앗고 놓아 보냈는데, 온양군사(溫陽郡事)가 염탐하여 행방을 알고 체포하여 온양 감옥에 가두었으며, 그 나머지 같은 패거리들은 아직 다 체포하지 못하였으므로 신이 머물러 다 체포하기를 기다립니다." 하니, 임금이 승정원(承政院)에 명하여 박자영에게 치서(馳書)하기를, "정우를 겁탈한 사람들을 의금부(義禁府)로 하여금 국문(鞫問)하게 하겠으니, 즉시 올라오는 것이 좋겠다." 하였다.

● 【실록】 세조 5권, 2년(1456) 8월 10일(정미) 2번째 기사. 의금부에서 충청도 아산에서 왕명을 사칭했던 사건에 대해 아뢰다

의금부(義禁府)에서 아뢰기를, "충청도(忠淸道)의 직산(稷山) 선군(船軍) 정춘(鄭春)이 아산(牙山) 부자 사람 정우(鄭宇)에게 쌀을 내라고 고하

니, 정우가 듣지 않았습니다. 정춘이 함혐(含嫌)하여 고을 사람 이처(李處), 우맹손(禹孟孫) 등과 도모하여 정춘은 의금부백호(義禁府百戶)라 자칭하고 이처는 가천(加川) 역자(驛子)라 칭하여, 평택(平澤)으로 달려가서 읍수(邑守) 방강(方綱)에게 재촉하여 포도군(捕盜軍) 16인을 조발(調發)하고 화천(花川) 역마(驛馬)를 발하여 곧장 정우의 집에 가서, '왕지(王旨)가 있다.'고 칭하고, 정우와 그 아들 중[僧] 지인(智印)을 잡아 결박하고 위협하니, 정우가 정춘에게 면포(綿布)를, 데리고 간 역자(驛子)에게는 면포 및 백저포(白苧布)를 뇌물로 주었습니다. 드디어 함께 온양군(溫陽郡)에 이르러 길에서 정춘의 아우 정지(鄭知)를 만났습니다. 정춘이 거짓 정지를 정의(鄭儀)라 칭하고 정우에게 곡식을 주기를 청하니, 정우가 문권(文券)을 작성하여 그 아들 정춘생(鄭春生)에게 주어 집으로 보냈습니다. 정지가 정우의 집에 가서 곡식을 받으려 하니, 집 사람이 거짓인 것을 깨닫고 잡아서 관가로 보냈습니다. 정우가 목천(木川)에 이르러 노상에서 애걸하니, 정춘이 그 신[靴]을 벗기고 놓아 보냈습니다. 율(律)에 의하면 정춘의 죄는 응당 베어야 하고, 방강은 장(杖) 1백 대를 때려 변방 먼 곳에 보내어 충군(充軍)하고, 이처, 정지, 우맹손은 아울러 장(杖) 1백 대를 때리어 전 가족을 변방에 옮기고, 핍박하여 취한 장물(臟物)은 본주인에게 돌려 주는 것이 합당합니다." 하니, 명하기를 정춘은 사형을 감하여 장류(杖流)하고, 이처, 정지, 우맹손은 각각 1등을 감하고, 방강은 다만 파직(罷職)하고 나머지는 아뢴 대로 하라 하였다.

● 【실록】 세조 20권, 6년(1460) 4월 11일(정사) 4번째 기사. 난을 일으킨 온양의 관노들을 사로잡아 추국하게 하다

사인(舍人) 정문형(鄭文炯)이 본부(本府)의 의논을 가지고 아뢰기를, "지금 듣건대 온양(溫陽)의 관노(官奴) 3, 4인이 관가의 물건을 도둑질하

여 쓰므로, 군수(郡守) 조원지(趙元祉)가 그들을 죄주니, 그 사람들이 모두 도망하여 숨어서 분개하고 원망하여 형방(刑房) 아전의 집을 불태웠고, 또 열흘 안에 공아(公衙)가 두 번이나 불났는데, 고을 사람들이 지주(地主)를 모해(謀害)한 때문이라 합니다. 풍속이 불미하여 다스리지 않을 수 없으니, 청컨대 그 도의 관찰사(觀察使)로 하여금 수색하여 사로잡아 끝까지 그 죄를 다스리게 하소서." 하니, 그대로 따르고, 즉시 본도(本道)의 관찰사(觀察使)에게 유시하기를, "수색하여 사로잡아서 추국(推鞫)하여 아뢰어라." 하였다.

- 【실록】 선조 47권, 27년(1594) 1월 10일(기축) 1번째 기사. 행궁의 수비 강화와 충청도 지역의 도적을 토포할 것을 명하다

  "동궁(東宮)에게 사명을 받들고 갔다가 돌아온 사람이 말하기를 '올 적에 길에서 수령과 조관들을 만났더니, 아산(牙山), 직산(稷山), 신창(新昌), 대흥(大興)에 사나운 도적이 치성하여 무리가 매우 많은데 대낮에 사인(士人)의 집에 출입하면서 공갈하고 이어 군기(軍器)와 양향(糧餉)을 탈취하여 가는가 하면 그들의 말이 너무도 흉악하여 더없이 경악스러운 말까지 하는데 이들은 좀도둑의 무리가 아니어서 말하는 사람들이 기가 질릴 지경이다.'라고 하였다. 이 말이 강첨(姜籤)의 서장과 서로 합치한다. 방역(邦域) 안에 도적이 이러하니 매우 한심스러운 노릇이다. 하루아침에 예측할 수 없는 변이 발생할까 우려되니 급속히 조처하여 장수를 명해서 토포(討捕)하게 하라."

- 【실록】 선조 47권, 27년(1594) 1월 21일(경자) 5번째 기사. 헌부에서 홍주목사 박의 등의 파직을 청하다

  (헌부가 아뢰기를) "전 현감(縣監) 최유원(崔有源)은 아산(牙山)에 있을

적에 도적의 변이 발생했다는 말을 듣고는 조치를 강구하여 체포할 생각은 하지 않고 아속(衙屬)을 거느리고 도주할 계책만 하여 배를 준비하고 말을 징발하느라 온 경내를 소란스럽게 하였습니다. 그리고 관창(官倉)의 보리 종자 1백여 석을 피란하는 친족에게 나누어 주어 백성들의 파종할 수 있는 기대를 끊어버렸습니다. 이미 군율을 범하였고 또 장죄(贓罪)에 관계되므로 듣는 사람들이 통분해 하지 않는 이가 없습니다. 그런데 비변사에서는 오로지 고식책만을 힘써 형식적으로 파추(罷推)하는 벌만을 보였으니 어떻게 국가의 기강을 진작시키고 인심을 열복시킬 수 있겠습니까. 아울러 잡아다가 추국하여 죄를 정하소서." 하니, 상이 따랐다.

- 【실록】 선조 165권, 36년(1603) 8월 16일(기해) 1번째 기사. 화적 발생에 대한 경기방어사 겸 수원도호부사 변응성의 장계

경기방어사 겸 수원도호부사 변응성(邊應星)이 치계하였다.

"지난달 29일에 수원부(水原府)에 있는 전 참봉(參奉) 최천후(崔天後)의 집에 화적(火賊)이 돌입하여 잡물을 훔쳐가고 여인을 때려 다치게 하였으나 죽지는 않았습니다. 곧 초관(哨官) 등을 시켜 종적을 찾게 하였더니, 직산(稷山) 쪽 길로 향하였는데 이 도둑들은 혹 온양(溫陽)의 온정(溫井)에 서로 모여 작당하고 대흥(大興) 등처에 출몰하기도 한다 합니다. 호서(湖西)와 경기는 상호 인접한 곳이므로 만일 도둑들이 서로 통하면 보통 걱정거리가 아닐 듯합니다. 조치하여 체포할 방책을 지금 출령(出令)하였으나 조정에서 따로 사목(事目)을 만들어 내려보내 힘써 거행하게 하는 것이 어떻겠습니까?"

- **【광해일기】 광해 68권, 5년(1613) 7월 23일(기묘) 7번째 기사. 경기감사 가 박치의의 종적에 대해 보고를 올리니, 신하들과 의논하다**

경기감사가 비밀장(秘密狀)을 입계하니[53] 왕이 이르기를, 왕이 이르기를, "이 문제를 속히 의논하여 처리하라." 하니, 이덕형이 아뢰기를, "어떻게 해야 기회를 놓치지 않고 체포할 수 있겠습니까? 만약 선전관 등을 보낸다면 뜻대로 되지 않을 것입니다." 하고, 박승종은 아뢰기를, "그러나 사체로 보아 부득이 선전관과 도사 등을 수원(水原), 아산(牙山) 등처(等處)에 보내서 수색하여 체포해야 하겠습니다." 하였다. 이덕형은 아뢰기를, "마땅히 일을 위해서라면 목숨을 바칠 각오가 되어 있는 사람을 가려 보내야 할 것입니다." 하고, 권진은 아뢰기를, "마땅히 실도사(實都事)를 보내서 체포하도록 해야 할 것입니다." 하였다. 모두 아뢰기를, "우두머리를 조사하여 체포하는 것이 가하니 차지(次知)는 비록 잡아온다고 하더라도 유익할 것이 없습니다. 혹 곤장을 마구 쳐서 박치의가 간 곳을 물어보는 것도 가할 듯합니다." 하였다. 박승종은 아뢰기를, "길삼봉(吉三峯) 때에는 지리산도 색출하였으니 그의 묘산(墓山)을 색출하는 것도 무방할 듯합니다." 하니, 이덕형이 아뢰기를, "묘산을 색출하는 것은 헛일일 것만 같습니다. 조용히 수소문해서 체포하는 것만 못합니다." 하였다. 영상과 추관과 양사 등이 의논하여 아뢰기를, "선전관과 도사를 두 곳에 보내는 것이 어떻겠습니까?" 하니, 왕이 이르기를, "보내는 것은 좋다. 그러나 체포할 대책을 의논한 다음 알려주어서 보내라." 하였다. 추관이 아뢰기를, "수원은 이미 하유하였으니, 우선 아산에 선전관 등을 먼저 보내는 것이 어떻겠습니까?" 하니, 이덕형이 아뢰기를, "이는 이미 잡아와서 가두어 놓은 죄인과 비교할 성질이 아니니 빠

---

53) 『양주 박치의 종적에 관한 일이다.』

르고 늦은 것을 제한하지 말고 본관과 함께 갈 만한 곳을 수소문하여 기발한 계책을 써서 기어이 체포하도록 해야 합니다." 하였다. 왕이 이르기를, "도사와 선전관 외에 보낼 만한 다른 사람이 없는가?" 하니, 박승종이 아뢰기를, "그전 규례를 보면 독포사(督捕使)를 보낸 규례가 있었으니 감사 이하에서 뽑았습니다." 하였다. 이덕형이 아뢰기를, "그렇게 되면 소란스러울 것입니다. 포도종사(捕盜從事)라면 혹시 함정을 설치하여 체포할 수 있을 것입니다." 하니, 박승종이 아뢰기를, "포도종사는 외지에 보낼 수 없습니다. 부득이하면 독포사를 보내서 수령들을 제압하여 기어이 체포하도록 하는 것이 어떻겠습니까?" 하였다. 이덕형이 아뢰기를, "심계(心計)가 있는 선전관(宣傳官)을 보내는 수밖에 별다른 대책이 없습니다." 하였다. 좌우가 의논하여 아뢰기를, "도사는 보낼 것 없이 심계가 있는 선전관을 보내서 수령과 함께 입회하여 체포하도록 하는 것이 어떻겠습니까?" 하니, 왕이 이르기를, "의논대로 하라. 아산에는 당상 선전관인 유민(柳珉)을 보내는 것이 어떻겠는가?" 하였다. 박승종이 아뢰기를, "유민은 다른 칭호를 주어 보내는 것이 좋겠습니다." 하고, 이충(李沖)이 아뢰기를, "독포선전관이라는 명호를 주어 보내는 것이 어떻겠습니까?" 하니, 왕이 이르기를, "대간의 의논대로 하되, 관부에 출입할 때는 십분 비밀로 하라." 하였다.

- 【광해일기】 광해 68권, 5년(1613) 7월 23일(기묘) 10번째 기사. 죄인을 공초하다

　왕이 이르기를, "수원 외에 갈 만한 곳이 있는지 죄인에게 물어보도록 하라." 하니, 권진이 아뢰기를, "죄인에게 물었더니 '박치의가 새로 들인 노비가 아산장(牙山場) 주변에 산다. 지난 해 동짓달에 와서 신공(身貢)을 납부하고 갔는데 아마 이곳으로 간 듯하다.'고 합니다." 하였다. 왕이

이르기를, "수원과 아산 등처를 정해놓고 갔는지의 여부를 물어보도록 하라." 하니, 권진이 아뢰기를, "죄인에게 물었더니 '아산에 사는 종 한 명과 수원에 사는 종 두 명이 있었는데 희추(希秋)도 수원으로 갔다고 하니, 아마 이곳으로 갔을 것이다.'고 합니다." 하였다. 왕이 이르기를, "형신을 조금 가하여 힐문하라." 하였는데, 손비가 자복하지 않았다. 왕이 이르기를, "이미 이것뿐이라고 했다면, 정하고 간 곳이 수원과 아산 두 곳이란 말인지 물어보도록 하라." 하니, 권진이 아뢰기를, "죄인에게 물었더니 '수원(水原)으로 가지 않았으면 필시 아산(牙山)으로 갔을 것이다. 결정하고 갔는지의 여부를 어찌 알 수 있겠는가.'라고 하였습니다." 하였다. 왕이 이르기를, "그가 간 곳을 알 것이기 때문에 묻는 것이다." 하니, 권진이 아뢰기를, "죄인에게 물었더니, 전에 말한 것과 같았는데 '수원에는 노비가 있고 아산에는 희추가 자식을 데리고 내려갔으니, 아마 이 두 곳으로 갔을 것이다.'고 합니다." 하니, 왕이 우선 손비의 형문을 중지하라고 하였다.

- **【광해일기】광해 69권, 5년(1613) 8월 19일(갑진) 11번째 기사. 대복, 김 금이를 압슬하고, 박치순을 형추했으나 모두 불복하다**

대복(大福)을 압슬하였으나 불복하였다. 왕이 이르기를, "강원도 열 읍 가운데 박치의가 갈 만한 곳을 말하라." 하니, 대복이 공초를 마치기를, "막동(莫同)이를 통해서 박치의가 강원도에 갔다고 들었으나, 저는 고향 안에서만 생장하여 아는 곳이 이웃 동네에 지나지 않습니다. 강원도의 지명을 어떻게 알겠습니까. 막동이는 온양에 있는 군복(軍福)의 집으로 갔습니다. 만약 박치의가 간 곳을 안다면 어째서 애초에 사실대로 고하지 않고서 형신을 무겁게 받겠습니까." 하였다. 좌우가 모두 아뢰기를, "본도 감사에게 글을 보내 막동이를 체포하게 하는 것이 좋겠습니다." 하였다. 권진이 아뢰기를, "막동이의 생김새와 나이를 글 안에 아울러 언급하는 것이 어떻겠습니까?" 하니, 왕이 이르기를, "군복과 막동이의 생김새와 나이를 아울러 물으라." 하였다. 김금이(金金伊)를 압슬하였으나 불복하였고, 연이(連伊)를 압슬하였으나 불복하였으며, 손비(孫非)를 압슬하였으나 불복하였다. 왕이 이르기를, "춘한(春閑)을 국문했느냐?" 하니, 기자헌이 아뢰기를, "춘한은 박필(朴必)의 자식입니다. 박필을 잡지 못했을 때에는 춘한을 진실로 국문해야 하겠으나, 지금은 박필을 이미 잡았으니 박필만 오로지 국문하는 것이 좋겠습니다. 춘한은 국문할 필요가 없겠습니다." 하였는데, 뭇 사람들의 의논이 모두 같았다. 박치순을 형추했으나 불복하였고, 군이(軍伊)를 가형했으나 불복하였고 무금을 압슬했으나 불복하였다. 박치순을 압슬했으나 불복하였다.

● 【광해일기】 광해 69권, 5년(1613) 8월 29일(갑인) 13번째 기사. 추국청이 박치의를 잡지 못한 공홍도관찰사, 온양군수의 추고를 아뢰다

추국청이 아뢰기를, "지금 공홍감사(公洪監司) 이정신(李廷臣)의 서장을 보건대 '박치안(朴致安)의 종 귀인(貴仁)의 공초 안에 「날짜는 기억나지 않습니다만, 박치의가 지난 달 7월 그믐께 자기 종 막동(莫同)이를 거느리고 서울에서 저희 집에 왔습니다. 붉은 빛이 많은 숫말을 타고 사립(斜笠)과 흰 목면 철릭[天益]을 쓰고 있었는데, 행색이 피곤해 보였습니다. 전라도 태인(泰仁) 읍내에 사는 종 한수(汗水)와 한국(汗國)에게 신공을 받을 일로 내려간다고 하였습니다. 저는 그 집안의 종으로 여러 해 동안 도망해 왔기 때문에 매를 맞을까 걱정이 되어 우선 이웃집으로 피했습니다. 그랬더니 저희 집에서 하룻밤을 묵고 즉시 전라도 태인으로 향하였습니다. 그 뒤의 거처는 알 수 없습니다.」고 했습니다. 그의

동생인 종 금이(金伊)도 역시 귀인의 공초와 마찬가지였습니다. 박치의와 막동이의 거처를 귀인이 이와 같이 분명하게 진술했는데 끝내 체포하지 못하였으니, 지극히 통분할 일입니다. 귀인 형제는 공주(公州)에 굳게 가두어 놓았으며, 태인현에 살고 있는 종 한수, 한국과 아울러 박치의, 막동이를 빨리 체포할 일로 전라도관찰사 이경전(李慶全)의 거처에 공문을 보냈습니다.'고 했습니다.

귀인과 금이가 이미 역적 박과 서로 만나 심지어는 자기 집에 묵어 가게까지 했습니다. 조정이 현상을 걸고 역적 박을 체포하고 있다는 것을 귀인과 금이가 모르지 않았을 것인데, 7월 그믐께 서로 만나 유숙시키고 보내고는 고발할 뜻이 없다가 8월 그믐이 다가오는 지금에서야 관가의 신문으로 인하여 비로소 자기 집에서 묵고 하루를 지내고 갔다고 말했으니, 귀인 등이 만약 역적 박이 지금 있는 곳을 바로 지적하지 않는다면 도망 중인 역적을 은닉시켜 주었고 사실을 알고도 고발하지 않은 죄를 벗어나기 어려울 것입니다. 귀인과 금이, 한수와 한국을 붙잡아다 국문하는 것이 마땅하겠습니다. 그러나 붙잡아 온 뒤에는 그곳으로부터 수사의 방향을 다시 지시할 길이 없게 되니, 우선 올려보내지 말게 하고 해도로 하여금 굳게 가두어 놓고 다시 다각도로 신문하여, 반드시 역적 박을 체포할 일로 양도의 관찰사에게 하유하는 것이 마땅하겠습니다.

역적이 자기 관내를 지나갔는데도 다니도록 맡겨둔 채 물색하여 체포하지 못했으니, 방백과 수령은 태만하여 역적을 놓친 죄를 벗어나기 어렵습니다. 공홍도관찰사 및 온양군수는 아울러 추고하소서." 하니, 따랐다.

● 【광해일기】 광해 87권, 7년(1615) 2월 16일(계사) 1번째 기사. 형방승지 권진이 옥에 체류된 죄수를 속히 처결할 것을 아뢰니 따르다

　형방승지 권진(權縉)이 아뢰기를, "나라에 큰 경사가 있어 석방의 혜택이 널리 시행됨으로써 사형수 이하는 모두 말끔히 면제해주는 은전을 입었는데, 지금 공홍감사(公洪監司)의 장계를 보니 옥에 체류된 죄수가 1백 91명에 이른다고 합니다. 평소 수령이 성상의 불쌍히 여기는 지극한 뜻을 본받지 못하였음을 이로 보아 알 수 있습니다. 감사로 하여금 충분히 경계해서 속히 처결하게 함으로써 옥사를 지체하는 데에 대한 원한이 없도록 하소서. 또 박적(朴賊)이 온양(溫陽), 서원(西原)을 지났다는 말이 있었는데 조정에서 사실이 아니라는 것을 조사하여 알았으면서도 체포해둔 사람을 지금 3년이 되도록 아직까지 처치하지 않고 있고 막동(莫同)과 이름자가 같은 자에 대해 사실 여부를 알지 못하면서 한결같이 가두어 두니 몹시 미안합니다. 모두 감사로 하여금 조사해서 치계하여 처치의 증빙 자료가 되게 하소서. 앞서 전교를 받들었으니 임자년 역변 이후부터 역옥 범죄자의 차지(次知)를 석방해야 합니다. 아직 미처 석방하지 못한 자를 초계(抄啓)하여 속히 석방하게 하소서. 신이 형방에 몸담고 있기 때문에 황공한 마음으로 감히 아룁니다." 하니, 아뢴 대로 하라고 전교하였다.

● 【실록】 인조 47권, 24년(1646) 4월 1일(정축) 1번째 기사. 병조판서 이시백을 명초하여 적도의 세력이 어느 정도인가를 하문하다

　상이 병조판서 이시백(李時白)을 명초하여 하문하기를, "적도(賊徒)의 세력이 어느 정도인가?" 하니, 시백이 아뢰기를, "소신이 이들 적도를 근심한 지 이미 오래 되었습니다. 지난해 공청도의 토적(土賊)들은 보통 좀도적들이 아니었습니다. 사람들의 말에 의하면 도적떼가 들어오면 그

집은 쑥밭이 되었다고 합니다. 신이 절도사 조후량(趙後亮)으로 하여금 극력 체포하도록 하였는데, 전후 사로잡힌 자가 1백 30여 명이었습니다. 이들 적도는 아마 그 무리일 것입니다. 이 적도들은 하늘에 제사를 지낸 다음 전주(全州)를 먼저 깨뜨릴 목적으로 이미 군사를 일으킨 흔적이 있습니다. 그런데 어떻게 1백~2백 명으로 전주를 격파할 수 있겠습니까. 선왕조 이몽학(李夢鶴)의 반란 때에도 초기에는 마치 아이들 장난과 같았는데 오히려 난리가 되고 말았습니다. 이번의 적도들은 포(砲)를 소지한 자가 태반인데, 전주가 웅부(雄府)라고는 하지만 어찌 격파되지 않으리라고 보장할 수 있겠습니까. 지금 듣건대 공주(公州)의 초군(哨軍)도 태반이 적도에게 붙었다 하는데, 어찌 너무도 염려스러운 일이 아니겠습니까. 이갱생(李更生)이 나주(羅州)를 다스리고 있을 때 어떤 도적이 기치(旗幟) 한 상자를 도적질해 갔는데, 이는 좀도둑의 짓이 아닙니다.

또 신의 군관이 올 2월에 신창(新昌)과 덕산(德山)의 경계를 지나다가 밤에 미륵당(彌勒堂) 다리 옆에 도착하였을 때 인마(人馬)의 소리를 듣고 몸을 숨겨 엿보았더니, 적도들이 줄지어 늘어서서 진형(陣形)을 갖추고 좌정한 뒤 전령(傳令)을 불러 모으고, 또 그들 무리 중에 점을 잘 치는 자를 시켜 점을 쳐보게 하더랍니다. 이때 점을 친 자가 말하기를 '이 주위에서 분명히 두 사람이 엿듣고 있으니, 찾아내 죽이도록 하라.' 하자, 한 사람이 말하기를 '앞으로 큰일을 일으킬 것인데, 어찌 이렇듯 소소하게 살륙하는 짓을 행하겠는가.' 하고 군사를 이끌고 떠났는데, 소리로 보아 죽산(竹山)으로 향하였다고 하였습니다. 그리고 근년에 있었던 충주(忠州)의 옥사(獄事) 때 공청병사(公淸兵使)가 사람을 시켜 몰래 엿듣게 하였더니, 적도들끼리 서로 말하기를 '경상도와 전라도의 친구들이 어찌해서 구원하러 오지 않을까.' 하였답니다. 이로써 추측해 본다면 삼남의 적도들이 많이들 결탁한 듯합니다.

신의 생각으로는 기마병을 출동시켜 공주(公州)의 직로(直路) 11개 참(站)에 나누어 파견함으로써 속히 보고할 수 있도록 하고, 충주(忠州)의 영장(營將)에게도 앞서 영을 전해 기찰을 강화하게 했으면 합니다. 그리고 경기는 양주(楊州)로 하여금 동로(東路)를 기찰토록 하고, 장단(長湍)으로 하여금 서로(西路)를 기찰토록 하고, 수원(水原)과 죽산(竹山)으로 하여금 전라도와 경상도 두 길을 기찰토록 하는 한편, 각 곳의 관진(關津)에도 모두 망보는 자를 두어 불로 서로 신호하게 하되 남산(南山)은 수원과 신호하고 아차산(峨嵯山)은 양주와 신호하게 하면서 관군을 나누어 배치해서 서로 신호하여 응하게 했으면 하는데, 어떨지 모르겠습니다." 하였다. 상이 이르기를, "기마병을 급히 출동시켜 보내라. 양남(兩南)의 관진은 모두 기찰토록 하되 서로(西路)는 우선 놔두어라." 하니, 시백이 아뢰기를, "병가(兵家)에 동쪽을 치는 척하면서 서쪽을 공격하는 경우가 있으니, 서쪽도 염려하지 않을 수 없습니다." 하자, 상이 이르기를, "그렇다면 경의 군관 중에서 말을 가진 자로 하여금 기찰토록 하라." 하였다.

(3) 기타 사건

● 【실록】 태종 22권, 11년(1411) 윤12월 1일(정사) 6번째 기사. 온수감무 김좌와 의영고 공청에서 술을 마신 의영고부사 박질을 파직시키다

헌부(憲府)에서 또 온수감무(溫水監務) 김좌(金佐)가 무첩(巫妾), 비자(婢子) 등을 거느리고 임소에 있는 죄와 전 의랑(議郞) 방여권(方與權)이 온수공리(溫水貢吏)를 지나치게 형벌한 죄를 청하니, 명하여 김좌는 자원부처(自願付處)하고 방여권은 장(杖) 80대를 때렸다.

• 【실록】 세종 37권, 9년(1427) 9월 4일(기축) 6번째 기사. 변계량의 처의 봉변 등에 관한 논의

허조가 아뢰기를, "서달(徐達)이 비록 사람을 죽였지만은 운평(芸平)의 아들이 마땅히 관청에 원통함을 호소해야 될 것인데도 제 마음대로 40여 기병(騎兵)을 인솔하고 대흥현(大興縣)에까지 따라가서, 서달이 현감(縣監) 노호(盧皓)와 같이 앉았는데 붙잡아 내려서 그 발뒤꿈치를 쏘았으니 이보다 더 포학할 수 있겠습니까. 반드시 징계해야 될 것입니다. 서달은 탄핵을 당하여 미처 이를 말하지 못하였지마는 감사와 수령들도 이 일에 대해서는 다스리지 않았으므로, 신창(新昌)의 아전은 전 관찰사(觀察使)의 아내가 현(縣)을 지나가는데 다만 후히 대접하지 않을 뿐만 아니라 도리어 능욕(凌辱)까지 주었으니, 그 풍속을 더럽힌 것은 이루 다 말할 수 없습니다." 하니, 임금이 말하기를, "서달을 쏜 일은 나도 이를 들었지만 그 무리들은 뒤쫓아 잡았다는 말은 아직 못 들었다. 이런 것은 내가 몹시 미워하는 일이니 모름지기 추핵(推劾)하여 뒷사람을 감계(鑑戒)해야 할 것이다." 하였다.

허조가 또 아뢰기를, "판부사(判府事) 변계량의 아내가 집으로 돌아가 어버이를 뵈오려고 충주(忠州)를 지나가는데, 촌인(村人) 50기(騎)가 길에서 종인(從人), 시비(侍婢), 반당(伴儻) 등을 때려 상처를 입히고 능욕(凌辱)함이 그 처씨(妻氏)에게까지 미쳤으니, 그 포학함이 이미 극도에 달했습니다. 이 버릇을 금하지 않는다면 장래의 일이 염려스럽겠습니다. 한 나라로써 말하더라도, 위에 임금이 계시고, 다음은 정승이고, 다음은 판부사인데. 품의 아내로서 시종(侍從)을 갖추어 가는데도 의심하고 두려워함이 없이 작당하여 난을 일으켜 능멸함이 이와 같았습니다." 하였다. 임금이 말하기를, "지금 이 말을 들으니 놀라움을 금하지 못하겠다." 하였다. 변계량이 그 일을 조목별로 진술하고 아울러 충주판관 이

익박(李益朴)이 그 괴수 백운흥(白雲興)을 장으로 쳐서 죽였으므로 이로 인하여 죄를 받은 일을 아뢰니, 임금이 말하기를, "그 사람이 죽은 것은 당연한 일이며, 관(官)에서 그를 장으로 친 것도 또한 마땅한 일이다. 그 괴수가 비록 죽었으나 당인(儻人)은 마땅히 죄를 다스려서 뒷사람을 감계(鑑戒)시켜야 될 것이다." 하였다. 헌부에 명하여 이를 국문하게 하고 이내 지신사 정흠지(鄭欽之)에게 이르기를, "이익박(李益朴)은 쓸 만한 사람이니 후일에 마땅히 아뢰어 이를 쓰게 하라." 하였다.

● 【실록】 세종 43권, 11년(1429) 2월 15일(신묘) 3번째 기사. 감찰 강제로를 추국하도록 하다

사헌부에서 계하기를, "감찰 허비(許扉) 등이 고하기를, '감찰 강제로(姜齊老)가 일찍이 이석(以石)이라 이름하여 맹희도(孟希道)에게 가서 학문을 배우다가, 몰래 희도의 기생첩과 간통하고 쫓겨나서, 곧 그 이름을 보명(寶明)이라 고치고 온수(溫水)의 향학(鄕學)으로 갔었는데, 사사 원한으로 학장(學長)의 가짜 형상을 만들어서 그 머리를 자르니, 일시에 학도들이, 「이는 스승과 제자 사이에 큰 불경이라.」고 논하고, 이를 본관 및 감사에게 보고하여, 그 죄를 결단하여 정역(定役)한 바 있고, 또 그 어미 조(曹)씨는 일찍이 사노(私奴)에게 시집가서 자식을 낳은 일이 있고, 뒤에 다시 강성길(姜成吉)에게 시집가서 드디어 제로(齊老)를 낳은 것이니, 그가 사천(私賤)에게 시집간 사실은 교수관(敎授官) 박거선(朴居善)도 매우 명백히 말하였습니다. 다만 그의 심술이 바르지 못할 뿐 아니라, 그 어미가 또 사천에게 시집간 바 있으니, 원컨대 이 사람을 내어 쫓아 대관(臺官)의 기강을 바로잡도록 하소서.' 하오니, 이제 제로의 일은 비록 사유(赦宥)를 지났사오나, 그 고한 바가 만약 사실이라면 이는 다만 감찰직에 부적당할 뿐 아니오라 다른 조관직에도 또한 둘 수 없사옵고, 그것이

사실이 아니라면 마땅히 무고한 죄를 논단하여야 할 것이오니, 청컨대 다시 이를 추국하여 그 허실(虛實)를 가려 내도록 하소서." 하니, 그대로 따랐다.

- 【실록】 문종 8권, 1년(1451) 7월 15일(신해) 2번째 기사. 의정부에서 문안하고 인산군을 회복하는 것의 번거로움을 아뢰다

임금이 말하기를, "나의 병은 전에 온양(溫陽)에 갔을 때에 내가 묵던 집이 매우 낮고 작아서, 어느 날 문을 나가다가 허리를 다쳤는데, 그 때문에 때때로 다시 아프고, 지금도 그 허리를 앓는 것이다." 하였다.

- 【실록】 세조 13권, 4년(1458) 8월 5일(경신) 2번째 기사. 온양군사 조매가 정순공주를 박대한 일을 추국하게 하다

의금부(義禁府)에 전지(傳旨)하기를, "일찍이 온양군사(溫陽郡事) 조매(趙枚)에게 유시(諭示)하여 정순공주(貞順公主)에게 넉넉하고 후(厚)하게 대접하라고 하였는데, 지금 듣건대 가볍고 소홀히 하고 박대(薄待)하였다니, 그를 추국(推鞫)하여서 아뢰어라." 하였다.

- 【실록】 세조 24권, 7년(1461) 6월 23일(임진) 2번째 기사. 예조에서 충청도의 백성 박용문의 시신에서 사리가 나왔으나 타버린 것을 아뢰다

예조(禮曹)에서 충청도도관찰사(忠淸道都觀察使) 임효인(任孝仁)의 관문(關文)에 의거하여 아뢰기를, "신창현(新昌縣)의 백성 박용문(朴龍文)이 죽었는데, 다섯 가지 빛의 사리분신(舍利分身)이 나왔으므로 시험삼아 뜨거운 쇠 위에 놓았더니 곧 타 버렸습니다." 하니, 임금이 즉시 임효인에게 유시(諭示)하기를, "박용문의 사리는 경(卿)이 이미 진위(眞僞)를 분변하고서 계달(啓達)하는 것은 무슨 까닭이냐? 설령 사리가 있다고 하더

라도 그것은 중들의 스스로 전하는 것뿐이다. 금후로는 광혹(狂惑)하여 진실을 어지럽게 하는 말은 받지 말라." 하고, 아울러 여러 도의 관찰사에게도 유시(諭示)하였다.

● 【실록】 세조 43권, 13년(1467) 8월 10일(계묘) 1번째 기사. 함길도 정벌에 종군한 장사들의 부모처자의 질병을 구료하도록 명하다

충청도관찰사(忠淸道觀察使) 송문림(宋文琳)에게 치서하기를, "예조정랑(禮曹正郎) 구자평(仇自平)의 어미가 아산현(牙山縣)에 있다가 병사(病死)하였으니, 그 고을 수령(守令)이 구료(救療)에 삼가하지 않은 죄를 핵문(劾問)하여서 아뢰어라." 하고, 또 문천둔병장(文川屯兵將) 구자평에게 치서하기를, "그대 어미가 죽었으므로 박황(朴煌)으로 대신시키니, 그대는 올라오라." 하였다.

● 【실록】 세조 45권, 14년(1468) 3월 18일(무인) 2번째 기사. 노인이 취라치 박유정의 사연을 호소함. 영순군 이부의 집에 거둥하다

임금이 중궁(中宮)과 더불어 정의공주(貞懿公主)의 집에 거둥하였는데, 길에서 한 노파(老婆)가 있어 칭탁하여 호소하기를, "아들 취라치(吹螺赤) 박유정(朴有丁)이 온양(溫陽)에서 제멋대로 좌우를 이탈한 죄가 있어 갇히었는데, 이제 경옥(京獄)에 옮겨 갇힌 지도 여러 날이 되었습니다." 하니, 임금이 승정원(承政院)에 묻기를, "이 일은 어느 곳에서 지체되어 이제까지 판결하지 않았느냐? 또 이와 같이 유체(留滯)된 일이 어찌 유독 박유정뿐이겠느냐? 그것을 형조(刑曹), 의금부(義禁府)로 하여금 죄수를 기록하여 아뢰게 하라." 하였다. 승정원에서 박유정이 체옥(滯獄)된 연유를 물으니, 병조정랑(兵曹正郎) 김구영(金九英)이 대답하기를, "박유정의 일은 겸판서(兼判書) 김국광(金國光)이 아뢸 것인데, 김국광이 근

래에 병이 들고 또 친복(親服)을 고(告)할 것이 있는 까닭으로 다시 아뢸 수가 없었습니다." 하였다. 영순군(永順君) 이부(李溥)의 집에 거둥하니, 이부(李溥)가 마침 유가(遊街)하러 나갔으므로, 임금이 사람을 보내어 부르니 얼마 있다가 곧 이르렀다. 임금이 말하기를, "내가 정의공주(貞懿公主)의 존문(存問) 때문에 장원(壯元)의 집에 거둥하였으니, 다만 유가(遊街)하는 것을 오늘은 그치되 또 1일을 더하게 하라." 하고, 호조(戶曹)에 명하여 쌀 50석을 내려주게 하였다. 잠깐 있다가 거가(車駕)가 움직이니, 이부(李溥)로 하여금 앞뒤에 거느리는 사람을 갖추어, 쌍개(雙蓋)를 받들고, 앞길에서 백희(百戱)를 하게 하였다. 환궁(還宮)하여 경회루(慶會樓) 아래에 나아가 관희(觀戱)하고, 명하여 이부(李溥)가 거느렸던 사람들에게 면포(綿布)를 내려주게 하였다.

● 【실록】 예종 4권, 1년(1469) 3월 16일(경자) 2번째 기사. 홍주의 안철손의 공사에 관련된 자들을 추국케 하고 서울로 잡아들이다

　　광한아의 공초에 이르기를, "첩이 국휼(國恤) 전에 일찍이 관찰사를 모셨으나 국휼을 당한 뒤로부터는 발이 관문(官門)을 밟지 아니하였는데, 하물며 관찰사이겠습니까? 전일에 어사(御史)가 가서 국문할 때에 두 차례 장신(杖訊)을 당하여 첩이 죽음에 이르러 그 고초를 이기지 못해서 거짓 자복하였습니다. 또 귀산(貴山) 등이 아산현(牙山縣) 옥중(獄中)에서 같은 말로 꼬이기를, '이와 같은 농삿달에 서울에 머물기가 지극히 어려우니, 만약 세배[歲謁]하러 갔다고 말하면 너도 죄가 없을 것이고, 관찰사도 죄가 없을 것이며, 우리들도 속히 석방될 것인데, 만일 혹시 대답이 한결같지 못하여 오래 갇히면 우리들은 마땅히 너를 칠 것이다.'라고 하였습니다. 첩이 만약 범한 것이 있으면 어찌 감히 숨기겠습니까?" 하니, 명하여 도로 의금부에 내렸다.

● 【실록】 성종 4권, 1년(1470) 3월 22일(신축) 6번째 기사. 충청도관찰사 김양경이 광망한 소문을 퍼뜨리는 자들을 체포하였음을 보고하다

충청도관찰사(忠淸道觀察使) 김양경(金良璥)이 치계(馳啓)하기를, "도내 (道內)의 부여현(扶餘縣) 사람 충찬위(忠贊衛) 박효의(朴孝義)가 와서 고하기를, '내가 일전에 청양현(靑陽縣) 사람 지종해(池宗海)의 집에 이르니, 본현(本縣)의 호장(戶長) 이춘양(李春陽)이 또한 이르렀는데, 이춘양이 반지(半紙) 글을 소매에서 꺼내어 지종해에게 보이면서 말하기를, 「이 글을 전사(傳寫)하여 창호(窓戶)에 붙이고 읽고 외우면 액(厄)을 면할 수 있다.」 하였습니다. 내가 글을 알지 못하므로 그 말을 듣기를 청하니 이춘양이 해석을 하였는데, 그 말이 자못 황당하므로 감히 고합니다.' 하였습니다. 그 글에 이르기를, '운남(雲南)의 광상사(廣上寺)에서 근자에 한 노인을 만났는데, 나이가 1백 49세였다. 정해년 6월 초10일에 죽었다가 3일 만에 살아났는데, 위로는 천계(天界)를 통하고 아래로는 지부(地府)를 통달하여 인간(人間)의 일을 알려주기를, 「경인년 3월을 위시하여 풍우(風雨)가 갑자기 크게 일어나서 악한 사람이 모두 죽고 가뭄과 도병(刀兵)의 재앙이 있을 것이다. 경인년, 신묘년 두 해 사이에는 사람이 많이 8분(分)이나 죽어 집은 있어도 한 사람도 없고, 밭은 있어도 갈지 못하고, 아홉 여자가 한 남편을 함께 하고, 열 집이 소 한 마리를 함께 하고, 곡식의 저축이 없을 것이다. 만일 쾌히 믿는 자는 경인, 신묘 두 해간의 재앙을 면할 것이다. 한 벌[本]을 전하여 쓰는 자는 한 몸의 재앙을 면하고, 두 벌을 전하여 쓰는 자는 한 집의 재앙을 면하고, 세 벌을 전하여 쓰는 자는 태평을 얻을 것인데, 만일 믿지 않는 자는 핏빛의 재앙을 당할 것이다.」 하였다. 위는 요동(遼東)에서 온 신강화상(新降和尙)이 쓴 것이다.' 하였습니다. 신이 온양군수(溫陽郡守) 김인민(金仁民)으로 하여금 추국(推鞫)하게 하고, 등사(謄寫)하여 전하여 보인 자 김득

의(金得義), 김중영(金仲迎), 중[僧] 인형(仁洞), 의조(義照), 각회(覺會)를 잡아서 가두었으나, 중 성호(性浩)는 도망 중에 있으므로 지금 바야흐로 수색하여 잡는 중입니다." 하였다. 전지하기를, "관찰사에게 유시하여 급히 성호를 잡아서 요망한 글이 나온 곳을 끝까지 캐어 물어 아뢰게 하라." 하였다.

● 【실록】 성종 4권, 1년(1470) 4월 17일(을축) 5번째 기사. 충청도의 종 만산이 세조가 온양에서 잃은 황금 두구리개아를 얻어 와서 바치다

먼저 충청도(忠淸道) 아산(牙山)에 사는 종[奴] 만산(萬山)이 황금 두구리개아(黃金豆仇里蓋兒) 하나를 얻어 와서 바치며 말하기를, '천안군(天安郡) 남면(南面) 신리(新里)에서 두 여자가 이것을 팔기에, 내가 유기 숫갈[鍮匙]을 주고 바꾸었습니다.' 하였다. 그 무게가 2냥(兩) 8전(錢)인데, 세조(世祖)가 온양(溫陽)에 거둥하였을 때에 잃어버린 물건이었다. 당시에 경차관(敬差官) 유지(柳輊)가 죄수를 국문하는 일로 인하여 전라도(全羅道)에 가는데 유지로 하여금 지나가다가 그 물건을 얻은 연유를 캐어 묻게 하였다. 이때에 이르러 유지가 국문(鞫問)하고, 또 금으로 장식한 두대구(豆臺具) 둘과 은선(銀鐥) 하나를 얻어 바치었으니, 역시 그때에 잃은 것이었다.

● 【실록】 성종 4권, 1년(1470) 4월 23일(신미) 3번째 기사. 호조에 명하여 세조의 금 두구리개아를 찾아 바친 만산에게 면포 50필을 주게 하다

호조(戶曹)에 전지하기를, "세조(世祖)께서 온양(溫陽)에 거둥하였을 때에 잃어버린 금 두구리 개아(金豆仇里蓋兒)를 찾아 바친 사람 만산(萬山)에게 면포(綿布) 50필을 주라." 하였다.

• 【실록】 성종 10권, 2년(1471) 6월 2일(계묘) 6번째 기사. 사역원정 최유
  강이 요동에서 도망한 중 지청을 발환하는 자문을 가져 오다

  사역원정(司譯院正) 최유강(崔有江)이 요동(遼東)에서 도망한 중[僧] 지
청(志淸)을 발환(發還)하는 자문(咨文)을 가지고 왔는데 그 자문에 이르기
를, "지청(志淸)의 공칭(供稱)에, '나의 나이는 40세이고, 조선국(朝鮮國)
경기(京畿) 아산현(牙山縣) 출신(出身)으로 강보(襁褓)에 싸여 있을 때 부
모가 모두 죽어 중[僧] 의통(義通)에게 수양(收養)되어 머리 깎고 중이 되
었으며 부모의 이름은 알지 못합니다. 사승(師僧)을 따라 정처없이 사방
으로 운유(雲遊)하다가 전라도 지리산(智異山)에 이르러 10여 년을 살았
고, 지난해 5월 시분(時分)에 이산(離山)하여, 평안도 벽동군(碧潼郡)에
이르러 타라개산사(陁羅介山寺)에 붙어 살다가 작년 8월에 갈대[葦]로 떼
[筏]를 만들어 강을 넘어 들어와서 약산사(藥山寺)에 붙어 살았고 또 박라
리(薄羅里) 용담사(龍潭寺)에 이주(移住)하였다가 이제 잡히어 왔습니다.'
고 합니다." 하였다.

• 【실록】 성종 47권, 5년(1474) 9월 9일(신유) 3번째 기사. 양인 이거생의
  강도죄와 백정 신석산의 절도죄를 형조의 논의에 따라 처벌하다

  형조(刑曹)에서 삼복(三覆)하여 아뢰기를, "경주(慶州)에 갇힌 양인(良
人) 이거생(李巨生)이 사노(私奴) 막동(莫同)을 위협하여 죽인 강도죄는 율
(律)이 참부대시(斬不待時)에 해당하고, 수교(受敎)에 의하여 처자(妻子)는
소재(所在)한 고을의 관노비(官奴婢)에 붙이며, 신창(新昌)에 갇힌 백정(白
丁) 신석산(申石山)이 절도(竊盜)를 재범(再犯)한 죄는 『대전(大典)』에 의
하여 교대시(絞待時)에 해당합니다." 하니, 모두 그대로 따랐다.

• 【실록】 성종 135권, 12년(1481) 11월 7일(정축) 2번째 기사. 우부승지 성준이 권씨의 옥사에 대해 아뢰자 이를 의논하다

경연(經筵)에 나아갔다. 강(講)하기를 마치자, 우부승지(右副承旨) 성준(成俊)이 아뢰기를, "권씨(權氏)의 일은 의심할 만한 단서(端緒)가 없고 다만 편지 조각 하나가 나왔는데, 그 외면(外面)에는 '최존장(崔尊長), 유존장(柳尊長)'이라 적었고, 그 안의 사연은 '누이동생의 일은 어떻고 어떻다.' 하고, 그 아래에는 찢어진 곳이 있었고 또 그 아래에는 '정상(呈上)'이란 두 자가 있었습니다." 하니, 임금이 말하기를, "이 글에 반드시 어떤 사정이 있을 것이다." 하자, 성준(成俊)이 말하기를, "김택(金澤)이 말하기를, '나와 최숙경(崔叔敬), 유흡(柳洽), 박신(朴信)이 온양(溫陽) 옥중에 함께 있을 때 최숙경이 먼저 이 글을 보고 드디어 「인장목이십단선가(忍杖木二十端先可)」 여덟 자를 찢었고, 그것을 박신이 주워 나에게 주기에 내가 옥관(獄官)에게 주었다.'고 하였습니다." 하였다. 임금이 말하기를, "권씨(權氏)가 만약 올바르다면 극량(克良)이 어찌 글을 보내었겠는가? 반드시 까닭이 있을 것이다." 하였는데, 영사(領事) 노사신(盧思愼)이 아뢰기를, "김택(金澤)의 말 한마디로 극량(克良)의 글로 지목하는 것은 옳지 않으며, 비록 그렇게 하였다 하여도 형제간이라 힘써 이를 구할 것입니다. 또 유흡(柳洽)은 족친(族親)이 아닌데, 생사에 연관되는 고문을 받고서 어찌 무복(誣服)하지 않을 수 있겠습니까? 이는 극량이 글을 보낸 것이니, 극량에게 물으면 알 것입니다." 하였다. 임금이 말하기를, "극량(克良)에게 물어라. 또 사헌부(司憲府)에서는 이미 풍문거핵(風聞擧劾)이 있었으니 반드시 들은 바가 있을 것이다. 의금부(義禁府)에다 사헌부 관원을 유치(留置)하여 풍문의 출처를 묻게 하라." 하였다. 지평(持平) 김석원(金錫元)이 아뢰기를, "사헌부는 풍속을 바로잡는 것을 직무로 하기 때문에 풍문거핵(風聞擧劾)을 하였는데, 그 풍문의 출처를 묻는 것은

옳지 않습니다. 부득이하면 승정원(承政院)에 불러서 묻는 것이 옳습니다." 하니, 임금이 말하기를, "풍문거핵한 것을 죄주려는 것이 아니라 풍문의 출처를 알고자 할 뿐이다." 하고, 좌우에게 물었다. 노사신(盧思愼)이 말하기를, "권씨(權氏)의 옥사(獄事)는 이미 오래 되어 풍문의 출처를 묻지 않을 수 없습니다. 다만 옥에 들어가는 자는 비록 무죄라도 반드시 모자를 벗기고 띠를 풀게 하여 죄수와 같이 합니다. 명령하여 가두지 말게 하는 것이 어떻겠습니까?" 하니, 임금이 말하기를, "그렇게 하라." 하였다.

- 【실록】 성종 209권, 18년(1487) 11월 7일(임인) 2번째 기사. 유양춘을 파직시키다

봉원효가 다시 아뢰기를, "유양춘은 일찍이 그 숙부(叔父)인 유현득(柳玄得)과 과제(科第)를 날카롭게 다투어 법사(法司)에까지 소송하였으니, 진실로 행동이 경박한 사람입니다. 이것으로 인하여 금고(禁錮) 되었는데, 또 세조(世祖)께서 온양(溫陽)에 거둥하시어 대책(對策)으로 선비를 뽑을 때, 유양춘이 시험에 참여하지 못하자, 시(詩)를 지어 재상(宰相)에게 말하기를, '도망하는 군사 중에 어찌 한신(韓信)이 없다고 하겠소? 소하(蕭何)는 모름지기 한중왕(漢中王)에게 알리시오.'라고 하였으므로, 사림(士林)에서 이를 더럽게 여겼습니다. 그가 벼슬을 구하는 것은 젊었을 때부터 그러하였습니다." 하니, 임금이 좌우(左右)에 고문(顧問)하였다.

- 【연산일기】 연산 49권, 9년(1503) 4월 23일(기미) 3번째 기사. 이자건이 스스로 살아있는 부처라고 한 요승 허웅에 대해 아뢰다

충청도관찰사 이자건(李自健)이 아뢰기를, "요사스러운 중 허웅(虛雄)

이 생불(生佛)이라 칭하면서, 사람들의 중병, 폐질(廢疾), 창(瘡), 종기 등 일체 잡병을 치료하지 않는 것이 없으며, 또 화복(禍福)의 말로써 어리석은 백성들을 속이고 유혹하며 여러 고을로 돌아다니므로, 가는 곳마다 어리석은 백성들이 늙은이를 부축하고 어린이를 데리고 천 명, 백 명씩 무리 지어 서로 다투어 모여들며, 유식한 자들 역시 모두 물밀듯하여 예절을 갖추어 뵈니, 풍속과 교화를 오염시킴이 이보다 더할 수 없습니다. 끝까지 조사하고 통절히 징계하여 요망한 버릇을 없애야 하겠기에 이미 잡아다가 캐어 물어보니, 과연 듣던 바와 같습니다.

신창현감(新昌縣監) 홍숙(洪淑), 훈도(訓導) 이예신(李禮臣), 임천군수(林川郡守) 김중눌(金仲訥), 홍산현감(鴻山縣監) 민정(閔精) 같은 자도 역시 맞이하여 병을 다스렸는데, 홍숙, 이예신은 뜨락에 내려가 예를 갖추어 뵈었습니다. 병든 여자가 뵙고 치료하게 되면 반드시 암실로 끌고 들어가 다른 사람은 들여다보지 못하게 하고 남편은 뜨락에서 절하는데, 추한 소문이 퍼지고 있으니, 극형으로 처벌하시기 바랍니다.

또 홍숙, 이예신은 먼저 자신이 미혹되어 믿고 맞이하다가 음식을 대접하고 아첨하여 섬기며 예를 갖추어 뵈이면서도 태연히 수치스러운 줄을 몰랐으니, 속히 파출(罷黜)하여 사류(士類)에 끼지 못하게 하소서." 하니, 전교하기를, "수령(守令)들은 모두 잡아다가 죄를 주어 영구히 서용(敍用)하지 말도록 하고, 자손은 금고(禁錮)하고, 허웅(虛雄)은 형장으로 때려 죽이지 말고 또 자진하지도 못하게 하여 의금부(義禁府)로 잡아다가 많은 사람이 널리 모인 곳에서 형벌하여 후일을 징계하게 하라." 하였다. 이어 정승들에게 물으니, 성준(成俊) 등이 아뢰기를, "허웅은 극형으로 처치하여야 하겠습니다. 수령들은 관련된 자가 많아서 다 잡아올 수 없으니, 강직하고 분명한 조관(朝官)을 보내어 끝까지 캐어 사실을 알게 하소서." 하니, 그대로 좇았다.

● 【연산일기】 연산 49권, 9년(1503) 5월 11일(병자) 2번째 기사. 임천군수 김중눌 등에게 곤장 때리고 유배 보내다

　의금부가 아뢰기를, "임천군수(林川郡守) 김중눌(金仲訥), 홍산현감(鴻山縣監) 민정(閔精), 신창훈도(新昌訓導) 김인정(金麟定)은 각각 장(杖) 1백에 속바치고, 신창현감 홍숙(洪俶)은 장 1백에 도(徒) 3년으로 하겠습니다." 하니, 그대로 좇았는데, 특별히 홍숙에게는 장형 4등을 감하게 하였다.

● 【실록】 중종 4권, 2년(1507) 11월 11일(경술) 1번째 기사. 사간원에서 형조정랑 유홍의 직책 개정을 청하다

　정원은 아뢰기를, "김종손의 인품은 알 수 없습니다만, 그는, '충청도 등지에 큰 도적의 무리가 있으니 자기가 직접 가서 체포하겠다.'고 계청(啓請)하였습니다. 신 등이 '그 사실을 어떻게 알았는가.'고 물었더니, 그는 자기의 비부(婢夫)에게서 들었다고 하였습니다. 이리하여 신 등은 그가 사리를 모르는 사람이라고 여겼었는데, 그 후 온양(溫陽) 의녀(醫女)가, 종손이 남의 청탁을 받고 양민(良民)을 도적이라 모함하여 잡아 가두었다고 법사(法司)에 고발해 왔습니다. 신 등이 종손에게 물었더니, 그는 정원리(政院吏) 정진충(鄭進忠)의 청이라고 말했습니다. 헌부가 신 등에게 청문(請問)한 것도 이 때문입니다." 하였다.

● 【실록】 중종 23권, 10년(1515) 9월 5일(무자) 4번째 기사. 죄인 장손과 유생들의 부당한 행위 등에 대해 논의하다

　장손의 일에 대하여 아뢰기를, "이 일은, 이문창(李文昌)이 아산현감(牙山縣監)으로 있을 때에 그 종[奴] 장손이 병부(兵符)를 훔쳐서 불태웠는데, 이를 추고하여 죄를 만든 것입니다. 그 실정을 따져 보면, 그 상전

을 해치려 한 것이 아니라, 다만 그 상전이 파직되게 하여 제가 한가히 놀 수 있게 되려고 하였기 때문입니다. 그 뜻은 미우나, 무릇 도둑에 있어서 그 장물(贓物)을 계산해서 장만(贓滿)이 되어야 죽이는 것은 재물을 얻으려고 남을 해치기 때문인데, 이 일은 재물을 훔친 예와는 다르니, 어찌 구태여 도둑으로 논하리까?" 하였는데, 장순손(張順孫)이 유순에게 고(告)하기를, "이는 그 상전을 해치려고 훔친 것이므로 죄가 강상(綱常)에 관계되니, 전석(全釋)할 수는 없습니다." 하며, 유순이 또 이 뜻으로 아뢰었으나, 정광필(鄭光弼)이 빙그레 웃으며 아뢰기를, "이는 의옥(疑獄)입니다. 그 상전이 어떤 사람인지는 모르겠으나, 아마도 그 상전이 종을 미워하여 해치려고 발장(發狀)하였을 것입니다." 하니, 전교하기를, "장손을 사형에 처하는 것은 의심할 만한 데가 있으므로 물은 것이다. 아뢴 바에 따라 조율(照律)하도록 하라. 관가(觀稼)의 일은 윤허하지 않는다." 하였다.

- 【실록】 중종 55권, 20년(1525) 11월 19일(갑술) 2번째 기사. 권균이 죄수 모을로이, 정덕, 계금을 율대로 처결할 것을 아뢰다
  계복(啓覆)을 들었다. 온양(溫陽) 죄수 사노(私奴) 모을로이(毛乙老伊)가 아비의 묘를 파고 시체를 꺼내어 소각한 일을, 참부대시(斬不待時)로 조율(照律)한 것인데, 상이 이르기를, "어떻게 할 것인가?" 하매, 권균(權鈞)이 아뢰기를, "중들의 사특한 말을 듣고서 아비의 시체를 소각한 것은, 풍속에 크게 관계되는 일이니, 마땅히 율(律)대로 해야 합니다." 하였다.

- 【실록】 중종 56권, 21년(1526) 1월 22일(을사) 1번째 기사. 심정, 유보가 귀화인 동강의 추국과 야인들의 본토 쇄환에 대해 아뢰다
  석강에 나아갔다. 특진관 심정(沈貞)이 아뢰기를, "신이 전주(全州) 죄

수 귀화인(歸化人) 동강(童綱)을 추고(推考)한 사안(事案)을 보건대 '당초에 신원을 추문(推問)할 때는「본디 의주(義州) 지방에서 태어나 자랐다.」고 했는데, 어음(語音)이 우리나라 말과 같지 않은 것이 많았다. 또「부모를 따라 동냥하러 나오다 어미는 온양(溫陽)으로 돌아가고 아비는 용인(龍仁)에 이르러 죽었다.」고 했는데, 평안도에 이첩하여 의주의 이정(里正)과 고로(古老)들에게 알아보니「동강은 본디 의주에 산 사람이 아니다.」하였다.' 했습니다. 이로 본다면 행적이 지극히 모호합니다. 대저 우리나라는 관방(關防)이 엄밀하지 못하기 때문에 외국 사람들의 왕래가 자유로와 도로의 우회(迂迴)와 직통을 잘 모르는 것이 없습니다. 동강은 필시 깊은 지방의 야인(野人)인데 동냥을 핑계하고 깊이 남쪽 지방까지 들어온 것이니, 망합(莽哈)과 서로 통하게 될 폐단이 없지 않습니다. 다만 외방(外方)에 갇혀 있기 때문에 이첩하여 왔다갔다하는 동안에 반드시 자상하게 국문하지 못했을 것이니, 만일 본조(本曹)[54] 혹은 조옥(詔獄)으로 하여금 잡아다 추문하도록 한다면, 간사한 허위가 반드시 드러나게 될 것입니다." 하였다.

● 【실록】 중종 92권, 34년(1539) 12월 25일(무자) 1번째 기사. 연소한 자와 승진이 빠른 자들을 체직시키고 이배근 등의 일로 시관을 파직시키다

"영해부사(寧海府使) 정윤성(鄭允誠), 온양군수(溫陽郡守) 이형손(李亨孫), 영월군수(寧越郡守) 윤세형(尹世衡), 해주판관(海州判官) 김사공(金士恭), 공주판관(公州判官) 민종원(閔宗元) 등은 체직시키소서. 그리고 내지의 목민관에 무사를 많이 등용하는 것 또한 온당하지 못합니다. 거자(擧子)들이 소란을 일으킨 것은 오로지 시관(試官)의 잘못으로 말미암은 것

---

54)『심정이 이때 병조판서였다.』

인데, 거자들은 모두 장 일백(杖一百)에 도삼년(徒三年)의 죄를 받았으나 시관들의 죄는 저들보다 가볍습니다. 더구나 타도의 시관은 착오가 있었더라도 모두 이렇게 되지는 않았었습니다. 이배근(李培根) 등은 율(律)에 따라 시행하소서." 하였다.

- **【실록】 중종 99권, 37년(1542) 12월 8일(계미) 1번째 기사. 헌부가 과거의 시행이 문란함을 아뢰니 대신들과 의논하기로 하다**

  "올 식년(式年) 추장(秋場)에서 충청우도 감시시관(忠淸右道監試試官)인 단양군수(丹陽郡守) 이이(李頤)는 자기 고향 사람인 타도(他道)의 거자(擧子)를 사사로이 많이 데려왔고, 온양군수(溫陽郡守) 임수(林洙)도 그가 아는, 고향의 거자에게 사정을 두어 과장에 입장시켰습니다. 뭇 거자들이 분노하여 난을 일으키자, 이이와 임수는 황급히 피하다 구타당했습니다. 그들의 고향 거자들은 달아나기 어려운 상황이 되자 시관의 방안으로 숨었습니다. 이이가 극위(棘圍)의 한쪽 면을 멋대로 뜯고 몰래 그들을 달아나게 해서 소란을 피우니 다른 거자들도 문을 밀치고 뛰어나갔으므로 과장에 남은 유생이 절반도 안 되었는데, 그대로 시취(試取)를 하게 하였습니다. 당시 난동을 부린 유생은 이미 추고하여 죄를 정하였습니다. 난동이 일어나게 된 이유는 시관이 먼저 그 도리를 잃은 데 있습니다. 엄정하지 못한 것이 이런 극단에까지 이르렀는데도 추치(推治)하지 않으므로 물정이 미편하게 여깁니다. 이이와 임수를 아울러 잡아다가 추고하소서."

- **【실록】 명종 13권, 7년(1552) 2월 21일(계유) 1번째 기사. 정언 김규가 방자한 승도의 행동을 아뢰다**

  상이 조참(朝參)을 받고 조강에 나아갔다. 정언(正言) 김규(金虯)가 아뢰었다.

　"전에 경연(經筵)에서 안현(安玹)과 이중경(李重慶)이 아뢴바 승도의 일은, 나라 사람들이 모두 알고 있습니다. 그러나 이는 범연한 듯합니다. 청홍도(淸洪道) 천안(天安)에 광덕사(廣德寺)가 있습니다. 천안은 온양(溫陽)과 연접된 곳이라서 지난해 12월에 온양의 유향품관(留鄕品官)이 군사를 거느리고 광덕산(廣德山)에 가 납월저(臘月猪)를 사냥하다가 날이 저물어 그 절에 들어가 유숙하려 하였습니다. 그때 그 절의 주지승이 대문에 나와서 종을 쳐 승도를 취합, 품관을 도둑으로 몰아 결박하고 기탄없이 그의 발바닥을 때렸습니다. 유생이 승도를 구타한 경우에는 내수사(內需司)가 첩보(牒報)하여도 위에서는 믿어 의심치 않는가 하면 승도가 유생을 구타한 경우에는 재상, 대간이 말하여도 믿고 따라주지 않습니다. 위에서 하신 처사는 승도를 두둔하고 유생을 억압하는 일이 아닌 것이 없으니, 승도가 어찌 치성하지 않을 수 있겠습니까."

● 【실록】 명종 28권, 17년(1562) 9월 19일(경자) 2번째 기사. 무고죄로 이계현을 복주시키다

　정원이 청홍도관찰사 이탁(李鐸)의 비밀서장을 입계하자, 의금부당상을 불러서 전교하기를, "이 서장을 보니, 난언죄(亂言罪)에 관계된 일이다. 이계현(李繼賢) 등을 잡아들이도록 하라." 하였다. 이계현을 잡아다가 삼성추국(三省推鞫)하니 고변한 것이 사실이 아니므로 도리어 무고죄에 걸려 복주(伏誅)되었다.[55]

---

55) 『이계현은 온양(溫陽)의 유자(儒者)로서 상중에 있으면서도 근신하지 않고 도리에 어긋나는 짓을 많이 하므로 그의 숙부 이변(李汴)이 항상 질책하였는데, 끝내 분해하고 원망하며 구타하기까지 하였다. 관에 소장(訴狀)을 올려 치죄케 하였는데 1차의 형을 받고 방면된 이계현은 더욱 원한을 품었다. 마침 마을 사람이 강신회문(講信回文)을 돌렸는

- **【실록】** 선조 21권, 20년(1587) 8월 12일(기사) 1번째 기사. 간원이 변기
  와 성천지의 국문, 전에 관곡을 사용한 상호군 신각의 국문을 청하다

사간원이 아뢰기를, "변기와 성천지를 잡아들여 국문한 다음 율에 따
라 정죄(定罪)하소서. 상호군(上護軍) 신각(申恪)은 전에 영흥부사(永興府
使)로 있을 때 신창현감(新昌縣監) 조희맹(趙希孟)이 그의 첩자(妾子)를
위하여 납속(納粟)하여 허통(許通)하고자 친히 본부에 오자 각이 그의 요
청을 그릇되이 따라 관곡을 훔쳐 내어 관에 바치는 수량을 채워 주었습
니다. 모두 잡아들여 국문하고 의첩(依牒)을 환수하소서." 하니, 답하기
를, "우리나라는 인심이 매우 경박하여 뜬소문이 너무나 많다. 애초에
계본(啓本)에 따라 침작한 뒤 말감(末減)했는데 또 사람들의 말에 의하여
다시 추국한 다음 가죄(加罪)한다면, 진실로 사체(事體)에 손상될 것이
다. 그러나 사체의 손상이 어찌 형정(刑政)의 잘못됨과 기율(紀律)의 무
너짐보다 더 중하겠는가. 이제 마땅히 방백(方伯)에게 글을 내려 소상하
게 심문하고 널리 공의(公議)를 수집한 뒤 사실대로 치계토록 하라. 그
말이 과연 어사의 말과 서로 부합된다면 다시 추국하여 그 죄를 정할
것이니, 사체 역시 마땅함을 얻을 것이다. 신각 등의 일은 아뢴 대로
하라." 하였다.

데 회문이 이변의 집에 오자, 이변은 자기의 이름 밑에 '맹호가 앞에 있으니 기필코
일을 저지를 것이다. 그러므로 여러분의 풍운지회(風雲之會)에 참석하지 못한다.' 하였
다. 이변은 배우지 못한 무인인데 그가 맹호라고 한 것은 이계현의 포악스러움을 지목
한 것이고 풍운지회라 한 것은 사람들이 이계현과 모임을 갖는 것을 비난한 것이다.
그런데 이계현은 이 회문을 보고서 풍운지회를 군신간에 경축하는 모임의 일이라 하여
숨기고 내놓지 아니하며 고변하려는 의사를 갖고 있었으므로 마을 사람들이 먼저 관아
에 고발하였다. 본관이 잡아 가두고 관찰사에 보고하자, 관찰사가 형관으로 하여금
추문케 하니, 서울에 가서 말하겠다. 하면서 입을 다물고 말을 하지 않았으므로 관찰사
가 치계(馳啓)한 것이다.】

- 【실록】 선조 40권, 26년(1593) 7월 11일(계해) 1번째 기사. 명종의 후궁
  을 제대로 접대하지 않은 아산현감 권유를 파직하다

  사간원이 아뢰기를, "아산현감(牙山縣監) 권유(權愉)는 사람됨이 교만
  포악하여 일처리 하는 것이 도리에 어긋나므로 백성들이 고통을 견디지
  못하고 있습니다. 그리고 그는 제 집안에서도 인정에 가깝지 않은 일을
  많이 하고, 심지어 선왕(先王)의 후궁(後宮) 신숙의(愼淑儀)가 떠돌아다니
  다가 그 고을에 의거하고 있는데 고생하는 참상을 차마 눈으로 볼 수
  없는 지경입니다. 그 지방의 장(長)이 된 자는 으레 마음을 다해 후대해
  야 할 것인데도 조금도 마음을 쓰지 않았으며, 상께서 여러 번 하유(下
  諭)하셨는데도 거행하지 않았습니다. 얼마 전에 사명(使命)이 이곳을 지
  날 적에 숙의가 종을 시켜 언문 편지를 보내어 기아(飢餓)를 호소했는데,
  듣는 이마다 눈물을 흘리지 않는 자가 없었습니다. 유의 잔인 무상(無狀)
  함이 극에 달했으니 파직하시고 서용치 마소서." 하니, 상이 따랐다.

- 【실록】 선조 70권, 28년(1595) 12월 21일(기미) 2번째 기사. 문과에 16세
  로 입격한 온양의 공생 이응길이 부정으로 입격하여 삭방하다

  사헌부가 아뢰기를, "문과(文科) 이소(二所)의 거자(擧子) 온양 공생(貢
  生) 이응길(李應吉)이 나이 16세로서 논(論)으로 차중(次中)에 입격하였는
  데, 출방(出榜)하던 날 시관이 그를 불러 지은 글의 문의(文義)를 물어보
  았더니 자세히 대답하지 못하였습니다. 신들이 시권(試券)을 가져다 상
  고하여 다시 물었더니, 가지고 들어간 책 속에 마침 '이공(二公)이 유언
  (流言)을 분변하지 못한 데 대한 논(二公不辨流言論)'이 있으므로 써서 올
  렸다고 하므로 곧 그 책을 가져오게 하여 상고해 보았더니, 과연 있었습
  니다. 모람(冒濫)함이 더없이 심하니, 이응길을 방(榜)에서 삭제하소서.
  규검(糾檢)하는 감찰(監察)은 사사로이 가지고 들어가는 것을 삼가 살피

지 아니하여 이러한 일이 있게 하였으니, 매우 놀랍습니다. 파직을 명하소서." 하니, 상이 따랐다.

- 【실록】선조 99권, 31년(1598) 4월 21일(을해) 4번째 기사. 사헌부가 부임을 회피한 수령들의 충군과 진몽일 이대남의 문제에 대해 아뢰다

(사헌부가 아뢰기를) 아산현감(牙山縣監) 홍여성(洪汝誠)도 병이 중하다는 핑계로 파출되어 두 도(道)의 수령들이 동시에 병으로 계파(啓罷)된 자가 무려 3~4명에 이르고 있으니, 매우 놀랄 일입니다. 이를 만약 엄하게 다스리지 않았다가는 뒤에 오는 폐단을 막기 어려울 것이니, 바라건대, 홍창세, 이성임, 전협, 홍여성을 모두 나국(拿鞫)하도록 명하시고, 그 중의 무반수령(武班守令)은 변장염탄(邊將厭憚)의 예에 준하여 본도에다 그 기간 동안 충군(充軍)하게 하며, 감사, 병사, 방어사 등도 어려운 시기임을 생각하지 않고 흐리멍덩하게 장계를 올린 것은 매우 잘못된 일이니 아울러 추고하여 죄를 다스리소서.

- 【실록】선조 170권, 37년(1604) 1월 24일(을해) 3번째 기사. 충청감사 유근이 아산에서 기형 강아지가 태어났음을 보고하다

충청감사 유근(柳根)이 장계하기를, "아산현감(牙山縣監) 정묵(鄭默)의 첩정(牒呈)에 '수원(水原)에 사는 사노(私奴) 세복(世福)이 본현(本縣)을 지날 즈음에 데리고 다니던 암캐가 새끼 두 마리를 낳았는데, 한 마리는 앞다리가 둘이고 뒷다리가 넷이며 뒷구멍이 둘이었다.'라고 하기에 가져와서 살펴보았더니, 앞다리가 둘이고 뒷다리가 넷인데 다리 하나는 허리 위에 붙었고 뒷구멍도 둘이니 변괴가 비상하다 하겠습니다." 하였는데, 예조에 계하(啓下)하였다.

- 【실록】 선조 215권, 40년(1607) 8월 16일(병자) 2번째 기사. 집의 유희
분, 장령 민여임, 윤양이 인혐하다

  집의 유희분, 장령 민여임, 윤양이 아뢰기를, "지난해 9월 초하룻날
공상지(供上紙)에 충청도의 당차 각관(各官)이 봉표(封標)와 서명을 하지
않은 일을 추고하였는데, 한산(韓山)은 임천군수(林川郡守) 강대호(姜大
虎)를 차사원(差使員)으로, 온양(溫陽)은 신창현감(新昌縣監) 경괄(慶适)을
차사원으로 삼았었습니다. 그런데 지난달 6일 본부가 온양 관리를 추고
한 차사원의 추국을 주청할 때 강대호라고 잘못 써 넣어 입계(入啓)하고
행이(行移)까지 하였습니다. 신들도 모두 이 공사(公事)에 참석하여 서명
했으니 살피지 못한 죄가 큽니다. 신들을 체직시켜 주소서." 하니, 사직
하지 말라고 답하였다. (물러가 물론을 기다렸다.)

- 【광해일기】 광해 165권, 13년(1621) 5월 10일(신해) 1번째 기사. 공홍도
의 도적 이호와 관련된 조현룡을 올려 보낼 것을 명하다

  의금부가 아뢰기를, "(공홍감사(公洪監司)의 장계 가운데) 도적 이호
(李浩)의 공초에 언급된 조견룡(趙見龍)을 온양군(溫陽郡)에서 이미 잡아
가두었다고 하니, 본도로 하여금 형틀에 묶어 올려보내도록 하소서. (감
히 아룁니다.)" 하니, 그렇게 하도록 전교하였다.[56]

- 【실록】 인조 19권, 6년(1628) 10월 2일(기축) 2번째 기사. 간원이 허적을
월권 위법의 죄로 파직할 것을 아뢰다

  간원이 아뢰기를, "역적을 붙잡는 일이 어떠한 일입니까. 그런데 양릉

---

56) 『이호는 소도둑인데 스스로 "역모를 하여 혐의나 원망이 있는 이들을 널리 끌어들였
다."고 말하였다.』

군 허적은 조정에 고하지도 않고 녹훈도감에서 바로 본도 감사에게 행회하여 아산현(牙山縣)에 잡아 가두게 하였습니다. 그 월권 위법의 죄를 징계하지 않을 수 없으니, 파직을 명하소서." 하니, 상이 추고하라고 명하였다.

- 【실록】 인조 19권, 6년(1628) 10월 2일(기축) 3번째 기사. 의금부가 허적의 죄를 아뢰고, 허적이 기밀 때문에 잡아둔 일로 답하다

  허적이 답하기를, "강유일(姜惟一)과 윤구(尹球) 등이 와서 민흥록이 아산 땅에 숨어 있다고 하기에 기밀이 누설되어 도망할까 싶어 비밀히 본도에 이문하여 잡아 놓게 했습니다." 하였다. 드디어 흥록을 잡아다가 국문하니, 흥록이 자복하였다. 상이 유일과 유구 등을 논상하라고 명하였다. 병조가 가설육품실직첩문(加設六品實職帖文)을 주자고 청하니, 따랐다.

- 【실록】 효종 21권, 10년(1659) 4월 14일(갑진) 2번째 기사. 홍청도 신창현에 있는 돌이 저절로 일어나서 서다

  홍청도 신창현(新昌縣)에 있는 돌이 저절로 일어나서 섰다.

- 【실록】 현종 5권, 3년(1662) 6월 16일(정사) 3번째 기사. 충청감사 오정위가 온양군수 박유동이 전패를 잃어버렸다는 것으로 치계하다

  충청감사 오정위(吳挺緯)가 치계하기를, "온양군수(溫陽郡守) 박유동(朴由東)의 첩보(牒報)에 의하건대 전패(殿牌)를 잃어버렸다 하니, 속히 처치해 주소서. 본도에서 2년 동안에 이런 변고가 네 차례나 일어났으니 놀라움과 함께 통분함을 금하지 못하겠습니다." 하였는데, 예조가 회계하기를, "예로부터 이런 변고가 일어나는 것은 모두 수령을 쫓아내려고

하는 자가 있기 때문입니다. 그래서 수령을 파직시키지 말도록 근래에
관례로 굳혔으니, 그저 전패를 다시 만들어 봉안(奉安)토록 하는 것이
마땅하겠습니다." 하니, 상이 윤허하였다.

● 【현개】 현개 8권, 4년(1663) 1월 15일(갑신) 3번째 기사. 전패를 훔친 온
  양 사람을 목베고 안산군을 현으로 강등하고 군수를 파직하다

  온양(溫陽) 백성 생이(生伊)가 그 고을의 전패(殿牌)를 훔쳤는데, 삼성
추국(三省推鞫)을 설치하여 사안을 다시 심문한 뒤 목을 베었다. 태생지
라 하여 안산군(安山郡)을 현(縣)으로 강등하고, 군수 심헌(沈櫶)을 파직
하였다.

● 【실록】 현종 7권, 5년(1664) 1월 9일(임신) 5번째 기사. 아산 포구를 굴
  착한 일로 사직한 충청감사 이홍연의 상소

  충청감사 이홍연(李弘淵)이 아산(牙山)의 포구를 굴착한 일로 대간의
탄핵을 중하게 받자 상소하여 사직하였는데, 그 대략에, "신이 보잘것없
기는 하지만 그래도 호오(好惡)하는 천성만큼은 여느 사람과 다를 것이
없는데, 처음에 어찌 살피지 않고 경솔하게 허락하였을 리가 있겠으며
나중에 어찌 덮어둔 채 물어보지 않았을 리가 있겠습니까. 그렇긴 하지
만 가령 신이 앞으로 쟁단(爭端)이 있어 결국 사람들의 말을 야기할 줄
알고서 굳게 마음을 정하고 허락해주지 않았던들 필시 오늘날과 같은
일은 없었을 텐데, 그저 이익은 많고 해는 적다는 것 때문에 백성을 편하
게 해주는 일이라고 인식한 나머지 경솔하게 굴착하는 것을 허락해 주
었으니, 그 죄는 실로 신에게 있습니다. 먼저 신을 삭직(削職)하고 이어
신의 죄를 다스리소서." 하니, 상이 답하기를, "사직하지 말고 직무를
살피라." 하였다.

• 【실록】 현종 10권, 6년(1665) 4월 29일(을유) 2번째 기사. 본군 사람으로 과거에 합격한 사람이 없자 차점자에게 급제를 하사하다

상이, 당초 과거를 시행한 뜻은 본디 본군 사람들을 위로하고 기쁘게 해주기 위한 것인데 본군에서는 한 사람도 과거에 합격한 이가 없어 일이 완전히 허사가 되었다 하여, 차점으로 낙방한 자들의 시험지를 들여오라고 하였다. 차점으로 낙방된 자가 5인이었는데 모두 온양 사람이었다. 상이 이들에게 모두 급제를 하사할 것을 명하자, 영의정 정태화와 대제학 김수항 등이 규정을 벗어나 5인이나 급제를 하사하는 것은 너무 지나치다며 다시 그 중에서 1, 2인을 가려내 급제를 하사할 것을 청하였다. 상이 그 말을 따라 조이병(趙爾炳), 선약봉(宣若奉), 임유(林濡) 등 3인에게만 급제를 하사하라고 명하였다. 그런데 임유는 결성(結城)의 거주인으로 온양의 군적(郡籍)을 꾸며 응시했다는 것으로 본군 유생 조명한(趙鳴漢)에게 고발당하여 제외되었다.

• 【실록】 현종 10권, 6년(1665) 6월 1일(병진) 1번째 기사. 지평 조성보 등이 온양에서 방자한 태도를 보인 이성징의 체차를 청하다

지평 조성보(趙聖輔) 등이 아뢰기를, "좌승지 이성징(李星徵)은 전에 온양 행조(行朝)에 있을 때에 옷을 벗고 청(廳)에 누워서 떠들썩하게 농지거리하고 웃는 등 조금도 공경하고 삼가는 의사가 없었습니다. 그때에 대관(臺官)이 탄핵하려 하다가 그만두었는데도 태연하게 출사한 채끝내 스스로 처신함이 없었습니다. 체면도 염치도 없는 그러한 행동을 그대로 두고 논하지 않아서는 안 되겠으니 이성징을 체차하소서." 하였으나, 상이 따르지 않았다.

● 【현개】 현개 13권, 6년(1665) 6월 22일(정축) 1번째 기사. 효릉참봉 조명한을 파면하다

집의 오두인 등이 아뢰기를, "효릉참봉 조명한(趙鳴漢)은 온양 유생이 상소하던 때에 음흉한 마음을 품고 부정한 치사를 하였으니 파면하소서." 하니, 상이 따랐다. 명한이 앞장서서 소를 올려 임유(林濡)의 죄를 들추어 내어 과방(科榜)에서 삭제되게 하였는데, 이때에 이르러 파면되었다.

● 【현개】 현개 15권, 7년(1666) 3월 20일(경자) 2번째 기사. 사헌부에서 아산현 포구의 일로 생긴 백성의 폐단을 건의하다

사헌부가 아뢰기를, "충청도 아산현(牙山縣)에 포구를 판 일이 있었는데 백성의 전답이 매우 많이 들어갔습니다. 그전에 본부가 논계하여 본도로 하여금 엄히 금하게 하였는데도 이익을 노리는 무리들이 금령을 무시한 채 조정에 보고하였다 하기도 하고 본도에 보고하였다 하고는 거리낌없이 전에 하던 일을 다시 하여 곤궁한 백성으로 하여금 생업을 잃게 하였습니다. 본도로 하여금 일을 맨 먼저 주도한 사람을 엄히 조사해 내게 하여 중하게 죄를 주소서." 하니, 상이 따랐다.

● 【실록】 현종 12권, 7년(1666) 4월 25일(을해) 1번째 기사. 온양 아전을 구타한 무겸선전관 남속에게 곤장을 치도록 명하다

무겸선전관(武兼宣傳官) 남속(南涑)이 온양 아전을 구타하여 기절하였다가 깨어났는데, 간원이 처벌을 청하니, 상이 일렀다.

"이미 금령을 세워 놓았는데 이처럼 범하였으니, 호되게 곤장을 쳐서 다른 사람을 경각시키라."

● 【현개】현개 15권, 7년(1666) 4월 25일(을해) 3번째 기사. 훈국군사가
   백성의 아내를 겁탈한 사건을 조사하다

   온양 백성 중 훈국의 군사가 그의 아내를 겁탈하였다고 병조에 소송
을 낸 자가 있었다. 상이 병조로 하여금 엄히 조사하게 하였으나, 끝내
범인을 잡지 못하였다.

● 【실록】현종 15권, 9년(1668) 10월 6일(신미) 4번째 기사. 김징과 오상이
   생각을 진달하다

   김징이 아뢰기를, "신이 어가를 따라 온양(溫陽)에 갔을 때에 사복시
첨정 강전(姜琠)에게 곤장을 치는 것을 직접 보았습니다. 범한 죄가 과연
곤장을 쳐야 될 죄인지는 모르겠습니다만, 사부(士夫)에게 곤장을 치는
것은 이미 합당한 벌이 아닌데다, 만약에 곤장 15도를 세게 치면 목숨을
잃을까 염려되었기 때문에[57] 7, 8도 이외에는 모두 아프지 않게 곤장을
쳤습니다. 위에서 명령하신 것도 적당하지가 않았고 아래에서 봉행한
것도 거짓에 가까웠습니다. 이 뒤로는 비록 이러한 벌을 주어야 할 일이
있더라도 곤장칠 숫자를 줄이는 것이 옳을 듯합니다." 하였다. 송준길이
아뢰기를, "조정에서 사부를 대우함에 있어서는 염치를 보호하여 아껴
주어야 합니다. 근래에는 수령들에게 죄가 있으면 반드시 영문(營門)에
다 잡아다 놓고 곤장을 치는데, 염치가 조금이라도 있는 자는 곤장을
맞고 난 뒤에는 반드시 관직에 있으려고 하지 않습니다." 하였다. 장령
오상이 품은 생각을 대략 진달하였는데, 말이 말 같지가 않아서 듣는
자들이 웃었다.

---

57) 【이 당시에 상이 곤장 15도를 치라고 명했었다.】

● 【실록】 현종 16권, 10년(1669) 3월 15일(무신) 2번째 기사. 자성이 배에
  도착하기 전에 승선포를 발사한 관원을 추고하고, 송준길을 인견하다

거가(車駕)가 출발하려 할 때 승지, 사관, 시위 장사가 인화문(仁和門)
밖에서 기다리고 있었는데, 상이 시위하는 모든 신하에게 만안문(萬安
門) 밖에서 기다리게 하였다. 얼마 후 상이 홍융의(紅戎衣)를 입고 궁전
(弓箭)을 차고 깃털을 꽂고 수레를 타고서 만안문을 나왔다. 인정문(仁政
門) 밖에서 말을 타고 숭례문(崇禮門)을 지나 청파(靑坡)에서부터는 가교
(駕轎)를 타고 진두(津頭)에 이르러 언덕 위에 가교를 멈추었다. 금군(禁
軍)의 말 달리는 것을 관람하고 배 있는 곳에 도착하니, 군기시가 승선포
(乘船砲)를 발사하였다. 상이 정원에 묻기를, "자성(慈聖)의 가교가 도착
하기를 기다리지 않고 앞질러 발포함은 어째서인가?" 하니, 정원이 해
관을 추고하라고 하였다.

장선징은 아뢰기를, "좌참찬 송준길이 뵙기를 청합니다." 하니, 상이
인견하였다. 송준길이 아뢰기를, "신의 상황으로는 돌아가는 것이 마땅
한데 신을 비인(匪人)이라 않고 머물러 있게 하시니 신은 응당 감격하여
명을 받아야겠습니다만, 이단상(李端相)과 박세채(朴世采)는 모두 학문
하는 사람으로 전부터 불러오려고 하였으나 할 수 없었던 이들입니다.
이단상은 지금 올라와서 서울에 있고 박세채도 역시 멀지 않은 곳에 있
으니, 두 사람으로 하여금 다시 찬선(贊善)을 겸하게 하여 서연(書筵)에
시강하게 하소서." 하니, 상이 즉시 두 사람을 서연에 참여하게 할 것을
정원에 남아 있는 승지에게 분부하였다.

송준길이 아뢰기를, "거가가 온양에 도착하면 도내에 학문이 있는 사
람을 즉시 초빙하여 위로하고 타일러 올려보내 모두 서울에 모이게 하
소서. 이것이 제일 중요한 일입니다. 승지로 하여금 때에 임박하여 품지
해서 거행케 하소서." 하니, 상이 이르기를, "승지는 잘 알아서 거행하

라.”하였다. 송준길이 또 아뢰기를, “신이 듣건대 상신이 경연에서 한 말이 있다고 하는데, 신이 이 말을 듣고 마음이 매우 불안합니다. 만일 그렇다면 신이 지금까지 머물러 있는 것은 희망하는 바가 있어서 그런 것입니다. 혹 성명(成命)이 있으셨다면 신은 돌아오실 때까지 기다리지 않고 돌아가겠습니다.”하였다. 대체로 좌상 허적이 송준길을 수이사(守貳師)로 삼으라고 청한 것 때문이었다. 자전의 거가가 도착하자 여러 신하가 모두 물러났다. 상이 막차(幕次)를 나와 공손히 맞이하여 복명(復命)하니, 송준길이 입시하였다. 송준길이 선공감역(繕工監役)을 파하지 말라고 청하기를, “사사로움이 있다고 하는 것인 즉 실상이 아닙니다.”하니, 상이 추고만 하라고 하였다. 상이 이르기를, “오늘 성중이 비어 있고 세자를 보필하는 일을 오로지 경에게 위임하였다. 강원(講院)의 관원이 모두 나이 젊으니, 모든 일을 경에게 문의하여 행하게 하라.”하니, 송준길이 아뢰기를, “성교가 지성스럽고 간절하니, 신이 마음을 다하겠습니다.”하고, 또 아뢰기를, “이번 이 거동이 만부득이한 것이므로 감히 중지하기를 청하지는 못하겠으나 가시는 노정에 폐단이 없다는 말은 망녕된 말입니다. 상께서 불쌍히 여기는 마음을 가지신 후에야 백성이 고달프지 않을 것입니다.”하였다.

- **【실록】현종 16권, 10년(1669) 3월 17일(경술) 3번째 기사. 어가 뒤에서 어영군이 발포한 것으로 인해 어영대장의 추고를 논의하다**

　진시에 거가가 소사(素砂)의 주정소에 멈추고, 사시에 출발하여 모산(茅山)의 주정소에 멈추었다. 영의정 정태화, 좌의정 허적이 구전으로 아뢰기를, “대가가 겨우 막차에 들어간 후 신 허적이 후반(後班)에 있었는데, 말미에서 발포하는 소리가 들리므로 사람을 시켜 조사해 보게 하였더니 어영군 한 명이 들녘에 있는 기러기를 잡으려고 발포하였다고 합니다. 이것은 진실로 무지한 소치이며 사건이 중대합니다. 평소에 제대로 단속하지 못한 죄를 논박하지 않을 수 없습니다. 대장 유혁연(柳赫然)을 추고하고 그 부대의 초관(哨官)을 조사하여 다스리게 하소서." 하니, 상이 이르기를, "대장은 뒤에 있었으므로 어쩌면 모를 수도 있겠지마는 장관이 어찌 몰랐을 리가 있겠는가. 대장은 추고하고 초관은 조사하여 처리하라." 하였다. 정태화 등이 물러갔다가 다시 모아서 구전으로 아뢰기를, "신들이 처음 어영군 교련관 최영달(崔英達)의 말을 듣고 대장과 초관의 죄를 청하였는데, 교련관 한여신(韓汝信)이 대장의 뜻으로 와서 말하기를 '대장이 후진(後陣)에 있으면서 기러기 떼가 들녘에 가득한 것을 보고 앞서 인도하는 포수(砲手)를 뒤쳐져 쏘아 보게 한 것인데 최영달이 대장에게 죄책이 미치는 것을 염려하여 이렇게 거짓으로 대답한 것이다.'고 합니다. 만일 그렇다면 죄는 대장에게 있고 초관은 관계가 없으니, 조사하여 다스리라는 명은 마땅히 거두어야 할 것 같으며, 대장의 죄를 상께서 재량하여 조처하소서." 하니, 상이 명하여 대신과 여러 신하를 인견하였다. 들어가기에 앞서 허적이 도승지 장선징을 돌아보고 말하기를, "여러 의논이 어떻던가?" 하니, 장선징이 대답하기를, "사건이 극히 경악스러워 중론이 심히 엄준합니다." 하였다. 허적이 정태화에게 귓속말을 하더니 들어갔다. 두 정승이 구전으로 계사의 뜻을 진달하니, 상이 이르기를, "이는 항오의 군졸이 아니라서 분간(分揀)하는 도리가 있어야 할 것 같으니, 우선 추고하라." 하니, 정태화와 허적이 모두 아뢰기를, "이것이 비록 경망한 행동에서 나왔으나 사건이 중대합니다. 외부의 여론이 모두 추고로는 가볍다고 합니다만, 거둥이 임박하였으니, 온양의 행궁(行宮)에 도착한 후 상량하여 죄를 논의함이 합당합니다." 하니, 상이 옳다고 하였다. 부교리 이민서가 청대하려고 하니, 부수찬 김만균이 거가가 곧 출발해야 하기 때문에 불가하다고 만류하였다.

동부승지 김징이 오라고 손짓하며 말하기를, "속히 청대하시오." 하자, 반열을 헤치고 곧장 들어왔다. 홍중보가 말하기를, "정원이 청대하는가? 옥당이 청대하는가?" 하였다. 허적이 반열이 있다가 노기 띤 얼굴로 말하기를, "유혁연(柳赫然)이 도망칠 사람이 아닌데, 어찌 이처럼 급하게 구는가." 하였다. 상이 이때 이미 가마에 올랐다. 김징이 나아가 거가 앞에서 아뢰기를, "옥당이 청대합니다." 하니, 상이 이르기를, "긴급한 일이 아니니 온천에 도착한 후 입시하라." 하자, 김징이 그제야 물러났다. 신시에 대가가 온천 행궁에 도착하고, 옥당이 청대하니, 상이 이르기를, "몹시 피곤하다. 적어서 들이라." 하였다.

- 【실록】 현종 16권, 10년(1669) 3월 18일(신해) 1번째 기사. 온양 행궁에서 어영대장 유혁연의 처리를 논의하다

상이 온양 행궁에 있었다. 약방으로 하여금 들어와 진찰하게 하였다. 이때 영의정도 입시하였고, 상이 여러 신하를 인견하였다. 영의정 정태화가 아뢰기를, "유혁연이 망령되게 저지른 일로 인하여 물의가 비등하고 대계가 이미 발론하였습니다." 하니, 상이 이르기를, "헌부는 피혐하였다." 하였다. 정태화가 아뢰기를, "간원이 잡아다 신문할 것을 발론하였습니다만, 신은 허적과 상의하였습니다. 만일 중한 죄를 준다면 매우 난처하고, 그렇다고 대수롭지 않게 처치할 수도 없으니, 참작하기가 곤란합니다." 하니, 상이 이르기를, "대관이 비록 일의 체모로 발론하였으나 잡아다 신문할 만한 정상은 없다." 하였다. 정태화가 아뢰기를, "비록 물어야 될 정상은 없으나 잡아다 신문하는 것은 그만둘 수 없습니다." 하였다. 좌상 허적의 말도 역시 같았다. 정태화가 아뢰기를, "군율(軍律)은 지엄하여 참(斬)하는 죄가 있고 그 다음은 곤장을 치는 것입니다. 유혁연은 별장에 비할 수 없으니, 곤장을 친 후에 또 군병을 거느리

게 한다면 그것은 국가의 체면에 손상이 됩니다." 하였다. 장선징이 아뢰기를, "외부의 의논이 모두 만일 그때 상께서 장전(帳殿)에 나아가 직접 곤장을 쳤다면 군율의 체면을 세웠을 것이라고 합니다." 하자, 정태화가 아뢰기를, "그렇게 하는 것이 옳으나 지금 와서 곤장을 치는 것은 어려울 것 같습니다." 하였다. 허적이 아뢰기를, "잡아다 신문한 후에 예사로이 놓아 보낼 수는 없으니, 상께서 어떠한 죄로 단정하고자 하십니까." 하자, 상이 이르기를, "나는 파직을 시키고자 한다." 하니, 허적이 아뢰기를, "파직을 하면 보고 듣는 이가 불만스러워 할 것이니, 삭직을 하고 놓아주어 백의종군(白衣從軍)케 하고 도제조 및 중군으로 하여금 군병을 영솔케 하는 것이 좋겠습니다." 하였다. 상이 이르기를, "어느 곳에서 나문하려는가?" 하자, 정태화가 아뢰기를, "판의금으로 하여금 개좌(開坐)하여 잡아다가 문초하게 하소서. 이렇게 하면 국가의 체모에 합당할 것 같습니다." 하니, 상이 그렇게 하라고 하였다. 부교리 이민서와 부수찬 김만균이 뒤따라 입시하였다. 이민서가 유혁연의 일로 진달하기를, "일이 중대하니 만일 예사롭게 처리한다면 국가의 체모와 군율에 크게 손상됩니다." 하며, 곤장으로 다스리지 않으면 안 된다는 것을 강력히 말하였으나, 상은 이미 대신의 말을 받아들여 끝내 따르지 않았다. 유혁연의 죄가 비록 망령된 짓에서 나왔으나 범한 죄가 극중하니, 비록 군율에 의하여 참형에 처하지는 못한다 하더라도 곤장으로 다스려 군병에 충당하는 것은 지나친 일이 아닌데, 대신은 인정에 구애되고 주상은 사체를 가볍게 여겨 파직으로 논죄하려다가 겨우 삭직하여 종군(從軍)케 하였고, 곧바로 서용하여 군병을 영솔하게 하니, 식자들이 한심하게 여겼다.

• 【실록】 숙종 48권, 36년(1710) 5월 25일(기축) 5번째 기사. 사간원에서
  공성군 김후를 나문하여 조사하기를 청하다

  사간원(司諫院)에서 아뢰기를, "공성군(公城君) 김후(金垕)는 바로 온양
(溫陽)의 상한(常漢)인데, 스스로 정국공신(靖國功臣)인 환자(宦者) 김은
(金銀)을 계승한 적장손(嫡長孫)이라 핑계하고, 충의위(忠義衛)의 구전(口
傳)을 도모해 내어 장적(帳籍) 가운데에 햇수를 늘려 기록하고, 함부로
상언(上言)하여 외람되게 가선대부(嘉善大夫)의 품질(品秩)을 받아 훈봉
(勳封)을 세습(世襲)하기에 이르렀습니다. 청컨대 나문(拿問)하여 조사해
서 처치하게 하소서." 하니, 그대로 따랐다.

• 【실록】 숙종 59권, 43년(1717) 2월 30일(을묘) 1번째 기사. 지사 강현을
  파직하다

  헌부(憲府)에서 전에 아뢴 일을 거듭 아뢰고, 또 말하기를, "길이라는
것은 나그네가 같이 다니는 곳인데, 여러 번 거둥을 겪은 길은 사체가
더욱 중하니, 한 사람이 사사롭게 고칠 수 있는 것이 아닙니다. 지사(知
事) 강현(姜鋧)은 그 선대의 무덤을 온양(溫陽)의 어로(御路) 옆으로 옮겨
정하고, 출입을 금하여 수호하는 곳을 넓게 차지하려는 계책을 삼고는
언덕을 쌓고 도랑을 파고, 평탄한 옛길을 끊고, 산을 파고 골짜기를 막
아서 따로 한 가닥 새길을 텄으니, 일이 놀라운 것이 이보다 심할 수
없습니다. 파직(罷職)하고 서용(敍用)하지 마소서." 하였는데, 임금이 강
현의 일만 따랐다.

• 【실록】 숙종 60권, 43년(1717) 9월 20일(신미) 3번째 기사. 왕세자가 대
  신과 비국의 신하를 인접하고 국사에 관해 논하다

  지평(持平) 김상윤(金相尹)이 전일에 진달(進達)한 것을 다시 진달하고,

또 말하기를, "삼가 듣건대, 엊그제 연석(筵席)의 가운데서 온양(溫陽)의 무과(武科)에서 대신 활을 쏜 사람들에게 납속(納贖)하게 하라는 명령이 있었다고 하였습니다. 무릇 대신 활을 쏜 것이 얼마나 무거운 죄입니까? 따라서 충군(充軍)시키는 것은 당연한 형률(刑律)인 것입니다. 일찍이 선조(先朝)에서도 온양에 거둥하실 적에 대신 활을 쏜 사람들에게 납속(納贖)하게 한 일이 있기는 했습니다만 이는 한때 권도(權道)로 행한 것에 지나지 않았으니, 결단코 전례(前例)로 원용(援用)할 수는 없습니다. 이제 영갑(寧甲)을 고친다면 과장(科場)이 이로부터 엄중해지지 않아서 간사하고 외람된 자들이 금즙(禁戢)할 줄 모르게 될 것이니, 청컨대 온양의 무과에서 대신 활을 쏜 사람들에게 납속(納贖)하게 하라고 한 명령을 정지하게 하소서." 하였으나, 세자(世子)가 따르지 않았다.

● 【실록】 숙종 60권, 43년(1717) 10월 7일(정해) 3번째 기사. 사간원에서 과장에서의 부자상피에 대해 건의하다

사간원(司諫院)에서 전일에 진달한 것을 다시 진달하고, 또 말하기를, "과장(科場)에서 부자(父子)가 상피(相避)하는 것에 대해서는 이미 선왕조(先王朝)의 영갑(令甲)이 있습니다. 정시(庭試) 등의 별과(別科)에는 부자(父子)가 함께 응시하는 것을 허락은 하지만 만일 함께 참방(參榜)되었을 경우에는 그 아들을 으레 후방(後榜)으로 퇴부시킨 것은 대체로 윤기(倫紀)를 밝히고 효순(孝順)을 장려하기 위한 것입니다.

지난번 온양(溫陽)의 별과(別科)에서 이유춘(李囿春) 부자(父子)를 모두 출방(出榜)하도록 허락한 것은 실로 이는 전일에 없었던 거조였습니다. 그 뒤 함경도(咸鏡道)의 무과(武科)에서 이춘정(李春禎) 등 부자(父子)를 함께 방방(放榜)한 것도 이유춘(李囿春)의 전규(前規)를 준행한 것이므로 식자(識者)들의 놀라움과 개탄이 극심하였습니다. 엊그제 들어와 진찰

할 적에 이 뒤로는 부자(父子)가 동방(同榜)이 된 자가 있을 경우 아들은 후과(後科)로 퇴부시키라는 명령이 있으셨는데, 성상께서 또 아들이 장원(壯元)이 된 경우에는 이번의 예(例)에 따라 모두 방방(放榜)할 것을 허락하는 분부가 있었습니다. 아들은 장원이 되었는데도 아비가 방하(榜下)가 되는 것은 윤기(倫紀)가 도치(倒置)되는 것이므로 구애되는 것이 더욱 대단히 큽니다. 따라서 풍교(風敎)를 손상시키고 뒷날의 폐단을 열어주는 것에 어떠하겠습니까? 성명(成命)을 정지하고 다시 항식(恒式)을 정하소서.

- **【실록】경종 15권, 4년(1724) 7월 7일(무신) 1번째 기사. 이유춘의 과거 급제를 삭제하게 하다**

정유년 온양(溫陽) 별시(別試)에 합격한 이유춘(李囿春)의 과제(科第)를 삭제하도록 명하였다. 이유춘의 아버지 이성채(李星彩)는 온양 사람으로, 비천(卑賤) 한미(寒微)하였으며 글을 못하였고, 그와 친했던 윤시택(尹時澤)은 글을 잘하였는데, 윤시택이 부상(父喪)을 당하여 아직 장례를 치루기 전에 온양 행행(幸行)에서의 정시(庭試)를 당하자 윤시택에게 후하게 장례에 수용(需用)할 물자를 지급해 주기로 약속해서 최복(衰服)을 벗고 과장(科場)에 들어가 이성채와 그의 아들 이유춘을 위해 대신 글을 지어 주어 모두 합격이 되었는데, 이에 이르러 이성채와 원한이 있는 집에서 대간(臺諫)에게 부탁하여 논계(論啓)하였고, 이를 조사한 결과 사실을 캐냄으로서 마침내 부자(父子)가 같은 방(榜)에 참여하는 것은 합당하지 못하다 하여 이유춘의 과제(科第)를 삭제하고, 아울러 윤시택을 법대로 정배(定配)하였다.

• 【실록】 영조 6권, 1년(1725) 6월 1일(정묘) 1번째 기사. 도당록의 권점을
붕당간의 의견 대립으로 완결짓지 못하다

　금상(今上)이 등극한 처음 조정이 제반 정무를 시작하고 사류(士類)들
은 모두 귀양지에서 미처 돌아오지 않았을 적에 임징하(任徵夏)는 상복
(喪服)을 벗기도 전에 아산(牙山)에서 올라와 도하(都下)에 거주하였고,
이의천(李倚天)은 제일 먼저 대관(臺官)으로 부르는 명을 받고 부임하였
다. 당시 토죄(討罪)하는 논계가 이의천에 의하여 발론된 것이 많았는데,
그 계문(啓文)의 작성은 거의 임징하가 주장하였다. 민진원(閔鎭遠), 이
관명(李觀命)은 실권을 잡고 있는 대신(大臣)으로서 매양 이 두 사람의
사한(詞翰)과 풍절(風節)을 칭찬하면서 권장하여 기용하였는가 하면 조
관빈(趙觀彬)은 지극한 원한이 맺혀 있었기 때문에 더욱 흉당들에 대해
이를 갈고서 임징하, 이의천이 토죄(討罪)에 공이 있다는 것으로 역시
극력 추천하고 나섰다.

• 【실록】 영조 22권, 5년(1729) 5월 22일(병인) 2번째 기사. 충청도 아산현
에서 소가 기형의 새끼를 낳다

　충청도(忠淸道) 아산현(牙山縣)에서 소가 새끼를 낳았는데, 몸통은 하
나이고 머리는 둘이었다.

• 【실록】 영조 64권, 22년(1746) 12월 11일(임신) 2번째 기사. 호서 안핵어
사 이태중을 파면하고 병조정랑 권숭으로 대체하다

　처음 보은(報恩)에 의옥(疑獄) 사건이 발생하여 이태중을 어사로 차출
하여 안핵하게 하였는데, 아산(牙山)에 또 음옥(淫獄) 사건이 발생하여
함께 안핵하도록 하였다. 그런데 이태중이 본래 시골에 있으면서 출사
하지 않았으므로, 누차 신칙을 하여도 올라오지 않자, 특별히 파면하고

권숭으로 대체하였으니, 이는 병조판서 원경하(元景夏)가 일찍이 권숭이 사리를 잘 판단한다고 칭찬한 적이 있었기 때문이었다.

- **【실록】 영조 65권, 23년(1747) 2월 16일(병자) 3번째 기사. 사인 유민의 간음한 상황을 추핵하러 갔던 호서 안핵어사 권숭이 복명하다**

호서 안핵어사(湖西按覈御史) 권숭(權崇)이 복명(復命)하였다. 사인(士人) 유민(柳慜)은 참판 유복명(柳復明)의 조카로 음란하고 방탕하여 좋은 행실이 없었다. 그의 서구모(庶舅母)가 예쁘다 하여 훔쳐서 아산(牙山)으로 도망하였다가 일이 발각되었으므로, 그 내막을 캐내어 다스리고자 임금이 권숭을 파견하여 조사하여 그가 간음한 상황을 끝까지 추궁하도록 하였는데, 유민이 곤장을 맞다가 죽었다.

- **【실록】 영조 89권, 33년(1757) 5월 23일(계축) 2번째 기사. 삼강어사 남태저, 홍양한이 복명에 따라 폐단을 조치토록 하다**

(삼강어사(三江御史) 남태저(南泰著)·홍양한(洪良漢)이 복명하니) 또 아산(牙山)에 살고 있는 홍호(洪鎬)의 아들이 역적(逆賊) 이성(李檻)의 딸로 본부(本夫)와 이이(離移)하고 몰래 간통한 일을 아뢰니, 임금이 홍호의 자식은 정의현(旌義縣)에 형배(刑配)하고, 이성의 딸은 비(婢)로 삼아 절도(絶島)에 보내도록 명하였다.

- **【실록】 정조 23권, 11년(1787) 4월 19일(병진) 4번째 기사. 충청도관찰사 김광묵이 와언을 듣고 경솔하게 처리한 평택현감을 탄핵하다**

충청도관찰사 김광묵(金光默)이 아뢰기를, “이달 14일에 길에서 전하는 말을 듣건대 수원(水原)과 평택(平澤)의 경계가 접한 곳에서 갑자기 와언(訛言)이 있어서 주민들이 소요(騷擾)하여 온양(溫陽), 아산(牙山), 천안(天安), 직산(稷山) 등의 고을에까지 전해진 말이 낭자하였습니다. 신이 진실로 한때의 근거없는 말이므로 놀라거나 의심할 것이 없는 줄 알고 있었지만 이와 같은 농사철을 당해서 민간이 동요하는 것이 또한 매우 민망스러워 한편으로는 부근의 여덟 고을에 공문을 보내 효유(曉諭)하여 진안(鎭安)하게 하고, 한편으로는 믿을 수 있는 심부름꾼을 파견하여 수령의 조치를 채탐(採探)하게 하였더니, 평택현감(平澤縣監) 이형필(李衡弼)이 갑자기 겁을 내어 이노(吏奴)들로 부대를 만들고 각(角)을 불어 불러들인 일이 있기까지 하였습니다. 무지하고 어리석은 백성들은 비록 바람 소리와 학(鶴)의 울음 소리에도 미혹됨이 있게 마련이니 관장(官長)인 자는 마땅히 진중하게 단속하여 진안(鎭安)시킬 방도를 생각해야 하는 것입니다. 그런데 도리어 이런 조치를 취하여 더욱 인심을 경동케 하였으니 아주 망령되고 경솔합니다. 청컨대 해당 현감을 파직하소서." 하니, 하교하기를, "해당 수령의 일은 비록 매우 놀라우나 잘 다스린다는 명성이 있는 사람을 지레 교체하는 것은 애석하다. 파직하지 말고 먼저 해부(該府)로 하여금 잡아다 처리하게 하라." 하였다.

- **【실록】 정조 37권, 17년(1793) 5월 27일(무오) 3번째 기사. 호서어사 이조원을 가짜어사로 오인한 홍주영장 이현택을 삭직하고 아산현감 윤광심을 신문하다**

홍주영장(洪州營將) 이현택(李顯宅)을 삭직하고, 아산현감 윤광심(尹光心)을 잡아다가 신문하였다. 호서어사 이조원이 아뢰기를, "신이 돌아오는 길에 신창(新昌)에 이르러 어떤 사람이 신의 행색을 엿보고 빠른 걸음으로 뒤를 밟는다는 말을 듣고서 마음이 몹시 놀랍고 의심스러워 재종형 홍원(弘源)의 온양 임지로 찾아가 그들의 동정을 살폈습니다. 그런데 조금 뒤에 홍주 진영의 건장한 장교와 사나운 졸개 10명이 그곳을 찾아왔습니다. 그러자 신의 재종형이 불러다 찾아온 이유를 물으니, 좌우에 있는 사람들을 물리치게 하고 은밀히 말하기를 '홍주영장이 어제 어사의 비관(秘關)을 보고 말하기를 「결성(結城)에 출도한 어사는 가짜 어사이니 바로 속히 잡아오도록 하라.」 하였다. 그가 아까 이곳으로 들어가는 것을 보았으니 그를 결박지워 가야겠다.' 하므로, 신의 재종형이 말하기를 '그는 나의 가까운 친족이고 가짜어사가 아니니 속히 물러가도록 하라.' 하니, 진영의 장교가 방안을 엿보며 곧 뛰어들려는 기색이 있었습니다. 그리하여 일머리가 급박하고 사변을 헤아리기 어려워 바로 그 자리에서 출도를 붙여 붙잡아놓고 따져 물으니, '영장이 어사의 비관이 있었다고 말하고 우리들을 내보내면서 결성에 있는 어사는 가짜어사이니 속히 바로 붙잡아 오라고 한 까닭에 과연 뒤를 밟아 여기까지 이르렀다.'고 말하였습니다. 그래서 신이 바로 진영의 장교를 칼을 씌워 가두고서 홍주영장에게 관문을 띄워 그로 하여금 나아오게 하였습니다.

그런데 다음날 오후에 갑자기 아산의 아전과 장교 30여 명이 본군에 들이닥쳐 말하기를 '어사가 해당 고을에 출도하여 우리들을 내보내면서 온양에 출도한 가짜어사를 붙잡아 오라고 했다.' 하였습니다. 그래서 신은 더욱 해악스러움을 감당할 수 없었습니다. 그런데 생각해보니 아산에 출도한 어사가 진짜인지 여부를 분별하기가 어려웠고, 또는 혹시라도 간악한 백성이 이런 일을 저질러놓고 종적이 탄로날까 두려워서 일부러 아전과 장교들을 흩어지게 하고는 그들이 비운 사이를 틈타 도망치려는 것인가 하는 염려도 없지 않았습니다. 그리하여 변고에 대처할 방도를 두루 생각한 결과 직접 만나서 따져보는 것이 가장 나은 방도였습니다. 그래서 신이 암행어사의 위의를 갖추고 급히 그곳으로 가보니, 저쪽의 어사도 역시 위의를 갖추고 이쪽으로 오고 있었습니다. 도중에 말을 세우고 촛불을 비추어 서로 보니 과연 함께 명을 받들었던 사람이 분명하였습니다. 그래서 신이 그의 처사가 너무 경솔했음을 책망하니, 그가 말하기를 '처음에 나 혼자서 일로(一路)를 다 담당한 것으로 알았기에 출도한 사람이 가짜일 것이라고 잘못 의심했다.'고 하였습니다. 이미 서로 얼굴을 보고 의심을 풀었기에 각기 말을 돌려 돌아왔었는데 이때 영장이 와서 기다리고 있었습니다. 그래서 한편으로 힐문하고 한편으로 꾸짖었더니 겁을 먹고 어찌할 줄 모르면서 꾸며대는 말들이 많았습니다. 신이 그때에 만일 길에서 맞닥뜨렸더라면 무한한 위욕(危辱)을 면치 못했을 것인데, 왕의 신령하심이 비춰주심으로 인하여 명을 욕되게 하는 일은 면하였습니다. 그러나 해당 영장이 단지 관문만을 의거하여 허실을 따져보지도 않고 전에 없던 일을 저지른 것은 대단히 놀랍고 망녕된 일입니다. 홍주영장 이현택을 불가불 엄히 처벌하지 않을 수 없습니다." 하니, 전교하기를, "설사 참으로 가짜어사가 나타나는 일이 있다 할지라도 십분 의심할 여지없이 분명하게 안 다음에야 비로소 손을 쓸 수 있을 것이다. 더구나 어사의 행차가 그 사체가 어떠한 것인데 믿지 못할 문서를 믿고서 이런 전에 없던 죄를 범하였으니 대단히 놀랍다. 너는 세 곳에서 출도를 한 진짜 어사이고 윤노동(尹魯東)은 출도도 하지 못한 주제에 경솔하게 비관을 띄웠으니 매우 해괴하고 망녕된 짓이다. 너는 능히 옛 어사 이성효(李性孝)와 같은 곤경을 면하였으니, 명을 욕되게 하지 않았다고 이를 만하다. 영장의 일로 말한다면 비관은 비관이고 신중할 일은 신중할 일이니, 어떻게 중죄를 면할 수 있겠는가. 삭직시키고 바로 의금부로 하여금 붙잡아다가 엄히 취조하여 아뢰도록 하라. 너는 비록 영장의 죄만을 청하였으나 아산의 원이 수십 명의 아전과 장교를 지급해 주면서도 조금도 신중하지 않았던 것은 영장과 똑같은 것이니 그 역시 잡아다가 신문하도록 하라." 하였다.

• 【실록】 정조 37권, 17년(1793) 6월 13일(갑술) 3번째 기사. 호서 안핵어
  사 홍대협이 올린 구순 사건의 진상을 듣고 구순, 이광섭을 유배하고,
  이형원을 파직하다

　　호서 안핵어사 홍대협(洪大協)이 복명하자 편전으로 불러 보고서 구순
(具純)을 신지도(薪智島)에, 이광섭(李光燮)을 영동현(永同縣)에 유배하고,
충청도관찰사 이형원(李亨元)을 파직하였다. 대협의 서계에, "신이 공주
목(公州牧)에 도착해서 응당 신문해야 할 사람들에게 차례로 따져 물었
습니다. 사노(私奴) 명업(命業)의 공초에 '나는 구순의 집 계집 종 남편으
로서 그 집의 바깥 사랑에 들어 살았다. 그런데 2월 22일 밤에 구순의
집 종 나복(羅卜)이 찾아와 부르면서 도적이 들었다고 하였다. 그래서
들어가 보니, 나복이 말하기를 「도적 30여 명이 횃불을 들고 갑자기 들
이닥쳐 자칭 지세대감(知世大監)이라 하면서 안방에 있던 돈과 물품을
훔쳐갔다.」고 했다.' 하고, 또 공술하기를, '김명신(金命新)이 본시 구순
과 친숙하여 날마다 상종하였는데, 올 2월 초순에 박거사(朴居士)의 일
로 명신이 편지를 보내 힐책한 일이 있어 이로부터 다시는 왕래가 없었
다. 구순이 소장(訴狀)을 올려 체포령이 내려진 뒤에 장교와 나졸들이
찾아오자 구순이 한 장교를 안 행랑으로 불러들여 조용히 이야기하였는
데 그들의 말은 듣지 못하였다. 그리고 병영의 뜰에서 공초를 받을 때에,
처음에는 사실대로 고하였으나 나중에는 위협을 주는 데에 겁이 나서
도적을 맞지 않은 것으로 공술하였다.'고 했습니다.

　　　　　　　　　　… (중략) …

　　자미덕의 공초에는 '내 남편 재돌이 아산(牙山)에 나간 뒤에 병영의
장교가 갑자기 찾아와서 나를 병영으로 붙잡아 가더니 도적이라며 한

차례 따져 신문한 뒤에 비장청의 다모방(茶母房)에 구류시켰다. 그 후로
는 한 비장(韓裨將)이 매일 방안으로 나를 불러들여 조용히 말하기를「너
의 남편은 이미 체포되었으니 네가 만일 정원돌(鄭原乭), 이집거(李執莒),
김갑득(金甲得), 김성손(金成孫), 김흥득(金興得) 등을 큰 도적들이라고만
말해 주면 네 남편과 함께 내일 당장 무죄 석방하겠다.」하면서 이어
떡도 주고 밥도 주었다. 그래서 집거와 대질할 때에 한 비장의 지휘에
따라 거짓으로 꾸며서 말하였다.'고 하였습니다.

● 【실록】순조 11권, 8년(1808) 4월 3일(기사) 2번째 기사. 승지 홍의호
  등이 온양의 오태성이 흉언을 발설한 자를 고변했다고 하다

  승지 홍의호(洪義浩) 등이 병조참지 구득로(具得魯)와 청대(請對)하고
말하기를, "온양(溫陽)에 사는 오태성(吳泰性)이라는 자가 고변(告變)할
것이 있다고 하므로, 정원(政院)에 불러들여 물어 보았더니, 흉언(凶言)
을 발설한 자가 있다고 하였습니다." 하니, 임금이 불러들여 승지로 하
여금 상세히 물어서 아뢰게 하고, 포청에 회부하여 엄중히 핵실(覈實)하
게 하였다.

자료 목록

지리 환경

기상(氣象)

재해(災害)

인물(人物)

풍속(風俗)

제도 정비

조세 및 진휼

인사 행정

유배(流配)

조운(漕運)

온천 효험(效驗)

온행(溫行)

온행 행사

온행 특사(特賜)

전쟁과 피화(避禍)

역모와 변란(變亂)

탐학(貪虐)과 무능

회뢰(賄賂)와 부정

군도(群盜)

기타 사건

순천향대학교 아산학연구소

2010년 1월 창립된 이래 매년 학술회의 개최 및 연구 프로젝트 수행, 관내 3개 대학의 아산학 강좌 운영, 시민과 학생 대상 교육 등 아산지역에 대한 학술적 연구와 교육을 활발하게 진행하고 있다. 간행 도서로는 『아산시대』(정기간행물), 『행복한 아산 만들기』, 『아산의 독립운동사』 등이 있다.

전성운(田城芸)

고려대학교 대학원에서 박사학위를 받았고, 지금은 순천향대학교 한국문화콘텐츠학과에서 근무하고 있다. 저서로는 『조선후기 장편국문소설의 조망』(보고사), 『한·중 소설 대비의 지평』(보고사) 등이 있고, 아산 관련 논문으로는 「아산 관련 문헌기록을 통해 본 지역성(locality)의 변화 양상」, 「조선시대 온천의 인식 기저와 문학적 형상」 등이 있다.

아산학총서 4

역사 기록 속의 牙山

2020년 1월 31일 초판 1쇄 펴냄

기 획 순천향대학교 아산학연구소
편저자 전성운
발행인 김흥국
발행처 보고사

등록 1990년 12월 13일 제6-0429호
주소 경기도 파주시 회동길 337-15 보고사 2층
전화 031-955-9797(대표), 02-922-5120~1(편집), 02-922-2246(영업)
팩스 02-922-6990
메일 kanapub3@naver.com / bogosabooks@naver.com
http://www.bogosabooks.co.kr

ISBN 979-11-5516-152-4   93900
ⓒ 전성운, 2020